Betty Jean Lifton

Der König der Kinder

Das Leben von Janusz Korczak

Aus dem Amerikanischen
von Annegrete Lösch

WILHELM HEYNE VERLAG
MÜNCHEN

HEYNE SACHBUCH
Nr. 19/378

Titel der amerikanischen Originalausgabe:
THE KING OF CHILDREN.
A BIOGRAPHY OF JANUSZ KORCZAK
Erschienen im Verlag Schocken Books Inc., New York

2. Auflage
Ungekürzte Taschenbuchausgabe
im Wilhelm Heyne Verlag GmbH & Co. KG, München

Printed in Germany 1995
Frontispiz: Janusz Korczak. Kohlezeichnung von Itzhak Belfer,
entstammt der privaten Sammlung von
Professor Erich Dauzenroth, Gießen
Umschlagillustration: Interfoto, München
Umschlaggestaltung: Atelier Adolf Bachmann, Reischach
Druck und Verarbeitung: Presse-Druck, Augsburg

ISBN 3-453-08768-2

Für meine Kinder
Natasha Karen und Kenneth Jay,
für die Kinder des Janusz Korczak
und für alle Kinder der Welt.

Hänschen aber wunderte sich sehr darüber, warum der traurige König eigentlich gesagt hatte, Reformator sein wäre sehr schwer, und Reformatoren nähmen meistens ein schlechtes Ende, weil die Leute erst nach ihrem Tod sähen, wie gut sie es meinten, und dann würde so einem Reformator ein Denkmal gesetzt.

Janusz Korczak,
König Hänschen I.

INHALT

Vierter Teil 1939–1942

Janusz Korczak – wer war das?

»Das Leben großer Männer ist wie eine Legende – schwer, aber schön«, schrieb Korczak einmal – ein Satz, der sicher für sein eigenes Leben gilt.

Seine Legende begann am 5. oder 6. August 1942, als die Nazis angefangen hatten, das Warschauer Ghetto zu liquidieren, jedoch sein Einsatz für vernachlässigte Kinder war bereits längst vor dem Krieg legendär gewesen. Als die Deutschen die Evakuierung seines berühmten Waisenhauses befahlen, sammelte Korczak seine zweihundert Kinder und führte sie schließlich mit ruhiger Würde auf diesen letzten Marsch durch die Straßen des Ghettos zu jenem Zug, der sie »in die neuen Ostgebiete« bringen sollte – nach Treblinka. Er war als Henryk Goldszmit geboren worden, und er starb als Henryk Goldszmit. Der Name, der in die Geschichte eingehen sollte, war sein Pseudonym.

Es war Janusz Korczak, der in Polen das progressive, auf bestimmten Rechtsnormen basierende Waisenhaus gründete, die erste nationale Kinderzeitung herausgab, Lehrer in dem ausbildete, was man heute Moralerziehung nennt, und als Gutachter an den Jugendgerichten die Rechte der Kinder verteidigte. Seine Werke *Wie man ein Kind lieben soll* und *Das Recht des Kindes auf Achtung* vermittelten Eltern und Lehrern neue Einsichten in die Psychologie des Kindes. Generationen von Kindern sind mit seinen Büchern aufgewachsen, besonders mit dem klassischen *König Hänschen I.*, das von den Abenteuern und Leiden eines Kinderkönigs erzählt, der versucht, seinen Untertanen Reformen zu bringen. Dieses Buch war in Polen genauso beliebt wie *Der Struwwelpeter* oder *Grimms Märchen* im deutschsprachigen Raum. In den dreißiger Jahren verbreitete er in seinem eigenen Rundfunkprogramm, den »Radioplaudereien des alten Doktors«, seine Weisheiten für den Alltag und seinen trockenen Humor. Die täuschend schlichte Sprache dieser Plaudereien gab dem Zuhörer das Gefühl, ein guter Mensch zu sein.

Am Ende hatte Korczak, der vor dem Krieg ein jüdisches wie auch ein katholisches Waisenhaus geleitet hatte, alle Hilfsangebote nichtjüdischer Freunde und Kollegen zu seiner persönlichen Rettung zurückgewiesen. »Man läßt ein krankes Kind nachts nicht allein, und man läßt Kinder in diesen Zeiten nicht allein«, sagte er.

Es war im Sommer 1978, als ich zum ersten Mal von Janusz Korczak hörte. Freunde, die Polen während des Krieges verlassen hatten, besuchten mich in meinem Haus in Cape Cod. In ihrer Begleitung war eine Theaterdirektorin, die gerade aus Warschau kam. Als sie von einer Vorführung ihrer Truppe in Janusz Korczaks Waisenhaus im Warschauer Ghetto erzählte, unterbrach ich sie und fragte, wer Korczak war. Ich weiß nicht, was sie mehr schockierte, meine Ahnungslosigkeit oder meine Aussprache seines Namens, jedenfalls brachte sie mir erst einmal bei, diesen Namen richtig zu sagen, bevor sie meine Fragen beantwortete.

Als wir an jenem Nachmittag in Cape Cod über ihn sprachen, entstand das Bild eines Mannes, der Utopist und zugleich Pragmatiker war und der die Welt durch die Erziehung der Kinder verbessern wollte. Außerdem sah ich ihn in gleicher Reihe mit Schriftstellern wie Lewis Carroll (Autor von *Alice in Wonderland*) und James Barrie (Autor von *Peter Pan*), die sich bei denen am wohlsten fühlten, für die sie ihre Geschichten erfanden, nämlich bei den Kindern. Mit einem Unterschied: Korczaks Kinder tollten nicht mit ihren Nannies über die gepflegten Rasenflächen von Kensington Gardens, sondern lungerten in den dunklen Slums von Warschau herum. Er richtete Waisenhäuser für sie ein und verbrachte tatsächlich sein Leben mit ihnen, denn in den Kindern sah er die Rettung der Welt.

Anders als Rousseau, den er für naiv hielt, glorifizierte Korczak die Kinder nicht. Aber er war überzeugt, daß in jedem von ihnen ein moralischer Funke glühte, der die der menschlichen Natur innewohnende Finsternis überwinden könnte. Und damit dieser Funke nicht erlosch, mußte man die Kinder lieben, sich um sie kümmern und ihnen die Möglichkeit geben, an Wahrheit und Gerechtigkeit glauben zu können. Als aus dieser Finsternis die Nazis mit ihren Hakenkreuzen, ihren glänzenden Stiefeln und den Lederpeitschen hervortraten, war Korczak bereit, seine jüdischen Kinder vor der Ungerechtigkeit der Erwachsenenwelt zu schützen, wie er es immer getan hatte. Er ging mit ihnen ins Ghetto, obwohl ihm von arischer Seite des besetzten Warschau Unterschlupf angeboten worden war, und verbrachte etwas mehr als die letzten beiden Jahre seines Lebens damit, seine und andere Kinder vor Hunger und Krankheit zu schützen.

Die Theaterdirektorin berichtete, wie sie gemeinsam mit anderen hinter geschlossenen Fensterläden im Warschauer Ghetto mit ansah, wie Korczak mit erhobenem Haupt in kerzengerader Haltung an jenem letzten Tag mit seiner kleinen Schar vorbeimarschierte. Damals schien es ihr, als ob dieser Mann, der sich so verhalten hatte, als sei er von Gott zur Rettung der Kinder berufen, gescheitert sei. So wie seine Märchenfigur König Hänschen bei dem Versuch gescheitert war, eine bessere Welt zu schaffen. Und doch, indem er seinen Prinzipien treu geblieben war und die Kinder nicht verließ, als sie ihn am meisten brauchten, hatte er seinen eigenen, persönlichen Sieg errungen.

Korczak schrieb über das Leben wie über einen merkwürdigen Traum, und damals, als ich mehr und mehr über ihn erfuhr, schien mein eigenes Leben einem solchen Traum zu gleichen. Bis 1978 hatte ich weder persönlich noch beruflich mit dem Holocaust zu tun gehabt, aber im Herbst jenes Jahres fuhr ich mit meiner dreizehnjährigen Tochter nach München, wo mein Mann mit seiner Untersuchung der Psychologie der Nazi-Ärzte begonnen hatte. Es dauerte nicht lange, und unsere Wohnung quoll über von Büchern über das Dritte Reich, und ich vertiefte mich in diese schreckliche Bibliothek.

Sich ausgerechnet in Deutschland mit Holocaust-Literatur zu befassen, war wie das Hinabstürzen in einen Abgrund. Ich meinte, gleichzeitig auf zwei verschiedenen Zeitebenen zu leben, wobei die Vergangenheit oftmals wirklicher schien als die

Gegenwart. Mitten in der Nacht wachte ich auf, und der Rauch aus den Schloten der nahegelegenen Brauerei war für mich der Rauch aus den Krematorien; die Straßenbahnen wurden zu Viehwaggons, und ein bayerischer Trachtenumzug verwandelte sich in eine SS-Parade im Stechschritt. Als assimilierte amerikanische Jüdin, die sich nie mit ihrer jüdischen Identität beschäftigt hatte, wurde mir plötzlich vor Augen geführt, was es hieß, im Europa des Dritten Reiches Jude zu sein – und nicht nur dann, sondern während der gesamten europäischen Geschichte überhaupt.

In Berichten über das mörderische Verhalten der Nazi-Ärzte fand ich häufig Hinweise auf Janusz Korczaks letzten Marsch mit den Kindern. Ich wollte mehr über diesen Mann wissen – diesen guten Arzt –, der es vorgezogen hatte zu sterben, statt die Grundsätze, nach denen er gelebt hatte, aufzugeben. Was hatte ihm die Kraft gegeben, diese Prinzipien in einer aus allen Fugen geratenen Welt aufrechtzuerhalten ?

Aber noch etwas anderes zog mich zu Janusz Korczak. Ich identifizierte mich mit ihm als Schriftsteller – ich selbst habe Geschichten für Kinder geschrieben, habe als Journalistin im Fernen Osten gearbeitet, über die kriegsverletzten, elternlosen und verlorenen Kinder von Hiroshima, Korea und Vietnam berichtet. Viele meiner Bücher handeln vom Recht aller Kinder, ihre Herkunft zu kennen und in einer Welt aufzuwachsen, die von keinem Krieg bedroht ist.

Aber möglicherweise hätte ich mich doch nicht näher mit Korczak befaßt, wären mein Mann und ich nicht in Paris bei einem Autounfall verletzt worden, von dem wir uns dann im Sinai erholten. Auf dem Rückweg kamen wir durch Jerusalem, und ich hörte, daß einige der Kinder, die in Korczaks Waisenhaus aufgewachsen waren, und einige Erzieher, die er ausgebildet hatte, in Israel lebten. Und in jener Stadt der verwunschenen Träume traf ich plötzlich die Entscheidung, mit meiner Tochter einige Monate zu bleiben und mit diesen Menschen zu sprechen.

Ich mietete ein kleines Haus an der alten Stadtmauer und befragte mit Hilfe eines Dolmetschers die Korczakianer, wie sie sich nennen. Sie waren zwischen fünfzig und achtzig Jahre alt, und jeder von ihnen hatte irgendwann einmal nach der Gründung im Jahre 1912 als Kind oder als Erzieher in Korczaks jüdischem Waisenhaus gewohnt. Viele lebten noch, weil sie als Zionisten in den dreißiger Jahren nach Palästina ausgewandert waren; einige hatten Ghetto und Konzentrationslager überstanden oder den Krieg im fernen Sibirien verbracht. Andere waren 1967 nach dem Sechstagekrieg nach Israel gekommen, als mit der Welle der »anti-zionistischen Reinigung« die letzten Juden Polen verließen.

»Ich will nicht über den Toten reden, sondern über den Korczak, der gelebt hat«, sagten sie mir zuerst, weil es sie störte, daß die Nachwelt mehr über sein Sterben als über sein Leben wußte. Sie hatten nicht den Märtyrer gekannt und geliebt, sondern den lebendigen, fehlbaren Vater und Lehrer.

Ich hörte ihnen zu und konnte Korczak als bescheidenen, disziplinierten Mann sehen, der Probleme, die andere überwältigt hätten, mit einer ironischen Bemerkung abtat. Ich reiste in den Kibbuz und in jene Städte, die er während seiner beiden kurzen Aufenthalte in den dreißiger Jahren besucht hatte, und versuchte, mich in den Korczak von damals hineinzuversetzen. Obwohl kein Zionist, war Korczak wie viele andere akkulturierte jüdische Schriftsteller im Vorkriegseuropa gezwungen gewesen, den Schlägen der Geschichte einen Schritt voraus zu sein. Als das Aufkommen des extremen Nationalismus in Polen ihn über die Zukunft seiner Arbeit verzweifeln ließ, kam er nach Palästina, blieb aber äußerst ambivalent, ob er sich dort niederlassen sollte oder nicht. Da er überzeugt war, daß man, wenn man kein Verräter sein wollte, »bis zum letzten Moment auf seinem Posten ausharren muß«, war er am 1. September 1939, als die Invasion der Nazis ihm die Entscheidung aus der Hand nahm, immer noch in Warschau.

Wer war Janusz Korczak? Auf meinem Schreibtisch stehen die beiden bekanntesten Photos von ihm. Das eine, das ihn als Buben zeigt, nahm er als Titelblatt für sein Buch *König Hänschen I.*, damit seine Leser sahen, daß auch er einmal klein und verletzbar gewesen war, so wie sie. Das andere zeigt den Mann mit angespannten, traurigen Augen, sein kahler Schädel verliert sich im Konturenlosen, weil ein ungeduldiges Waisenkind das Negativ herausgerissen hatte, bevor es fertig entwickelt war.

Dies sind die beiden Janusz Korczaks – der junge utopische König Hänschen, der davon träumte, den Kindern eine bessere Welt zu bescheren, und der skeptische alte Doktor, der wußte, daß man den Traum immer verfehlt.

»Es wird schwierig sein, Korczak den Amerikanern näherzubringen«, hatten mir die Korczakianer in Israel gesagt. Das gleiche hörte ich von ihnen in Polen – aber aus anderen Gründen. »Er war sehr polnisch«, sagte mir Igor Newerly, früher Korczaks Sekretär und heute ein bekannter Schriftsteller. »Und obwohl er zur polnischen Intelligenzija seiner Zeit gehörte, war er allein – ein Mann mit eigener Lebensart und individualistischen Überzeugungen. Er war humorvoll und warmherzig, aber auch einsam und traurig. Er war alles, und das müssen Sie begreiflich machen.«

Und um das zu tun, so wurde mir bald klar, mußte man Korczak als Polen *und* als Juden sehen; und beides zu sein – um mit dem Schriftsteller Tadeusz Konwicki zu sprechen – ist schwieriger, als nur Pole oder nur Jude zu sein. Das Problem zeigt sich bereits im Sprachgebrauch: Ein polnischer Katholik ist ein Pole, ein polnischer Jude hingegen ein Jude.

Korczak wollte im Polen der Vorkriegszeit als Pole und als Jude leben und sah sich deshalb einiger Kritik ausgesetzt. Für viele Juden galt er als Abtrünniger, der seine Schriften auf Polnisch statt Jiddisch oder Hebräisch verfaßte, während keine noch so tiefgehende Akkulturation die politisch rechts orientierten Polen vergessen ließ, daß er Jude war. Für die radikalen Sozialisten und Kommunisten der Zwischenkriegszeit galt er, der politisch nicht aktiv war, als Konservativer, diese wiederum sahen in ihm, der mit sozialistischen Ideen sympathisierte, einen Radikalen. Und dann gab es noch jene, die seine Sache zwar unterstützten und sein Loblied sangen, ihn aber doch für einen

Exzentriker hielten, denn unverheiratet und ungesellig wie er war, hatte er keinerlei Geduld für aufgeblasene und selbstherrliche Erwachsene, aber sehr viel Verständnis und Nachsicht für boshafte Kinder.

Ich sprach mit den Leuten in Warschau und überlegte, wie ich dieses Buch über Korczak schreiben sollte. Wenn jemand seine Biographie nicht geschrieben haben möchte, verbrennt er seine Unterlagen; das hatte für Korczak schon die Geschichte besorgt. Das Warschauer Ghetto, in dem er sich von Ende 1940 bis zum Sommer 1942 aufhielt, wurde ein Jahr später beim Ghettoaufstand von den Deutschen zerstört. Korczaks Notizbücher, in denen er seine Gedanken in seiner winzigen, genauen Schrift niedergeschrieben hatte, verbrannten. Seine Briefe und Memorabilia, seine Aufzeichnungen über das Schlafverhalten der Kinder, die Tabellen über Größe und Gewicht, dreißig Jahre lang gesammelt als Grundlagen für ein Buch über die Entwicklung von Kindern, seine literarische und wissenschaftliche Bibliothek in deutscher, französischer, russischer und polnischer Sprache, die Entwürfe für zukünftige Veröffentlichungen – alles verbrannte. Verwandte und Freunde seiner Kindheit, die über Korczaks Jugend, seine Eltern und seine Schwester hätten berichten können, starben in den Lagern.

Nach Janusz Korczak zu forschen, so wie ich es tat, hieß, einen Mann, den es nicht mehr gab, an einem Platz zu suchen, der verschwunden war. Seine so vielfältige Welt war untergegangen. Warschau, mit seinen Cafés, eleganten Restaurants und Theatern einst das Paris des Ostens genannt, wurde 1944 während des polnischen Aufstandes von den Deutschen dem Erdboden gleichgemacht. Wiederaufgebaut nach dem Krieg (mit dem barocken Kulturpalast, einem unerwünschten Geschenk der Sowjetunion, als dominierendem Gebäude), tönt die Stadt heute von wirtschaftlicher und politischer Unzufriedenheit.

In den Jahren von 1979 bis 1986 fuhr ich viermal nach Polen und zweimal nach Israel. Die Korczakianer bemühten sich immer wieder, mir zu helfen und in ihrem Gedächtnis nach noch einem weiteren Detail ihrer Erfahrungen mit Korczak zu graben. In den spärlichen Archiven in Warschau und Israel fand ich einige Bücher über ihn von Leuten, die auf die eine oder andere Weise mit ihm zu tun gehabt hatten. Es gab Exemplare sämtlicher vierundzwanzig von ihm publizierten Bücher – viele von ihnen autobiographisch gefärbt – sowie die über tausend Artikel, die er in seinem Leben in Zeitungen und Zeitschriften veröffentlicht hatte. Außer den ungefähr siebzig Briefen aus den zwanziger und dreißiger Jahren, die von ihren Empfängern in Palästina aufbewahrt worden waren, existiert von Korczaks privaten Papieren nur noch das Tagebuch, das er in den letzten, verzweifelten Monaten seines Lebens schrieb. Nach seinem Tod aus dem Ghetto herausgeschmuggelt, wurde es in eine Wand seines katholischen Waisenhauses im Warschauer Vorort Bielany eingemauert und nach dem Krieg wieder hervorgeholt.

Obwohl Korczak ein Jahr vor dem Warschauer Ghettoaufstand starb, kamen im April 1983 viele seiner jüdischen Waisenkinder und Erzieher, die den Krieg überlebt hatten, aus der ganzen Welt nach Warschau, um ihn anläßlich des vierzigsten Jahrestages des Aufstandes zu ehren. Sie waren nur mit Überwindung gekommen, einigen widerstrebte die Verhängung des Kriegsrechts und das Verbot der Gewerkschaft Solidarität im Jahre 1981, die meisten jedoch hatten Angst vor der Erinnerung und der Konfrontation mit der Zerstörung jener Welt, die sie einst gekannt hatten.

Es ist diese verlorene Welt des Janusz Korczak und der 350000 Warschauer Juden, der man begegnet, wenn man das ehemalige jüdische Viertel besucht. Die Nazis hatten die Mauer darum herum errichten lassen, um es zum Ghetto zu machen, dann hatten sie es niedergebrannt, und noch viele Jahre nach dem Krieg nannten die Polen diese Schuttwüste »wilder Westen«. Nach und nach sind auf Schutt und Asche neue Gebäude entstanden. Und das Mahnmal des Warschauer Ghettoaufstandes steht mitten in dieser unheimlichen Landschaft und erinnert an die ungeheuerlichen Grausamkeiten, die hier verübt wurden.

Die Internationale Janusz-Korczak-Gesellschaft in Warschau

hatte ihre Mitglieder zur Enthüllung der Büste eingeladen, die jetzt in der Mitte des Vorhofs zum ehemaligen jüdischen Waisenhaus steht. Dem alten Doktor wäre die Ironie nicht entgangen, daß es in dem vierstöckigen weißen Gebäude, das im Krieg völlig ausgebrannt und in den fünfziger Jahren wiederaufgebaut worden war, die Mansarde nicht mehr gab, die ihm als Arbeitszimmer gedient hatte. Das Dach wird nicht mehr von dem sanften Bogen seines dreigeteilten Fensters unterbrochen, durch das er die Kinder im Hof beobachtet und die Spatzen gefüttert hatte, die ihm Gesellschaft leisteten. Als die Enthüllungsfeier vorüber war, wanderten die Korczakianer durch das Waisenhaus – auf der Suche wonach? Nach sich selbst als Kind oder Erzieher? Nach dem »alten Doktor«? Nach Stefa Wilczynska, die dreißig Jahre lang seine Kodirektorin gewesen war?

Die polnischen Kinder, die jetzt dort lebten, bewegten sich wie Phantome durch die Gänge und machten Platz für die alten Phantome, die zurückgekehrt waren. Sie baten uns in den großen Saal – der auch zu Korczaks Zeiten als Speisesaal und Schulaufgabenzimmer gedient hatte –, um uns zwei kurze Theaterstücke vorzuführen, die sie für uns einstudiert hatten: einen lustigen Sketch, der auf einer Szene aus *König Hänschen* basierte, und eine Darstellung von Korczaks Marsch mit den jüdischen Kindern zu dem Waggon, der sie nach Treblinka brachte. Die polnischen Kinder wurden zu den unglückseligen jüdischen Kindern, von denen man ihnen soviel erzählt hatte: Langsam gingen sie mit Korczak ihrem unbekannten Ziel entgegen, kletterten in einen imaginären Viehwaggon, bildeten dort einen Kreis um ihn, bewegten sich mit dem Schlingern des Zuges, während er ihnen eine letzte Geschichte erzählte, in der das Gute das Böse besiegt.

In dem Charterbus, der uns in unsere Quartiere zurückbrachte, saß ich neben Michal (Misha) Wroblewski, einem Lehrer, der unter den Überlebenden der letzte gewesen war, der Korczak lebend gesehen hatte. Auf der anderen Seite der Ghettomauer hatte er durch Korczaks Vermittlung eine Arbeit gefunden, und als er an jenem späten Nachmittag ins Ghetto-Waisenhaus zurückkehrte, war niemand mehr da.

Misha schwieg eine Weile, dann beugte er sich zu mir: »Wissen Sie, jeder macht so viel aus Korczaks letztem Entschluß, mit den Kindern den Zug zu besteigen. Aber sein ganzes Leben bestand aus moralischen Entschlüssen: der Entschluß, Kinderarzt zu werden, der Entschluß, eine medizinische und literarische Karriere aufzugeben, um sich armen Waisenkindern zu widmen, und der Entschluß, mit den jüdischen Waisen ins Ghetto zu gehen. Dieser letzte Entschluß, mit den Kindern nach Treblinka zu gehen, gehörte einfach zu seiner Natur. Er war so. Er würde gar nicht verstehen, warum wir heute soviel Aufhebens davon machen.«

Als ich dann in New York und Cape Cod an diesem Buch arbeitete, wurde Janusz Korczak für mich zu einem Mann, der ohne Angst über das ging, was die Chassidim die schmale Brücke des Lebens nennen, und der bei jeder Station die moralischen Entscheidungen traf, die sein Handeln bestimmen würden.

Erster Teil
1878–1918

1
Das Salonkind

Seine erste moralische Entscheidung traf er im Alter von fünf Jahren.

Henryk Goldszmit spähte in den Hof hinunter, der das vornehme Warschauer Bürgerhaus wie eine Festung umgab, und vertraute seiner Großmutter mütterlicherseits, dem einzigen Menschen, der ihn verstand, seinen »kühnen Plan« an, »die Welt zu verändern«. Er würde das Geld abschaffen, aber wie das zu tun sei und was danach kommen sollte, war ihm schleierhaft. Das Problem war wirklich äußerst schwierig, aber das Ziel war eindeutig: die Dinge so einzurichten, daß es keine schmutzigen oder hungrigen Kinder wie den Sohn des Hausmeisters mehr gäbe oder wie die Bande im Hof, mit der er nicht spielen durfte.

»Großmutter setzte mir Rosinen in den Kopf und sagte: ›Du Philosoph.‹«

Er wußte nie genau, wann er geboren wurde – am 22. Juli 1878 oder 1879 –, weil sein Vater Jozef Goldszmit, ein bekannter Warschauer Anwalt, seine Geburt erst sehr spät gemeldet hatte.

»Später hatte ich deswegen Schwierigkeiten«, schrieb er. »Mutter nannte das eine strafbare Nachlässigkeit . . .«

Vielleicht zeigten sich bereits damals bei Jozef die ersten Anzeichen seiner späteren Geisteskrankheit, oder sein Hinauszögern war einfach Absicht gewesen. Warschau gehörte damals zum russischen Reich. Das Königreich Polen, auch Kongreß-Polen genannt, stand nämlich seit dem Wiener Kongreß von 1815 in Personalunion mit Rußland und sah sich intensiven Russifizierungsbemühungen ausgesetzt. Daher fälschten viele Eltern die Altersangaben ihrer Söhne in der Hoffnung, deren Einzug in die Armee des Zaren verzögern oder vielleicht sogar verhindern zu können. Wenn er seinen ersten (und einzigen) Sohn auch offiziell nicht anmeldete, so sandte Jozef doch Geburtsanzeigen an Freunde daheim und im Ausland. Er war außerordentlich stolz auf die Segenswünsche des Oberrabbiners von Paris: »Ihr Sohn wird ein großer Mann Israels sein.« Korczak behielt diesen Brief sein Leben lang, auch wenn ihm klar war, daß es in seinem frühen Verhalten wenig gab, das seinen Vater davon überzeugt hätte, einen bedeutenden Mann großzuziehen.

Er war ein verträumtes Kind, das stundenlang allein spielen konnte. Der große Haushalt wurde von Frauen dominiert: Außer seiner Mutter und seiner jüngeren Schwester gab es die Großmutter mütterlicherseits, die Köchin, das Dienstmädchen und eine ganze Reihe französischer Gouvernanten. Draußen gab es eine Welt, in der die Männer das Sagen hatten, aber in dieser eleganten Wohnung mit reichverzierten Schränken und Tischen, Plüschsofas und Orientteppichen führte das »ganze Weibervolk das Regiment«.

In jenen Tagen gab es wenig Orte, an denen ein Kind spielen konnte. Im Sächsischen Garten im Herzen der Stadt, nicht weit von der Wohnung auf der Senatorskastraße entfernt, hinter dem Nationaltheater, gab es keine Spielplätze mit Schaukeln oder Bolzplätze, auf denen ein Kind sich austoben und überschüssige Energien loswerden konnte. Hausmeister jagten hinter jedem mit dem Besen her, der auch nur in der Nähe ihrer Haustore einen Ball hüpfen ließ, und die Polizei verfolgte die Kinder, die sich einen Spaß daraus machten, auf die roten, pferdegezogenen Straßenbahnen aufzuspringen. Da es für ein Kind aus guter Familie als unschicklich galt, im Hof zu spielen, konnte ein sensibler, überbehüteter Bub wie Henryk nur drinnen sitzen, »Geheimnisse wälzen« oder seine Nase an der Fensterscheibe des Speisezimmers plattdrücken und den Sohn des Hausmeisters und die anderen Schmutzfinken unten im Hof beneiden.

Immer wieder hörte er von seiner Mutter, daß arme Kinder schmutzig seien, schlimme Wörter sagten und Läuse hätten. Sie prügelten sich, warfen Steine, stachen sich die Augen aus und hatten schreckliche Krankheiten. Aber er fand den Sohn des Hausmeisters und seine Freunde völlig in Ordnung. Sie rannten den ganzen Tag herum, tranken Wasser vom Brunnen und kauften herrliche Süßigkeiten bei den Hausierern, in deren Nähe er nicht einmal kommen durfte. Ihre schlimmen Wörter waren eigentlich lustig, und es war hundertmal einladender, unten bei ihnen zu sein als in der langweiligen Wohnung mit der französischen Gouvernante und seiner kleinen Schwester Anna. »Ein Kind ist jemand, der sich bewegen muß«, wird er eines Tages schreiben; dies zu verbieten, bedeute, »es zu würgen, es zu knebeln, seinen Willen zu brechen, seine Kraft zu verbrennen, bis nur noch der Geruch von Rauch übrigbleibt«.

»Dieser Junge hat keinen Ehrgeiz«, sagte seine Mutter, als sie ihn mit der Puppe seiner Schwester Verstecken spielen sah. Sie begriff nicht, daß er mit der Suche nach der Puppe in neue Dimensionen vorstieß und die Enge der Wohnung hinter sich ließ. »Die Puppe war nicht einfach eine Puppe, sondern die Lösung eines Kriminalfalles, eine verborgene Leiche, die gefunden werden mußte.«

»Kinderspiele sind nicht frivol«, wird er schreiben. »Ein Geheimnis zu entdecken, ein verstecktes Objekt zu finden und damit zu beweisen, daß es nichts gibt, was nicht gefunden werden kann – das ist alles.«

Sein Vater regte sich schrecklich auf, nannte ihn »Tropf«, »Idiot« oder »Esel«, wenn er ihn stundenlang bei seinen Bauklötzen sitzen sah. Er verstand nicht, daß Henryk die Türme baute, die in *König Hänschen I.* und anderen Büchern als ein Zufluchtssymbol für die Verlorenen und die Waisen auftauchen sollten. »Gefühle ohne Ventil werden zu Tagträumen«, schrieb er. »Und Tagträume werden zum inneren Buch des Lebens. Wenn wir sie zu interpretieren wüßten, würden wir feststellen, daß sie wahr werden. Allerdings nicht immer so, wie wir es erwarten.«

In der Küche herumzuhängen, gehörte sich auch nicht für ein Kind. Aber manchmal, wenn seine Eltern ausgegangen waren, schlich Henryk sich dorthin und bat die Köchin, ihm eine Geschichte zu erzählen. Diese phantasievolle Frau setzte ihn auf einen hohen Schemel neben dem Tisch, an dem sie arbeitete – ganz so, als wäre er »ein Mensch und kein Schoßhund auf einem Seidenkissen«.

»Also ein Märchen willst du hören? Na schön. Was wollte ich sagen? O ja, es war so. Einen Augenblick noch, laß mich nachdenken.« Sie schien zu wissen, daß er Zeit brauchte, sich richtig hinzusetzen, bevor sie anfing.

»Also wandert sie durch den Wald«, erzählte die Köchin vielleicht, und zwar so, als ob sie da weitermachte, wo sie aufgehört hatte. »Es ist sehr dunkel, man kann nichts sehen, weder Bäume noch Tiere, noch nicht einmal einen Stein. Es ist pechschwarze Nacht. Und sie hat große Angst. Also bekreuzigt sie sich einmal, und das hilft etwas. Sie bekreuzigt sich noch einmal und geht weiter . . .«

Sie wußte, wann sie eine Verschnaufpause für ihn einlegen mußte und wann es an der Zeit war, weiterzuerzählen. Nie vergaß er, mit welcher Wärme sie gesprochen hatte, die dramatische Spannung, die für sie so selbstverständlich war wie das rhythmische Kneten des Brotteigs. Er wird ihr immer dankbar sein für ihre Geduld, wenn er sie mit Fragen unterbrochen hatte, und für den Respekt, den sie ihrer Geschichte und ihrem Zuhörer entgegengebracht hatte. Er wußte, daß sie es war, die für die magischen Seiten seines Erzähltalents verantwortlich zeichnete.

Es gab aber nicht nur positive Erfahrungen mit dem Personal. Eines Abends, als seine Eltern ins Theater gegangen waren, hatte Catherine, seine französische Gouvernante, einen Besucher in der Küche, einen fremden Mann mit hohen Stiefeln. Als Henryk zu weinen anfing und wollte, daß der fremde Mann wegginge, verlangte die Gouvernante eine Entschuldigung von ihm. Er weigerte sich. »Wenn du dich nicht entschuldigst, lassen wir dich hier allein«, drohte sie ihm. »Dann kommt der alte Bettler und steckt dich in den Sack.«

Hilflos stand er da, bis seine Eltern heimkamen. »Warum ist mein Sohn nicht im Bett?« fragte seine Mutter die Gouvernante. Und zu ihm: »Hast du geweint? Du hast ja rote Augen.« Er schüttelte den Kopf und küßte sie.

Der Salon war ein weiterer Ort, an dem die Kinder sich nicht aufhalten durften. Tagsüber filterten die schweren Vorhänge zwar die Strahlen der Sonne, nicht aber das Klappern der Hufe auf dem Kopfsteinpflaster vor dem Haus, wenn die pferdegezogenen Kutschen vorbeifuhren, denn wie alle vornehmen Salons lag auch dieser zur Straße und nicht zum dunklen Hof hinaus. Nur abends, wenn Gäste da waren, war der Salon von Kerzen erhellt und füllte sich mit Leben.

Manchmal mußte Henryk die Gäste begrüßen und die romantische Ballade von Adam Mickiewicz aufsagen, die alle wohlerzogenen polnischen Kinder für solche Gelegenheiten auswendig können mußten: »Vaters Rückkehr«. Linkisch und blaß stand er da und fing an: »Papa kommt nicht zurück! Papa kommt nicht zurück!« – und wurde zu dem Kind, das Angst hatte, sein Vater sei auf dem Heimweg von einer Geschäftsreise von Räubern überfallen und getötet worden. Der Vater jedoch wurde von den Räubern verschont, weil sie gerührt waren, daß zu Hause ein Kind auf ihn wartete. Keiner hingegen bewahrte den kleinen Henryk vor dem »falschen Lächeln« der Männer mit den kratzigen Bärten, die ihm Zigarrenqualm ins Gesicht bliesen, und den starken Parfums der Frauen, die ihn auf ihren Schoß ziehen wollten. (Bis er eines Tages dafür gescholten wurde, wischte er sich das Gesicht nach jedem Kuß wieder ab.) Dumme Fragen und hohles Gelächter machten ihn verlegen: Wem sah er ähnlich? Oh, er war ja so ein großer Bub! Schaut nur, wie er gewachsen ist! Wußten sie denn nicht, daß Kinder von Fremden nicht angefaßt und geküßt werden wollen? Selbst Mutter und Vater schienen in diesen Momenten Fremde zu sein.

Sein Vater war bereits unberechenbar geworden. Er zog Henryk und seine Schwester »trotz härtester Verurteilung durch die Mutter und die Großmutter an den Ohren, daß es weh tat. ›Wenn das Kind taub wird, so ist es dein Werk.‹« Einmal rannte der Bub mit einer aufregenden Neuigkeit ins Arbeitszimmer seines Vaters und zupfte ihn am Ärmel. Jozef explodierte, weil ein Tintenfleck auf ein wichtiges Dokument gekommen war. Doch der Vater konnte auch sein Freund sein, besonders zu Weihnachten, wenn er mit Henryk und seiner Schwester Anna zum Krippenspiel ging. Die Mutter sorgte sich stets, wenn Jozef mit den Kindern unterwegs war. Manchmal schien es dem Buben, sein charmanter und quirliger Vater sei ebenso gefährlich wie der Sohn des Hausmeisters. Er verströmte ein Gefühl rücksichtsloser Männlichkeit, das aufregend und erschreckend zugleich war.

Irgendwo in seinem Innern wußte Henryk, daß die Sorge seiner Mutter nicht unbegründet war. »Mit Recht vertraute Mutter die Kinder nur ungern der väterlichen Fürsorge an«, sagte er später rückblickend, »und mit Recht begrüßten wir – meine Schwester und ich – mit einem Schauder des Entzückens und freudiger Begeisterung selbst die anstrengendsten, ermüdenden, mißlungenen und in ihren Folgen beweinenswerten ›Vergnügungen‹ und behielten sie in der Erinnerung, die dieser nicht allzu ausgeglichene Pädagoge mit einer eigentümlichen Intuition ausfindig machte – unser Vater.«

Einmal ging er mit seinem Vater zum Krippenspiel in einem langgestreckten, heißen Saal in einem Waisenhaus. »Eine geheimnisvolle Dame setzte mich in die erste Reihe.« Der Sohn, von der Atmosphäre des Geheimnisvollen in dem vollgepfropften Saal ohnehin schon überwältigt, geriet bei dem Gedanken, von seinem Vater getrennt zu sein, in Panik. Außerdem wußte er, daß er immer schreckliche Angst hatte, wenn Tod und Teufel auf die Bühne sprangen.

»In meiner Bedrängnis rief ich: ›Vater!‹«

Der Vater, der nichts begriff, entgegnete nur: »Bleib doch sitzen, du Dummerle!«

Unterwegs hatte er seinen Vater gefragt, ob Herodes oder der Teufel erscheinen würden. »Das wirst du schon sehen.« Es ist also kein Zufall, wenn der spätere Lehrer seinen Erziehern mit auf den Weg gab: »Verzichtet auf Überraschungen für die Kinder, wenn sie keine wollen.«

Die Vorbereitungen zogen sich endlos in die Länge, bis der Vorhang endlich aufging, und das Getuschel und die Geräusche, die aus den Kulissen kamen, machten ihn ganz nervös. »Die Lampen rußten. Die Kinder drängten sich. ›Rück nach! Nimm deine Hand weg! Schieb den Fuß weg! Leg dich doch nicht auf mich!‹« Nach einer Ewigkeit ertönte endlich die Glocke.

Jahre später, als Korczak über dieses Ereignis schrieb,

konnte er sich nicht mehr erinnern, ob der Teufel rot oder schwarz gewesen war. Doch: »Ein solches Lachen, solche Sprünge, solch einen leibhaftigen Schwanz, ein solches ›Nein‹, eine solche Forke und ein solches ›Komm‹ – so etwas hatte ich noch nie gesehen oder gehört; eine seltsame Vorahnung überkommt mich – wenn es nun wahr ist, daß es wirklich eine Hölle gibt?« Irgendwie überstand er das Ganze und war sogar ein wenig enttäuscht, als das Licht wieder anging und er sich in einem ganz gewöhnlichen Saal in Warschau wiederfand, in dessen verrauchter Luft er husten mußte.

Sein Vater hatte ihn wieder an der Hand, aber er konnte sich nicht mehr erinnern, ob sie dann Eis essen gingen oder er ein »eiskaltes Sodawasser mit Ananassaft« bekam. Er erinnerte sich, seinen Schal verloren und danach drei Tage mit Fieber im Bett gelegen zu haben. »Du hast kalte Hände, geh nicht so nah ans Bett!« wies die Mutter den Vater zurecht, als der am dritten Tag zu seinem Sohn wollte. Jozef verließ »folgsam« das Zimmer, warf seinem Sohn aber einen Blick zu »wie ein Spießgeselle«. Der Bub antwortete mit einem »spitzbübischen Augenzwinkern ... ›Ist schon gut!‹ Mir scheint, wir fühlten beide, daß letztlich nicht sie ..., dieses ganze Weibervolk, das Regiment führten, sondern wir, wir Männer. Wir sind die Herren des Hauses. Nur um des lieben Friedens willen geben wir nach.«

Es gab noch ein Ereignis in der Weihnachtszeit, auf das Henryk sich zwar freute, das er aber auch fürchtete – nämlich ein Puppenspiel, mit dem arbeitslose Bauarbeiter aus der Miodowastraße durch die Höfe der besseren Häuser zogen und eine Vorstellung gaben, »wenn man sie einließ«, was sein Vater, sich über die Einwände der Mutter hinwegsetzend, stets tat. Damit die Wohnung nicht verschmutzt wurde, fand die Vorstellung in der Küche statt. Die Männer kamen durch den Dienstboteneingang. »Und die Köchin versteckte die kleinen Sachen, denn sie stahlen – einmal aus einem ganzen Satz zwei Löffel von Fraget.«

Das »Weibervolk« befand sich stets in höchster Aufregung, wenn die Puppenspieler dann in der Küche ihre kleine hölzerne Bühne aufbauten. Henryk sah von der Tür aus zu. Es waren nicht Tod oder Teufel, die zu den Akkordeon- oder Drehorgelklängen tanzten, vor denen er sich das ganze Jahr lang gefürchtet hatte, sondern es war der Augenblick am Schluß der Vorstellung, wenn der alte Mann mit seinem Beutel kam und um Almosen bat.

»Der Vater hieß mich, neue silberne Zehngroschenstücke eigenhändig in den Beutel des Alten zu werfen; aber ich wechselte meine gesamte Barschaft in Zweigroschenstücke um und warf sie zitternd vor Aufregung hinein. Der Alte aber schaute in den Sack, schüttelte seinen langen weißen Bart und sagte: ›Wenig, wenig, gib uns noch mehr, junger Mann.‹«

Das ganze Jahr über hatte er gespart, um dieser schrecklichen Konfrontation zu entgehen, selbst den Bettlern auf der Straße hatte er nicht mehr das gegeben, was man ihnen eigentlich geben sollte, nur damit ihm mehr Münzen blieben. Doch der alte Mann war ebenso unersättlich, wie sein Beutel bodenlos zu sein schien. »Er war ganz klein und sein Beutel fünfmal kleiner als mein Portemonnaie, aber er verschluckte alles und verschlang alles und preßte noch das Letzte heraus.«

Doch es war niemals genug. »Der Alte ..., wieviel hat er mich gelehrt für die Zeit, als das verzweifelte Warschau belagert wurde. Die Aussichtslosigkeit, sich der zudringlichen Bitten zu erwehren, und die Unersättlichkeit der Forderungen, die keiner erfüllen kann.«

Henryk wußte nicht, daß Puppenspiele und Krippenspiele eine religiöse und eine kulturelle Bedeutung hatten. Seine Eltern, denen mehr an ihrem ethischen als ihrem rituellen jüdischen Erbe lag, hatten ihm die »geheimnisvolle Frage nach dem Bekenntnis« noch nicht nähergebracht. Das blieb dem Sohn des Hausmeisters und dem Tod seines Kanarienvogels vorbehalten.

Der Vogel war Henryks bester Freund gewesen, beide waren sie in einen Käfig gesperrt, keinem war erlaubt zu fliegen. (Der Vogel könnte ja an der Kälte sterben und der Bub an einer schrecklichen Krankheit.) Doch eines Tages fand er den Vogel steif auf dem Boden seines Käfigs. Er hob den kleinen Körper auf, nahm das Schnäbelchen zwischen seine Lippen, um ihm wieder Leben einzuhauchen. Es war zu spät. Seine Schwester Anna half ihm, den Vogel einzuwickeln und in eine Bonbondose zu legen. Begraben konnte er ihn nur unter dem Kastanienbaum im Hof, dessen Betreten ihm verboten war. Sorgfältig konstruierte er ein kleines Holzkreuz für das Grab.

»Das geht nicht!« sagte das Dienstmädchen. »Das ist doch bloß ein Vogel und kein Mensch.« Und als ihm die Tränen übers Gesicht liefen, meinte sie: »Es ist wirklich eine Sünde, über so etwas zu weinen.«

Doch Henryk war stur, auch damals schon. Er marschierte mit seiner Dose in den Hof – die Schwester hinterdrein – und begann, das kleine Grab auszuheben. Dann kam der Sohn des Hausmeisters, beobachtete die Szene und machte ebenfalls Einwände gegen das Grabkreuz, wenn auch aus anderen Gründen: Der Kanarienvogel war Jude gewesen. Und was viel schlimmer war, auch Henryk war Jude.

Diesen Augenblick der Erkenntnis vergaß er nie: »Ich bin auch Jude, und er – Pole und Katholik. Er würde ins Paradies kommen, ich dagegen, wenn ich keine häßlichen Ausdrücke gebrauchen und ihm immer folgsam im Haus stibitzten Zucker mitbringen würde, käme nach dem Tode zwar nicht gerade in die Hölle, aber irgendwohin, wo es ganz dunkel sei. Und ich hatte Angst in einem dunklen Zimmer.

Tod – Jude – Hölle. Das schwarze jüdische Paradies. Es gab genug Grund zum Grübeln.«

2
Das Erbe

Henryk war auf das Problem gestoßen, dem alle polnischen Juden irgendwann in ihrem Leben begegneten – das jüdische Problem.

Er wird herausfinden, daß Hirsh Goldszmit, der Großvater, dessen Namen er trug, sein Leben damit verbracht hatte, dieses Problem zu lösen. Er war neunundsechzig Jahre alt, als er 1874, nur wenige Jahre vor der Geburt seines Enkelsohnes, in der südlich von Lublin gelegenen Provinzstadt Hrubieszow starb.

Hirsh war ein Träumer und ein Mann der Tat, ähnlich wie es später sein Enkel sein wird. Im frühen 19. Jahrhundert schloß er sich der Haskala an, der jüdischen Aufklärungsbewegung, die die Juden ermutigte, sich der säkularisierten Welt anzuschließen. Die polnischen Könige des Mittelalters hatten die Juden zwar willkommen geheißen, dennoch waren sie stets isoliert geblieben. Hirsh und die anderen Maskilim* versuchten, ihre Glaubensgenossen zu überzeugen, daß sie sich ihrer Bärte und Locken entledigen, statt ihrer Kaftane westliche Kleidung tragen und Polnisch statt Jiddisch zu ihrer Sprache machen könnten, ohne ihre spirituellen Werte preisgeben zu müssen. Es war ein mühsames Unterfangen. Jahrhunderte der Diskriminierung in der Diaspora hatten sie den Christen gegenüber mißtrauisch werden lassen, wohl fühlten sie sich nur unter ihresgleichen. »Macht einen Zaun um die Thora und laßt euch auf nichts ein, was von außen kommt«, war ein gängiges Sprichwort.

Irgendwie gelang es Hirsh, dessen Vater, ein Glaser, auch mit Kaninchenfellen handelte, über den Zaun zu springen und Medizin zu studieren. Nach seinem Examen heiratete er die um zwei

---

* *Maskilim* – aufgeklärte Ostjuden im 19. Jahrhundert (Anm. d. Übers.).

Jahre jüngere Chana Ejser und wurde der erste Arzt am kleinen jüdischen Krankenhaus von Hrubieszow. Getreu den Haskala-Überzeugungen gab er seinen drei Söhnen und zwei Töchtern christliche wie hebräische Vornamen, und als einer der Führer der jüdischen Gemeinde – die mit dreitausend Mitgliedern die Hälfte der Bevölkerung der Stadt ausmachte – nahm er jede Gelegenheit wahr, alle vorhandene polnisch-jüdische Zusammenarbeit zu lobpreisen. Im hebräischen Lokalblatt, in dem er um Spenden für sein kleines Krankenhaus bat, lobte Hirsh die beiden Rabbiner, die wie »Bettler« umhergezogen seien und trotz ihres hohen Alters Geld gesammelt hätten, und er lobte jenen Christen, der im Wohltätigkeitsausschuß saß und »keine Mühen gescheut« habe, ihnen zu helfen.

Doch Hirshs Behauptung, eine säkulare Erziehung würde die Kinder nicht vom Glauben ihrer Väter weg in die Klauen der Konvertierung treiben, wurde 1849 widerlegt, als sein ältester Sohn, der achtzehnjährige Ludwik, zum christlichen Glauben übertrat. In jener leidenschaftlichen Zeit der polnischen Aufstände gegen die russische Herrschaft war ein solcher Schritt zwar nichts Ungewöhnliches, Hirsh selbst jedoch blieb zeit seines Lebens ein Jude und erschöpfte sich in Projekten, die als Brücke zwischen Juden und Polen dienen sollten.

Nicht nur die Starrköpfigkeit der eigenen Leute machte Hirshs Aufgabe so frustrierend, sondern auch die Tatsache, daß für sehr viele Polen ein Jude, ganz gleich wie aufgeklärt er sein mochte, niemals ein Pole sein würde. Als Korczaks Vater Jozef 1844 geboren wurde, mußte Hirsh mit zwei jüdischen Zeugen zum Büro für nicht-christliche Religionen gehen, um die Geburt dort zu melden. Er nahm den Hutmacher und den Wirt mit. Vier Jahre später bat er den Hausmeister der Synagoge und den koscheren Schlachter, die Geburt Jakubs, seines nächsten Sohnes, zu bezeugen. Jozef und Jakub konvertierten nicht wie ihr älterer Bruder, sondern setzten die Mission des Vaters fort und widmeten ihr Leben Aufgaben und Projekten, die dazu dienen sollten, armen Juden den Weg in die polnische Gesellschaft zu ebnen.

Als kleiner Bub ging Jozef in die Talmudschule in Hrubieszow, denn die Maskilim wollten ihren Söhnen vor dem Besuch der regulären Schule eine gründliche Unterweisung in der Thoralehre mitgeben. Er ging in Lublin aufs polnische Gymnasium, als der Aufstand von 1863 scheiterte, und zitierte gemeinsam mit seinen Schulkameraden die Verse von Adam Mickiewicz, Juliusz Slowacki und Zygmunt Krasinski – Polens großen Dichtern des neunzehnten Jahrhunderts. Diese Gedichte wird er an seinen Sohn ebenso weitergeben wie die Sehnsucht nach der nationalen Befreiung von den Russen.

Wir wissen nur wenig aus Jozef Goldszmits gesunden, schaffensfreudigen Jahren außer dem, was wir seinen eigenen Artikeln und Büchern entnehmen können. Es gibt noch nicht einmal eine Photographie, die verraten würde, ob der Sohn die helle Haut, die Glatzköpfigkeit und vielleicht auch den patriotischen Eifer vom Vater geerbt haben könnte. In seinen *Erinnerungen* schreibt Korczak: »Ich sollte meinem Vater viel Platz widmen: In meinem Leben verwirkliche ich, was er angestrebt hat und was mein Großvater in langen Jahren qualvoll zu erreichen versuchte.« Aber diesen Platz hat er seinem Vater, der wie er als junger Mann literarische Ambitionen hatte, nicht mehr widmen können.

Jozef war zwanzig, als er seinen ersten Artikel für den *Israelit* schrieb (eine progressive, vierzehntäglich erscheinende Zeitschrift in polnischer Sprache, die gerade neu herausgekommen war), in dem er von seiner Nervosität erzählte, als er in der großen Stadt ankam, um Jura zu studieren. Damals war Warschau eine geschäftige Kapitale mit breiten Alleen und einer halben Million Einwohner, von denen jeder sechste ein Jude war, der, mit Ausnahme eines kleinen, assimilierten Kreises, in verwahrloster Armut lebte. Mit ihrem königlichen Palast, in dem der russische Vizekönig residierte, mit den hochaufragenden, dominierenden Zwiebeltürmen der russisch-orthodoxen Kirche, mit den gepflasterten Straßen voller Kutschen, Karren, Dienstleuten und Händlern konnte die Stadt einen Neuankömmling leicht überwältigen. Auf der Suche nach einem stillen Plätzchen, wo er seine Gedanken sammeln könnte, wanderte Jozef in die Synagoge in der Danilowiczowskastraße, die ihm, wie alles in dieser Stadt, im Vergleich zu dem, was er aus der Provinz kannte, einfach großartig vorkam. Doch dann übertönte das laute Hämmern aus der benachbarten Werkzeugfabrik Musik und Gebete. »So etwas sollte in einem Gotteshaus verboten sein«, schrieb er empört. Es war sein erster, doch nicht sein letzter Kreuzzug.

Wie viele seiner Generation war Jozef desillusioniert von bewaffneten Kämpfen und gescheiterten Aufständen gegen den Zaren und vertrat die Auffassung, daß nur eine eigenständige, starke polnische Wirtschaft auch ein starkes Polen hervorbringen könne. Das jüdische Volk sollte an dieser Vision teilhaben, deshalb nahm er sich die Zeit, um Geld für Schulen aufzutreiben, die in Lublin und Warschau arme jüdische Kinder auf Polnisch so weit handwerklich ausbilden sollten, daß sie neben den polnischen Arbeitskräften bestehen könnten. Er und sein jüngerer Bruder Jakub, der dann auch Jura studierte, schrieben Zeitungsartikel zur Unterstützung dieser Schulen.

Außerdem brachten die beiden eine monographische Serie mit dem Titel *Porträts berühmter Juden* heraus, weil sie hofften, damit die Öffentlichkeit über Juden mit hervorragendem Charakter aufklären zu können. (Später nahmen sie auch berühmte Polen in das Projekt auf.) Der erste Band betraf Moses Montefiore, den exuberanten Philanthropen und Finanzberater Queen Victorias, der die Welt mit Kutsche und Ehefrau, den Leibarzt im Schlepptau, bereiste und armen Juden große Summen für Spitäler und Waisenhäuser spendete, wobei er niemals vergaß, dem jeweiligen Herrscher des Landes, in dem er sich gerade aufhielt, auch für seine Armen etwas zukommen zu lassen.

»Sir Montefiore ist Jude, was er niemals vergißt. Aber er ist auch Engländer und ein beispielhafter Bürger seines Landes, der nicht mit dem Schwert kämpft, sondern mit der Kraft der Tugend«, schrieb Jozef in seinem blumigen Polnisch des neunzehnten Jahrhunderts. Diese Botschaft haben er und sein Bruder in all ihren Schriften immer wieder hervorgehoben: man konnte loyaler Jude und gleichzeitig loyaler Bürger seines Landes sein. Als er hörte, daß sein Volk wieder einmal in großer Bedrängnis war, hatte sich Montefiori trotz seiner angegriffenen

Gesundheit noch im Alter von vierundachtzig Jahren nicht gescheut, eine anstrengende Reise nach Jerusalem zu unternehmen. »Auch wenn die Reise beschwerlich ist, wird mich nichts zurückhalten«, zitiert ihn Jozef. »Ich habe mein ganzes Leben meinem Volk gewidmet und werde es jetzt nicht im Stich lassen.«

Bekannt als die »Gebrüder Goldszmit«, nutzten Jozef und Jakub das Schreiben als Werkzeug, polnisches wie jüdisches Bewußtsein zu formen und zu heben. Sie schrieben zahlreiche Artikel über die Notwendigkeit, das jüdische Schulsystem zu säkularisieren, jüdische Waisenhäuser zu verbessern, und wagten sich sogar an Literarisches heran, um brennende soziale Probleme aufzugreifen. Man braucht nur einen dieser gestelzten Romane zu lesen – Jozefs über die Notwendigkeit einer medizinischen Versorgung für arme Juden, Jakubs über das Los der zur Prostitution getriebenen Frauen –, um zu wissen, warum ihr Traum, eine Buchgattung über jüdisches Leben in die polnische Literatur einzubringen, sich nicht erfüllen konnte.

Die Gebrüder Goldszmit verkehrten in der dünnen Gesellschaftsschicht der polnischen und jüdischen liberalen Intelligenzija. Zu ihren Freunden gehörten die berühmtesten polnischen Schriftsteller ihrer Zeit, die zum Teil in ihren Werken jüdische Menschen beschrieben, in die ein polnischer Leser sich hineinversetzen konnte. Als Jakub Herausgeber des in polnischer Sprache erscheinenden jüdischen *Kalendar* wurde, schrieben seine polnischen Freunde für ihn Artikel über ihre brüderliche Verbundenheit mit den Juden. Die Aufgabe des *Kalendar* sei es, schrieb Jakub, »Christen über Juden und Judentum aufzuklären und die Kluft überbrücken zu helfen, die die Juden immer noch absondert«. Allerdings brachte Jakub mit einem Artikel im *Kalendar*, in dem er ihre »geistige Armut« kritisierte, die wohlhabenden Führer der kleinen, aber einflußreichen assimilierten jüdischen Gemeinde gegen sich auf. Er nannte sie eine »Klasse religiöser Heuchler, die an gar nichts glauben«, und warf ihnen vor, sich vor der Verantwortung gegenüber den armen jüdischen Massen zu drücken.

Jozefs letzte wichtige Publikation war 1871 seine Dissertation über das Scheidungsgesetz im Talmud, ein Thema, auf das er sich spezialisiert hatte. Im Vorwort zu dieser Arbeit lobt ihn sein Warschauer Professor, als erster dieses esoterische Problem einer polnischen Leserschaft zugänglich gemacht zu haben. Jozefs eindeutige Absicht war es, den Talmud, der für viele Polen der Grund für das merkwürdige und sogar »böse« Verhalten der Juden war, zu entmythologisieren. Im Gegensatz zu anderen assimilierten Juden, die sich der polnischen Kritik am Heiligen Buch, daß es die Rückständigkeit fördere, angeschlossen hatten, gab Jozef einen gelehrten Überblick (basierend auf deutschen und hebräischen Quellen) über das jüdische Gesetz, wie es seit dem 11. Jahrhundert in Polen angewandt wurde.

Es gibt keine Unterlagen darüber, wann und wie Jozef Goldszmit seine Frau Cecylia Gebicka traf, aber vielleicht war es 1874 in Kalisch, einer alten Industriestadt in Westpolen, wo er Vorlesungen über das jüdische Eherecht hielt. Er war dreißig, sie war siebzehn. Es ist anzunehmen, daß Jozef mit Empfehlungsschreiben an die führenden jüdischen Familien der Stadt nach Kalisch gekommen war. Auch die Familie des Adolf Gebicki gehörte zu diesem Kreis. Adolf, ein erfolgreicher Textilhersteller, verkehrte in der jüdischen und polnischen Gesellschaft. Er entstammte einer assimilierten Arztfamilie, sein moralischer Eifer war dem Jozefs vergleichbar. (Er war sogar so etwas wie ein Volksheld für die armen Juden von Kalisch, die er vor Obdachlosigkeit bewahrte, indem er den Gouverneur dazu brachte, ihre Behausungen nicht niederreißen zu lassen.) Ein Jahr darauf wurde Adolf »wie eine Eiche gefällt und war gelähmt« (wie es in seinem Nachruf heißen wird). Er, seine Frau Emilia und ihr Sohn zogen nach Warschau, vielleicht um in der Nähe der Tochter zu sein, die damals mit Jozef entweder verheiratet oder verlobt war. Als Adolf zwei Jahre später starb, zog Emilia zu den Jungverheirateten.

In seinen im Ghetto verfaßten *Erinnerungen* schreibt Korczak mit großer Zärtlichkeit von seiner Großmutter (außer ihr kannte er keine Großeltern, und sie war die einzige, die »an ihn glaubte«). Über seine Mutter, deren Photo er sein ganzes Leben lang auf dem Schreibtisch stehen hatte, schreibt er zurückhaltender. »Und meine Mutter. Später einmal«, heißt es in seinen *Erinnerungen*. Aber ein Später sollte es nicht mehr geben.

3
Schmetterlingsbeichte

Ich bin ein Schmetterling, trunken vor Leben.
Ich weiß nicht, wohin ich fliege, aber ich
werde dem Leben nicht erlauben, meine farbenprächtigen Flügel zu stutzen.
Schmetterlingsbeichte

Wie in gebildeten Kreisen üblich, wurde auch Henryk bis zum Alter von sieben Jahren von Gouvernanten erzogen und dann in eine »strenge, langweilige und schikanöse« russische Volksschule geschickt, in der polnische Sprache und polnische Geschichte nicht unterrichtet werden durften. Strafende Lehrer zogen die Kinder an den Ohren und schlugen sie mit dem Lineal oder der neunschwänzigen Katze.

Er vergaß niemals jenen Buben, den der Hausmeister, weil er auf den Tafelschwamm gepinkelt hatte, auf ein Pult legte und ihm die Beine festhielt, während der Lehrer mit der Rute auf ihn einschlug. »Ich war entsetzt. Ich hatte das Gefühl, wenn sie mit ihm fertig sind, komme ich dran. Außerdem schämte ich mich, weil sie ihm den nackten Hintern versohlten. Sie knöpften alles auf – vor den Augen der ganzen Klasse.«

Allein der Gedanke, dort hingehen zu müssen, machte ihm so viel zu schaffen, daß seine Eltern ihn nach einigen Monaten wieder aus der Schule nahmen. Allerdings hatte er eine Lektion dort gelernt: Kinder werden von Erwachsenen nicht respektiert. Er stellte fest, daß sie in der Straßenbahn getreten wurden, daß man sie grundlos anschrie, sie ohrfeigte, wenn sie zufällig jemanden anstießen. Ständig drohte man ihnen: »Der Jud wird dich holen.« »Ich werde dich dem Alten mitgeben.« »Sie werden dich in den Sack stecken.« Später schrieb er von den Kindern als einer machtlosen, unterdrückten Klasse, einem kleinen Volk, unterjocht von der Rasse der Großen: »Die Welt der Erwachsenen kreist in schwindelerregendem Tempo um das empfindsame Kind. Nichts und niemandem kann es trauen. Erwachsene und Kinder verstehen sich nicht. Es ist, als wären sie eine andere Spezies.«

* * *

Henryk war elf Jahre alt, als sein Vater 1889 zum ersten Mal einen jener Nervenzusammenbrüche hatte, die ihn in den folgenden Jahren immer wieder in die Nervenheilanstalt brachten und die Familie finanziell erschöpften. Um den Spannungen in diesem belasteten Haushalt zu entgehen, zog sich der Bub noch tiefer in die Welt seiner Träume zurück. Mit dreizehn Jahren schrieb er Gedichte und erweiterte seinen Horizont – Sprachen würde er lernen, Reisen unternehmen, Naturforscher und Schriftsteller werden.

Als er vierzehn war, starb die Großmutter, und es gab niemanden mehr, dem er seine Träume mitteilen konnte. Eine Zeitlang suchte er Trost an ihrem Grab, das auf dem jüdischen Friedhof neben dem des Großvaters lag. Wie die Polen sahen auch die Juden im Friedhof einen Versammlungsort, fast wie einen Anbau am eigenen Haus, wo die, die man liebte, immer dawaren, um Probleme anzuhören, und häufig über eine Weisheit verfügten, die sie zu Lebzeiten nicht gehabt hatten.

Gelangweilt von seinem strengen russischen Gymnasium in Praga, einem Vorort am rechten Weichselufer (vermutlich die einzige Schule, die sich die Familie damals noch leisten konnte), rettete er sich in Bücher. »Die Welt verschwand. Es gab nur noch das Buch.« Er führte jetzt ein Tagebuch, das er später in der Geschichte *Schmetterlingsbeichte* verarbeitete: ein schmales Bändchen voll herzergreifendem Weltschmerz, ähnlich den *Leiden des jungen Werthers*, die Henryk wie viele andere junge Polen verschlungen hatte.

Dessen Leiden und Lieben scheint dem des jungen Henryk Goldszmit zwischen seinem dreizehnten und sechzehnten Lebensjahr entsprochen zu haben, wenn auch der Erzähler sich selbst als kalten Slawen aus dem Norden beschreibt, der verblüfft seine Anziehungskraft auf eine dunkeläugige jüdische Schönheit feststellt, der er auf der Straße begegnet. Sie erweckt seine Neugier auf das geheimnisvolle jüdische Volk – dieser »Sphinx unter den Nationen«. Doch es ist nicht die Romanze, die er sich ersehnt, sondern die Aussöhnung zwischen Polen und Juden. Selbst in seinem jugendlichen Alter, so scheint es, spürte Henryk bereits die innere Spaltung, die zum Assimilierungsprozeß in diese römisch-katholische Gesellschaft gehörte. Dadurch, daß er seinen Erzähler Pole sein ließ, der das Jüdische durch seine Augen betrachtete, experimentierte er mit seinen beiden Identitäten – der polnischen und der jüdischen.

Wie Henryk hat der Erzähler nicht nur mit einem nervlich zerrütteten Vater zu kämpfen, sondern auch mit merkwürdigen und verwirrenden sexuellen Gefühlen. Er hat Erektionen und feuchte Träume, die seine Würde als Mann »herabsetzen«, und fürchtet um seine geistige Gesundheit, weil es hieß, Onanieren führe zum Wahnsinn. Sein Arzt beruhigt ihn, es sei keine Krankheit, sondern nur ein Fehlverhalten, das es aber ebenso zu vermeiden gelte wie alles andere, was zur Überstimulierung geeignet sei: »Nikotin, Alkohol, Tagträume und Prostituierte, von denen achtzig Prozent infiziert sind«. (Korczak hielt das Onanieren sein Leben lang für schädlich und berichtete später von seinen Anstrengungen, es seinen Buben im Waisenhaus abzugewöhnen: »Wenn du die Natur überwindest, überwindest du dich selbst«, sagte er ihnen.)

Der Erzähler entschließt sich, an sich selbst zu arbeiten, doch gelingt es ihm nicht, einen Freund zu retten, der einem Dienstmädchen »nachgegeben« hat. »Ich kann sagen, daß er am Rande des Abgrunds steht.« (Vielleicht verband Henryk Sex, der als »gefährlich, ungesund und würdelos« galt, mit dem Zustand seines Vaters. Möglicherweise hegte er den Verdacht, sein Vater habe die Syphilis, die damals grassierte und, wie man wußte, den Verstand raubte.)

Es gibt einen Menschen, einen Knaben seines Alters mit Namen Stach, für den er »keine Freundschaft, sondern eine Art Liebe« empfindet, »die man nur bei Mädchen fühlt«. Stach leidet an einer Herzkrankheit, er ist mädchenhaft zart. Henryk legt ihm in der Pause den Arm um die Schultern, hält seine Hand, wenn sie durch die Stadt spazieren. Mit Tränen in den

Augen sehen sie gemeinsam einem Sonnenuntergang zu. »Warum kann man Tränen nicht wie Eheringe tauschen? ... Unsere Seelen waren schweigend vereint. Es gab keine Kerzen auf dem Altar, nur die Sonne. Keinen Priester, uns zu segnen, nur den Himmel. Keine Hochzeitsgäste mit heuchlerischen Glückwünschen, nur die Kiefern, Birken und Eichen. Keine Orgel spielte, nur der Wind. ... Es war die schönste Stunde meines Lebens. Warum mußte ich weinen?« In seinen *Erinnerungen* schreibt Korczak: »Vierzehn Jahre. ... Freundschaft (Liebe) mit Stach. Unter vielen, vielen anderen Träumen der eine, der immer wiederkehrt: er der Pfarrer, ich der Arzt in jener kleinen Stadt.«

Als sich der Zustand seines Vaters verschlechtert, muß der Erzähler mehr Zeit bei ihm zu Hause verbringen. Er wird zum Vater, der kranke Vater übernimmt die Rolle des Sohnes. Mitten in der Nacht erwacht er von seinem eigenen Herzschlag und hat das Gefühl, »am Grab seiner Kindheit zu weinen«.

Einmal läßt er seinen Vater beim Kartenspiel gewinnen, weil es ihn zu freuen scheint. »O mein Gott«, betet er in jener Nacht, »laß ihn alt werden. Und gib mir die Kraft, ihm zu helfen.« Er weiß, daß der Vater früher einmal ähnliche Träume gehabt haben muß. Doch »jetzt ist nichts mehr übrig«.

Irgendwann im Frühjar 1890 wurde Jozefs Zustand unerträglich. Er kam ins Irrenhaus, vermutlich in das neue Backsteingebäude in Tworki, dreißig Kilometer südlich von Warschau. Mit großem Aufwand vom Zaren errichtet, lebten hier vierhundertzwanzig Patienten aus dem gesamten russischen Reich; es gab sogar eine Spezialabteilung für Verbrecher, die auf ihren Prozeß warteten. Ein desolater Platz ohne Bäume und Sträucher, die hohen Backsteinmauern von ungesunden Sümpfen umgeben, war dieses Asyl die modernste Nervenheilanstalt des Reiches – die erste mit elektrischem Strom. Es gab eine große russisch-orthodoxe Kirche und eine kleine römisch-katholische Kapelle. Die Krankenstationen waren angefüllt mit Menschen, die an Syphilis, Alkoholismus, Schizophrenie und manisch-depressiver Psychose litten. Die Behandlung bestand nach westeuropäischem Muster hauptsächlich aus handwerklichen Arbeitsprojekten. Außer Kräutern, bestimmten Chemikalien und Barbituraten gab es kaum Medikamente. Vornehmere Patienten wie Jozef kamen in einen besonderen Trakt, erhielten kleine Gärtchen zugeteilt und wurden angehalten, zu lesen und auch zu tischlern. Die Unkontrollierbaren kamen in Zwangsjakken und wurden an den Betten festgebunden.

Um nach Tworki zu kommen, nahm man den Zug Warschau–Wien bis zur kleinen Stadt Pruszkow, wo man für den Rest der Strecke, ungefähr noch drei Kilometer über matschige, ausgefurchte Wege, Pferd und Wagen mieten mußte. Die Schwestern der Anstalt waren freundliche polnische Nonnen, doch durch das »herablassende« Lächeln des Psychiaters, der seinen Vater behandelte, scheint Henryk sich gedemütigt gefühlt zu haben. Außerdem verstand er einfach nicht, warum der Vater sich nicht zusammenreißen und zu seiner Familie nach Hause kommen konnte.

In den Jahren, die Jozef in der Anstalt verbrachte, kamen die Rechnungen schneller, als seine Frau Wege finden konnte, sie zu bezahlen. Nach und nach landeten sämtliche Gemälde und das gute Geschirr im Pfandhaus. Alles, was einmal im Salon gestanden und von Ewigkeit gekündet hatte, mußte nun verkauft werden. Einmal entdeckten Henryk und seine Schwester den Mantel ihres Vaters im Schaufenster eines Pfandleihers. Der Mantel, wie er da hing, wirkte so vertraut, daß er genausogut an der Garderobe in ihrer Wohnung hängen und darauf hätte warten können, daß sein Eigentümer käme und ihn ins Gericht oder Kaffeehaus mitnähme. Sie entschlossen sich, ihrer Mutter nichts davon zu erzählen, sondern ihre Münzen zu sammeln und das gute Stück als Überraschung zurückzukaufen. Doch als sie genug Geld beisammenhatten, war der Mantel längst nicht mehr da. »Das Pfandhaus ist das Leben«, schrieb Korczak später. »Was du auch versetzt – Ideale oder Ehre für Komfort oder Sicherheit –, du bekommst es niemals zurück.« Zeitlebens besaß er nur das Notwendigste und achtete darauf, sein Leben so einzurichten, daß er das Wenige, das er brauchte, auch behielt.

Um seine Familie zu unterstützen, gab Henryk den Kindern von wohlhabenden Freunden und Bekannten Nachhilfeunterricht. Nie vergaß er die Demütigung, als einige der Mütter mit ihm wie mit den Dienstboten sprachen, oder seine Überraschung, als er in vielen der verwöhnten reichen Knaben, blaß und schlaff aus Mangel an frischer Luft und Bewegung, sich selbst erkannte. Schon bald hatte er ein System entwickelt, ihnen ihre Angst zu nehmen. Er kam mit einer Aktentasche, die er Stück für Stück auspackte, während er die Kinder alle Gegenstände prüfen und Fragen dazu stellen ließ. Dann fesselte er ihre Aufmerksamkeit mit einer oder zwei Geschichten, bevor er sie in die weniger aufregenden Gebiete von Grammatik, Geographie oder Geschichte führte. Er stellte fest, daß es ihm Freude machte, mit Kindern zu arbeiten – und daß es ihm gelang, seine eigenen Sorgen zu vergessen, wenn er sich auf ihre konzentrierte.

Henryks Anstrengungen, ein guter Privatlehrer zu werden, inspirierten seinen ersten pädagogischen Artikel, ein Feuilleton mit dem Titel »Der gordische Knoten«, das in der populären Wochenzeitschrift *Dornen* gedruckt wurde, als er erst achtzehn Jahre alt war. Der Ich-Erzähler berichtet, daß er »die Welt durchwandert« auf der Suche nach jemandem, der ihm seine Fragen beantwortet: Wird der Tag kommen, an dem Mütter nicht mehr über Kleider und Spaziergänge nachdenken und Väter über Fahrradausflüge und Kartenspiele, sondern anfangen, ihre Kinder, die sie den Gouvernanten und Hauslehrern überlassen, selbst zu erziehen? Der würdevolle alte Mann, an den er diese Frage richtet, antwortet ihm, daß das 19. Jahrhundert, das die »Wunder« Gasolin, Elektrizität, Eisenbahn und Menschen wie Edison und Dreyfus hervorgebracht hat, auch den Tag herbeiführen wird, an dem eine neue Art von Müttern Bücher über Pädagogik den gängigen Romanen vorziehen wird. Nachdem er den alten Mann gefragt hat, wann genau denn dieser große Tag kommen wird, überläßt der Autor dem Leser die Wahl zwischen zwei Möglichkeiten, die Geschichte zu beenden: Entweder der alte Mann fällt tot um, bevor er die Frage beantworten kann, oder er streckt die Hand aus und verlangt drei Rubel.

Der flügge werdende Autor zeigt schon jetzt seine Neigung, Ironie und Witz in die Diskussion ernster Fragen einzubringen:

Wie kann man Eltern motivieren, auf die Erziehung und Ausbildung ihrer Kinder maßgeblichen Einfluß zu nehmen, und wie entwickelt man eine pädagogische Strategie, die das Interesse der Erwachsenen findet und den Kindern hilft, ebenso zu »sehen, zu verstehen und zu lieben, als auch zu lesen und zu schreiben«? Seinen Aufsatz gedruckt zu sehen, ermutigte den jungen Autor, mehr zu veröffentlichen. Der Herausgeber der *Dornen* erinnerte sich später an Henryk als einen scheuen jungen Mann in Schuluniform, der zögernd sein Büro betrat, unaufgefordert ein Manuskript mit der Unterschrift *Hen* auf seinen Schreibtisch legte und wortlos wieder verschwand. Verblüfft über das Talent, das aus diesen Aufsätzen sprach, richtete der Herausgeber eine Kolumne für ihn ein.

Am 25. August 1896 starb Jozef Goldszmit im Alter von zweiundfünfzig Jahren unter mysteriösen Umständen – möglicherweise durch seine eigene Hand. Eine große Zahl von Freunden und Kollegen, Katholiken wie Juden, die die Verlage und philantropischen Vereinigungen repräsentierten, mit denen er verbunden gewesen war, begleiteten die Familie hinter dem pferdegezogenen Leichenwagen, der seinen Sarg auf den jüdischen Friedhof brachte. Er wurde am Hauptweg des Friedhofs beerdigt, dessen Gräber für die hervorragendsten Mitglieder der jüdischen Gemeinde reserviert waren. Der Grabstein, eine große, schmale Steintafel (heute von Kugeln der Kämpfe durchsiebt, die 1944 während des Warschauer Aufstandes auf dem Friedhof stattfanden), trägt eine polnische und keine hebräische Inschrift, was damals bei vielen assimilierten Juden üblich war. Sein einziger Schmuck ist ein in Stein gehämmerter Kranz.

Kurz nach dem Tod ihres Gatten erhielt Henryks Mutter von der Schulbehörde die Genehmigung, Schüler als Untermieter in Pension zu nehmen – eine gesellschaftlich akzeptierte Lösung für eine Witwe in ihrer Position. Sie inserierte im *Israelit* und bot jenen, die es brauchten, zusätzlich Nachhilfeunterricht an, ohne wissen zu lassen, daß ihr achtzehnjähriger Sohn, der jetzt das männliche Familienoberhaupt war, diesen Unterricht erteilen würde.

Zwischen Schule und Nachhilfeunterricht blieben Henryk nur wenige freie Minuten. Allein in seinem Zimmer, seinem einzigen Refugium in der nun mit Untermietern angefüllten Wohnung, quälte ihn der Gedanke, auch er könne in der Irrenanstalt landen. »Ich – der Sohn eines Wahnsinnigen. Also erblich belastet.« Seine Angst ließ er in einen Roman mit dem Titel *Selbstmord* einfließen. »Der Held haßte das Leben aus Furcht vor dem Wahnsinn.« Er schrieb Gedichte gleichen Inhalts, bis schließlich ein bekannter Herausgeber auf ein Epos, das verlangte »Oh, laßt mich sterben / Oh, laßt mich nicht leben / Oh, laßt mich in mein dunkles Grab hinab!«, mit einem mitleidlosen »Dann tu's!« reagierte.

»Das Herz eines Dichters zu verwunden ist wie das Herumtrampeln auf einem Schmetterling«, meinte er. »Ich werde nicht Schriftsteller, sondern Arzt. Literatur hat nur Worte, Medizin jedoch ist Handeln.«

4
Wohin?

Zwei Jahre später, im Herbst 1898, schien Henryk – zu dem Zeitpunkt bereits ein sehr engagierter junger Medizinstudent von zwanzig Jahren mit lebhaften blaugrünen Augen und rötlichen Haaren, die sich in der Mitte schon zu lichten begannen – seinen Entschluß, mit dem Schreiben aufzuhören, vergessen zu haben. Er hatte von einem Dramatikerwettbewerb unter dem Patronat des berühmten Pianisten Ignacy Paderewski gehört und ein Stück in vier Akten mit dem Titel *Wohin?* eingereicht, das von einem geistig verwirrten jungen Mann handelte, dessen Krankheit seine Familie zerstört. Das Stück wurde lobend erwähnt, wenn auch die Juroren den Mangel an dramatischer Spannung und seine düstere Stimmung beklagten. Es würde uns auch nicht weiter interessieren, wenn es nicht unter dem Pseudonym Janusz Korczak eingereicht worden wäre.

Der Legende zufolge hörte Henryk im letzten Moment, daß er einen Nom de plume für diesen Wettbewerb brauchte, den er sich einfach bei dem erstbesten Buch holte, das auf seinem Schreibtisch lag, nämlich *Die Geschichte von Janasz Korczak und der Tochter des Schwertträgers*, von Jozef Ignacy Kraszewski, Polens produktivstem Verfasser historischer Romane. Der Drucker (so heißt es) habe einen Fehler gemacht, und der Name kam als Janusz statt Janasz heraus. Tatsächlich gehörten Pseudonyme nicht zu den Bedingungen des Wettbewerbs, und Henryks Entschluß, den Namen eines von Kraszewskis Charakteren anzunehmen, war kaum ein Zufall. Onkel Jakub Goldszmit hatte Kraszewski seinen Roman *Das Familiendrama* gewidmet: »Nimm mich unter Deine Fittiche, Meister, so wie der Adler sein flügge gewordenes Junges beschützt!« Auch der junge Dramatiker scheint Schutz unter des Meisters Fittichen gesucht zu haben.

Der edle Charakter und der Mut des fiktionalen Janasz Korczak, eines armen Waisen mit adliger Abstammung, müssen Henryk gefallen haben, wenn auch vielleicht nicht gerade die erfundene Handlung. Ein gebrochenes Bein hindert Janasz daran, in der Schlacht von Wien 1863 dabeizusein, hält ihn aber nicht davon ab, seine geliebte Cousine Jadwiga und seinen Onkel, den Schwertträger des Königs, vor dem Feind zu retten. Als ihm ihre Hand verweigert wird, weil er nur ein armer Verwandter ist, schmiedet Janasz mit Geduld, Ehrlichkeit und Selbstbeherrschung an seinem Schicksal, bis er schließlich nicht nur Jadwiga kriegt, sondern auch eine Stellung bei Hofe.

Vielleicht hatte Henryk einen Nom de plume gewählt, um seine Familie zu schützen – vielleicht sogar, um sein Schicksal zu ändern. (»Ich entfloh meiner Jugend wie einem Irrenhaus«, sagte er später einmal in einem Interview.) Ebensowenig war es ein Zufall, daß er einen polnischen Namen gewählt hatte. In einem Land, wo der Familienname Aufschluß über die Religionszugehörigkeit gab, verriet Goldszmit zweifellos den Juden, den Außenseiter. Mit einem alten Adelsnamen wie Janusz Korczak konnte Henryk sich neu erschaffen als einen Dazugehörenden, verbunden mit der heroischen polnischen Vergangenheit.

Doch ein leichter Wechsel war es nicht. In den folgenden sechs Jahren, in denen Hunderte von Artikeln und Feuilletons aus seiner Feder strömten – einige davon humorvolle Betrachtungen menschlichen Verhaltens, andere über Themen wie Landreform, Krankenversicherung, Pädagogik, Frauenrechte, die Lage armer Kinder sowie Reiseberichte aus der Schweiz und Frankreich –, benutzte er das Pseudonym Janusz Korczak nicht. Statt dessen zeichnete er mit den Fragmenten seiner beiden Selbst: Hen, Ryk, Hen-Ryk, G., Janusz oder K. – als ob er Zeit gebraucht hätte, seine neue Identität zu integrieren. Einzig seine Beiträge in medizinischen Fachzeitschriften unterzeichnete er stets und bis zum Ende seines Lebens mit Henryk Goldszmit.

Henryks Freunde fragten sich, warum er bei dieser erfolgreichen literarischen Karriere Arzt werden wollte. Als sein Schriftstellerkollege Leon Rygier ihn in seiner blauen Medizineruniform antraf, wie er einige Kinder im Sächsischen Garten beobachtete, die neben ihren Kindermädchen spielten, fragte er ihn danach.

»Arzt zu sein hat Tschechow nicht daran gehindert, ein großer Schriftsteller zu werden«, entgegnete Henryk. »Es hat seine Schaffenskraft gestärkt. Um etwas Wertvolles schreiben zu können, muß man Diagnostiker sein.« (Viel später sagte er einmal, daß er das meiste Tschechow verdanke – dem großen Sozialdiagnostiker und Kliniker.) »Die Medizin wird mir Einsichten in die menschliche Persönlichkeitsstruktur gewähren, sogar in die Art und Weise, wie Kinder spielen«, fuhr er fort. »Sieh dir die Kinder da drüben an. Jedes spielt anders. Ich will wissen, warum.«

Auf Rygiers Entgegnung, daß nicht alle großen Schriftsteller Ärzte gewesen seien, meinte er trocken, seine Entscheidung sei möglicherweise davon beeinflußt worden, daß eine literarische Karriere angesichts von Mutter und Schwester, die seine Unterstützung brauchten, zu riskant wäre. (Er erwähnte nicht, daß sowohl sein Großvater väterlicherseits als auch sein Urgroßvater mütterlicherseits Ärzte gewesen waren.)

Henryk hatte sich der medizinischen Laufbahn verschrieben, aber er war ungeduldig mit seiner Ausbildung. Die meisten Professoren waren für ihn aufgeblasene, unsensible Leute, die an den Leiden ihrer Patienten kein sonderliches Interesse zu haben schienen. So wie er es sah, dienten die medizinischen Fakultäten nur dazu, Ärzte zu entmenschlichen. Die Studenten lernten wenig mehr als »langweilige Fakten aus toten Büchern«, und wenn sie schließlich ihre Approbation erhalten hatten, wußten sie mit kranken Menschen nicht umzugehen. Seine kritische Einstellung blieb seinen Professoren nicht verborgen, von denen einer zu ihm sagte: »Eher fresse ich einen Besen, als daß Sie Arzt werden.«

Wegen seiner zusätzlichen Aktivitäten als Journalist und wegen seines zweijährigen Militärdienstes brauchte Henryk sechs statt der üblichen fünf Jahre bis zur Approbation. Selbst das war eine Leistung, wenn man bedenkt, daß er wie so viele seiner Generation vom revolutionären Fieber der Zeit erfaßt war. Polen befand sich im Übergang von einer agrarischen zu einer industriellen Gesellschaft, und Warschau änderte sich ständig mit dem Bau neuer Fabriken und der Ankunft Zehntausender armer Landbewohner, die die Elendsviertel bevölkerten und nach Arbeit suchten, die nur wenige von ihnen fanden. Stefan Zeromskis Roman *Die Heimatlosen* wurde für Henryk und seine Freunde zum Evangelium; der Protagonist Dr. Judym verzichtete auf Liebe und privates Glück, um den Armen zu dienen: »Ich bin verantwortlich!« rief er aus. »Wenn ich, ein Arzt, es nicht tue, wer dann?«

Auch Henryk war bereit, sein Leben in den Dienst jener armen Kinder zu stellen, die er auf den Straßen Warschaus sah. Für ihn war ihr Schicksal das schlimmste Los aller Proletarier, weil sie niemanden hatten, der ihre Interessen vertrat: »Verwahrloste Buben in abgerissenen Schuhen, durchwetzten Hosen, die Mützen gleichgültig auf den geschorenen Haaren, flink, schmächtig, undiszipliniert, praktisch nicht wahrnehmbar. Vom Leben noch nicht ausgebrannt, von der Ausbeutung noch nicht ausgezehrt, und kein Mensch weiß, wo sie die Kraft hernehmen, diese aktiven, schweigenden, zahllosen armen kleinen Arbeiter von morgen.«

Die schelmischen kleinen Straßenbettler scharten sich schon bald um den Medizinstudenten, der bereit war, ihnen zuzuhören. Sie belagerten ihn mit traurigen Geschichten von Hunger und Mißhandlung und streckten ihre Hände aus nach allem, was sie irgendwie kriegen konnten. Andere Passanten schüttelten sie ab, doch sie wußten, daß er immer etwas für sie hatte, und wenn es nur ein Stück Schokolade war, ein ermunterndes Wort oder ein Kuß auf die Stirn.

Eines Tages ging Henryk mit einem Freund spazieren, der sich über einen Bengel wunderte, der hinter ihnen herlief und rief, daß er die zwanzig Kopeken zurückgeben wolle, die er vor zwei Jahren erhalten hatte.

»Ich habe gelogen, als ich Ihnen sagte, mein Vater bringt mich um, wenn ich nicht mit dem Geld heimkomme, das ich verloren habe«, sagte er. »Ich habe Sie schon lange gesucht, um Ihnen Ihr Geld wiederzugeben.«

Er zählte das Geld mit seinen schmuddeligen kleinen Fingern

ab, und Henryk fragte ihn, wie oft er diesen Trick denn schon angewandt habe:

»Oft.«

»Hat es funktioniert?«

»Meistens.«

»Hast du den anderen das Geld auch zurückgegeben?«

»Nein.«

»Warum gibst du es dann mir?«

»Weil Sie mich auf die Stirn geküßt haben. Da hat es mir dann leid getan, was ich getan habe.«

»War es denn so ungewohnt, daß dich jemand geküßt hat?«

»Ja, meine Mutter ist tot. Ich habe keinen mehr, der mich küßt.«

»Aber hat dir denn niemand gesagt, daß es schlecht ist, zu lügen und zu betteln?«

»Der Priester hat mir gesagt, daß lügen schlecht ist, aber das sagt er jedem.«

»Und war da sonst niemand, der sich um dich kümmern konnte?«

»Niemand«, sagte der Bub, der seine Tränen nicht länger zurückhalten konnte. »Ich habe niemanden.«

In seinem Buch *Kinder der Straße* verarbeitete Henryk seine Begegnungen mit diesen Lausebengeln, die aus Armut und Vernachlässigung zum Lügen und Stehlen getrieben wurden. Seine Botschaft lautete, daß sie nur dann gerettet werden könnten, wenn es gelang, sie in jungen Jahren zu erziehen. Aber wer sollte das tun? Wohl kaum ihre betrunkenen, heruntergekommenen Eltern, denn niemand hatte *denen* eine Erziehung angedeihen lassen. Und wenn dieser Kreislauf nicht unterbrochen wurde, würde sich das Übel weiter fortpflanzen.

Nicht jeder schätzte seine hochfliegenden Ideen. Wenn er in den *Dornen* schrieb: »Ich bin ein Mensch, dessen größte Sorge es ist, das Leben der Kinder zu verbessern«, schlug der Herausgeber (dessen größte Sorge es war, seine Leser zu unterhalten) vor, er möge sich hierfür ein anderes Forum suchen. Von dem

Zeitpunkt an publizierte Henryk in der *Stimme*, einem Sprachrohr für Intellektuelle, die sich um die »Fliegende Universität« gesammelt hatten.

Henryk hatte den Herausgeber der *Stimme*, Jan Wladyslaw Dawid, Polens ersten experimentellen Psychologen, kennengelernt, als er an einem seiner Seminare an der Fliegenden Universität teilnahm. Diese Untergrund-Universität, so genannt, weil Studenten und Professoren von einem Ort zum nächsten wechseln mußten, um der Entdeckung durch die Polizei zu entgehen, zog die besten Köpfe des Landes an. Wenn sich auch zwei unterschiedliche sozialistische Fraktionen dort trafen – die eine propagierte die nationale Unabhängigkeit, und die andere trat für ein internationales sozialistisches Bündnis innerhalb des russischen Reiches ein –, waren sie sich doch einig in ihrer Entschlossenheit, polnische Geschichte und Kultur lebendig zu erhalten, wie sie der Zar mit ebensolcher Entschlossenheit zertreten wollte. Jene, die erwischt wurden, verbrachten Wochen, Monate oder sogar Jahre im Gefängnis oder in der Verbannung in Sibirien.

Zu seinem ersten Seminar war Henryk von seinem Freund Leon Rygier in Dawids Wohnung mitgenommen worden. Die Garderobe im Flur hing so voll, daß sie kaum wußten, wohin mit ihren Mänteln. Im kerzenbeleuchteten Wohnzimmer, dessen Fenster verdunkelt waren, um der Entdeckung durch die Polizei zu entgehen, wurde er anderen Studenten vorgestellt und bekam einen Tee von Dawids Frau Jadwiga Szczawinska, die über den Samowar mit der gleichen Energie wachte, die sie auf alle Projekte verwandte, mit denen sie und ihr Mann sich befaßten.

Es war Jadwiga gewesen – eine Frau mit hervorragenden organisatorischen Fähigkeiten –, die noch vor ihrer Heirat die Fliegende Universität in ihrer kleinen Wohnung ins Leben gerufen hatte, um jungen Frauen eine Ausbildung in polnischer Sprache und Literatur zu ermöglichen. Als sich dieses bemerkenswerte heimliche Unternehmen herumsprach, verlangten die Männer laut dabeizusein, und Mitte der achtziger Jahre des neunzehnten Jahrhunderts gab es über tausend Studenten beiderlei Geschlechts, die an Seminaren an verschiedenen Orten des

Warschauer Untergrunds teilnahmen. Jadwiga schaffte es sogar, eine umfangreiche wissenschaftliche Bibliothek für diese Universität zusammenzustellen, doch wirkte ihre dominierende Persönlichkeit auf viele Teilnehmer eher befremdlich. Ihr Mann, der für Sachen, an die er glaubte, wie »David gegen Goliath kämpfte«, soll Jadwiga gegenüber völlig machtlos gewesen sein.

Bei den heimlichen Versammlungen der Fliegenden Universität ließen sich soziale wie akademische Kontakte knüpfen. Zofia Nalkowska, eine frühreife Fünfzehnjährige, die eine emanzipierte Frau sein wollte und eine bekannte Romanschriftstellerin wurde, führte Tagebuch über die Sitzungen in Dawids Wohnung zu jener Zeit, bei denen auch Korczak zugegen war. In einer Eintragung schreibt sie, daß die Mädchen wirklich gut gekleidet waren, aber daß sie selbst in ihrem braunen Kleid, in dem sie eine gute Figur hatte, mindestens so attraktiv aussah wie alle anderen. Sie versuchte, sich auf das zu konzentrieren, was Dawid sagte, ertappte sich aber dabei, daß sie manchmal zu dem jungen Mann hinübersah, der so nett lächelte und sich ihre Notizen ausgeborgt hatte.

Zofia war nicht allein mit ihrer Kritik am trockenen Vortrag des »weisen und klugen« Professors, dennoch hielt Dawids Ruf eines Nuschlers, der viel besser schrieb als sprach, die Studenten nicht davon ab, in seine Seminare zu strömen. Er hatte in Leipzig bei Wilhelm Wundt, dem Begründer der experimentellen Psychologie, studiert, und seine Vorträge waren angefüllt mit den radikalen Erziehungsideen, die damals auf beiden Seiten des Atlantik verfochten wurden: Ideen, die nach der Befreiung des Kindes von den konventionellen Zwängen der Vergangenheit riefen. Rousseau hatte 1762 mit seinem fiktiven Emile, einem Buben, der ermutigt wurde, sich ganz seiner Natur gemäß zu entfalten, den Weg für diesen pädagogischen Durchbruch bereitet. Und Johann Pestalozzi, der in seinem berühmten, 1805 in Yverdon gegründeten Internat mit richtigen Kindern arbeitete, legte den Grundstein für die progressive Erziehung.

Für Korczak war Pestalozzi einer der größten Wissenschaftler des neunzehnten Jahrhunderts. Viele seiner späteren Ideen zur Erziehung, zur Würde der Arbeit und zur Bedeutung der klaren Beobachtung für ein klares Denken zeigten den Einfluß dieses engagierten Schweizer Erziehers. Doch es waren Dawids Meßversuche der psychologischen Reaktionen von Kindern unterschiedlichen Alters – eine Arbeit, die das Feld der Kindesentwicklung antizipierte –, die Henryk dazu brachten, Kindesforschung zu betreiben, die alles ausschließen sollte, was »nach Subjektivität roch«. Schon damals kämpften die beiden Seiten von Henryks Charakter um Erstplazierung: der Wissenschaftler wird stets dem Künstler mißtrauen, ihn mit Gewichts- und Größenlisten in Schach halten – Materialien, für die der Künstler selten Verwendung haben dürfte.

Großen Einfluß auf den jungen Medizinstudenten hatte auch Zofias Vater, Waclaw Nalkowski, ein glühender Sozialaktivist, der die moderne Geographie entwickelt hat. »Ihr wißt nicht, wer Nalkowski war?« fragt Korczak. » Die Welt weiß von vielen großen Polen nichts.« Für ihn war der Geograph ein »leuchtender Stern an einem kleinen Firmament«, der, hätte es in seinem Land keine russischen Zensoren gegeben, international berühmt geworden wäre.

Henryk verband auch eine lebenslange Freundschaft mit der imposanten Stefania Sempolowska (Markenzeichen: breitkrempiger Hut mit zwei Straußenfedern und langes schwarzes Kleid mit modischer Schleppe), die über die Naturgeschichte schrieb und sich für die Rechte der Juden, Bauern und Arbeiter einsetzte. Ihr Engagement für die Bildung der Unterschicht ließ sie zur treibenden Kraft hinter der Organisation der »Freien Leihbücherei« werden, wo Henryk seine Samstage verbrachte, um in ungezogenen Kindern die Lust am Lesen zu wecken. Die russischen Behörden, überzeugt, daß die Bücherei atheistische oder sonstige subversive Ideen verbreitete, führte ständig Razzien durch. Und zwischen der Razzia auf die »Fliegende Universität« und der auf die »Freie Leihbücherei« »gab es schlaflose Nächte und soviel Arrest, wie es brauchte, um einen jungen Kerl wenigstens ein bißchen zu zügeln«.

Liberale der Jahrhundertwende wie die Dawids, Nalkowski

und die Sempolowska – die einen demokratischen Sozialismus repräsentierten, der sich weigerte, Klassenunterschiede oder ethnische Ausgrenzungen zu akzeptieren – bestimmten den moralischen Standard ihrer Zeit. Ungeachtet jeglicher Konsequenzen hielten sie an ihren Prinzipien fest. Sie lebten bescheiden, ohne Affektiertheit oder falschen Ehrgeiz und wurden Henryks »Sozialerzieher«. Viel von der Kraft, die er später in seinem Leben brauchte, kam aus der unkorrumpierbaren Haltung dieser Menschen. Sie repräsentierten das Polen, dem er sich zugehörig fühlte.

5
Der Seelenmaulkorb

Das Leben beißt wie ein Hund.
Das Salonkind

Es gab nur wenige, die wußten, daß Henryk Goldszmit ein Doppelleben führte. Der Medizinstudent lebte pflichtbewußt bei seiner Mutter daheim, doch der andere, Janusz Korczak, streifte allein oder mit Ludwik Licinski, einem Freund von der Fliegenden Universität, durch die schlimmsten Elendsviertel der Stadt.

Licinski, vier Jahre jünger als Henryk, Poet und Ethnograph, ständig unterwegs, gab seine volle Anschrift stets mit »Warschau« an. Wie andere Schriftsteller der literarischen Bewegung »Junges Polen« attackierte er den Materialismus der bürgerlichen Philister. Licinski erlag in jungen Jahren einer Tuberkulose, die er sich im Exil in Sibirien zugezogen hatte, aber zu jenem Zeitpunkt seines Lebens war er ein guter Kamerad für Henryk, der das Gefühl hatte, »in der winzigen Wohnung mit der gluckenhaften Mutter zu ersticken«. Nachts spazierten sie an den sandigen Ufern der Weichsel entlang, feierten die Namenstage der Huren und betranken sich an »stinkendem« Wodka. »Er verstand es meisterlich, die Herzen dieser Menschen zu erreichen«, berichtete Licinski. »›Ich würde meine Seele für Sie geben‹, sagte der Mörder Lichtarz einmal zu ihm.«

Eines abends kam Zofia Nalkowska daher, um vor ihrer Hochzeit mit Leon Rygier »ein letztes Mal über die Stränge zu schlagen«. Sie trank Wodka aus der Flasche, küßte die Geliebte eines Wäschereibesitzers und genoß ihren Flirt mit Licinski, der hoffnungslos in sie verliebt war. Auch Henryk hatte ein Gefühl von Befreiung in diesem rauhen Teil der Stadt – wenn auch anders. Seine Seele, die »jaulte wie ein Hund«, wurde von der Kette gelassen.

»Ich träumte, ich wäre ein Pudel«, beginnt Janek (Koseform von Janusz) seinen halb autobiographischen Roman, an dem

Henryk zu jener Zeit schrieb. »Mein Fell war geschoren. Ich fror in dem Aufzug. Aber da ich wußte, daß mein Herr zufrieden mit mir war, wedelte ich fröhlich mit dem Schwanz und sah ihn ergeben an. ... Ich hatte keine Flöhe, keine Sorgen oder Verantwortungen. Allerdings hatte ich gehorsam und treu zu sein und die Intelligenz zu zeigen, die man von einem Pudel erwartet.«

Der Pudel ist völlig fertig, als ein Passant ihn statt bewundernd nur mitleidig anschaut: »Dieser Hund hat einen Maulkorb auf der Seele.« Gänzlich demoralisiert, kann der Pudel weder essen noch schlafen und ist schließlich so desorientiert, daß er seinen Herrn in die Hand beißt. Kurz bevor der Hund erschossen wird, erwacht der Autor aus seinem Traum.

Das Salonkind ist ein Buch über das Erwachen. Janek erkennt, daß er in dem Bemühen, so zu werden, wie ihn die Eltern sich wünschen, sein Leben verschlafen hat. Mit selbstmörderischen Gefühlen, als ob er »seine Seele verloren« hätte, verläßt er das Elternhaus und knurrt Vater und Mutter an: »Laßt mich in Ruhe! Haut ab – oder ich beiße!«

Es gelingt ihm, das zehnte Bett in einem Zimmer zu mieten, in dem bereits die Familien eines Schlossers und eines Kutschers hausen, läßt seine letzte Kopeke in der Kneipe, bettelt auf der Straße und geht mit einer Hure nach Hause. Aber er hat keine Lust, mit ihr zu schlafen. »Erzähl mir eine Geschichte«, sagt er, als sie zusammen im Bett liegen. »Du bist langweilig«, meint sie. »Du tust mir leid«, sagt er, deckt sich mit sämtlichen Decken zu und erzählt ihr von dem Plan, den er und Stach einmal hatten, die Huren zu resozialisieren.

Es sind die verwahrlosten und mißhandelten Kinder dieses Elendsviertels, zu denen Janek sich hingezogen fühlt. Er findet sie im Schatten der Häuser, »ihre blasse Haut wie Pergament über den schiefen Knochen«. Unter den Brücken gibt er ihnen Schokolade und Medizin und, wie er hofft, ein wenig Glauben an die menschliche Güte. Er geht mit ihnen in ihre dürftigen Behausungen, erzählt ihnen Geschichten und unterrichtet sie im Lesen. Vielleicht bringt die Ordnung der Grammatik Ordnung in ihre Köpfe.

An einem Weihnachtsabend geht Janek als Weihnachtsmann

verkleidet in der Mietskaserne von Wohnung zu Wohnung und verteilt Geschenke an die Kinder: einen kleinen Ball, einen Apfel, Süßigkeiten. Um den Hals eines kleinen Buben, den jeder nur Karottenkopf nennt und der ganz allein in der Dunkelheit sitzt, hängt er ein Kreuz. Als das Kind ihn fragt, ob er wirklich ein Heiliger sei, sagt er »Ja« – betroffen, daß es ein Kind ist, das ihm diese Frage stellt.

In dem Moment wird Janek klar, daß er sich geändert hat, daß »neue, unsichtbare Kräfte« in ihm wirken, Kräfte, die von nun an seinen Weg »erleuchten« werden. Aus einem mit sich selbst beschäftigten Schriftsteller auf der Suche nach Arbeitsmaterial wird ein gläubiger Mensch mit Verantwortung für seine Mitmenschen.

Alle Themen im Leben des Autors finden sich in diesem Buch: die Enge seiner Kindheit, seine Angst vor Selbstmord und Wahnsinn, seine Flucht vor der Sexualität, die Entschlossenheit, soziale Reformen durchzusetzen, seine Hingabe an die Kinder. Am Ende des Buches hat Janek zwar die meisten Illusionen verloren, nicht aber seinen Zorn darüber, daß zwei elternlose Mädchen von ihrem Onkel sexuell mißbraucht worden sind. Als der Nachtwächter des Elendsviertels ihn nach Hause schicken will, schreit er ihn genauso an wie einst die Eltern: »Hau ab! Oder ich beiß dich! Ich bei---ße!« – wobei die Silben in der Ferne verhallen.

Während *Das Salonkind* in der *Stimme* unter Janusz Korczaks Namen als Fortsetzungsroman erschien, begann Henryk Goldszmit seine Arbeit als Stationsarzt am jüdischen Kinderkrankenhaus. Doch kaum hatte er 1905 seine Approbation in der Tasche, als er als Arzt für den russisch-japanischen Krieg in die Armee des Zaren eingezogen wurde. Aus seinem Leben herausgerissen »wie eine Marionette«, fand sich der frischgebackene Leutnant in einem Lazarettzug der Transsibirischen Eisenbahn wieder, der ständig zwischen Harbin und Mukden hin- und herfuhr. Japan, das sich nach Jahrhunderten der Isolierung als moderne Nation zu formieren begann, erwies sich zu Land und zu Wasser als siegreich und den demoralisierten, von

Korruption erschütterten, schlecht geführten und schlecht ausgerüsteten russischen Streitkräften weit überlegen.

Der junge Arzt lernte rasch, »daß der Krieg dir hilft, die Krankheit des ganzen Körpers zu erkennen«. Für ihn waren die Patienten, die da an jenem ersten regnerischen Tag am Bahnhof auf ihn warteten, »Gefangene«, die darauf hofften, daß er ihre Enteritis, Gastritis, Geschlechtskrankheit oder ihr chronisches Leiden behandelte. Ihre Krankheiten hatten jedoch genau wie der internationale Konflikt um die Märkte in der Mandschurei und in Korea »unsichtbare Wurzeln in der Vergangenheit«, und es konnte keine rasche Heilung geben.

Die Schwerkranken kamen in den Zug. »Der Zug ist voll mit verrückten Leuten«, schrieb er den Lesern der *Stimme.* »Einer von ihnen weiß noch nicht einmal seinen Namen, wie alt er ist, oder was er tut. Ein anderer, der auch nicht begreift, was vor sich geht, grübelt darüber nach, warum seine Frau ihm die Pfeife wegnahm. Ein dritter, genannt der Idiot, singt schmutzige Lieder.«

Sie waren keine Soldaten mehr, sondern »Kranke«, von denen er etwas über die Schwären lernte, die an der russischen Gesellschaft fraßen. Er ging von Patient zu Patient – zu den russischen Analphabeten, ukrainischen und polnischen Bauern, wilden Kosaken und armen Juden – und verteilte Medizin für Leib und Seele. Als er entdeckte, daß sie gerne Geschichten hörten, erzählte er ihnen russische Sagen und Märchen. Dabei war er sich der Ironie der Tatsache bewußt, daß er, ein polnisch-jüdischer Arzt, sie in der Sprache seines Unterdrückers tröstete: in jenem perfekten Russisch, das man ihm auf dem zaristischen Gymnasium eingebleut hatte.

Jede freie Minute verbrachte der Leutnant mit Erkundigungen der verwüsteten chinesischen Städte und Dörfer. »Nicht ich kam nach China, sondern China kam zu mir«, schrieb er in seinen *Erinnerungen.* »Chinesischer Hunger, chinesische Mißachtung der Waisenkinder, chinesische Kindersterblichkeit. Der Krieg ist ein Greuel. Besonders weil niemand berichtet, wie viele Kinder hungern, schlecht behandelt werden und schutzlos sind.«

Nachdem er die vierjährige Iuo-ya, die »geduldig versuchte, den unbegabten Schüler Chinesisch zu lehren«, kennengelernt hatte, war er der Auffassung, daß es nicht nur »Institute für Ostsprachen geben sollte«, sondern »jeder müßte ein Jahr in solch einem östlichen Dorf verbringen und einen Einführungskurs bei einer Vierjährigen machen«. Durch Iuo-ya erkannte er, daß Kinder, die noch nichts von Grammatik verstehen, noch nichts von »Büchern, Nachschlagewerken und Schulmanieren« wissen, den Geist einer Sprache zu vermitteln vermögen.

Beim Besuch einer Dorfschule war er entsetzt über den Lehrer, der nach Schnaps und Opium stank und die Kinder mit einem dicken Lineal auf die Fersen schlug. »Der, der nicht lernen will, verdient Strafe«, stand in schwarzer Tusche auf der einen Seite des Stocks, und auf der anderen: »Der, der lernt, wird weise sein.« Leutnant Goldszmit kaufte den Stock, obwohl er wußte, daß der Lehrer nach einigen Tagen einen neuen machen würde. Wenn der Krieg vorbei war, würde er seinen Waisenkindern zeigen, wie man mit diesem Stock Ball spielen *(Palant)* konnte, und er würde ihnen erzählen, daß chinesische Kinder, auch wenn sie anders aussehen und ein anderes Alphabet haben, so sind wie alle Kinder auf der Welt.

Der Lazarettzug dampfte hin und her in jenem turbulenten Jahr 1905, und die Leiden, die im riesigen Zarenreich »geschlummert« hatten, verschlimmerten sich durch die Nachrichten von den japanischen Siegen. In den Industriezentren kam es zu immer neuen Arbeiterstreiks und Studentenunruhen. Allein das Wort »Revolution« wirkte als Stimulans für Stab und Patienten im Zug, die sich dafür aussprachen, sich dem Streik der Eisenbahnarbeiter anzuschließen. Als eine Militärdelegation erschien, um die aufsässigen Soldaten zu bestrafen, baten sie Leutnant Goldszmit, für sie zu sprechen. Er zögerte – es war weder sein Land noch sein Krieg –, doch die Männer baten ihn so sehr, daß er schließlich einwilligte. Als er jedoch auf der Lattenkiste stand, sprach er nicht vom Streik oder von der Revolution, sondern vom Leiden der Kinder.

»Bevor Sie für irgend etwas in den Krieg ziehen«, sagte er der verblüfften Delegation, »sollten Sie über die unschuldigen

Kinder nachdenken, die verletzt, getötet oder zu Waisen werden.« Er sprach über das, was zur Philosophie seines Lebens werden sollte: Kein Anlaß, kein Krieg war es wert, Kinder um ihr natürliches Recht auf Glück zu bringen. Kinder hatten Vorrang vor jeder Politik.

6
Kleines Spital

Kinder sind klein und schwach und haben nur
einen geringen Marktwert.
Das Recht des Kindes auf Achtung

Als er im Frühjahr 1906 nach Warschau zurückkehrte, stellte der verblüffte Leutnant Henryk Goldszmit fest, daß er während seiner Abwesenheit als Janusz Korczak, Autor des Buches *Das Salonkind*, berühmt geworden war. Kritiker nannten ihn eine neue Stimme in der polnischen Literatur, die »die Farbe der Armut, ihren Gestank, ihren Aufschrei und ihren Hunger« gefunden habe. Die Öffentlichkeit brannte darauf, den jungen, kühnen Autor kennenzulernen, der gerade in dem Moment zum Militär eingezogen worden war, als sein Stern aufzugehen begann, und der jetzt zurückkam, um ihre Salons erstrahlen zu lassen.

Der berühmte Janusz Korczak jedoch war genausowenig zugänglich, wie es der unbekannte Henryk Goldszmit gewesen war. In Warschau gärte es immer noch, und er wollte unbedingt wissen, was während seiner Abwesenheit geschehen war. Die Zeitschrift *Stimme* war drei Monate vorher verboten worden, und Jan Dawid befand sich mit vielen anderen Intellektuellen in Krakau im Exil. Doch es hatte auch Siege gegeben: Der Schulboykott, der immer noch anhielt, hatte die demoralisierte russische Regierung zumindest dazu gebracht, Privatschulen zu gestatten, die, wenn auch nicht offiziell, in polnischer Sprache unterrichten durften. Die »Fliegende Universität« arbeitete jetzt offen als Gesellschaft für wissenschaftliche Kurse (und wurde später zur Freien Polnischen Universität) und hatte ebenso wie einige Abteilungen der Warschauer Universität die Erlaubnis erhalten, Polnischkurse zu geben.

Korczak folgte nur den Einladungen seiner engsten Freunde und ging auf seinen alten Posten (»Tretmühle«) als Stationsarzt am Kinderkrankenhaus in der Sliskastraße zurück. Dieses baumbeschattete, einstöckige, stuckverzierte Spital, erbaut von den reichen Familien Bersohn und Bauman, war der Stolz der jüdischen Gemeinde und verfügte über sieben Krankenstationen, dreiundvierzig Betten, einen Operationssaal, ein Labor und eine Ambulanz, die Kindern aller Glaubensrichtungen kostenlos zur Verfügung stand.

Er nahm seine Arbeitsroutine auf, die alles umfaßte – vom Kampf gegen Scharlach, Typhus, Durchfall und Tuberkulose bis zur Katalogisierung der 1400 Bände der Spitalsbibliothek. »Als Stationsarzt bekam ich eine Wohnung und zusätzlich zweihundert Rubel jährlich in vier Raten. Ein braves Mütterchen führte mir den Haushalt für fünfzehn Rubel. Aus meiner Praxis kamen einhundert Rubel im Monat, und mit Artikelschreiben verdiente ich auch noch ein paar Groschen. Für Droschkenfahrten gab ich viel Geld aus. ›Bis zur Zlotastraße nehmen Sie eine Droschke? Für zwanzig Kopeken? Verschwender!‹«

Obwohl üblicherweise nur die reichsten jüdischen Ärzte auch nichtjüdische Patienten hatten, war Korczaks Privatpraxis bald mit Patienten aus den besten Warschauer Familien überlaufen. Viele Damen der polnischen Gesellschaft begriffen, daß man Korczak nur durch ein krankes Kind in ihr Haus bringen konnte. Er versuchte, Zeit für die gewünschten Hausbesuche zu erübrigen. Wenn er allerdings den Verdacht hatte, daß es Korczak der Autor war, den man gerufen hatte, und nicht Goldszmit der Arzt, konnte er sehr unhöflich werden. Einmal, als er zu zwei kleinen Brüdern gerufen worden war, fand er die Mutter in Gesellschaftskleidung vor:

»Einen Augenblick bitte, Herr Doktor. Ich lasse die Buben holen.«

»Sind sie denn nicht da?«

»Ganz in der Nähe, sie spielen im Park. Wir trinken inzwischen einen Tee.«

»Ich habe keine Zeit zum Warten.«

»Aber Doktor, Julian hat immer ... Was schreiben Sie jetzt gerade, Herr Doktor?«

»Leider nur Rezepte.«

Am nächsten Tag:

»Um Gotteswillen, Herr Kollege! Empörung, Feinde.«

»Ich pfeif drauf!«

Ebenso ungeduldig war er mit den gutsituierten jüdischen Müttern, die ihn vermutlich an seine eigene erinnerten. Zu einer Mutter, die ihrem Kind unbedingt Tee geben wollte, sagte er: »Wenn das Kind Tee brauchte, dann hätte Gott Ihnen in die eine Brust Milch und in die andere Tee gegeben.« Und zu einer anderen, deren kleiner Liebling eindeutig zu dick war, meinte er: »Selbst Baron Rothschild füttert sein Kind nur fünfmal täglich.«

Nur mit den Armen hatte er immer Mitleid und machte bis spät in die Nacht Visiten im Souterrain der Sliskastraße 52 oder in der Dachwohnung des Hauses Panskastraße 17. Er war ein Robin Hood der Medizin, der von den Reichen hohe Honorare nahm, um den Armen Medizin kaufen zu können. Doch »Ich nahm immer zwanzig Kopeken, denn ›Im Talmud steht geschrieben, ein Arzt, der keinen Lohn nimmt, wird einem Kranken nicht helfen‹ ... Die Kinder von Sozialisten, Lehrern, Journalisten, jungen Rechtsanwälten, sogar von Ärzten – alles fortschrittliche Menschen – behandelte ich kostenlos.« Dieser idealistische junge Arzt mit seinen nächtlichen Visiten, seinen geringen Honoraren und seiner Gratisverteilung von Medikamenten war für viele Drogisten und Apotheker ein »gefährlicher Verrückter«.

Die Kinder jedoch mochten seine Scherze und zweifelten auch nie an seinem Verstand. Eine Mutter, die das Krankenzimmer ihres Kindes betrat, fand weder das Kind noch den Doktor vor; als sie entsetzt aufschrie, lugten beide unter dem Bett hervor. Eine andere Mutter wußte, daß ihr Kind erst dann einschlafen würde, wenn Dr. Goldszmit kam. Wie ein Zauberer wischte er jeden mit einer Handbewegung aus dem Zimmer, setzte sich ans Bett des kleinen Mädchens, streichelte seine Hände, blies auf jeden Finger, um ihn müde zu machen, und erzählte eine Geschichte dazu. Wenn er beim zehnten angelangt war, schlief das Kind.

Henryk Grynberg, einer seiner ehemaligen Patienten, der

selber Arzt wurde, erzählte, daß Korczaks Hände bei Krankenvisiten immer kalt waren, was der heißen Stirn guttat. Wenn man kein Fieber hatte, wärmte sich der Doktor die Hände, bevor er ins Krankenzimmer kam. In diesem koscheren Haushalt hatte er immer einen entsprechenden Scherz parat: »Siehst du, du hast heimlich eine Wurst verdrückt, und dafür hat dich Gott bestraft. Und deswegen muß deine Mutter jetzt einen Tee kochen und als zusätzliche Strafe ein Löffelchen Kognak in den Tee geben.«

Korczak machte sich vielleicht bei seinen Patienten beliebt, die russische Krankenhausverwaltung brachte er jedenfalls nur in Wut mit seinen empörten Zeitungsartikeln, in denen er nach grundsätzlichen Reformen rief, die darin gipfelten, daß er eine polnische Verwaltung verlangte. Er kritisierte die Ärzte (»unmoralische Halsabschneider«), die reiche und arme Patienten unterschiedlich behandelten und ihre Patienten nach Krankheiten einordneten, statt sie im Zusammenhang mit ihren individuellen Lebensproblemen zu sehen. Die einzigen, die er lobte, waren die Hebammen, die seiner Ansicht nach viel zuwenig Anerkennung für ihre wichtige Arbeit erhielten. In einer Zeit der Ammen propagierte er das Stillen, denn: »Die Brust gehört nicht der Mutter, sondern dem Kind.«

Selbst in seinem eigenen Krankenhaus hatte Korczak um eine »intelligente« Behandlung der jungen Patienten zu kämpfen, setzte er sich über Schwestern und Kollegen hinweg, die den Eltern verboten, Spielsachen mitzubringen, da diese ja Bazillenträger sein könnten. Die Kinder, die die Stadt ihm »wie Muscheln« zuspülte, hatten so wenig, was ihnen Freude machte, und seine eigene Mittellosigkeit war ihm so quälend bewußt. »Kleines Spital. Es war Winter, kalt, Pferd und Wagen halten an. Vorsichtig tragen sie ein Bündel mit einem kranken Kind darin. Die Glocke schlägt an. Ruf nach dem Doktor, er soll herunterkommen. Ich komme. Eine Decke gehört der Familie, eine dem Nachbarn, manchmal drei Decken von zwei Nachbarn, Kleider, Lappen, Unterröcke, nach Infektion riechendes Bündel. Schließlich der Patient. Scharlach. Die Station für Infektionskrankheiten ist voll. Nutzloses Betteln. Bitte, auf den Fußboden, in den Korridor – irgendwohin. Doktor, ich gebe Ihnen einen Rubel. Manchmal – in der Falle. Ich lasse das Kind hier. Sie müssen es nehmen. Manchmal eine Verwünschung.«

Er mußte hart sein, seinen Kummer über die Kinder verbergen, für die nirgendwo Platz war, und über jene, die sicherlich sterben würden. Doch war er beeindruckt, wie »würdevoll, reif und vernünftig ein sterbendes Kind sein konnte«. Das Recht des Kindes auf seinen Tod sollte an erster Stelle in seiner Magna Charta der Rechte des Kindes genannt werden. Wie sehr eine Mutter ihr Kind auch lieben mochte, so hatte sie ihm doch das Recht auf einen vorzeitigen Tod zuzugestehen. Es könnte sein, schrieb er, daß einem Kind ein anderes Schicksal beschieden sei als jenes, das Kind seiner Mutter zu sein. »Der Naturwissenschaftler weiß, daß nicht jedes Korn zur Ähre wird, nicht jedes stark genug zum Überleben ist und nicht jeder Stämmling zum Baum heranwächst.«

Und, unverbesserlicher Schauspieler, der er war, fiel es ihm schwer, die harte Wirklichkeit eines Spitalsaufenthaltes zuzugeben. Als die Tochter eines Kollegen ausrief, wie schrecklich es sein müsse, in einem fremden Spital ohne Papa und Mama aufzuwachen, meinte er: »Oh, damit können wir umgehen. Jedes Kind hat ein Kissen aus Schokolade und Schlagrahm. Wenn es aufwacht und traurig ist, bricht es sich ein Stück ab und fühlt sich gleich viel besser.«

Tatsache war, daß das geängstigte Kind aufwachte und den Doktor sah, der ihm zublinzelte und es beruhigte. Jeder im Hause, vom Direktor bis zum Hausmeister, wußte, daß es nicht so sehr an der Medizin als an Dr. Goldszmits Zauberkraft im Umgang mit Kindern lag, wenn sie gesund wurden. Als ein kleines Mädchen namens Zofia, bereits geschwächt durch Nahrungsverweigerung, auch seine Tasse Brühe nicht trinken wollte, erzählte er ihr, wie traurig die Tasse sei, von ihr abgelehnt zu werden. Und wenn sie die Brühe nicht trinke, werde die Tasse schnurstracks aus dem Spital auf die Straße rollen und von der Tram überfahren werden. Zofia umklammerte die Tasse und trank sie in einem Zug leer.

Henryk Goldszmit, der Arzt, blieb sieben Jahre am Kinderkrankenhaus, doch Janusz Korczak, der Schriftsteller und künftige Erzieher, war ruhelos. Der Arzt begleitete ein fieberkrankes Kind durch die schlimmsten Stadien seiner Krankheit, doch der Erzieher wußte, daß dieses Kind nach seiner Entlassung aus dem Spital in eine dunkle, sonnenarme Welt zurückkehren würde, in die der Doktor weder eindringen noch sie verändern konnte. »Wann zum Teufel werden wir aufhören, gegen Armut, Ausbeutung, Gesetzlosigkeit und Kriminalität Aspirin zu verschreiben?« beschwerte er sich bei seinen Kollegen. Doch was sollte er verschreiben, um das Leben seiner Patienten zu ändern?

Es war die gleiche Frustration, die der fünfjährige Reformer erlebt hatte: Wie kann ich die Welt so erneuern, daß es keine hungrigen oder schmutzigen Kinder mehr gibt? Es genügte nicht, die Ungerechtigkeit zu beklagen. Als Schulbub hatte ihn einmal ein Tramlenker zurechtgewiesen, den er kritisierte, weil er die Pferde mit der Peitsche dazu bringen wollte, die Tram schneller zu ziehen: »Wenn sie dir so leid tun, junger Mann, dann zieh den Wagen selbst. Das wäre für die Pferde sicher schöner.« Die Lektion hatte er sich gemerkt: »Halt den Mund, wenn du selbst nicht hilfst. Kritisier nicht, wenn du selbst keine bessere Lösung weißt.«

Er dachte an diese Begebenheit und mußte sich eingestehen, daß er bei all seiner Unzufriedenheit mit sozialen Ungerechtigkeiten noch keinen Weg gefunden hatte, benachteiligten Kindern ein besseres Leben anbieten zu können.

7
Sommerkolonie

Auf einmal klingt ihr Lachen ganz anders als in der Stadt.
Die Mojsches, Joschecks und andere Lausbuben

An einem Sommertag des Jahres 1907 stand Janusz Korczak in Sportkleidung im großen Hof der Sommerkolonie-Gesellschaft und überwachte die Ankunft von hundertfünfzig armen jüdischen Buben, die zum ersten Mal in ihrem Leben aufs Land fahren sollten. Er sah jene, die von ihren Familien gebracht wurden, und jene, die allein herantrollten; solche, die sauber, und andere, die vernachlässigt waren. Er sah ihre Ängstlichkeit, als sie sich für drei Wochen verabschiedeten, ihre Schüchternheit und Furcht, als sie sich paarweise aufstellten. Er wußte, daß sie sich fragten, was für eine Art Gruppenleiter er sein würde – ein strenger oder einer, dem man auf der Nase herumtanzen konnte.

Schon als Medizinstudent hatte er der Gesellschaft seine unentgeltlichen Dienste angeboten gehabt und freute sich jetzt über die Gelegenheit, auch einmal außerhalb des Krankenhauses mit Kindern arbeiten zu können. Die Sommerkolonie, zu der sie fuhren, lag ungefähr hundertzwanzig Kilometer von Warschau entfernt und wurde von einem assimilierten jüdischen Philanthropen mit der Auflage finanziert, daß nur Polnisch gesprochen werden durfte. Verbotene polnische Musik und patriotische Lieder wurden auf dem Grammophon gespielt, um den Kindern polnische Kultur und Geschichte näherzubringen, die die Russen immer noch auszuradieren versuchten.

In dem witzigen und rührenden Buch *Die Mojsches, Joscheks und andere Lausbuben* (mit den Koseformen typisch jüdischer Vornamen) hat Korczak seine Erfahrungen mit diesen Zehnjährigen beschrieben und sich selbst als einen ungeschickten Gulliver im Land der gassenschlauen Liliputaner erlebt, die ihn alles lehrten, was es über junge Leute zu lernen gab. »Damals kam ich zum ersten Mal mit einer Gemeinschaft von Kindern in Berührung und lernte das Einmaleins der erzieherischen Praxis. Reich an Illusionen und arm an Erfahrung, sentimental und jung, glaubte ich, daß allein die Tatsache genügte, daß ich für die Kinder und mit den Kindern etwas erreichen wollte.« Die dreißig, die man ihm zugeteilt hatte, waren ihm als eine akzeptable Anzahl vorgekommen, weil ihm noch nicht bewußt war, welcher Fähigkeiten es bedurfte, diesen »wilden Haufen« unter Kontrolle zu halten. Da er das Programm aus Spielen, Schwimmen, Ausflügen und Geschichtenerzählen völlig frei gestalten konnte, hatte er sich treuherzig darauf beschränkt, ein Grammophon, eine Laterna magica, Feuerwerkskörper sowie ein Schach- und ein Dominospiel zu organisieren.

»Da war ich nun, wie jemand mit Glacéhandschuhen und einer Nelke im Knopfloch, und machte mich bei den Hungrigen, Mißhandelten und Enterbten auf die Suche nach bezaubernden Impressionen und warmen Erinnerungen«, schrieb er. »Ich wollte mich meiner Pflichten um wenig mehr als ein Lächeln und billige Feuerwerkskörper entledigen ... Ich erwartete ihre Freundlichkeit und war auf ihre Unzulänglichkeiten, gezüchtet in den dunklen Gassen der Stadt, nicht vorbereitet.«

Als die Buben wie die Wilde Jagd vom Zug zu den Pferdewagen rannten, mit denen sie an der Bahnstation abgeholt und ins Ferienlager gebracht wurden, durchlebte der neue Gruppenleiter einen ersten Moment der Panik. Die Aggressivsten wollten auf die besten Plätze, die Dusseligsten verloren ihre Taschen, Gebetbücher oder Zahnbürsten, und es gab ein heilloses Durcheinander, bevor schließlich alle beisammen waren. Damals lernte er, daß Voraussicht die Ordnung bestimmt: »Was man vorausgesehen hat, kann man vermeiden.« An jenem ersten Abend war er mit seinen Nerven ziemlich am Ende. Einer der Buben, der es nicht gewöhnt war, auf einem schmalen Bett allein zu schlafen, rumste von seiner frischgefüllten Heumatratze auf den Fußboden. Andere stöhnten oder sprachen im Schlaf. Der nächste Tag war auch nicht besser. Wenn die Buben sich nicht um ihre Plätze bei Tisch zankten oder darum, wer wo schlafen sollte, oder sich gegenseitig mit ihren Gürtelschnallen attackierten, reizten sie ihn in den halbdunklen Räumen mit Geräuschen, um herauszufinden, was er tun würde. Durch seine Unfähigkeit, Ordnung oder Disziplin herzustellen, nervös geworden, kündete er dem nächsten, der sich unliebsam bemerkbar machte, eine Bestrafung an. Den Buben, der die Herausforderung annahm und einen Pfiff losließ, zog er an den Ohren und drohte ihm, ihn auf die Veranda zum bösen Wachhund zu sperren.

Es war sein erniedrigendster Augenblick. »Ich war kein Neuling in Erziehungsfragen. Ich unterrichtete seit Jahren und hatte zahlreiche Bücher über Kinderpsychologie gelesen. Aber da war ich, hilflos gefangen im Geheimnis der kollektiven Seele einer Kindergemeinschaft.« Er war voller »Ideale« gekommen, doch die scharfen Ohren der Buben hatten den »Klang der falschen Münze« sofort erkannt. Konspiration, Rebellion, Verrat und Repressalien waren die Antwort des Lebens auf seine »Träumereien«. Und als er nun um das Vertrauen der Buben kämpfte, wußte er, daß er nie mehr naiv-romantische Ideen über Kinder haben würde.

Am Ende der ersten Woche hatten sich jene als Führer herauskristallisiert, von denen man es am wenigsten erwartet hätte, und die Ungezogensten zeigten Anzeichen von Rücksichtnahme auf andere. Aaron, der eine schwache Lunge hatte und bei seiner Mutter, einer Fabrikarbeiterin, lebte, strahlte vor Glück, als er die Geschichten erzählte, die er gehört hatte, wenn er sich im Hof seiner Mietskaserne erholte. Weintraub, der auf der Straße angeschossen worden war und ein Bein verloren hatte, hatte im Krankenhaus Schach spielen gelernt und organisierte Schachturniere. Chaim, der Schlimmste von allen, stellte sich vor Mordko, der traurige schwarze Augen hatte, sich bei Gemeinschaftsspielen ungeschickt anstellte und mit einem Kuckuck im Wald Zwiesprache hielt. Der häßliche Anzel wurde schließlich als jemand akzeptiert, der nur deshalb fies und fett geworden war, weil andere Kinder ihn schlecht behandelt hatten. Und die freundliche Art des zwölfjährigen Kruk, der bereits in der Fabrik arbeitete und in der Sommerkolonie auf seinen unverbesserlichen achtjährigen Bruder aufpaßte, brachte ihm bei den Buben den Titel Prinz ein.

»Im Leben gibt es zwei Königreiche«, schrieb Korczak. »Da ist das Königreich der Vergnügungen, Bälle, Salons und schönen Kleider, in dem jahrhundertelang die Reichsten, Glücklichsten und Faulsten die Prinzen waren. Aber da gibt es auch das Königreich des Hungers, des Kummers und der harten Arbeit. Seine Prinzen wissen von frühester Kindheit an, was ein Laib Brot kostet, wie man die kleinen Geschwister versorgt, was Arbeit heißt. Kruk und seine Freunde sind die Prinzen im Königreich der traurigen Gedanken und des Schwarzbrots – Erbprinzen.«

Korczak freute sich, wie rasch seine kleinen Prinzen in der gesunden Umgebung aufblühten: »Gestern – ein Höhlenmensch; heute – ein guter Kerl. Gestern – schüchtern, verängstigt, ernst; eine Woche später – mutig, lebendig, berstend vor Abenteuerlust.«

Eines Morgens, als die Kinder auf dem Weg zu einem entfernter gelegenen Wald waren, setzten sie sich neben die Bahngleise, um etwas zu essen. Die vom Wind aufgewirbelte Schlacke fiel auf ihre Brote. Ein vorbeikommender Bauer sagte: »Kinder, setzt euch nicht da in den Staub. Auf meinem Feld ist es viel schöner.«

»Aber wenn wir dahin gehen, zertrampeln wir alles, was wächst«, meinte ein Kind.

»Ach, was könnt ihr schon anrichten, wenn ihr barfuß geht? Geht nur. Es ist mein Acker, ich erlaube es euch.«

Korczak, der Anwalt, war von dem Angebot gerührt. Er dachte sich: »Oh, polnischer Bauer, schau dir diese Buben genauer an. Es sind nicht solche Kinder, wie du sie dir vorstellst. Das hier sind jüdische Bastarde, die in den Parks der Stadt nicht spielen dürfen. Kutscher schlagen sie mit ihren Peitschen, Fußgänger stoßen sie vom Gehsteig, Hausmeister jagen sie mit Besen vom Hof. Das hier sind keine Kinder – das sind Mojsches, ja, kleine Juden. Und du jagst sie nicht nur nicht von deinen Bäumen weg, du lädst sie sogar auf deinen Acker ein.«

»Was macht ihr denn in Warschau?« fragte der Bauer die Buben. Und er verriet ihnen, wo es die besten Beeren gab.

Solche Erlebnisse verbesserten nicht nur das Polnisch der Kinder, sondern hoben auch ihre Stimmung. In Warschau hatten sie vermutlich nur polnische Flüche gehört – »Jüdischer Bastard!«, »Hau ab!« –, doch auf dem Land, schrieb Korczak, »lächelt die polnische Sprache mit dem Grün der Bäume und dem Gold der Ähren. Sie kommt mit dem Lied der Vögel, dem Sternenschein und dem frischen Wind vom Fluß. Polnische Wörter sind wie wilde Blumen, die zu Wiesen werden.« Das gleiche galt für Jiddisch – »in den Straßen Warschaus laut und voller Flüche« –, hier wurde es weicher, fast poetisch, wenn die Kinder miteinander draußen spielten.

Die Kinder waren ganz erstaunt, als eine Warschauer Zeitung geschickt wurde, die auf der ersten Seite über sie berichtete: »Mamelok kletterte zum Fenster hinauf und sah in die Küche hinein; Hawelkie und Szekielewski wollen keine Kascha (Buchweizengrütze) essen; Boruch hat sich mit seinem Bruder Mordko gezankt. Butterman hat Yemen verziehen, daß er ihn geschlagen hat; der neue Hund hat sich von der Kette gerissen, aber Franek hat ihn geschnappt.« Außerdem gab es Berichte über das Glück, barfuß zu gehen, und über die Entstehung der Sommerkolonien.

Die älteren Buben begriffen, daß der Gruppenleiter die Artikel verfaßt hatte, doch die Kleinen waren sehr beeindruckt, daß man sogar in Warschau über sie schrieb. Und Janusz Korczak, dessen Idee das alles gewesen war, hatte zum ersten Mal die Gelegenheit, den Effekt einer Kinderzeitung zu testen.

Außerdem probierte er ein System aus, bei dem die Buben einmal wöchentlich ihr eigenes und das Betragen der anderen benoten sollten, statt von ihrem Gruppenleiter beurteilt zu werden. Als Korczak jeden nach der Note fragte, von der er glaubte, sie verdient zu haben – und zwar von Eins bis Fünf –, bemühten sich einige um Ehrlichkeit. Mort allerdings, der Steine nach dem Hund geworfen hatte, verlangte einen Einser. Das ginge nur, entschieden die anderen, wenn der

Hund ihm verzeihen würde. Aber wie sollte man das herausfinden?

»Der Hund ist an der Kette, Mort sollte mit einem Stück Fleisch zu ihm gehen«, meinte einer. »Wenn der Hund das Fleisch annimmt und ihn nicht beißt, heißt das, daß er bereit ist, ihm zu verzeihen.«

Das sei ein guter Plan, waren sich alle einig. Mort hatte Glück, der Hund war »wunderbarer« Laune. Er wedelte mit dem Schwanz und nahm das Stück Fleisch an. Der Hund hatte Mort vergeben, die Buben waren's zufrieden und gaben ihm seinen Einser. Aber Mort fühlte sich schuldig. Am nächsten Tag bat er um eine schlechtere Note.

Als schwieriger erwies es sich, einen Kindergerichtshof einzurichten. Vielleicht hatte Korczak sich als Kind vorgestellt, so wie sein Vater bei Gericht die Rechte der Arbeiter zu verteidigen; vielleicht hatte er seinen Vater über die Ungerechtigkeiten der Gesetzgebung klagen hören. Jetzt hatte er die Gelegenheit, einen Gerichtshof für Kinder zu schaffen, an dem es wahre Gerechtigkeit geben würde. Wenn ein Bub von einem anderen schikaniert wurde, konnte er ihn jetzt bei Gericht verklagen, und andere Buben, die als Richter fungierten, würden über den Fall befinden. Er erwartete von seinen Sommerfrischlern, daß sie von seiner Idee eines Kindergerichtshofes ebenso angetan sein würden wie er selbst, aber so war es nicht. Sie konnten sich einfach nicht vorstellen, daß ein Gerichtsverfahren wirksamer sein sollte als ein Hieb auf die Nase, und es paßte ihnen nicht, petzen zu sollen. Erst als Korczak selbst einige Buben verklagte, die sich nicht an die Regeln gehalten hatten, konnte das Gericht die Arbeit aufnehmen.

Die Festlegung der Richter erschien zunächst etwas wahllos. Korczak hatte bekanntgegeben, daß jeder, der Richter sein wollte, sich um ein Uhr mittags auf der Veranda einfinden sollte. Er selbst kam absichtlich eine halbe Stunde zu spät, und die meisten Buben hatten sich zu dem Zeitpunkt bereits getrollt. Jene, die die Geduld zu warten aufgebracht hatten, wurden zu Richtern ernannt.

Einmal wöchentlich kamen zivil- und strafrechtliche Fälle

entweder auf der Veranda oder auf einer Waldlichtung zur Verhandlung. Ein Gruppenleiter fungierte als Staatsanwalt, ein anderer als Verteidiger und drei Buben als Richter. Zu den schlimmsten Verstößen gehörten: allein in den Wald gehen (»Verboten, weil ein Stier dich angreifen könnte«) und der Glocke nicht folgen («Wir können nicht jeden einzelnen bei den Ohren zu Tisch ziehen«).

In dem Fall »Blumenpflücken« wurden zwei Buben von der Anklage des Zuspätkommens zum Frühstück freigesprochen, weil die Verteidigung vorbrachte, daß sie in der Stadt eine solche Gelegenheit nicht hätten und es außerdem ihr erster Verstoß gegen die Regeln sei. Nicht so nachsichtig waren die Richter im Fall »Tannenzapfen«, denn Fischbein zeigte keine Reue darüber, mit kleinen Steinen gefüllte Tannenzapfen nach einem anderen Buben geworfen zu haben. Der Staatsanwalt hatte Schwierigkeiten, überhaupt sein Motiv herauszufinden.

»Warum hast du das getan?«

»Ich hatte so viele Tannenzapfen und wußte nicht, was ich damit machen sollte.«

»Warum hast du sie nicht weggeworfen?«

»Das wäre Verschwendung gewesen.«

Gelächter bei den Zuschauern.

»Bist du sicher, daß in den Zapfen keine kleinen Steine waren?«

»Ich weiß es nicht.«

Weil Fischbein zu den Kleineren gehörte, wurde er nur zu zehn Minuten Arrest verurteilt.

Korczak machte sorgfältige Aufzeichnungen über die Gerichtsverhandlungen und die Reaktion der Kinder darauf. Er improvisierte von Fall zu Fall, obwohl ihm bekannt gewesen sein muß, daß Polen gegen Ende des achtzehnten Jahrhunderts versuchsweise Kindergerichtshöfe eingerichtet hatte. Der Nationale Erziehungsausschuß (damals das erste Ministerium seiner Art in Europa) hatte die Gründung von Schiedsgerichten empfohlen, bei denen Schüler ihre Streitigkeiten selbst schlichten sollten. Zu den Strafen gehörte unter anderen, an hohen kirchlichen Feiertagen zur Schuluniform der höheren Klassen das Schwert nicht tragen zu dürfen. Nach den polnischen Teilungen waren diese Schiedsgerichte allerdings nur noch kurzfristig aktiv. Es dauerte ein halbes Jahrhundert, bis der berühmte Erzieher Bronislaw Trentowski sie wiederentdeckte. »Wenn einer Ihrer Schüler die Regeln verletzt, lassen Sie andere Schüler seines Alters über ihn urteilen. Jeder möchte von Seinesgleichen beurteilt werden. Könige von Königen, Wissenschaftler von Wissenschaftlern und Kinder von Kindern. Das Urteil wird ihn weniger erzürnen, als wenn es von Ihnen käme, und außerdem eine größere Wirkung haben.«

Trentowskis Gerichtshof lebte auch nicht länger als seine Vorreiter, und, um die Wahrheit zu sagen, auch Korczaks Experiment hatte nach den drei Wochen in der Sommerkolonie kaum Fortschritte gemacht.

Am Tag bevor die Buben nach Warschau zurückkehren sollten, schrieb Oskar, der Dichter:

Die Kinder feiern ihre Heimfahrt.
Den Tausch der grünen Wälder gegen feuchte Wände.
Jetzt lachen noch die Blumen in der Sonne,
Doch kommt der Winter, dann sind sie verwelkt.

An jenem Abend überraschten die Buben ihren Gruppenleiter mit einem Storchennest. Dann saßen sie alle ums Lagerfeuer herum und sahen ein letztes Mal dem Sonnenuntergang zu. Morgen in Warschau würden sie so etwas Schönes nicht mehr zu sehen bekommen, erinnerte sie Korczak, sondern nur die häßlichen gelben Straßenlaternen. In der Stadt machte der Laternenanzünder den Tag zur Nacht, in ihrer Sommerkolonie war es die Sonne selbst, die das Licht löschte und die Dunkelheit einschaltete.

Als die Sonne hinter dem Horizont verschwand und langsam immer weniger von ihr zu sehen war, riefen einige Buben:

»Sie ist weg!«

»Nein, es ist noch ein Stückchen da!« riefen andere.

»Und jetzt nehmen wir uns alle bei der Hand, singen unser Lied, schwenken unsere Fahne und marschieren los«, sagte Korczak zu ihnen. »Aber nicht zurück nach Warschau.«

»Aber wohin? Wohin gehen wir denn?« wollten sie wissen.

»Zur Sonne.«

Alle waren überrascht.

»Es wird ein langer Weg sein, aber es wird schon gehen. Wir schlafen auf den Feldern und verdienen uns unterwegs Geld.«

Die Buben griffen seine Gedanken auf. Gerson könnte seine Geige spielen, Oskar eines seiner Gedichte vorlesen und Aaron eine seiner Geschichten erzählen – und dafür würden sie Milch und Brot bekommen.

»Wir werden laufen, laufen und laufen, eine lange, lange Zeit«, sagte Korczak. »Wenn Weintraub müde wird, machen wir ihm einen Rollstuhl und wechseln uns ab beim Schieben.«

»Und was dann?« fragten die Buben.

Bevor er antworten konnte, rief die Glocke zum Abendbrot. Am nächsten Tag fuhren sie mit der Eisenbahn nach Warschau zurück, und kurz darauf ging Korczak für knapp ein Jahr nach Westeuropa.

Er ging nach Berlin, um sich in der Kinderheilkunde weiterzubilden, und setzte damit die Tradition von Jan Dawid und anderen polnischen Intellektuellen fort, die von Deutschland »Erleuchtung und Wissen« erwarteten. Berlin, Hauptstadt des blühenden Deutschen Reiches, verfügte über eines der besten Gesundheitswesen Europas und war für seine fortschrittliche Kommunalhygiene und die Versorgung von Kindern und Waisen berühmt. Als er noch darüber nachgedacht hatte, ob er diese Reise tatsächlich machen sollte – schließlich mußte er dafür das Kinderkrankenhaus und auch seine Mutter eine Zeitlang verlassen –, besprach Korczak die Fürs und Widers mit seinen Kollegen, von denen einige meinten, daß ihm ein solcher Aufenthalt sicher Nutzen bringen, andere, daß er davon enttäuscht sein würde. Von all den Vorschlägen, wie er sich bei den Deutschen verhalten solle, nahm er sich zwei tatsächlich zu Herzen: seinem Hang, jedem, ungeachtet seiner gesellschaftlichen Stellung, die Hand zu schütteln, nicht nachzugeben und außerdem zweimal täglich seinen Kragen zu wechseln.

Korczak kam nicht als berühmter Schriftsteller, sondern als

armer Student in die große Hauptstadt. Er fand ein bescheidenes, sauberes Zimmer, wo die Handtücher regelmäßig gewechselt wurden und das Frühstück im Preis inbegriffen war; an manchen Abenden allerdings reichte ihm das Geld gerade noch für zwei Gläser Milch und ein Stück Brot.

Er bewunderte Berlins gutes Bussystem (Warschau hatte so etwas nicht) und seine vielen öffentlichen, kostenlos zu benutzenden Bibliotheken, die zwölf Stunden am Tag geöffnet waren, doch schien die Stadt seiner Gegenwart »gleichgültig« gegenüberzustehen. Im August und September besuchte er Ferienkurse, die von der Berliner Ärztevereinigung veranstaltet wurden. Es beeindruckte ihn, daß die Professoren – wie die Busse – stets pünktlich waren, aber er haßte den Gedanken, für Seminare zahlen zu müssen. Wissen zu verkaufen, verwandelte die Universität in einen »Markt«. Dennoch besuchte er mit anderen Ausländern Seminare in Neurologie und Elektrokardiographie und informierte sich über die neuesten Erkenntnisse in der Behandlung von Tuberkulose und anderen Kinderkrankheiten. Wenn er sah, wie die Deutschen Urinuntersuchungen und Blutentnahmen durchführten, fielen ihm die rückständigen Methoden in Polen ein. Und doch, nach zwei Monaten hatte er das Gefühl, in einer »Fabrik« zu sein. Er ging noch einmal seine Aufzeichnungen durch und war sich nicht sicher, ob er für seine eigene Praxis viel gelernt hatte, oder ob er nur das erfahren hatte, was er ohnehin schon wußte. Er mußte sich also auf seine eigenen Beobachtungen verlassen und durfte keine Theorien übernehmen, ohne sie vorher selbst zu überprüfen.

Korczak verbrachte noch jeweils zwei Monate bei den weltberühmten deutsch-jüdischen Kinderärzten Heinrich Finkelstein und Adolf Baginski, einen Monat in einem Heim für geistig Behinderte und einen weiteren in Theodor Ziehens psychiatrischer Klinik an der Charité. Er besuchte Irrenhäuser und Besserungsanstalten für sogenannte jugendliche Straftäter. Er verließ Deutschland im Frühling des Jahres 1908 und fuhr in die Schweiz, wo er einen Monat an einer neurologischen Klinik in Zürich verbrachte. Als er im Frühsommer nach Warschau zurückkehrte, trafen ihn Provinzialität und Armut der Stadt wie ein Schlag.

Bevor er seine Arbeit am Kinderkrankenhaus in der Sliskastraße wiederaufnahm, gönnte sich Korczak vier Wochen Sommerkolonie mit einhundertundfünfzig polnischen Buben, bei denen »kein Mangel an echten Spitzbuben« herrschte. In dem Buch *Von den Joscheks, Jascheks und Franeks,* das er hierüber schrieb, bezaubert er seine Leser erneut mit den Abenteuern des unbeholfenen, bebrillten Gruppenleiters, der versucht, zu Straßenlümmeln durchzudringen, die zum ersten Mal in ihrem Leben in freier Natur losgelassen wurden. Wenn er auch im gedruckten Wort den Hanswurst spielte, so versuchte er doch nach wie vor jene Strategien weiterzuentwickeln, die er im vorausgegangenen Sommer bei den jüdischen Kindern ausgearbeitet hatte. Auch diese Kinder der Armut, viele mit trunksüchtigen Vätern und invaliden Müttern, die nicht für sie sorgen konnten, stellten ihm Fallen – doch diesmal war er vorbereitet. Sorgfältig merkte er sich den Namen eines jeden und notierte sich seinen ersten Eindruck, wobei er sich die Aggressivsten, von denen sicher Ärger zu erwarten war, gleich merkte. Am zweiten Tag, als die Buben bereits vor der Morgendämmerung laut wurden, hörte er einen verkünden: »Ich bin der Pfarrer im blauen Hemd!« Statt zornig zu werden, stürmte Korczak dramatisch in den Schlafsaal und fragte: »Also gut, wer ist der Pfarrer im blauen Hemd?«, brach in Lachen aus, und die Spannung löste sich. »Wie Napoleon, der mit einer erfolgreichen Attacke eine ganze Schlacht gewinnt«, hatte er das Vertrauen der Kinder gewonnen – ein Vertrauen, »ohne das es nicht nur unmöglich wäre, ein Buch über Kinder zu schreiben, sondern ebenso unmöglich, sie zu lieben, großzuziehen oder auch nur zu beobachten«.

Er experimentierte weiter mit seinem Gerichtshof, und es fiel ihm auf, daß drei der gemeinsten Buben, die dem kleinen, schwachen, stotternden Jasiek auch noch die Beeren geklaut hatten, von den Richtern deswegen freigesprochen wurden, weil die anderen sie bereits dadurch bestraft hatten, daß sie sich weigerten, mit Dieben zu spielen. Zwei der Missetäter wurden gleich nach diesem Ereignis freundlich und nett, der dritte jedoch erst dann, als er das »Waldgebet« vernommen hatte – er hatte jenen Augenblick erlebt, in dem die Bäume sprechen und der Himmel antwortet. Wer das vernimmt, »hat ein seltsames Gefühl in der Seele und bricht in Tränen aus, obwohl er nicht traurig ist, und er weiß auch nicht, warum. Und wenn er am nächsten Tag erwacht, ist er ein viel besserer Mensch als der, der er vorher war.«

Während er sich bemühte, die Probleme seiner Joscheks zu lösen, kamen ihm die Probleme seiner Mojsches in den Sinn. Jahre später, als die *Jüdische Monatsschrift* ihn bat, jüdische und polnische Kinder zu vergleichen, zitierte er John Ruskins Auffassung, daß man bei Kindern nach den Ähnlichkeiten und nicht nach den Unterschieden suchen sollte. Mit trockener Selbstironie verglich er sich mit dem »wahren Wissenschaftler«, der 32 000 Mäuse bis in die achte Generation testet, um den Einfluß von Alkohol auf Mäuse herauszufinden, wohingegen er nur über zweihundert Kinder im Jahr verfüge. Und selbst wenn er an psychologische Testmethoden glaube, wie könnte er denn den Ergebnissen trauen? Sicherlich, er habe gehört, jüdische Kinder seien gefühlsbetonter als polnische, doch habe er bei ein und derselben Filmvorführung Kummer- und Freudentränen bei beiden gesehen – und da er die Tränen nicht einzeln gezählt habe, fühle er sich nicht qualifiziert, die emotionale Überlegenheit der einen oder anderen Gruppe festzustellen. Er bevorzuge Antworten, die auf persönlicher Erfahrung beruhten.

Im September war er zurück auf seinem Posten im Kinderkrankenhaus, wo die alte Verzweiflung schon auf ihn wartete. Was sollte er dort? Was nützte es, kranke Kinder zu heilen, nur um sie wieder in ihre ungesunde Umgebung zu entlassen? Als sein Kollege Izaak Eliasberg, ein hochgeachteter Diagnostiker auf dem Gebiet der Haut- und Geschlechtskrankheiten, ihm von der Gesellschaft für Waisenhilfe berichtete, bei der er und seine Frau Stella Mitglieder waren, hörte Korczak sehr genau zu. Die Gesellschaft plante eine Veranstaltung zugunsten eines von ihr unterstützten Heimes. Wenn er Zeit habe zu kommen, dann kämen wohl auch einige reiche Philanthropen.

Korczak nahm die Einladung an, ohne zu ahnen, was sie für

ihn bedeuten sollte. Er lernte Stefania (Stefa) Wilczynska kennen, eine Frau, die nicht nur seinen Traum teilte, einen idealen Zufluchtsort für arme Kinder zu schaffen, sondern die ihm auch bei der Realisierung dieses Traumes zur Seite stehen wird.

8
Die Entscheidung

Als Korczak in dem Kinderheim ankam, das in einem heruntergekommenen ehemaligen Nonnenkloster in der Franciskanskastraße untergebracht war, hatte das Programm zu Ehren Maria Konopnickas, einer Dichterin und Kinderautorin, bereits begonnen. Er stand im Hintergrund und betrachtete die blassen, dünnen Schauspieler mit ihren geschorenen Köpfen, ihren schlechtsitzenden, aber sauberen Kleidern, die für den Vortrag ihrer Gedichte die ganze Woche lang geübt hatten. Ihr schüchternes Lächeln bewegte ihn so, daß er die Tränen kaum zurückhalten konnte.

Nicht alle waren Vollwaisen. Bei den meisten waren die Väter an Schwindsucht, Unterernährung oder Überarbeitung gestorben, ihre verwitweten Mütter konnten sich nicht um sie kümmern und waren gezwungen, sie in Heime zu geben, während sie arbeiteten. Die älteren unter ihnen kannten die Straße bereits und waren schon ziemlich hartgesotten. Sie hatten die gleiche Trauer in ihren eingesunkenen Augen, das gleiche unruhige, hohe Lachen, wie es Korczak von den kleinen polnischen Streunern aus den Warschauer Armenvierteln kannte – »ungewöhnliche Kinder, die nicht nur die Last ihrer zehn Jahre tragen, sondern tief innen die Bürde vieler Generationen«.

Korczak bemerkte Stefa, die auf der Seite stand und die Texte der Kinder lautlos mitsprach. Wenn ein Kind sein Gedicht aufgesagt hatte, rannte es in ihre Arme und blieb ganz nah bei ihr, hielt sich mit den anderen an ihren langen Röcken fest.

Niemand hätte Stefa eine Schönheit nennen können, selbst damals nicht. Sie war dreiundzwanzig Jahre alt, also acht Jahre jünger als Korczak, und einen guten Kopf größer als er. Ihre dunklen, ernsten Augen – das Schönste an ihrem breiten, unscheinbaren Gesicht – zeigten Wärme und Stärke. Auf einem Photo aus jener Zeit sieht man sie mit praktischer Kurzhaarfrisur und einem sehr konzentrierten, kämpferischen Gesichtsausdruck, der bereits die Frau ahnen läßt, die dazu bestimmt sein sollte, dreißig Jahre lang die Verantwortung für Hunderte von Kindern auf ihren Schultern zu tragen. Ein weißer Bubikragen sitzt schmucklos auf einem schwarzen Pullover, der eine plumpe, eher matronenhafte Figur umhüllt.

Stefas Leben war dem Korczaks auf viele Weise ähnlich gewesen. Auch sie sprach kein Jiddisch und hatte wenig Ahnung vom jüdischen Ritual. Sie, ihre ältere Schwester Julia und ihr jüngerer Bruder Stanislaw (Stach) bewohnten mit ihren Eltern eine Sechs-Zimmer-Wohnung in einem Haus, das zur Mitgift ihrer Mutter gehört hatte. Die beiden ältesten Töchter waren bereits verheiratet und hatten ihre eigenen Wohnungen. Stefas Vater besaß eine Textilfabrik, war bei schlechter Gesundheit und überließ die Erziehung der Kinder mehr oder weniger seiner Frau. Zu einer Zeit, als nur wenige Frauen eine Ausbildung erhielten, sorgte Stefas Mutter – eine glühende polnische Patriotin – dafür, daß ihre beiden jüngsten Töchter auf Mlle. Jadwiga Sikorskas exklusive Privatschule gingen – auf der heimlich polnische Kultur unterrichtet wurde – und anschließend statt der russischen Universität in Warschau die Universität Lüttich besuchten. Als die Töchter aus dem Haus waren, beschäftigte sie sich damit, ihre Aussteuer zu vervollständigen, die sie in großen Truhen im eigenen Schlafzimmer aufbewahrte, wobei sie sich wohl kaum vorstellte, daß keine von beiden je heiraten würde. Alles wurde aufs genaueste hergerichtet bis zum letzten ordentlich angenähten Knopf; der Charakter eines Menschen zeigte sich für sie daran, wie fest seine Knöpfe saßen. Durch Ehemann und Sohn ans Haus gebunden, begnügte sich diese tatkräftige, reisefreudige Frau mit Tramausflügen in entlegenere Teile der Stadt. Wie nach einer langen, abenteuerlichen Reise kehrte sie dann nach Hause zurück. Dieser unkonventionellen Mutter verdankte Stefa einen großen Teil ihrer Wertbegriffe und organisatorischen Fähigkeiten.

Stefa machte ihren Universitätsabschluß in den Naturwissenschaften, ihr eigentliches Interesse galt jedoch den Erziehungswissenschaften. Als sie nach Warschau zurückgekehrt war und in der Nähe ihres Hauses das kleine jüdische Heim sah, das dort von der Gesellschaft für Waisenhilfe betrieben wurde, bot sie sofort ihre Dienste an. Es dauerte nicht lange, bis sie so unentbehrlich wurde, daß Stella Eliasberg sie zur Leiterin machte. (Bevor die Gesellschaft das Heim übernahm, hatte die vormalige Leiterin die wenigen Geldmittel für sich selbst verbraucht, ging wohlgekleidet und aß gut, während die ausgemergelten Kinder in Lumpen auf dem schmutzigen Fußboden herumkrochen und halbverfaulte Kartoffeln aufklaubten, die man ihnen zugeworfen hatte.) Stefas einzige Hilfe war die tatkräftige dreizehnjährige Esterka Weintraub, Schützling aus einem anderen Waisenhaus, die wie eine Tochter für sie war.

Im Verlauf ihrer Arbeit hatte sich auch Stefa eng an die Eliasbergs angeschlossen. Als sie ihr mitteilten, daß Janusz Korczak die Wohltätigkeitsveranstaltung des Heimes besuchen würde, zweifelte sie nicht, daß dieser berühmte Anwalt für das Wohlergehen des Kindes an ihrem Projekt interessiert sein würde – wie interessiert, das konnte sie allerdings nicht wissen. Korczak begann, zu allen möglichen Zeiten im Waisenhaus vorbeizuschauen, um mit ihr zu plaudern und mit den Kindern zu spielen. Die Kinder kreischten vor Vergnügen, wenn sie den schlanken, bescheidenen, glatzköpfigen Doktor sahen, dessen Taschen angefüllt waren mit Süßigkeiten und Zaubertricks und der über ein unerschöpfliches Repertoire an Späßen und Geschichten verfügte. Sie waren ein effektives Team: Stefa mit ihrer Fähigkeit, Ordnung in das dunkle, baufällige Quartier zu bringen, und er mit seiner natürlichen Begabung für den Umgang mit Kindern. Seine Liebe, die er eines Tages »pädagogische Liebe« nennen wird (kein sentimentales, sondern auf gegenseitigem Respekt basierendes Gefühl), umhüllte sie alle und besonders die kleine Esterka Weintraub, deren liebevolle und hilfsbereite Art sie auch ihm besonders ans Herz wachsen ließ. Als sie eines Tages überlegten, sie auf Stefas Universität nach Lüttich zu schicken, war es so, als sprächen sie über die Zukunft ihrer eigenen Tochter.

Je anstrengender sein eigenes Leben wurde, desto wichtiger wurde Korczak das Leben im Heim. Am 22. Juli 1909, Korczaks

Geburtstag, starb im Alter von neununddreißig Jahren Jozef Lui, der Mann seiner Schwester Anna. (Über Lui selbst – dessen merkwürdiger Name das Geheimnis noch größer erscheinen läßt – ist nichts bekannt, auch nichts über seine Ehe mit Anna, die beeidigte Französischübersetzerin war.)

Es war für alle eine schlimme Zeit. In einer neuen Welle zaristischer Unterdrückung waren Tausende von Angehörigen der polnischen Elite – unter ihnen Intellektuelle, Sozialisten und Mitglieder der revolutionären Partei – entweder eingesperrt oder nach Sibirien verbannt worden. Die Universitäten waren geschlossen und die meisten Reformen, die die mißlungene Revolution von 1905 gebracht hatte, rückgängig gemacht worden. Die Zeitschrift *Gesellschaft*, von Jadwiga Dawid herausgegeben, nachdem vier Jahre vorher die *Stimme* verboten worden war, mußte aufgeben. Ob es am politischen Druck lag oder daran, daß Dawid eine Freundin hatte – oder an beidem –, jedenfalls erlitt Jadwiga einen Nervenzusammenbruch. Im folgenden Jahr warf sie sich im Alter von sechsundvierzig Jahren in einen Brunnen.

Gemeinsam mit vielen anderen Autoren kam Korczak in das Gefängnis von Spokojna. Er war erleichtert, in seiner Zelle den namhaften Soziologen Ludwik Krzywicki vorzufinden, den er aus den Tagen der Fliegenden Universität kannte. Krzywicki, einem radikalen Sozialisten, der Marx ins Polnische übersetzt hatte, waren Gefängniszellen ebenso vertraut wie die Seminarräume, in denen er seine blendenden Vorträge hielt, von denen nicht wenige im Gefängnis geschrieben worden waren. Immer wieder verhaftet zu werden, war für ihn bereits zu einem akzeptierten Lebensstil geworden, den er im Gegensatz zu Jan Dawid und Waclaw Nalkowski, die politische Aktivitäten zur Lösung von Polens Problemen längst für vergeblich hielten, gar nicht mehr in Frage stellte.

Krzywicki hatte gelernt, das Leben in fensterlosen Löchern zu ertragen, wo sein »längster Spaziergang« aus sieben Schritten bestand und sein einziger Zellengenosse eine Fliege war (über die er seinem Sohn lange Briefe schrieb). Es erstaunte Korczak, daß es dem Professor gelang, seine Umgebung auszuschalten und sich auf die Intaktheit seines inneren Selbst zu konzentrieren. Er verbrachte jeden Tag so, als sei er in seinem Arbeitszimmer, breitete seine Unterlagen und Karten auf dem schmierigen Fußboden aus und studierte die Völkerwanderung. Während der zwei Monate, die die beiden zusammen verbrachten, hat Krzywicki seinen jungen Freund wahrscheinlich ermutigt, seine Ziele unbeirrt zu verfolgen. (Jahre später, als Korczak von den Nazis inhaftiert worden war, kam ihm diese einmal erlernte Selbstdisziplin wieder zugute.)

Nachdem er auf Intervention einer angesehenen polnischen Familie, deren Kind er behandelt hatte, aus dem Gefängnis entlassen worden war, verbrachte Korczak wiederum soviel Zeit wie nur möglich bei Stefa und den Kindern im Heim. Eliasberg und seine Frau erzählten ihm von ihrem Traum, die Kinder aus dieser unzulänglichen Unterkunft heraus in ein großes, modernes Waisenhaus zu bringen. Stefa hatte sich bereit erklärt, die Verwaltung zu übernehmen, und wenn jemand wie Korczak damit zu tun hätte, könnte die Gesellschaft für Waisenhilfe sicherlich mehr Förderer finden und das viele Geld auftreiben, das benötigt wurde. Die Eliasbergs hatten Korczak im richtigen Moment erwischt. Von der politischen Situation entmutigt und unzufrieden mit dem Krankenhaus, war er bereit, sein Leben radikal zu ändern.

Im Jahre 1910 erfuhr die Warschauer Gesellschaft mit einiger Verwunderung, daß Janusz Korczak seine erfolgreiche Praxis und literarische Karriere aufgeben wollte, um Direktor eines Waisenhauses für jüdische Kinder zu werden. Nur wenige verstanden, daß die Medizin allein für diesen visionären Kinderarzt nicht mehr ausreichte, daß sie – wie Erik Erikson über Gandhis Rechtsanwaltspraxis sagte – »seinem reformatorischen Eifer« nicht genügte. Das Waisenhaus gab ihm die Chance, einige seiner Ideen über Erziehung in die Praxis umzusetzen, und wenn es auch so aussah, als brächte er ein Opfer – ihm jedenfalls schien es nicht so. »Ich bin deshalb Erzieher geworden, weil ich mich unter Kindern immer am wohlsten gefühlt habe«, sagte er viele Jahre später zu einem jungen Interviewer. Doch die Entscheidung war schwierig gewesen. »Der von mir gewählte Weg zu meinem Ziel ist weder der kürzeste noch der bequemste«, schrieb er später. »Doch für mich ist er der beste – weil es mein eigener ist. Ich habe ihn nicht ohne Mühen und Schmerzen gefunden, und auch erst dann, als ich begriffen hatte, daß alle Bücher, die ich las, und all die Erfahrungen und Meinungen anderer irreführend waren.«

Ein Teil der Schwierigkeit entsprang dem Bedürfnis, sich selbst zu versichern, daß er die Medizin und das Krankenhaus nicht wegen des Waisenhauses verraten hatte. (Er hat diesen Konflikt nie ganz lösen können.) Denn er wollte ja die Medizin nicht für die Pädagogik aufgeben, sondern beide miteinander verbinden. Mit dem Waisenhaus als Labor für die klinische Beobachtung wollte er ein erzieherisches Diagnosesystem erarbeiten, das auf greifbaren Symptomen basierte. So wie der Arzt die Krankheit anhand der Beschwerden des Patienten diagnostizierte, sollte der Lehrer die Stimmung seiner Schüler erkennen: »Was für den Arzt Fieber, Husten oder Übelkeit sind, sollten für den Lehrer eine Träne, ein Lächeln oder ein Erröten sein.« Die Medizin sorgte sich nur um die Heilung des kranken Kindes, die Pädagogik jedoch könnte sich um das Kind insgesamt kümmern. Als Erzieher könnte er »Arzt und Bildhauer der kindlichen Seele« sein.

Seine kleine Republik sollte kein so ehrgeiziges Projekt sein wie die »Schule des Lebens«, die er sich einmal an den Ufern der Weichsel vorgestellt hatte – ein utopisches Zentrum mit Unterkünften für die Obdachlosen, einem Krankenhaus, um die Leiden des Körpers kennenzulernen (denn ohne dieses Wissen hielt er eine »wahrhafte Erziehung« nicht für möglich), einer Bank, um den praktischen Umgang mit Geld zu lernen, und einem Pfandleihhaus zur Demonstration der »Vergänglichkeit unnötiger Dinge«. Die Gemeinschaft würde ihre eigenen, gerechten Gesetze haben, die Jungen ihr eigenes Parlament, einen Gerichtshof aus Gleichgestellten und eine Zeitung. Durch das Miteinander-Arbeiten sollten sie Rücksicht und Fairneß lernen und gegenüber anderen ein Verantwortungsgefühl entwickeln, das sie in ihr Erwachsenenleben mitnehmen würden. Dadurch, daß er seinen Waisen half, andere zu achten – ein erster Schritt zur Selbstachtung –, wurde Korczak zum Pionier für das, was wir heute »Moralerziehung« nennen. Es war nicht sein Anliegen, den Kindern das ABC beizubringen – das würden sie in der Grundschule schon lernen –, sondern die Regeln der Ethik.

Die Philosophie hinter dem Gedanken der Republik der Kinder lautete: Kinder sind nicht erst Leute von morgen, sie sind es heute schon. Sie haben ein Recht darauf, ernst genommen zu werden. Sie haben ein Recht darauf, von den Erwachsenen mit Freundlichkeit und Respekt behandelt zu werden, als gleichwertige Partner und nicht wie Sklaven. Man sollte ein Kind zu dem Menschen heranwachsen lassen, der es ist und der in ihm steckt, denn die »unbekannte Person« in einem jeden von ihnen ist die Hoffnung der Zukunft.

Hätte Korczak die Wahl gehabt, so hätte seine kleine Republik aus jüdischen und katholischen Kindern bestanden, doch das ging nicht. Jede Glaubensgemeinschaft nahm ihre eigenen Verantwortungen wahr, und die Gesellschaft für Waisenhilfe war eine philanthropische jüdische Einrichtung. Korczak hoffte allerdings, daß er den Graben zwischen den beiden Religionen dadurch überbrücken könnte, daß er sich in der polnischen Lehrergemeinschaft engagierte und seine Arbeit als ein mögliches Modell für alle Heime vorstellte, jüdische oder katholische.

In einer armen jüdisch-katholischen Arbeiterwohngegend wurde in der Krochmalnastraße 92 ein Grundstück gekauft. Wie so viele Warschauer Straßen, die das seit Jahrhunderten zusammengewürfelte Leben von Juden und Katholiken widerspiegelten, zeigte auch die Krochmalna eine gespaltene Persönlichkeit. (Isaac Bashevis Singer, der in Haus Nr. 10 aufwuchs, nannte die Krochmalna »eine vielschichtige archäologische Ausgrabungsstätte, in deren Tiefen ich niemals vorgedrungen bin«.) In den wuchernden Mietskasernen am verrufenen unteren Ende der Straße hausten wahllos Diebe, Schieber und Prostituierte neben armen chassidischen Rabbinern (wie Singers Vater), frommen Hausfrauen und einem überproportionalen Anteil an Warschaus armen jüdischen Dienstleuten, Schustern und Handwerkern.

Im Gegensatz dazu war das obere Ende der Krochmalnastraße weniger bevölkert. Es gab sogar einen kleinen Obstgarten auf dem Grundstück des Waisenhauses, das an kleine Fabriken, Läden und Holzhäuser angrenzte, in deren Mitte eine schlichte katholische Kirche stand.

Die Planung des Waisenhauses war für Korczak, der sich an mehreren Abenden der Woche bei den Eliasbergs mit den beiden Architekten traf, eine »bedeutende Erfahrung«. Zum ersten Mal verstand er »die Andacht der Arbeit und die Schönheit aktiven Handelns«. Er entwarf nicht nur ein Gebäude mit Wänden und Fenstern; er schuf einen geistigen Raum. Er wollte so weit wie möglich von den »Käfigen der Stadtwohnungen« und den unhygienischen Heimen weg, die die »Nachteile des Klosters und der Baracke in sich vereinen«. Sein Ziel war eine geräumige, helle Struktur, die den individuellen Bedürfnissen jedes Kindes gerecht wurde. Er staunte darüber, »wie heute ein Viereck auf der Blaupause morgen eine Halle, ein Zimmer, ein Gang wird«. Aber er lernte auch, seinen Enthusiasmus zu zügeln: »Jede schnelle Entscheidung bedeutete eine Anweisung für den Handwerker, der ihr dann ja auch dauerhafte Form verlieh.« Jede Idee mußte auf ihre finanzielle, praktische und optische Durchführbarkeit überprüft werden. Ein Lehrer, so entschied er, sei nicht wirklich bewandert, bis er oder sie etwas von Baumaterialien verstünde: »Ein kleines Brett, eine Eisenplatte, ein Nagel am richtigen Platz, sie alle sind vielleicht wichtig bei der Lösung eines akuten Problems.«

Helena, die älteste der vier Eliasberg-Töchter, erinnerte sich, daß sie und ihre Schwestern sich auf die Abende freuten, an denen der lustige Doktor auftauchte, um sich bei ihren Eltern mit den Architekten zu treffen. »Einen Erwachsenen wie ihn hatten wir noch nie erlebt. Er küßte uns zur Begrüßung die Hand, als ob wir Damen wären, und kam ab und an zu uns, um zu lachen und scherzen. Wir durften sogar mit den Buntstiften, die er für die Baupläne benutzte, seine Glatze bemalen.«

Während er darauf wartete, daß das Waisenhaus gebaut wurde, ging Korczak für ungefähr ein halbes Jahr nach Paris, arbeitete bei Kinderärzten, sah sich Waisenhäuser und Besserungsanstalten an, so wie er es in Berlin drei Jahre vorher getan hatte. Paris war seit Generationen Zufluchtsstätte für emigrierte polnische Künstler und Intellektuelle gewesen, und man kann sich denken, daß Korczak einige von ihnen aufsuchte. Später erzählte er Freunden von seinen Spaziergängen an der Seine und seinen Besuchen in Galerien und Museen. Er stellte fest, daß er sich den Franzosen näher fühlte als den Deutschen. Berlin hatte ihn gelehrt, »einfach und erfindungsreich zu sein, sich Schritt für Schritt auf das zu konzentrieren, was er wußte, und von da aus systematisch weiterzumachen«, Paris hingegen lehrte ihn, »an all das zu denken, was wir nicht wissen, jedoch gern wissen würden, was wir wissen wollen und müssen«. Berlin war ein Arbeitstag voll kleiner Sorgen und Mühen gewesen, Paris aber war das Fest von morgen, angefüllt mit wundervollen Ahnungen, starken Hoffnungen und unerwartetem Triumph. In Paris vertiefte er sich in die »erstaunlichen« Bücher der französischen Ärzte und träumte ganz aufgeregt davon, das endgültige Buch über das Kind zu schreiben.

Wahrscheinlich brachte ihn der Tod von Stefa Wilczynskas Vater im Januar 1911 nach Warschau zurück. Es war ein unheilvoller Beginn des neuen Jahres. Dann, im Februar, brach Waclaw Nalkowski, Korczaks Mentor von der Fliegenden Universität, im Alter von fünfundfünfzig Jahren auf der Straße zusammen und starb einige Tage später im Spital. Nalkowski verloren zu haben, war für Warschaus Intellektuelle, jedenfalls für die, die noch übrig waren, ein Schock. Dawid war in Krakau, ein einsamer Mann nach Jadwigas Selbstmord, und schrieb über die Psychologie der religiösen Erfahrung. Und jetzt würde Nalkowski mit seinen kompromißlosen Prinzipien, die ihm Freunde und Feinde gebracht hatten, Korczak auch keine Stütze mehr sein können. In seiner Grabrede versuchte Korczak, die große Gemeinde polnischer Patrioten zu trösten:

> Ein glücklicher Mann ist gestorben – ein Mann,
> der so gelebt hat, wie er leben wollte. Nicht die, die heute
> wie Feiglinge sein Loblied singen, haben ihn getötet.

Nicht die, die sich von den Brosamen seiner Gedanken ernährten, haben ihn getötet. Auch nicht die, die seine Größe zu sehen vermochten. Er hat niemals irgend jemanden bekämpft. Er hat sie bloß mit einem Kopfschütteln abgetan. Es war der Tod, der Nalkowski gefällt hat. Freuen wir uns, daß er auf polnischem Boden *gelebt* hat.

Er half Nalkowskis Witwe, einer Geologin, beim Ordnen der Papiere und kümmerte sich um die letzten Details der Pläne für den Waisenhausbau. Seine Stimmung besserte sich dadurch allerdings nicht. Unmittelbar nach der Grundsteinlegung am 14. Juni 1911 reiste er nach England, um dort Waisenhäuser aufzusuchen – und auch, so ist zu vermuten, um seine Depression abzuschütteln. Dort hatte er ein Erlebnis, das ihm geholfen zu haben scheint, seinen weiteren Lebensweg klarer zu sehen.

Es begann mit einer erholsamen Fahrt von London in den Vorort Forest Hill, wo er ein Waisenhaus besuchen wollte. Die großen Fenster des Zuges, die breiten Bänke und die angenehme Fahrt überraschten ihn. Ebenso beeindruckend war Forest Hill, ein offenbar wohlhabender Ort mit grünem Rasen so weit das Auge reichte. Er kam sich wie ein Bauerntölpel vor, als er die Heckenscheren bewunderte, die die Gärtner auf langen Stangen angebracht hatten, und besah sich eine Weile die Funktion eines Rasenmähers.

Doch die größte Überraschung war das Waisenhaus selbst: »zwei kleine einstöckige Häuser, wie Zwillinge nebeneinanderstehend, dreißig Buben in einem, dreißig Mädchen im anderen«. Wieso gab es an einem so reichen Platz wie Forest Hill Waisenkinder? fragte er sich. Woran sterben die Leute in einem solchen Ort? Der Direktor begrüßte ihn höflich und führte ihn herum, »ohne eine Spur deutscher Überheblichkeit oder französischer Förmlichkeit«. Er sah die Tischlerwerkstatt, wo die Buben ausgebildet wurden, die Wäscherei, das Nähzimmer und den Stickerei-Laden für die Mädchen. Jedes Kind hatte sein eigenes kleines Stück Garten, hielt Kaninchen, Tauben oder Meerschweinchen. Es gab sogar ein Museum neben dem Waisenhaus, in dem man unter anderen Schätzen eine kleine Mumie bewundern konnte.

Beim Abschied schrieb er sich als *Janusz Korczak, Warschau,* ins Gästebuch ein. Er brauchte die Sprache nicht, um zu verstehen, was jeder gedacht hatte, als man ihn herumführte: »Warschau? Ein seltsamer Gast von weit her. Warum sieht er sich alles so interessiert an? Die Schule? Es sind Kinder da, also muß es auch eine Schule geben. Das Waisenhaus? Aber da sind doch Waisenkinder, die müssen ja irgendwohin. Schwimmbad? Spielplatz? Aber das ist doch alles notwendig.«

Er war sich seiner abgetragenen Kleidung und ausgetretenen Schuhe bewußt und kam sich vor wie ein Bettler, der zufällig hereingeschneit war. Auf dem Weg zur Straßenbahnhaltestelle überwältigten ihn die luxuriösen grünen Rasenflächen, die manikürten Parkanlagen und das große öffentliche Schwimmbad. Plötzlich sah er sein Leben als »ungeordnet, einsam und kalt«, sah sich selbst als einen schäbigen Außenseiter, fremd und allein. Und plötzlich wurde ihm klar, daß der Sohn eines Wahnsinnigen, »ein Knecht, der ein polnischer Jude unter russischer Herrschaft ist«, kein Recht hatte, ein Kind zu zeugen.

Diese Erkenntnis »traf ihn wie ein Dolchstoß«, und er fühlte sich wie »ein Selbstmörder«. Das Kind, das er hätte zeugen mögen, starb mit ihm in diesem Moment, doch gleichzeitig kam ein »neuer Mann« hervor, der »die Idee, dem Kind und seinen Rechten zu dienen«, an Sohnes Statt annahm. Er, der sich in so vielem so schwer entscheiden konnte, hatte nun ein für allemal beschlossen, kinderlos zu bleiben. Er wandte sich gegen Ehe und Familie, in denen sein Vater versagt und zu denen bei ihm, Janusz Korczak, in Wahrheit nie eine Neigung bestanden hatte. Natürlich konnte er kein Kind bleiben, aber er würde in der Welt der Kindheit leben, und zwar als der »verantwortungsbewußte Pädagoge«, der sein Vater nie gewesen war. Er war jetzt dreiunddreißig, also fast so alt, wie der Vater bei der Geburt des Sohnes war.

»Aus einer wahnsinnigen Seele schmieden wir die sinnvolle Tat«, schrieb er später. Diese Tat war das »Gelübde, das Kind und seine Rechte zu verteidigen«. Kein Orden hatte ihm dieses Gelübde abverlangt – er aber wird es zeitlebens einhalten wie ein Priester.

9
Republik der Kinder

Das Kind – ein geschickter Schauspieler mit
hundert Gesichtern: eins für die Mutter,
den Vater, Großmutter oder Großvater,
für den strengen oder nachsichtigen Lehrer,
für den Koch und das Dienstmädchen,
für seine Freunde, für Arme und Reiche.
Naiv und schlau, bescheiden und hochmütig,
sanft und rachsüchtig, artig und eigensinnig
verbirgt es sich so erfolgreich,
daß es uns an der Nase herumführt.
Wie man ein Kind lieben soll

Weil das Waisenhaus nicht planmäßig fertig wurde, konnten die Kinder erst im Oktober 1912 einziehen. Aus ihrem früheren Heim waren sie bereits ausgezogen und warteten auf dem Land in Unterkünften, die die Sommergäste nicht mehr brauchten. Gewöhnt an das Getriebe ihrer Elendsviertel in der Stadt, waren sie ganz aufgeregt und suchten in den Wäldern nach Kannibalen und wilden Tieren. Als diese »lauten, frierenden, aufgeregten, unverschämten« Buben und Mädel schließlich an einem regnerischen Nachmittag in der Krochmalnastraße 92 ankamen, hatten sie immer noch ihre Stecken und Knüppel bei sich und wirkten selbst ein bißchen wie Wilde.

Das vierstöckige weiße Haus, eines der ersten Gebäude Warschaus mit Zentralheizung und Elektrizität, erschien den Waisenkindern wie ein Märchen. Mit angehaltenem Atem wanderten sie durch den riesigen Saal im Erdgeschoß mit seinen großen Fenstern und der bis in den zweiten Stock reichenden Decke, der als Speisesaal, Aufgaben- und Spielzimmer dienen sollte, und starrten ungläubig auf die gekachelten Badezimmer, die Klosetts mit Wasserspülung, die glänzenden Waschbecken aus Porzellan mit ihren Wasserhähnen für kaltes und warmes

Wasser – alles so ganz anders als die fauligen, rattenverseuchten Plumpsklos, die sie kannten. Alles, selbst die gekachelte Küche, war sauber und schön, so als wäre sie für wichtige Leute gedacht.

Nach dem Abendessen wurden die Kinder in großen Badewannen aus Porzellan gebadet. Dann brachte man sie, eingehüllt in warme Nachtkleidung, in den Schlafsaal für Mädchen und für Buben, die ein kleiner verglaster Raum voneinander trennte, von dem aus Korczak sie beobachten und beruhigen wollte.

Die Kleinsten schliefen in eisernen Bettgestellen, die durch Bretter abgetrennt waren, in die Korczak in der Mitte ein großes Loch hatte bohren lassen für den Fall, daß die Kinder nachts aufwachten und die Hand nach jemandem ausstrecken wollten. Doch sie fürchteten sich immer noch, die Großen wie die Kleinen. Eins der Mädels, das noch nie ohne seine beiden Schwestern auf dem schmutzigen Strohsack geschlafen hatte, brach in Tränen aus. Und ein Bub, der zum ersten Mal in seinem Leben weiße Laken erblickte, kroch unters Bett. Korczak und Stefa gingen von Bett zu Bett, streichelten die Kinder, küßten und trösteten sie, bis ein jedes eingeschlafen war.

Ihre kleine Republik aufzubauen, erwies sich als ein Sechzehn-Stunden-Tag ohne Pausen, Ferien oder Wochenende, wie Korczak später meinte. Und Stefa erinnerte sich, daß ihr in den ersten Jahren die Arbeit überhaupt keine Zeit ließ, am Warschauer Leben teilzunehmen – sie hätte genausogut in einer Provinzstadt sein können. Doch für beide zählte nur das Gelingen ihres gemeinsamen Experiments.

Es sollte sich herausstellen, daß Korczak dieses erste Jahr im neuen Waisenhaus als das schlimmste seines Leben empfinden wird. Er hatte geglaubt, daß es nach seinen Erfahrungen in der Sommerkolonie keine Überraschungen mehr für ihn geben würde, aber er hatte sich geirrt. Statt sich über ihre neue Umgebung zu freuen und die Regeln des Gemeinschaftslebens zu akzeptieren, hatten die Kinder »den Krieg erklärt«, bevor er überhaupt merkte, was los war. Zum zweiten Mal stand er hilflos vor dieser bedrohlichen Meute. Von all seinen Vorschriften überwältigt, begaben sich die Kinder in den absoluten Widerstand, den kein gutes Zureden zu brechen vermochte. Zwang führte zu Ablehnung. Das neue Heim, auf das sie so sehnsüchtig gewartet hatten, wurde verabscheut.

Erst später begriff Korczak, wie schwer es für die Kinder gewesen sein mußte, ihr altes Leben aufzugeben. Ihr altes Heim war schäbig und unzulänglich gewesen, ohne genügend Licht und ordentliche Möbel, aber jetzt hatten sie Sehnsucht danach. Die »Großartigkeit« der neuen Umgebung erdrückte sie. Die »unpersönliche Notwendigkeit der Routine« schien sie »auszuradieren«. Jene Kinder, die Führer gewesen waren, welkten und versagten; wer früher kooperativ gewesen war, ging jetzt allem aus dem Weg. Korczaks erhabene Gefühle über die Würde der Arbeit interessierten sie überhaupt nicht. (»Ein sauber polierter Tisch ist genauso wichtig wie eine sauber geschriebene Seite.«) Mißtrauisch schauten sie zu, als er Wischlappen und Besen, die er zu Kunstwerken erklärte, einen Ehrenplatz an der Schlafsaaltür gab.

Statt jedoch Wischlappen und Besen zu verehren, rebellierten sie und verschworen sich miteinander gegen ihn. Mittags verbreiteten sie das Gerücht, in der Suppe sei ein Wurm gefunden worden, und weigerten sich zu essen. Bei Tisch entwendeten sie Brot, was verboten war, und versteckten es unter Kissen und Matratzen. Dinge verschwanden unauffindbar oder wurden verlegt. Wer war das? Keiner wußte es. Wer hat das verschüttet? Wer hat das zerbrochen? Schweigen.

Manchmal, wenn Korczak losbrüllte: »Schon wieder was geklaut! Ich werde meine Kräfte nicht auf die Erziehung von Gaunern verschwenden!«, stellte er fest, daß seine Stimme brach und ihm vor lauter ohnmächtigem Zorn die Tränen in die Augen traten. Er tröstete sich damit, daß jeder neue Lehrer solche harten Stunden der Prüfung erleben mußte. Doch er wußte, daß, ganz gleich wie wütend er war, er niemals den Eindruck vermitteln durfte, nicht Herr der Lage zu sein. Er lernte, nicht »zu platzen«, selbst wenn einer der größten Halunken beim Putzen ein teures Porzellanurinal zerbrach und kurz darauf ein Glas mit mehr als vier Litern Fischlebertran. Seine Beherrschung machte sich bezahlt: er gewann »einen Verbündeten«. Nach und nach wurde das »kollektive Bewußtsein« geweckt. Tag für Tag wechselten einige Kinder mehr auf seine Seite.

Nach einem halben Jahr, als alle sich schließlich einzugewöhnen begannen, wurden fünfzig neue Kinder aufgenommen. Wiederum war die kleine Gemeinde in Aufruhr, denn jetzt rebellierten die Neuen und trotzten der Autorität.

Auch das neue Personal brachte Probleme. Ein Philanthrop hatte im Heim eine Schule organisiert, doch die Lehrer, die dort arbeiteten, führten sich auf wie »Aristokraten« und schufen einen »Abgrund« zwischen sich und der Köchin, dem Hausmeister und der Waschfrau, denen sie sich überlegen fühlten. Korczak, der pedantische Besserwisserei haßte (oft meinte er, daß er ein Kind lieber der Obhut einer Frau überließe, die seit fünf Jahren Hühner züchtete, als einer frisch examinierten Erzieherin), entließ die Lehrer, weil er überzeugt war, sie seien weniger wichtig als die Dienstleute, die das Waisenhaus am Laufen hielten. Er schickte die Kinder auf Schulen in der Umgebung und behielt nur einen Lehrer zur Hausaufgabenüberwachung.

Es dauerte fast ein Jahr, bis Stefa und Korczak das Gefühl hatten, für ihre kleine Republik ein festes Fundament geschaffen zu haben. (»Weil das Fundament fehlte, ist das Dach eingestürzt«, wurde eine seiner liebsten Äußerungen.) Sie waren erschöpft, doch überglücklich, frei von störenden Angestellten zu sein. Jetzt konnte das Kind »Patron, Arbeiter und Hausvorstand« werden.

Nicht alle Waisenkinder stammten aus armen Familien. Grigori Schmukler, ein Geigenwunder, wurde im Alter von zwölf Jahren nach dem Tod seines Vaters, der Arzt gewesen war, aufgenommen. Korczak, der Musik liebte, sorgte dafür, daß Grigori in den Salons einiger Gönner des Hauses kleine Wohltätigkeitskonzerte gab, deren Erlös dem Haus zugute kam. Und abends, bevor die Kinder einschliefen, ließ Korczak Grigori manchmal in seinen Glaskasten zwischen den Schlafsälen kommen und bat ihn, für alle Gluck und polnische Volkslieder zu spielen. Nachdem die Lichter gelöscht waren, saß er dann in diesem Kasten im Halbdunkel und schrieb – wie ein Pilot im Cockpit, der die Verantwortung für seine Crew trägt. Er freute sich an dem Gemurmel gedämpfter Stimmen, das herüberwehte, denn er hatte Sinn für »die tiefen, warmen, seelischen Bedürfnisse von Kindern, für leise geflüsterte Geheimnisse, melancholische Erinnerungen und aufrichtigen Rat«.

Außerdem war er neugierig. »Worüber habt ihr gestern abend im Schlafsaal geredet?« fragte er manchmal am nächsten Tag.

Die Kinder antworteten völlig frank und frei:

»Ich hab ihm erzählt, wie es war, als mein Vater noch lebte.«

»Ich hab ihn gefragt, warum die Polen die Juden nicht leiden können.«

»Ich hab ihm gesagt, wenn er sich mehr anstrengen würde, wären Sie ihm auch nicht böse.«

»Ich hab gesagt, wenn ich groß bin, möchte ich zu den Eskimos fahren, ihnen Lesen und Schreiben beibringen und wie man Häuser wie unseres baut.«

Korczak reagierte mit Wärme und Herzlichkeit auf die innersten Gefühle der Kinder. Keiner wußte besser als er, wie paradox das Leben war: er wünschte ihnen tapfere Träume, aber er wollte auch, daß sie die Chancen auf Erfüllung dieser Träume realistisch einschätzen lernten. »Trau dich zu träumen«, schrieb er in seinem Buch *Ehre*, das von drei Kindern mit hohen, aber unrealistischen Zielen erzählt. »Irgend etwas wird sicher eintreffen.« In *Eine Unglückswoche* kann es ein fiktiver Bub, der Henryk Goldszmit sehr ähnlich ist, niemandem recht machen, weil sein Lehrer und seine Eltern nicht in der Lage sind, ihn zu verstehen. Die Geschichten wurden beim Publikum sehr beliebt. Korczak war der erste, der in der polnischen Literatur ein Kind zum Helden machte, das statt der gestelzten Sprache, die man Kindern in anderen Büchern, wo sie ohnehin nur am Rande vorkamen, in den Mund legte, so redete, wie ihm der Schnabel gewachsen war.

Während Korczak den Jargon seiner Waisen aufschrieb, war ihm bewußt, daß sie ihre tiefsten Gefühle nachts ausdrückten und sich im Schlaf zu Empfindungen bekannten, die sie tagsüber erfolgreich unterdrückten. Er ging durch die Reihen und lauschte der »Symphonie atmender Kinder«, sah die gequälte oder entspannte Körperhaltung des Träumers, und auch wenn er sich manchmal fragte, ob ein Husten von den Bronchien oder den Nerven kam, machte er sich intensive Notizen für ein »Hauptwerk« über schlafende Kinder und die Nacht. Allerdings kamen ihm auch Bedenken: Hatte er das Recht, diese Kinder zu beobachten, wenn sie am verletzbarsten waren? »Warum forschen?« fragte er sich. »Laß die Natur ihre Geheimnisse bewahren.« Doch der Wissenschaftler mußte forschen, selbst wenn der Lehrer über moralischen Grundsätzen grübelte.

Manchmal saß er voll Qual in seinem Kasten, weil er einem Kind, das um den toten Vater oder die Mutter weinte oder das Sehnsucht nach seinen Geschwistern hatte, nicht helfen konnte. Tränen waren unvermeidlich, aber er gewöhnte sich niemals an das erstickte, hoffnungslose, tragische Schluchzen, das ihn an sein eigenes erinnert haben muß, als er um seinen kranken Vater litt. Er wußte, daß es ebenso viele Schluchzer wie Kinder gab: von den »stillen, privaten über die kapriziösen und unaufrichtigen bis zu den unkontrollierten und schamlos nackten«. »Es ist nicht das Kind, das weint, sondern die Jahrhunderte«, schrieb er in sein Notizbuch.

Ein Achtjähriger erwachte mit Zahnweh. Er griff nach Korczaks Hand und schüttete seinen Kummer aus: ». . . dann starb meine Mutter. Dann wurde ich zu meiner Großmutter geschickt, aber die starb auch. Dann wurde ich zu meiner Tante gebracht, aber die war nicht zu Hause. Es war kalt. Mein Onkel nahm mich auf. Sehr arm. Ich hatte Hunger. Seine Kinder waren krank. Er brachte mich in die Abstellkammer, damit ich mich nicht ansteckte. Nachts taten meine Zähne immer so weh. Dann nahm mich eine Frau für kurze Zeit auf, aber sie ging mit mir zu einem Platz und ließ mich dort. Es war dunkel. Ich hatte Angst. Andere Buben stießen mich. Dann brachte mich ein Polizist auf die Wache. Alle waren Polen. Sie schickten mich zu meiner Tante. Sie schrie mich an, und ich mußte schwören, Ihnen nicht alles zu erzählen. Kann ich hierbleiben? Ja? Sind Sie mir nicht böse, weil ich den Ball aufs Gras geworfen habe? Ich wußte nicht, daß das verboten war.«

»Er schlief ein«, notierte Korczak. »Es war merkwürdig, aber für einen kurzen Moment sah ich ganz genau einen Lichtschein um seinen müden, achtjährigen Kopf. Ich hatte ein solches Phänomen erst einmal vorher beobachtet.« Und er fügte hinzu: »Selbst wo ich dies jetzt schreibe, weiß ich, daß das niemand verstehen wird. Es ist unmöglich, es sei denn, man war einmal in der Stille der Nacht in dem großen Schlafsaal eines Waisenhauses.«

Die schlimmsten Raufbolde, die den ganzen Tag seine Geduld auf eine harte Probe gestellt hatten, konnten nachts zusammenbrechen. Als er Moishe schluchzen hörte, eilte er an sein Bett. »Nicht weinen. Du weckst die andern auf.« Dann kniete er sich neben ihn und flüsterte: »Du weißt, wie lieb ich dich habe. Aber ich kann dir nicht alles durchgehen lassen. Der Wind hat die Fensterscheibe nicht zerbrochen. Das warst du. Du hast versucht, allen anderen ihre Spiele zu verderben, hast dein Abendbrot nicht gegessen und im Schlafsaal angefangen zu raufen. Ich bin nicht böse . . .«

Es überraschte Korczak nicht, daß seine Worte nur einen neuen Tränenstrom hervorriefen: »Manchmal bewirkt Trösten das Gegenteil – es kann die Gefühle des Kindes verschlimmern, statt sie zu beruhigen.« Aber wenn Moishes Schluchzen auch noch stärker kam als vorher, es dauerte nicht mehr so lange.

»Vielleicht hast du Hunger. Soll ich dir eine Semmel holen?«

Der Bub lehnte ab.

»Schlaf jetzt, mein Sohn, schlaf«, flüsterte Korczak. Er streichelte ihn sacht. »Schlaf.«

Korczak fühlte sich sehr demütig in diesem Augenblick. Wenn er doch bloß die Kinder vor Gefahr beschützen könnte, sie »lagern könnte«, bis sie stark genug waren, allein zu fliegen: »Wie leicht ist es für einen Habicht oder eine Henne, ihre Kükken mit ihrem Körper zu wärmen. Für mich, einen Mann und Erzieher von Kindern, die nicht meine eigenen sind, ist das eine viel schwerere Aufgabe. Ich sehne mich danach, meine kleine Gemeinde gedeihen zu sehen, träume von ihren großen Erfolgen. Der Wunsch nach ihrer Perfektionierung ist mein trauriges, heimliches Gebet. Doch wenn ich realistisch bin, weiß ich, daß sie, sobald sie können, fortlaufen werden – herumstreichen, streunen oder plündern – auf der Suche nach Zuwendung und Vergnügen.«

Einige der Kinder liefen kurzfristig weg: ein paar Mädchen wollten das alte Heim in der Franciszkanskastraße noch einmal wiedersehen, und drei Brüder verließen die Stadt, um ihr altes Haus und den Wald aufzusuchen, in dem sie immer gespielt hatten. Sie mußten vor dem Kindergericht erscheinen (das in den beiden Jahren vor dem Ersten Weltkrieg unregelmäßig zusammentrat), weil sie die Vorschrift verletzt hatten, den Garten nicht ohne Erlaubnis zu verlassen, und weil sie zu spät zum Abendbrot erschienen waren. Die Richter waren nachsichtig, und Korczak notierte, daß »selbst Kinder die Nostalgie kennen, diese Sehnsucht nach dem, was einmal war und nicht mehr zurückkehren wird«.

Mit der Voraussage, daß in Zukunft Lehrerseminare Kurse in erzieherischem Journalismus anbieten würden, startete Korczak die Zeitung des Waisenhauses, die er das »Alphabet des Lebens« nannte, weil sie eine Woche an die nächste anknüpfte und die Kinder zusammenschmiedete. »Mit einer Zeitung werden wir alles wissen, was geschieht«, sagte er. »Es macht nichts, daß wir mit einer handgeschriebenen anfangen. Eines Tages werden wir sie mit der Maschine schreiben, vielleicht sogar drucken.«

Die Kinder warteten begierig auf den Samstagmorgen, wenn Korczak seine Kolumne vorlas. (Generationen von Kindern werden sich an seinen lebendigen Stil und an seine warme Stimme erinnern.) »Wißt ihr noch«, schrieb er einmal, »wie ihr hier ankamt und keine Freunde hattet und traurig und allein wart? Erinnert ihr euch noch, wer euch stieß oder schlug oder sagte, ihr solltet ihm was geben, und ihr mußtet gehorchen? . . .

Jetzt sind neue Kinder da, denen es genauso geht wie euch damals, und die sich hier nicht auskennen. Wir hoffen, daß ihr euch um eure neuen Kameraden kümmern werdet.« Und ein andermal: »Wir haben darauf gewartet, haben es erhofft. Und jetzt geschieht es. Kinder bringen ihren Familien Geschenke aus unserem Heim. Wir hatten uns gefragt, was für Geschenke das wohl sein würden: vielleicht Nadeln, Bleistifte, ein Stück Seife? Aber nein, es sind ganz andere Dinge! Ein Mädchen hat seinem Bruder eine Geschichte erzählt, die es hier gehört hat, ein Bub hat ein Lied gesungen, das er gerade gelernt hatte, ein anderer führte vor, daß er das Geschirr abwaschen konnte, und einige erzählten Sachen, die sie in unserer Hauszeitung gelesen hatten.«

Sonntag nachmittags durften die Kinder Verwandte besuchen und nahmen ihre »Geschenke« mit. Korczak bestand darauf, daß sie den Kontakt zu ihren Familien nicht verloren. »Kinder ohne Familie fühlen sich benachteiligt«, sagte er. »Selbst eine schlechte Familie ist besser als gar keine.« Um sie vor Ansteckungsgefahren zu schützen, durften sie allerdings nicht über Nacht bleiben. Wenn sie abends um sieben ins Waisenhaus zurückkamen, wurden sie erst einmal nach Läusen abgesucht.

Unter den Warschauer Juden wurde gemunkelt, das Waisenhaus sei »zu polnisch«. Korczak wurde vorgeworfen, eine »Assimilierungsfabrik« zu betreiben, obwohl das Haus auf koschere Vorschriften achtete und den Sabbat und jeden jüdischen Feiertag einhielt. Jedes Jahr zum Seder* wurden viele Gönner des Hauses eingeladen. Grigori Schmukler erinnert sich an den Rabbi, der den ersten Seder zelebrierte, und an die Enttäuschung der Kinder, die durch die Tür sausten, die für Elias geöffnet worden war, und niemanden vorfanden. Aber sie fanden die Matzen** in einer Anrichte im Speisesaal versteckt und erhielten zur Belohnung Süßigkeiten.

Die Kinder freuten sich jeden Freitagabend auf das Sabbat-

* *Seder* – häusliche Feier der ersten beiden Abende des Passahfestes (Anm. d. Übers.).

** *Matzen* – ungesäuertes Passahbrot (Anm. d. Übers.).

mahl, und zwar nicht nur, weil es bei ihnen daheim so wichtig gewesen war, sondern weil Korczak es zu einem so lustigen Ereignis machte. Nachdem sie gebadet waren und er sie in einer langen Polonaise durch das ganze Haus geführt hatte, die Sabbatkerzen angezündet waren und sie ihr festliches Mahl eingenommen hatten, nachdem sie Lotterie gespielt und Süßigkeiten gewonnen hatten und sie dann schließlich ihr Nachtzeug anhatten und im Bett waren, kam Korczak abwechselnd in den Schlafsaal der Buben oder Mädchen, um eine Geschichte zu erzählen.

Er hätte leicht jedes Mal eine neue Geschichte erzählen können, doch er zog es vor, die alten Märchen vorzutragen, insbesondere »Der gestiefelte Kater«. Er wurde nicht müde, die Streiche dieser scheinbar nutzlosen Katze zu schildern, der es mit List und Erfindungsgeist gelang, ihrem armen Herrn eine Prinzessin und ein Königreich zu verschaffen. Korczak wußte, daß mißachtete Kinder, die sich wütend und hilflos fühlen, weil ihre Eltern nicht mehr leben oder zu arm sind, sich um sie zu kümmern, an magische Kräfte glauben müssen, die ihnen helfen, Schwierigkeiten zu meistern.

»Ich habe immer Hindernisse eingebaut«, schrieb er. »Wenn ich eine Schiffsreise mache, gibt es einen Sturm. Wenn ich irgendein Projekt bearbeite, habe ich zunächst Ärger und bin erst am Schluß erfolgreich. Weil es langweilig ist, wenn alles von Anfang an glattgeht . . .« Märchengeschichten, in denen der Held oder die Heldin mit Kraft und Hartnäckigkeit Hindernisse überwinden mußten, gefielen ihm, weil sie dem Leben so ähnlich waren.

»Ist das wahr?« hörte er einmal ein Kind fragen, als er eine Geschichte von einem Zauberer, einem Drachen, von Feen und einer verzauberten Prinzessin erzählte. Ein anderes Kind antwortete mit überlegener Stimme: »Er hat doch gesagt, daß es ein Märchen ist!« Mit der Frage konfrontiert, wie Kinder Realität wahrnehmen, kam Korczak zu dem Schluß: »Die Geschichte ist für das Kind nur deshalb nicht realistisch, weil wir ihm gesagt haben, daß Märchen nicht wahr sind.«

Korczak fühlte sich zu der Moral dieser Geschichten hingezogen – daß die einfachen, guten Leute für ihre Anständigkeit schließlich belohnt werden und die Bösen bestraft. Er schwelgte in seiner Rolle als Geschichtenerzähler, beschrieb den gestiefelten Kater in seinen eleganten Hosen und hohen Schaftstiefeln, die Feder keck auf dem Hut, die Spannung, als die Kutsche des Königs mit der Prinzessin auftaucht, die schließlich den armen Herrn des Katers heiratet. Und ganz gleich wo er in der Geschichte war, er wurde nicht böse, wenn die Jüngsten einschliefen, denn, so sagte er, in der Sommerkolonie hatte er von einer Schafherde »eine Lektion in Demut« gelernt. Das war auf einem Ausflug, nachdem er dem Drängen der Buben nachgegeben hatte, ihnen eine Geschichte zu erzählen. Sie hatten ihn auf den Boden gezogen, sich darum gebalgt, wer neben ihm sitzen sollte, und lauschten ihm atemlos. Gerade als er zum spannendsten Teil kam, zog blökend und staubaufwirbelnd eine Schafherde vorbei. Bromberg (der ständig irgend etwas wie zum Beispiel seine Knöpfe verlor) sprang auf und rief: »Seht mal! Schafe!« Alle Buben sprangen auf, vergaßen den Geschichtenerzähler und rannten zur Herde. Korczak, alleingelassen, hatte sich zunächst darüber aufgeregt, später war er den Schafen dankbar dafür, daß sie ihn »weniger überheblich, ja bescheiden« hatten werden lassen.

Als die Nachricht von diesem progressiven Waisenhaus in Warschau, das das Experiment der Selbstverwaltung durchführte, sich über Polen hinaus auch in anderen Ländern herumsprach, hatte sich Korczak zu allem anderen auch noch mit einer nicht abreißenden Flut von ausländischen Beamten und Erziehern herumzuschlagen, darunter einer Gruppe russischer Architekten, die tagelang Zeichnungen des Hauses anfertigten. Und doch, mit all ihrer Berühmtheit war die kleine Republik gegen »das böse Geflüster der Straße, das unter der Tür hereinkriecht«, nicht gefeit.

1910, als das Haus noch im Bau war, hatte es massive Ausbrüche von Antisemitismus gegeben, die von Politikern wie Roman Dmowski, dem Führer der rechten nationaldemokratischen Bewegung, geschürt worden waren. »An den Ufern der Weichsel ist kein Platz für zwei Rassen«, predigte Dmowski angesichts der Tatsache, daß Warschaus dreihunderttausend Juden ein Drittel der Bevölkerung ausmachten. Die Juden seien ein Fremdkörper in der polnischen Gesellschaft und der nationalen Befreiungsidee nicht wohlgesonnen, behauptete er. Ein »kämpferischer Nationaldemokrat« sagte bei einer Tasse Kaffee verzweifelt zu Korczak: »Sag, was soll man tun? Diese Juden bringen uns noch ins Grab.« Und eine andere polnische Bekannte lamentierte: »Eure Vorzüge sind für uns das Todesurteil.«

Als ob vernünftige Worte die Kraft hätten, die wachsende Flut von Antisemitismus einzudämmen, schrieb Korczak für eine große polnische Zeitschrift einen Artikel mit dem Titel »Drei Strömungen«. Es habe schon immer eine komplexe Beziehung zwischen Polen und Juden gegeben, schrieb er, die Antagonismen kämen von beiden Seiten, und er rief zum Glauben an die gemeinsam durchlebte Geschichte auf.

Er verwies auf drei deutliche Strömungen innerhalb der polnischen Gesellschaft. Die erste bestehe aus aristokratischen Polen, deren Namen auf »-ski und -icz« endeten und die noch nie bereit gewesen seien, mit jenen zusammenzuleben, deren Namen auf »-berg, -sohn und -stein« endeten. Die zweite Strömung bestehe aus »den Erben Salomons, Davids, Jesajas, der Makkabäer, der Halevis und Spinozas – Gesetzgebern, Denkern, Poeten – den ältesten Aristokraten in Europa, mit den Zehn Geboten als ihrem Wappen« und zöge es ebenfalls vor, separat zu leben.

Aber dann gab es da die dritte Strömung, deren Mitglieder stets erklärt hatten: »Wir sind Söhne derselben Erde, Jahrhunderte geteilten Leids und geteilter Erfolge machen uns zu Gliedern derselben Kette. Dieselbe Sonne bescheint uns, derselbe Hagel zerstört unsere Felder, und dieselbe Erde birgt die Gebeine unserer Vorfahren. In unserer Geschichte hat es mehr Tränen als Lachen gegeben, aber das war nicht der Fehler des einen oder des anderen. Laßt uns ein gemeinsames Feuer entzünden ...« Er schloß den Artikel mit seinem persönlichen Bekenntnis: »Ich gehöre zur dritten Strömung.«

Der Antisemitismus wuchs weiter wie ein Pilz im Regen des

polnischen Nationalismus. Kurz nachdem Korczak und Stefa die Kinder 1912 in das neue Haus übersiedelt hatten, ging das Gerücht, eine Gruppe russischer Arbeiter, die die Weichselbrükken reparierten, wolle ein Pogrom beginnen. Die Lampen im jüdischen Viertel würden zerschlagen werden, und die Russen würden in alten jüdischen Kleidern auftauchen, die sie, so hieß es, beim Altwarenhändler erstanden hatten. Korczak ließ ein kleines Seitentor unverschlossen, damit es im Fall von Gewaltübergriffen einen Fluchtweg gab.

1913 wurde die antisemitische Hysterie zusätzlich durch den Beilis-Prozeß geschürt, der damals in Kiew stattfand. Mendel Beilis, ein kleiner Angestellter, war angeklagt, einen Christen getötet zu haben, um dessen Blut für eine Passahfestzeremonie zu verwenden. Ähnliche Anklagen gegen die Juden hatte es schon seit Jahrhunderten überall in Europa gegeben, doch verbreitete sich die Nachricht dieses Prozesses wie ein Lauffeuer in Polen. Grigori Schmukler erinnert sich, daß einige Kinder auf dem Schulweg mit Steinen nach ihm und anderen Waisen warfen und »Beilis! Beilis!« schrien. Selbst als Beilis vom Gericht in Kiew freigesprochen wurde, hörten die Kinder mit ihren Quälereien nicht auf: »Hetzt die Hunde auf die Juden!«

Korczak bemühte sich um ein gutes Verhältnis zu den Kindern der Nachbarschaft und lud sie ein, im Waisenhaus mit den andern zu spielen. Der berühmte deutsche Philosoph Hermann Cohen, der 1914 eine Reise durch die jüdischen Gemeinden Osteuropas unternahm, besuchte auf seiner letzten Station auch Korczaks Waisenhaus und war erstaunt über die Erfolge, die unter solch schwierigen Voraussetzungen erzielt wurden. Im Gegensatz zu anderen assimilierten Juden Westeuropas, die auf ihre rückständigen, für sie fast mittelalterlichen Brüder im Osten verächtlich herabsahen, schrieb Cohen glühend in Martin Bubers Zeitung *Der Jude*: »Ich war tief berührt von meinen Besuchen in vorbildlichen Waisenhäusern, ganz besonders von dem, das Dr.Goldszmit mit unbeschreiblicher Liebe und modernem Verständnis in Warschau führt.«

Als im Frühling und Sommer in den Kaffeehäusern die Gerüchte vom bevorstehenden Krieg immer lauter wurden, versuchte Korczak eine neue Diplomatie. Er veranlaßte die Gesellschaft für Waisenhilfe, zweihundert Blumentöpfe anzuschaffen, die die Kinder an die Nachbarn verteilen sollten. Mochte sich Warschau um den drohenden Weltkonflikt sorgen, in der Krochmalnastraße sollten jedenfalls Geranien in der Sonne leuchten.

10
Wie man ein Kind lieben soll

Der Ausbruch des Ersten Weltkriegs machte den Geranienplan zunichte. Ganz Warschau war in einem völlig chaotischen Zustand in jenem August 1914: Flüchtlinge strömten aus allen Richtungen in die Stadt, und die Menschen horteten alles Lebensnotwendige. Für die orthodoxen Juden am Ende der Krochmalnastraße war dies der letzte Krieg Gogs*, nach dessen Ende der Messias kommen würde. In einer säkularisierten Version dieses Gefühls hoffte Korczak, daß aus diesem Konflikt eine neue, edle Welt entstehen würde. Er wußte nicht, als er erneut als Arzt in die Armee des Zaren berufen wurde, daß es vier lange, blutige Jahre dauern sollte, bevor er eine neue Welt oder seine Waisen wiedersah.

Es war ein tragischer Krieg für die Polen. Von allen drei Besatzungsmächten zu den Waffen gerufen – 800000 in der russischen Armee, 400000 in der österreichischen und 200000 in der deutschen –, fanden sie sich in der unerträglichen Situation wieder, gegeneinander kämpfen zu müssen. Selbst ihre Führer konnten sich nicht darüber einigen, wer ihr größter Feind sei: Rußland, Deutschland, Österreich. Und selbst jene Zyniker, die meinten, die einzige Möglichkeit, Polen wieder zu vereinigen, wäre ein verlorener Krieg für alle drei, glaubten nicht so recht daran.

Korczak war ebenso aufgescheucht wie alle anderen und bemühte sich, für Stefa und die Kinder für die Zeit seiner Abwesenheit Vorsorge zu treffen. Auch Izaak Eliasberg war eingezogen worden und würde kein Geld auftreiben können. Spenden waren rar geworden, während die Zahl der hilfsbedürftigen Kinder stieg. Als die Bank sich weigerte, ihm mehr als zweihun-

---

* *Gog* – alttest. mythischer König des Reiches Magog; sein Heer wird am Weltende gegen das Volk Gottes kämpfen und zugrunde gehen, Hesekiel 38–39 (Anm. d. Übers.).

dertfünfzig von den fünftausend Rubeln auf seinem Privatkonto auszuzahlen, suchte Korczak seinen Verleger Jakub Mortkowicz auf, um sich die hundert Rubel zu holen, die er bei ihm »für schlechte Zeiten« deponiert hatte. In glücklicheren Tagen war er oft mit der kulturellen Elite Warschaus im Zimmer hinter dem Buchladen in Mortkowicz' Büro gesessen und hatte im Zemianska, dem beliebten Literatencafé auf der Mazowieckastraße, das an den gleichen Hof angrenzte, mit den anderen Cappuccino getrunken und Cremetorten verspeist. Bei dem assimilierten Juden Mortkowicz publizierten – wegen seines hohen verlegerischen Standards – die besten Schriftsteller. Seine Frau Janina (die ebenso redselig wie er schweigsam war) publizierte Korczaks Geschichten in der Kinderzeitschrift *Im Sonnenschein*, die sie gemeinsam mit Stefania Sempolowska herausgab. Es war eine literarische Welt, die eng zusammenhielt, und Mortkowicz zögerte keine Sekunde, dem berühmten Autor die hundert Rubel zu geben, die er brauchte. Er bot ihm sogar an, während seiner Abwesenheit nach seiner Mutter zu schauen.

Es fiel Korczak nicht leicht, sich von den Kindern zu verabschieden. Bis dahin waren sie es gewesen, die ihn verließen, wenn sie alt genug waren, in der Welt draußen ihr eigenes Leben zu leben. Er hatte sich innerlich gegen diese Abschiede gewappnet und seine Aufmerksamkeit den Neuankömmlingen gewidmet. Aber jetzt war er es, der zu einer Zeit ging, als sie ihn am meisten brauchten.

Korczak beruhigte die Kinder, und Stefa beruhigte ihn, obgleich die alleinige Verantwortung für die mittlerweile mehr als hundertfünfzig Kinder sie überwältigte. Einige Monate vor Ausbruch des Krieges hatte sie sich ihren Traum erfüllt und ihre geliebte Esterka Weintraub nach Belgien auf die Universität geschickt, und Korczaks Vorschlag, Esterka um ihre Rückkehr zu bitten, kam für sie nicht in Betracht. Bevor er jedoch Warschau verließ, schrieb Korczak an Esterka. Wie er gehofft hatte, unterbrach sie ihr Studium und eilte zurück. Sie blieb die nächsten zwei Jahre an Stefas Seite und arbeitete Tag und Nacht unter den schwierigen Bedingungen der deutschen Besatzung, manchmal brachte sie sogar kranke Kinder auf ihrem Rücken ins Spital. Als sie sich in der Epidemie von 1916 mit Typhus ansteckte und starb, war es für Stefa, als hätte sie ihre eigene Tochter verloren. Vor Schmerz halb von Sinnen, überlegte sie sogar, ihre Arbeit aufzugeben, aber weil so viele Kinder von ihr abhängig waren, zwang sie sich weiterzumachen. Doch niemals mehr gestattete sich Stefa eine solch innige Zuneigung zu einem der Waisenkinder.

Korczak war in einem Divisionsfeldlazarett an der Ostfront. Dieser brutale Krieg, durch den er sich in seiner schweren russischen Uniform mit den hohen Stiefeln schleppte, während die Armeen Rußlands und Österreich-Ungarns sich durch die hilflosen Dörfer Osteuropas hin- und hertrieben, hinterließ bei ihm den Eindruck von »Männern, die zu einer Uhr marschieren, die nur einen Zeiger hat – das Schwert«. Noch nicht einmal Männer, sondern »eine Orgie von Teufeln in trunkener Prozession«. Und wofür?

Als sie einmal in einem verlassenen Dorf ihr Nachtlager aufschlugen, wurde er auf einen blinden alten Juden aufmerksam, der sich mit seinem Stock durch den Infanteriekonvoi aus Pferden und Wagen seinen Weg suchte. Freunde und Familie des Mannes hatten ihn zu überreden versucht, mit ihnen zu kommen, doch er hatte darauf bestanden, zurückzubleiben und auf Synagoge und Friedhof aufzupassen. (Fünfundzwanzig Jahre später, als Korczak sich entschied, bei seinen Kindern im Ghetto zu bleiben, wird er sich mit diesem alten Juden vergleichen.)

Doch er versuchte, alles universal zu sehen. »Nicht nur die Juden leiden«, schrieb er. »Die ganze Welt ist in Blut und Feuer eingetaucht, in Tränen und Trauer. Und das Leiden macht die Menschen nicht nobel, noch nicht einmal die Juden.«

Vielleicht begann er, sein Buch *Wie man ein Kind lieben soll* zu schreiben, um nicht der Verzweiflung zu verfallen, während das Lazarett, den Truppen folgend, über die Schlachtfelder Osteuropas zog. Es sollte nicht weniger werden als die »Synthese des Kindes«, von der er während seines halbjährigen Aufenthaltes in Paris geträumt hatte und die hervorgegangen war aus seinen Erfahrungen als Kinderarzt, Lagerleiter und Erzieher. Er schrieb in der Sanitätsstation zur ohrenbetäubenden Kakophonie des Artilleriefeuers, auf einem Baumstumpf in einem Wald, wo die Truppen rasteten, auf einer Wiese unter einem Tannenbaum. Alles schien wichtig – er hielt dauernd inne, um Dinge niederzuschreiben, so daß er nichts vergaß. »Das wäre ein unersetzlicher Verlust für die Menschheit«, meinte er ironisch zu seinem Burschen.

Der Bursche, von dem wir nur wissen, daß er Walenty genannt wurde, hatte die Aufgabe, die handschriftlichen Notizen eines jeden Tages mit der Maschine abzuschreiben. Es muß arg für ihn gewesen sein, denn ein Manuskript über Kindesentwicklung zu tippen, gehörte nicht zu den normalen militärischen Aufgaben. Nur einmal, während einer kurzen Ruhepause, beschwerte er sich und murmelte: »Lohnt sich das denn überhaupt für die halbe Stunde?«, wie ihn Korczak später einmal liebevoll zitierte. Es gab Zeiten, wo er einen ganzen Monat nicht dazu kam, an seinem Buch zu schreiben. In solchen Perioden nagten die Selbstzweifel an ihm. Warum sich zum Narren machen? »Was richtig ist, wissen hundert andere auch.«

Wie man ein Kind lieben soll war ursprünglich nur als kurzes Pamphlet für Eltern und Lehrer gedacht, aber vielleicht weil es ein langer Krieg war, schwoll das Manuskript auf Hunderte von Seiten an. Eine seiner Hauptthesen ist, daß man ein Kind – das eigene oder das eines anderen – unmöglich lieben kann, solange man es nicht als Einzelwesen mit dem unveräußerlichen Recht sieht, sich zu dem Menschen zu entwickeln, der es ist. Ein Kind kann man noch nicht einmal verstehen, bis man sich selbst versteht: »Du selbst bist das Kind, das du kennenlernen, großziehen und vor allem aufklären mußt.«

Da er vom Temperament her ein Künstler und kein Theoretiker war, produzierte Korczak kein systematisch gegliedertes Traktat, sondern Bilder vom Kind in jedem flüchtigen Zeitrahmen seiner Entwicklung. Bescheidenheit vortäuschend, gibt er zu, daß er auf die meisten Fragen, die der Leser vielleicht haben mag, nur »Ich weiß nicht« entgegnen kann. (Und er fügt dann schüchtern hinzu, daß dieser scheinbar leere Satz unbegrenzte Möglichkeiten für neue Erkenntnisse enthält.)

»Es ist unmöglich, Eltern, die ich nicht kenne, zu sagen, wie sie ein Kind, das ich nicht kenne, in einer Umgebung, die ich auch nicht kenne, erziehen sollen«, schrieb er. Die Mutter muß lernen, ihrem eigenen Urteil zu trauen; niemand kennt ihr Kind so gut wie sie: »Wenn Sie erwarten, in Büchern die richtigen Voraussagen über die Entwicklung Ihres Kindes zu finden, könnten Sie auch eine fremde Frau bitten, Ihr Kind zur Welt zu bringen. Es gibt Erkenntnisse, und das sind die wertvollsten, die nur aus Ihrem persönlichen Schmerz kommen können.«

Korczak, der Künstler, spricht in Metaphern, vergleicht das Kind mit einem Pergament voller Hieroglyphen, von denen die Eltern nur einige wenige werden entziffern können: »Suchen Sie in dem Fremden, der Ihr Kind ist, den unentdeckten Teil Ihres Selbst.« Der Kinderarzt beschwört den gesunden Menschenverstand und warnt davor, die Entwicklung eines Kindes mit der Meßlatte vollziehen zu wollen: »Wann sollte ein Kind zu sprechen und zu laufen anfangen? Wenn es soweit ist. Wann sollten die ersten Zähne kommen? Wenn sie soweit sind. Wie lange sollte ein Baby schlafen? Bis es wach wird.«

Hinter all diesen Aussagen stehen die scharfen Überlegungen eines Kinderpsychologen, der als einer der ersten seiner Zeit die Bedeutung der frühen Kindheit in der Entwicklung des Menschen erkannte. Während Freud noch seine erwachsenen Patienten über ihre Kindheit befragte, hatte Korczak bereits die Notwendigkeit gesehen, das kleine Kind selbst zu beobachten. »Napoleon litt an Tetanie, Bismarck hatte Rachitis, und beide waren Säuglinge, bevor sie Männer wurden. Wenn wir die Quelle des Denkens, der Gefühle und Ambitionen finden wollen, müssen wir uns mit dem Kleinkind befassen.«

Er sah das Kind als »klar entwickelte Persönlichkeit mit Temperament, Stärke und Intellekt«. Er beugte sich über Hunderte von Kinderbettchen und erkannte »die Vertrauensvollen und die Mißtrauischen, die Beständigen und die Kapriziösen, die Fröhlichen und die Melancholischen, die Wankelmütigen, die Ängstlichen und die Feindseligen«. Wenn ihre Temperamente auch unterschiedlich waren, so würde doch ein jedes versuchen müssen, mit unbekannten Kräften zurechtzukommen und die Geheimnisse einer Welt zu erkunden, die gute und böse Botschaften aussandte. »Das Kind verhält sich seinem Wissen entsprechend im Rahmen der ihm zur Verfügung stehenden Möglichkeiten – und von beidem hat es noch nicht sehr viel.... Es weiß noch nicht, daß die Brust, das Gesicht und die Hände eine Einheit bilden – die Mutter.«

Die Mutter braucht ihr Kind nur selbstlos zu beobachten, um es zu verstehen, denn was soll sein intensiver Blick anderes bedeuten als eine Frage? Das Baby kann noch keine Worte sagen, aber es spricht in »der Sprache des Gesichtsausdrucks, der Sprache von Bildern und gefühlten Erinnerungen«. Jede neue Bewegung, die es macht, »ist wie die eines Pianisten, der die richtige innere Einstellung und absolute Selbstkontrolle braucht, um spielen zu können«.

Das Kind ist Nutznießer und Opfer der Liebe seiner Mutter, wobei der Autor sich wie ein Schutzengel für das Kind einsetzt. Auch die Lehrer beargwöhnt er, tröstet sie allerdings ebenso – »Sie werden immer Fehler machen, denn Sie sind Menschen und keine Maschinen« – aber – »Kinder lieben das Lachen, Bewegung, Streiche. Lehrer, wenn dir das Leben ein Friedhof ist, laß den Kindern die Freiheit, es als Weideland zu sehen.«

Darüber zu schreiben, wie man ein Kind lieben soll, war eine Sache; ein Kind zu haben, das man lieben konnte, eine andere. Als das Feldlazarett im Februar 1917 für unbestimmte Zeit auf einem Hügel über der Stadt Tarnopol in Galizien aufgeschlagen wurde, empfand Korczak diesen Mangel ganz besonders. Es war bald drei Jahre her, seit er seine Waisen in Warschau verlassen hatte, und sechs Monate, seit ein kurzer, zerknitterter Brief irgendwie »durch die engen Maschen aus Bajonetten, Zensoren und Spionen« zu ihm gelangt war. Abends, wenn sein Dienst zu Ende war, setzte er sich vor die Tür und sah zu, wie in der Stadt unten ein Licht nach dem anderen ausging. Heimweh überwältigte ihn, wenn er sich an das Abdrehen der Lichter im

Waisenhaus erinnerte und an die Stille, die sich dann langsam über alles gesenkt hatte.

Sobald Korczak ein paar freie Stunden hatte, besuchte er in Tarnopol ein behördlich eingerichtetes Kinderheim und war entsetzt über die dortigen Zustände. Statt als Zufluchtsstätte zu dienen, waren solche Plätze »Müllkübel, in die die Kinder als Kriegsabfall geworfen wurden, Restabfälle der Ruhr, des Typhus oder der Cholera, die ihre Eltern zerstört hatten – beziehungsweise ihre Mütter. Ihre Väter waren irgendwo draußen und kämpften für eine bessere Welt.«

Wieso bemerkte er Stefan? Vielleicht stand der Bub abseits. Vielleicht trafen sich ihre Augen in einem plötzlichen Blick des Einverständnisses. Bald waren sie in ein tiefes Gespräch verwickelt. Als Stefan sagte, daß er gerne ein Handwerk lernen würde, erzählte ihm Korczak von der Tischlerei in seinem Lazarett. Kaum hatte er den Buben gefragt, ob er Lust hätte, mit ihm zu kommen und Tischlern und Lesen zu lernen, da bereute er es auch schon. Er hatte sein eigenes Wort gebrochen, daß man Kinder nie vor eine plötzliche Entscheidung stellen sollte. »Nicht heute«, sagte er rasch. »Ich komme am Montag wieder. Sprich mit deinem Bruder. Denk darüber nach.« Als ob es für einen verlorenen Buben wie Stefan Zagrodnik viel zum Nachdenken gegeben hätte – es war Korczak, der über einiges nachdenken mußte.

Er war es gewohnt, mit Gruppen von hundert Kindern zu arbeiten. Jedes seiner Worte hinterließ einen Eindruck in hundert Köpfen, jeder seiner Schritte wurde von hundert wachen Augenpaaren beobachtet. Wenn auch nicht alle, so erreichte er doch zumindest einige. Er brauchte sich nie vor dem »völligen Versagen« zu fürchten, wie er schrieb. Eigentlich war er immer der Ansicht gewesen, mit nur einem Kind zu arbeiten sei die ganze Mühe nicht wert; er äußerte sich verächtlich über Lehrer, die private Posten den Gruppenprojekten vorzogen, weil sie nur ihren persönlichen Vorteil im Auge hätten. Und jetzt war er soweit, »die Stunden, Tage und Monate seines Lebens« einem einzigen Kind zu widmen.

Stefan wartete schon ganz aufgeregt, als Korczak und sein

Bursche ihn Montagabend mit dem Schlitten abholten. Walenty war sowieso sehr ärgerlich über die Idee. Erst sollte er Manuskripte auf der Maschine schreiben und jetzt auch noch für einen dahergelaufenen ukrainischen Buben kochen und waschen. Zu allem Übel begann dieser auch sogleich, Walenty zu duzen. Stefan selbst interessierte sich nur für seine erste Schlittenfahrt bei Mondschein, vorbei an der Kirche und dem Bahnhof, an Kutschen und Lastwagen und dann über die Brücke bis zum Lazarett.

In den ersten Tagen ließ Korczak den Buben in Ruhe, nahm sich aber vor, daß er Walenty mit mehr Respekt begegnen sollte. Er wußte von ähnlichen Situationen im Waisenhaus, daß der Hausmeister, die Köchin und die Waschfrau sehr ärgerlich wurden, wenn die Kinder sie nicht »mit Titel« ansprachen. Aber er wollte Stefan erst einmal Zeit geben, sich umzuschauen, einzugewöhnen und Vertrauen zu gewinnen.

Stefans Mutter war gestorben, als er sieben Jahre alt war. Er konnte sich noch nicht einmal an ihren Namen erinnern – nur daß sie Blut gehustet hatte und dann aus dem Krankenhaus nicht mehr zurückkehrte. Sein Vater war vielleicht schon gefallen, an der Front oder Kriegsgefangener. Eine Zeitlang hatte Stefan mit seinem siebzehnjährigen Bruder in Tarnopol gelebt, dann bei den Soldaten, bis man ihn ins Heim gebracht hatte, wo Korczak ihn fand.

Zunächst sah es so aus, als ob Walenty mit seinen bösen Ahnungen recht gehabt hätte. Stefan war gerade einen Tag da, als er furchtbares Bauchweh bekam. Sein Bruder hatte ihm zum Abschied fünfzig Kopeken geschenkt, die er in Kuchen und Süßigkeiten umgesetzt hatte, was seinem Magen dann in Kombination mit der kalten Wurst aus der Soldatenration zuviel geworden war.

Im Waisenhaus hatte Krankheit häufig zu Spannungen und Ärger geführt, Stefans Krankheit jedoch brachte sie einander näher, wie Korczak notierte, geradeso wie es in einer Familie auch der Fall ist. Er setzte den Buben im Bett auf wie den Hahn auf der Stange. Damit Stefan weiterhin schreiben üben konnte, stellte er das Tintenfaß in eine alte Dose, die Walenty vorher bereits zu einem Aschenbecher umfunktioniert hatte. Dann stellte er die Dose in eine große Schachtel, die er extra für diesen Zweck leerte, und hielt sie auf der einen Seite mit einem Kissen und auf der anderen wiederum mit einer Schachtel fest. Als Stefan ihm mit einem Lächeln dankte, schoß es Korcazk durch den Sinn, daß ein Heim solchen Luxus nicht bieten konnte. Außerdem fiel ihm auf, daß er in einer großen Gruppe von Kindern so ein Lächeln gar nicht bemerken würde. Erst jetzt erkannte er darin ein wichtiges Signal, das es zu studieren galt.

Korczak hielt sich an seinen pädagogischen Plan, Stefan das Lesen beizubringen, und schrieb die Fortschritte eines jeden Tages minutiös nieder. Es war, als würde Stefans Einführung in die Windungen der polnischen Grammatik für sie beide das Universum wieder in Ordnung bringen. Während Stefan versuchte, seine Sätze zu korrigieren, ohne recht zu wissen, wie sie richtig lauten müßten, fiel Korczak auf, daß ein Kind offenbar über ein »grammatikalisches Bewußtsein« verfügt, das durch die komplexen Erläuterungen des Lehrers gestört werden könnte:

> Die Seele des Kindes – ein Wald, in dem die Baumwipfel
> sich sanft wiegen, die Äste sich vermischen und die
> zitternden Blätter sich berühren. Manchmal streift ein
> Baum seinen Nachbarn und spürt die Vibrationen
> von hundert oder tausend Bäumen – vom ganzen Wald.
> Jedesmal, wenn von uns einer sagt »richtig – falsch – paß
> auf – mach's noch einmal«, ist es wie ein Windstoß
> mit verheerender Wirkung für das Kind.

In der ersten Woche stolperte Stefan mehr oder weniger vor sich hin, aber dann schien er die »Vibrationen« zu fühlen. Er bewegte sich im Buch ebenso geschmeidig wie mit seiner Rodel im Schnee, überwand die Hindernisse mit einer Bestimmtheit, die er vorher nicht gezeigt hatte. Es war ihm gelungen, das »Risiko des Sports auf das Lernen zu übertragen«. Aber der Bub war schlau – er wußte, wie er seinen Mentor zu manipulieren hatte. Um Unterrichtsstunden zu entgehen, versuchte er, beim Damespiel zu mogeln. Er brachte eine Kartusche mit in die Werkstatt, ohne vorher um Erlaubnis zu bitten, und log, als man ihn danach fragte.

Der Pädagoge war ebenso hilflos wie jeder Vater. Er mußte

aufpassen. »Wenn das Kind die Oberhand gewinnt, kommt Geringschätzigkeit ins Spiel. Man muß sich wehren, seine Autorität bewahren, und zwar durch Handlungen und nicht durch Schelte.« Und als ob er sich selbst noch mehr überzeugen müßte, fügte er hinzu: »Kinder mögen ein gewisses Maß an Zwang. Es hilft ihnen, ihren eigenen inneren Widerstand zu überwinden. Und sie sparen sich die geistige Anstrengung der Entscheidung.«

Stefan arbeitete in der Tischlerei, während Korczak sich um die zweihundertsiebzehn Patienten seiner Krankenstationen kümmerte, einige von ihnen mit ansteckenden Krankheiten, andere frisch verwundet. Wenn er in der Tischlerei vorbeischaute, lobte der Geselle den Buben, daß er sich sehr viel Mühe gäbe. Für Korczak war es schmerzhaft zu sehen, wie Stefan sich abquälte, ein wackliges Brett zu sägen. Er zwang sich, ihm nicht zu sagen, daß er auf seine Finger achten sollte. Denn schon jetzt klangen seine Mahnungen »Geh nicht barfuß nach draußen!« – »Trink nur abgekochtes Wasser!« – »Ist dir auch nicht kalt?« – »Hast du auch ganz bestimmt kein Bauchweh?« genauso wie die der gluckenhaften Mütter, über die er sich in seinen Büchern immer lustig gemacht hatte.

Selbst Walenty (der immer noch über das ganze Theater murrte, daß sowieso nichts Gescheites dabei herauskäme) begann, sich um Stefan zu kümmern. Er ging oft nach draußen, um den Buben vom Rodeln zu seiner abendlichen Unterrichtsstunde hereinzurufen – »wie in einer Familie«.

Korczak hoffte, daß Stefan das Kind im Manne zu sehen vermöchte, das sich mit ihm verschworen hatte, doch er wußte, daß der Bub einen glatzköpfigen neununddreißigjährigen Feldarzt vor sich sah, der in seinen Augen alt war. Doch Stefan bewunderte ihn. »Ich würde das K gerne schreiben können wie Sie«, meinte er. Es erinnerte Korczak daran, wie seine Waisenkinder versucht hatten, die Buchstaben des Alphabets so zu schreiben wie er. Und daran, wie lange er gebraucht hatte, das große W so zu meistern wie sein Vater.

Der Logik von Stefans Fragen folgen zu wollen, zwang ihn zu bedenken, wie anders Kinder die Dinge sehen als Erwachsene. Wenn Stefan fragte: »Woraus ist Mohn gemacht?«,

»Warum ist er schwarz?«, »Kann man von einem Garten genug Mohn kriegen, um den Teller vollzumachen?«, begriff Korczak, daß des Buben Vorstellung eines Gartens vier, vielleicht fünf Ideen umfaßte, während seine eigene hundert oder auch tausend hatte. »Die Wurzeln vieler anscheinend unlogischer Fragen sind hier zu finden«, schrieb er. »Wir haben Schwierigkeiten, eine gemeinsame Sprache mit Kindern zu finden, denn obschon sie dieselben Worte verwenden wie wir, haben sie eine völlig andere Bedeutung. ›Garten‹, ›Vater‹, ›Tod‹ ist für Stefan etwas ganz anderes als für mich.« Kinder und Erwachsene würden einander also nur vorgeblich verstehen, folgerte er.

Es war Abend, Stefan hatte sein Nachtgebet gesprochen und Korczak »einen Kuß auf die Hand gedrückt« – eine polnische Sitte, deren Ausübung er im Waisenhaus nicht duldete, jetzt aber zuließ, weil er wußte, daß es Stefan an ein Familienritual erinnerte. Stefan lag ruhig und mit weit offenen Augen da.

»Bitte, ist es wahr, daß die Haare nicht mehr wachsen, wenn man sich rasiert?«

Korczak wußte, daß der Bub ihn nicht kränken und direkt nach seiner Glatze fragen wollte.

»Das ist nicht wahr. Man rasiert sich das Kinn, und die Haare wachsen wieder nach.«

»Manche Soldaten haben Bärte bis zum Gürtel – wie die Juden«, bohrte Stefan weiter, »warum?«

»Das ist so Sitte«, erklärte Korczak. »Die Engländer, zum Beispiel, sind glattrasiert.«

»Stimmt es, daß es bei den Deutschen viele Juden gibt?«

»Es gibt einige. Aber es gibt auch russische Juden und polnische Juden.«

»Was meinen Sie, polnische Juden? Sind die Polen Juden?«

»Nein, die Polen sind Katholiken«, erwiderte Korczak. »Aber wenn jemand Polnisch spricht und ihm das Wohl der Polen am Herzen liegt, dann ist auch er ein Pole.«

Diesen Glauben, der ihm von seiner Familie mitgegeben worden war, hatte er an seine Waisenkinder in Warschau weitergegeben.

Stefan lag immer noch mit weit offenen Augen da, und Korczak erinnerte sich, daß auch im Waisenhaus abends vor dem Einschlafen die Erinnerungen gekommen waren und die Kinder ihren Gedanken nachhingen.

»Wie alt ist dein Vater?« fragte er Stefan.

»Er war zweiundvierzig. Jetzt ist er fünfundvierzig.«

»Du bist so gewachsen, dein Vater würde dich vielleicht gar nicht erkennen.«

»Ich weiß nicht, ob ich ihn erkennen würde.«

»Hast du kein Photo von ihm?«

»Woher denn?« Schweigen. »Viele Soldaten sehen aus wie er.«

An ihrem siebten gemeinsamen Tag war das Abendessen verspätet, weil Walenty Dienst in der Messe hatte. Dadurch kam Korczak zu spät zu seiner Kartenrunde und war immer noch schlecht gelaunt, als er um Mitternacht in sein Quartier zurückkehrte. Er machte Licht und entdeckte, daß Stefan nicht da war. Er eilte nach draußen, wo der Bub ihm schon entgegenlief.

»Wo warst du?«

»In der Küche. Ich hab vom Küchenfenster aus zugesehen, wann Sie fertig sind. Und auf einmal hab ich aufgeschaut, und Sie waren weg. Und dann bin ich gelaufen, um Sie einzuholen.«

»Hattest du Angst?«

»Wovor denn?«

Also war es Zuneigung und nicht Angst gewesen, was Stefan motiviert hatte, und Korczak fühlte »eine überwältigende Dankbarkeit gegenüber dem Buben«. Er versuchte zu analysieren, was ihn so an das Kind fesselte:

»Er hat gar nichts Besonderes an sich, nichts, um besonders auf ihn aufmerksam zu werden. Ein Durchschnittsgesicht, unregelmäßige Gliedmaßen, Durchschnittsverstand, wenig Phantasie, keinerlei Zärtlichkeit – nichts von dem, was Kinder so hinreißend macht. Aber es ist die Natur mit ihren ewigen Gesetzen, es ist Gott, der aus diesem unauffälligen Kind ebenso spricht wie aus jedem Busch am Wegesrand. Danke, daß du so bist wie du bist – ganz einfach gewöhnlich.«

»Mein Sohn«, meinte er zärtlich, »wie kann ich dir jemals danken?«

Am achten Tag stand er beim Ofen und dachte über die Unterrichtsstunde des Tages nach, als Stefan, der schon im Bett lag, sagte: »Sie haben mir etwas versprochen.«

»Und was war das?«

»Eine Geschichte.«

Es war das erste Mal, daß er tatsächlich um eine Geschichte bat.

»Soll ich dir eine neue erzählen?«

»Nein, ich möchte die von Aladin mit der Wunderlampe hören.«

Von den drei Märchen, die er ihm erzählt hatte – »Der gestiefelte Kater«, »Aschenbrödel« und »Aladin und die Wunderlampe« –, wünschte Stefan sich die Geschichte, die seinem jetzigen Leben am nächsten zu sein schien: »Ein Zauberer kommt zu einem armen Buben und ändert sein Leben durch die Magie einer Wunderlampe. Und hier erscheint plötzlich ein unbekannter Doktor (Offizier) und rettet ihn aus dem Heim. Im Märchen tragen die Sklaven herrliche Speisen in goldenen Schüsseln auf – hier bringt Walenty die Semmeln.«

Am elften Tag sagte Stefan: »Ich denke gar nicht mehr an meinen Bruder.«

»Schade«, meinte Korczak. »Du solltest an deinen Vater und an deinen Bruder denken.« An jenem Abend stand in seinem Notizbuch: »Dieser gemeine Krieg.«

Vielleicht wären sie so beisammengeblieben, wenn sich Korczaks rechtes Auge nicht entzündet hätte. Zunächst ignorierte er es, aber Stefan brachte ihn dazu, in die Klinik zu gehen. Als er mit blauen Augengläsern zurückkam, fragte Stefan leise: »Tut es sehr weh?«

Stefan weinte, als sein guter Geist ins Krankenhaus mußte. Entschlossen, professionelle Distanz zu wahren, statt zu glauben, daß der Bub sich wirklich um ihn sorgte, schrieb Korczak: »Ich nehme an, daß es ihn an seine Familie erinnert – wer ins Spital kommt, der stirbt.«

Stefan kam ihn mit Walenty besuchen.

»Sind die anderen Offiziere auch krank?«

»Ja.«

»Augen?«

»Nein, alles mögliche.«

»Und spielen sie Karten um Geld?«

Als Korczak sich entschlossen hatte, mit *einem* Kind zu arbeiten, hatte er sein Notizbuch gefragt: »Was wird dabei herauskommen?« – eine Frage, die er niemals zu beantworten suchte. Seine innigen Gefühle für Stefan (und für all die anderen Übeltäter, die er im Waisenhaus favorisierte) mögen dem Freudianer ebenso suspekt vorkommen wie Lewis Carrolls Gefühle für Alice Liddell oder James Barries für die Llewellyn-Davies-Buben, die ihn zu *Peter Pan* inspirierten. Das Zusammenleben mit Stefan auf engem Raum hat Korczak vielleicht an seine eigene Kindheit erinnert – wie man aus einigen seiner notierten Gedanken schließen könnte – oder väterliche Sehnsüchte nach jenem Kind in ihm geweckt, das er beschlossen hatte, niemals zu haben; oder er hatte tatsächlich zu Jungen eine besondere Zuneigung, die er sein Leben lang unterdrückte. Vielleicht war es auch eine Mischung aus allen dreien. Jedenfalls notierte er ihre gemeinsamen Erfahrungen als ein pädagogisches Experiment: »Ich habe festgestellt, daß es genauso ärgerlich und beglückend ist, mit einem Kind zu arbeiten wie mit einer ganzen Gruppe. Im einzelnen Kind entdeckt man mehr, kann feinere Unterscheidungen machen, jedes Ding sorgfältiger bedenken. Der erschöpfte Gruppenerzieher hat das Recht, ja sogar die Pflicht, diese Art von ›Fruchtwechsel‹ in seine Arbeit einzubringen.«

Er schloß den Absatz mit der knappen Erklärung: »Ich verbrachte nur zwei Wochen mit ihm. Ich wurde krank und mußte weg, doch der Bub blieb noch eine Weile. Dann wurde die Front verlegt – mein Bursche schickte ihn ins Heim zurück.«

11
Die traurige Dame

Das Leben gewährt nie mehr als eine Teilfreiheit.
Errungenschaften sind immer nur Fragmente.
Erzieherische Momente

Es war nicht nur Stefan, von dem sich Korczak im März 1917 trennte, sondern auch Walenty, der mit dem Feldlazarett weiterzog. Als seine Augen besser wurden, bat Korczak um seine Versetzung zu einem Regiment in Kiew, einer Stadt, an die er oft gedacht hatte, seit er vor zwei Jahren einmal einen dreitägigen Urlaub dort verbracht hatte.

Kiew, die alte Hauptstadt der Ukraine, gehörte schon seit Mitte des siebzehnten Jahrhunderts nicht mehr zu Polen, aber ein Großteil der Bevölkerung war noch polnisch. Am Tag vor Weihnachten 1915 war Korczak dort eingetroffen und – mit einem Empfehlungsbrief in der Tasche – schnurstracks vom Bahnhof zu Waclawa Peretiakowicz geeilt, der Gründerin des ersten polnischen Mädchengymnasiums. Sie hatte die Tür zunächst nur mißtrauisch einen Spalt weit geöffnet, weil sie fürchtete, es wäre die Polizei auf der Suche nach ihrer Tochter Janina. Statt dessen stand da ein schmächtiger Mann in russischer Offiziersuniform, dessen Uniformjacke ihm zu lang war, wie sie feststellte. Er stellte sich als Henryk Goldszmit vor, aber die beiden Frauen fanden rasch heraus, daß es sich um den berühmten Schriftsteller und Erzieher Janusz Korczak handelte.

Frau Peretiakowicz konnte Korczak an Maryna Falska verweisen, eine Polin, die gerade zur Direktorin eines vom Roten Kreuz eingerichteten Heimes für sechzig polnische Buben ernannt worden war, die man aus Warschau evakuiert hatte, bevor die Deutschen die Stadt eroberten. Korczak eilte in die Bogontowskastraße in Erwartung eines ärmlichen Quartiers in einer schlechten Gegend und war überrascht, eine große, von Bäumen umgebene Datscha hoch über den Ufern des Dnjepr vorzufinden. Das Innere des Hauses jedoch war ein heilloses Durcheinander. Die Buben, verwirrt durch die neue Umgebung, waren über alles hinweggetobt, einschließlich ihrer neuen Heimleiterin. Überwältigt von den Problemen der Kinder und den Tragödien ihres eigenen Lebens, hat Maryna Falska kaum ahnen können, daß der gewandte Militärarzt, der da unangemeldet an jenem Tag in ihrem Kinderheim auftauchte, ihr Leben nicht nur ändern, sondern auch festigen würde.

In dem Moment, als er das Haus betrat, befand es sich gerade inmitten einer Krise. Ein Fürsorgebeamter war eingetroffen, um einen Dreizehnjährigen mitzunehmen, der eine Armbanduhr gestohlen haben sollte. Korczak bat um etwas Zeit, das Kind zu befragen und die Angelegenheit aufzuklären, wobei es ihm gelang, die Unschuld des Buben nachzuweisen. Die Kinder beruhigten sich sofort, weil sie spürten, daß sie in diesem so bestimmt auftretenden fremden Mann einen Verbündeten hatten.

In den zwei verbleibenden Tagen dieses Kriegsweihnachtsurlaubs gelang es Korczak, die Buben für ihre Selbstverwaltung zu begeistern, für einen Kindergerichtshof und eine handgeschriebene Zeitung, für die er den Leitartikel verfaßte. Als sich der Zeitpunkt näherte, an dem er zu seiner Einheit in Tarnopol zurückkehren mußte, wußte die scheue und zurückhaltende Maryna Falska ihre Dankbarkeit nicht anders auszudrücken als damit, ihrem neuen Freund zu versichern, daß sie seine Arbeit fortsetzen werde. Korczak mit seinem Charme und seinem Humor war einer der wenigen, dem es jemals gelang, ihre ungeheure Reserviertheit zu durchbrechen.

Die »traurige Dame«, wie einige sie boshaft nannten, war in der polnischen Emigrantenkolonie, wo zwar jeder eine mehr oder weniger bewegte Vergangenheit hatte, aber kaum jemand so verschlossen war wie sie, zum Objekt vieler Gerüchte geworden. Es hieß, der Tod ihres Mannes vor einigen Jahren sei der Grund für die Traurigkeit in den Augen der traurigen Dame, für ihre zusammengepreßten Lippen und ihre langen, schwarzen Kleider.

Als Maria Rogowska war sie als Tochter einer polnischen Landadelsfamilie am 7. Februar 1877 in Dubno Podlanskie in Südostpolen auf die Welt gekommen und hatte eine Lehrerausbildung absolviert, bevor sie ihren Brüdern in den politischen Untergrund folgte. Unter ihrem Decknamen »Hilda« wurde sie häufig verhaftet, als sie für die Sozialistische Partei Polens eine illegale Druckerei betrieb, und einmal teilte sie die Zelle mit Jozef Pilsudski, dem zukünftigen Marschall des freien Polen.

Maryna hat niemandem erzählt, wo oder wann sie ihren Mann, den polnischen Arzt Leon Falski, traf, aber man glaubt, daß es in London war, wohin beide vor der Polizei geflohen waren. Nach ihrer Rückkehr nach Polen verbarg sie ihre Schwangerschaft so lange sie konnte. Als Falski seinen ersten Posten als Mediziner in der armen litauischen Stadt Volozhyn übernahm, die berühmt war für ihre jahrhundertealte Jeschiwa*, erfreute er sich einer großen Praxis mit polnischen, litauischen und jüdischen Patienten. Arme Talmudschüler behandelte er kostenlos, philosophierte mit den Rabbinern und jagte mit den Gutsbesitzern. Doch als Maryna darauf bestand, in eine Stadt zu übersiedeln, wo sie politisch aktiv sein könnte, war er einverstanden. Noch während sie Pläne schmiedeten, brach eine Typhusepidemie aus. Bis an ihr Lebensende fühlte Maryna sich schuldig, unabsichtlich für den Tod ihres Mannes verantwortlich zu sein: Sie hatte darauf bestanden, daß er eine alte Frau begleitete, die eines Nachts vor ihrer Tür erschien und um Hilfe für ein krankes Familienmitglied bat. Er steckte sich bei dem Patienten mit Typhus an und starb wenige Tage später.

Marynas Schuldgefühle hinderten sie jedoch nicht daran, der Beerdigung ihres Mannes fernzubleiben. Als überzeugte Atheistin hatte sie mit ihrer strenggläubig katholischen Mutter gebrochen und lehnte es ab, an der Beisetzung teilzunehmen, die ein Priester, ein Rabbiner und ein Pastor gegen ihren ausdrücklichen Willen gemeinsam vornahmen. Während Gutsbesitzer, Bauern und Juden in nie dagewesener Eintracht dem verehrten Doktor, der ihnen so selbstlos gedient hatte, ihre Reverenz erwiesen, blieb die Witwe mit ihrer zweijährigen Tochter in ihrem Haus hinter verschlossenen Fensterläden.

Maryna begab sich mit ihrer Tochter nach Moskau, wo sie

* *Jeschiwa* – jüdische Talmudschule (Anm. d. Übers.).

Freunde hatte. Doch die strengen Winter und ihre wirtschaftliche Notlage forderten ihren Preis: innerhalb von zwei Jahren starb das Kind. Da sie wegen des Krieges nicht nach Warschau zurückkonnte, bewarb sich Maryna beim Roten Kreuz um den Posten der Leiterin des Heimes für polnische Jungen in Kiew.

Als Korczak zwei Jahre nach seinem ersten Besuch wieder nach Kiew kam, leitete Maryna das Haus seinen Richtlinien entsprechend. Sie und die Buben waren glücklich, ihn zu sehen, und zeigten ihm stolz die neue Schuhwerkstatt, Schneiderei, Buchbinderei, Klempnerei und Näherei. Inzwischen waren einige junge Mädchen im Heim, die wie die Buben von ihren Familien getrennt worden waren; außerdem hatten sich einige Frauen von der Universität als freiwillige Helferinnen eingefunden.

Korczak sollte wenig Zeit für Maryna und ihre Waisenkinder haben. Durch Vermittlung eines polnischen Intellektuellen, der für die russischen Lokalbehörden arbeitete, hatte er den Posten des Zweiten Kinderarztes in drei städtischen Heimen für ukrainische Kinder erhalten. Er bezog einen Kellerraum und hungerte ebenso oft wie die meisten anderen in dieser belagerten Stadt. Auf den Märkten gab es nur Kascha und steinhartes Brot, dessen Teig häufig mit Sand gemischt war. Wenn Maryna Falskas Kinder einen Laib Brot brachten, den sie gebacken hatten, schickte er ihn stets zurück, weil er ihnen von ihrem Wenigen nicht auch noch etwas nehmen wollte. Einmal, als er in einem billigen Restaurant Kutteln aß, »weinte er sich die Augen aus«, weil es ihn an daheim erinnerte.

Es war ein schwieriges, einsames Leben, das durch die Zustände in den ukrainischen Heimen, die noch unbeschreiblicher waren als jener »Müllkübel«, in dem er Stefan aufgelesen hatte, noch schlimmer wurde. Die Kinder waren mit Schwären und Schorf bedeckt; sie hatten entzündete Augen; sie hatten Hunger. Sie litten unter schlechter Ernährung und schlechter Behandlung. Er tat, was er konnte, schlief häufig bei ihnen, um sie durch seine Gegenwart zu trösten. Seine empörten Proteste über die inkompetente Verwaltung der Heime verärgerte die korrupten Direktoren (die für ihren Posten ebensowenig qualifiziert waren wie »eine Handarbeitslehrerin«). Er sah sich als den, der »die Kinder rettete«; für die Direktoren war er der, der ihre Position bedrohte. »Sie hielten mir denselben Revolver unter die Nase, mit dem die kranken Pferde erschossen wurden, und warnten mich, daß ich zur falschen Zeit am falschen Platz sei. Schieberei! Infamie! Die menschliche Sprache kennt keine Wörter, die stark genug wären, diese Situation anzuprangern.«

Aber es war immer noch besser, in Kiew zu sein und zu versuchen, Kinder zu retten, als draußen auf dem Schlachtfeld. Und dann war da der Trost der Schönheit dieser »grünsten aller Städte« mit ihren alten Kirchen und Palästen, errichtet über den steilen Ufern des Dnjepr. Teile von Kiew waren Warschau ähnlich, besonders die Arbeiterviertel am Fluß, der Korczak an seine geliebte Weichsel erinnert haben muß. Das jüdische Viertel, genannt Podol, war voll von orthodoxen Juden, die mit ihren Schläfenlocken und langen Kaftanen jenen sehr ähnlich waren, die am unteren Ende der Krochmalnastraße wohnten.

Manchmal ging er während seiner Spaziergänge durch die Stadt in eines der Cafés, wo all die polnischen und jüdischen Schriftsteller und Intellektuellen saßen, die die nach den Aufständen von 1905 gegründete polnische Universität nach Kiew gezogen hatte. Leute jeglicher politischer Couleur fanden sich dort ein, unter ihnen Spione aller Seiten. Die deutsche Offensive in der Ukraine hatte Hunderttausende polnischer Flüchtlinge nach Osten getrieben, von denen viele sich den Revolutionären und Konterrevolutionären anschlossen, aus denen sich Kiews polyglotte Emigrantenkolonie zusammensetzte. Man war sehr vorsichtig mit Meinungsäußerungen, Morde gehörten zum kommentarlos akzeptierten Alltagsgeschehen. Die einen wollten Kiew als Hauptstadt einer unabhängigen Ukraine sehen, andere den ukrainischen Zusammenschluß mit Rußland, wieder andere wünschten erneut eine polnische Ukraine.

Jeder Tag brachte Artilleriefeuer und Straßenkämpfe. Pferdekarren voll mit Leichen waren ein alltäglicher Anblick. »Kiew – Chaos« nannte es Korczak. »Gestern die Bolschewiken. Heute die Ukrainer. Die Deutschen kommen näher und näher, und es heißt, ganz Rußland sei in Aufruhr.«

In all dem Chaos arbeitete er immer noch an *Wie man ein Kind lieben soll* »absolut jeden Tag«. Und als Frau Peretiakowicz ihn um den Gefallen bat, sich die neu eröffnete Montessori-Schule anzuschauen, fand er auch dafür noch Zeit. Es war eine gute Gelegenheit, etwas über die italienische Ärztin zu erfahren, deren Schriften, wie man Kindern das Lesen und Schreiben beibringen sollte, in den europäischen Hauptstädten kursierten. Auch wenn sie sich niemals begegnet sind, hatten Janusz Korczak und Maria Montessori vieles gemeinsam. Beide waren Ärzte, die sich für die Seele des Kindes einsetzten; beide betonten die Bedeutung der frühkindlichen Erfahrungen; und beide waren von Pestalozzis Idee der »rechten Methode« beeinflußt, einem Kind zu helfen, sich durch die Anwendung seiner Hände, Augen und Ohren zu entwickeln. Doch damit endeten die Gemeinsamkeiten. Montessori konzentrierte sich auf ihre speziellen Lehrmaterialien, Korczak sorgte sich hauptsächlich um die soziale Interaktion von Kindern.

Korczak erklärte sich bereit, in Intervallen von zwei oder drei Stunden über zwei Tage hinweg seine Beobachtungen im Montessori-Kindergarten zu machen. Er kam mit seiner eigenen Ausrüstung: Bleistift und Papier. Er wollte die Gelegenheit nutzen, eine Technik zu entwickeln, wie man sich in Lehranstalten am besten Notizen machte. Seiner Ansicht nach war es gerade für jeden Lehrer besonders wichtig, Dinge wahrnehmen und aufzeichnen zu können: »Notizen sind die Samenkörner, aus denen Wälder und Kornfelder wachsen, die Tropfen, aus denen Bäche werden. ... Notizen sind die Eintragungen deiner Lebensbilanz und der Nachweis, daß dein Leben nicht verschwendet war.«

Seinen »Beobachtungsposten« erkundend – ein großer Raum mit einem Piano in der Ecke, sechs Tischen mit je vier Stühlen, einer Kiste mit Spielsachen und Montessori-Materialkästen –, war er bereit für die Dinge, die da kommen sollten. Es gab sicher in ganz Kiew keinen Agenten, der sich so emsig Notizen machte wie dieser Erzieher, für den das politische Szenario da draußen gar nichts war im Vergleich zu dem Drama, das sich drinnen abspielte. Hätte die Polizei seine Unterlagen beschlagnahmt, hätte sie sie vielleicht für eine verschlüsselte Botschaft in Skriptform gehalten:

DIE DARSTELLER: Die charmante dreieinhalbjährige Heldin Helcia, an die Bewunderung ihrer Intelligenz und ihres Liebreizes gewöhnt, muß sich mit mehreren Konkurrenten messen: mit Jurek, einem dreijährigen Tyrannen mit schlechtem Ruf, der schon einmal mit der Peitsche auf seine Mutter losgegangen ist, mit der spitzbübischen, gescheiten fünfjährigen Hanna, die genau weiß, wie weit sie gehen kann, und mit dem sechsjährigen Nini, einem typischen kleinen Intriganten, der am liebsten mit jüngeren Kindern zusammen ist und sich jeglicher Charakterisierung entzieht.

ERSTE SZENE: *Was haben sie vor?*

Helcia: (ein Bild betrachtend) Der Hund hat eine rote Zunge. Warum?

Nini: Weil es ein Hund ist.

Helcia: Haben Hunde rote Zungen – manchmal?

Beobachter: Ich verstehe durchaus, daß ein Kind, das sich dieses Bild anschaut, den Schwanz, die Ohren, Zunge und Zähne separat betrachtet, Details, die ein Erwachsener übersehen würde, obgleich derselbe Erwachsene die Gemälde einer Kunstgalerie ebenso genau betrachten würde. Wenn wir uns ständig über die Wahrnehmung bei Kindern wundern – was bedeutet, daß wir sie nicht ernst nehmen –, sind wir eigentlich darüber erstaunt, daß sie Menschen sind und keine Marionetten.

Ich nehme an, Helcias Frage über Hundezungen ist ihr Versuch, mit Nini über irgend etwas ins Gespräch zu kommen, denn Nini, der Ältere, hat ein höheres soziales Prestige. Das Schlüsselwort war hier für mich das am Rande eingeworfene »manchmal«. Auf die gleiche Weise handelt ein einfacher Mensch, der bei der Begegnung mit einem sozial Höherstehenden ein zusammenhangloses oder weit hergeholtes Wort fallen läßt, um zu beweisen, daß auch er kein Narr ist.

ZWEITE SZENE: Jurek und Hanna nehmen Helcia ihre

Klötze weg. Sie wehrt sich schüchtern, denn sie weiß, das Leben ist grausam und sie wird nicht ungeschoren davonkommen. Aber sie will auch nicht davonlaufen. Jetzt sind es nicht die von ihr benutzten Wörter, auf die es ankommt, sondern ihre ruhige, unendlich traurige Stimme, ihr Gesichtsausdruck, ihre Körperhaltung. Keine Schauspielerin hätte so überzeugend um Hilfe, Nachsicht und Mitleid bitten können. ... Und die Worte? So geradeheraus. »Bitte, Hanna, nimm meine Klötze nicht weg.«

Hanna – das Leben kennt kein Erbarmen – packt zu. Helcia schlägt sie mit ihrem letzten Klotz auf den Kopf. Sie fürchtet Vergeltung. Man beachte den dramatischen Klang ihres »Nimm ihn!«, als sie Jurek den Klotz in die Hand drückt. Genauso übergibt der sterbende Fahnenträger die Standarte dem nächsten seiner Leute, damit sie nicht in die Hände des Feindes fällt.

Jurek, passiver Zeuge der Ereignisse, wendet sich mir mit gefühlvoller Stimme zu. Er bittet für das Mädchen, dem man Unrecht getan, dem man alles weggenommen hat – und er selbst, mit dem letzten Klotz in der Hand, weiß gar nicht mehr weiter. Indem er sich an mich wendet, teilt er Helcia sein Verständnis und seine Unterstützung sowie seine Verurteilung Hannas mit.

Hanna hat begriffen. Der Klotz trifft sie am Kopf, sie reibt nur leise über die Stelle – kein Gedanke an Vergeltung. Schuldbewußtsein – sie gibt mehr zurück, als sie wegnahm, und bittet Jurek um Verzeihung.

Am Ende des ersten Tages notierte Korczak, daß »Kinder ein viel reicheres Gefühlsleben haben, weil sie mit ihren Gefühlen denken«. Er hatte sich außerstande gesehen, ihre Bewegungen und Gesten festzuhalten, und daher nur ihre Worte aufgeschrieben, »wunderbar in ihrer Einfachheit, kraftvoll durchs Wiederholen«. Als Helcia Jurek den Klotz gereicht hatte, sagte sie dreimal »Nimm ihn«. Jurek verwies zweimal darauf, daß Helcia nichts zum Bauen hatte, und Hanna wiederholte, daß sie die Klötze zurückgegeben hatte. »Mir scheint, daß ein Schriftsteller oder Schauspieler eine hochdramatische Situation durch Wiederholungen vielleicht viel effektvoller gestalten kann als durch endlose Tiraden.«

Da ihm die Beobachtung wichtiger war als die Einmischung, ärgerte sich Korczak darüber, daß ihm einige wichtige Details entgangen waren, wieso nämlich zum Beispiel die Kiste mit den Klötzen plötzlich auf Helcias Pult stand. Außerdem fand er, daß einige seiner Kommentare, die »wie eine Theaterkritik abgefaßt« seien, es an Klarheit fehlen ließen. »Wenn man einen Artikel über ein Stück von Shakespeare oder Sophokles liest, hat man den Vorteil, Hamlet oder Antigone zu kennen, hier aber kennt der Leser weder die Hauptperson – Helcia – noch überhaupt das Stück.«

Irgendwie wurde der Plan für eine Aufzeichnungstechnik nie verwirklicht, doch kam Korczak ganz unabsichtlich zu einer »Lehrformel« für sich selbst – ein Verfahren, wie man ein bestimmtes Detail, das einem aufgefallen war, auf größere Zusammenhänge anwenden und damit bestimmte allgemeine Probleme erläutern konnte. Dieses Verfahren und das Manuskript für *Wie man ein Kind lieben soll* waren die Beute, die er aus dem Krieg mit nach Hause brachte.

Als Präsident Woodrow Wilson am 8. Januar 1918 ein freies und unabhängiges Polen zu einem seiner Vierzehn Punkte für eine Friedenslösung machte, brachen in Kiew die Exilpolen in Jubel aus. Und im März, nachdem Rußland und die Mittelmächte im Vertrag von Brest-Litowsk die Unabhängigkeit der Ukraine anerkannt hatten, halfen Korczaks Freunde ihm bei der Beschaffung von Reisepapieren, damit er nach Warschau zurückkehren konnte. Im Frühsommer war es dann soweit.

Als er sich von Maryna und den Buben verabschiedete, erkannten sie an seinem leuchtenden Blick und seinem leichten Gang, was es für ihn bedeutete heimzufahren. Korczak versprach den Kindern, daß sie bald folgen würden. Madame Maryna, wie sie sie nannten, wartete auf die Papiere, um die Kinder nach Warschau zu bringen, wo sie zu den Verwandten, sofern sie noch welche hatten, zurückkehren konnten. Ihre eigene Zukunft war noch ungewiß; sie wußte nicht, ob es Arbeit für sie gab in dieser Stadt, die einmal ihre Heimat gewesen war. Aber eins stand fest – an heimatlosen Kindern würde es nicht mangeln.

Zweiter Teil
1919–1930

12
Unabhängigkeit

Polen – nicht nur Äcker, Kohlengruben,
Wälder oder Munitionsfabriken,
sondern – mehr als alles andere –
seine Kinder.
Kinderfürsorge

Korczaks Mutter hatte zu jedem gesagt, daß sie nur »für den Tag lebt, an dem Henryk wieder da ist«. Und jetzt war er also wieder da, nach vier Jahren, schlank und muskulös, sah trotz allem, was er mitgemacht hatte, recht gesund aus. Sein schmales, blasses Gesicht wurde von einem rötlichen Bart umrahmt, seine noch nicht gänzlich geheilten rotgeränderten Augen hatten ihren ironischen Blick nicht verloren. Er war immer noch ihr Henryk.

Die Deutschen hatten Warschau noch nicht verlassen, aber es war nur eine Frage weniger Monate, bis es zum Waffenstillstand kommen und man die Belagerungstruppen geschlagen zurückbeordern würde.

Als es hieß, daß Korczak am nächsten Tag kommen würde, konnten die Kinder in der Krochmalnastraße 92 – selbst jene, die sich nur dunkel oder gar nicht an ihn erinnerten – vor Aufregung die ganze Nacht nicht schlafen. Am nächsten Morgen warteten sie mit Stefa und den Erziehern in Reih und Glied im Hof auf die Ankunft von Korczak und Dr. Eliasberg, dem Vorsitzenden der Gesellschaft für Waisenhilfe, der auch gerade von der Ostfront zurückgekehrt war. Als die beiden den Hof betraten – der eine groß mit dunklem Haar und Schnurrbart, der andere kleiner, schmaler, glatzköpfig und mit rötlichem Bart –, waren sich viele Kinder nicht im klaren, wer denn eigentlich wer sei. Erst als der eine sie über seine Brille hinweg verschmitzt anblinzelte, konnten sie sicher sein, daß es Korczak war. Mit großem Geschrei rannten sie auf ihn zu.

»Wie sie auf mich zuliefen und mich umringten, als ich vom Krieg zurückkam«, notierte er. Und mit dem schlauen, selbstironischen Humor eines Mannes, der Kinder kennt, meinte er: »Aber wären sie nicht noch begeisterter gewesen, wenn statt meiner plötzlich weiße Mäuse oder Meerschweinchen aufgetaucht wären?« Seine Gefühle nur mühsam zurückhaltend, fing er sie auf, wirbelte sie herum, kitzelte und neckte sie.

Wir wissen nicht, wie er Stefa begrüßte, die wie immer in ihrem schwarzen Kleid mit dem weißen Kragen und den weißen Manschetten dastand, ihr kurzes Haar zur Seite gekämmt. Mit enormer Willenskraft war es Stefa gelungen, die Kinder durch die langen, harten, elenden Jahre voll Hunger und Typhus zu bringen, und jetzt hatte sie das Heim für ihn so in Ordnung gebracht, als wäre er gestern erst abgereist.

An jenem Abend eilten die vier Eliasberg-Töchter zur Tür, um ihren verehrten Freund zu begrüßen, dessen Glatze sie vor dem Krieg mit Buntstiften bemalt hatten. Äußerlich hatten sie sich in den vier Jahren sicher verändert – Helena war inzwischen achtzehn, Irena sechzehn, Anna dreizehn und Marta neun Jahre alt –, aber ihre Gefühle für Korczak waren dieselben geblieben. Doch statt sie ihren Erwartungen entsprechend in der Halle herumzuwirbeln, wie er es früher immer getan hatte, begrüßte er die beiden entgeisterten Ältesten förmlich mit »Fräulein«, schüttelte ihnen höflich die Hand und nahm den ganzen Abend über wenig Notiz von ihnen. »Wir interessierten ihn nicht mehr«, erinnerte sich Helena später. Sie waren keine Kinder mehr. An jenem Abend weinten sich die Schwestern in den Schlaf.

Am 11. November 1918 hängten die Kinder wie alle Nachbarn zur Feier der polnischen Unabhängigkeit die rotweiße Fahne aus den Fenstern. Sie hörten zu, als Korczak ihnen die wunderbarste seiner Geschichten erzählte: Nach 120 Jahren der Unterdrückung war ihr Land wieder frei, und der unermüdliche Patriot Jozef Pilsudski, der sein Leben dem Erreichen der Unabhängigkeit verschrieben hatte, war jetzt Staatsoberhaupt.

Da er wußte, daß viele Eltern sich nicht die Mühe machen

würden, ihren Kindern die Ereignisse zu erklären, begann Korczak mit der Kolumne »Was geschieht auf der Welt?« für die Zeitschrift *Im Sonnenschein*. Die Kinder sollten verstehen, was Unabhängigkeit bedeutete, wie ihr Land von seinen drei gierigen Nachbarn aufgesogen worden war, was bei der Pariser Friedenskonferenz beschlossen wurde, wie man Wahlen abhielt und ein Parlament bildete. Er erklärte die Weltpolitik: »Es ist schön, wenn du deinen eigenen Schrank oder eine eigene Schublade hast, denn die gehören dir wirklich, da darf ohne deine Erlaubnis keiner hineinschauen. Es ist schön, einen eigenen Garten, ein eigenes Zimmer und ein Haus zu haben, wo du mit deiner Familie lebst und wo dich niemand stört. Aber dann kommt unglücklicherweise jemand vorbei, der stärker ist, kommt einfach herein und nimmt dir deine Sachen weg, macht das Zimmer schmutzig und schert sich gar nicht um dich.«

Es war die erste Berichterstattung dieser Art für Kinder. Die Kolumne wurde so populär, daß die Lehrer sie schon ziemlich bald als Hilfsmittel benutzten, um ihren Schülern die politischen Tagesgeschehnisse zu erläutern. Doch wußte niemand besser als Korczak, daß er keineswegs für alles, was sich ereignete, eine Erklärung hatte, denn Polen wieder zusammenzufügen, ähnelte dem Versuch, den Struwwelpeter zur Ordnung zu bringen. Über ein Jahrhundert lang hatten die Polen *für* die Unabhängigkeit gekämpft, jetzt hatten sie *mit* ihr zu kämpfen. Nicht nur daß ihr Land vom Krieg zerstört war – die Fabriken waren Ruinen, die meisten Felder nicht bestellt, die Inflation war noch schlimmer als während des Krieges –, sondern auch die früheren Teilungen hatten ihre Spuren hinterlassen. Es gab vier verschiedene Rechtssysteme, sechs verschiedene Währungen und drei Eisenbahnsysteme, deren unterschiedliche Schienengrößen die Verbindungen symbolisierten, die noch herzustellen waren, wenn das Land wirklich vereint werden sollte.

Nur die Freude, wieder ihr eigener Herr zu sein, hielt die Polen davon ab, angesichts der vor ihnen liegenden riesigen Aufgaben in Verzweiflung zu versinken. Hunger und Kälte starrten Korczak aus jeder Ecke des Waisenhauses an. Es war kein Geld da, und keiner gab ihm Kredit. Amerikanische Hilfsprogramme mit Hoover-Carepaketen voll Reis, Mehl und Stoffballen hielten Institutionen wie die seinige am Leben. Aber es reichte nicht aus.

Und dann das Wunder. Der Winter hatte erst »einen vorsichtigen Fuß auf die Türschwelle« gesetzt, als die Vereinigung der Bergleute aus der Kohlengrube – »Gott segne ihre schmutzigen Hände und kristallklaren Seelen« – eine ganze Waggonladung Kohlen stiftete. Diese Großzügigkeit – »die einen Stein zu Tränen rühren könnte« – war besonders ergreifend, weil die Bergleute selbst so arm waren. Plötzlich fühlte er sich reich: die knappe Kohle galt als »schwarzes Gold«. Die einzige Schwierigkeit war der Transport, denn die Kohle mußte sofort vom Bahnhof geholt werden, und Korczak verfügte über keinerlei Gefährt.

Noch ein Wunder. Die ganze Nachbarschaft beteiligte sich. Pferdekarren tauchten aus dem Nichts auf, und die Kohle fand ihren Weg in den leeren Kohlenkeller. Die Kinder holten sie in Schubkarren, Körben und Eimern. Selbst die Kleinsten schleppten Stücke »so groß wie ihre Köpfe«.

Der Bäcker hörte von ihrem Glück und sandte frisches Brot, das mit dem »schwarzen Gold« bezahlt werden konnte. Einer der Buben, dessen Beine von der Rachitis gekrümmt waren, aß fast einen halben Laib der »wertvollen Ladung« allein auf und bedeckte den Rest mit Kohlenstaub. Er rannte zum Bahnhof zurück und schrie: »Jetzt kann ich hundert Körbe tragen!« Es gab keine Körbe mehr, und er war nicht stark genug, einen Eimer zu tragen, so daß Korczak ihm das einzig vorhandene leere Gefäß in die Hand drückte – einen Nachttopf. Als er dem glücklich davonstolpernden Kind nachsah, nahm er sich vor, irgendwo Lebertran aufzutreiben, um seine Beine in Ordnung zu bringen.

Kurz nachdem Maryna Falska Anfang des Jahres 1919 nach Warschau zurückgekehrt war, bat der Erziehungsminister Korczak, in der ungefähr zwanzig Kilometer südlich gelegenen kleinen Stadt Pruszkow ein Waisenhaus für polnische Arbeiterkinder einzurichten. Korczak dachte sofort an Maryna für den

Posten der Direktorin, und sie zögerte nicht, ihn anzunehmen und das Haus nach seinen Ideen zu führen.

Sie fanden ein kleines dreistöckiges Mietshaus in der Nähe der Pruszkower Schule; allerdings reichte das Geld nicht für eine ordentliche Möblierung, geschweige denn für den Kauf des Hauses. Und einen philantropischen Verein, ähnlich der Gesellschaft für Waisenhilfe, gab es nicht.

Sie kamen auf die Idee, bei den Gewerkschaften Hilfe zu suchen, weil viele ihrer Mitglieder im Krieg umgekommen waren und Waisen hinterlassen hatten. Die Arbeiter waren von der Idee so angetan, daß sie nicht nur die Sammelbüchsen füllten, die in jedem Laden und in jeder Fabrik aufgestellt wurden, sondern auch die ersten fünfzig Kinder auswählten, die in das Waisenhaus einziehen sollten. Außerdem möblierten sie das Haus: einer wußte, wo man Betten leihen konnte, ein anderer, wo es Tische und Stühle gab, ein Dritter hatte Zugang zu einer Kücheneinrichtung. Einige stellten sich sogar um Brot und Kartoffeln an und trieben irgendwo Mehl auf.

An einem kalten Novembertag jenes Jahres bezogen die Kinder ihr Waisenhaus. »Unser Haus«, wie es genannt wurde, war im Vergleich zur Krochmalnastraße vollgepfercht. Es hatte so kleine Räume, daß man noch nicht einmal um die Betten herumgehen konnte. Die Kinder allerdings hatten so etwas Großartiges noch nie gesehen. Sie waren kein fließendes Wasser gewöhnt, und so fehlte es ihnen nicht; sie wußten nicht, daß ihr ganzer Stolz, die Toilette aus Holz im ersten Stock, eine Spülung hatte. Dieses kleine Klo war besser als die übelriechenden Plumpsklos, die sie kannten, und war es wert, saubergehalten zu werden, zumal das noch Extrapunkte einbrachte.

Obwohl die Gewerkschafter halfen, war es schwer, Essen auf den Tisch zu bringen. Maryna bemühte sich, zwischendurch kleine Brotstücke, die sie in der Küche aufbewahrte, auszuteilen; ein Bub küßte das Brot jedesmal. Leute aus der Umgebung brachten Kartoffeln, aber es reichte nicht. Maryna verbrachte die meiste Zeit damit, Kohlen und Kartoffeln zu einem Preis aufzutreiben, den sie sich leisten konnten. »Wir hatten noch kein Sparbuch«, schrieb sie später. »Noch nicht einmal Geld für

Spielsachen oder buntes Papier, um welche daraus zu machen.« Doch Maryna Falska war unermüdlich. Während ihrer Zeit in Kiew hatte sie gelernt, mit Bauunternehmern umzugehen und sich mit Arbeitern über so notwendige Dinge wie Fensterreparaturen herumzustreiten. Sie ging selbst in jedes Geschäft und fragte nach preisgünstigen Lebensmitteln, die sie dann in Säcken auf dem Rücken nach Hause trug. Die Kinder waren in alte Sachen aus Amerika gekleidet.

Selbst wenn das Haus in Pruszkow noch Platz für ein weiteres Bett gehabt hätte – was nicht der Fall war –, hätte Korczak keine Zeit gehabt, über Nacht zu bleiben. Er kümmerte sich nicht nur um die Kinder in der Krochmalnastraße, sondern beriet außerdem noch Wohlfahrtsverbände bei der Errichtung von Institutionen für die Tausende von Waisenkindern, die sich auf den Straßen herumtrieben.

Er schrieb warnende Artikel für Erwachsene in der *Polnischen Gazette*. Polen war frei, aber der skeptische Doktor hatte zuviel Leiden und Blutvergießen gesehen, um sich über die Zukunft keine Sorgen zu machen. Der Waffenstillstand vom 11. November 1919 hatte zwar Frieden, aber kein Ende der Kämpfe gebracht. Nach dem Zusammenbruch der Teilermächte war in den östlichen Regionen das Chaos ausgebrochen, die Juden wurden Opfer von Aufständen, Massakern und sogar Pogromen durch einige polnische Armee-Einheiten – besonders jene unter General Haller – sowie durch bewaffnete zivile Banden. Und während die Alliierten in Versailles Polens Forderung diskutierten, in seine Grenzen vor der Teilung auf die Landkarte Europas zurückzukehren, versuchte Jozef Pilsudski auf seine Weise, mit der Geschichte fertigzuwerden. Im Osten gab es Grenzscharmützel mit den Sowjets, in Galizien Kämpfe mit den Ukrainern und Territorialauseinandersetzungen mit den Deutschen und Tschechen. Konnte man sich darauf verlassen, daß die Natur des Menschen fähig ist, die Welt zu verbessern? fragte sich Korczak. Er hatte seine Leser ermahnt, den Dauerfrieden zu einem ihrer nationalen Ziele zu machen.

»Die Geschichte mag die Herrscherin der Nationen sein, aber sie ist ein unredlicher Lehrer, ein schlechter Erzieher, der einen geordneten Fortschritt nur vortäuscht«, begann er einen Artikel. »Wir müssen die Geschichte beherrschen und nicht sie uns; sonst wird es mehr von dem geben, was es immer schon gab – Krieg und Gewalt. Das Schwert, Giftgas – und der Teufel weiß, auf was sie sonst noch alles kommen werden. Denn es ist keine Kunst, Blut zu zapfen – stich ein kleines Loch, und das Blut fließt von selbst. Jeder Schreiberling kriegt ohne weiteres eine ganze Schüssel voll. Es reicht auch nicht, Artikel zu schreiben – es muß gebaut, gepflügt, aufgeforstet werden; es müssen, meine Lieben, die Waisenkinder ernährt und erzogen werden; wir brauchen ... muß ich wirklich weiterreden?«

Natürlich redete er weiter, denn zu seinem Hauptanliegen war er noch gar nicht gekommen: Was immer die Polen sich wünschen mochten, einen neuen Hafen oder einen anderen Grenzverlauf, sie mußten lernen, nach dem Gesetz vorzugehen. »Wir tragen unseren Kindern gegenüber die Verantwortung für die Kriege, die waren und noch sein werden, und dafür, daß im vergangenen Krieg Zehntausende von ihnen gestorben sind. Es ist also noch nicht an der Zeit, das Frühlingsfest zu feiern. Es ist immer noch Allerseelen – der Tag des gemarterten Kindes.«

»Vergeßt nicht«, warnte er, »Polen wird nicht nur für zwanzig Jahre gebaut.«

Im März 1919 hatte Marschall Pilsudski die allgemeine Wehrpflicht ausgerufen, weil er eine schlagkräftige Streitmacht aufbauen wollte. Polen, von Rußland und Deutschland umklammert, brauchte Stärke, und ihm schwebte eine polnisch-litauische Föderation vor, mit der Ukraine und anderen kleinen Staaten als Alliierten. Dieser Plan geriet in Gefahr, als die Sowjets das heillose Durcheinander in Osteuropa nutzten, um ihrem kommunistischen Reich neue Territorien einzuverleiben. Im April schickte Pilsudski seine Truppen los, um die alte litauische Hauptstadt, seine geliebte Heimatstadt Wilna, von den Sowjets zurückzuerobern. Die polnische Armee traf auf wenig Widerstand, eroberte Minsk und andere große Städte während des Sommers, was schließlich zur Intensivierung des sogenannten polnisch-sowjetischen Krieges führte.

Gegen Ende des Jahres erhielt Korczak seine Order, als Major der Reserve in der neuen polnischen Armee seinen Dienst zu tun. Erneut ging es ans Abschiednehmen, aber diesmal brauchte er nicht weiter als bis ins militärische Seuchenspital von Lodz zu fahren. Nach kurzer Zeit wurde er dann in gleicher Funktion nach Warschau zurückversetzt.

Immer wenn er die Krankenstation verließ, um nach Hause zu gehen oder seine Mutter oder die Waisen zu besuchen, wusch er sich gründlichst und wechselte die Kleidung. Aber an einem Spätnachmittag gab er dem Drängen der Familie eines Offiziers nach, die nicht länger mit ihm in Quarantäne bleiben wollte, händigte ihnen die Entlassungspapiere aus und unterließ seine gründliche Reinigung.

Wenige Tage später wachte er auf und sah doppelt. Er sah den Tisch an – zwei Tische. Zwei Lampen, zwei Stühle. Er war schweißgebadet und fiebergeschüttelt. Sein Kopf hämmerte. Er kannte die Symptome – Typhus. Die Familie des Leutnants hatte ihn also doch angesteckt. Seine Mutter bestand darauf, daß er bei ihr blieb und sie ihn pflegen konnte. Tagelang lag er im Delirium, ohne zu merken, daß er sie angesteckt hatte. Sie starb, bevor er wieder zu sich gekommen war. Ihr letzter Satz war die Bitte, ihre Leiche durch die Hintertür hinauszutragen, damit ihr Sohn nicht gestört würde.

Als Korczak erfuhr, daß seine Mutter tot war, verlor er vor Gram fast den Verstand. Er fühlte sich für ihren Tod verantwortlich, er hatte ihn leichtsinnig verursacht. Sein Vater hatte recht gehabt – er war »ein Idiot und ein Tropf«. Nur daß diesmal seine Mutter das unschuldige Opfer war. Havelock Ellis, dessen Mutter unter ähnlichen Umständen an Scharlach starb, tröstete sich, indem er rationalisierte: »Sie hätte gar nicht glücklicher sterben können, *in voller Rüstung*, wie sie es wollte, in Fürsorge für ihr eigenes Kind.« Obwohl man das gleiche über Korczaks Mutter hätte sagen können, gab es für ihn diesen Trost nicht. Nach seines Vaters Tod hatte er Selbstmordgedanken, und auch jetzt dachte er wieder darüber nach.

»Als ich meiner Schwester nach ihrer Rückkehr aus Paris vorschlug, gemeinsam Selbstmord zu begehen, war das weder eine Demonstration noch das Programm einer Bankrotterklärung«, schrieb er später. »Ich hatte einfach zu wenig Platz auf der Welt und im Leben.«

Seine Schwester scheint von der Idee nicht so angetan gewesen zu sein. »Der Handel war wegen Meinungsverschiedenheiten nicht zustande gekommen«, war Korczaks lakonische Erklärung. Aber er gestand auch: »Es gab Jahre, wo ich Sublimat und Morphiumtabletten in einer tiefen Ecke meiner Schublade aufbewahrte. Damals nahm ich sie nur, wenn ich zum Grabe meiner Mutter auf den Friedhof ging.« Das Grab befand sich in einer entfernten Ecke des jüdischen Friedhofs, wo die Typhusopfer hinkamen. Vielleicht hat er bei einem seiner ersten Besuche einige dieser Pillen genommen. »Es gibt keinen abstoßenderen Vorfall (Abenteuer) als einen mißlungenen Selbstmord. Seine Planung sollte ganz ausreifen, so daß die Ausführung mit Sicherheit Erfolg hat.« Und mit wahrem Galgenhumor zieht er den Schluß: »Es kommt doch vor, daß ein Mensch, der einmal den Reiz und die Lust des Selbstmordes kennengelernt hat, es bis ins hohe Alter hinein nicht wieder versucht.«

Als er im Typhusfieber lag, hatte er eine »Vision«. Er hielt eine Rede über »Krieg und Hunger, vom Dasein der Waisen und von Not. Ich spreche Polnisch. Ein Dolmetscher übersetzt ins Englische. (Das Ganze spielt in Amerika.) Plötzlich versagt meine Stimme. Stille. Im Hintergrund schreit jemand auf.« – Regina, eine Waise die nach Amerika geheiratet hatte, läuft auf ihn zu. »Sie bleibt vor dem Pult stehen, wirft eine Uhr aufs Podium und ruft: ›Ich will Ihnen das alles geben!‹ Und dann regnet es Banknoten, Gold und Schmuck. Ringe, Armreifen und Halsketten werden mir zugeworfen. Jungen aus dem Waisenhaus springen auf die Bühne ... – und sie stopfen alles in Säcke. Zurufe, Beifall und das Schluchzen gerührter Zuhörer erfüllen den Saal.«

Dem Tode nahe, war Korczak nach wie vor entschlossen, für seine Waisen »unbegrenzte Mittel« aufzutreiben. Und er wußte, daß er kein Recht auf Selbstmord hatte, solange es noch Kinder gab, die ihn brauchten.

»Wenn ich meinen eigenen Plan, der bis ins letzte durchdacht war, ständig aufschob, dann darum, weil immer im letzten Augenblick irgendein neues Traumbild erschien, das ich nicht einfach beiseite schieben konnte, ohne mich mit ihm beschäftigt zu haben. Das waren gleichsam Themen für Novellen. Ich gab ihnen den gemeinsamen Titel ›Sonderbare Dinge.‹«

Diese »Traumbilder« waren wie die Kapitel einer Erzählung, die ihm Kraft gaben, wenn er sich völlig machtlos fühlte:

»Etwas beschämt gestehe ich, daß ich in unruhigen Nächten auch heute noch zu diesem Thema zurückkehre. Den Gefängnisnächten verdanke ich die interessantesten Kapitel dieser Erzählung. Mehr als ein Dutzend solcher Träume lagen in meiner Werkstatt bereit – ich brauchte nur zu wählen.

Zum Beispiel:

Ich hatte eine magische Formel gefunden. Ich war unumschränkter Herrscher über die Bildung.

Ich schlief so sehr von Sorgen bedrückt ein, daß sogar Empörung in mir aufwallte.

›Warum ausgerechnet ich? Was wollt ihr denn gerade von mir? Es gibt doch Jüngere, Gescheitere, Sauberere, die diese Mission besser erfüllen können.

Laßt mich den Kindern. Ich bin kein Soziologe. Ich verpfusche und kompromittiere beides: diesen Versuch und auch mich selbst.‹«

Als auch die Traumbilder nicht mehr halfen, wandte er sich Gott zu. Er war nie praktizierender Jude, aber stets ein Mann des Glaubens gewesen. Der Gott, an den Korczak glaubte, war der Gott Spinozas, der Freie Geist, eine mystische Kraft, die das Universum durchdrang. »Es wundert mich nicht, daß Gott ohne Anfang und ohne Ende ist, denn für mich ist er eine unendliche Harmonie«, hatte er einmal geschrieben. »Die Sterne, das ganze Universum und nicht der Priester beweisen mir die Existenz eines Schöpfers. Ich habe meine eigene Form des Glaubens gefunden: es gibt einen Gott. Aber der menschliche Geist kann ihn nicht fassen. Sei anständig und tue Gutes. Bete, nicht um Gott um etwas zu bitten, sondern um ihn nicht zu vergessen, denn wir sollten ihn in allen Dingen sehen.«

Jetzt, in seinem Schmerz, fühlte Korczak sich von dem Gott verlassen, dem er vertraut hatte. Da er keinen Sinn im Tod seiner Mutter sehen konnte und auch nicht begriff, warum sie statt seiner gestorben war, verfaßte er ein Gebetbuch – *Allein mit Gott: Gebete eines Menschen, der nicht betet* –, in das er seine Trauer und sein Verlassenheitsgefühl einfließen ließ. Nach Martin Buber sind Menschen, die auf so intime Art und Weise mit Gott reden, ihm sehr nahe.

Das Buch enthält insgesamt achtzehn Gebete, geschrieben für Menschen in Not. Eine junge Mutter bittet Gott, ihr das Kind nicht zu nehmen, das er ihr schenkte; ein Bub handelt mit Gott: »Ich bete, wenn Du dafür sorgst, daß mein Vater mir ein Fahrrad schenkt«; ein alter Mann überläßt sich dem letzten Geheimnis; ein Künstler ist der Meinung, Gott sei betrunken gewesen, als er ihn geschaffen hat (man kann in nüchternem Zustand keinen Künstler erschaffen); ein Erzieher will nichts für sich selbst, sondern bittet um Gottes Führung und Segen für seine Kinder. Wenn auch jedes Gebet in der Alltagssprache des Bittenden geschrieben ist, hört man doch Korczaks eigene Stimme. Aus der Widmung des Buches spricht der junge Henryk Goldszmit: »Für meine geliebte Mama und meinen geliebten Papa: Wir haben uns für den Augenblick getrennt, um uns wiederzufinden ... Aus den Steinen eurer und unserer Vorfahren Pein und Qual möchte ich einen Schutzturm für andere errichten. Ich danke euch, daß ihr mich gelehrt habt, das Flüstern der Toten und der Lebenden zu vernehmen. Ich danke euch, daß ihr mir geholfen habt, das Geheimnis des Lebens in der schönen Stunde des Todes zu erkennen.«

Im Sommer des Jahres 1920 hatte Polen ein besonderes Gebet geradezu verzweifelt nötig, als die Russen im polnisch-sowjetischen Krieg in die Offensive gingen. Die polnische Armee mußte das im Mai eroberte Kiew räumen und wurde vom berüchtigten General Michail Tuchatschewskij vor die Tore Warschaus verfolgt. Polens Untergang schien besiegelt zu sein.

Jozef Pilsudski jedoch, der bis dahin bereits geradezu unglaubliches Glück gehabt hatte – er überlebte Sibirien, entkam aus verschiedenen Irrenhäusern und Gefängnissen des russischen Reiches und brachte es sogar fertig, in einem verwegenen Überfall auf den Zug des Zaren das versteckte Gold und Silber an sich zu bringen –, hatte noch mehrere Leben zu leben. Als am 16. August 1920 die Bolschewiken vor den Toren Warschaus standen, trennte Pilsudski durch einen Angriff von Süden her die hinteren Linien ab und hatte sie in zwei Tagen komplett umzingelt. Überrascht von dem, was als das »Wunder von der Weichsel« in die Geschichte eingegangen ist, flohen die Russen in völligem Durcheinander über ihre Grenzen zurück.

Polen war noch nicht verloren, Warschau wurde verschont. »Schmutziges, zerrissenes, vernachlässigtes Warschau, dein Herz ist deine Altstadt, dein Hirn wohnt in jedem Stein, jedem Ziegel und in jedem zeitungverkaufenden Bengel«, schrieb Korczak. Nie hatte er seine Stadt mehr geliebt. »Warschau ist mein, und ich bin sein. Ich gehe noch weiter: ich bin Warschau. Mit dieser Stadt war ich fröhlich und traurig, ihre Heiterkeit war meine Heiterkeit, ihr Regen und ihr Schmutz waren mein Regen und mein Schmutz. Mit Warschau bin ich großgeworden. Warschau war mein Boden – die Werkstätte meiner Arbeit, hier bin ich daheim, hier sind meine Toten begraben.«

13
Der Geist König Hänschens

Der polnisch-sowjetische Krieg war zu Ende, und Korczak kam zu seinen eigenen kleinen »Bengeln« nach Hause. Er war zwar nicht weit fort gewesen, aber er fühlte sich sehr verändert. Auch er war jetzt eine Waise. »Kinder glauben, daß Erwachsene keine Mutter brauchen«, teilte er seinen jungen Lesern mit. »Oh wie oft sehnt sich ein Erwachsener nach seiner Mutter oder seinem Vater, weil ihm scheint, daß sie die einzigen sind, die ihm zuhören, wenn nötig verzeihen und Mitleid mit ihm haben.«

Die Disziplin hatte ihm früher schon geholfen, und auch jetzt setzte er diese Kraft ein, um sein Leben weiterzuführen. Er zog in die Mansarde im dritten Stock des Waisenhauses in der Krochmalnastraße und lebte wie ein Mönch in seinem mit Büchern angefüllten Zimmer, saß an seines Vaters schwerem Eichenschreibtisch, schlief auf einem Feldbett und erhielt Besuch von den Spatzen, die durchs Fenster hereinflogen, sowie von Penetration, einer »introvertierten« Maus, die unter dem Schrank hauste. Der Tod seiner Mutter und die Wiedergeburt Polens scheinen der Grund dafür gewesen zu sein, daß König Hänschen zum Vorschein kam, dieses schon so lange in ihm schlummernde Phantasiekind. Tagsüber war er der Arzt, der sich um hundert jüdische und hundert polnische Waisenkinder kümmerte, aber nachts, sobald er in seine Mansarde hinaufgestiegen war, war er der Schriftsteller, der ein Königreich erfand, das – so wie Polen früher – von drei gierigen Nachbarn umgeben war.

»Und das war so ...«, beginnt *König Hänschen I.*, eine zeitlose Parabel über einen Kinderkönig, der davon träumt, eine utopische Gesellschaft mit fairen Gesetzen für Kinder und Erwachsene zu schaffen. Es war ein Traumbild wie jenes, das Henryk Goldszmit gehabt hatte, als er ein Bub war und die Welt verändern wollte. Korczak identifizierte sich mit diesem jungen König, dessen Traum (wie der seines Schöpfers) sich nicht erfüllen sollte, so sehr, daß er sein eigenes Photo zur Titelseite des Buches machte und folgendes Vorwort schrieb:

> Als ich noch so aussah wie auf dieser Photographie, da wollte ich selbst all das tun, was hier geschrieben steht. Aber dann habe ich es vergessen, und heute bin ich alt. Und ich habe weder die Zeit noch die Kraft mehr, um Kriege zu führen oder zu den Menschenfressern zu fahren. Und dieses Bild habe ich hier hingesetzt, weil es darauf ankommt, wann ich einmal König sein wollte, und nicht, wann ich über den König Hänschen schreibe. Ich halte es überhaupt für besser, Bilder von Königen, Reisenden und Schriftstellern zu bringen, auf denen man sie sieht, als sie noch nicht erwachsen und alt waren, denn sonst könnte man ja auf den Gedanken kommen, sie wären schon immer so klug und niemals klein gewesen. Die Kinder denken dann, sie selbst könnten niemals Minister, Reisende oder Schriftsteller werden, und dabei stimmt das gar nicht.

Das Kind auf der Photographie ist ungefähr zehn Jahre alt, also im Alter der meisten von Korczaks Helden. In seinem Little-Lord-Fauntleroy-Anzug mit dem hohen weißen Kragen sitzt er da auf der Bank neben einer Topfpflanze und schaut an uns und der Kamera vorbei in seine eigene, entfernte Welt – ein Blick, den er sein Leben lang beibehalten sollte. Er ist anwesend und abwesend zugleich. Die eine Hand hat er auf dem Schoß, die andere liegt auf der Bankecke, als ob er nur darauf warte, endlich gehen zu dürfen.

Das ist derselbe Bub, der mit seinen Eltern Ausflüge ins Schloß von Wilna gemacht hatte, wo die polnischen Könige im goldenen Zeitalter Polens, als das Land von der Ostsee bis zum Schwarzen Meer und fast bis an die Tore Moskaus reichte, ihre Sommer verbrachten. Bei diesen Ausflügen ließ er nicht nur Warschau hinter sich, sondern die Zeit selbst, er fühlte die »kalte Schönheit« der stattlichen Möbel im Palast und die »geisterhafte Gegenwart« seiner einstigen königlichen Bewohner.

Vielleicht war es dort, daß er und König Hänschen zu einer Person zusammenschmolzen.

König Hänschen I. ist Korczaks *Emile* genannt worden. Die Geschichte beginnt mit dem Tod des alten Königs, der der Königin ins Grab folgt, und beschreibt Hänschens Entwicklung von einem unschuldigen, vertrauensseligen Waisenkind, das weder lesen noch schreiben kann, zu einem idealistischen jungen Reformer, der die Unvereinbarkeit von Traum und Realität erst begreifen muß, bevor er sein Land oder sich selbst zu regieren vermag. Auch wenn man das Buch als Märchen betrachten kann, das von den Abenteuern eines kühnen jungen Königs handelt, ist es in Wirklichkeit jedoch eine philosophische Abhandlung über geistige und weltliche Macht.

Hänschens plötzliche Thronbesteigung nach dem Tod seines Vaters (ähnlich dem Empfinden Henryks, als er durch den Tod des Vaters über Nacht erwachsen werden mußte) ist nicht weniger verwirrend als Alices Erwachen im Wunderland: Hänschen sieht sich einer großen Anzahl Erwachsener gegenüber, die ähnlich verdattert herumsausen wie das Weiße Kaninchen, und in einer Gesellschaft, die aussah wie die junge polnische Republik, wo rivalisierende Parteien hervorschossen, Kabinette kamen und gingen und Regierungen in schwindelerregendendem Tempo einander ablösten. Während Hänschen versucht, irgendwelche Zusammenhänge zu begreifen, kann es sich der Autor nicht verkneifen, sich über den Wirrwar lustig zu machen, der in allen offiziellen Kreisen herrscht. Seinem satirischen Auge entgeht nichts. Der junge Herrscher lernt, daß Diplomatie heißt, stets zu lügen, damit der Feind nicht weiß, was man wirklich tut, und daß eine Kabinettskrise nichts weiter bedeutet, als daß sich die Minister zanken. Obwohl er in einem sagenhaften Königreich lebt, muß Hänschen sich mit der bitteren Realität plagen und muß ebensolche Entscheidungen treffen wie Marschall Pilsudski und die Minister der neugewählten polnischen Regierung: Wie treibt man Geld auf, um die Züge zu reparieren, Fabriken zu bauen, zerbrochene Fenster zu ersetzen, eine Armee zu versorgen? Wie organisiert man ein Schulsystem, medizinische Einrichtungen und eine ausreichende soziale Versorgung?

Noch wichtiger jedoch sind für Hänschen, der ja schließlich ein Kind ist, die Fragen nach dem Wohlergehen der Kinder. Wie gibt man ihnen Selbstachtung, wie lehrt man sie, frei zu sein? Wie bekämpft man Armut, Ungerechtigkeit, Krankheit und Hunger? Als Hänschen über der gleichzeitigen Lösung all dieser Probleme krank wird, erklärt ihm der alte Hausarzt, daß die Menschen schon seit vielen Jahren versuchen, diese Probleme zu lösen, aber daß bis heute noch niemand zu einem dauerhaften Ergebnis gekommen ist.

Korczak schickt Hänschen inkognito als einfachen Soldaten mit seinem Freund Fritz, dem Sohn eines Unteroffiziers, in den Krieg, als sein Land überfallen wird. Hänschen erlebt die harte Realität des Krieges. ». . . wie schwer ist es doch, König zu sein, wenn man Krieg führen muß«, sagte sich Hänschen. »Ich dachte nur daran, wie schön es sein wird, wenn ich auf meinem Schimmel die Hauptstadt verlasse und die Menschen mir Blumen auf den Weg streuen. Und ich habe gar nicht daran gedacht, wieviel Menschen dabei umkommen.«

Korczak läßt Hänschen auch ins Land der Kannibalen reisen, wo er lernt, daß Wilde – wenn auch sicherlich nicht edel – in gewisser Weise zivilisierter sein können als die sogenannten zivilisierten Leute. Der Kannibalenkönig Bum Drum und seine Tochter Klu Klu, ein unerschrockener Wildfang, sollen sich als Hänschens zuverlässigste Freunde erweisen.

Der Autor ist voller Ironie, aber nicht zynisch. Hänschen ist nie verbittert, wenn etwas schiefgeht, nur ein wenig traurig, so wie der traurige König eines seiner benachbarten Länder. Der König spielte Geige, aber »so traurig, daß man seufzen mußte«. Er klingt fast so wie der alte Hausarzt (der wiederum sich sehr nach Janusz Korczak anhört), als er Hänschen sein Parlamentsgebäude – »ein wenig wie ein Theater und ein bißchen wie eine Kirche« – zeigt, nachdem er ihm am Abend vorher, an seinem Bett sitzend, gesagt hatte:

> Hör zu, Hänschen, mein Großvater hat dem Volk die Freiheit
> gegeben, aber gut war es nicht. Er wurde ermordet,
> und das Volk war auch weiterhin nicht glücklich. Mein Vater
> hat der Freiheit ein großes Denkmal errichtet. . . . aber

was will das schon heißen, wenn es weiter Kriege, Arme und Unglückliche gibt. Ich habe dieses große Parlamentsgebäude bauen lassen, und auch das hat nichts geholfen. Es ist auch weiter das gleiche.

Dennoch möchte der traurige König seinen kleinen Gast nicht entmutigen. »Weißt du, Hänschen, wir haben es immer falsch gemacht, daß wir den Erwachsenen Reformen geschenkt haben, versuch du es einmal mit den Kindern, vielleicht wird es dir gelingen ...«

Die Vorstellung des traurigen Königs, daß Kinder sich weiser verhalten könnten als Erwachsene, wenn sie mitbestimmen dürften, ist sicherlich romantisch. Doch der »alte Doktor« in Korczak weiß, daß der Erfolg die Erfahrung braucht – und genau das haben Kinder nicht. Hänschen entscheidet sich, König der Kinder zu werden, und baut ihnen wie auch den Erwachsenen ein Parlament. Die beiden Gebäude sind identisch mit dem einen Unterschied, daß in dem für die Kinder die Türdrücker und die Sessel niedriger sind, ebenso die Fenster, damit die Delegierten hinausschauen können, wenn es ihnen langweilig wird. Allerdings weiß Hänschen schon nach wenigen Sitzungen des Zankens und Keifens, daß Kinder sich genauso unvernünftig verhalten können wie Erwachsene.

Ein Journalist, in Wirklichkeit Spion für einen der drei Könige (und Symbol für die verräterische Welt der Erwachsenen), bringt Hänschens Königreich zu Fall, indem er Fritz, der inzwischen Premierminister der Kinder geworden ist, davon überzeugt, daß seine Wählerschaft die Dinge besser erledigen kann als die Erwachsenen. Das Kinderparlament schickt alle Großen in die Schule zurück, während die Kinder ihre Aufgaben übernehmen. Das führt zunächst zu lustigen Verwirrungen, schließlich aber zur Zerstörung der vitalen Kräfte des Landes: die Züge hören auf zu fahren, die Telephone funktionieren nicht mehr, die Läden und Fabriken sind geschlossen, die militärischen Vorräte erschöpft. Sich das Chaos zunutze machend, fällt der feindliche König in Hänschens Land ein.

Als Hänschen die Erwachsenen wieder an die Arbeit und die Kinder zurück in die Schule schickt, während er seine Armee wiederaufgebaut, es ist bereits zu spät. Hänschen ist jedoch entschlossen zu kämpfen. »Sieg oder Untergang«, sagt er sich. Als sie überwältigt werden, tröstet er Klu Klu, die mit Fritz und einigen anderen ihm ins Löwenhaus als letzte Zuflucht folgt: »Weine nicht, Klu Klu, wir werden einen schönen Tod haben ...« Solange er den Geist, in dem er stirbt, selbst bestimmen kann, hat er sein eigenes Schicksal in der Hand. Aber selbst das wird ihm versagt, als man ihn mit einem Gas betäubt und er sich im Kerker wiederfindet. Er sei zum Tod durch ein Erschießungskommando verurteilt, teilt man ihm mit. Noch weiß er nicht, daß es dem traurigen König gelungen ist, die anderen beiden Könige dazu zu bringen, das Urteil in letzter Minute in eine Verbannung umzuwandeln.

Das Buch endet damit, daß Hänschen in goldenen Ketten durch die Straßen zu seiner vermeintlichen Hinrichtung geführt wird – eine unheimliche Vorahnung jenes Schicksals, das auf seinen Schöpfer wartete: »Es war ein schöner Tag. Die Sonne schien, alle waren auf die Straße gegangen, um zum letzten Mal ihren König zu sehen. Viele Menschen hatten Tränen in den Augen. Hänschen aber sah diese Tränen nicht, es wäre ihm sonst leichter gefallen, in den Tod zu gehen. ... Er schaute zum Himmel, zur Sonne empor.«

Er ging mit hocherhobenem Kopf, damit jeder sah, daß er stärker war als seine Feinde. »Wahre Helden zeigen sich erst in der Bedrängnis«, sagte er sich. »Ein schöner Tod, das war nun sein einziger Wunsch. Plötzlich aber erwachte seine Neugier: ›Was mir wohl meine Feinde für ein Begräbnis bereiten?‹« Ganz ruhig hört er im letzten Augenblick, daß er begnadigt und wie Napoleon auf eine einsame Insel verbannt werden soll.

Der zweite Band, *König Hänschen auf der einsamen Insel*, ist nüchterner geschrieben und handelt von seiner geistigen Entwicklung. Er entkommt aus dem Zug, der ihn zum Schiff bringen soll, entscheidet sich aber, freiwillig auf die Insel zu gehen, als er sieht, daß es deshalb seinetwegen zu einem Krieg kommen könnte. Er ist bereit zu reisen, denn diesmal wird er kein Gefangener oder Sklave sein, sondern aus freien Stücken auf der Insel leben, was Korczaks Philosophie entspricht, daß man niemals Gefangener ist, wenn man seinen eigenen Weg wählt.

Allein auf der Insel, nur von seinen Wächtern, seinem Kanarienvogel und dem Bild seiner Mutter begleitet, findet Hänschen jetzt die Zeit, seine zusammengewürfelten Gedanken zu ordnen und seinen Verstand zu disziplinieren. Walenty, sein Lieblingswachtposten, klingt sehr wie seine Originalvorlage, wenn er herumschlurft und Weisheiten wie »Das Leben ist bitter« von sich gibt. Hänschen wirft Steine ins Meer und denkt über das Leben und den Tod nach. Nachdem sein Kanarienvogel gestorben ist, gräbt er ihm auf einem Hügel unter einer Palme ein Grab und überlegt, ob er ihm ein Grabkreuz errichten soll, so wie einst Henryk Goldszmit über diese Frage nachdachte. Dann schaufelt er zwei weitere Gräber für seinen Vater und seine Mutter, die er dorthin umbetten möchte. Manchmal rudert er zum Leuchtturm hinüber, um mit Ala und Alo zu spielen, zwei Waisenkindern, die vom einarmigen Leuchtturmwächter gerettet worden waren, als ein Sturm sie an Land gespült hatte. Wie sein geistiger Vater findet auch Hänschen Trost im Umgang mit Kindern.

Eines Tages, als er die Insel erforscht, entdeckt er auf einem Hügel einen steinernen Turm. Er sieht, wie einer der Steine sich bewegt und sieben Leitern, eine auf der anderen, zum Vorschein kommen, jede mit sieben Sprossen, deren Abstände zueinander immer größer werden. Ein Mann in einer langen, grauen Robe, die von einem Strick zusammengehalten wird, schwebt die Leiter herab. Dieser »alte Wanderer mit einem langen Bart« sieht ihn noch trauriger an, als es der traurige König getan hatte. Hänschen weiß nicht, warum ihm auf einmal der Gedanke kommt, der Alte sei ein gescheiterter Reformator.

Walenty wird versetzt, und sein Nachfolger ist grausam und gehässig. Es gelingt Hänschen, innerlich frei und stolz von der Insel zu fliehen, so, wie er freiwillig dorthin gegangen war. Er kehrt in seinen Palast zurück und bleibt so lange dort, bis er den jungen König überzeugt hat, den Krieg zu beenden, und er dankt seinem ehemaligen Feind sogar, daß er ihm die Gelegenheit gab, das Exil zu erfahren und seinen Willen zu stärken. Dann verzichtet er auf seinen Thron, damit das Volk einen Präsidenten wählen kann.

So wie sein Erfinder verzichtet Hänschen auf Reichtum und zieht es vor, anderen zu dienen. Er nimmt Arbeit in einer Fabrik an, um seine Solidarität mit den ausgebeuteten Arbeitern zu zeigen und die Fabrikbesitzer so zu beschämen, daß sie die Arbeitsbedingungen verbessern. Abends geht er entweder zur Schule oder sitzt in seiner Mansarde und schreibt Geschichten für Kinder. Sein friedliches Leben wird von Fritz unterbrochen, der eines Tages, von seinem Machtverlust demoralisiert, verlottert und mürrisch vor Hänschens Tür steht. Hänschen nimmt ihn auf und verschafft ihm eine Arbeit in der Fabrik. Bei dem Versuch, einen Streit zu schlichten, den Fritz mit dem Direktor vom Zaun gebrochen hat, gerät er in eine Maschine. Tödlich verwundet, lebt er noch lang genug, um Fritz zu vergeben und ihn zu bitten, mit Klu Klu in ihr Land zurückzukehren und für eine bessere Welt zu kämpfen.

Hänschen wird auf der einsamen Insel neben seinem Kanarienvogel hoch oben auf dem Hügel begraben. Alo und Ala bringen Blumen, und wilde Kanarienvögel zwitschern an seinem Grab. Wie ein wahrer romantischer polnischer Held, hin- und hergerissen zwischen einem tatkräftigen und einem geistigen Leben, hat Hänschen, auch wenn er stirbt, einen moralischen Sieg errungen, denn es ist ihm gelungen, andere zu inspirieren, seinen Kampf fortzusetzen.

König Hänschen I. ist die Geschichte »der ewigen Tragik eines jeden noblen Reformators«. Wenn man das Buch heute liest, begreift man, daß sein trauriger und skeptischer Autor nicht die Illusion hatte, es würde ihm viel besser ergehen als Hänschen. Doch jetzt, wo Korczaks Leben zu einem Symbol für den Triumph des Geistes geworden ist, erhält das Buch darüber hinaus noch eine prophetische Dimension. Hänschens tief pessimistische Geschichte ist aber auch eine Geschichte der menschlichen Komödie, geschrieben mit Humor, Wärme und Mitgefühl für die Conditio humana.

14
Hundert Kinder

Hundert Kinder, hundert menschliche
Individuen – nicht erst morgen,
sondern jetzt, hier und heute.
Wie man ein Kind lieben soll

»Warum hat König Hänschen keine Kinderarmee aufgestellt?« fragte ein Bub eines Abends, als Korczak im Schlafsaal vorlas.

»Wenn er es nicht einmal verhindern konnte, daß die Kinder mit ihren Bällen die Fenster des Palastes zerschlugen, wie konnte er hoffen, sie im Krieg unter Kontrolle zu haben?« fragte Korczak zurück.

Die Kinder lachten. Es verging keine Woche, in der nicht ein Kind es fertigbrachte, einen Ball über die Mauer des Waisenhausgartens zu schießen oder zu werfen, und zwar schnurstracks durchs Fenster der Besteckfabrik nebenan. Um die Sache noch schlimmer zu machen, weigerte sich der böse deutsche Besitzer, die Bälle zurückzugeben.

»Warum ist die Prinzessin Klu Klu schwarz statt weiß wie Hänschen?« wollte ein Mädchen wissen.

Korczak dachte nach. Die Kinder hatten noch nie einen schwarzen Menschen gesehen. In ganz Warschau gab es zu der Zeit nur einen einzigen: den Chauffeur, den sich ein Diplomat von seinem letzten Auslandsposten mitgebracht hatte.

»Wo Klu Klu herkommt, sind die Kinder schwarz«, sagte er ihnen. »So wie die Kinder in China gelb sind. Aber Hautfarbe spielt überhaupt keine Rolle. Klu Klu war viel gescheiter als viele weiße Kinder in Hänschens Königreich – und sie hielt zu ihm, als andere ihn attackierten.«

Immer wenn ein Kapitel zu Ende war, hörte der Erzieher trotz der Bitten der Kinder mit Vorlesen auf. Dann kehrte der Schriftsteller in seine Mansarde zurück, um die Teile zu überarbeiten, die nicht ihr Interesse gefunden hatten, oder um an einem neuen Buch zu schreiben. Bald hörten die Kinder vom kleinen Jack, einem amerikanischen Buben, der in seiner Schule einen Genossenschaftsladen eröffnete. Jacks Reich war viel kleiner als Hänschens, aber auch er mußte sich mit Problemen der Erwachsenen wie Geld und Buchhaltung herumschlagen. Als sein Geschäft aufgrund der Inkompetenz anderer Leute pleite ging, kam auch Jack aus der ganzen Situation viel reicher hervor: er hatte den wichtigsten Schatz überhaupt gewonnen – Selbsterkenntnis.

Bevor er sich zum Schlafen zurückzog, ging Korczak gern durch die Schlafsäle der Kinder und machte sich für das Buch, das er über Kinder und die Nacht schreiben wollte, Notizen über ihre Schlafhaltungen. Manchmal begleitete Stefa ihn, doch das Leben war anders geworden als vor dem Krieg, als sie beide sich noch sechzehn Stunden am Tag um die Kinder gekümmert hatten. Stefa war immer noch die stabile, absolut zuverlässige Mutter rund um die Uhr, aber Korczaks Tagesabläufe waren komplizierter geworden durch seine Arbeit mit Maryna Falska in Pruszkow, durch Lehrveranstaltungen an zwei pädagogischen Instituten und durch seine schriftstellerischen und fachlichen Publikationen.

Das Heim hatte einhundertundsechs Betten, fünfzig für Jungen und sechsundfünfzig für Mädchen. Kinder ab sieben Jahren wurden aufgenommen und blieben bis zum Ende der Volksschule im Haus. Die Kinder gingen in spezielle staatliche Schulen für Juden (»Sabbat-Schulen« genannt, weil der Sabbat am Samstag statt am Sonntag gefeiert wurde). Unterrichtssprache war Polnisch, und der Lehrstoff unterschied sich mit Ausnahme der Religionsstunden kaum von dem in polnischen Schulen.

Polen mochte unabhängig sein, doch herrschte deshalb noch lange kein Mangel an bedürftigen jüdischen Kindern. Die Juden, inzwischen verfassungsmäßig gleichgestellt und durch einen Minoritäten-Vertrag geschützt, litten wie alle Polen unter der wirtschaftlichen Depression des vom Krieg verwüsteten Landes. Daß die Regierung, in der Absicht, eine polnische Mittelklasse hervorzubringen, polnische Unternehmen und Händler protegierte, machte es nicht leichter. Da es ihnen nicht gestattet war, Beamte zu werden oder im Post- oder Bahnbetrieb zu arbeiten, konkurrierten Zehntausende verarmte jüdische Arbeiter mit Zehntausenden vom Land hereinströmenden verarmten polnischen Arbeitern um Arbeit und Brot – eine Situation, die nicht zur Verbesserung polnisch-jüdischer Beziehungen beitrug.

Stella Eliasberg war zu Tränen gerührt, als sie und andere Mitglieder des Komitees für die Aufnahme ins Waisenhaus die Anträge notleidender jüdischer Familien vor Ort überprüften. Sie gewöhnte sich nie an die dumpfen Kellerlöcher, wo drei oder vier blasse, kränkliche Kinder auf schmutzigen Strohmatratzen lagen, im kältesten Winter nur mit Lumpen bedeckt. Sie hatte immer ein Schuldgefühl, weil alle Kinder Hilfe brauchten und doch nur eines aus jeder Familie aufgenommen werden konnte.

Und wenn ein Kind ausgewählt worden war, mußte es erst noch nach von Korczak festgelegten Richtlinien von einem Psychologenteam untersucht werden, weil geistig behinderte oder emotionsgestörte Kinder nicht in Betracht kamen. Wie ein Gärtner, der »das Unkraut jätet, damit seine Pflanzen überleben«, war Korczak nicht gewillt, ein Kind aufzunehmen, das sich schädlich auf die Waisenhausgemeinschaft auswirken könnte. Sollten seine persönlichen Ängste vor Geisteskrankheiten seine Einstellung beeinflußt haben, so war er jedenfalls sehr darum bemüht, diesen Verdacht zu verschleiern, indem er sich auf die unerforschten Geheimnisse der Vererbung berief, die damals die Rassenhygieniker beschäftigten. Es war die bekannte Streitfrage nach den Einflüssen durch Vererbung oder Umgebung: War man mit schlechten Erbanlagen dazu verdammt, ein schlechter Mensch zu werden, oder konnte eine positive Umgebung mit guten Einflüssen das verhindern? War ein Kind nervös, weil es das von seinen Eltern geerbt hatte, oder weil sie es erzogen? Warum hatten gesunde, vernünftige Eltern schwächliche Nachkommen, und warum gab es andererseits außergewöhnliche Kinder von sehr gewöhnlichen Eltern? Und warum – diese Frage hatte Ellen Key, die schwedische Verfechterin der Rechte des Kindes, gestellt – verlangte die Gesellschaft keine Lizenz für die Zeugung von Kindern, wenn jeder Getränkestandbesitzer schon eine Lizenz nachweisen mußte? »Wir müssen aufhören, gedankenlos Kinder hervorzubringen«, schrieb er. »Wir müssen vor ihrer Zeugung über sie nachdenken. Wir müssen sie erschaffen.«

Die von der Gesellschaft für Waisenhilfe angestellten Psychologen waren in der unglücklichen Lage, das Schicksal eines leicht zurückgebliebenen Kindes möglicherweise zu besiegeln. Helena Merenholtz erinnerte sich, daß sie und ihre Kollegen von den Bitten eines Kindes manchmal so angerührt waren, daß sie ihre Berichte fälschten: »Ich war der Ansicht, daß in einer ordentlichen Umgebung und mit ausreichender Ernährung ein Bub oder Mädel seine Entwicklung beschleunigen würde.« Manchmal funktionierte der Trick. Wenn Korczak allerdings mißtrauisch wurde, was oft vorkam, ließ er das Kind von Frau Maria Grzegorzewska untersuchen, an deren Institut für besonders Begabte er zweimal wöchentlich lehrte. Meistens sagte auch sie ihm, daß es völlig normal sei. »Es ist unmöglich, bei Ihnen einen Grad in Idiotie zu erwerben«, warf er ihr ständig im Scherz vor.

Obwohl das Waisenhaus behördlich unterstützt wurde, war es nach wie vor hauptsächlich auf Spenden angewiesen, wobei einige der Wohltäter Korczak damit erbosten, daß sie die Aufnahme eines bestimmten Kindes verlangten. »Der Wohltäter hat nur das Recht zu geben«, sagte Korczak. Den Kindern sagte er, daß manche reiche Leute sich wirklich um die Waisenkinder sorgten, die meisten aber aus weniger edlen Gründen spendeten: »Der eine stirbt, also braucht er sein Geld nicht mehr. Ein anderer will Gott gnädig stimmen. Der dritte erzählt jedem, wie rechtschaffen er ist.« Unerbittlich bestand er darauf, daß die Kinder unter keinen Umständen Süßigkeiten annahmen oder Besorgungen erledigten.

Korczak hatte für die Philanthropen genaue Besuchszeiten und Regeln festgelegt. Sie mußten ihre Kutschen (später ihre Limousinen) am Ende der Straße stehen lassen, wo die Kinder sie nicht sehen konnten. Besucher, die unangemeldet in Bratenrock und Vatermörder erschienen, um einen Blick auf den berühmten Pädagogen zu werfen, dem sie ihr Geld gaben, wunderten sich über den grünen Kittel, den Korczak gewöhnlich trug. In einer Zeit, als lange Titel und großartiges Gehabe zum guten Ton gehörten, widersetzte sich Korczak jeglicher gesellschaftlicher Affektiertheit, was ihn nach den geltenden Regeln zu einem nicht ernst zu nehmenden Menschen machte.

Die Kinder waren entzückt, wenn einige der Besucher den Doktor für den Hausmeister hielten. Ein besonders hochnäsiger Mann schickte ihn um seinen Mantel und drückte ihm dann eine Münze in die Hand. Ein anderer begegnete ihm im Hof und fragte: »Wo kann ich Dr. Korczak finden?« Woraufhin Korczak das Gebäude betrat, seinen Kittel ablegte, seinen Rock überzog, in den Hof zurückkehrte und den Mann begrüßte. Der Besucher war so verlegen, daß er das Gelände grußlos verließ.

Einige der Wohltäter sahen in diesen Mätzchen wie in seiner Weigerung, in der Gesellschaft aufzutreten, eine Form von Arroganz. Aber die meisten entschuldigten ihn, weil sie spürten, daß er keinerlei Bedürfnis nach Ruhm und Ehre hatte. Seine engsten Freunde wie die Eliasbergs und die Mortkowiczes amüsierten sich über ihn und wußten, daß ihr eigenwilliger Freund nicht arrogant, sondern eigentlich schüchtern war.

Freitags, nachmittags um vierzehn Uhr, wurden die Neuen aufgenommen, wenn Plätze frei geworden waren. Die meisten Kinder waren sieben Jahre alt, und ihre Geschichte war ähnlich der des neunjährigen Israel Zyngman, eines Straßenlümmels, dessen verwitwete Mutter es nicht schaffte, ihn von Banden und dem Aufspringen auf Straßenbahnen fernzuhalten und in die Schule zu schicken. Als sie ihm sagte, daß er in das Heim des berühmten Dr. Goldszmit käme, waren seine Kumpel überzeugt, er käme ins Gefängnis. »Wenn du einen Polizisten siehst und Riegel vor der Tür, dann hau ab, so schnell du kannst«, warnten sie ihn.

Er erinnerte sich noch genau an den Tag, als er mit seiner Mutter in der Krochmalnastr. 92 eingetroffen war:

> Da war tatsächlich ein Eisentor, aber kein Polizist. Wir gingen in den Hof, und eine große Frau, ganz in Schwarz, kam uns entgegen. Ich sah ihr ins Gesicht. Da war ein

großes schwarzes Muttermal. Plötzlich wurde aus dem tollen Kerl ein kleiner Bub, der sich hinter seiner Mutter versteckte. Diese Frau, Fräulein Stefa, fragte meine Mutter: »Wie heißt er denn?«

»Israel.«

»Das ist schlecht«, sagte Stefa knapp. »Wir haben schon zwei Israels. Wir werden ihn Shiya nennen.«

Ich war völlig perplex. Ich hatte mich zigmal wegen dieses Namens geprügelt, und jetzt kommt diese Frau daher und will ihn mir wegnehmen. Ich haßte sie auf den ersten Blick. Das ist hier nichts für mich. Ich geh da nicht rein.

Dann geschah etwas Unerwartetes. Während meine Mutter versuchte, mich vor sich herzuschieben, rutschte mir die Mütze vom Kopf.

Stefa kreischte: »Er hat ja seine Haare noch! Sie haben ihm den Kopf nicht geschoren?«

Meine Mutter war verwirrt. »Das hat mir niemand gesagt...«

Meine Kumpel hatten mir gesagt, wenn sie einem den Schädel rasieren, kommt man ins Gefängnis.

»Ich hau ab hier!« schrie ich und versuchte wegzurennen, aber meine Mutter hielt mich an der Jacke fest.

»Es wird dir gefallen«, meinte sie. »Jeder hat Dr. Goldszmit gern.«

»Wo ist er denn?« knurrte ich.

»Ich habe keine Zeit zu verplempern«, sagte Stefa ungeduldig. Sie winkte einen anderen Buben herbei, daß er sich um mich kümmern sollte, und ging.

Der versuchte, mich ins Haus zu bringen, aber ich weigerte mich, bis meine Mutter sagte, sie käme mit mir. Zögernd folgte ich ihm durch die Eingangstür in den großen Speisesaal, wo alles mögliche los war. Aber ich stand da im Eingang und klammerte mich an meiner Mutter fest. Viele Kinder machten blöde Bemerkungen, als sie an mir vorbeikamen. Ich mochte sie nicht. Ich war mir sicher, daß mit dem Haus irgendwas nicht stimmte.

Dann kam ein Mann in einem langen Kittel zu uns und

sagte, er sei Dr. Goldszmit. Er sah eigentlich gar nicht besonders aus. Er war einfach ein alter Mann. Wie andere auch. Er sagte meiner Mutter, daß er uns erwartet hätte, sah dann mich an und meinte: »Ich hab von dir gehört.«

Ich wandte mich an meine Mutter: »Was, zum Teufel, hat der von mir gehört?«

Schwierig sei ich, habe er gehört, und das hätte er selbst sehen wollen. Dann sprach er mit meiner Mutter und sah mich gar nicht an dabei. Aber er streichelte meinen Kopf. Das hat mich sehr beeindruckt. Seine Haut war weich, und die warme Hand fühlte sich so gut an.

»Komm mit«, sagte er. Er brachte uns in ein kleines Zimmer nach oben und sagte: »Zieh dich aus.« Als ich mich nicht rührte, wiederholte er: »Bitte zieh deine Sachen aus.«

Ich rührte mich immer noch nicht. Er zog mein Hemd aus, und ich fror, aber ich hinderte ihn nicht. Er legte ein Ohr auf meine Brust.

»Was war da im Hof los?« wollte er wissen.

Ich erzählte ihm von dem Problem mit meinem Namen.

»Und wie heißt du?«

»Israel. Aber diese Frau da wollte mich Shiya nennen. Ich kenn da einen auf der Straße, der so heißt. Der ist ein Riesenidiot. Da lacht mich doch jeder aus.«

Der Doktor sagte: »Wir haben auch ein Problem, weil hier schon zwei andere Israel heißen. Wenn jetzt einer von denen was anstellt, woher sollen wir wissen, welcher es war?«

Meine Mutter wollte vermitteln. »Nennen Sie ihn doch Sami.«

»Nein, das gefällt ihm sicher nicht.« Und dann sagte der Doktor zu mir: »Was hältst du von Stasiek?«

Das gefiel mir – der Name eines Heiligen. »Wie, ich und so ein Name?«

»Ja, du.«

Damit wurde er zu meinem besten Freund. Ich war einverstanden, meine Mutter konnte gehen.

»Und was ist da draußen noch passiert?« fragte er.

Ich erzählte ihm das mit den Haaren. »Alle Kinder haben Haare. Warum soll ich keine haben?«

»Wenn du deine Haare behalten willst, behalt sie«, meinte er. »Aber beschwer dich nicht bei mir.«

»Wieso beschweren?«

»Du wirst anders sein als die anderen Neuankömmlinge. Sie werden dich Stach die Ziege nennen, oder Stach der Hahn. Aber komm dann nicht zu mir deswegen.«

Ich war sprachlos.

Er nahm ein Stück Schokolade aus der Tasche und hielt es mir hin. Ich wollte es nicht. Meine Haare waren mir wichtiger. Ich war entnervt und ängstlich. »Wo ist das Friseurgeschäft?« fragte ich mißtrauisch.

»Zu was brauchst du ein Friseurgeschäft?«

Also war er der Friseur.

»Ist gut, Sie können mir die Haare abschneiden.«

»Setz dich.«

Er nahm eine Schere, und bevor ich mich umsah, waren meine Haare ab.

Für die Mädchen, besonders die mit schönen langen Zöpfen, war diese Erfahrung sehr viel schlimmer, aber man hielt das Scheren der Köpfe für eine unumgängliche hygienische Maßnahme, damit keine Läuse als Typhusüberträger ins Haus geschleppt wurden. Nach der ersten Schur durften Kinder, die auf ihre Sauberkeit achteten, das Haar wieder lang tragen.

Sara Kramer, deren Vater gerade gestorben war, erinnerte sich an ihre erste Unterhaltung mit dem »Friseur«:

»Wie fühlst du dich ohne Vater?« fragte er mich.

»Traurig«, flüsterte ich.

»Meine Tochter«, sagte er sanft und legte seine Hand auf meine Schulter. Dann sagte er mir, daß er mir die Haare abschneiden müsse.

»Wie soll mich denn da meine Mutter erkennen?« schrie ich.

Er erklärte, er müsse es aus Reinlichkeitsgründen tun, um sicherzugehen, daß keine Läuse da wären.

Wie die meisten Neuankömmlinge empfand auch Sara das Haarschneiden nicht allzu schlimm, weil Korczak wie aus allem anderen auch daraus ein Spiel machte. Manchmal nannte er den ersten Schnipp Krochmalna oder gab ihm einen Tiernamen oder bezeichnete ihn mit einem Buchstaben aus dem Namen des Kindes. Obgleich alles nur dazu diente, die Kinder zu entspannen, vollzog Korczak die gesamte Prozedur genauso ernsthaft wie jede andere medizinische Maßnahme. Seine Instrumente waren so blitzblank und scharf wie die eines Chirurgen, und er bestand darauf, daß jeder, der sich um Arbeit in einem Heim bewarb, nachweisen sollte, wie gut er im Auseinandernehmen und Reinigen von Haarschneidemaschinen war. Das gleiche Interesse brachte er der Haarwäsche entgegen. »Man sollte nur mit den Daumen über der Stirn, hinter den Ohren und am Hinterkopf massieren«, sagte er seinen Studenten. »Die Seife trocknet da nämlich ein und fördert Pilzinfektionen.«

Stasiek und Sara wurden an ihrem Ankunftstag und danach wie alle Kinder einmal wöchentlich gewogen, die Resultate notierte man genau auf ihren Wiegekarten. Für Korczak war diese Skala ein »vernünftiger, nüchterner und unbefangener Informant und Ratgeber, der nicht lügt«. Ein Kind zu wiegen, war nicht nur ein statistischer Vorgang, sondern beinhaltete auch die Freude, die »Schönheit des Wachstums« erleben zu dürfen. Er plauderte und scherzte – ein Bub brachte sogar seine Pflanze zum Wiegen –, hatte aber gleichzeitig die Möglichkeit, sich die Augen und Ohren der Kinder anzusehen, in den Hals zu schauen, ein Stethoskop anzubringen, die Haut zu betrachten und ihre Stimmung wahrzunehmen. Trägheit bei einem sonst aktiven Kind konnte der Vorbote einer Krankheit sein.

Korczaks Aufmerksamkeit entging nicht das kleinste Detail. Er untersuchte ihre schmutzigen Taschentücher, suchte verlorene Handschuhe – um Erfrierungsgefahren vorzubeugen – und machte ein Spiel daraus, ihnen das Schuheputzen beizubringen. Er unterhielt sich mit dem Schuh und erklärte ihm, warum er jetzt diese oder jene Creme auftragen würde, warum er eine Bürste benutzte und die Mitarbeit des Schuhs benötigte. Bevor er fertig war, wollte das Kind unbedingt den Schuh putzen.

Nach ihrem Bad am Freitagnachmittag erhielten Neulinge wie Stasiek und Sara Kleider mit der Nummer, die auf allem, was ihnen gehörte, angebracht war. Die Qualität der Kleidung, die die Kinder erhielten, hing davon ab, wie sie mit ihr umgingen. Als Korczak im Krieg war, hatte Stefa eine Schmuddeligkeitsskala von eins bis vier aufgestellt. Ordentliche Kinder erhielten die beste Kleidung, die gespendet oder im Heim genäht worden war; die unordentlichen, die ständig mit Flecken oder Löchern herumliefen, mußten sich mit rauherem und strapazierfähigerem Material zufriedengeben. Doba Borbergow erinnerte sich noch immer an ihr Glücksgefühl, als sie das erste Kleid, das erste Unterhemd und die erste Unterhose erhielt, die sie je besessen hatte: »Am Samstagnachmittag, als ich meine Familie besuchte, hob ich auf der Straße dauernd meinen Rock hoch, damit alle, sogar die Buben, meine wunderschöne Unterhose sehen konnten.« Hanna Dembinska, die ein rechter Wildfang war, erinnerte sich ebenso deutlich daran, wie sie sich gefühlt hatte in ihrer dunklen, häßlichen alten Hose, die wie ein Sack an ihr herunterhing, während die »braven Mädchen« in schönen Kleidern umherspazierten. (Man konnte die Kategorie ändern, aber dafür hätte man sich selbst ändern müssen, und das dauerte meistens Jahre.)

An jenem Abend, beim Sabbatmahl mit dem weißen Tischtuch, der geflochtenen Challah und den unbekannten Gesichtern, fand das neuaufgenommene Kind Trost in dem Gedanken, daß es ja am folgenden Tag seine Familie besuchen könne. Es war immer noch üblich, daß die Kinder am Samstag nach dem Mittagessen zu ihren Familien gingen, wo sie bis um sieben Uhr bleiben durften. Mütter, Großeltern oder ein anderes Familienmitglied brachten das Kind dann meistens wieder zurück, ein Besuch im Haus selbst war aber nur an Chanukka*, zum Purimfest oder zum Passahfest gestattet.

* *Chanukka* – jüd. Tempelweihfest im Dezember zur Erinnerung an die Erbauung des makkabäischen Tempels (165 v. Chr.); *Purimfest* – im Februar/März gefeiertes spätjüdisches Volksfest zur Erinnerung an die Errettung der persischen Juden durch Esther; *Passahfest* – Fest zum Gedenken des Auszugs der Kinder Israel aus Ägypten (Anm. d. Übers.).

In den ersten drei Monaten hatte jedes Kind einen »Beschützer« zur Seite, nämlich ein anderes, älteres Kind, das ihm half, sich im Haus und mit seinen Regeln zurechtzufinden, sich einzugewöhnen, und das gleichzeitig auch die Verantwortung für den Neuling übernahm. Weil jeder mit der Schule und anderen Aufgaben mehr als genug zu tun hatte, wurde das neue Kind angehalten, seinem Beschützer zu schreiben. Es gab einen bestimmten Briefwechsel zwischen einem neunjährigen Bengel und einer Zwölfjährigen, auf den Korczak ganz besonders stolz war:

Bub: Ich habe mich mit R. darüber unterhalten, wie es daheim war. Ich sagte ihm, daß mein Vater Schneider war, R.s Vater war Schuster. Und jetzt sind wir hier in so einer Art Gefängnis, hier bin ich nicht daheim. Wenn du keinen Vater und keine Mutter hast, ist das Leben nichts wert. Ich hab ihm erzählt, wie ich für meinen Vater immer Knöpfe kaufen mußte, R. mußte seinem Vater Nägel holen. Und so. Den Rest hab ich vergessen.

Beschützerin: Schreib deutlicher.

Bub: Bitte hilf mir ... Im Unterricht hatte ich schlimme Gedanken. Stehlen. Aber ich will nicht alle aus der Fassung bringen. Ich versuche wirklich, mich zu bessern und an andere Sachen zu denken wie einen neuen Kontinent zu entdecken oder nach Amerika zu gehen, hart zu arbeiten, ein Auto zu kaufen und durchs Land zu fahren.

Beschützerin: Es ist gut, daß du mir geschrieben hast. Wir werden miteinander reden, und ich kann dir Ratschläge geben. Aber sei nicht böse, wenn ich dir einiges sagen muß.

Bub: Ich hab mich schon gebessert. G. ist jetzt mein Freund, und der hilft mir. Und ich bemüh mich doch so. Aber könnte ich nicht öfter weggehen als einmal in vierzehn Tagen? ... Die andern tun das doch auch. Meine Oma möchte, daß ich jede Woche komme, und ich schäme mich, ihr zu sagen, daß ich das nicht darf.

Beschützerin: Du weißt ganz genau, warum du nicht so oft weg darfst wie die andern. Ich frag mal, aber ich glaub nicht, daß es was nützt.

Indem er auf das neue Kind aufpaßte, schlüpfte der Beschützer in die Rolle sorgender Eltern und wurde so zum ersten Zweig eines neuen und einzigartigen Familienbaums. Wenn ein Kind dann selbst Beschützer war, wurden die anderen zu Großeltern und schließlich Urgroßeltern. Diese Familieneinheiten wurden sehr ernst genommen und einmal im Jahr gemeinsam photographiert.

Obwohl das Waisenhaus für damalige Verhältnisse, als Kinder in vielen Heimen geschlagen wurden und nicht satt zu essen bekamen, radikal progressiv war, erscheint es aus heutiger Sicht äußerst streng gegliedert. Eine genaue Struktur, davon war Korczak überzeugt, sei für Kinder von hohem therapeutischen Wert, solange sie ausreichend Freiraum hatten. Das Haus lief ab wie ein Uhrwerk. Für Korczak hatte die Uhr den gleichen wichtigen Stellenwert wie Waage und Thermometer. Ein Mensch, der sich seine Zeit nicht exakt einteilte, war in seinen Augen nicht fähig zu ordentlicher Arbeit.

Jeden Morgen pünktlich um sechs war Wecken. Jenen, denen das Aufstehen schwer fiel, wurde noch eine Viertelstunde eingeräumt. Die aus dem Bett sprangen, erhielten Pluspunkte, die ewig Langsamen bekamen irgendwann eine Eintragung.

Nachdem sich die Kinder gewaschen, angezogen und ihre Betten gemacht hatten, gingen sie nach unten, wo um sieben Uhr gefrühstückt wurde, im allgemeinen Kakao, Brot, Obst und manchmal ein Ei. Wenn sie dann aus dem Haus in die Schule gingen, kamen sie an einem großen Korb mit Pausenbroten vorbei, Mittagessen im Heim war erst wieder gegen zwei Uhr. Außerdem stand Stefa in der Tür und inspizierte Ohren und Hals, Schuhe und Knöpfe.

Mittags nach der Schule gab es die Hauptmahlzeit: Suppe mit einem Stück Fleisch drin, Kascha, Nudeln oder Kartoffeln und ein Gemüse. Stella Eliasberg war meistens unten in der Küche und schmeckte das Essen selbst ab, bevor es in den Speisesaal hinaufgeschickt wurde (mittels Speiseaufzug, in dem sich immer wieder trotz Verbots ein Kind versteckte). Nachdem die Tische abgeräumt waren, nahmen die Kinder ihre Plätze wieder ein, machten ihre Schularbeiten und kümmerten sich anschließend um ihre Aufgaben im Heim. Am späteren Nachmittag gab es dann verschiedene Aktivitäten wie Sport, Spiele und Musikunterricht. Auf Bitten einiger Gönner des Hauses wurde Hebräisch- und Jiddischunterricht erteilt, die Teilnahme war allerdings freiwillig.

Wenn Korczak Zeit hatte, schaute er bei den Kindern herein. »Wie kommst du weiter?« oder »Warum siehst du so traurig aus?« fragte er dann ganz nebenbei. Er wußte aus eigener Erfahrung, daß Kinder Fragen nicht leiden können und daß sie nur zögernd oder mit kühler Zurückhaltung antworten: »Ganz gut« oder »Ich bin nicht traurig.« Den einen oder die andere streichelte er vielleicht sacht, weil er wußte, daß Kinder überschwengliche Liebkosungen nicht mögen. Wenn jemand blaß war oder erhitzt aussah, ließ er sich die Zunge zeigen. Manchmal beteiligte er sich am Seilhüpfen oder am Ringelreihen, wobei sie »Romazia, der nette Junge mit einem Loch in der Tasche« sangen. Wenn er an der Reihe war, in der Mitte zu stehen, wählte er sich aus dem Kreis immer ein Kind aus, das nicht sonderlich beliebt war oder sonst eine Ermutigung brauchte.

Oder er saß einfach mit den Kindern im Hof auf der Bank unter einem der Kastanienbäume, um einem Wettlauf oder einem Spiel zuzusehen. »Ich wollte immer mit ihm allein sein«, erinnerte sich Sabina Damm, die keinen Vater hatte. »Aber das war unmöglich, weil jeder bei ihm sein wollte. Wenn er sich gesetzt hatte, lief ich um ihn herum und umhalste ihn von hinten. Das war die beste Position. ›Du erwürgst mich ja!‹ hat er dann immer gequiekt.« Manchmal kletterte ihm eines der Kleineren auf den Schoß, streichelte seinen Bart, lehnte seinen Kopf an Korczaks Brust und schlief schließlich ein. »Seh ich nicht aus wie ein alter Baum voller Kinder, die wie Vögel in meinen Ästen spielen?« fragte er. Wenn die Spiele vorbei waren, tanzten die Kinder um ihn herum und hänselten ihn wegen des schlafenden Kindes: »Amme, Amme!« Er zog seine Stirn in Falten und tat so, als schimpfe er: »Psst, stört uns nicht. Mein Kleiner hier ist müde. Laßt ihn ausruhen und Kraft für morgen sammeln.«

Stefa beteiligte sich nur selten an den Spielen – sie war viel zu sehr mit der Tagesroutine beschäftigt. Sie, die inzwischen eine Mittdreißigerin geworden war, hatten die Jahre gegerbt und nicht weicher werden lassen. Ihre in Schwarz gehüllte stattliche Gestalt war ständig in Bewegung. Einzig ihre großen schwarzen Augen, immer noch das Schönste an ihr, ließen die Warmherzigkeit ahnen, die sie hinter ihrem brüsken Verhalten verbarg. Ihr Gesicht war »so breit wie ein Pfannkuchen, mit Warzen wie Rosinen darin«. Die Kinder liebten es, die größte Warze an ihrer Nase anzufassen. Wenn sie böse war, wackelte die Warze. Manchmal küßte Stefa ihre Hände, wenn die Kinder nach der Warze langten. Mit großem Vergnügen sahen sie zu, wenn ihr die Brille von der Nase rutschte bis genau – dahin. Sie war eine Mutter mit eisernem Willen, die ihre 106 Zöglinge stets auf Trab hielt, Klapse und Küsse verteilte. Wenn die Kinder wütend auf sie waren, weigerten sie sich zu essen, weil sie wußten, daß Stefa Angst hatte, sie würden abnehmen. Ein Photograph mußte lernen, daß er sie nur dann zum Lächeln bringen konnte, wenn sie ein Kind auf dem Schoß hatte. Sie strahlte, und er drückte auf den Auslöser.

15
Zähmung der Bestie

Das Leben ist wie eine Manege,
manche Augenblicke
sind eindrucksvoller als andere.
Theorie und Praxis

Früher Morgen im Waisenhaus. Die Kinder senken die Köpfe für ein kurzes Gebet vor dem Frühstück und setzen sich dann aufgeregt hin. Sie müssen über einen Neuling abstimmen, der seit einem Monat bei ihnen ist. Korczak geht durch den Speisesaal und gibt jedem drei Karten: eine ist mit einem Plus markiert, eine mit einem Minus und die dritte mit einer Null. Wenn man die Person, über die abgestimmt wird, gern hat, muß man die Plus-Karte in den Schlitz der Holzkiste, die herumgereicht wird, einwerfen, wenn nicht, die Minus-Karte. Wenn es einem egal ist, nimmt man die Null. Und die Anzahl der Kreuze, Striche und Nullen wird die Beurteilung dieses neuen Mitbewohners bestimmen.

Ein Kind, das mit den andern gut auskommt, wird sicherlich mehr Kreuze erhalten, was ihm den höchsten Rang, nämlich *Kamerad*, einbringt. Jene mit einer akzeptablen Anzahl an Kreuzen werden zu *Bewohnern*, die mit nur wenigen Kreuzen zu *gleichgültigen Bewohnern* und die mit gar keinen zu *schwierigen Bewohnern* ernannt. Kameraden haben natürlich mehr Privilegien als die anderen: sie sind Parlamentsmitglieder, dürfen mehr Filme sehen und können sich ihre Aufgaben im Haus aussuchen. Wenn es vorkommt, daß ein Bub oder Mädel nur Kreuze erhält, wird er oder sie König oder Königin und hat bei allem die erste Wahl.

Dadurch, daß über alles abgestimmt wurde, konnten die Kinder innerhalb ihrer Gemeinschaft Selbstverantwortung übernehmen. Statt dem Urteil der Erwachsenen ausgeliefert zu sein, lernten sie, sich selbst durch die Augen ihrer Kameraden zu sehen. Darüber hinaus hatten sie auch das Recht, über die Erzieher und Helfer abzustimmen, von denen erwartet wurde, daß sie die kleinen Bürger der Republik mit Respekt behandelten.

Über den Neuling wurde in einem halben Jahr erneut abgestimmt und danach jährlich. Korczak verfolgte diese Abstimmungen immer mit großem Interesse. Im Fall eines Mädchens namens Pola wunderte er sich über das ungewöhnlich schlechte Ergebnis. Er wußte, daß Kinder zwar Erwachsene hinters Licht führen können, nicht aber ihresgleichen. Pola machte den Eindruck einer wohlerzogenen jungen Dame, doch hörte er die Kinder häufig sagen: »Faß das nicht an, es gehört Pola.« (Und zwar im gleichen Ton, wie er ihnen sagte: »Faßt keine Scheiße an, sie stinkt.«) Als er fragte, warum ihr jeder aus dem Weg ging, bekam er zur Antwort: »Wissen Sie denn nicht, daß sie ein stilles Wasser ist?«

Korczak glaubte, daß Kinder wie Pola, die auf unterer Ebene eingestuft wurden, von der Gruppe akzeptiert zu werden wünschten und nicht wußten, wie sie es anstellen sollten. »Ein Kind empfindet seine Fehler als Last, aber es weiß nicht, was es tun soll«, schrieb er. »Und wenn es nicht geführt wird, macht es einige verheerende Versuche, sich zu ändern, und gibt auf, nachdem das nicht gelingt.« Die Herausforderung lag darin, seine »Klinik« – wie er das Heim oft nannte – zu einem Ort des »Heilens« zu machen. Wenn das Heim nicht zu einer »Zuflucht des Geistes« wurde, lief es Gefahr, zu einem »Infektionsherd« zu werden.

Auch wenn er seinen hartgesottenen Straßenkindern saubere Kleidung und ein Bad zukommen ließ, machte Korczak sich keine Illusionen, daß er ihre »üblen Erinnerungen, schlechten Einflüsse und schlimmen Erfahrungen« damit wegwischte. Es gab Grenzen für das, was er erreichen konnte. »Ich kann Normen aufstellen für Wahrhaftigkeit, Ordnung, harte Arbeit und Ehrlichkeit, aber ich werde aus diesen Kindern nichts anderes machen können als das, was sie sind. Eine Birke wird immer eine Birke sein und eine Eiche eine Eiche, eine Distel eine Distel. Es mag mir gelingen, was verborgen ist, hervorzuholen, aber ich werde nichts Neues schaffen können.«

Er hoffte, den Kindern zu helfen, den Kampf mit sich selbst

in einer Weise zu führen, daß ihr Stolz nicht verletzt würde. Bis sie gelernt hatten, ihre jahrelang aufgestaute Wut und ihren Haß zu kontrollieren, waren Raufereien zum Beispiel gestattet. Allerdings mit der Auflage, daß man sich vorher dafür eintragen mußte und daß die Gegner sich auch entsprachen. »Wenn du einen hauen mußt, dann tu das – aber nicht zu fest«, sagte Korczak. »Wenn du die Beherrschung verlieren mußt, dann tu das, aber bitte nur einmal am Tag.« Und mit der ihm eigenen Selbstironie meinte er, daß in diesen beiden Sätzen seine ganze Erziehungsmethode enthalten sei.

Er vermied den psychoanalytischen Jargon, der bei seinen Kollegen gang und gäbe war, weil er die Kinder nicht auf Formeln reduzieren wollte. (»Ich werde mit Sicherheit ein nachsichtiges Lächeln oder ein schiefes Grinsen provozieren, wenn ich behaupte, daß ein zweibändiges Werk über Wäsche und Wäscherinnen ebenso bedeutsam ist wie eines über die Psychoanalyse.«) Seine Meinung zu Freud war ambivalent, ja sogar widersprüchlich: In einem Brief an einen Freund nannte er ihn einen »gefährlichen Irren«, weil Korczak glaubte, daß Freuds Betonung der Sexualität das Kind »besudelte« und die Kindheit auf ein psychosexuelles Stadium reduzierte. Doch gab er – in demselben Brief – zu, daß Freud »herzlicher Dank« für die Aufdeckung der »unauslotbaren Tiefen des Unbewußten« gebühre.

Korczak war stolz darauf, eher ein Praktiker als ein Theoretiker zu sein – obwohl er paradoxerweise der Ansicht war, daß es zwischen den beiden keinen Unterschied gäbe. »Dank der Theorie weiß ich«, schrieb er, »dank der Praxis fühle ich. Die Theorie bereichert den Intellekt, die Praxis vertieft das Gefühl und schult den Willen.«

Hinter seinen kreativen Strategien für den Umgang mit Kindern steckte ein scharfes psychologisches Verständnis, das auf jahrelanger praktischer Erfahrung basierte, einer Erfahrung, die den meisten Ärzten und eben auch Freud, der mit Erwachsenen arbeitete, fehlte. »Ich bin Arzt von Beruf, Pädagoge aus Zufall, Schriftsteller aus Leidenschaft und Psychologe aus Notwendigkeit«, sagte er einem Freund. Er wußte, daß zwei Streithähne, die sich erst einmal in die Kampfliste eintragen mußten, ausreichend Zeit haben würden, sich zu beruhigen, die Wichtigkeit ihres Streits zu überdenken und schließlich zu lernen, ihre Auseinandersetzungen wohl zu erwägen. Wenn die eine Strategie nicht funktionierte, holte er eine andere aus seinem »pädagogischen Arsenal.«

Es ist Freitagnachmittag. Eine lange Kinderreihe wartet in der Halle vor dem kleinen Vorratsraum, den Korczak jede Woche in ein Spielkasino mit einem einzigen Croupier umwandelt – nämlich ihm selbst.

»Also, was wettest du?« fragt er Jerzy, einen achtjährigen Lauselümmel, der als erster in der Reihe steht. Die Kinder schließen Wetten über die Häufigkeit der Wiederholungen ihrer schlechten Angewohnheiten ab mit dem Ziel, diese Angewohnheiten abzulegen und dabei ein paar Süßigkeiten als Preis zu bekommen.

»Ich wette, daß ich mich diese Woche nur einmal prügeln werde«, sagt Jerzy.

»Die Wette kann ich wahrscheinlich nicht annehmen«, sagt Korczak, ohne von seinen Büchern aufzuschauen. »Das wäre dir gegenüber ungerecht.«

»Warum?«

»Weil du ganz sicher verlieren wirst. In der vergangenen Woche hast du fünf Buben verprügelt und sechs in der Woche davor, also wie willst du so schnell damit aufhören?«

»Ich schaff das.«

»Wie wär's denn mit vieren?«

»Zwei«, argumentiert Jerzy.

Sie handeln noch ein wenig weiter und einigen sich dann auf drei. Korczak trägt es ins Buch ein und gibt Jerzy einen Bonbon aus dem Korb. Wenn Jerzy gewinnt, kriegt er drei weitere Bonbons am folgenden Freitag. Wenn er verliert, kriegt er einen verständnisvollen Blick, Mut zugesprochen und vielleicht ein Stückchen Schokolade zum Trost. Jerzy weiß, daß, ganz gleich wie viele Kämpfe er zugibt, Korczak seine Angaben niemals überprüfen wird – es ist Ehrensache.

Der nächste in der Reihe ist Antek.

»Was wettest du?«

»Daß ich in dieser Woche nur fünfmal fluchen werde.«

»Zuwenig.«

»Sechsmal.«

»Wie wär's denn mit sieben, ein Fluch für jeden Wochentag?« schlägt Korczak vor.

Antek nimmt das Angebot an und trollt sich strahlend – wildentschlossen, die Wette zu gewinnen.

Als nächstes kommt Pola.

»Und was wettest du?«

»Daß ich meine Rechenhausaufgaben jeden Tag machen werde.«

»Wie wär's mit drei Tagen?«

Sie zuckt die Achseln: »Dann eben drei Tage.«

Er schreibt es auf, gibt ihr einen Bonbon, und das nächste Kind steht vor ihm. Das Spielcasino bleibt geöffnet, bis auch das letzte Kind seine Wette abgegeben hat oder der Gong ankündigt, daß es Zeit sei, das Bad für den Sabbat zu nehmen, und die ganze Schar in die Schlafsäle rennt.

Nicht jede Strategie war bei jedem Kind erfolgreich. Manchmal hatte Korczak Schwierigkeiten, sich für einen besonders hartnäckigen Lümmel eine passende Methode auszudenken. Es war weniger seine Absicht, die Kinder zu ändern als sie zu befähigen, ihren Willen zu lenken und zu schulen, wie auch er es einst hatte lernen müssen. Das hieß, Zwänge abzubauen und Wunden heilen zu lassen. »Lösungen sollte man nicht nur in der Psychologie, sondern in medizinischen Büchern, in der Soziologie, Ethnologie, Poesie, in der Kriminologie, dem Gebetbuch und im Handbuch für Tierdressuren suchen«, schrieb er. Und das letztere war nicht als Witz gedacht. Tatsächlich war er überzeugt, daß ein großer Teil seiner Fähigkeit, das wilde Tier in sich selbst zu zähmen, von seinen Beobachtungen im Zirkus herrührte: »Die Arbeit eines Dompteurs ist sehr direkt und voller Würde. Das Ungestüm der wilden Instinkte wird durch die Kraft des unerschütterlichen menschlichen Willens überwunden.« Und er fügte hinzu: »Ich verlange nicht, daß ein Kind sich ergeben soll. Ich zähme nur seine Bewegungen.«

Korczak glaubte, daß ein Erzieher auch Schauspieler sein müsse, und tat bei einem unverbesserlichen Kind manchmal so, als ob er die Geduld verloren hätte. Er brüllte, sein Gesicht und seine Glatze liefen rot an, doch seine Worte waren nicht die einer offensichtlichen Ermahnung »Schäm dich!« oder »Laß das sein!«. Mit einem Griff in sein »Glas voller Scheltworte« holte er »Du Torpedo! Du Hurrikan! Du Perpetuum mobile! Du Rattenmensch! Du Lampe! Du Tisch!« hervor.

Häufige Wiederholungen weichten die Wirkung eines Ausspruches auf; das wußte er und erweiterte ständig sein Repertoire, lieh sich Begriffe aus Natur und Kunst: »Du Stein! Du Dudelsack! Du Hackbrett!« Außerdem versuchte er, genau den Begriff herauszufinden, auf den ein bestimmtes Kind ansprechen würde. Es gab einen Racker, bei dem nichts zu wirken schien. Er gebrauchte jedes nur erdenkliche Wort – vergebens. Und dann eine plötzliche Inspiration: »Ach, du F-Dur!« Für den Rest des Tages war der Bub gebändigt.

Eine weitere Strategie: Er sagte zu einem Kind, das sich schlecht benahm: »Ich bin dir bis zum Mittagessen oder Abendessen böse.« Wenn es wirklich etwas ausgefressen hatte, konnte diese Frist auch bis zum nächsten Tag gehen; in dieser Zeit sprach er mit dem Kind kein Wort. Wenn ein Freund des Kindes als Übermittler fragte: »Darf er den Ball haben?«, antwortete Korczak: »Sag ihm, er kann einen kleinen Ball haben, aber er darf nicht damit schießen.« Das Kind verstand, daß es bestraft wurde, aber auch, daß diese Strafe ein Ende hatte, nachdem ihm vergeben wurde, und daß es von neuem beginnen konnte.

Und so arbeitete sich Korczak »mit Murren, Knurren, Tadeln, selbst mit Verweisen« durch seine »Pharmakopöe«. Er achtete darauf, niemals »Das habe ich dir schon hundertmal gesagt!« zu verwenden, denn das war ungenau und nörglerisch, und das Kind würde es ohnehin leugnen. Statt dessen sagte er: »Ich habe es dir am Montag oder Dienstag oder Mittwoch und so weiter gesagt.« Oder: »Ich hab es dir im Januar, Februar und so weiter gesagt.« Oder: »Im Frühling, Sommer, Herbst oder Winter.« Nicht nur, daß dies eine präzise und faire Angabe war; er erreichte zwei Dinge gleichzeitig: er lehrte das pflichtvergessene Kind die Wochentage, die Monatsnamen oder Jahreszeiten und erweiterte so sein Vokabular.

Falls gar nichts wirkte, was selten vorkam, mußte sich das Kind vielleicht in die Ecke hinter dem Klavier auf dem Podium am Ende des großen Saales setzen, und zwar von fünf Minuten bis zu einer Stunde. Einer der Buben, Johann Nutkiewicz, erinnerte sich, daß er sich in der Ecke immer wie ein »Gefangener« vorkam, wenn er den anderen Kindern im Saal beim Spielen zusah. Und Hanna Dembinska, die einmal für eine Stunde in die Ecke verbannt wurde, weil sie eine Woche lang vom Schulbesuch ausgeschlossen worden war, schlich sich nach draußen und kaufte sich mit ein paar Groschen, die sie von ihrer Mutter hatte, ein Rosinenbrötchen. Rotzfrech saß sie da und aß ihre Semmel und wurde von einer Biene, die sich auf den Rosinen niedergelassen hatte, gestochen. Ihr Gesicht schwoll fürchterlich an. »Wir werden doch noch einen Menschen aus dir machen«, tröstete Korczak sie, als er sie ins Spital brachte.

Ganz gleich wie unverbesserlich ein Kind war, Korczak griff niemals zu den sonst üblichen Waisenhausmethoden wie Schläge oder Essensentzug – Strafen, die er für »ungeheuerlich, sündhaft und kriminell« hielt. Aber wenn keine seiner Bemühungen Erfolg zeigte, kam dann irgendwann doch der schmerzliche Augenblick, in dem eine Tracht Prügel in Erwägung gezogen werden mußte. Schmerzlich deshalb, weil Korczak glaubte, daß Prügel eher zu einer Sucht für den Erwachsenen werden als eine erzieherisch sinnvolle Maßnahme abgeben würden. »Aber wenn es denn sein muß, niemals ohne Warnung und auch nur als einmalige notwendige Verteidigungsmaßnahme. Und auch dieses eine Mal ohne Wut.«

Der Erzieher, der ein Kind versohlte, glich dem »Chirurgen, der mit einer unheilbaren Krankheit kämpft: nur die gewagte Operation kann das Leben des Patienten noch retten – oder es beenden.« Das Risiko mußte man eingehen. Drei Warnungen mußten abgegeben werden, und erst wenn auch die dritte nichts nutzte, sollte es eine Tracht Prügel setzen – denn die Ankündigung einer Strafe sollte niemals nur eine leere Drohung sein. Während der Verabreichung hatte der Erzieher ruhig und entschieden vorzugehen, niemals aber zornig.

In zwei Fällen, in denen Korczak den Kindern selbst den Hintern versohlte, waren die beiden »beeindruckt und besserten sich«, in zwei anderen Fällen nützten auch die Prügel nichts, und die Kinder mußten das Heim verlassen.

Wenn ein Kind sein Betragen oder seine Leistungen verbesserte, bekam es eine Bildpostkarte mit Korczaks Unterschrift. Wenn es sich nicht besserte, erhielt es vielleicht zum Ansporn trotzdem eine Karte. Die Postkarte hatte den Vorteil, bunt und billig zu sein; außerdem nahm sie keinen Platz weg, und ihr Besitzer konnte sie ohne weiteres zu seinen Schätzen geben. Die Entscheidung, wer eine solche Karte verdient habe, wurde von den zwanzig Angehörigen des Parlaments getroffen, die aus der Gruppe jener Kinder gewählt worden waren, die im laufenden Jahr sich in keinem Gerichtsprozeß wegen Unehrlichkeit zu verantworten hatten. Die Bilder auf den Karten paßten zu den Leistungen, für die ein Kind eine solche Karte erhielt: Wer im Winter nach dem Wecken sofort aus dem Bett sprang, hatte eine Schneelandschaft auf seiner Karte; im Frühling war es eine Frühlingsansicht. Fürs Kartoffelschälen gab es Blumen. Fürs Raufen, Zanken und zuviel Ausgelassenheit eine Tigerkarte. Ein Bild von Warschau erhielten jene Kinder, die ihren Aufsichtspflichten sorgfältig nachkamen. (Für Korczak war das Waisenhaus ein »Bezirk« von Warschau, und die Kinder waren dessen »Einwohner«.)

Als eine Besucherin fragte: »Was ist denn an diesen Karten so Besonderes, die bekommt man doch überall für ein paar Pfennige?«, meinte Korczak barsch: »Manche Dinge sind für manche wertvoll, für andere nicht. Ich kenne Leute, die die Bilder ihrer Mutter als Kochplatten verwenden.«

***

Für Korczak war alles kostbar, was von seinen Kindern kam; er verwahrte sogar ihre Milchzähne. Häufig sah man ein Kind zu ihm laufen mit einem Zahn, der ihm gerade herausgefallen war. Korczak nahm den Zahn, begutachtete ihn, gab sein Urteil über die Anzahl der Löcher und den Gesamtzustand ab und dann ein Angebot, was er dafür zahlen würde. Auf diese Weise konnte er den Kindern ein wenig Taschengeld zukommen lassen und gleichzeitig das wichtige Ritual des Milchzahnverlustes wahrnehmen. Die Kinder wußten, daß er seine neue Errungenschaft mit nach oben nehmen und dort auf die Zahnburg kleben würde, an der er baute. »Wir stellten uns vor, das Schloß wäre so wie das von König Hänschen«, erinnerte sich eins der Waisenkinder. »Wir konnten es kaum erwarten, daß bei einem wieder ein Zahn locker wurde.« Manchmal baten die Kinder Korczak, mit ihren Zähnen zu wackeln und nachzusehen, ob nicht bald wieder einer herauskommen würde. Wenn ein Kind versuchte, ihm einen erst wackligen Zahn bereits zu verkaufen, meinte er nur: »Ich kaufe keine Katze im Sack.« Bevor der Zahn heraus war, wurde kein voller Preis bezahlt, aber manchmal ließ er sich zu einer Anzahlung bewegen. Einmal, als ein Bub mit einem Kieselstein zu ihm kam, verlangte er mißtrauisch, die Zahnlücke zu sehen; der Missetäter platzte vor Lachen und gestand.

Alles, was ein Kind sammelte, war für Korczak sehr wichtig. Scheinbar wertlose Gegenstände – ein Stück Schnur, Perlen, Briefmarken, Federn, Tannenzapfen, Kastanien, Trambahnkarten, trockene Blätter, Bänder – hatten vielleicht eine Geschichte oder sonst einen unschätzbaren emotionalen Wert: »Das alles sind Erinnerungen an die Vergangenheit oder Sehnsüchte nach der Zukunft. Eine kleine Muschel ist der Traum einer Reise ans Meer. Eine kleine Schraube und ein paar Stücke Draht sind ein Flugzeug und der stolze Traum, eins zu fliegen. Das Auge einer vor langer Zeit zerbrochenen Puppe ist die letzte Erinnerung an eine verlorene Liebe. Man findet vielleicht auch die Photographie der Mutter eines Kindes oder zwei Pfennige in einer rosa Schleife, die der inzwischen längst verstorbene Großvater dem Kind einst gab.«

Harte Worte hatte er für den respektlosen Erzieher, der die Frechheit besaß, diese Schätze wegzuwerfen, als wären sie

Abfall: »Ein grober Machtmißbrauch, ein barbarisches Verbrechen. Wie können Sie es wagen, Sie Flegel, über den Besitz eines anderen zu verfügen? Wie können Sie nach solch einem Verbrechen erwarten, daß das Kind irgend etwas respektiert oder irgend jemanden gern hat? Sie verbrennen keine Papierschnitzel, sondern hochgehaltene Traditionen und Träume von einem schönen Leben.«

Um die Besitztümer seiner Waisen zu schützen, sorgte Korczak dafür, daß jedes Kind eine eigene Schublade hatte, mit Schloß und Schlüssel, und zwar im Speisesaal. Wenn die Kinder irgendeinen ihrer Schätze tauschen wollten, konnten sie am Schwarzen Brett eine Notiz anbringen. Von Ankündigungen, Warnungen, Bitten, Listen, Bildern, Danksagungen, Kreuzworträtseln, Schlagzeilen der Tageszeitung, Wetterberichten sowie Gewichts- und Wachstumslisten übersät, hatte das Schwarze Brett sein eigenes Schicksal. Für die Kinder war es wie ein Schaufenster, immer wenn sie Zeit und Lust hatten, schauten sie vorbei. Selbst ein Kind, das nicht lesen konnte, lernte, seinen eigenen Namen zu erkennen und Buchstaben zu unterscheiden. Korczak richtete eine Kiste für Fundsachen ein, um daran zu erinnern, daß »jeder kleine Gegenstand einen Besitzer hat«. Die Kinder waren beruhigt, weil sie wußten, daß ihre Besitztümer ebenso wie sie selbst nicht gänzlich verlorengehen würden.

1921 erfüllte sich Korczaks Traum von einer Sommerkolonie für sein Waisenhaus. Dr. Eliasberg hatte ein wohlhabendes Ehepaar, dessen Tochter Rosa gestorben war, veranlaßt, dem Heim fünf Hektar Land in einer Gegend namens Goclawek, fünfzehn Kilometer südlich von Warschau, zu schenken. Im Gedenken an das verstorbene Kind wurde das Lager *Rozyczka (Röschen)* genannt. Korczak bat die Gesellschaft für Waisenhilfe, das angrenzende Land für eine kleine Landwirtschaft zu pachten. Ein Stall für eine Kuh, zwei Pferde, eine Ziege und Hühner wurde gebaut. Das einzige, was der Kolonie fehlte, war ein Teich oder ein Fluß; zum Schwimmen mußten die Kinder mit dem Zug in eine andere Stadt fahren.

Auf dem Land war das Leben weniger anstrengend als in der Stadt. Nach dem Frühstück lief Korczak mit winzigen Stückchen Butterbrot herum und rief: »Eis! Eis! Wer will Eis!« (Es war eine gute Gelegenheit, die Kinder ein wenig zu »mästen«.) Jeden Tag gab es Sport, Spiele und Ausflüge in die Kiefern- und Birkenwälder der Umgebung, wo Blumen und Beeren gesammelt wurden. Manchmal lag Korczak glücklich auf dem sandigen Waldboden und ließ sich von den Kindern Beeren in den Mund stopfen. Um seine Herde zusammenzurufen, blies er zur Freude der Kinder auf einer Spielzeugtrompete, wobei die Qualität der Vorführung seiner Liebe zur Musik in keiner Weise entsprach. Ameisen faszinierten ihn, und er saß stundenlang mit den Kindern vor einem Ameisenhaufen, um sie zu beobachten. »Vom Fleiß und Organisationstalent der Ameisen könnt ihr viel lernen«, sagte er seinen kleinen Kameraden. Auch nachts gab es Dinge zu lernen. Oft zeigte er den Kindern, daß das phosphoreszierende Leuchten an den Bäumen von kleinen Insekten oder von Pflanzen herrührte, und sie verstanden, daß es keine unheimlichen Geister waren, die da glühten.

Doch auch in diesen Sommermonaten mit etwas mehr Muße hatte die kleine Republik die gleiche Struktur und folgte den gleichen Regeln wie in der Stadt. Jeder hatte seine eigene Aufgabe. Die kleineren Kinder fütterten die Hühner und hielten den Hof sauber; die Älteren hatten die schwereren Arbeiten zu verrichten. Gemüsebeete und Blumenrabatten mußten angelegt, gedüngt und gepflegt werden wie die Tomaten und Gurken im großen Treibhaus. Der Stall mußte ausgemistet werden, und irgend jemand hatte darauf zu achten, daß die Ziege nicht auf die Äcker kam. Wenn die Älteren sich beklagten, sie seien müde oder es sei zu heiß, konterte Korczak: »Gebratene Tauben fliegen euch nicht von selbst in den Mund, die müssen schon zubereitet werden.«

Als die Kinder wegen des Pflückens der Äpfel von der Apfelbaumallee, die beim Tor begann und den Pfad entlangführte, einen Sitzstreik veranstalteten, berief Korczak eine Versammlung ein und bot den Streikenden an, statt der Kleinen den Hof mit Stockspießen von Papierfetzen und ähnlichem zu reinigen.

Sie waren einverstanden, hielten es dann aber doch für unter ihrer Würde, versteckten sich in den Blaubeerbüschen, kicherten und futterten Beeren. Als Korczak sie entdeckte, versammelte er sie noch einmal.

»Also gut, Kinder. Ich habe euch schwere Arbeiten angeboten. Die wolltet ihr nicht. Ich habe euch leichte Arbeiten angeboten. Die wolltet ihr auch nicht. Jetzt sagt ihr mir, was ihr tun wollt.«

Sie wußten es nicht. Dann fiel ihnen ein, daß es auf dem Kiesweg vor der Veranda weh tat, barfuß zu gehen, und einer der Buben schlug vor, Erde auf den Kies zu schaffen. Korczak war einverstanden. In der folgenden Woche mühten sich die Streiker, die Erde mit Schubkarren von den Feldern herbeizuschaffen. Es gelang ihnen, einen weichen Weg herzustellen, auf dem man schmerzlos barfuß gehen konnte. Doch als nach dem ersten schweren Regen eine einzige Matschpiste entstanden war, begriffen sie den praktischen Wert von Kies und daß es für vieles, was sie als selbstverständlich ansahen, ganz bestimmte Gründe gab.

Um drei Uhr früh hörte Korczak eines Morgens einige Buben, die klagten, wegen der Stechmücken nicht schlafen zu können. Er raunte ihnen zu, sich schnell anzukleiden und ihn dann bei der Kartoffelhütte zu treffen. Die Tür der Hütte war verschlossen, und Korczak bat den kleinen, dünnen Srulik, durchs Fenster zu kriechen und sie hereinzulassen. Jeder nahm sich einige Kartoffeln, und sie schlichen durch den Wald auf eine Lichtung, wo sie öfters picknickten. Sie spielten einige Spiele, erzählten sich Geschichten und machten dann ein Kartoffelfeuer. Als einer der Buben Srulik fragte, was geschehen würde, wenn jemand merkte, daß Kartoffeln fehlen, antwortete Korczak an seiner Stelle: »Für alles, was wir gemacht haben, bin ich verantwortlich, nicht Srulik.«

Sobald sie ins Lager zurückkamen, es war schon lange nach dem Frühstück, trug sich Korczak in die Liste für Gerichtsverhandlungen ein. Er bekannte, das Lager nach Einbruch der Dunkelheit verlassen und ohne Erlaubnis Lebensmittel mitgenommen zu haben. Auch die Buben trugen sich ein, weil sie schließlich Komplizen gewesen waren. Der Kindergerichtshof, der auch hier wie in Warschau samstags morgens tagte, befand sie alle für schuldig. Aber die Richter verziehen Korczak, weil er aus edlen Motiven gehandelt hatte, und setzten die Strafe für die Buben aus, weil sie das Frühstück versäumt hätten und dadurch bereits genug gestraft worden seien.

16
Recht und Gerechtigkeit

Das Gericht verliert die Beherrschung nicht.
Es beleidigt nicht. Es spricht ruhig.
Wie man ein Kind lieben soll

»Eine Gerichtsverhandlung sagt mir mehr über ein Kind als ein Monat der Beobachtung«, sagte Korczak. Dieser Gerichtshof aus Gleichen war für ihn die Säule seines Systems. Während er im Krieg war, ließ er eine Gesetzessammlung erstellen, die den Richtern Hilfe bei ihrer Urteilsfindung sein sollte. Sie ähnelte dem Code Napoléon, auf dem das polnische Recht basierte – mit dem Unterschied, daß Korczaks Code die Vergebung propagierte.

In der Präambel steht Korczaks Auffassung von Recht: »Wenn jemand etwas Schlimmes getan hat, vergibt man ihm am besten. Wenn er es aus Unwissen tat, dann weiß er es jetzt besser. Wenn er es absichtlich tat, wird er in Zukunft vorsichtiger sein. ... Aber das Gericht muß die Schüchternen vor den Aggressiven schützen und die Gewissenhaften vor den Gleichgültigen und Faulen.«

Korczak hoffte immer noch, seinen Waisenkindern den Gedanken von Gerechtigkeit, wie unvollkommen auch immer, vermitteln zu können. Er wollte ihnen verständlich machen, daß es ebenso gerechte und ungerechte Gesetze wie Menschen gab. »Das Gericht ist nicht die Gerechtigkeit, aber es hat sie zu suchen«, fährt die Präambel fort. »Das Gericht ist nicht die Wahrheit, aber die Wahrheit ist sein Ziel.« Weil die Gerechtigkeit von Menschen abhängt, in deren Mitte der Richter steht, wird gewarnt: »Richter machen Fehler. Vielleicht bestrafen sie eine Tat, deren sie selbst schuldig sind. Schändlich ist es jedoch, wenn ein Richter bewußt ein ungerechtes Urteil ausspricht.«

Die fünf Richter, jede Woche neu aus den Kindern ausgewählt, bei denen kein Verfahren anstand, kannten jeden der tausend Artikel des Gesetzeswerks auswendig. Nach den Artikeln 1 bis 99, die kleinere Vergehen behandelten, wurde dem Beklagten sofort vergeben: »Du hast falsch gehandelt, aber es war dir nicht bewußt« oder: »Es war das erste Mal, und du hast versprochen, es nicht wieder zu tun.« Artikel 100 war die Grenze zwischen Vergebung und Verweis. Er lautete: »Ohne zu vergeben, stellt das Gericht fest, daß du die Tat, der du beschuldigt wirst, begangen hast.« Noch immer war aber die einzige Strafe die Mißbilligung durch das Gericht.

Von 100 bis 1000 ging die Numerierung im Hunderterblock, wobei die moralische Verurteilung von Artikel zu Artikel strenger wurde. Unter den Artikeln 200 bis 800 wurde der Name des Kindes in der Waisenhauszeitung veröffentlicht oder am Schwarzen Brett bekanntgegeben, oder ihm wurden für eine Woche sämtliche Priviligien entzogen, und seine Familie wurde herbeigerufen. Artikel 900 enthielt die strenge Warnung, das Gericht habe »die Hoffnung verloren«: Der Angeklagte mußte ein anderes Kind finden, das bereit war, sich für ihn zu verbürgen. Der gefürchtete Artikel 1000 bedeutete Ausweisung aus dem Heim. Die schuldige Partei hatte die Möglichkeit, nach drei Monaten die Wiederaufnahme zu beantragen, allerdings mit geringen Erfolgschancen, da bereits am Entlassungstag ein neues Kind den leergewordenen Platz eingenommen hatte.

Korczak hatte erwartet, daß die Kinder vom Code begeistert wären, aber sie zögerten, ihn anzuwenden. Es dauerte eine Weile, bis es über die Flure schallte: »Ich werde dich verklagen!« Ein Kind, das glaubte, Grund zu einer Klage zu haben, schrieb seinen Fall auf und hängte die Information ans Schwarze Brett. Stefa, die als Gerichtsschreiberin fungierte, trug die Sache in ihr Buch ein. Häufig jedoch kühlte der Zorn des Betroffenen bis zum Gerichtstag wieder ab, und wenn Stefa die Angelegenheit bei der Verhandlung verlas, zog das Kind die Klage zurück. In den ersten Wochen stellte Korczak fest, daß fast alle Kläger bei Gericht den Beklagten verziehen hatten und die Richter Artikel 1 zitierten: »Die Klage wurde zurückgezogen.«

Bis zu 150 Fälle wurden an solch einem Samstagmorgen verhandelt, wobei die meisten Beklagten nach Artikel 1 bis 100 verurteilt wurden. Die Verhandlungen fanden im Stillen Zimmer statt (wohin die Kinder sich zurückziehen konnten, wenn sie allein sein wollten), wobei die Länge der Debatte von der Schwierigkeit des Falles abhing. Es gab Klagen wegen Beleidigungen, Schubsen, Ärgern, weil jemand einem anderen etwas weggenommen hatte, fürs Türenschlagen, Bäumeklettern, den Hof ohne Erlaubnis verlassen zu haben, das Tintenfaß zerbrochen zu haben, fürs Fluchen, Fratzenschneiden beim Beten, Spiele nicht an ihren Platz zurückgebracht zu haben. Die Richter fragten den Beklagten dann vielleicht: »Wie oft hast du das schon getan?« oder: »Nach welchem Paragraphen bis du das letzte Mal verurteilt worden?«, bevor sie ihr Urteil sprachen.

Vergehen, die unter die ersten hundert Artikel fielen, waren unter anderen: jemanden im Hof mutwillig aussperren, andere bei der Arbeit stören, sich nachmittags bei den Schulaufgaben schlecht benehmen, sich die Hände nicht waschen, bei Spielen schummeln. Wenn der Schuldige nicht auszumachen war, wurde der Fall trotzdem verhandelt; falls die Tat der Republik schadete, kam ein schwarzer Trauerflor ans Schwarze Brett.

Das Gericht war »ein psychologisches Drama auf der Basis der Erkenntnisse aus der Kinderpsychologie«, meinte ein Erzieher, doch Korczaks Kritiker von außen waren sich einig, daß dieses Gericht die Kinder zu streitsüchtigen Menschen machen würde. Korczak entgegnete, daß es sie im Gegenteil lehren würde, Gesetze und die Rechte anderer zu respektieren und zu begreifen, wie »lästig, schädlich und sinnlos« Gerichtsprozesse sind.

Allerdings war er nicht darauf vorbereitet, wie schnell die größten Rüpel im Heim das Gericht ablehnen würden und es zu sabotieren versuchten. »Ich laß mich doch nicht von irgend so einem Anfänger verurteilen!« protzten sie. »Zum Teufel mit diesem Gericht. Lieber laß ich mich an den Ohren ziehen oder auf die Finger schlagen!« Die Rädelsführer, die ständig das Gericht angriffen, waren schlau genug zu begreifen, daß sie ohne Verhandlungen besser davonkamen.

Sie lancierten eine Kampagne, verlangten, daß Schuldige sofort gehängt würden, und inszenierten Wutanfälle, als das Gericht sich weigerte, die Todesstrafe einzuführen. Ihr Benehmen hatte den gewünschten Effekt. Die anderen Kinder hörten lieber auf, sich gegenseitig zu verklagen, als den ständigen Zank zu ertragen, und die Richter verfügten Freisprüche oder sehr milde Urteile ungeachtet der Schwere des Vergehens. Als schließlich ein Richter einen anderen, der nach seinem Gewissen urteilen wollte, verprügelte, mußte Korczak sich eingestehen, daß das Gericht, das »unvernünftige Argumente durch ruhiges Nachdenken« hatte ersetzen sollen, nur Unordnung und Durcheinander brachte. Er hatte sogar den Verdacht, daß es dem Heim schadete. Ein Fragebogen, den er von den Kindern ausfüllen ließ, bestätigte diesen Verdacht: »Das Gericht ist notwendig, aber es erreicht gar nichts.« »Für manche Kinder ist es gut, für andere aber nicht.« »Vielleicht ist das Gericht in der Zukunft einmal nützlich, jetzt jedenfalls nicht.« »Nur wenn das Gericht anders wäre, wäre es gut.«

Korczak war von der Notwendigkeit eines solchen Gerichtes nach wie vor überzeugt (und davon, daß in fünfzig Jahren jede Schule so etwas haben würde), mußte aber zugeben, daß seine Waisen noch nicht soweit waren. »Sie sind eindeutig lieber Sklaven als frei«, schrieb er bitter in sein Notizbuch, als er das Gericht endgültig auflöste. Er stellte fest, daß einige Kinder sehr erleichtert waren, den aufmerksamen Wachhund los zu sein; andere wollten beweisen, daß das Gericht überflüssig sei, und betrugen sich besser als vorher. Eine kleine Gruppe fragte immer wieder, wann denn das Gericht wieder zusammentreten würde, die Mehrheit allerdings zeigte – »wie bei allen menschlichen Beziehungen« – wenig Interesse.

Vier Wochen nach seiner Auflösung wurde das Gericht wieder eingesetzt, aber erst nachdem drei Forderungen der Kinder erfüllt worden waren: daß eine Entscheidung nach drei Monaten in Revision gehen konnte; daß ein Rechtsausschuß aus zwei Richtern und einem Erwachsenen, in geheimer Wahl auf drei Monate gewählt, die schwierigsten Fälle verhandeln sollte; daß die Kinder das Recht hatten, die Erwachsenen zu verklagen. Diese letzte Bedingung versetzte Korczaks Kritiker erneut in Rage: Wie konnte er einem Kind gestatten, einen Erwachsenen vor Gericht zu zitieren? Doch Korczak respektierte die Forderungen der Kinder. »Es gibt immer genug Schwänze, die wackeln, aber zuwenig Köpfe, die denken«, sagte er zu den Mitgliedern des Philanthropenausschusses.

Korczak unterstützte sogar den Buben, der seine Grundschullehrerin verklagte, weil sie seine Zeichnung zerrissen hatte. Als die Lehrerin mitteilen ließ, daß sie es als unter ihrer Würde betrachte, vor diesem Gericht zu erscheinen, wurde sie in Abwesenheit verurteilt. Korczak ging in die Schule und hängte das Urteil nach Artikel 300 im Lehrerzimmer auf: »Das Gericht erteilt dir einen Verweis für falsches Handeln.« Die Lehrerin riß das Dokument von der Wand, und erst als der Direktor sich einschaltete, schickte sie dem Buben eine Entschuldigung.

Korczak sorgte dafür, daß er selbst innerhalb eines halben Jahres fünf Mal vor Gericht erscheinen mußte. Er gab zu, einen Buben an die Ohren geboxt, einen aus dem Schlafsaal geworfen, ein Kind in die Ecke gestellt, einen Richter beleidigt und ein Mädchen des Diebstahls bezichtigt zu haben. Für jeden Fall reichte er eine schriftliche Verteidigung ein. In den ersten drei Fällen entschieden die Richter nach Artikel 21: »Das Gericht ist der Auffassung, daß du das Recht hattest, so zu handeln.« Im vierten Fall nach Artikel 71: »Das Gericht verzeiht dir, weil du dein Handeln bereust« und im letzten Fall nach Artikel 7: »Das Gericht akzeptiert dein Schuldeingeständnis.«

In einem inzwischen legendär gewordenen Fall gab es keine Vergebung für den gerissenen Pädagogen. An einem düsteren, grauen Tag kehrte Korczak ins Heim zurück und wollte die Gemütsverfassung der Kinder testen. Helenka stand in einem kleinen Seitenraum und war zu schüchtern, um mit den anderen zu spielen. Korczak, entschlossen, den Dingen ein wenig nachzuhelfen, hob sie auf, setzte sie auf den Schrank und ging davon. Kaum hatte er sich umgedreht, als sie auch schon zu schreien anfing: »Laßt mich runter, laßt mich runter!«

Wie er gehofft hatte, erwachte nun das Interesse der anderen Kinder an ihr. Sie sollte springen, riefen sie ihr zu. Als sie sich weigerte, bestanden sie darauf, daß Koczak ihr half. Zunächst wollte er nichts davon wissen, als die Kinder ihn aber umringten, ging er zum Schrank zurück und hob Helenka herunter. Sie schien's zufrieden zu sein, doch einige der Kinder drängten sie, ihn zu verklagen. Geschmeichelt von soviel Aufmerksamkeit, tat sie es.

Korczak verfaßte eine lange Verteidigung, die er dem Gericht präsentierte, doch die Sympathie der Richter galt Helenka, die er durch sein Handeln erschreckt und in Verlegenheit gebracht hatte. Er wurde nach Artikel 100 verurteilt; ihm wurde nicht verziehen. Für eine lange Zeit danach hatte er den Spitznamen Setka (Einhundert).

Es kam zwar selten vor, doch einige Male konnten weder Korczak noch das Gericht ein Kind davor retten, nach Artikel 1000 aus dem Heim verwiesen zu werden.

Abraham Pieklo, dessen Nachname passenderweise Hölle bedeutete, war ein bösartiger, rothaariger, sommersprossiger Bub, genannt der kleine Teufel. Er verhöhnte die kranken Kinder, hänselte die Bettnässer und quälte die Behinderten. Korczak entschied sich für die Schock-Methode und bedachte den Störenfried mit ähnlich schlimmen Namen, wie er sie selbst verwendete: Höllenbrut, Schwarzes Schaf, Beulenpest. Zunächst zahlte es ihm der Bub in gleicher Münze heim, dann ignorierte er den Doktor und zerrte ihn schließlich vor Gericht, weil er ihn nervös mache. Alle waren überrascht, als Setka vom Gericht noch ein *setka* ausgesprochen bekam, weil er den Kläger schlecht behandelt habe. Ebenso charmant wie diabolisch gelang es dem kleinen Teufel sogar, die stocknüchterne Stefa, die einmal sein Bein verband, zu erweichen, als er fragte: »Wieso krieg ich eine Beule und kein Loch, wenn mich einer auf den Kopf schlägt?« Doch das grausame Betragen des kleinen Teufels brachte ihm schließlich Artikel 1000 ein. Keiner weinte ihm eine Träne nach, noch nicht einmal Korczak, dem das Gemeinwohl des Heims wichtiger war als das Wohlergehen eines seiner Insassen.

Korczak hatte sein Bestes getan, für seine kleine Republik ein gerechtes System zu schaffen. Aber in der Schule und in ihren

Familien kamen die Kinder mit der Außenwelt und den Ungerechtigkeiten dieser Welt in Berührung.

An einem Samstagnachmittag besuchte Stasiek (der ehemalige Israel) seine Familie und brachte mit Korczaks Erlaubnis seinen Distelfinken mit zurück. Aufgeregt kletterte er mit dem Käfig in die Trambahn. Der Wagen war überfüllt, und er mußte auf der Plattform stehen, wo ihn ein Polizist entdeckte, der an der nächsten Haltestelle zustieg.

»Wo hast du denn den Vogel her?« fragte er mißtrauisch.

»Der gehört mir!« sagte Stasiek.

»Es ist gegen das Gesetz, Waldvögel in einem Käfig zu halten«, sagte der Polizist. »Ich werde ihn freilassen.«

Stasiek begann zu weinen, doch der Polizist zerrte ihn an der nächsten Haltestelle aus dem Wagen. Er ergriff ihn am Arm und zog ihn in den Hof hinter der Polizeistation, wo er die Käfigtür öffnete und den Vogel fliegen ließ.

»Und nun verschwinde!«

Stasiek rührte sich nicht, der Polizist nahm ihn wieder am Arm und brachte ihn ins Heim. Es war wie am Tag seiner Ankunft, als seine Mutter noch bei ihm gewesen war: Stefa stand im Hof und schrie ihn an.

»Was ist das denn – ein Polizist mit einem Vogelkäfig?«

Er erzählte ihr, daß er den Buben mit einem Waldvogel im Käfig angetroffen und den Vogel freigelassen habe.

»Sie haben uns einen Gefallen getan«, sagte Stefa. »Er war von Anfang an ein Unruhestifter.«

Der Polizist nahm Haltung an und salutierte.

In dem Moment kam eine Männerstimme vom Fenster der Mansarde: »Augenblick, bitte!«

Stefa ging. Stasiek begann zu weinen.

»Wer ist das?« fragte der Polizist.

»Dr. Janusz Korczak«, sagte Stasiek stolz.

Der Polizist machte ein sehr unbehagliches Gesicht, als Korczak kam und fragte, was los sei.

»Dieser Bub hat gesetzeswidrig einen Waldvogel in einem Käfig gehalten, also hab ich den Vogel fliegen lassen.«

Korczak sah ihn sehr ruhig an. »Nach welchem Gesetz? Sie

sprechen über Gesetze für Erwachsene, aber die treffen auf Kinder nicht zu. Für sie gibt es andere Gesetze und Gerichte. Sie als Repräsentant der Regierung sollten das wissen. Ich wollte dem Buben helfen und ihn dazu bringen, den Vogel freiwillig freizulassen. Jetzt haben Sie mit einem Schlag alles zerstört.«

Stasiek war begeistert, daß Korczak den Polizisten zurechtwies. Der entschuldigte sich vielmals, murmelte etwas, daß er die Sache wiedergutmachen wolle und eilte davon. Eine halbe Stunde später kam er mit einer Tüte zurück, in der ein Distelfink vom Vogelmarkt war. Korczak und Stasiek setzten den Vogel in den Käfig und stellten den Käfig an ein Fenster, wo Stasiek sich um ihn kümmern mußte.

»Glaubst du, daß er in seinem Käfig singen wird?« fragte Korczak, als sie den hin- und herhüpfenden Vogel beobachteten. »Eigentlich weint er nämlich. Es gibt ein altes polnisches Gesetz in lateinischer Sprache, von dem ich möchte, daß du es auswendig lernst: *Neminem captivabimus nisi jure victum.* Was das bedeutet, sage ich dir, wenn du den Satz fünfundzwanzigmal wiederholen kannst.«

Nach drei Tagen konnte Stasiek den lateinischen Satz aufsagen. Korczak übersetzte das alte Gesetz: »Niemand wird ins Gefängnis geworfen, ehe er nicht durch ein ordentliches Urteil seine Freiheit verloren hat.« Und er fügte hinzu: »Stell dir vor, dieses Gesetz war für Leute, die sich selbst verteidigen konnten. Dein Vogel ist unschuldig und wehrlos. Sein Bewußtsein ist so klar wie ein Diamant. Er hat keine Vergnügungen wie Kino oder ein Fahrrad. Seine Freiheit ist sein einziges Glück. Und das hast du ihm genommen.«

»Aber Sie haben gesagt, Sie hätten einmal einen Kanarienvogel gehabt«, erinnerte ihn Stasiek.

»Ja, ich hatte einen Kanarienvogel, aber das ist nicht dasselbe«, erklärte Korczak. »Ein Kanarienvogel ist zahm wie eine Katze oder ein Hund. Wenn er freigelassen wird, findet er keine Freunde und kein Futter. Die Menschen, die vor über fünfhundert Jahren die Kanarienvögel mitbrachten, haben ein Verbrechen begangen. Das ist eine Tatsache, die wir nicht ändern können. Aber ich habe einen Plan. Dieser Distelfink hat schon lange gelitten. Laß uns aufs Dach gehen und ihn fliegen lassen. Später kaufen wir wieder einen Vogel, behalten ihn für zwei Wochen und lassen ihn dann auch frei. Und das machen wir dann weiter so. Das Geld dazu kannst du dir mit Artikeln für unsere Zeitung verdienen.«

Stasiek war ganz ergriffen, als er die Käfigtür öffnete, zumal der Vogel ihn nur anlugte, ohne sich zu rühren. Er war ganz erleichtert und zufrieden, als das Tier schließlich mit einem Satz durch die Öffnung des Käfigs davonflog. Er und Korczak wiederholten das Ritual mit einem Dompfaff, einem Hänfling und einem Buchfinken, bis Stasiek einen Kanarienvogel haben wollte. Als er auf dem Vogelmarkt keinen fand, den er sich leisten konnte, schlug Korczak vor, er solle sich statt dessen zwei Tauben zulegen, für die er unter der Dachtraufe einen Verschlag bauen könnte. Von nun an flogen Tauben frei in ihrem Taubenhaus ein und aus.

Stasiek mußte lernen, daß es einfacher war, Vögel freizulassen als sich von den schlechten Angewohnheiten zu trennen, die er auf der Straße gelernt hatte. Dauernd wurde er von irgend jemandem verklagt, weil er fluchte, raufte oder Vorschriften mißachtete. In jenem Sommer in der Kolonie *Rozyczka* ließ er sich von vier älteren Buben dazu bringen, mit ihnen gemeinsam Obst bei einem Bauern zu klauen. Sie wurden alle erwischt und kamen vors Kindergericht. Die anderen Buben wurden nach Artikel 300 verurteilt: »Das Gericht stellt fest, daß ihr euch fehlverhalten habt.« Stasiek jedoch erhielt wegen seiner langen Liste von »Vorstrafen« die gefährliche 900: »Das Gericht verlangt, daß du innerhalb der nächsten beiden Tage jemanden findest, der sich für dich verbürgt. Ansonsten wirst du des Heimes verwiesen.« Das Urteil wurde im Gerichtsblatt veröffentlicht.

Der Bub, der sich für ihn hatte verbürgen wollen, machte einen Rückzieher, hinter dem Stasiek Stefa vermutete, insbesondere da sie seiner Mutter die Nachricht zukommen ließ, er möge unverzüglich abgeholt werden. Er konnte sich nicht an Korczak wenden, weil der in Warschau war, wohin er einige Male in der Woche fuhr, um seine Vorlesungen zu halten und

Nachschub zu besorgen. Stasieks Mutter, eine resolute Frau mit einem Süßwarenladen, weinte und bat Stefa vergebens, Stasiek zu behalten. Stasiek hatte die Hoffnung schon aufgegeben, doch seine Mutter, nachdem sie ihn im Ferienlager abgeholt hatte, setzte ihn unter einen Baum und sagte: »Warte hier. Ich werde versuchen, Dr. Korczak in Warschau zu finden. Geh nicht von diesem Baum weg . . .«

Nach einigen Stunden kam seine Mutter mit dem Doktor zurück, der dafür sorgte, daß Stasiek wieder einen Bürgen fand und noch eine Chance erhielt. Stasiek bemühte sich redlich, doch seine Fäuste waren einfach zu schnell. Als er wieder wegen Raufens vor Gericht stand, erklärte Stefa, daß er seine Bewährung verwirkt habe und gehen müsse. Diesmal konnte seine Mutter sich nicht an Korczak wenden, denn der hatte Warschau für einige Wochen verlassen, um in einem Landgasthof zu schreiben. Also mußte Stasiek weg aus dem Heim. Er war überzeugt, daß Stefa dahintersteckte, und hat ihr niemals verziehen.

Die meisten Kinder verbrachten die vollen sieben Jahre im Heim. »Ich nehme ein Kind mit sieben Jahren von zu Hause und bringe es dann wieder zurück«, sagte Korczak, wenn es Zeit wurde, daß einer seiner flügge gewordenen Vögel das Waisenhaus wieder verließ, nachdem das siebte Schuljahr vorbei war.

Es war ein völlig verändertes Kind, das sich mit vierzehn Jahren aus Korczaks Kokon entpuppte. Ein Kind, das fließend Polnisch sprach und auf die täglichen Ungerechtigkeiten der Welt gänzlich unvorbereitet war. Stefa und Korczak taten alles, was sie konnten, für diesen jungen Menschen, der sich »auf die lange Reise, genannt Leben« machte. Nachdem ein Elternteil oder ein Verwandter hergebeten worden war, mit dem Korczak über die Zukunft des Kindes sprach, erhielt es noch einige Kleidungsstücke zur Überbrückung, eine Erinnerungspostkarte und die Abschiedsbotschaft, die Korczak allen Kindern mit auf den Weg gab:

> Leider können wir dir nichts anderes geben als diese wenigen armen Worte. Wir können dir keine Liebe zu deinen

Mitmenschen geben, weil es keine Liebe ohne Verzeihen gibt, und Verzeihen ist etwas, was jeder lernen muß. Wir können dir nur eins geben: die Sehnsucht nach einem besseren Leben, das es jetzt vielleicht noch nicht gibt, eines Tages aber geben wird – ein Leben voller Wahrheit und Gerechtigkeit. Vielleicht wird dich diese Sehnsucht zu Gott, Vaterland und Liebe führen. Lebewohl, und vergiß nicht.

Manche Kinder vergaßen rasch und verschwanden »wie der Wind«. Aber die meisten hingen sehr an dem Heim, in dem sie mit soviel Sorgfalt großgezogen worden waren. Einige wenige Glückspilze konnten als Helfer bleiben oder durften im Heim ihre Mittagsmahlzeit einnehmen, aber die anderen konnten nur am Samstagmorgen kommen und zuhören, wenn Korczak die Heimzeitung vorlas, und dann mit Stefa reden, von der sie wußten, daß sie immer dasein würde, ein offenes Ohr für sie hatte und ihnen Ratschläge gab. Es war ihnen schmerzlich bewußt, daß jetzt ein anderes Kind in ihrem Bett schlief. Und ein Mädchen meinte: »In einer richtigen Familie ist dein Bett immer für dich da.«

Sie fühlten sich nicht nur verlassen, sondern auch völlig unvorbereitet auf die Außenwelt. Gelegentlich konnten Stefa oder Korczak bei einem Friseur oder Tischler eine Lehrstelle vermitteln, aber die meisten mußten gehen, ohne zu wissen, wie ihre Zukunft aussah. Die Mädchen versuchten, sich als Gouvernanten, Haushälterinnen und Kindermädchen zu verdingen. Die Buben kamen, wenn überhaupt, als Verkäufer oder Boten unter; einer von Stefas Lieblingen fand nur im Schlachthaus Arbeit.

»Ich erinnere mich noch an mein Heimweh«, erzählte Itzhak Belfer. »Abends bin ich am Heim vorbeigegangen, nur um die Lichter zu sehen. Einige von uns versuchten, gemeinsam ein Zimmer zu mieten, damit wir nicht allein waren.«

Als Johann Nutkiewicz das Waisenhaus an einem Freitagnachmittag des Jahres 1929 verließ, war ein Viertel der Bevölkerung arbeitslos und der Antisemitismus im Vormarsch. Johann hatte fast keine Verwandten. Sein Vater war an Tuberkulose gestorben, bevor er ins Heim kam, und seine Mutter hatte sich umgebracht, während er dort war. Stefa hatte immer wieder gebohrt, bis seine verheiratete Schwester schließlich zögernd zustimmte, ihn so lange aufzunehmen, bis er eine Beschäftigung fand. Aber sie arbeitete jeden Tag bis sieben Uhr abends. Johann hatte also keine andere Wahl, als den ganzen Tag in dem fremden Warschau herumzulaufen, bis sie heimkam.

»Schließlich fand ich eine Bank am Fluß und schlief ein«, erinnerte er sich. »Plötzlich rüttelte mich jemand, und ich hörte einen Polizisten sagen: ›He, Judenjunge, was machst du denn hier? Weißt du nicht, daß es gegen das Gesetz ist, auf öffentlichen Bänken zu schlafen?‹ Ich erklärte die Situation, was den Polizisten allerdings nicht rührte: ›Entweder du stehst jetzt sofort auf und verschwindest, oder ich bring dich sofort in die Besserungsanstalt.‹

Bis zu dem Moment war ich mit wundervollen Werten aufgewachsen, und jetzt war ich hier in dieser grausamen Welt. Ich saß bloß da und dachte: Also das ist jetzt was anderes – das ist jetzt die Wirklichkeit.«

Die Wirklichkeit war nicht viel besser, als er um sieben Uhr in dem kleinen Zimmer ankam, das seine Schwester mit ihrem Mann bewohnte. Als er bat, sich Gesicht und Hände waschen zu dürfen, fauchte seine Schwester: »Bild dir nicht ein, daß du dich hier wie ein kleiner Prinz aufführen kannst. Wenn du jetzt Wasser holst, weckst du die Hauswirtin, und wir fliegen raus.«

Das war der zweite Schlag an jenem Tag, aber es sollten weitere folgen. Nachdem er in einer Kartonfabrik seine Arbeit verloren hatte, weil er darauf bestand, seine zwei Zloty Lohn wie vereinbart am Ende der Woche ausbezahlt zu bekommen, schrie seine Schwester: »Erzähl mir nichts von Anständigkeit! Du fängst besser mal an zu lernen, was andere Burschen in deinem Alter ihr ganzes Leben lang schon wissen über die Welt, in der wir leben.« Langsam begriff Johann, daß er nicht nur anders war, sondern auch verletzbarer aufgrund jener »Treibhausatmosphäre«, in der er aufgewachsen war. Er verglich seine Erfahrungen mit denen anderer Kinder aus dem Heim und stellte fest, daß sie alle unaggressiv waren, ihren Ehrgeiz nicht bis zum Gebrauch der Ellenbogen trieben und idealistisches Verhalten von sich selbst und anderen erwarteten. Er war sicher, daß er ohne die moralischen Grundsätze, die er durch Korczak und Stefa erfahren hatte, niemals gewußt hätte, daß es auf der Welt auch Gerechtigkeit geben konnte.

Korczaks Auffassung, daß alle Kinder durch faire Gesetze geschützt werden sollten, beschränkte sich nicht nur auf die Welt seiner kleinen Republik. Die gebeugte Gestalt des berühmten Pädagogen in seinem alten grauen Anzug wurde zum gewohnten Anblick im Kreisjugendgericht, wo er einmal wöchentlich als Gutachter tätig war. Die Gerichtsverwaltung war nicht nur von Korczaks Einsatz für gestrauchelte Jugendliche beeindruckt, sondern vor allem von der gleichgültigen Art, wie er mit seinen Honorarforderungen umging. Er sandte nie eine Rechnung, während man sich bei allen anderen Gutachtern darauf verlassen konnte, daß sie sofort zur Kasse stürzten. Problematisch war allerdings, daß dieser berühmte Erzieher die Bedürfnisse der Angeklagten über die Anliegen des Gerichtes zu stellen schien. Als Korczak einmal darauf bestand, ein hungriges und erschöpftes Kind erst dann zu befragen, nachdem es sich ausgeruht und etwas zu essen bekommen hatte, holte sich das Gericht einen anderen Arzt, der nicht von solchen Skrupeln geplagt war.

Stets auf der Seite der Kinder aus den Elendsvierteln – die in den meisten Fällen wegen geringfügiger Vergehen verhaftet worden waren –, versuchte er, sie davor zu bewahren, in Warschaus üble Besserungsanstalt für Jugendliche eingewiesen zu werden. »Das straffällige Kind ist immer noch ein Kind«, schrieb er. »Es ist ein Kind, das noch nicht aufgegeben hat, aber nicht weiß, wer es ist. Ein Strafurteil könnte seine zukünftige Vorstellung von sich selbst und seinem Verhalten negativ beeinflussen. Da es die Gesellschaft ist, die das Kind im Stich ließ und sein Fehlverhalten verursacht hat, sollte das Gericht nicht den Täter, sondern die gesellschaftliche Struktur verantwortlich machen.«

An dieser Auffassung hielt Korczak selbst in einem Mordfall fest, als er sich 1927 für Stanislaw Lampisz einsetzte, der seinen

Der elfjährige Henryk Goldszmit

Korczak unter Erziehern in der Sommerkolonie Wilhelmówka, 1908

Janusz Korczak, 28. Dezember 1926 in Warschau

»Röschen«, Sommerkolonie für Kinder

Abfahrt in die Sommerkolonie vom Bahnhof Warschau-Wien

Korczak mit Kindern auf dem Lande

In der Sommerkolonie »Röschen«

Korczak mit spielenden Kindern

Korczak mit seinen Mitarbeitern in der Sommerkolonie »Röschen«

Das Waisenhaus in der Krochmalna 92 in Warschau

Speisesaal und Versammlungsraum im Waisenhaus, Krochmalna 92

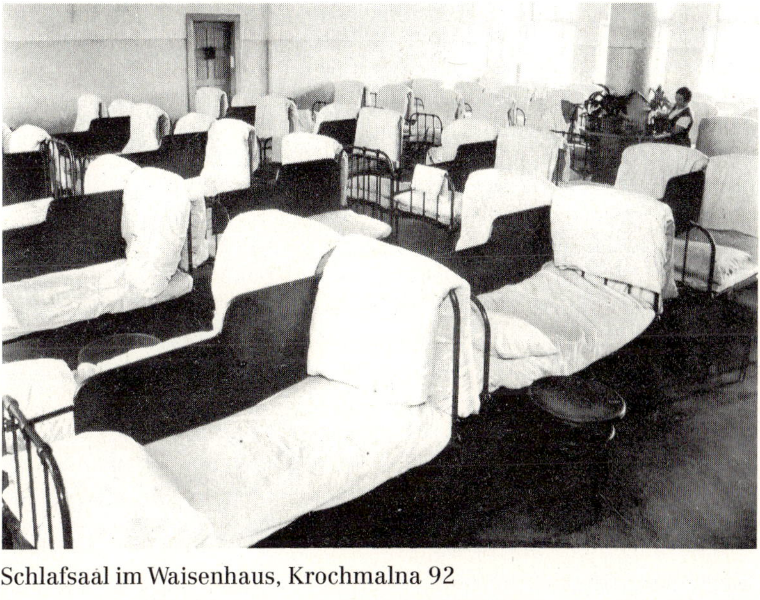

Schlafsaal im Waisenhaus, Krochmalna 92

Bau eines Hasenstalls

Vorbereitung des Mittagessens

Schuldirektor erschossen hatte. Es ist kaum zu sagen, was sensationeller war: der Mord oder Dr. Janusz Korczaks Aussage bei dem Prozeß.

Korczak, der sich im Gefängnis lange mit Lampisz beschäftigt hatte, sprach über eine halbe Stunde. Er bat die Geschworenen, den Burschen als Einzelgänger zu begreifen, der aus einem kleinen Dorf gekommen war, um in Warschau auf die Oberschule zu gehen; er lebte bei seiner Tante. Sein einziger Freund war ein Mädchen aus seiner Klasse. Er hatte sich auf den Schulabschluß gefreut. Einige Tage vorher hatte er eine Kleinigkeit verbrochen, wurde von der Schule suspendiert, und der Direktor, Dr. Lipka, ordnete an, daß er sich den Kopf scheren ließ. Lampisz brach in Panik aus. Wenn das geschah, würde er das Zimmer im Haus seiner Tante sowie seine Freundin verlieren – und mit Schimpf und Schande in sein Dorf zurückkehren müssen. Lampisz bat Lipka, seine Strafe zu ändern, doch der Direktor war nicht gewillt, die Gründe des jungen Mannes zu erwägen, und lehnte ab.

Da seine Welt zusammengebrochen war, beschloß Lampisz, sich umzubringen. Er trank einige Wodka und ging mit einem Gewehr in der Hand über die Weichselbrücke auf der Suche nach einer geeigneten Stelle, wo er sich erschießen könnte, als zufällig Lipka des Weges kam. Er versuchte, dem Direktor die Hand zu küssen und noch einmal für sich zu bitten, doch die Hand wurde ihm entzogen. Lampisz griff zum Gewehr, um sich zu erschießen, erschoß aber statt dessen Lipka. Lampisz richtete dann das Gewehr auf sich selbst, fiel zu Boden und erwartete seinen Tod. Ein Polizist fand die beiden und ließ sie ins Krankenhaus bringen. Als der nur leicht verwundete Lampisz hörte, daß der Direktor tot war, wünschte er, an seiner Stelle zu sein, und sagte, wie sehr er diese Tat bereue.

»Ich kann hier kein Verbrechen sehen«, schloß Korczak. »Lipka starb wie der Chemiker, dem eine unachtsam gebraute Lösung explodiert. Er starb wie der Chirurg, der sich bei einer Operation eine Blutvergiftung holt. Und bitte bedenken Sie, als Lampisz auf Lipka schoß, hat er gleichzeitig auf sich selbst geschossen.«

Das Gericht zog sich mittags für eine kurze Zeit zur Beratung zurück. Dann verkündeten die beiden Richter das Urteil: Schuldig. Viele waren nach Korczaks bewegendem Plädoyer von der Härte des Urteils überrascht: fünf Jahre schweres Zuchthaus.

Korczak war wohl seiner Zeit voraus mit seinem psychologischen Gutachten für die Verteidigung in einem Mordfall – und schadete damit dem Angeklagten dieses Prozesses –, doch für ihn war Lampisz das Opfer: ein Kind, das durch einen gleichgültigen Erwachsenen brutalisiert worden war. Für ihn lag es in Lipkas Verantwortung als Schuldirektor, sich zu bemühen, die Schwierigkeiten seines Schülers zu verstehen und ihm zu helfen. Mit dieser extremen Haltung zeigte Korczak erneut seinen leidenschaftlichen Glauben an das Recht der Kinder, von den Erwachsenen, die die Macht über sie haben, gehört und respektiert zu werden.

17
Lang lebe der Hering!

Versuche nicht, über Nacht zu einem Lehrer mit psychologischer Buchhaltung im Herzen und Erziehungstheorien im Kopf zu werden.
Wie man ein Kind lieben soll

Mitte der zwanziger Jahre, als Korczak und Stefa klar wurde, daß sie bei der Erziehung der Kinder Hilfe brauchten, suchte er Studenten, die gegen freie Kost und Logis sowie ein Seminar in der Woche eine Teilzeitbeschäftigung im Heim ausüben würden.

Das Waisenhaus war sehr schnell belagert von Studenten, die sich darum rissen, mit dem berühmten Janusz Korczak zu arbeiten. Einige hatten bereits an seinen Kursen über Kinderpsychologie teilgenommen, die er an einem der beiden pädagogischen Institute Warschaus hielt. Seine Lehrmethoden galten als ebenso eigenwillig wie seine Strategien mit den Kindern. Die erste Lektion eines Kurses betitelte er einmal mit »Das Herz des Kindes« und versammelte seine Studenten im Durchleuchtungsraum des Kinderspitals. Die Studenten waren überrascht, als Korczak mit einem kleinen Buben hereinkam, der sich an seiner Hand festklammerte. Wortlos zog der Doktor ihm das Hemd aus, setzte ihn hinter den Durchleuchtungsapparat und drehte das Deckenlicht ab. Jeder konnte das hastige Pumpen des kleinen Herzens sehen.

»Vergessen Sie diesen Anblick niemals«, sagte Korczak zu ihnen. »Bevor Sie Ihre Hand gegen ein Kind erheben, irgendeine Strafe verabreichen, denken Sie daran, wie sein geängstigtes Herz aussieht.« Und dann, den Buben wieder an der Hand, wandte er sich zur Tür und sagte: »Das war alles für heute.«

Korczak benutzte in seinen Seminaren keine Lehrbücher und ließ auch keine Arbeiten schreiben. Die Hausaufgabe konnte daraus bestehen, eine Kindheitserinnerung aufzuschreiben. Die Studenten waren erstaunt herauszufinden, daß die meisten Anlässe, an die sie sich erinnerten, traurig gewesen waren und gewöhnlich mit den Eltern oder einem Lehrer zu tun hatten, die nicht auf ihre Gefühle eingegangen waren. Indem er in jedem seiner Studenten das verletzbare Kind beschwor, half er ihnen, eine seiner Prämissen zu begreifen: Erwachsene haben kein Empfinden für das Leid von Kindern.

Feiga Lipshitz, die als Siebzehnjährige aus einer kleinen Stadt in Rußland gerade in Warschau angekommen war, erinnerte sich zeitlebens an die Aufregung, mit der ihre Zimmerkameradinnen an dem Tag aus dem Bett sprangen, an dem Korczak sein Seminar hielt: »Heute haben wir Korczak!« riefen sie. Sie beeilten sich, pünktlich dort zu sein, weil man sonst draußen stehen und zuhören mußte. Als Korczak verkündete, daß er drei Studenten suchte, die als Helfer im Sommerlager *Rozyczka* arbeiten und bei Eignung auch ins Waisenhaus in die Ausbildungsgruppe aufgenommen werden sollten, nahm Feiga ihren ganzen Mut zusammen und bat um einen Vorstellungstermin. Sie war enttäuscht, als Stefa auf sie wartete und nicht Korczak. Stefa fühlte sich jedoch sofort zu diesem jungen Mädchen hingezogen, das mit seinen langen Zöpfen fast noch wie ein Kind aussah – und tatsächlich Esterka Weintraub glich, die im Krieg an Typhus gestorben war –, und stellte sie ein.

Die schwierige Aufgabe, die richtigen Leute für die *Bursa* – so wurde die Ausbildungsgruppe genannt – zu finden, wurde durch Stefas und Korczaks unterschiedliche Auffassungen über die Anforderungen an die Qualifikationen der Bewerber nicht gerade erleichtert. Stefa, die die meisten Vorstellungsgespräche führte, war beeindruckt von sauberen, gutgekleideten jungen Leuten, die begeistert über ihre Liebe zu Kindern zu reden vermochten, Korczak hingegen nahm gar nicht wahr, was jemand anhatte, und wurde ungeduldig mit »schwärmerischen Romantikern«, die seiner Meinung nach sofort flüchten würden, wenn sie die harte Wirklichkeit der Arbeit mit vernachlässigten Kindern erfuhren. Die pädagogische Liebe, sagte er, sei kein leeres Gefühl, sondern wirkliche Selbsthingabe. Seiner Ansicht nach waren alte Ammen und Bauarbeiter häufig bessere Pädagogen als eine Diplompsychologin. Gefragt, ob er einen zukünftigen

Erzieher auf Anhieb erkennen würde, erwiderte Korczak, daß er nicht voraussagen könne, wer ein guter Erzieher werden würde, sicherlich aber, wer es nicht würde. (Über dieses Talent verfügte auch Neska, eines der Kinder, die im Ferienlager schon immer wußte, wen die Kinder für die *Bursa* in der Krochmalnastraße wählen würden. »Im Winter werden wir sie nicht sehen«, sagte Neska dann. Oder: »Im nächsten Sommer ist er nicht mehr bei uns.«)

Bei Korczak eine Ausbildung zum Erzieher zu machen, war nicht einfach. (Er zog den Begriff *Erzieher* der Bezeichnung *Lehrer* vor: Ein Lehrer war jemand, der nach Stunden bezahlt wurde, um einem Kind etwas einzubleuen, der Erzieher jedoch sollte die Begabungen des Kindes wecken.) Er verlangte die absolute Hingabe an die Aufgabe. Seine in ihrer Intensität manchmal beunruhigenden Augen konnten seine wahren Gefühle verbergen und die Studenten verunsichern, ob er scherzte oder ernst war – eine schwierige Aufgabe bei einem Mann, dessen Ironie sich darin äußerte, daß er das Gegenteil von dem sagte, was er meinte.

Die Praktikanten wurden ohne Einweisung sofort auf die Waisenhausroutine losgelassen. Sie lernten rasch, daß die Regeln der Republik den Kindern dienten, nicht den Erwachsenen. Sie hatten die gleichen Aufgaben zu erfüllen wie die Kinder – Fußböden schrubben, Kartoffeln schälen, Fenster putzen –, weil Korczak vom Erzieher erwartete, das gleiche tun zu können, was von den Kindern verlangt wurde. Sie mußten akzeptieren, daß die Kinder über sie abstimmten und, schwieriger als alles andere, daß sie sich dem Kindergericht zu stellen hatten.

Ida Merzan kam aus einer kleinen Stadt in der Nähe von Hrubieszow in Ostpolen. Sie erinnerte sich, daß sie ankam, von einer Praktikantin das Zimmer gezeigt bekam, das sie mit anderen teilte, und ermahnt wurde, pünktlich zu den Mahlzeiten zu erscheinen. Dann war sie allein. »Die ersten Tage waren sehr schwer«, erzählte sie. »Ich war verlegen, weil Korczak sich mir dauernd in den Weg stellte – manchmal scherzhaft, manchmal verärgert –, wenn wir uns im Flur begegneten. Ich wußte nicht, was er meinte oder wollte. Später fand ich heraus, daß ich eine Regel verletzt hatte – dieser Flur auf diesem Stockwerk war ein ›Einbahn-Flur‹ –, aber das hatte mir niemand gesagt.«

Als sie an ihrem ersten Abend im Heim in den Speisesaal kam, saßen die Kinder schon an ihren Tischen, die für acht Personen bestimmt waren, davon zwei Erzieher, die jeweils an einem Ende des Tisches Platz genommen hatten. »Ich sah mich hilflos um«, erinnerte sie sich, »aber Stefa wies mir mit der Hand einen Platz an Tisch Neun zu. Ich hörte Gelächter, als ich an Korczaks Tisch vorbeikam, aber er sah nicht auf. Später sah ich, daß die Kinder, die an den Tischen bedienten, sich nicht in die Quere kamen: die, die servierten, gingen eine Reihe entlang, und die, die abräumten, eine andere.«

Misha Wroblewski kam aus Minsk. Auch er erinnerte sich an seine Hilflosigkeit am ersten Tag als Praktikant im Heim. Man hatte ihm gesagt, er könne mit den Kindern am Nachmittag nach der Schule machen, was er wolle, und er hatte ein Wettrennen mit zwei Mannschaften veranstaltet. Verwirrt von der hitzigen Auseinandersetzung zwischen den zwei Mannschaften, wußte er nicht, was er mit den beiden Buben machen sollte, die sich gegenseitig mit den Fäusten traktierten. Die anderen Kinder hatten sich hingesetzt, um den beiden zuzusehen, also setzte er sich auch dazu. Die beiden Kampfhähne wurden bald müde und setzten ihren Streit mit Schimpfnamen fort. Gerade als Misha aufstand, um das Rennen fortzusetzen, ertönte der Gong zum Abendbrot. Die Kinder rannten sofort los, sich die Hände zu waschen. Korczak stand in der Tür und beobachtete alles, und Misha war überzeugt, seine Chance verspielt zu haben, bei dem berühmten Erzieher zu lernen.

Korczak sagte nichts zu ihm bis um zehn Uhr an jenem Abend beim Praktikantentreffen, das immer um diese Zeit »unter der Treppe« hinten in der Halle bei Kaffee und Brötchen stattfand. »Wissen Sie, das war ganz großartig, das war perfekt«, sagte er dann und nahm ihn zur Seite. »Aber sagen Sie mir, warum haben Sie die Buben mit ihrem Streit das Rennen abbrechen lassen, warum haben Sie nicht eingegriffen?«

Misha schoß das Blut in die Wangen, er wußte nicht, was der Doktor meinte oder was er antworten sollte. Er entschied sich für eine ehrliche Antwort: »Ich habe nicht eingegriffen, weil ich genauso müde war wie die Kinder und froh, mich hinsetzen zu können. Und ich war sicher, daß die sich schon nicht umbringen würden.«

Korczak kratzte sich an der Glatze und rieb in einer für ihn charakteristischen Geste wie gedankenverloren noch mit dem Finger über die Stelle. »Wenn jemand noch nicht sehr viel älter ist als die Kinder, kann er so fühlen wie sie«, sagte er leise, wie zu sich selbst. »Kinder wissen besser als wir, wann es genug ist. Sie hatten recht, die Buben in Ruhe zu lassen. Wenn plötzlich eine Rauferei ausbricht, ist es besser, nichts zu tun, solange die Kontrahenten sich einigermaßen ebenbürtig sind und sich nicht ernsthaft verletzen. Wenn man einen Kampf unterbricht, werden die Kinder ihn nur an anderer Stelle erneut austragen.«

»Das war meine erste Lektion in Erziehung«, sagte Misha später. »Und mein erstes Gespräch mit dem Doktor. Er sagte mir, daß Männer bessere Kindergärtner seien als Frauen, weil sie den Kindern erlaubten, sich zu gegebener Zeit zu zanken.« Aber Misha lernte auch, daß Korczak, der dieser Begebenheit seine ungeteilte Aufmerksamkeit hatte zuteil werden lassen, mit seinen Gedanken ganz woanders sein konnte, wenn er an einem Buch schrieb: manchmal begegnete er ihm dann mehrmals hintereinander auf dem Gang, und Korczak begrüßte ihn jedesmal herzlich mit Handschlag, als ob sie sich an dem Tag noch gar nicht gesehen hätten.

Joseph Arnon war achtzehn Jahre alt, als er in einer Bibliothek in Lwow (Lemberg) Korczaks pädagogische Schriften entdeckte und bei ihm anfragte, ob er bei ihm lernen dürfe. Obgleich der freundliche Antwortbrief keinerlei Zusage enthielt, packte Arnon seine Sachen und machte sich auf den Weg nach Warschau.

Als er im Waisenhaus ankam, empfing ihn eine große, schwarzgekleidete Frau, die ihn barsch fragte, ob der Doktor ihn erwarte, und ihm sagte, er möge in dem kleinen Raum vor ihrem Büro neben der Haustür warten. Als Korczak ungefähr eine halbe Stunde später mit einer Kindergruppe herbeigeeilt kam, erkannte Arnon verblüfft den Mann im grünen Kittel wieder, den er im Hof gesehen hatte.

»Er schüttelte mir die Hand und brachte mich in die kleine Abstellkammer am anderen Ende des Speisesaals«, erinnerte sich Arnon. »Wir setzten uns da an einen kleinen Tisch, und dann sah er mich mit seinen durchdringenden blauen Augen an, ohne etwas zu sagen. Ich fragte mich, was ich denn nun machen sollte, als er mich mit Fragen zu bombardieren begann: Warum wollte ich Lehrer werden? Warum nicht etwas anderes? Was ich hier zu tun wünschte? Ich weiß nicht mehr genau, was ich geantwortet habe, aber Korczak lächelte und sagte mir, ich solle mein Hemd ausziehen. Ich konnte es nicht fassen. Er wollte mich untersuchen. Er legte sein kaltes Ohr auf meine Brust, hörte Herz und Lungen ab und fragte mich nach meinen Kinderkrankheiten. Ich kam mir vor wie im Spital. Als er fertig war und ich mein Hemd wieder anzog, meinte er: ›Nun, wir werden sehen, was daraus wird.‹ Ich war völlig verdattert. Ich hatte eine tiefe, ernste Unterhaltung über Kinder und Erziehung erwartet, das hier war alles so – normal.«

Anschließend wurde ihm die unangenehme Nachricht überbracht, daß er vor der endgültigen Entscheidung noch ein Gespräch mit Stefa haben müsse. Sein Mut sank, als er das Büro der großen Frau in Schwarz betrat. Ob er Geld habe, wollte sie wissen, da keine Gehälter gezahlt würden. Ob ihm klar sei, was von ihm erwartet wurde? Würde er sich nach den Vorschriften des Hauses richten?

Arnon willigte in jede von Stefas Bedingungen ein, erfuhr allerdings nur, daß er bis zu einem endgültigen Bescheid sich ungefähr vier Wochen würde gedulden müssen. Er hatte naiverweise geglaubt, gleich dort bleiben und anfangen zu können, und mußte sich jetzt erst einmal ein Zimmer suchen. Zu seiner Erleichterung erhielt er bereits nach zwei Wochen positive Nachricht – Stefa ließ die Leute meistens recht lange auf eine Antwort warten, damit sie froh waren, daß sie überhaupt eine bekamen –, aber er brauchte noch sehr viel länger, um ein positives Verhältnis zu Stefa zu entwickeln.

Wie die anderen Praktikanten war er zunächst verwirrt, als Korczak es seiner Entscheidung überließ, was er mit den Kindern machen würde. Schließlich entschloß er sich zum Hebräischunterricht für jene, deren Verwandte hofften, nach Palästina auszuwandern. Er begriff, daß Korczak seinen neuen Praktikanten absichtlich keine konkreten Anweisungen für den Umgang mit den Kindern gab, weil er glaubte, daß man Pädagogik nicht lehren könnte, sondern »jeder seinen persönlichen Weg zum Kind finden muß«.

Es faszinierte Arnon, daß Korczak nach den irrationalen Gründen für das Verhalten eines Kindes suchte und häufig die Phantasie zu Hilfe nahm. Die Kinder durften ihre Portionen beim Essen selbst bestimmen, mußten sie dann aber auch aufessen. Arnon war verblüfft, als die siebenjährige Halinka, die an seinem Tisch saß, ihre Brotkrusten nicht aß. Nach dem Essen kam Korczak am Tisch vorbei und steckte sich mit einer ulkigen Bewegung die Brotkrusten in den Mund, was die Kinder zum Lachen brachte. Später zog er Arnon auf die Seite und fragte ihn, warum seiner Ansicht nach ausgerechnet die sonst so brave Halinka ihre Brotkrusten nicht essen wollte. Arnon wollte Korczak beeindrucken und spekulierte über alle möglichen Ursachen, aber Korczak wischte sie alle vom Tisch. »Wissen Sie, vielleicht sieht das Mädchen geheimnisvolle Kräfte in ihnen. Suchen wir mal nach der Möglichkeit.«

Es gelang Korczak, ihr zu entlocken, daß sie Angst vor den Hexen habe, die in Brotkrusten leben. Die Großmutter hatte ihr das gesagt. Er mußte sie vom Gegenteil überzeugen, ohne ihre Großmutter ins Unrecht zu setzen, weil Halinka auf der ganzen Welt sonst keinen Menschen mehr hatte. »Nein, Halinka, in diesen Krusten wohnen keine Hexen«, tröstete er sie. »In einem so bescheidenen Hause wie unserem würden sie niemals dinieren. Hexen essen Kaviar auf den Schlössern in den Bergen, ganz weit weg von hier, oder in den Palästen, in denen früher auch unsere Könige gelebt haben. Du kannst also dein Brot ruhig ganz aufessen.«

Korczak spielte den scheinbar distanzierten Beobachter und griff plötzlich dann ein, wenn man es am wenigsten von ihm erwartete. Einmal trat er im Hof hinter eine Helferin, die einem Kind den Kopf tätschelte, während sie mit einem anderen sprach. »Mein Fräulein«, sagte er, »Sie streicheln hier keinen Hund, sondern einen Menschen.« Ein anderes Mal fragte er eine neue Praktikantin, die ein Bub überredet hatte, ihm die Schuhe zu binden: »Sagen Sie, meine Liebe, wollen Sie Erzieherin werden, oder vertreiben Sie sich nur ein wenig die Zeit?« Dann zeigte er ihr, wie man einem Kind beibringt, die Schnürsenkel selbst zu lösen. Tatsächlich lehrte er sie, wie ein Kind selbständig wird. »Ich ziehe euch die Splitter aus dem Mund oder dem Popo heraus«, war sein ständiger Spruch den Kindern gegenüber, »aber nirgendwo, wo ihr sie selbst rausholen könnt.«

Yanka Zuk erinnerte sich daran, wie Korczak einmal aus dem Nichts auftauchte, als sie auf achtzig Kinder aufpaßte, die in einem Nebenzimmer warten mußten, bis der Speisesaal geputzt war. Sie tobte mit ihnen herum, als Korczak ohne ein Wort auf sie zukam und sie zurückweichen mußte, wenn sie nicht mit ihm zusammenprallen wollte. Nachdem er sie zwischen zwei Schränke manövriert hatte, stand er mit den Händen in der Tasche vor ihr, Schalk in den Augen, und meinte: »Jetzt bleiben Sie mal ganz ruhig stehen, meine Kleine. Und schauen Sie. Was sehen Sie?«

Als sie nicht antwortete, meinte er im gleichen Ton: »Ist es nicht erstaunlich, daß achtzig Kinder auf so engem Raum spielen können, ohne zu streiten und zu raufen? Wenn Sie sich ruhig hier hinstellten, könnten auch Sie sehen, was los ist.« Er sah ihr noch fünf Minuten zu, wie sie den Umgang der Kinder miteinander beobachtete, dann ließ er sie gehen.

Durch diese Begebenheit lernte Yanka aus erster Hand, daß die Kunst der Beobachtung ein wichtiger Teil ihrer Ausbildung zur Erzieherin war. Wenn die Kinder um Rat oder Hilfe baten, konnte man diese erteilen; ansonsten sollte man sie in Ruhe spielen lassen. »Die Wahrheit über Kinder findet sich nicht in Büchern, sondern im Leben«, sagte Korczak zu ihr. Darüber hinaus lernte Yanka, daß unter seiner rauhen Schale eine große Herzlichkeit wohnte, die dann zum Vorschein kam, wenn man sein Vertrauen gewonnen hatte, daß auch seine Zornesausbrüche

Teil seiner pädagogischen Strategie waren. »Rennen, immer nur rennen!« rief er ihr nach, wenn sie auf den Gängen an ihm vorbeisauste. »Wie lange wollen Sie sich überanstrengen? Sie müssen noch fünfunddreißig Jahre arbeiten können!« Doch war seine vorgebliche Ungeduld mit den Praktikanten häufig nicht mehr als Theaterdonner. »Wenn ich euch anschreie, versucht herauszufinden, ob ich nur mit dem Mund brülle – mit Zunge und Kehle –, oder ob ich von Herzen brülle«, schrieb er Jahre später an eine von ihnen. »Schaut, ob ich wirklich wütend bin oder nur so tue. Aber ich liebe euch, und deshalb muß ich einfach schimpfen.«

Für viele der Praktikanten war Korczak eine unberechenbare Mischung aus Vater und Berater. Andere ärgerten sich, daß er mit den Kindern eine Engelsgeduld hatte, mit ihnen aber nicht. Als junge Erwachsene gehörten sie zu einer Altersgruppe, der es seiner Ansicht nach an Ernsthaftigkeit und Vertrauenswürdigkeit mangelte – im Gegensatz zu den Kindern, die offen und ehrlich waren. Es ärgerte ihn, daß manche der Praktikanten trotz seiner und Stefas ständiger Ermahnungen immer noch unpünktlich zu den Mahlzeiten erschienen oder nachts zu spät ins Heim zurückkehrten. Mehr als einmal war für die Spätaufsteher der Speisesaal versperrt. Ein noch schlimmeres Schicksal erwartete sie, wenn sie abends zu spät heimkamen – nach 22 Uhr an Wochentagen und 23.30 Uhr an Wochenenden. Misha erinnert sich heute noch an den schrecklichen Augenblick, als er Stefa wartend an der Haustür vorfand. »Sie brauchte gar nichts zu sagen. Ihr Blick genügte.«

Korczak gab zu, daß die *Bursa* einem Kloster gleichkam. Aber nicht er und Stefa bestanden auf diesen strikten Regeln, sondern »die gesichtslose Notwendigkeit, das Leben selbst«, sagte er ihnen. »Wir würden euch gern mehr geben. Wir wissen, daß ihr euch danach sehnt, am Warschauer Leben teilzuhaben. Aber wenn ihr lange ausbleibt, seid ihr am nächsten Morgen zu müde, um mit der unerschöpflichen Energie der Kinder Schritt halten zu können.«

Korczak mochte ab und zu die Geduld verlieren, seinen Humor verlor er höchst selten. Er schrieb eine Parodie über die

»Leiden der *Bursa*«, in der eine der Praktikantinnen sich beklagt: »Ich dachte, Korczak wäre jung und gutaussehend und daß man sich mit ihm unterhalten könnte. Und wenn ich krank würde, säße er an meinem Bett und würde mir aus seinen Büchern vorlesen. Das wäre auch gar nicht unschicklich, weil er ja Arzt ist. Aber er ist alt und hat eine Glatze. Ich dachte, er wäre voller Poesie. Aber der predigt bloß und putzt sich die Schuhe.«

Igor Newerly war zwei Jahre lang Korczaks Privatsekretär, bevor er 1928 ins Waisenhaus übersiedelte, um die Kinder im Tischlern zu unterrichten. Als Sohn eines russischen Offiziers und einer polnischen Aristokratin hatte Newerly in Polen und Rußland gelebt, bevor er als Dreiundzwanzigjähriger nach Warschau kam. Er erwarb sich die nötigen Kenntnisse, um sich als Sekretär durchzubringen, und war froh, als ein Freund der Familie ihn Korczak vorstellte. Jeden Morgen diktierte ihm Korczak zwei Stunden lang seine Privatbriefe, Artikel und Geschichten. Er träumte davon, selbst Schriftsteller zu werden, und schätzte es, wie Korczak jeden Satz peinlich genau auf das Notwendige zurechtstutzte. Doch eines Morgens blieb er nach einer unglücklichen Liebesaffäre im Bett liegen und sann darüber nach, ob er sich umbringen oder nach Abessinien auswandern sollte. Er machte sich nicht einmal die Mühe, Korczak zu informieren, daß er an jenem Tag nicht zur Arbeit erscheinen würde, und es kam ihm auch gar nicht in den Sinn, daß Korczak sich vielleicht um ihn sorgen und vorbeischauen könnte. Am späten Nachmittag öffnete er im Schlafanzug die Tür, vor der zu seinem Entsetzen Korczak stand und ihn fragte: »Was ist los? Sind Sie krank?«

Kaum bejahte er die Frage, als Newerly sich daran erinnerte, daß er es ja mit einem Arzt zu tun hatte. Korczak fühlte ihm den Puls, untersuchte ihn und fragte schließlich mitfühlend: »Was fehlt Ihnen denn?« Als Newerly ihm von seinem gebrochenen Herzen berichtete, meinte Korczak: »Da gibt es nur eine Lösung – ins Kloster.«

»Ins Kloster?«

»Ja, das Waisenhaus«, sagte Korczak. »Langfristig gesehen

ist es das gleiche. Sie können Ihr Leben mit Stundenplänen und Gongs regulieren. Und Sie können Seminare an der Universität besuchen.«

»Ich habe kein Geld für ein Studium«, gestand Newerly.

»Sie haben Kost und Logis frei sowie 150 Zloty für das, was Sie den Kindern beibringen.«

»Aber ich bin kein Lehrer. Ich kann nichts.«

»Was machen Sie gerne?«

»Ich arbeite gerne mit meinen Händen. Ich bin so eine Art Faktotum.«

»Also gut«, meinte Korczak. »Sie können die Tischlerwerkstatt einrichten. Wir brauchen eine.«

»Aber« – Newerly wußte nicht recht, wie er es sagen sollte – er war kein Jude, und ihm war nicht klar, wie er in das Waisenhaus hineinpassen würde. »Und wenn ein Kind mit mir Jiddisch reden will?«

Korczak lachte. »Sie wissen, daß die Kinder im Heim Polnisch sprechen. Und davon abgesehen kann ich auch kein Jiddisch.«

Newerly war sich nicht sicher, ob das die Antwort auf seine Probleme war. »Und wenn die Kinder mich nicht mögen?«

»Das finden wir bald heraus«, sagte Korczak zu ihm. »Nach drei Monaten stimmen die Kinder über einen neuen Erzieher ab. Sie entscheiden, wer bleibt und wer nicht.«

Aber es hatte natürlich auch noch jemand anders ein Wort mitzureden. »Kommen Sie besser so bald wie möglich vorbei, und reden Sie mit Stefa«, fügte er hinzu.

Newerly wußte noch sehr genau, wie er sich vor Stefa gefürchtet hatte, als er Korczaks Sekretär geworden war. Sie hatten wenig miteinander zu tun; wenn er überhaupt an sie dachte, dann als an eine riesige Säule, auf der das gesamte Haus ruhte. Doch das Gespräch verlief gut. Als Stefa über einen Witz lachte, den er geistesgegenwärtig erzählte, sah er, daß ihr Gesicht zwar immer noch nicht schön war, aber durchaus freundlich aussehen konnte. Sie war nicht so furchtbar, wie er gemeint hatte. Einige Tage später übersiedelte er ins Waisenhaus und belegte einen Kurs in Soziologie bei Korczaks altem

Freund und Zellengenossen Ludwik Krzywicki an der Freien Polnischen Universität. Es fiel ihm schwer, sich an all die »Klosterregeln« zu gewöhnen, besonders an das pünktliche Erscheinen zum Frühstück. Aber schließlich kaufte er sich einen Wekker. Auf dem kleinen Balkon über dem Speisesaal richtete er die Tischlerwerkstatt ein und war wie alle Praktikanten nervös, als die Kinder schließlich über seinen Verbleib abstimmten. Zu seiner großen Erleicherung erhielt er hauptsächlich Ja-Kreuze – und wurde einer der beliebtesten Lehrer des Hauses.

Die Praktikanten waren angehalten, tägliche Aufzeichnungen über ihre Beobachtungen bei den Kindern zu machen und auch Fragen zu notieren, die sie selbst hatten. Stefa ging die Aufzeichnungen jeden Abend durch und schrieb ihre Empfehlungen an den Rand. Korczak sah sich ihre Fragen vor jedem *Bursa*-Seminar an, das freitags abends um neun Uhr stattfand, und schrieb sich Stichwörter auf kleine Zettel, die er immer bei sich trug.

Jene jungen Leute, die gehofft hatten, der berühmte Erzieher würde sie mit akademischer Brillanz beeindrucken, waren von seinem trockenen und einfachen Stil enttäuscht. Er betrat das Zimmer still und ohne Aufsehen, häufig gedankenverloren. Er setzte sich an einen kleinen Tisch, sah die Gruppe aufmerksam an, holte einen Zettel aus der Tasche und begann zu referieren. Er sprach aus dem Stegreif, verwob häufig so viele Ereignisse und Begebenheiten aus seinem eigenen Leben, daß sein Gedanke verloren schien, bis er gegen Ende des Seminars den Faden plötzlich wiederaufnahm. Manchmal sprach er den ganzen Abend über einen einzigen Punkt aus einer Aufzeichnung, oder er führte die Diskussion der letzten Woche fort.

»Wem gehören Laibuschs Ohren?« fragte er in einem Seminar. Yanka Zuks Gesicht und Ohren liefen rot an, als Korczak eine Nachricht der Schulschwester vorlas, in der sie sich beschwerte, daß der neunjährige Laibusch schmutzige Ohren hatte. Der Bub, ein trauriges Kind, dessen Großmutter gerade gestorben war und ihn völlig allein zurückgelassen hatte, gehörte zu Yankas Gruppe. Es gab zwar eine Schlafsaalaufsicht, die darauf zu achten hatte, daß alle Kinder sich jeden Morgen wuschen, aber es gehörte zu ihren Aufgaben zu kontrollieren, ob er sauber und ordentlich aussah, warm genug angezogen war und sein Butterbrot aus dem Korb in der Halle mit in die Schule nahm.

»Wo haben wir den Fehler gemacht?« fragte Korczak. »Wenn jeder hier seine Aufgabe erfüllt hat, was ist dann schiefgegangen? Im Laufe eines Tages ist Laibusch an vielen Plätzen. Waren seine Ohren schon schmutzig, als er das Waisenhaus morgens verließ, oder sind sie es erst in der Schule geworden?«

Die Diskussion wurde zu einer philosophischen Frage darüber, wer für Laibuschs Ohren verantwortlich war, und nicht, wer schuld an ihrem Schmutz hatte. Wie konnten seine Ohren jedermanns prüfendem Blick entgehen? Am nächsten Tag hörte Yanka, wie Korczak mit Stefa immer noch in eine lebhafte Unterhaltung über Laibuschs schmutzige Ohren vertieft war.

Korczak war stolz auf seine penible Genauigkeit in allen Dingen – das betraf auch die Sauberkeit der Ohren. Ida Merzan erinnerte sich, daß die Praktikanten ungenaue Begriffe wie »häufig«, »selten«, »viele« oder »wenig« nicht verwenden durften. Er fragte dann: »Also ganz genau, wie oft hat er den Buben geschlagen?« Oder: »Wie lange hat er geweint?« Wenn einer der jungen Leute beim ersten Mal keine präzise Antwort parat hatte, beim zweiten Mal hatte er sie sicherlich.

Wenn seine Studenten allerdings zu besorgt waren, einen Fehler gemacht zu haben, beruhigte Korczak sie. »Ihr müßt aus großen Sorgen kleine machen«, sagte er ihnen. »Und die kleinen vergeßt ihr am besten. Auf die Weise ist es leichter.«

An einem Freitagabend verkündete Korczak, daß ein Stück schlichter gesalzener Hering auf einem trockenen Stück Brot besser sei als eine feine Erbsensuppe. »Es ist besser, zu kämpfen und zu leiden, als alles zu haben und sich zu langweilen. Ein schwieriges Leben, selbst mit seinen Leiden, hat den Geschmack von Hering.«

Stefa saß wie immer hinten im Zimmer und sah die Aufzeichnungen der Praktikanten durch. Um zehn schaute sie auf ihre Armbanduhr und verkündete: »Wir haben jetzt ungefähr eine

Stunde geredet. Morgen ist ein langer Tag. Wir machen jetzt besser Schluß.« Korczak nahm dieses allwöchentliche Stichwort auf und beendete die Sitzung mit »Lang lebe der Hering!«.

18
Frau Stefa

An einem Morgen des Jahres 1928, als Stefa zweiundvierzig Jahre alt war, stand sie auf, legte ihr schwarzes Kleid mit dem weißen Kragen und den weißen Manschetten an und ging nach unten ans Schwarze Brett. Dort heftete sie einen Zettel an: »Ab sofort möchte ich mit Frau Stefa angeredet werden. Es schickt sich nicht für eine Frau mit so vielen Kindern, daß sie Fräulein genannt wird.«

Die Praktikanten machten Witze darüber, erinnerte sich Misha Wroblewski, und fragten sich: »Wer ist der tapfere Vater all dieser Kinder? Wie hat sie den bloß gefunden?« Niemand traute sich, irgendwelche Fragen zu stellen, und Stefa war unerbittlich: sie reagierte auf keine andere Anrede als Frau Stefa. Wenn ein Kind nachts nach *Fräulein Stefa* rief, so war das vergeblich. Von dem Zeitpunkt an war sie Frau Stefa.

Sie war und blieb allerdings dieselbe Stefa. Jeden Morgen stand sie um sechs Uhr auf, verabreichte noch vor dem Frühstück Bandagen, untersuchte Wunden und verteilte Medikamente. Manchmal half ihr Korczak: es war eine gute Gelegenheit, mit einem Kind ein privates Wort zu wechseln oder jemandem einen verzeihenden Klaps zu geben, der sich schlecht benommen hatte. Wenn sie krank waren, wandten sich die Kinder allerdings an Stefa – Korczak war zwar Arzt, aber die medizinische Autorität war sie. Ein Bub, dem Korczak das Aufstehen nach einer Fiebererkrankung gestattet hatte, weigerte sich, das Isolierzimmer zu verlassen, bevor sie einverstanden war. Einige Kinder freuten sich sogar, wenn sie krank waren und ihre ungeteilte Aufmerksamkeit hatten. »Krank zu sein, war richtig schön«, erinnerte sich jemand. »Stefa kochte dann etwas Besonderes und war besorgt. Wir alle sehnten uns heimlich danach, krank zu sein und von ihr behandelt zu werden.« Johann Nutkiewicz, als rechter Lümmel nie ein besonderer Liebling Stefas, erzählte, daß er einmal während einer Fiebererkrankung immer wieder das Bewußtsein verlor. Jedesmal wenn er die Augen öffnete, sah er in Stefas besorgtes Gesicht.

Tagsüber kümmerte sich Stefa um sämtliche Belange des Hauses. Sie legte das Budget fest, bestellte Kohle für den Winter, Medikamente für die Krankenstube sowie Lebensmittel; sie inspizierte die Betten, schaute nach abgerissenen Knöpfen, zerrissenen Kleidern und Löchern in den Schuhen, arrangierte Zirkus- und Kinobesuche, fungierte als Gerichtsschreiberin und bearbeitete die Aufzeichnungen der Praktikanten.

Mit ihrer geräuschlosen, langsamen Art zu gehen schien sie ihrer Mutter zu folgen, die gemeint hatte: »Je langsamer du gehst, desto schneller kommst du an.« Sie stand aber auch oft wie aus dem Boden gestampft hinter den Kindern. Niemand spürte besser als Stefa, wann die Fenster wegen eines nahenden Unwetters geschlossen werden mußten. Die Kinder sagten immer: Stefa weiß alles, sieht alles und hört alles. Selbst das leiseste Flüstern blieb ihr nicht verborgen, und sie schien auch noch hinten Augen zu haben. Wenn sie in der Stadt gewesen war, lief sie anschließend mit Papier und Bleistift durchs Haus und schrieb alle auf, die irgendeine Regel verletzt hatten.

Zu keiner Zeit wurde sie jemals ohne ihren Schlüsselkorb angetroffen. »Wenn Stefa durchs Haus ging, hatten wir das Gefühl, daß ein Schiff über den Ozean fuhr«, erzählte Itzhak Belfer. »Es war ein strammes Schiff, alles blitzblank und lukendicht.« Sie ging selten aus, traf nur jeden Mittwoch ihre Mutter und Schwester zum Abendessen. Außer ihrem Bruder Stach kam niemals jemand sie besuchen. Stach war Schiffsingenieur, dessen lange Beine für die Kinder zu einer Brücke wurden, unter der sie durchliefen, und dessen Koffer mit Aufklebern aus aller Welt sie unendlich bewunderten.

Für die meisten Waisenkinder war Stefa »Herz und Verstand, die Krankenschwester und die Mutter«. Und keiner wußte das besser als Korczak. »Ich bin wie der Vater mit all den negativen Bedeutungen dieses Begriffs«, meinte er. »Immer beschäftigt, keine Zeit, erzähle Gutenachtgeschichten, und auch das nicht allzuoft. Stefa hingegen hat vielleicht nicht in allem recht, aber ohne sie könnte ich gar nichts machen.«

Sie waren ein beeindruckendes Team, Stefa als energische Mutter und Korczak als der nachgiebigere Vater. Wenn der eine schimpfte, streichelte der andere. Selten ergriff Korczak für ein Kind gegen sie Partei. Einmal jedoch, als er Sara Kramer in Tränen aufgelöst fand, weil Stefa ihr verboten hatte, den Speisesaal zu verlassen, bevor sie ihre Kascha aufgegessen hatte, setzte er sich neben sie, legte den Finger auf seine Lippen und löffelte ihre Grütze. Stefa murmelte etwas auf Französisch, wie sie es immer tat, wenn die Kinder sie nicht verstehen sollten, und schritt wütend aus dem Saal. Später allerdings lachte sie mit einigen Praktikanten über die ganze Geschichte. »Es war so typisch für den Doktor, der kein Kind weinen sehen kann«, meinte sie fast entschuldigend.

»Als ich zuerst ins Waisenhaus kam, hatte ich Angst vor Stefa«, erinnerte sich Sara. »Meine Mutter fehlte mir sehr. Samstagsnachmittags, wenn ich zu Hause war, weinte ich und wollte nicht ins Heim zurück. Aber meine Mutter sagte: ›Doch, du mußt schon zurück. Es ist besser für dich.‹ Und sie hatte recht. Meine Mutter war meine Mutter, aber ich hätte mich anders entwickelt, wenn ich bei ihr geblieben wäre. Sie hätte mir niemals Wissen und Werte mitgeben können, wie Stefa es tat.« Sara hatte eine sehr liebevolle Erinnerung daran, wie Stefa sich gemeinsam mit den Mädchen die Haare wusch. »Sie hatte es gern, wenn ich sie kämmte. Das dauerte immer recht lange, weil der Scheitel ganz akkurat sein mußte. Heute weiß ich, daß sie die Berührung brauchte.«

»Ich glaube, Stefa war auf meine Mutter eifersüchtig, die trotz ihrer Beschränktheiten eine Tochter hatte – und Stefa eben nicht«, meinte Hanna Dembinska. »Was auch immer Stefa für mich getan hat, sie war nicht meine Mutter.« Als ob sie dies gewußt hätte, ließ sie den Gedanken nicht an sich heran, daß sie den Kindern wirklich viel bedeutete. Auch wenn sie das Waisenhaus längst verlassen hatten und sie an Samstagnachmittagen immer wieder besuchten, mit ihren Kümmernissen zu ihr kamen und später mit ihren Ehemännern und Kindern, meinte sie nur: »Sie kommen, weil sie mich brauchen.«

Stefa war auch so etwas wie eine Ersatzmutter für die Praktikanten, besonders die jungen Frauen, die zum ersten Mal weit weg von zu Hause waren. »Im Gegensatz zu Korczak behandelte sie uns wie Kinder«, erinnerte sich eine Frau. »Zu unseren abendlichen Treffen um zehn Uhr unter der Treppe brachte sie immer Wurst, Halwa und Semmeln mit, weil sie Angst hatte, daß wir nicht genug essen.« Stefas Umgang mit den Praktikanten beschränkte sich hauptsächlich auf ihre Kommentare zu deren täglichen Aufzeichnungen; allerdings konnte sie es sich nicht verkneifen, ihre Meinung kundzutun, wenn sie das Gefühl hatte, daß die jungen Leute nicht sorgfältig genug mit ihren Sachen umgingen. Als eine junge Dame einmal auf einem Bein herumhüpfte, weil sie einen Strumpf anzog, meinte Stefa: »Ich setze mich immer hin, wenn ich meine Strümpfe anziehe. Ich bin nicht so reich zu riskieren, mir ein Loch in den Strumpf zu reißen.«

Für viele der Praktikanten war sie eine Inspiration. Sie lernten von ihr, was Organisation heißt, und bewunderten sie wegen der Bewältigung ihres riesigen Arbeitspensums. »Ruhen Sie sich niemals aus?« fragte Ida Merzan sie an einem Samstagnachmittag, als alle fortgegangen waren und sie die Kleidung der Kinder inspizierte. »Es gibt viele Möglichkeiten auszuruhen«, antwortete sie. »Wenn eine Arbeit Sie ermüdet, machen Sie eine andere. Das beruhigt.«

***

War es Korczak, oder waren es die Kinder, die Stefa bei der Stange hielten, fragten sich die Praktikanten. »Heute weiß ich, wieviel Bitterkeit in ihr gewesen sein muß, als sie darauf bestand, Frau Stefa genannt zu werden«, meinte Ida Merzan. »Wie viele verborgene Gefühle und Gedanken über ihr dahinfließendes Leben und das Näherrücken des Alters!«

Kein Mensch bezweifelte, daß Stefa Korczak liebte. Wenn er in die Stadt ging, um eine seiner Vorlesungen zu halten oder seinen Verleger zu treffen, stand sie stets an der Tür und rückte seine Krawatte zurecht, kontrollierte, ob er auch ein Taschentuch hatte, Geld und einen Schirm, falls er ihn brauchte. Er fegte das alles immer mit einer ungeduldigen Handbewegung weg – was er bei einem Kind niemals getan hätte.

Die Praktikantinnen ärgerten sich jedesmal, wenn Korczak so grob zu Stefa war, sie jedoch ließ sich nicht erschüttern. Als er einmal an einem kühlen Tag das Haus nur dünnbekleidet verließ, murmelte sie: »Was mach ich nur mit diesem großen Kind? Er hustet und geht ohne Überzieher aus dem Haus.« Die Praktikanten sprachen deshalb immer von ihren einhundertsieben Kindern – Korczak mitgezählt.

Ida Merzan erinnerte sich, wie Stefa lachend von dem Problem erzählte, Korczak eine neue Jacke zu kaufen. Sie klapperte ein Geschäft nach dem anderen ab, weil sie wußte, wenn sie keine fand, die seiner alten Strickjacke genau glich, würde er sie auch nicht tragen. Als sie schließlich fündig wurde, wollte ihr die Verkäuferin unbedingt einen Pullover andrehen, weil die viel moderner seien. »Ich kaufe diese Jacke für ein großes Kind mit sehr viel Haaren«, sagte Stefa todernst. »Ein Pullover würde die Haare durcheinanderbringen.«

Daß Korczak Stefa brauchte, bezweifelte auch kein Mensch. Sie schirmte ihn von den Alltagsproblemen des Waisenhauses völlig ab; sie ersparte ihm die Aufregung, die es jedes Jahr bei den Vorbereitungen zum Wohltätigkeitsball der Gesellschaft für Waisenhilfe gab, einem Galaereignis, das das Budget des Hauses auffüllen sollte. Sie ertrug seine Launen und seine häufige Abwesenheit. Mit ihr konnte er er selbst sein – geistesabwesend, zerstreut, weit weg –, er brauchte keine Rollen zu spielen, keine Maske zu tragen.

Doch war das genug für Stefa? Mittwochs abends, wenn sie aus war, scherzte Korczak beim abendlichen Praktikantentreffen um zehn unter der Treppe mit den jungen Damen: »Frau Stefa ist nicht da, also können wir flirten.« Aber wenn sie da war, hat niemand sie jemals irgendeine Zärtlichkeit austauschen sehen, und wenn es eine Handberührung gewesen wäre; sie haben sich stets gesiezt oder mit ihrem Titel Pan Doktor oder Pani Stefa angesprochen. Sie lebten unter demselben Dach, verbrachten aber wenig Zeit miteinander. Beim Essen saßen sie an verschiedenen Tischen mit den Kindern. Ihr Schlafzimmer war in einem anderen Stockwerk als seines. Selten gingen sie gemeinsam fort, mit Ausnahme eines sonntäglichen Besuches bei Stefas Schwester Julia, die Direktorin eines vornehmen Sommerlagers für Mädchen vor den Toren der Stadt war.

Es ging das Gerücht, daß es in Stefas Leben eine Tragödie gegeben habe, allerdings gab es da widersprüchliche Meinungen. Es habe einen Verlobten gegeben, der im Krieg gefallen sei, meinten einige. Aber in welchem Krieg? Keiner wußte es. Stefa sprach niemals davon, aber Stefa sprach sowieso nie mit jemandem über sich selbst, lud nie jemanden in ihr bescheidenes Zimmer ein, dessen einziger Schmuck aus einigen kleinen Kakteen bestand. Die einzigen Ausnahmen waren ihre Familie und ihre Lieblingspraktikantin Feiga Lipshitz. Ihr Bruder Stach, beruflich erfolgreich und inzwischen mit Irena Eliasberg verheiratet, kam häufig freitags abends. Irena, die das Engagement ihrer Eltern für das Waisenhaus nicht teilte und auch kein großes Bedürfnis hatte, Stefa zu sehen, haßte diese Besuche wegen des unangenehmen Geruchs des Putzmittels, mit dem vor dem Sabbat die Böden geschrubbt wurden. Wenn die Kinder bei ihrer Ankunft noch beim Essen saßen, winkte Stefa ihnen von ihrem Tisch aus zu und geleitete sie dann nach oben.

»Ich saß dann da in Stefas kargem Zimmer und dachte an meine luxuriösen Vorhänge, Bilder und Brokatsessel«, erzählte Irena. »Ich fragte mich, wie sie mit so wenig zufrieden sein konnte. Und man konnte ihr nichts schenken. Sie war genau wie ihre Mutter – sie nahm nichts an. Zu Weihnachten war ich immer völlig ratlos. Nicht, daß ihre Mutter noch irgend etwas besessen hätte. Sie hatte nämlich den Fehler gemacht, ihr Mietshaus in den zwanziger Jahren zu verkaufen, und ihr Geld dann in der Inflation wieder verloren. Glücklicherweise hatte sie ihre eigene Wohnung behalten und konnte einige Kostgänger aufnehmen. Als Stefa und Stach ihr etwas zukommen lassen wollten, überredeten sie die Kostgänger zur Zahlung einer höheren Miete, die sie ihnen dann wieder zusteckten. Stefa konnte geben, aber sie verstand es nicht zu nehmen. Aber ich glaube trotzdem, daß sie mit dem, was sie tat, wirklich glücklich war. Es wurde mit der Zeit ziemlich langweilig, sich anhören zu müssen, wie wundervoll das alles war mit ihren Kindern und dem Doktor.«

Von ihren Briefen blieb nichts erhalten – kein Fetzchen Papier, das über die Art ihrer Beziehung Auskunft geben könnte, wenn sie nicht den Augen der Kinder oder Praktikanten ausgesetzt waren. Lediglich in einem Vorabdruck von *König Hänschen I.* gibt es in Korczaks gestochener Handschrift eine Widmung vom 25. Oktober 1922. Es ist eine lustige Widmung, in der Korczak in die Rolle ihres Buben Nummer einundfünfzig schlüpft:

> Für Fräulein Stefa:
> Der Bub Nummer einundfünfzig hat keine Hautkrankheit. Er verlor seine Geburtsurkunde im Königreich Bum Drum. Er bittet, für das Aufklauben von Abfällen eingeteilt zu werden. Er ist sauber (»Das walte Gott!«). Er ist ein Bürger Warschaus.
>
> Goldszmit

Dieser Stil läßt eher auf eine kameradschaftliche als romantische Beziehung schließen. In dem wirklichen Königreich, in dem Stefa regiert, ist Korczak einer der wirklichen Buben mit einer Nummer, mit Pflichten und einem Wohnsitz in Warschau, wie es sich gehört. Doch sein eigentliches Heimatland, das Land seiner Geburt, liegt im Königreich der Phantasie, zu dem Stefa keinen Zugang hat.

Die Frage ist oft gestellt worden: Waren Korczak und Stefa je ein Liebespaar? Stella Eliasberg zufolge war Korczak der Meinung, sie habe ihn an jenem Abend, als sie ihn 1909 zu der Feier in das Heim in der Franciszkanskastraße einlud, wo er Stefa zum ersten Mal sah, mit ihr verkuppeln wollen. Als er Stefa davon erzählte, hätten sie beide herzlich gelacht und ihre Gefühle analysiert: O ja, sie waren beide verliebt – aber in die Kinder.

Igor Newerly sieht die Situation anders: er glaubt, daß Stefas unerwiderte Liebe zu Korczak die Tragik ihres Lebens war. Einmal, als er allein in Korczaks Mansarde saß und an seinen Briefen arbeitete, kam Stefa herein und machte wortlos auf dem Absatz kehrt, als sie ihn erblickte. In dem Moment tat sie ihm leid. »Ich glaube, sie kam oft in sein Zimmer, wenn er nicht da war. Wahrscheinlich nur, um zu schauen, an was er gerade arbeitete, und darauf zu achten, daß alles in Ordnung war. Auf diese Weise konnte sie ihm nahe sein.«

»Einige Monate nachdem ich ins Haus gekommen war, arbeitete ich in meiner Werkstatt im Keller an einem neuen Spiel für die Buben, als Stefa plötzlich neben mir stand«, fuhr Newerly fort. »Sie ging so leise, man hörte sie nie kommen. ›Was machen Sie da?‹ fragte sie mich und ordnete den Wollschal auf ihrer Schulter. Als ich ihr erklärte, daß ich Schiffe baute für ein Kriegsspiel, meinte sie, ob es nicht merkwürdig sei, daß ein Student der Soziologie sich mit Spielzeug beschäftigte. Ich sagte ihr, daß meine Mutter sich die gleiche Frage gestellt habe, als ich zwölf Jahre alt war. Sie lächelte, als ob sie sich an etwas sehr Schönes erinnerte, und sagte: ›Ja ja, Pan Doktor hat mir erzählt, er habe mit Vierzehn noch mit Bauklötzen gespielt.‹ Und dann erinnerte sie mich daran, daß es elf Uhr sei und ich am folgenden Tag eine Prüfung habe. ›Wie können Sie bloß immer alles wissen?‹ fragte ich sie. ›Ich passe einfach nur auf und merke mir Dinge‹, sagte sie. ›Vor einigen Tagen haben Sie einen Zettel ans Schwarze Brett gehängt, daß Sie am Freitag wegen einer Prüfung nicht dasein würden. Bitte gehen Sie jetzt zu Bett.‹ Als ich dann im Bett lag, mußte ich immer wieder daran denken, wie Stefas Gesicht geleuchtet hatte, als sie von Korczak sprach.«

19
Man kann nicht jede Wahrheit ausposaunen

Vielleicht hatte Stefas Entschluß, sich von nun an nur noch mit Frau Stefa anreden zu lassen, nichts damit zu tun, daß Maryna Falska als Madame Maryna bekannt war. Allerdings hat sie sich 1928 sicherlich gedanklich mit ihr beschäftigt, denn damals wurde das Kinderheim »Unser Haus« bezugsfertig, bei dessen Planung Korczak Maryna Falska geholfen hatte.

Maryna war es gelungen, in Aleksandra Pilsudska, der zweiten Frau Jozef Pilsudskis, eine mächtige Verbündete zu gewinnen. Diese einfallsreiche Frau (eine couragierte Untergrundaktivistin vor dem Krieg) hatte sich der Sozialarbeit zugewandt, weil sie damit kaum Gefahr lief, ihren Mann in »prekäre Situationen« zu bringen. Da sie mit der unzureichenden Unterbringung in Pruszkow völlig unzufrieden war, trieb sie für ein großes, modernes Waisenhaus in einem bewaldeten Warschauer Vorort namens Bielany das nötige Geld auf. Ihre ausgezeichneten Verbindungen machten es möglich, daß sie eine Lizenz für einen Alkohol- und Tabakladen erhielt, dessen Gewinne in »Unser Haus« investiert wurden. Außerdem half sie Maryna bei der Organisation eines jährlichen Wohltätigkeitsballes, der natürlich auch gut besucht war.

Maryna war immer noch die streng zurückgezogene und förmliche Person, die Korczak aus Kiew kannte. Wie Stefa trug sie nur Schwarz – ein Kleidungsstil, dem sich viele Frauen in Erinnerung an die mißlungene Revolution von 1863 verschrieben hatten und den sie auch nach Erlangung der Unabhängigkeit nicht aufgaben. Obgleich diese beiden sozial so stark engagierten Frauen vieles gemeinsam hatten – auch ihre Bindung an Korczak –, sahen sie sich kaum.

Eine der seltenen Gelegenheiten war die Eröffnung von »Unser Haus«, bei der Aleksandra Pilsudska den Vorsitz hatte.

Es war ein großes Ereignis in Warschau. Die Presse nannte das ausladende Gebäude den »Kinderpalast«, weil es über fließendes Wasser, Elektrizität und andere Dinge verfügte, die damals in den Waisenhäusern völlig unbekannt waren. Im Stil eines Flugzeugs gebaut, hatte es zwei Wohntrakte, die im rechten Winkel vom Hauptgebäude abgingen und genügend Raum für einhundertzwanzig Kinder im Alter zwischen vier und vierzehn Jahren boten.

Die rechten antisemitischen Zeitungen sprachen davon, daß »ein neues Nest für Freimaurer und potentielle Kommunisten im Herzen der Hauptstadt errichtet wurde«, und kritisierten das Fehlen eines Gotteshauses. »Nun, es ist ja auch von Korczak«, schrieb ein Journalist. »Was will man erwarten, wenn ein Jude den Vorstand im Direktorium hat?« Es wußten nur wenige, daß Korczak versucht hatte, Maryna zum Bau einer Kapelle zu bewegen. In seinem jüdischen Waisenhaus gab es einen Raum, wo die Kinder vor dem Frühstück ein Kaddisch oder anderes Gebet für ihre Eltern sprechen konnten, weil er der Überzeugung war, daß alle Kinder ihren Kummer aussprechen und mit Gott reden können müssen. Oft saß er mit ihnen in diesem Zimmer, eine Jarmulke auf dem Kopf, ein Gebetbuch auf den Knien, mit geschlossenen Augen in stiller Meditation. Aber nichts konnte Maryna, die als überzeugte Atheistin ja auch dem kirchlichen Begräbnis ihres Mannes ferngeblieben war, zu dem Bau einer Kapelle bewegen.

Maryna hatte Personal – ein »Weiberregiment« – für viele der Aufgaben, die Stefa selber übernahm. Viele dieser Frauen waren treue Freundinnen, die Maryna von Kiew her kannten: Karolina Peretiakowicz (Fräulein Kara), deren Mutter in Kiew die Mädchenschule leitete, kümmerte sich um Verwaltungsaufgaben – eine warmherzige, mütterliche Person, die die Kinder vergötterten; Maria Podwysocka (Fräulein Maria) sah nach den Finanzen.

»Wir waren befreundet, aber Maryna hielt selbst bei uns ihre Distanz«, erinnerte sich Eugenka, eine andere Kollegin aus Kiew. »Sie diskutierte dienstliche Probleme mit uns, sprach aber niemals über Privates. Nur einmal, am Anfang des Krieges, als sie sehr deprimiert war, sagte sie zu mir, daß es Momente gäbe, in denen sie die Gegenwart ihres verstorbenen Mannes und anderer toter Freunde spüre, und daß diese Geister ihr wirklicher vorkamen als die lebenden Menschen.«

Marynas Tagesablauf war kaum anders als der Stefas. Jeden Morgen um halb sechs oder sechs auf den Beinen, wich sie nie von ihrer Routine ab. Um sieben war sie in der Küche und beaufsichtigte die Zubereitung des Frühstücks, und wenn die Kinder dann zur Schule gingen, stand sie in der Tür und kontrollierte Knöpfe, Kragen und Schultaschen. Sie inspizierte sämtliche Räume, ging anschließend in ihr Büro, um den Speiseplan mit der Köchin durchzugehen und verschiedene Arbeiten zu organisieren. Um zwei, wenn die Kinder zum Mittagessen zurückkamen, saß Maryna stets auf ihrem Platz am Kopf des hufeisenförmigen Tisches, von dem aus sie alles überblicken konnte. (Die Tür zu ihrem Büro im Erdgeschoß hatte ein Fenster, durch das sie die vorbeilaufenden Kinder beobachten konnte.) Zwischen drei und fünf Uhr nachmittags zog sie sich in ihr Zimmer zurück und durfte nicht gestört werden.

An jedem Freitagnachmittag um fünf Uhr hielt sie die »Schuldstunde« ab, wie die Kinder sagten. Jeder, der in der vorangegangenen Woche irgend etwas angestellt hatte, mußte in ihr Zimmer kommen und das in einem Buch unterschreiben, das extra für diesen Zweck angelegt worden war. Sie lud nie jemanden ins Waisenhaus ein, aber freitags abends ging sie in das Haus von Verwandten und empfing dort alte Freunde. Samstags abends, nachdem sie und die Kinder gebadet hatten, nahm sie, ähnlich wie Korczak, Wetten über schlechtes Betragen entgegen, verteilte Süßigkeiten und erzählte anschließend Geschichten vor dem Kamin.

Maryna sprach ruhig und gemessen, als ob sie jedes Wort abwöge. Die Kinder und die Praktikanten liebten und fürchteten sie. Sie brauchte nur zu sehen, was sie taten, schon wußte sie, was sie dachten. »Sie war nicht verzeihend wie Korczak«, sagte Igor Newerly. »Bei Maryna gab es keine Chance. Jeder war für seine Taten auch verantwortlich. Wer zu spät kam, für den gab es keine Entschuldigung. Wenn sie einen nicht mochte, dem konnte sie das Leben schon schwermachen. Sie war eine harte Frau.« Maria Taboryska, eine der Waisen, erinnerte sich an Marynas blaue Augen, die »wie Eisstücke« in ihrem blassen Gesicht gewesen seien, daß sie aber ebenso einem kleinen Mädchen im Gang zärtlich die Locken von den Augen streichen konnte. Nur ein Bub kam ihrem Herzen wohl etwas näher. Sie hatte ihren eigenen Kosenamen für ihn, Lomulek. Doch wenn er ungezogen war, konnte sie ihn zum Weinen bringen, wenn sie ihn mit seinem Nachnamen ansprach.

Manchmal machte Maryna mit den älteren Buben und Mädchen einen Spaziergang durch den Wald hinter dem Haus. Verdutzt sahen sie sie eine Zigarette drehen, im Heim rauchte Maryna in ihrer Gegenwart nie. Sie erzählte ihnen dann von ihren früheren politischen Aktivitäten, von ihren Jahren im Gefängnis und im Exil und gab ihnen den Rat, sich niemals im Leben vor Schwierigkeiten zu fürchten.

Igor Newerly betreute ein Jahr lang auch in »Unser Haus« eine Tischlerwerkstatt für die Kinder: »Maryna ging in ihrem schwarzen Kleid mit dem steifen Kragen und den weißen gestärkten Manschetten durch dieses Kinderland, als ob sie eine Rüstung gegen die Außenwelt und sich selbst angelegt hätte, wie eine Nonne, wie eine Richterin in ihrer Robe. Sie lächelte den Kindern, die mit ihren kleinen, aber sehr realen Problemen zu ihr kamen, freundlich zu, aber dieses Lächeln erreichte ihre Mundwinkel nicht. Sie konnte durchaus lustig sein – aber sie hatte keinen Humor. Ihr scharfer, konzentrierter Blick nahm alles wahr, was uns vielleicht entgangen war, obgleich sie nicht so eloquent war wie Korczak. Sie war der einsamste und verlassenste Mensch, der mir je begegnet ist.«

Kurz vor Ostern arbeitete Newerly einmal die halbe Nacht durch an einer Truhe, die er dem Waisenhaus zum Fest schenken wollte. Maryna geriet außer sich, weil er ins Bett gegangen war, ohne vorher die Werkstatt auszufegen. Sie tat es selbst und war danach so böse auf ihn, daß er ausziehen mußte. Erst ein Jahr später, als Korczak auch im Hause war und er vorbeikam, um die Kinder einmal wiederzusehen, reichte sie ihm erneut die Hand.

Die Kinder in »Unser Haus« warteten am Fenster oder unten am Tor auf Korczak. Ein Bub wollte vielleicht einen lockeren Zahn verkaufen; ein schon älteres Mädchen brauchte seine Unterstützung, daß sie für ihren nächsten Haarschnitt zu einem richtigen Friseur gehen durfte; andere wollten vielleicht bloß einmal bei ihm Huckepack reiten oder in seinen Taschen nach den Süßigkeiten kramen, die er immer bei sich trug. In manchen Wochen kam Korczak ziemlich früh, um mit Maryna und dem Personal zu beratschlagen, und rühmte sich, den ganzen Weg nach Bielany zu Fuß gegangen zu sein, um das Geld für die Tram zu sparen. Er setzte sich auf die Veranda vor dem Haus und überlegte, daß er ja außerdem noch zusätzlich Geld gespart hätte, weil er die Tageszeitungen im Kaffeehaus an der Ecke Marszalkowskastraße gelesen hatte, das auf dem Weg lag.

»Ich werde Ihnen nicht die beste Gesundheit wünschen«, sagte er zu Herrn Wladyslaw Cichosz, dem Hausmeister, der genauso sehnsüchtig auf ihn wartete wie die Kinder. »Seien Sie ein bißchen krank, legen Sie sich mal ins Bett, Sie arbeiten viel zuviel.« Und dann meinte er: »Natürlich nicht ernsthaft krank, einfach mal eine Erkältung oder sowas.«

Die Kinder hingen mit der gleichen Fröhlichkeit an ihm wie die in der Krochmalnastraße. Er scherzte mit ihnen, während er sie untersuchte, küßte den kleinsten Mädchen mit größter Galanterie die Hand, alberte mit ihnen herum und stellte Fragen wie: »Hast du schon einmal eine Kuh mit einem grünen Schwanz gesehen?« Alle seine Freunde hörten seitdem zigmal die Gegenfrage, die ihm ein Mädel gestellt hatte: »Und Sie? Haben Sie schon mal einen Kuchen mit einem Hering drin gesehen?« Obwohl er nur einmal in der Woche in »Unser Haus« übernachtete, war er zu Feiertagen wie 1. Mai oder Ostern immer zur Stelle. Und am Weihnachtsabend tanzte er mit ihnen um den Weihnachtsbaum.

Als ein Kind ihn einmal fragte, warum er keine Frau habe, antwortete er: »Ich habe drei: Frau Maryna, Frau Stefa und Fräulein Kara.« Aber nicht alle Frauen in »Unser Haus« fühlten sich wohl mit ihm. »Ich respektierte ihn, aber ich kann nicht sagen, daß ich ihn gern gehabt hätte«, meinte Eugenka. »Er war wirklich sehr außergewöhnlich. Wenn er mir Fragen stellte, hatte ich immer das Gefühl, wirklich gescheit antworten zu müssen.«

Maria Podwysocka ging ungern mit ihm spazieren, weil er ständig seine Taschen durchwühlte, um jedem Bettler etwas zu geben. »Warum geben Sie diesen Leuten Geld?« wagte sie einmal zu fragen. »Die haben wahrscheinlich mehr als Sie.«

»Vielleicht«, antwortete er. »Aber vielleicht hat auch einer unter ihnen nicht soviel.«

Maria stellte Korczaks Absichten nie in Frage und verteidigte ihn, wenn jemand anders ihn angriff. Als ein gemeinsamer Freund kritisierte, daß Korczak die Kinder nicht auf die draußen existierende Welt vorbereitete, sagte sie ärgerlich: »Sie verstehen überhaupt nichts. Der Doktor weiß sehr gut, daß die Welt ungerecht ist; deshalb hat er eine Oase der Güte geschaffen. Er möchte Kinder großziehen, die nicht fähig sind, Böses zu tun, und das Böse mit Anstand und Freundlichkeit bekämpfen.«

Nachdem »Unser Haus« nach Bielany übersiedelt war, hatte es Platz für zwanzig Praktikanten. Wie ihre Kollegen in der Krochmalnastraße waren sie begierig gewesen, mit dem berühmten Janusz Korczak zu arbeiten, aber auch sie waren durch seine Art sehr verwirrt. Stanislaw Rogolowski erzählte, daß bei seinem Vorstellungsgespräch in Maryna Falskas Büro »ein kleiner Mann mit Bart« war, der an einem Tisch am anderen Ende des Raumes saß und sich Notizen machte. Rogolowski, der die Direktorin beeindrucken wollte, referierte über seinen Wunsch, mit schwierigen Kindern zu arbeiten, als der Mann seinen Stuhl heftig zurückschob und schrie: »Dafür gibt es Spezialeinrichtungen!« Auf seinem Weg nach draußen hörte Rogolowski von einem der Kinder, daß dieser wütende Mann niemand anders als der berühmte Dr. Korczak war. Er war völlig erstaunt, als er in die *Bursa* aufgenommen wurde.

Auch die Praktikanten in »Unser Haus« erhielten zur Einführung wenig Informationen. »Entweder man behauptete sich, oder man ging unter«, sagte Henrietta Kedzierska und erinnerte sich, wie enttäuscht sie war über den »schmalen, unauffälligen älteren Herrn im grauen Kittel«, der ihnen die

Hände schüttelte, sie gleichgültig unter seiner Brille heraus ansah und dann seines Weges ging. Madame Maryna sagte nur wenige Worte über das, was man von ihnen erwartete, und verwies sie dann an einen erfahrenen Praktikanten, der ihnen das Haus zeigen sollte. Man sagte ihnen, daß donnerstags abends, nachdem die Kinder im Bett waren, das Seminar mit Dr. Korczak stattfände.

»Immer wenn der Doktor sein Büro verließ, scharten sich die Kinder sofort um ihn wie die Kücken um die Henne«, schrieb Henrietta in ihr Tagebuch. »Und der Griesgram lachte mit ihnen, hörte ihrem Geschnatter mit großem Interesse zu, aber für die neuen Praktikanten brachte er noch nicht einmal ein paar Minuten auf.«

Sie hoffte auf einen Willkommensgruß zum Seminar am Donnerstagabend, aber »keine Chance«. Er behandelte sie alle völlig gleichgültig und fuhr mit einem Thema der letzten Woche fort, als ob die Neuen gar nicht da wären. An dem Abend schrieb sie in ihr Tagebuch: »Der sogenannte Philosoph ist ein richtiger Spinner.«

Henrietta hatte den Drittkläßlern bei den Schulaufgaben zu helfen und mußte den Flur vor den Schlafsälen im zweiten Stock bohnern, den jemand anders vorher geputzt hatte. Bohnerbesen und Lappen in der Hand, eilte sie den Korridor entlang, als sie Korczak begegnete. Verlegen begann sie, mit dem Bohnerbesen den Flur zu bearbeiten. Er blieb stehen, sah ihr einen Moment zu und fragte: »Neu?«

»Neuer Besen – oder Mensch?« gab sie zurück.

»Mensch«, kam die Antwort.

Sie fürchtete, zu frech gewesen zu sein, und meinte etwas höflicher: »Ein neuer Mensch.« Und wagte sich weiter: »Der allerdings seit gestern in diesem Dschungel hier verloren ist.« Sie wußte nicht, daß sein herzliches Lachen hieß, daß er etwas im Schilde führte.

»Na, was haben wir denn hier?« meinte er fröhlich. »Haben Sie jemals in Ihrem langen Leben einen Fußboden gebohnert?«

»Ja, hab ich«, wagte sie sich weiter vor. »Aber die Zimmer waren wie Streichholzschachteln.«

Etwas weniger wohl fühlte sie sich, als er ihre leuchtendrot lackierten Nägel betrachtete. Was er auch dachte, seiner Freundlichkeit war nichts anzumerken: »Da Sie neu hier sind, werde ich Ihnen zeigen, wie man es am besten macht. Erst einmal ist Ihr Bohnertuch viel zu klein für diesen langen Flur. Eine Decke wäre besser.« Er schlug vor, sie solle eine ihrer Bettdecken nehmen, aber nicht vergessen, den Bezug vorher abzuziehen.

Sie brachte die Decke, er faltete sie der Länge nach, sagte ihr, sie solle sich auf das eine Ende setzen, während er an dem anderen zog. Auf diese Weise sauste sie »wie auf einem Schlitten« einige Male den Korridor hin und her, bis man sich in dem Fußboden spiegeln konnte. Als sie fertig waren, gab er ihr die Decke zurück, die inzwischen aussah wie ein alter Lumpen.

Mit gespieltem Entsetzen und spöttischem Gesicht meinte er dann: »Also so respektiert das neue Personal das Eigentum des Hauses. Innerhalb von zehn Minuten wird eine neue Decke zum Lumpen. Ungeheuerlich! Beschämend! Ich werde das sofort weiterleiten!«

»Aber Sie haben es mir doch selber gesagt«, protestierte Henrietta kläglich.

Nun schien er wirklich verärgert zu sein. »Was sind Sie für ein unschuldiges Lämmchen! Eine Neunmalkluge! Man kann immer jemand anders die Schuld in die Schuhe schieben.« Und er eilte den Korridor hinunter.

Henrietta stand da, völlig durcheinander. Sie fand sich damit ab, bei Korczak in Ungnade gefallen zu sein. Aber am folgenden Donnerstag beim Seminar schien er den Zwischenfall vergessen zu haben, als er sich mit einigen Praktikanten befaßte, die sich von den Kindern zu Unrecht vor Gericht gebracht fühlten.

»Also sie klagen und bringen Sie vor Gericht«, sagte er. »Sie fragen, warum, Sie behaupten, unschuldig zu sein. Sie schieben anderen die Verantwortung zu.« Seine Stimme wurde zornig. »Sie können einen Weisen nicht zum Narren machen. Man braucht Mut, sich zu weigern.«

Die anderen konnten Korczaks Diskurs nicht ganz folgen, Henrietta aber wußte, daß sie gemeint war. Sie begriff, daß er hatte prüfen wollen, wie weit sie in ihrem blinden Gehorsam zu gehen bereit war. Die Prüfung hatte sie nicht bestanden, aber sie hatte etwas gelernt. In Zukunft würde sie denken, bevor sie handelte, und ihrem eigenen Urteil vertrauen.

Wie Stefa kommunizierte auch Maryna durch die täglichen Aufzeichnungen mit ihren Praktikanten. Wenn ihr an einem Thema etwas lag, brachte sie viele Seiten darüber zu Papier. 1929 schrieb Stanislaw Zemis auf, wie wütend er war, weil die Buben im Pfadfinderlager dauernd fluchten. Nachdem er sie zur Rede gestellt hatte, besserten sie sich, aber kaum zurück in Bielany, ging nun alles wieder von vorne los. Ob Madame Maryna sie sich bitte deswegen vornehmen könnte?

»Es ist nicht leicht für mich, Ihnen hier zu raten«, schrieb Maryna in sein Aufzeichnungsbuch. »Ich erinnere mich nicht, die Mädchen je fluchen gehört zu haben. Ich glaube, sie haben Angst vor mir, deshalb zanken sie nicht in meiner Gegenwart. Aber Pan Doktor hört die Buben im Schlafsaal fluchen, weil sein Zimmer ja nebenan ist. Und er sagt nichts. Natürlich denken sie, daß er es akzeptiert. Seit ich mich so lange im Schlafsaal aufhalte, bis die Buben eingeschlafen sind, betragen sie sich besser. Sie haben von mir strikte Anweisung, ihre Sachen in Ordnung zu halten und nicht zu fluchen. Eines Abends allerdings war ich nicht im Schlafsaal und stellte fest, daß sie einen Besen in die Toilettentür geklemmt hatten. Das heißt, die Buben fürchten sich genauso vor mir wie die Mädchen und verhalten sich anders, wenn ich da bin. Sie wissen, daß ich reagieren werde. Man sollte reagieren. Pan Doktors bevorzugte Beobachterrolle ändert einen Maulhelden wie Oleg nicht, der sich den Schwächeren gegenüber als Herr aufspielt.«

Eine weitere Seite Kommentar strich Maryna durch, wahrscheinlich war sie der Ansicht, Korczak gegenüber zu kritisch geworden zu sein. Obgleich sie erst ein Jahr vorher eine Schrift über die auf Korczaks System der Selbstverwaltung basierenden Erziehungsmethoden in »Unser Haus« mit einer von Korczak verfaßten Einleitung veröffentlicht hatte, wurde sie immer ungeduldiger mit seiner Art, die aggressiven Buben zu tolerieren. Sie war nicht der Ansicht, geduldig warten zu müssen, bis ein Lauselümmel begriffen hatte, wie notwendig es war, ein guter Mitbewohner des Hauses zu sein. Tatsächlich war sie in vielem anderer Meinung als Korczak. Nicht einverstanden war sie damit, daß die Kinder über ihr eigenes und das Verhalten ihrer Erzieher abstimmen können sollten; sie hörte ziemlich schnell auf damit und belohnte die Kinder statt dessen für gutes Betragen. Auch war sie dagegen, daß es ihnen erlaubt sein sollte, Erwachsene vor Gericht zu bringen. Die Praktikanten hörten sie häufig mit Korczak über diese Dinge streiten. Und mehr als einmal drohte sie zu kündigen und ihm das Heim zu übergeben. »Er war so weichherzig«, meinte eine der früheren Erzieherinnen über die Art und Weise, wie Korczak Maryna zu beschwichtigen suchte. Doch bei seinen Erziehungsstrategien blieb er hart und wich keinen Zollbreit davon ab.

Stanislaw Rogolowski erzählte, wie er sich über Korczaks vage Beantwortung vieler Fragen der Praktikanten gewundert hatte: »Statt einer klaren Antwort sagte er ›ich weiß es nicht‹ oder ›vielleicht‹ oder ›das kann ich nicht sagen, mir ist dazu auch noch nichts eingefallen.‹ Oder er meinte: ›Ich habe zwar eine Erklärung dafür, aber ich weiß nicht, ob sie ausreicht.‹ Und wenn er bedrängt wurde, sagte er: ›Man kann nicht jede Wahrheit ausposaunen.‹«

Aber es gab auch Seminare, in denen Korczak jeden mit einer definitiven, wenn auch unqualifizierten Antwort überraschte. Einer der Praktikanten gab zu, die Geduld verloren zu haben, als einer der Buben ihm drohte: »Du traust dich nicht, mich zu schlagen! Du weißt, daß Pan Doktor dich achtkantig rausschmeißen würde!« Der Praktikant packte ihn beim Kragen und zischte: »Nein, ich schlage dich nicht. Aber ich mach dich so fertig, daß du dich nie mehr so aufführen wirst.« Und er zerrte ihn in den Keller und drohte ihm, ihn da einzusperren, wo er die Ratten so viel anschreien mochte, wie er wollte. Die Behandlung brachte das erwünschte Resultat: Der Bub wurde sofort fügsam und folgte von dem Moment an willig.

Alle warteten auf Korczaks Reaktion. Der Doktor schien vor

ihren Augen zu schrumpfen, sein Kopf verschwand zwischen seinen Schultern, und er flüsterte wie zu sich selbst: »Ein boshaftes Kind ist frech, weil es unglücklich ist. Nervös. Ihre Aufgabe als Erzieher ist, herauszufinden, was ihm fehlt. Vielleicht hat es Zahnweh und hat Angst, das zu sagen, weil es weiß, Sie werden den Zahnarzt rufen. Vielleicht hat es Fieber und will das nicht sagen, weil es doch morgen mit ins Kino möchte. Vielleicht hatte es eine schlechte Nacht, weil es an seine Mutter dachte, die weit weg ist oder tot. Vielleicht hat es von ihr geträumt und ist weinend aufgewacht. Vielleicht war es überzeugt, daß niemand es gern hat. Und Sie, der Erzieher, sind derjenige, an dem es das alles ausläßt, all die Ungerechtigkeiten, den Verlust seiner Mutter. Diese ferne Mutter, traurig, wütend, bitter – aber immer noch seine Mutter. Sie sind stark, gesund, Sie lächeln – aber Sie sind ein Fremder. Das boshafte Kind weiß nicht, daß Sie es wirklich mögen, daß Sie es vor einer kalten, bösen Welt beschützen wollen. Es weiß nicht, daß Sie die anderen Kinder, die Ihnen vertrauen und Sie brauchen, vor seinen Streichen bewahren müssen. Der Bub begreift nicht, daß er Ihnen und sich selbst schadet. Aber Sie wissen es. Also in den dunklen Keller mit ihm! Mach dem Balg richtig Angst! Vielleicht wünschen Sie sich tatsächlich, daß er sich weh tut. Aug' um Aug'!«

Korczak flüsterte weiter zu sich selbst: »Es gibt so viele schreckliche Dinge auf dieser Welt, aber das Schlimmste ist, wenn ein Kind sich vor seinem Vater, seiner Mutter oder seinem Lehrer fürchtet. Er fürchtet sie, statt sie zu lieben und ihnen zu vertrauen.« Jetzt war seine Stimme voller Schmerz und Bitterkeit. Er schloß die Augen. Betretenes Schweigen folgte. Keiner wußte, was tun. Was dachte er? Weinte er? Schlief er? Der Praktikant, der die Begebenheit gebeichtet hatte, wünschte, er hätte es seinlassen. Doch Korczak war nicht eingeschlafen. Plötzlich rief er: »Lieber Gott, vergib ihm, daß er das arme Kind so erschreckt hat!« Und ohne einen Gutenachtgruß stand er von seinem Stuhl auf und verließ den Raum.

20
Die schönste Zeit

Wenn das ganze Waisenhaus schlief, lebte Korczak in seiner Mansarde so »bewußt« wie Thoreau in seiner Hütte in Walden. Weil er sich auf diese mönchische Weise von Ehe und Familie, von Kartenspiel, Diners und Bällen ausgeschlossen hatte, war er frei, sich auf das zu konzentrieren, was für ihn die wesentlichen Dinge des Lebens ausmachte. Wenn Thoreau ein »Inspektor der Regen- und Schneestürme« war, dann war Korczak der Beobachter jener Stürme, die über das Land der Kindheit hinwegfegten.

Eines Nachts im Jahre 1925 saß er an seinem Schreibtisch und zog Bilanz. Mit siebenundvierzig war die Zeit für ihn zum Begriff geworden, er bewegte sich auf das halbe Jahrhundert zu – kein respektables Alter für ein Kind. Sein Körper hatte ihn betrogen, er war zum Körper eines Erwachsenen geworden – eine der Ironien seines Lebens. Denn sosehr er sich auch unter Erwachsenen in ihrer scheinheiligen Welt bewegte, sosehr er ihnen glich mit seiner »Armbanduhr und dem Schnurrbart und dem Schreibtisch voller Schubladen«, so genau wußte er, daß er eigentlich ein Eindringling war. Die Praktikanten mochten jünger sein, aber in vielen Dingen waren sie nicht so jung wie er. Sie hatten nur die Jahre für sich. Wenn er ihnen helfen konnte, sich in jene Zeit zurückzuversetzen, in der all ihre Sinne noch offen waren, wenn es ihm gelang, die Wälle niederzureißen, die sie errichtet hatten, um das weinende Kind in sich abzuschotten, dann konnte er sie auch an die Gründe des scheinbar irrationalen Betragens von Kindern heranführen. Aber wie würde er sie – oder sich selbst – wieder jung werden lassen können?

Wenn ich wieder klein bin, schrieb er auf ein Stück Papier und fuhr mit der ersten Zeile aus *König Hänschen I.* fort: »Und das war so . . .«. Doch diese Geschichte handelte nicht von einem Märchenkönig, sondern von einem Lehrer mittleren Alters, der

Korczak sehr ähnlich ist, im Bett liegt und tagträumt: Wenn ich nun wieder einmal ein Bub wäre? Er würde gerne alles wissen, was er jetzt weiß, aber niemand dürfte herausfinden können, daß er schon einmal erwachsen war. Wenn Kinder nur wüßten, wie unglücklich die Erwachsenen sind, würden sie nie groß werden wollen: Erwachsene haben viel weniger Freiheit als Kinder, dafür viel mehr Verantwortung und Sorgen; sie weinen nicht mehr, weil es nichts mehr gibt, um das es sich zu weinen lohnte. Und hier seufzt der Lehrer tief auf.

Plötzlich wird das Zimmer dunkel. Ein weißglühender Ball schwebt in den Raum, wird kleiner und kleiner und landet auf seinem Kopf. Es ist ein winziges Männlein, nicht größer als sein Finger, mit einem langen, weißen Bart und einem spitzen, roten Hut auf dem Kopf. Es trägt eine Laterne in der Hand.

»Mit dem Seufzer der Sehnsucht hast du mich herbeigerufen. Was wünschest du?«

»Ich möchte wieder klein sein.«

Flugs dreht das Männlein seine Laterne im Kreis herum, so daß er für einen Moment lang geblendet ist, murmelt etwas in seinen Bart und ist verschwunden.

Am folgenden Tag wacht der Lehrer im Haus seiner Kindheit auf. Seine Mutter bereitet ihm das Frühstück, bevor er zur Schule geht. Er ist wieder ein Bub, aber mit einem Unterschied – die Erfahrungen und Erinnerungen des Erwachsenen sind ihm geblieben.

Zunächst ist es sehr merkwürdig, jedem vormachen zu müssen, daß man die Kindheit zum ersten Mal erlebt. Er muß so tun, als könne er nicht lesen und schreiben. Er kommt sich albern vor, auf einem Eisen herumzuschlagen und wie ein Zug zu pfeifen.

Doch bald kehrt der alte Zauber der Kindheit zurück – seine klare, dünne Stimme ist wieder da, es macht ihm wieder Spaß, wie der Hund zu bellen und wie der Hahn zu krähen. Und wenn man ganz schnell läuft, ist es wieder der Galopp eines Pferdes, das mit dem Wind um die Wette rennt. Als er am nächsten Tag aufwacht und draußen »die weiße, blendende, zarte Freude« von frischgefallenem Schnee entdeckt, erinnert er sich, daß er als Erwachsener hauptsächlich an den Matsch gedacht hatte, an nasse Galoschen und an die Mühsal, Kohlen zu beschaffen.

Wenn ich wieder klein bin zeigt einen gereiften Korczak, der seine Leser durch die Spielplätze und Minenfelder der Kindheit führt. »Ein Kind hat eine andere Uhr, einen anderen Kalender, es mißt die Zeit anders«, erklärt der kindgewordene Lehrer. »Sein Tag teilt sich auf in kurze Sekunden und lange Jahrhunderte. Kinder und Erwachsene stören sich gegenseitig. Es wäre schön, wenn man abwechselnd klein und groß sein könnte – wie Sommer und Winter, Tag und Nacht. Dann würden sich Kinder und Erwachsene verstehen.«

Der Einsatz des Werkzeugs Phantasie ist ideal für Korczak den Autor und Korczak den Erzieher. In seiner Doppelrolle als Kind/Mann kann er im Leben nach Gutdünken hin- und herspringen und jedem die andere Seite erklären. Der Lehrer mittleren Alters ist erst seit ein paar Stunden Kind, da fließen schon die ersten Tränen. Er erkennt, daß er die Geringschätzung und die Ungerechtigkeiten, die er als Kind erfuhr, vergessen hatte. Ein richtiges Kind war niemals groß und begreift nicht, warum es seinen Eltern und Lehrern auf die Nerven geht, aber das vermeintliche Kind, das in Wirklichkeit ein Erwachsener ist, weiß recht gut, wie die Dinge für beide aussehen. Und so, nach einer Reihe von Mißverständnissen mit Erwachsenen wie Kindern, läßt der Autor den Kind/Mann Elf bitten, ihn wieder in den erwachsenen Lehrer zurückzuverwandeln.

Das Buch war für Kinder und Erwachsene gedacht, und Korczak verfaßte deshalb zwei verschiedene Vorworte. In dem für Kinder ist er der Freund, der erklärt, daß sie nicht die übliche Abenteuergeschichte vorfinden werden, sondern eher eine psychologische Erzählung über die Gedanken und Gefühle eines Menschen. Aus dem Vorwort für die Erwachsenen spricht der didaktische Erzieher: »Sie irren sich, wenn Sie glauben, daß wir uns zu Kindern herablassen müssen, um uns mit ihnen zu verständigen. Im Gegenteil, wir müssen uns nach ihren Gefühlen ausstrecken, müssen uns auf die Zehen stellen.«

Die zwanziger Jahre waren Korczaks fruchtbarste Zeit. »Wenn man der Sonne sagen könnte: Bleib stehen, jetzt wäre die rechte Zeit«, schrieb er in seinen *Erinnerungen* über sein Alter zwischen vierzig und fünfzig. »Wenn es nur nicht schlimmer kommt, wenn es nur so bliebe, grad so wie jetzt. ... Meine Stadt, meine Straße, mein Laden, wo ich immer einkaufe, mein Schneider, aber, was das wichtigste ist, meine Werkstatt.« Und seine geliebte Weichsel, die durch seine Stadt strömte, mit den Jahreszeiten ihre Farbe änderte und an deren Ufern er so oft allein oder mit Freunden als Kind und als Mann entlanggelaufen war. »Ich liebe dich, graue Weichsel. Ich würde dich nicht eintauschen für die stolze Themse, den wilden Niagara oder den magischen Ganges. Denn die, wenn sie vielleicht auch hundertmal schöner sein mögen, sprechen eine Sprache, die ich nicht verstehe.«

Im Herbst des Jahres 1926 erfuhren die jüdischen Kinder Warschaus von einem aufregenden neuen Projekt aus Korczaks Werkstatt durch einen Brief in *Unsere Rundschau*, einer zionistischen Tageszeitung in polnischer Sprache, die ihre Eltern lasen. »An meine künftigen Leser«, begann der Brief und kündigte von nun an als Freitagsbeilage die Kinderzeitung *Kleine Rundschau* an. Janusz Korczak, der Verfasser des Briefes, gab sich als Autor von *König Hänschen I.* zu erkennen und erklärte, wie er auf die Idee mit der neuen Zeitung gekommen war: »Als ich aufhörte, ein Doktor zu sein, wußte ich nicht, was ich mit mir anfangen sollte, also schrieb ich Bücher. Aber Bücher schreiben dauert lange, und soviel Geduld habe ich nicht. Außerdem braucht man viel Papier, und die Hand tut einem weh. Also dachte ich mir, vielleicht sollte ich besser eine Zeitung gründen, denn dann helfen einem die Leser. Allein schaffe ich es nicht.«

Er braucht ihre Mitarbeit, sagt er ihnen. Sie alle müßten Korrespondenten werden und regelmäßig Briefe und Berichte ins Büro Nowolipkistraße 7 schicken, das sei »ein großes Gebäude mit einem Garten dabei und einer Antenne auf dem Dach, die Nachrichten aus aller Welt auffängt«. Sie sollten über alles schreiben, was sie froh oder traurig machte, und von den Problemen, bei denen sie Hilfe brauchten. Und für die Kinder, die anrufen und eine Geschichte durchgeben wollten, würde es zwölf Telephone geben sowie einen Lektor für die Buben und einen für die Mädchen, und außerdem »einen alten Lektor mit Brille, der dafür sorgt, daß alles auch gemacht wird«.

Das Ziel der Zeitung sei es, die »Kinder zu verteidigen«, erklärte er. Wenn einer nicht schreiben konnte, sollte er seine Geschichte in der Redaktion einem Lektor diktieren. Jeder sollte sich trauen zu kommen, und niemand würde ausgelacht. Es würde Artikel über alle möglichen Themen geben: Fußball, Kino, Reisen, Politik. In der Morgenausgabe für die Kleinen sollten viele Bilder sein und Preisausschreiben, bei denen man Schokolade und Spiele gewinnen konnte. Es würde Beiträge über Haustiere, Kinderkrankheiten und Hobbys geben, regelmäßige Interviews mit Kindern, die außergewöhnliche Dinge taten und einen Serienbericht, der zunächst das Tagebuch eines Kindes in Fortsetzungen brachte. In der Abendausgabe sollten dann die ernsteren Themen behandelt werden, und als Preise winkten Bücher, Taschenuhren und Kinokarten. Die Zeitung sollte »unabhängig und überparteilich« sein.

Was Korczak seinen künftigen Lesern nicht mitteilte, war, daß er sich damit einen alten Traum erfüllte. Eine Presse für Kinder war für ihn »das ABC des Lebens«. »Kinder machen eine ziemlich große soziale Schicht aus, haben viele berufliche und familiäre Probleme, Bedürfnisse, Wünsche und Zweifel«, hatte er im Jahr davor im *Polnischen Kurier* geschrieben. Als *Unsere Rundschau* ihm für die Freitagsausgabe die Beilage anbot, konnte er nicht widerstehen.

Das Echo überraschte alle. In wenigen Wochen kamen Hunderte von Briefen von Kindern aus ganz Polen in das Büro der *Kleinen Rundschau.* »Es gibt nette und lustige Briefe über Geburtstage und Feiertage und traurige und ernste Briefe voller Träume, Sorgen und Klagen«, berichtete Korczak seinen Lesern. Ein Bub beschwerte sich, sein Vater habe ihm trotz seiner guten Noten das versprochene Fahrrad nicht gekauft, ein anderer litt unter dem Spott seiner Schulklasse, weil er zum Schutz seiner Kleider einen Kittel tragen mußte, den seine Mutter extra für ihn genäht hatte. Dem Buben, der von seinen Eltern eine Ohrfeige erhalten hatte, weil er auf dem Teppich herumrutschte, schrieb Korczak: »Eltern schlagen, wenn sie Probleme haben und die Geduld verlieren. Sag ihnen, sie sollen dich nicht gleich schlagen, sondern nur warnen, daß du dir in einer halben Stunde eine Ohrfeige einfängst, wenn du nicht sofort aufhörst. Das gibt ihnen Zeit, sich zu beruhigen.«

Korczak schickte seine kleinen Reporter zur Überprüfung der Briefangaben los und schrieb Leitartikel darüber, wie schlimm es war, Kindern falsche Versprechungen zu machen und ihre Bedürfnisse nicht zu verstehen. Eltern fanden es peinlich, einen Brief ihres Kindes in der Zeitung vorzufinden und vor den Nachbarn blamiert dazustehen. Es dauerte nicht lange, da schrieb der eine Bub, daß er seinen Kittel nicht mehr zu tragen brauche, und andere berichteten über ähnliche Erfolge.

In jenen ersten Jahren des Erscheinens der Zeitung gab es nichts, was zu unbedeutend gewesen wäre, um gedruckt zu werden. Ein Kind erzählte, wie erschüttert es bei dem Tod eines Huhns gewesen war, ein anderes, wie ein kleiner Hund vom Zug überrollt wurde. Korczak beantwortete die Briefe eine Woche später und erinnerte sich, daß er als Bub wochenlang Alpträume gehabt hatte, nachdem er mitansehen mußte, wie eine Katze überfahren wurde. Er erzählte sogar von seinem Kanarienvogel, den er und seine Schwester begraben hatten. »Wir weinten, als wir vom Friedhof zurückkamen und den leeren Käfig sahen. Später habe ich viele schreckliche Dinge gesehen, das Leiden von Menschen und Tieren. Heute weine ich nicht mehr, aber ich bin sehr, sehr traurig. Manchmal lachen die Erwachsenen, wenn ein Kind weint. Das sollten sie nicht tun. Ein Kind hat noch nicht viel Leiden gesehen, es ist nicht daran gewöhnt.«

Auch wenn Korczak nicht erwähnte, daß die Beerdigung seines Kanarienvogels die traumatische Erkenntnis gebracht hatte, daß er Jude war, gab es in der *Kleinen Rundschau* eine besondere Rubrik für Kinderbriefe, die über Antisemitismus berichteten. Ein Bub schrieb: »Ich bin das einzige jüdische Kind in meiner Klasse, und ich fühle mich wie ein Fremder, ein Außenseiter.« Ein Mädchen beschwerte sich, daß einige gemeine Klassenkameraden sie mit einem jüdischen Spitznamen riefen; ein anderes Mädchen schrieb, daß man ihr immer »Juden, haut ab nach Palästina!« nachrief.

Korczak antwortete ihnen: »Ich weiß, wie es war, wie es ist und wie es sein sollte. Unsere Zeitung wird diesem Thema viele Beiträge widmen. Wir können nicht versprechen, daß wir das Problem lösen oder schnelle Abhilfe schaffen werden, denn es ist eine schwierige und schmerzliche Sache. Doch wenn es die Aufgabe einer Zeitung für Kinder ist, die Kinder zu verteidigen, dann muß eine Zeitung für jüdische Kinder jene in Schutz nehmen, die dafür leiden müssen, als Juden geboren zu sein.«

In der Abendausgabe der Zeitung schrieb Korczak politische Artikel für die älteren Kinder. Er hatte versprochen, daß sie »nicht langweilig und voll mit solchen langen Wörtern, wie die Erwachsenen sie benutzen«, sein würden. In einer ihnen verständlichen Sprache versuchte er zu erklären, wie Jozef Pilsudski, der ständigen Regierungswechsel müde, im Mai 1926 einen Putsch lancierte, nachdem er sich bereits drei Jahre aus der Politik zurückgezogen gehabt hatte. Korczak, der Pilsudski wegen seiner fairen Behandlung aller Minderheiten – und eben auch der Juden – bewunderte, hoffte, daß Polen mit Pilsudski an der Spitze wieder mehr Stabilität erlangen würde.

Für Korczak war die Zeitung mehr ein therapeutisches als ein literarisches Medium, deshalb störten ihn weder falsche Grammatik noch Rechtschreibfehler. Seine jungen Reporter wurden ermutigt, über ihre eigenen Erfahrungen zu berichten, statt Gedichte oder Geschichten einzusenden. Korczak der Arzt wollte den Kindern eine gesunde Möglichkeit geben, ihren Gefühlen Luft zu machen und ihren aufgestauten Kummer mitteilen zu können. Korczak der Erzieher wollte weitere Aufschlüsse darüber, wie Kinder ihr eigenes Leben sehen. Die Kinder schrieben sehr offen über ihre Gefühle, für sie war die Zeitung ein Blatt, das sie direkt ansprach und durch das auch sie direkt miteinander sprechen konnten. Die Verkaufszahlen von *Unsere Rundschau* gingen sprunghaft in die Höhe, weil Eltern jetzt die Morgenausgabe und die Abendausgabe für die Familie kauften.

Kurz nachdem die *Kleine Rundschau* entstanden war, erschien ein Artikel der vierzehnjährigen Maja Zellinger, in dem sie beschrieb, was sie bei einer Bootsfahrt auf der Weichsel gemeinsam mit ihrem kleinen Bruder gesehen hatte. Sie war überrascht, einen Brief von Janusz Korczak zu erhalten, in dem er bat, sie besuchen zu dürfen. Als er bei ihr eintraf, war sie enttäuscht, wie gewöhnlich er aussah, mit seinem Bart und den runden Brillengläsern, aber sie akzeptierte seinen Vorschlag, die »offizielle Sekretärin« der Zeitung zu werden.

Korczak gab ihr überhaupt keine Anweisungen, und zunächst fühlte Maja sich gar nicht wohl bei der Sache. Wenn sie etwas fragte, meinte er: »Ich weiß es nicht«, oder: »Du wirst schon sehen.« Er las alles, was im Zeitungsbüro eintraf, unterstrich manche Sätze mit einem blauen Stift oder schrieb: »Was ist zu tun?« an den Rand. Er schien dem, was andere taten, nicht die geringste Aufmerksamkeit zu widmen, doch Maja wußte, daß er alles mitbekam. Er sprach langsam und verteilte keinerlei Komplimente oder Schmeicheleien. Sie fühlte sich geehrt, als er ihr die Aufgabe übertrug, die familiäre Situation von Kindern, die Probleme hatten, zu überprüfen oder jene zu beraten, die ins Büro kamen.

Als immer mehr Briefe von sehr armen Kindern kamen, richtete Korczak einen Sonderfonds für sie ein. Wie bei allen neuen Projekten überprüfte er selbst die Angaben aus den ersten Briefen, die eingetroffen waren, bevor Maja die Aufgabe übernahm. »Die Zeitung wird dir jede Woche einen bestimmten Betrag zur Verfügung stellen«, sagte er ihr. »Lies die Briefe durch und stell fest, wie viele tatsächlich Hilfe brauchen.«

»Aber woher soll ich das wissen?« fragte sie.

»Du wirst es schon wissen.«

Bald reiste sie durch ganz Polen, verteilte Hilfsgüter an bedürftige Kinder und schrieb einen Jahresbericht darüber.

Im Laufe eines Jahres wurde die *Kleine Rundschau* von zwei auf vier Seiten erweitert und hatte zweitausend Korrespondenten über das ganze Land verteilt. Sie agierte als Sponsorin für sportliche Wettkämpfe, fungierte als Gastgeberin für vier Filmvorführungen im Jahr und hielt eine Jahreskonferenz ab.

Jozef Balcerak, damals elf, schlich sich in eine dieser Konferenzen, indem er sich mit Hilfe seiner Kamera als Reporter ausgab. Er wunderte sich, daß er in eine hitzige Diskussion darüber geraten war, ob der Brief von Iza aus der Lwowskastraße, in dem sie beschrieb, wie ihr Vater ihren lockeren Zahn entfernte, zu unbedeutend war, um gedruckt zu werden. Korczak wollte ihn abdrucken und erklärte, daß alles, über das ein Kind schrieb, wichtig war. Zum ersten Mal in seinem Leben hörte Bolcerak einen Erwachsenen sagen, daß einem Kind Respekt und Verständnis zustanden.

Mit einer Begeisterung und einem Eifer, von denen er nicht wußte, daß er sie überhaupt besaß, begann er, Geschichten für die Zeitung zu schreiben. Doch es kam der Tag, an dem er Korczak gestehen mußte, daß ihm nichts mehr einfiel.

»Unsinn«, meinte Korczak. »Hast du einen Schreibtisch in deinem Zimmer?«

»Ja, aber von dem gehört mir nur eine Schublade.«

»Ist sie aufgeräumt?«

»Nein. Meine Mutter schimpft deswegen auch immer.«

»Dann leer' sie einfach mal auf den Fußboden aus, und schau dir an, was drin ist. Ein jedes Stück hat seine eigene Geschichte, du brauchst sie nur aufzuschreiben.«

Und so kam Balcerak zu seiner Serie der *Geschichten aus der Schublade.*

Korczak habe immer mit ruhiger und leiser Stimme mit seinen Reportern gesprochen, erinnerte sich Balcerak. Er beugte sich vor, als ob er ein Geheimnis zu erzählen hätte. Seine Hände beschäftigten sich mit seiner Zigarette, aber wenn ihm irgend etwas einfiel, holte er Bleistift und Papier aus der Tasche und schrieb es auf. Wenn er jemanden etwas fragte, sah er ihn oft über die Ränder seiner Brillengläser an, und wenn die Gläser dann beschlagen waren, reinigte er sie sorgfältig mit seinem Taschentuch.

Nachdem Korczak die Erlaubnis erhalten hatte, Balceraks geheimes Tagebuch zu lesen, und herausfand, daß der Bub einen Wintermantel brauchte, schlug er vor, auch ihn einzustellen, damit er wie die anderen Reporter bezahlt werden könne.

»Komm am Samstag um elf ins Waisenhaus, bevor die Zeitung vorgelesen wird, und Frau Stefa wird dir etwas geben«, sagte er. (Wie bei allem anderen war Stefa natürlich wieder die Organisatorin.) Für Balcerak war Korczak »kein Mensch von dieser Erde, sondern von einem anderen Stern«. Er hielt die *Kleine Rundschau* für »die demokratischste Zeitung der Welt«; jeder konnte für sie schreiben.

Alexander Ramati, mit neun Jahren Chefkorrespondent in Brest-Litowsk, ist davon überzeugt, daß diese Erfahrung maßgeblich dafür war, daß er Schriftsteller wurde. Er kam sich sehr wichtig vor, wenn er mehrmals im Jahr mit dem Zug nach Warschau fuhr, um den Chefredakteur zu treffen. In der Redaktion gab es immer jede Menge Kinder aller Größen, die schrieben, sangen oder Spiele spielten. Ein vorbeikommender Drucker fragte ihn einmal: »Was haben wir denn hier – eine Klinik, einen Club oder einen Bazar?«

Auf dem Messingschild an der Tür von Korczaks kleiner Kabine stand: BÜROZEITEN DONNERSTAGS 7–9 UHR. Da saß dann der Doktor in seinem alten grauen Anzug an seinem völlig überladenen Schreibtisch. »Seine Stimme war immer freundlich, aber manchmal klang er etwas abrupt«, erinnerte sich Ramati. »Er war wie dein Vater, pünktlich, sah auf die Uhr, wenn man zu spät kam. Aber er gab einem das Gefühl, mit einem Kollegen zu sprechen, und das tat dein Vater nicht.«

Leon Ha'ari war fünfzehn, als er sich an einem Donnerstagnachmittag um fünf um einen Posten bewarb. Er war völlig erstaunt, als Korczak ihn den Mund öffnen hieß, seine Zähne anschaute und ihm empfahl, sich eine Zahnbürste zuzulegen. Das war der Anfang von Ha'aris langer Beschäftigung bei der Zeitung, in der er über arme Straßenkinder schrieb und wie sie sich durchs Leben schlugen.

»Wir benutzten Korczak als unsere Klagemauer«, erinnerte er sich. »In ihm hatten wir unseren richtigen Vater gefunden. Wir kamen aus armen Familien, und unsere Eltern waren völlig überarbeitet. Bei uns daheim waren acht Kinder. Mein Vater kam nach Hause und ging ins Bett. Aber Korczak sprach mit uns, verstand uns. Manchmal schaute er aus wie ein verträumtes Kind, manchmal erschöpft und besorgt. Er trug stets den gleichen alten grauen Anzug. Ich habe ihn niemals ausstaffiert gesehen wie eine Schaufensterpuppe.«

Die *Kleine Rundschau* war auch für einige nichtjüdische Reporter attraktiv. Kazimierz Debnicki kam mit vierzehn zu der Zeitung. Er war ein rebellischer junger Mann, der schon aus so vielen Schulen herausgeflogen war, daß es über ihn eine »Wolfskarte« gab, eine Akte, die ihm überallhin vorauseilte. Es hieß, er habe einen Lehrer zum Herzinfarkt getrieben, weil er zwei Stunden mit verschränkten Armen dasaß und sich weigerte, eine verlangte Zeichnung auszuführen. Durch den Einfluß eines Bruders seines Vaters, einem Bischof, war er in ein konservatives Gymnasium aufgenommen worden, das unter anderem stolz darauf war, keine jüdischen Schüler zuzulassen. Als sein Biologielehrer ihn ermahnte, nicht »wie ein Jud'« in seinem Stuhl herumzuhängen, wurde er so böse, daß er heimging und einen Artikel über den »Lehrer, der Vorurteile unterrichtet«, schrieb. Er war sehr empfindlich in diesem Punkt, weil seine verstorbene Mutter jüdische Vorfahren hatte. Sein Vater lobte den Artikel und schlug ihm vor, er solle ihn Janusz Korczaks *Kleiner Rundschau* anbieten. Er machte seinen Sohn darauf aufmerksam, daß das jüdische Viertel wie ein fremdes Land sein würde – nicht nur, daß die Leute anders gekleidet waren und anders sprachen, sondern die jüdische Armut roch anders als die polnische wegen der Gewürze in den jüdischen Speisen.

Die einzige Mauer um das jüdische Viertel herum war damals die Mauer der Sitten und Gebräuche, und nachdem er die einmal überwunden hatte, begann Debnickis »großes Abenteuer«. Als sein Artikel von einem der jungen Redakteure akzeptiert worden war, legte man ihm nahe, zum Waisenhaus zu gehen und sich Dr. Korczak vorzustellen. Er fand schließlich zur Krochmalna und rief einem Kind, das im Hof unter einem Kastanienbaum spielte, zu: »Hör mal, Kleine, wo finde ich denn den Doktor?« Sie sah ihn an, als wäre er ein »faules Ei«, und schrie: »Such ihn doch selbst!«

Erst viel später, als er zum Mitarbeiterstab der *Kleinen Rundschau* gehörte, nahm Debnicki all seinen Mut zusammen und fragte Korczak, warum das Mädchen so grob gewesen sei. »Weil du sie schlecht behandelt hast«, erwiderte Korczak, als er die Einzelheiten hörte. »Warum hast du ›Kleine‹ zu ihr gesagt? Du hättest sie mit ›Hochverehrtes gnädiges Fräulein‹ anreden müssen, und sie hätte gelacht, weil du etwas Gescheites gesagt hättest. Oder du hättest es mit ›Meine schöne junge Mademoiselle‹ versuchen und die Frau in ihr sehen können. Aber du hast ›Kleine‹ zu ihr gesagt, also wie sollte sie dich anders behandeln?«

Jeden Donnerstagabend nach der Redaktionssitzung lud Korczak Redaktion und Reporter in die Wurstbraterei um die Ecke ein. Sie setzten sich an einen der wenigen Tische und bestellten ihre Wurst mit Senf und Semmel. Die Buben tranken Tee, und manchmal bestellte Korczak sich ein Bier. Er war »wie eine Insel im Meer«, weil keine Familienbande ihn beanspruchten und er immer für sie dasein konnte.

An einem dieser Donnerstagabende, als Korczak und zehn seiner Reporter in der Wurstbraterei die Reparatur einer Lampe feierten, hob er sein Glas: »Ich fühle, daß heute abend alle Berichterstatter der *Kleinen Rundschau* bei uns sind, selbst die, die sich im Ausland aufhalten. Wir sind wie das Hauptquartier einer großen Jugendarmee.«

Alle drei Monate belohnte die *Kleine Rundschau* ihre produktivsten Schreiber mit der Privatvorstellung eines Hollywoodfilms in einem Kino, das dem Vater eines Reporters gehörte. Korczaks Lieblingsfilme waren die von Buster Keaton und Charlie Chaplin; mit den Jahren allerdings fühlte er sich auch von romantischen Abenteuergeschichten über Kinder wie *Die Schatzinsel* oder *The Prince and the Pauper* (deutscher Titel: *Mit eiserner Faust*) angezogen. Seiner Ansicht nach waren diese Filme nicht nur unterhaltend, sondern hatten auch einen erzieherischen Wert. Welches Kind mit einem Alkoholiker als Vater wäre nicht gerührt, wenn in *The Champ* der kleine Jackie Coogan hinter Wallace Berry herläuft, der einen ehemaligen, inzwischen vom Suff besiegten Preisboxer spielt. Es ist eine Szene, die ganz sicher Korczak anrührte: »Ich habe drei Kriege miterlebt«, sagte er. »Ich habe Verwundete gesehen, denen die Gliedmaßen weggeschossen wurden, aus aufgeschlitzten Bäuchen die Eingeweide hängen sehen. Aber glaubt mir, das Schlimmste, was man überhaupt zu sehen bekommen kann, ist, wenn ein Säufer sein hilfloses Kind schlägt oder wenn ein Kind hinter seinem betrunkenen Vater herläuft und ihn anfleht: ›Papi, Papi, bitte komm nach Hause ...‹.« Für ihn bot *The Champ* gerade dem Erzieher die ideale Möglichkeit, dieses schmerzliche Thema in der Klasse zur Sprache zu bringen und den Kindern Gelegenheit zu geben, ihre Meinung dazu zu sagen. »Das Kind schämt sich seines trinkenden Vaters, als ob es selbst, der arme Wurm, schuld daran sei«, schrieb Korczak. »Es schämt sich seines Hungers, weil seine Familie so arm ist. Vielleicht macht es sich sogar lustig über seine zerrissenen Schuhe und abgewetzte Kleidung, um damit die tiefe Traurigkeit seines Herzens zu verbergen.«

Manchmal, wenn Korczak einen Film gesehen hatte, der ihm gefiel, blieb er auch zur nächsten Vorführung, um die Reaktionen des jungen Publikums zu beobachten. Er war ganz verblüfft, als ein Dreijähriger, der ruhig neben seiner Mutter gesessen hatte, plötzlich aufsprang und rief: »Ein Hund! Oh, ein kleiner Hund!« Da er selbst den Hund nicht bemerkt hatte, blieb er für eine weitere Vorstellung, um zu sehen, ob er auf der Leinwand erscheinen würde. Fasziniert stellte er fest, daß der Hund tatsächlich ganz kurz am Rande der Szene vorkam, während die Haupthandlung sich in der Mitte abspielte. Der Bub verstand die Handlung nicht, aber er hatte etwas gefunden, was ihn interessierte.

Korczak wählte nicht nur die Filme für die von der *Kleinen Rundschau* veranstalteten Vorführungen aus, oft verteilte er auch Eintrittskarten. Zygmunt Kora, der Bub, der so unglücklich über den Tod eines Huhns gewesen war, vergaß in seinem ganzen Leben die große Freude nicht, als er eine Einladung erhielt, nach Warschau zu kommen und sich im Apollo-Theater in der Marszalkowskastraße *Die Nibelungen* anzusehen.

»Ich war schon früh dort, streifte umher und hielt die Postkarte als Erkennungszeichen in der Hand«, erinnerte sich Kora. »Ein älterer Mann kam zu mir und stellte sich als Janusz Korczak vor. Er nahm meine Mütze ab, küßte mich auf die Stirn, und wir redeten miteinander, als ob wir uns schon ewig gekannt hätten. Als er erfuhr, wie arm meine Familie war, sorgte er dafür, daß ich als Berichterstatter genug Lohn erhielt, um weiterhin die Schule besuchen zu können.«

In Warschau kursierte der Witz, die *Kleine Rundschau* sei eine gute Zeitung mit schlechten Berichterstattern. Was Korczak aber wirklich ärgerte, war, wenn die Leute die Zeitung angriffen, weil sie Rechtschreibfehler und fürchterliche Grammatik fördere. »Die Kinder zeigen Geschreibsel, statt einen literarischen Stil zu entwickeln«, meinte ein Kritiker.

»Geschreibsel ist nicht gefährlich, nur Unbildung«, entgegnete Korczak. »In einer kultivierten Gesellschaft ist Geschreibsel ein gesundes Phänomen.« Und dann, in der Tradition der Maskilim, der so viele aus der Generation seines Vaters angehört hatten, meinte er, gutes Polnisch sei der Klebstoff, der Juden und Polen zusammenhalte, und er fügte hinzu: »Es ist erfreulich und nützlich, jüdischen Kindern beizubringen, fließend in Polnisch zu schreiben. Dank unserer Zeitung werden ganze Generationen von Kindern gelernt haben, sich in dieser schönen Sprache auszudrücken.«

Einen ungewöhnlich bösen Brief veröffentlichte Korczak unter der Überschrift: »Sollen wir die *Kleine Rundschau* einstellen?« Der Kritiker, der behauptete, das Wohlergehen aller Kinder läge ihm am Herzen, bezichtigte die Zeitung, »große Köpfe auf kleinen Schultern« zu produzieren und die Kinder in einen ungesunden Zustand nervöser Aufregung zu versetzen, bis sie ihren Brief oder Artikel gedruckt sähen – und alles für den ausschließlichen Zweck, sie dazu zu bringen, die Zeitung zu kaufen. »Wenn die *Kleine Rundschau* wirklich die Gesundheit der Kinder ruiniert, sollte man ihre Existenz dann nicht besser beenden?« kommentierte Korczak den Vorwurf. Er wußte, daß ihn kein Mensch beim Wort nehmen würde.

Es war nicht die Kritik von außen, die ihn störte, sondern das, was bei der Zeitung selbst geschah: Die ganz jungen Reporter wurden von den Halbwüchsigen verdrängt, die außer über Politik hauptsächlich über sexuelle Themen schrieben. Für die Probleme der Kinder mit ihren Eltern und Lehrern – Probleme, die Korczak interessierten – blieb wenig Raum. 1930 bat Korczak Igor Newerly, seinen Platz als Chefredakteur einzunehmen. Es war ganz seine Art, ein Projekt, das er begonnen hatte, an andere weiterzugeben – in diesem Fall hatte er sogar vor, immer noch den einen oder anderen Artikel beizusteuern und zu Sitzungen und Filmvorführungen zu gehen –, aber viele verstanden seinen Rückzug als redaktionellen Protest. Er erklärte sein Verhalten seinen Lesern folgendermaßen: »Ich dachte mir: Ich bin müde. Laß die *Kleine Rundschau* erst einmal von jemand anderem leiten, der jünger und lustiger ist.«

Dritter Teil
1930–1939

21
Kreuzwege

»Andere Waisenhäuser bringen Kriminelle hervor, unseres brütet Kommunisten aus«, meinte Korczak oft scherzhaft.

Die Scherzhaftigkeit verbarg seine ernste Sorge in den frühen dreißiger Jahren darüber, daß viele der Praktikanten zu Untergrundversammlungen verschiedener Zellen der verbotenen Kommunistischen Partei gingen. Das starke Anwachsen der Arbeitslosigkeit in Polen nach der großen Weltwirtschaftskrise hatte zu vermehrten antisemitischen Aktionen faschistischer Rechtsgruppen geführt. Die jungen Praktikanten wandten sich dem internationalen Kommunismus mit seiner Forderung nach einer Brüderlichkeit zu, die religiöse Unterschiede überwinden würde, und sie hofften, dort eine Lösung für ihre Probleme zu finden. Sie drückten den Kindern kommunistische Schriften in die Hand, die sie unter dem Kopfkissen versteckten. Als sich Lehrer bei Stefa beschwerten, daß die Kinder politische Pamphlete mit in die Schule brachten, fürchteten sie und Korczak, daß das Waisenhaus geschlossen werden könnte, falls eine Meldung über kommunistische Aktivitäten erginge.

Auf der Suche nach einem Sündenbock für die in der Armut begründete Kriminalität und Prostitution und aus Angst vor der zwar kleinen, aber deutlich vernehmbaren Stimme der kommunistischen Bewegung hatte die Regierung ein mißtrauisches Auge auf die entwurzelten jungen Leute aus den Waisenhäusern. Um dem Einfluß der Radikalen gegenzusteuern, wurden Freiwillige organisiert, die in ihre früheren Anstalten zurückgingen, um der jungen Generation die wahren Werte beizubringen. Der Fehler an diesem Plan lag darin, daß dieser »Kreis ehemaliger Waisen«, wie er sich nannte, häufig die Gelegenheit zur Verbreitung gerade jenes politischen Gedankengutes ergriff, das die Regierung ausmerzen wollte.

Die kommunistischen Agitatoren aus dem Kreis ehemaliger

Waisen, die, arbeitslos und verbittert, in die Krochmalna zurückkehrten, brachten die kommunistischen Praktikanten dazu, mit Korczak, den sie als »naiven Humanisten« oder »Feind des Volkes« bezeichneten, eine deutlichere Sprache zu sprechen.

»Für mich war er ein typisch bourgeoiser Erzieher, der zwar gute und anständige, aber schwache Leute hervorbrachte«, erinnerte sich Bolek Drukier, der eher auf der Suche nach einer Unterkunft als aus pädagogischem Interesse zur *Bursa* gestoßen war. »Damals wußte ich viel besser, was ich haßte, als was mir gefiel. Ich war gegen den Kapitalismus und für eine Kultur für die Massen. Und ich glaubte, daß wir im Namen unserer Idee aggressiv und grausam sein mußten.«

Als ein Praktikant ihn mit der Frage konfrontierte, warum er nicht mit der Partei sympathisiere, entgegnete Korczak: »Ich respektiere die Idee, aber sie ist wie pures Regenwasser. Wenn es die Rinne der Realität hinunterläuft, wird es schmutzig.« Weniger Geduld hatte er mit einem anderen, der ihm vorschlug, doch einmal Karl Marx zu lesen: »Den hab ich gelesen, bevor Sie geboren wurden.«

Manchmal versuchte er, ihnen von seinen eigenen Untergrundaktivitäten um die Jahrhundertwende zu erzählen, und wie er nach den Grausamkeiten der Revolutionen von 1905 und 1917 desillusioniert von jeder Ideologie Abstand genommen hatte. »Mit den Revolutionen ist es wie im Leben, die Schlauen und Berechnenden kommen nach oben, die Naiven und Vertrauensvollen werden weggedrückt«, sagte er. Revolutionäre Programme seien nicht nur »selbstgerecht bis zum Stumpfsinn«, sondern »ein blutiger und tragischer Versuch, die Gesellschaft zu ändern und umzustrukturieren – eine Mischung aus Wahnsinn, Gewalt und Wagemut, die eine abgrundtiefe Mißachtung der menschlichen Würde zeigt«.

Es war nicht seine Absicht, irgend jemandes Überzeugung zu ändern, schließlich glaubte er, daß jeder aus seinen eigenen Erfahrungen lernen müßte und nur seinen eigenen Erkenntnissen trauen sollte. Aber am 1. Mai 1931, als der Kreis der Ehemaligen die Praktikanten der *Bursa* aufrief, mit ihnen und anderen Kommunisten unter dem Banner der neu formierten Lehrergewerkschaft zu marschieren, konnte Korczak nicht ruhig bleiben. An jenem Abend bat er sie, ihre Loyalität dem Waisenhaus gegenüber an die erste Stelle zu setzen – was bedeutete, es nicht durch ihre politischen Aktivitäten in Gefahr zu bringen. Als die Praktikanten verkündeten, daß die Gewerkschaft einen Achtstundentag für alle Sommerkolonien verlangte, entgegnete Korczak ruhig, daß es – selbst wenn sie das Recht hätten, eine solche Forderung zu stellen, was nicht der Fall sei, da sie ja keine Gehälter bezögen – der Berufung des Erziehers widerspräche, zu streiken. Stefa beherrschte sich weniger: »Wie könnt ihr es wagen, einen kurzen Arbeitstag zu verlangen, wenn andere Erzieher, ohne zu klagen, vierzehn oder mehr Stunden in Waisenhäusern gearbeitet haben?«

In der Hoffnung, die Spannungen im Haus mildern zu können, setzte Maximilian Cohen, damals Vorsitzender der Gesellschaft für Waisenhilfe, ein Treffen für die Ehemaligen, die *Bursa* und die Verwaltung an. Korczak erschien zu der Sitzung geschwächt von einer Hals-Nasen-Erkrankung und einem neuerlichen Ausbruch seiner Augenentzündung. Er war traurig, als er einige seiner Ehemaligen von einem jungen Mann angeführt sah, der einst zu Artikel 1000 verurteilt worden war.

Einer nach dem anderen standen Korczaks Angreifer auf und formulierten ihre Klagen: er führe das Waisenhaus wie ein Labor statt mit Liebe und Wärme; er wiege und messe die Kinder wie Versuchskaninchen; sobald sie das Waisenhaus verlassen hätten, verlöre er das Interesse an ihnen; er habe ihnen nichts beigebracht, womit sie in der Welt da draußen ihren Unterhalt bestreiten könnten.

Korczak stand auf und versuchte, sich in jedem Punkt zu verteidigen: »Es ist richtig, dies ist sowohl eine wissenschaftliche wie auch eine erzieherische Institution«, begann er. »Doch ich hatte gehofft, daß unsere Tabellen über Gewicht und Größe anderen Waisenhäusern als Richtlinien dienen könnten. Wenn ihre Ergebnisse unseren nicht entsprachen, dann vielleicht deshalb, weil sie die Kinder nicht richtig ernährten, die Schlafräume nicht die richtige Temperatur hatten oder nicht genügend frische Luft. Was die anderen Fähigkeiten betrifft, so war ich immer der Meinung, eine Lebensausbildung sei wichtiger als eine Berufsausbildung in den kurzen Jahren, in denen sie bei uns waren.«

Als einige der Ehemaligen ihn unterbrechen wollten, ging er zum Angriff über. »Glaubt ihr, daß es falsch von uns war, kleine und vernachlässigte Pflanzen aufzunehmen und aufzupäppeln, bis sie stark und gesund waren, auch wenn wir dazulernen mußten und Fehler gemacht haben? Für euch ist es leicht zu kritisieren, aber ein Mensch, der mit sich selbst zufrieden ist, macht weder seine Lehrer noch seine Eltern für die Schwierigkeiten seines Lebens verantwortlich. Es ist unfair, mein System zu einer Zeit anzugreifen, in der selbst qualifizierte Arbeiter keine Arbeit finden.«

Die meisten der Praktikanten und Ehemaligen waren besänftigt; nur einige murmelten, er habe ihre Kritik nicht ernst genommen und sie wie Kinder behandelt. Der Abend endete mit verhärteten Fronten, da der Vorsitzende der Gesellschaft für Waisenhilfe einen kompromißlosen Standpunkt einnahm. Er erinnerte die jungen Leute, die mit der Kommunistischen Partei sympathisierten, daran, daß sie noch nicht alt genug seien, das Land zu regieren, und in der Zwischenzeit sei die Gesellschaft für die Leitung des Waisenhauses zuständig.

Einige Tage später erschien Korczak aufgeregt und zitternd in Igor Newerlys Wohnung. Newerly, inzwischen mit Basha verheiratet, einer Praktikantin, die im jüdischen Waisenhaus aufgewachsen war, glaubte, Korczak habe vielleicht schlechte Nachrichten von seiner Schwester aus Paris erhalten. Erst als er sich zu einer Tasse Kaffee hingesetzt hatte, war Korczak in der Lage, ihnen zu erzählen, was geschehen war. Während seiner Vorlesung am Institut für Pädagogik war an diesem Nachmittag einer der ehemaligen Praktikanten im Auditorium aufgestanden und hatte ihn angegriffen. Als Korczak versucht hatte, vom Podium aus mit ihm zu argumentieren, hatte der junge Mann ins Publikum geschrien, Korczak sei gefährlich, und es müßte ihm verboten werden, Einfluß auf Kinder nehmen zu können. Newerly hatte Korczak niemals so fassungslos gesehen.

Aber Korczak war nicht nachtragend. »An welchem Laternenpfahl werdet ihr mich nach der Revolution aufhängen?« fragte er seine Kritiker spöttisch. Er inszenierte sogar einen Scheinprozeß, in dem er die Rollen von drei kommunistischen Funktionären übernahm, die einmal Janusz Korczaks Schüler gewesen und jetzt dazu abgestellt waren, ihm den politischen Prozeß zu machen. Ein jeder von ihnen schrieb ein großes SCHULDIG quer über die Akte. Der erste Funktionär fällte dieses Urteil, weil er Angst hatte, es könne herauskommen, daß er in Korczaks Heim gearbeitet hatte, der zweite nach einigen Schnäpsen und der dritte, weil er Korczak für einen Reaktionär und Konterrevolutionär hielt.

Trotz der Auseinandersetzungen mit den kommunistischen Praktikanten gab Korczak Bolek Drukier und anderen Empfehlungsschreiben mit auf den Weg, wenn sie das Heim verließen und auf Arbeitssuche gingen. Und von Stefa weiß man, daß sie den jungen Frauen, wenn sie verhaftet worden waren, Lebensmittel ins Gefängnis brachte. Vielleicht als Antwort auf ihre Vorwürfe und auf die öffentliche Kritik an seinen Methoden im Waisenhaus, publizierte Korczak eine Folgestudie über die Kinder, die in den bisherigen einundzwanzig Jahren im Waisenhaus erzogen worden waren. Nachdem er ihre Berufe und die Länder, in die einige ausgewandert waren, aufgezählt hatte – Argentinien, Brasilien, Kanada, Amerika, China, England, Frankreich, Belgien, Spanien und Palästina –, schloß er seinen Bericht: »Es ist mir peinlich, anführen zu müssen, daß drei des Diebstahls überführt wurden, zwei Bettler geworden sind und zwei Prostituierte.« (Daß eine dieser Prostituierten versucht hatte, ihn einmal auf der Straße als Kunden zu gewinnen, bevor sie ihn erkannte, erwähnte er nicht.)

Es gab auch junge Erzieher, die sich als Ausweg aus dem jüdischen Problem dem Zionismus zugewandt hatten; auch sie kritisierten Korczak – in ihrem Falle aber deshalb, weil er die Kinder nicht für ein Leben in Palästina erzog.

Korczaks skeptische Einstellung dem Zionismus gegenüber ging auf die Zeit seines Medizinstudiums zurück. 1899, als er als Reiseberichterstatter durch die Schweiz fuhr, hatte er

»zufällig« beim Dritten Zionistischen Kongreß in Basel vorbeigeschaut, um einen Freund zu treffen, der dort Delegierter war. Er fand die ganze Atmosphäre »bourgeois«, schrieb er, und der Gedanke, das Problem der osteuropäischen Juden in den Wüsten des Mittleren Ostens zu lösen, kam ihm absolut »utopisch« vor. Er haßte die »hochtrabenden« Reden auf dem Kongreß und erkannte, daß die einzige Sprache, die ihn interessierte, die des Kindes war.

Als er 1925 eingeladen wurde, in Warschau an der Konferenz des Jüdischen Nationalfonds teilzunehmen, lehnte er aus demselben Grund ab, obgleich er in seinem Schreiben anerkannte, daß »etwas sehr Großes, sehr Mutiges und sehr Schwieriges« sich ereignete. Er bat die Förderer, darüber nachzudenken, ob ihr Plan »eine Rückkehr oder eine Flucht« bedeutete, ob er in ihrem »Schmerz um die Vergangenheit oder ihrer Sehnsucht nach der Zukunft« begründet war. Als ein Mann, »der seine eigene, einsame Straße geht«, empörte ihn ihre Propaganda, obwohl er wußte, daß sie für die Sache notwendig war. Seiner Ansicht nach mußte ein Messias in der Stille geboren werden.

Er boykottierte die Konferenz, erklärte sich aber bereit, den Aufruf des Jüdischen Nationalfonds zu unterzeichnen, daß die Juden die Einkünfte eines Tages bereitstellen sollten, um so ihre Solidarität »mit ihren Brüdern, die ein jüdisches Land aufbauen«, zu bekunden. Allerdings hielt er an seiner universalistischen Haltung fest und schrieb einem Freund in Palästina: »Das Problem des *Menschen*, seiner Vergangenheit und seiner Zukunft auf Erden, scheint mir das Problem des *Juden* etwas in den Schatten zu stellen.« Christen und Juden seien »Kinder desselben Gottes«. In Palästina wie in Polen würden »die edelsten Absichten« durch Haß und Rassenkampf zertreten. (Er bezog sich auf den Konflikt mit den Arabern.) So waren die Menschen. Und immer seine Frage: Warum?

Einige von Korczaks Schülern hatten sich der linken zionistischen Organisation Hashomer Hatzair angeschlossen, die junge Leute auf die Auswanderung nach Palästina vorbereitete. Der neunzehnjährige Moshe Zertal, der dafür verantwortlich war,

Gastvortragende einzuladen, war recht nervös, als er eines Abends über die brüchigen Pflastersteine der Krochmalna im trüben Schein der Straßenlaternen seinen Weg zu Janusz Korczak nahm, um ihn zu bitten, der Gruppe einen Vortrag über Erziehung zu halten. »Ich stellte mir vor, er wäre ein Mann mit ausgebreiteten Schwingen«, erinnerte sich Zertal. »Ich konnte einfach nicht glauben, daß dieser Mensch in seinem Kittel über der Arbeitskleidung der große Dr. Korczak war. Er sah eher wie ein Mönch aus.«

Korczaks Zurückhaltung und sein übliches Mißtrauen Fremden gegenüber machten es Zertal nicht leichter. »Ihrer Gruppe einen Vortrag halten? Nein. Unmöglich. Da gibt's nichts, was ich Ihnen sagen könnte.« Der junge Mann war sich nicht sicher, ob der Doktor es ernst meinte oder scherzte, als er hinzufügte: »Sie wissen mehr als ich.« Doch ließ Korczak die Tür wie immer einen Spalt offen, um die Ernsthaftigkeit des Anliegens seines Besuchers zu prüfen: »Wenn Sie am Samstagmorgen kommen wollen, wenn wir die Waisenhauszeitung vorlesen, sind Sie willkommen.«

Zertal war nicht der erste, der herausfand, daß der Weg zu Korczak über seine Zöglinge ging. Nachdem er an einigen Samstagvormittagen im Heim gewesen war, raffte er seinen ganzen Mut zusammen und fragte Korczak, ob einige der Kinder den jährlichen Bootsausflug der Jungen Pioniere am Lag B'Omer, einem Frühlingsfest, das mit Zeltfahrten und Lagerfeuern begangen wird, teilnehmen dürften. Der Doktor gab nicht nur seine Erlaubnis, sondern brachte die Kinder auch noch zum Bootssteg an die Weichsel. Zertal erinnerte sich, daß er »eine beeindruckende Figur machte in seinem schwarzen Hut mit der breiten Krempe, seiner runden Brille und der Zigarette, die er immer im Mund hatte. Er war das Musterbeispiel eines Intellektuellen und darüber hinaus eines polnischen Intellektuellen der Jahrhundertwende.«

Die Hashomer-Hatzair-Gruppe versuchte alles, damit sich die Waisen bei den Hunderten anderer jüdischer Kinder aus ganz Warschau, die auch die Nacht im Zelt verbringen wollten, wohl fühlten. Sie erhielten Zelte zum Tragen und eine Portion

Reis für ihre Rucksäcke. Korczak stand abseits, doch seine durchdringenden Augen beobachteten genau, wie die Kinder, vollbepackt, vom steilen Ufer auf das Boot sprangen. Er ging als letzter an Bord. Als zwei betrunkene Polen auf den Bootssteg gestolpert kamen und die Kinder belästigen wollten, redete Korczak mit ruhiger Stimme in einem ähnlichen Gossenpolnisch auf sie ein, wie sie selber es sprachen, worauf sie sich beruhigten und ihres Weges gingen.

Auf der Bootsfahrt nach Hause sah Zertal die Veränderung an Korczaks Zöglingen. Der »Stempel«, der allen Waisenkindern anhaftete – blasse Gesichter, ganz kurze Haare, graue Kleidung –, war nicht mehr so offensichtlich. Sie bewegten sich gerade und stolz, ihre Kleidung war bunt geworden mit den Blumen, die sie gepflückt hatten, ihre Wangen waren rosig, und sie lächelten.

Es war nur natürlich, daß die Kinder die blauweißen Wimpel der Jungen Pioniere mit ins Waisenhaus brachten, ebenso wie die hebräischen Lieder über soziale Gerechtigkeit, die sie gelernt hatten. Und sie brachten den Traum vom Heimatland – schon bald gab es am Schwarzen Brett eine Karte von Palästina, und im Speisesaal wurden zwei »hebräische« Tische eingerichtet.

Korczak war von dem Lag-B'Omer-Ausflug so beeindruckt, daß er jedem erzählte, er wünschte sich, daß Kinder aller Glaubensrichtungen daran teilhaben könnten. Kurz danach war er einverstanden, Zertal, der inzwischen zum Freund geworden war, den persönlichen Gefallen zu tun und vor einer Gruppe nervöser Eltern zu sprechen, die nicht wußten, ob sie ihren Kindern gestatten sollten, »Söhne der Wüste« zu werden. Zertal, dem nicht klargewesen war, was er zu erwarten hatte, war erstaunt, einen bewegenden und originellen Vortrag über die Bedeutung der Jugendbewegung von diesem Mann zu hören, »der noch nicht einmal dazugehörte«.

Im Juni 1929 starb Izaak Eliasberg, der in unermüdlichem Einsatz das Waisenhaus zwanzig Jahre lang über Wasser gehalten hatte. Vor seinem Tod saß Korczak an seinem Bett und erzählte ihm Anekdoten und witzige Dinge von den Kindern, um ihn zum Lachen zu bringen. In seiner Grabrede nannte er den Freund einen »Enthusiasten der Verantwortung«: ein Mann, der es vorgezogen hatte, für andere zu leben statt für sich selbst.

Zwei Jahre später, im August 1931, nahm sich Korczaks Herausgeber Jakub Mortkowicz in seiner Warschauer Wohnung das Leben. Er war gerade von der Internationalen Buchmesse in Paris zurückgekommen und war verzweifelt über den Niedergang des Verlagswesens und seine wachsenden Schulden. Stets ein Mann von rasch wechselnden Stimmungen, sperrte er sich in sein Zimmer ein und schoß sich eine Kugel in den Kopf. In der dunklen Zeit des Verlustes seiner beiden besten Freunde, als Polen nach der großen Weltwirtschaftskrise politisch und wirtschaftlich ins Schleudern geraten war, hatte Korczak die Arbeit an seinem zweiten und letzten Stück *Senat der Verrückten* begonnen, das in einem Irrenhaus spielt.

Das erste Stück *Wohin?* hatte sich mit dem Wahnsinn des Vaters beschäftigt; jetzt nahm Korczak das Irrenhaus selbst als Metapher für die Gesellschaft. Er hatte wieder seine alten Themen angepackt: der Wahnsinn des einzelnen und der Welt, der Kampf des Menschen um Glaube und Vernunft und das Kind als gottgewählter Erlöser. Diesmal allerdings hatte der Dramatiker den Wahnsinn unter Kontrolle. Nicht nur, daß das Irrenhaus von einem guten Doktor, ihm selbst verdächtig ähnlich, geleitet wurde; er ließ auch seinen Vater wiederauferstehen, der geheilt wird und zu Beginn des Stückes freiwillig zurückgekehrt ist, um Tischlerarbeiten zu erledigen, begleitet von seinem Sohn Janek, der seine Bauklötze mitgebracht hat.

Dieses demokratische Asyl, dessen Geisteshaltung ähnlich der in der Republik der Kinder ist, hat seine eigenen Beamten und ein Parlament, das zusammenkommt, um über die Schuld der menschlichen Rasse zu befinden. Wer ist verrückt, fragt das Stück, die in der Anstalt – der Restaurateur, der mit jeder Mahlzeit Abführmittel servieren möchte, der Homosexuelle, der findet, daß die Leute zur Reproduktion um eine Lizenz ansuchen müßten, der Möchtegern-Mörder, der auf eine Frau schoß, weil sie in der Straßenbahn unhöflich zu ihm war, der traurige

Mönch, der die ganze Nacht wie Jakob mit dem geheimnisvollen Unbekannten ringt, der sadistische Oberst mit seinem ständigen Refrain »Zerstören und niederbrennen!« – oder die draußen?

Es könnte Pirandello sein, der fragt: Was ist Illusion, und was ist Wirklichkeit? Aber es ist auch die Stimme eines Dramatikers, der nicht damit fertig wird, von einem wahnsinnigen Vater verlassen worden zu sein. »Jeder Verrückte ist bloß ein Schauspieler, der mit dem Leben nicht fertig wurde und den einfachsten Ausweg gewählt hat«, sagt der jüdische Kaufmann. Und eine andere Figur: »Wahnsinn ist eine der vielen Masken des Lebens. Wie bei Hamlet – Wahnsinn als Verkleidung.« Und ein Dritter, bei dem klar wird, daß der Dramatiker sich immer noch davor fürchtet, die Krankheit des Vaters geerbt zu haben, sagt: »Der, der wahnsinnig geworden ist, kann zumindest in Frieden leben. Er braucht keine Angst mehr zu haben, seinen Verstand zu verlieren.«

Und wo ist Gott in dieser wahnsinnigen Welt? Vielleicht kam Er sich nutzlos vor und ist geflohen. Der Gedanke der göttlichen Flucht vor der menschlichen Dummheit keimte im Kopf des Dramatikers, bis er schließlich als Prolog, fast im Stil eines drolligen chassidischen Märchens, Ausdruck fand. Der traurige Mönch (dem traurigen König aus *König Hänschen I.* sehr ähnlich) kommt auf die Bühne und erzählt dem kleinen Janek von der Zeit, in der Gott versuchte, sich von der Welt zurückzuziehen. Die Menschen waren so verzweifelt auf der Suche nach Ihm, daß sie in Zeitungsinseraten für Informationen über seinen Aufenthalt Belohnungen offerierten. Es gab keine Fingerabdrücke oder Photographien, nur Gerüchte: Man hatte Ihn die Vögel füttern sehen; man hatte Ihn mit Prostituierten reden hören. Als ein kleines Mädchen Ihn schließlich im Nest einer Lerche entdeckte, erklärte Gott sich einverstanden, zu dem vergoldeten Marmorschrein zu kommen, den man gerade für Ihn errichtet hatte. Er ließ sich in einen Mantel aus Hermelin hüllen und in einer von vier weißen Rössern gezogenen offenen Kutsche durch Triumphbögen fahren, damit Ihn jeder sehen konnte. Einmal ließ Er die Kutsche vor einer alten Frau mit

Namen Glaube anhalten, die mit der blinden Gerechtigkeit und der Hoffnung gegen eine Wand gedrückt stand und murmelte: »Also erlebe ich es doch noch, Ihn zu sehen.« Er schien sich erheben zu wollen, doch dann winkte Er nur mit Seiner Hand und fiel in die Kissen zurück. Die Prozession war ein Erfolg, es gab nur einige Raubüberfälle, und ein oder zwei Leute fielen in Ohnmacht. Gottes langerwartete Botschaft beim Schrein zeugte von der Tugend der Tapferkeit – »Liebet euch, meine Kinder!« –, aber ein hoher Beamter des Außenministeriums fand sie vage und unklar. In jener Nacht erhob sich Gott von Seinem Thron, seufzte, warf Seinen schweren Hermelinmantel ab und verschwand durch eine Seitentür. Es war ein Skandal! Das ganze Geld, all die Arbeit – umsonst! Die Jagd begann von neuem. Dieses Mal verwandelte sich Gott in eine Blaubeere, um ein Nickerchen zu halten, saß in einer Kutsche und plauderte mit dem jüdischen Kutscher, ritt auf einer Feldmaus über einen Acker, weinte bei einem Schlachthaus und schloß sich in die Blütenblätter eines Maiglöckchens ein. Er stand an einem Zaun und sah Kindern beim Spielen zu, als ein Geheimagent Ihn entdeckte. In dem Moment erhob Gott sich in die Lüfte und verschwand in einem Perlenregen, der in die Herzen der Kinder fiel.

Als der Schauspieler Stefan Jaracz, damals der Laurence Olivier Polens, im Haus einer bekannten Schauspielerin einer Lesung des Stückes beiwohnte, sah er sich selbst in der Rolle des traurigen Mönches. Die erste Probe wurde in Jaracz' Theater, dem Athenäum, gehalten, das nicht weit von der Altstadt entfernt in der Nähe der Weichsel stand. Von der Eisenbahnergewerkschaft finanziert, hatte sich das Theater auf Programme mit sozialem Inhalt spezialisiert. Korczak saß mit den Schauspielern an einem großen runden Tisch und las mit leiser, ausdrucksloser Stimme sämtliche Rollen vor, stets eine Zigarette zwischen den Lippen.

»Wir waren alle erstaunt, Korczak in einer schäbigen Jacke und hohen Arbeiterstiefeln zu sehen, so gar nicht der berühmte Schriftsteller, den wir erwartet hatten«, erinnerte sich Henryk Szletynski, einer der Schauspieler. »Selbst seine runden Brillengläser hatten eine billige Metallfassung. Als er die Brille abnahm, sah ich, wie rotgerändert seine Augen waren, als ob er nicht genug geschlafen hätte. Nachdem die Lesung zu Ende war und wir das Stück diskutierten, sagte Korczak zu uns, daß die einzigen interessanten Menschen Wahnsinnige und Kinder seien. Als er aufstand und ging, hatte er schon wieder eine neue Zigarette in der Hand.«

Die meisten Mitglieder der Truppe folgten Korczaks Vorschlag, die Anstalt in Tworki zu besuchen. Als sie ankamen, waren die Patienten draußen vor dem Haus. Einer stand mit ausgestreckten Armen wie eine Statue da; ein anderer, ein dreizehnjähriger Bub, saß in völlig starrer Haltung mit zur Seite gedrehtem Kopf da. Jaracz war vom Anblick der wirklich Wahnsinnigen so zermürbt, daß er im Zug zurück nach Warschau kein Wort von sich gab. Niemand ahnte, daß Korczaks Vater dort Insasse gewesen war.

Die Proben fanden jeden Tag nach der laufenden Vorstellung und Räumung der Bühne um elf Uhr abends statt. Jozef Balcerak erinnert sich, daß er einmal mit Korczak eineinhalb Stunden in dem dunklen, leeren Zuschauerraum saß und auf Stefan Jaracz – einen trinkfreudigen und den Frauen sehr zugetanen Mann – wartete, der dann auf etwas wackligen Beinen erschien. Korczak verließ das Theater um zwei Uhr morgens, weil er wegen der Kinder früh aufstehen mußte. Balcerak aber, der noch nie eine Theaterprobe gesehen hatte, blieb bis um vier.

Bei der Premiere des Stückes am 1. Oktober 1931 saß Korczak mit Igor Newerly in der letzten Reihe auf dem Balkon, weil er von da aus die Zuschauer besser beobachten konnte. Die Bühnenausstattung war dürftig: ein großer Globus aus Papiermaché unter einer Uhr mit einem schwertförmigen Zeiger. Es war ein statisches Stück trotz der schrulligen und pfiffigen Verrückten, und jeder, der Korczak kannte, sah ihn in dem verzweifelnden traurigen Mönch, als Jaracz von der Bühne herunterkam, um die Menschheit zu segnen und ihr zu vergeben: »Freunde nah und fern, Berühmte und Namenlose, Cousins, Schwestern, Brüder, Schwache, Traurige, Hungrige und Sehnsuchtsvolle, ihr habt Fehler gemacht, aber nicht gesündigt. Ihr wußtet es nicht besser, doch ihr seid nicht vom Wege abgekommen. Ich lege meine warme Hand auf eure müden Häupter.«

Am Ende der Vorstellung rief das Publikum: »Autor! Autor!« Korczak erhob sich zögernd aus seinem versteckten Balkonsitz und verbeugte sich auf der Bühne gemeinsam mit Jaracz und dem ganzen Ensemble. Viele Mitglieder der Warschauer Intelligenzija hatten Korczak in seiner ersten Theaterproduktion unterstützt. Doch trotz der positiven Premierenaufnahme waren die Kritiken recht unterschiedlich, wobei die meisten den Prolog dem Stück selbst vorzogen.

Der Poet Antoni Slonimski, dessen Familie zum Katholizismus übergetreten und der damals der einflußreichste Theaterkritiker war, schrieb: »Da haben wir eine gute Theatertruppe – das Athenäum, einen ausgezeichneten Schauspieler – Jaracz, einen charmanten Autor – Korczak. Gemeinsam haben sie jedoch ein unglückseliges Gebräu produziert. Korczak will alle Fragen, die die moderne Welt plagen, in zwei Stunden Gerede lösen. Er spricht sehr viel von Gott, aber keiner weiß, ob das ein christlicher, heidnischer oder jüdischer Gott ist.«

Ein anderer Kritiker verglich das Stück mit Werken der beiden berühmtesten polnischen Dramatiker Zygmunt Krasinski und Stanislaw Ignacy Witkiewicz und nannte die Charaktere »philosophische Irre mit kosmischer Qual, menschliche Wesen, die die Bürde des Wahnsinns auf sich genommen haben, um Millionen ihrer Brüder zu retten. . . . Wenn man diese Irren dazu bringen könnte zu handeln, etwas zu tun, hätte man vielleicht ein interessantes modernes Stück.«

Ein rechtsstehender Kritiker, der jede Gelegenheit nutzte, einen jüdischen Dramatiker anzugreifen, beschwerte sich: »Janusz Korczak (Goldszmit) behauptet, daß die meisten Verrückten unsere Gesellschaft auslachen. Er kritisiert das Militär und nimmt eine regierungsfeindliche Haltung ein.«

Warschau, von seinen Bewohnern für die »lachende Stadt« gehalten, war nicht in der Stimmung, sich von philosophischen Irren belustigen zu lassen. Das Stück wurde nach einundfünfzig Vorstellungen abgesetzt und noch für eine kurze Zeit in Lwow gespielt. In einem Zeitungsinterview wurde Korczak gefragt, ob er das Stück veröffentlichen wolle, und er antwortete, für ihn sei es ein unfertiger Entwurf, an dem er noch weiter zu arbeiten hoffe. Doch Igor Newerly erinnert sich an Korczaks Niedergeschlagenheit, weil das Publikum für seine Ideen nicht aufgeschlossen war. Erst viel später sollte klarwerden, daß die Irrenanstalt das Spiegelbild der Welt vor dem Zweiten Weltkrieg war und daß jener Oberst, der dafür eintrat, Bücher zu verbrennen und alle Erfinder, Idealisten, Juden und Parlamentarier gnadenlos aufzuhängen, dem Wahnsinnigen glich, der *Mein Kampf* schrieb.

Wenn der *Senat der Verrückten* den Versuch darstellte, ein der Kontrolle entgleitendes Universum zu ordnen, dann sollten die *Regeln des Lebens*, an denen Korczak zur gleichen Zeit arbeitete, jungen Leuten einen Weg zeigen, ihre eigene Welt zu ordnen. In Hast geschrieben – »Ich hätte das Manuskript zerrissen, wenn ich auch nur eine Pause gemacht hätte« –, gibt das Buch Ratschläge, wie man mit den verschiedenen Anliegen von Eltern, Lehrern, Geschwistern und Freunden umgehen soll. Der Gedanke zu dem Buch kam ihm durch den Brief eines Buben, der geschrieben hatte: »Kinder wie ich sind wütend und unglücklich, weil wir die Regeln des Lebens nicht kennen.«

Der Titel war vermutlich von Tolstojs *Lebensregeln* inspiriert. Doch scheint der Inhalt das Ergebnis eines Werkes zu sein, das Korczak gerade beendet hatte: *Das Recht des Kindes auf Achtung*, worin er erklärte: »Das Kind ist wie ein Fremder, der die Sprache des Straßenplans nicht versteht, der die Gesetze und Bräuche nicht kennt. Manchmal möchte er Besichtigungen allein unternehmen; und wenn er auf Schwierigkeiten trifft, will er sich erkundigen und fragt um Rat. Gewünscht wird – ein Führer, der Fragen höflich beantwortet.«

Diesen Führer stellte er jetzt her. Traut euren eigenen Erkenntnissen, sagt er seinen jungen Lesern. »Jeder Mensch trägt eine ganze Welt in sich, und alles existiert zweimal: einmal so, wie es ist, und das andere Mal so, wie es jeder sieht und empfindet.«

Ihr müßt eure eigenen Träume träumen, aber seid bereit,

das Leben, wie es ist, zu akzeptieren. »Ein Tag ist glücklich, ein anderer traurig. Manchmal habt ihr Erfolg, manchmal nicht. Manchmal scheint die Sonne, und manchmal regnet es. Was soll man machen?«

Also, was sind die Regeln des Lebens? fragt er. Das muß jeder für sich selbst herausfinden. Das Geheimnis liegt darin, sich von Fehlern nicht entmutigen zu lassen und ehrlich zu sein. »Wer aufrichtig ist, nach Gerechtigkeit strebt und auf andere Rücksicht nimmt, wird von allen am meisten geliebt werden.«

Einige Jahre später veröffentlichte Korczak ein weiteres Kinderbuch, *Kajtus der Zauberer*, eine bunte Abenteuergeschichte für ruhelose Buben, die Schwierigkeiten haben, sich zu bessern. »Das Leben ist wie ein merkwürdiger Traum«, informierte er sie. »Aber wer einen starken Willen hat und den Wunsch, anderen zu dienen, für den kann es ein schöner Traum sein – selbst wenn der Weg zum Ziel sich windet und die eigenen Gedanken sehr verworren sind.«

Kajtus ist einer jener boshaften Buben, die Korczak bevorzugte. Als er sich plötzlich im Besitz magischer Kräfte findet, richtet er großes Unheil an, indem er Leute rückwärts gehen läßt, Uhren verstellt und den Verkehr lahmlegt. Er muß viele Prüfungen bestehen, bis er lernt, weise mit der Macht umzugehen. Das Schlimmste ist seine Gefangenschaft im Schloßkerker eines bösen Zauberers. Eines der Waisenkinder, an dem Korczak das Kapitel erprobte, klammerte sich an seinen Arm und schrie: »Das ist ja schrecklich!«

»Aber Märchen über Zauberer sind immer zum Fürchten«, beruhigte ihn Korczak.

»Ja, aber das hier ist was anderes«, sagte das Kind mit Schaudern.

Weil der Bub in jener Nacht Alpträume hatte, strich Korczak alles, was ihn erschreckt hatte. Das Buch wurde mit vielen weißen Stellen in diesem Kapitel veröffentlicht und mit einer Erklärung, warum die unheimlichen Teile weggelassen worden waren.

Auch nachdem Kajtus aus dem Schloß des Zauberers entfliehen konnte, sind seine Prüfungen noch nicht vorüber: Um Bescheidenheit zu lernen, wird er in einen Hund verwandelt. Als er sich die Rückverwandlung in seine menschliche Gestalt wieder verdient hat, muß er Zeuge menschlichen Leidens in den Hospitälern und Gefängnissen Chinas und Afrikas werden. Als er sich zum Land der Eskimos durchkämpft, hört er aus dem Grab eines Furchtlosen eine Stimme: »Sei züchtig, sei tapfer!« Er schwört es.

Kajtus war der letzte polnische Bub, der Korczaks Phantasie entsprang: ein Held, der lernen muß, kühn und doch klug zu träumen. Danach wird es nur noch polnische Buben geben, die Juden sind – wie Hershkele in *Die drei Reisen des Hershkele* – und die vom Gelobten Land träumen.

22
Palästina

Wenn ich die Mittel hätte, würde ich gerne ein halbes Jahr in Palästina verbringen, um über das, was war, nachzudenken, und ein halbes Jahr in Polen, um das, was noch ist, zu erhalten.
Brief an Joseph Arnon, 1933

1929 waren Stefas Gedanken von Palästina erfüllt, weil ihre Lieblingspraktikantin Feiga Lipshitz in einen Kibbuz auswanderte. Sie wollte gerne für einige Monate mitkommen und ihr helfen, sich dort einzugewöhnen, und unterwies deshalb einige Erzieher in ihren mannigfaltigen Aufgaben. Sie sorgte sogar für den Fall vor, daß ihr im Heiligen Land etwas zustoßen würde, und klebte einen Zettel innen an ihre Schranktüre: »Kinder, wenn ich tot bin, weint nicht und geht zur Schule. Ich vermache meinen Körper der Wissenschaft.«

In letzter Minute entschied sie sich dann gegen die Reise, weil der Gesundheitszustand ihrer Mutter sich verschlechtert hatte. Durch einen merkwürdigen Zufall kam Feigas erster Brief aus Palästina an dem Tag an, an dem Stefas Mutter starb. »Ich wäre sehr unglücklich gewesen, wenn ich mit dir gefahren wäre«, schrieb sie Feiga. »Du weißt, was eine Mutter bedeutet. Aber jetzt kann ich Pläne machen. Mein Bruder und meine Schwester brauchen mich nicht, und das Waisenhaus kommt sehr gut ohne mich aus.«

Der Tod ihrer Mutter führte bei Stefa zu großer seelischer Erschöpfung und dem Gefühl ihrer eigenen Sterblichkeit. »Ich habe den Mut, mir einzugestehen, daß vierundvierzig der Beginn des Alters ist«, schrieb sie Feiga. »Ich bin erschöpft, und meine Nerven sind noch vom Krieg durchgescheuert. Ich brauche eine ruhigere Arbeit. Ich bin müde und einsam.« Als ob es mit ihrer Erschöpfung nichts zu tun hätte, fügte sie wie nebenbei hinzu: »Der Doktor hat sich oben vergraben – er schreibt nämlich ein neues Buch. Es ist nicht leicht ohne ihn.«

Stefa konnte nicht wissen, welche Sorgen sie Feiga mit diesem Brief bereitete, der ihren Besuch ankündigte. Der Kibbuz Ein Harod, acht Jahre vorher von dreihundert jungen russischen Zionisten im Norden gegründet, war viel primitiver und gefährlicher, als Feiga erwartet hatte. Sie konnte sich Stefa in der kahlen Gegend, der gnadenlosen Sonne und sporadischen arabischen Angriffen ausgesetzt, nicht vorstellen.

Die ursprünglichen Gründer hatten es sich romantisch vorgestellt, an der Quelle (auf Hebräisch *harod*) im Tal Jezreel zu siedeln, wo Gideon einst gelagert hatte, bevor er die Midianiter schlug. Doch sie fanden sich in malariaverseuchten Sümpfen und waren dort die perfekte Zielscheibe für arabische Banden, die über die Gilboa-Berge kamen. Nach einem Jahr waren über hundert von ihnen an Krankheiten, durch Selbstmord oder in Scharmützeln gestorben. Jene, die nicht aufgegeben hatten und zurückgekehrt waren, hatten sich einen neuen Platz auf einem Hügel mit Sicht auf den Gilboa gesucht, wo sie zwei festungsähnliche Gebäude errichteten, um ihre Kinder zu schützen.

Nachdem sich die jungen Siedler Traktoren beschafft hatten, pflanzten sie Eukalyptusbäume, um die Sümpfe trockenzulegen, Pinien- und Zedernhaine auf den Bergen, um den Wind zu brechen, und einen Zitronenhain im Tal Jezreel, um sich durchzubringen. Als Feiga dort hinkam, waren die Zelte durch spartanische Blockhütten ersetzt worden, in denen es nur das Notwendigste gab. Feiga schrieb Stefa, daß das Leben dort so anstrengend war, daß ihr manchmal die Kraft fehlte, mit den Kindern zu arbeiten. »Deine Mutlosigkeit wird vorübergehen«, hatte Stefa sich beeilt ihr zu versichern und schrieb von ihren eigenen Schwierigkeiten während des Krieges, als sie die volle Bürde des Waisenhauses allein zu tragen hatte. »Später wußte ich nicht, ob es richtig gewesen war zu bleiben«, schrieb sie, »aber damals hatte ich so viele Verpflichtungen, daß ich gar nicht zum Denken kam.«

Zwei Jahre lang gelang es Feiga, Stefa von einer Reise nach Palästina abzuhalten, aber im Winter 1931 schrieb Stefa: »Ich komme!« und traf am zehnten Jahrestag der Kibbuzgründung ein.

Feigas Befürchtungen über das Durchhaltevermögen ihrer Freundin erwiesen sich als unbegründet. Stefa, die in ihrem Leben soviel durchgemacht hatte, war keine, die vor harten Lebensumständen kapitulierte. Am Abend, als sie ankam und sie den Tee auf russische Art mit Marmelade tranken, suchte Feiga krampfhaft nach einem Teelöffel für sie, als Stefa, praktisch wie immer, schon längst den Griff ihres Blechmessers verwendet hatte. »Du hast geglaubt, ich weiß mir nicht zu helfen, nicht wahr?« rief sie triumphierend.

Während der drei Monate ihres Besuches arbeitete Stefa in den Kinderhäusern, wo die Kleinen von Geburt an versorgt wurden, während ihre Mütter gleichberechtigt mit den Männern auf den Feldern arbeiteten. Sie machte viele praktische Vorschläge, zum Beispiel, die Waschbecken in den Badezimmern niedriger anzubringen und Aufhänger an beiden Enden der Handtücher anzunähen, damit ungeduldige Kinder sie schneller aufhängen könnten. Manchmal arbeiteten Feiga und sie eine Gemeinschaftsschicht, manchmal wechselten sie sich ab, wobei beide den anderen Korczaks pädagogische Ideen vermittelten.

Stefa kam als völlig neuer Mensch nach Polen zurück. Ihr sonnengebräuntes Gesicht leuchtete. Sie wunderte sich, daß man in drei Monaten Abwesenheit sich »so weit von seinem gewohnten Alltagsleben entfernen konnte«. In jenem Sommer trug sie in der Sommerkolonie kurzärmelige weiße Blusen, wobei sie am Hals sogar einige Knöpfe offenließ. Sie lächelte öfter, schien mit sich selbst in Frieden zu leben und ging mit den Kindern beinah spielerisch um. Aber in Gedanken beschäftigte sie sich mit einer Rückkehr nach Palästina und zu Feiga, falls sie ein Visum bekommen würde.

Im Herbst, als die Kinder in der Schule waren, begann Stefa in Vorbereitung auf ihre Reise mit Hebräischunterricht und sprach endlos mit Korczak über das experimentelle Erziehungssystem im Kibbuz. Er mußte unbedingt selbst dort hinfahren und die Kibbuznik weiter beraten.

Korczak hörte höflich zu, aber er suchte keine neue Heimat.

Er hatte schon eine. In einem Briefwechsel mit Ester Budko, einer ehemaligen Praktikantin, hatte er das zum Ausdruck gebracht. »Palästina ist für die Kinder immer noch eine Legende«, schrieb er – und, so hätte er hinzufügen können, für ihn selbst auch. Jene, die vom Auswandern sprachen, kamen ihm bitter vor und voller Sehnsüchte – Rebellen, im Gegensatz zu jenen, die sich mit einem Leben in Polen abgefunden hatten. Die Schwierigkeiten der Emigranten, sich an ihr neues Leben zu gewöhnen, bestätigten nur seinen Verdacht, daß bittere Enttäuschung und jugendliche Illusionen mit diesem Land verbunden waren – daß es für Europäer zu spät war, eine verlorene Vergangenheit zu suchen: »Wir haben uns körperlich und seelisch an ein Land mit Kiefern und Schnee gewöhnt. Die Anstrengung, jene beiden Enden wieder miteinander zu verknüpfen, die vor zweitausend Jahren auseinandergerissen wurden, ist enorm.« Er selbst hatte zuwenig Zeit, die zehn Jahre zu »opfern«, die es brauchen würde, sich nicht nur physisch, sondern auch psychisch an die neuen Bedingungen anzupassen.

Stefa spottete über seinen Einwand, daß er ohne Hebräisch ja nicht mit den Kindern kommunizieren könne. Er solle sich auf die Säuglinge konzentrieren und bei den Kleinkindern Zeichensprache anwenden. Als er entgegnete, daß er mit den Erwachsenen auch nicht würde reden können, erinnerte sie ihn daran, daß die meisten Siedler russische oder polnische Einwanderer waren. Als er meinte, es gäbe eigentlich wirklich nichts, was er beitragen könne, hielt sie ihm den Strom von Besuchern vor, der aus den Kibbuzim in die Krochmalnastraße kam, um ihn zu konsultieren. Und das stimmte – es kam und ging eine so große Zahl von Kibbuzniks, daß Korczak häufig spöttelte, Warschau werde langsam zu einem Vorort von Palästina.

Vielleicht war es Stefas Einfluß, vielleicht war es auch seine wachsende Sorge um die Kinder, die auf ihrem Weg durch die von Christen bewohnten Straßen verhöhnt und geschlagen wurden, daß Korczak im Winter 1932 an seinen ehemaligen Schüler Joseph Arnon, der nach Palästina ausgewandert war, schrieb:

»Wenn es ein Land gibt, wo das Kind eine ehrliche Chance hat, seine Träume und Ängste, seine Sehnsüchte und Verwirrungen zu äußern – dann ist das vielleicht wirklich Palästina. Man sollte dort dem unbekannten Waisenkind ein Denkmal errichten.« Und weiter meinte er: »Ich habe die Hoffnung noch nicht aufgegeben, die letzten Jahre, die mir noch bleiben, in Palästina zu verbringen und mich dort nach Polen zu sehnen ... Sehnsucht stärkt und vertieft die Seele.«

Im darauffolgenden Frühling war die Reise nach Palästina immer noch nicht mehr als eine angedeutete Möglichkeit. »Wenn das Schicksal es fügt, daß ich nach Palästina gehe, würde ich nicht zu den Menschen gehen, sondern zu den Gedanken, die ich dort finde«, schrieb er an Arnon. »Was würde der Berg Sinai mir sagen? Oder der Jordan? Das Grab Jesu, die Universität, die Höhle der Makkabäer, Galiläa? Ich würde zweitausend Jahre europäischer Geschichte wiedererleben, polnischer Geschichte, jüdischer Wanderungen. ... Die Welt braucht keine Arbeitskräfte und keine Orangen, sondern einen neuen Glauben. Glauben an das Kind, das die Quelle aller Hoffnung ist.«

Im Herbst 1933, verärgert über den »billigen Klatsch« in einer rechten Zeitung, daß er nach Palästina gehen würde, entschloß sich Korczak, so bald wie möglich im Winter abzureisen.

Stefa beeilte sich, einen Brief nach Ein Harod zu schicken: »Bitte nehmt Dr. Korczak einige Wochen bei euch auf. Er würde gerne in der Kinderkrippe mit den Neugeborenen arbeiten oder mit den Krabbelkindern, und er wird sämtliche Arbeiten erledigen, die getan werden müssen. Was er nicht weiß, wird er sofort lernen. Er möchte lieber nicht im Kinderhaus arbeiten, weil er die Sprache nicht spricht. Er möchte das Kibbuzleben kennenlernen, und alles, was er braucht, ist ein Bett, ein Tisch und ein Stuhl. Er ist sogar bereit, Fußböden zu putzen.«

Die Antwort kam wie erwartet: Der Kibbuz würde sich geehrt fühlen, Dr. Janusz Korczak als Gast zu haben.

Zu jener Zeit gab es eine Änderung in Korczaks Leben, die aber nichts mit Palästina zu tun hatte. Er übersiedelte aus dem Waisenhaus in die Wohnung seiner Schwester Anna in der Zlotastraße 8 an der Ecke zum Judenviertel. »Ich war müde, fühlte mich alt und im Waisenhaus überflüssig, deshalb bin ich gegangen, oder um genauer zu sein, ich wurde vertrieben«, schrieb er an Arnon. »Du wirst das kaum verstehen können, und ich werde nicht noch einmal versuchen, es zu erklären.« Es war offenbar eine sehr schmerzliche Entscheidung. »Alles, was mir bleibt, sind meine Gedanken und mein Glaube an die Zukunft, bei der ich meine Zweifel habe, ob ich sie erleben werde.«

Nicht nur die Konflikte im Waisenhaus ließen ihn verzweifeln: »Wir befinden uns mitten in einem hundertjährigen Krieg, immer noch im Mittelalter«, fuhr er fort. »Unbeschreibliche Ungerechtigkeit wird der menschlichen Rasse zugefügt, und besonders den Kindern. ... Jahrelang habe ich empfindsame Kinder beobachtet, ihre Hilflosigkeit, ihre stille Traurigkeit gesehen ebenso wie die krampfhafte Überheblichkeit des *homo rampax.*« Es hatte den Anschein, daß »alles Feine und Zarte wahllos zerstört wird, daß die Schafe von den Wölfen zerrissen werden«. Er gab zu, daß er »die Welt der Gedanken zu fliehen versuchte«, indem er sich in die Arbeit stürzte – er suchte Zerstreuung im Haareschneiden und Köpfewaschen, doch auch das funktionierte nicht mehr.

In dieser Zeit, als er zwischen Hoffnung und Verzweiflung schwankte, war Korczak intensiv mit einem neuen Projekt beschäftigt. Seit einem Jahr hatte er ein Grundschulexperiment für Erst- und Zweitkläßler in »Unser Haus« eingeführt, weil die Kinder in den überfüllten Schulen Bielanys keinen Platz mehr fanden. Korczak hatte die Schulglocke, die feste Sitzordnung und andere konventionelle Rituale abgeschafft, die den Tagesablauf der Kinder regelten, und einen progressiven Lehrplan erstellt, nach dem jedes Kind individuell behandelt wurde und selbst auswählen konnte, womit es sich wie lange beschäftigen wollte, sei es Lesen, Rechnen, Malen und Basteln oder Musik. Es gab keine Noten, nur Punkte, die wie bei einem Spiel addiert wurden. Einmal in der Woche fuhren die Kinder mit ihren Lehrern in eine Fabrik oder auf einen Bauernhof, um zu sehen, wie Dinge gemacht werden oder wie sie wachsen. Zwar unterrichtete Korczak nicht selbst an dieser Schule, aber er kam immer wieder vorbei, um Geschichten zu erzählen und Beobachtungen anzustellen.

Im Winter 1933 wurde Korczak das Silberne Kreuz der Polonia Restituta verliehen, was seine Gemütsverfassung verbesserte. Diese Auszeichnung erhielten nur sehr wenige als Dank für ihren Einsatz für die polnische Gesellschaft. Die Verleihung wurde mit großer Feierlichkeit durch den Sozialminister Dr. Stefan Hubnicki vor einem geladenen Publikum aus hohen Beamten des Gesundheitssektors sowie der Presse vorgenommen. Der Minister, ein Studienkollege Korczaks, hatte kaum begonnen, Korczaks hervorragende Arbeit mit den armen Kindern aus den Elendsvierteln zu würdigen, als Korczak den Raum verließ. Die verdutzten Ehrengäste konnten sich nicht erklären, ob dies nun wieder ein Beispiel für Korczaks berühmte Exzentrik war oder eine bewußte Beleidigung. Erst als er den höflichen Beifall nach der Rede des Ministers hörte, erschien Korczak wieder und entschuldigte sich. Er erklärte, daß er sich so viel Lob nicht anhören könne, weil er es nicht verdient habe. Er würde die Auszeichnung der polnischen Republik annehmen, aber nicht als persönliche Huldigung, sondern als Auftrag, noch mehr zu arbeiten. Der Minister umarmte ihn herzlich.

Die Reise nach Palästina war noch immer nicht gebucht, aber Korczak las Bücher über die alten Griechen und das Römische Reich und studierte die Bibel. »Man kann sich nicht nur auf eine Generation von Kindern in diesem alten Land konzentrieren«, schrieb er an Arnon, »man muß die Jahrhunderte mit einbeziehen.« Als Arnon, der ungeduldig auf Korczaks Ankunft wartete, ihn fragte, ob die instabile politische Situation Palästinas ihn von der Reise abhielte, kam postwendend die Antwort, daß seine Zweifel nicht von äußeren Umständen abhingen, sondern aus ihm selbst heraus kämen. Mit sechsundfünfzig Jahren sei er »zu alt, um ziellos in der Welt umherzueilen oder bloß seine normale menschliche Neugier zu befriedigen«. Er mußte darüber nachdenken, was er den Siedlern über Polen sagen wollte und was er den Menschen mit zurückbringen wollte. »Ich bin nicht untätig oder gleichgültig. Nur, hier ist mein Klima, hier bin ich aufgewachsen. Ich kenne die Traditionen der Leute. Ich spreche ihre Sprache – dort wird alles fremd und schwierig sein.« Aber er versicherte Arnon, daß sie sich Mitte August sehen würden, es sei denn, er müsse die Reise noch einmal verschieben.

Als der Sommer näherrückte, gelang es Stefa, Korczak auf ein genaues Datum festzunageln: im Juli würde er nach Palästina fahren, weil dann die Kinder in der Sommerkolonie waren und er auch keine Vorlesungsverpflichtungen hatte. Doch unmittelbar vor der Abreise bestand er darauf, daß er nur drei Wochen würde bleiben können.

»Wenn der Mensch eine Reise unternimmt, kann es sein, daß er auf der Suche nach sich selbst oder auf der Suche nach Gott ist«, schrieb Korczak gegen Ende seines Lebens. Auch auf dem Schiff von Athen nach Palästina hätte er noch nicht sagen können, was seine wirkliche Absicht war. Adolf Hitler war jetzt deutscher Reichskanzler, und einige Monate vorher war der deutsch-polnische Nichtangriffspakt unterzeichnet worden. Für Hitlers Emissär, Joseph Goebbels, hatte Warschau gerade den roten Teppich ausgerollt. Korczak wußte, daß die Situation der Juden in Polen sich nur verschlechtern konnte. War diese Reise eine »Flucht«, wie er sich manchmal bei den frühen Zionisten gefragt hatte, oder eine »Rückkehr«?

Am 24. Juli 1934 traf er in Haifa ein, zwei Tage nach seinem sechsundfünfzigsten Geburtstag. Der Kibbuz hatte David Simchoni, dessen Frau mit Feiga im Kinderhaus arbeitete, ausgewählt, ihn zu betreuen und vom Schiff abzuholen. Während die beiden Männer auf den Bus nach Ein Harod warteten, spazierten sie durch die Altstadt von Haifa. Korczak war trotz der Hitze voller Energie und Neugier und konnte nicht widerstehen, den arabischen Straßenhändlern Zuckerwerk abzukaufen. Nachdem er es gekostet hatte, gab er es an einen kleinen arabischen Buben weiter, der gerade vorbeikam.

Korczak plazierte seine mit vielen Markierungen versehene Bibel auf seine Knie und suchte nach historischen Stätten, als der Bus von Haifa aus nach Norden fuhr, vorbei am Berg Karmel und ins Tal Jezreel. Wärend er an blühenden Obstgärten und gepflügten Feldern vorbeifuhr, bemühte er sich um Objektivität und schrieb in sein Notizbuch: »Na und? Ist nicht auch in der australischen Wüste Ähnliches erreicht worden? Was ist mit Hollands Kampf gegen das eindringende Meer und dem der Japaner gegen Vulkanausbrüche? Hier brauchen sie sich bloß mit Sümpfen und Moskitos herumzuplagen.«

Als sie am späten Nachmittag im Kibbuz ankamen, war er müde, doch tief gerührt von dem überwältigenden Empfang, den man ihm bereitete. Seine erste Frage, als er sein kleines Zimmer sah, lautete: »Wie könnt ihr Besuchern eine solch feine Unterkunft bieten, ohne sie dafür zahlen zu lassen?« Als man ihm riet, Sakko und Krawatte abzulegen, wenn er lebend nach Warschau zurückkehren wollte, meinte er spöttisch: »Aber wenn ich die ablege, was bleibt denn dann von Korczak noch übrig?« Er trennte sich dann sehr schnell davon. Zunächst verstand er nicht, warum alle kurze Hosen trugen, statt ihre Beine vor der brennenden Sonne zu schützen, dann aber mußte er zugeben, wie angenehm es war, wenn er seine Hosenbeine hochkrempelte.

Früh am nächsten Morgen fand der erschreckte Simchoni Korczaks Zimmer leer vor. Er sah im ganzen Kibbuz nach, suchte in den Kinderhäusern und entdeckte ihn schließlich in der Küche beim Kartoffelschälen mit einigen der alten Eltern von Kibbuzmitgliedern. Korczak erklärte, der Geruch frischen Brotes, der bei Morgengrauen in sein Zimmer geströmt sei, habe ihn an seine Kindheit erinnert, als er neben einer Bäckerei wohnte. Er hatte sich mit dem Bäcker unterhalten und dann, als er das Geschirrklappern vernahm, der Küchenmannschaft angeschlossen.

Simchonis Protest, daß er seine Ruhe brauche, wischte Korczak vom Tisch: »Ich möchte mir meinen Aufenthalt verdienen.« Doch seine Hinwendung zu den alten Kartoffelschälern hatte auch noch andere Beweggründe als die, daß er sich auf Polnisch oder Russisch mit ihnen unterhalten konnte. Er hörte sich ihre Geschichten über das Leben im Kibbuz an, aber er hörte auch, was nicht gesagt wurde. Aus scherzhaften Bemerkungen wie: »Was ist denn das für ein Land, wo es noch nicht einmal Himbeeren gibt?« oder: »Mein einziger Traum ist eine Schüssel voll Erdbeeren, bevor ich sterbe!« zog er Schlüsse über den emotionalen Preis, der zu bezahlen war, wenn man sich in diese »alteneue Heimstätte« verpflanzte. »Ja, es ist ein schwieriges Land«, sagten die Leute von der Küchenmannschaft, »aber unseren Kindern gefällt es hier.«

Wie Stefa vermutet hatte, zeigte sich Korczak fasziniert vom Kibbuz, der wie seine eigene Kinderrepublik die konventionelle Familieneinheit durch eine Gemeinschaft ersetzt hatte, die soziale Gerechtigkeit, die Bedeutung des Kindes und die Würde körperlicher Arbeit betonte. Er war erstaunt, den Juden als Bauern zu sehen, der unter der unbarmherzigen Sonne schuftete, um Olivenbäume und Rebstöcke hervorzubringen, und der in der abweisenden Erde Kartoffeläcker und Getreidefelder anlegte. »Jüdische Hirne ruhen aus«, bemerkte er. »Hier haben Axt und Säge den europäischen intellektuellen Hochmut ersetzt.«

Die Kinder, die den Erwachsenen bei der Feldarbeit halfen, so stellte er fest, bewegten sich anders als seine Kinder in Warschau, die sich unter den Schmähungen und Steinen duckten, die man ihnen nachschleuderte. Die Kinder hier, aufgewachsen mit »der Sonnenhitze in ihrer Seele« und mit dem »brennenden Wind im Blut«, gehörten in einem »biologischen Sinne« in dieses Land, was für ihre Eltern, die in anderer Erde wurzelten, nicht galt. Sie waren eine neue Züchtung, diese Sabras, ebenso hart und unverwüstlich wie der heimische Kaktus, nach dem man sie benannt hatte.

Korczak streifte »mit der Begeisterung eines jungen Detektivs an seinem ersten Fall« durch die Kinderhäuser, stellte den Hauswarten endlose Fragen und war scheu bei den Kindern, weil er die Sprache nicht verstand. Um die Situation zu erleichtern, erfand er Strategien für nonverbale Kontakte. Er betrat ein Klassenzimmer und rief: *»Sheket!«*, das heißt auf Hebräisch: Ruhe – ein Wort, das er sich gemerkt hatte. *»Sheket!«* Die Kinder waren erstaunt, als sie aber sein verschmitztes Lächeln sahen, wußten sie, daß er einen Scherz gemacht hatte. Dieser lustige Fremde ging die Bankreihen auf und ab, während sie malten, und nahm seinen Stift, um bei einer Jacke Knöpfe aufzumalen, einer Katze den Schwanz zu verlängern und einer Ziege ihre Hörner zu verpassen. Die Kinder fühlten sich wohl mit ihm; ein Bub schenkte ihm seine Zeichnung zur Erinnerung.

Die Siebenjährigen einer anderen Klasse hatten von ihren Lehrern erfahren, daß zum Mittagessen ein so berühmter Gast wie der englische Hochkommissar bei ihnen sein würde. Siebenundzwanzig Augenpaare waren zitternd auf ihn gerichtet, als Korczak seinen Platz am Lehrertisch einnahm. Siebenundzwanzig kleine Körper saßen kerzengerade und wagten kaum zu atmen. Um die Dinge etwas aufzulockern, bedeutete Korczak einem Buben in seiner Nähe, sich umzudrehen, und zog ihm dann seinen Teller mit Fleischklößchen weg. Der Bub verdächtigte sogleich seinen Nachbarn, und ganz schnell regten sich Stimmen und Fäuste. Genau in dem Moment, als der Kampf auszubrechen drohte, stellte Korczak den Teller wieder an seinen Platz zurück. Die Spannung war gelöst: siebenundzwanzig Kinder brachen in Gelächter aus und verloren von dem Moment an ihre Scheu.

An jedem zweiten Abend versammelten sich Kibbuzbewohner trotz ihrer Müdigkeit im Speisesaal, um an Vorlesungen des berühmten Erziehers aus Warschau teilzunehmen. Er stand leicht gebeugt vor ihnen, den Kragen seines kurzärmeligen Hemdes geöffnet, seine helle Haut von der Sonne gefleckt, und bestand darauf, ihnen durch seinen hebräischen Übersetzer in seiner bescheidenen Art mitzuteilen, daß er, der ihre Sprache und Sitten nicht kenne, auf die vielen Fragen, die man ihm seit seiner Ankunft gestellt hatte, nicht antworten könne. Er könne nur aufgrund seiner eigenen Erfahrungen Vorschläge machen.

Er hielt Vorträge über seine Hauptthemen: die Schlafgewohnheiten der Kinder, Vererbung, Ernährung, die verschiedenen Typen von Kindern, Lernschwierigkeiten, kindliche Sexualität und die Aufgabe des Erziehers. Die Forderung, ein Kind zu respektieren, wurde von ihm so häufig wiederholt, daß die Kibbuzniks Jahre später sagten, Korczak habe ihnen fünf Gebote zurückgelassen: Liebe *das Kind*, nicht nur dein eigenes. Beobachte das Kind. Setze das Kind nicht unter Druck. Sei ehrlich mit dir selbst, damit du mit dem Kind ehrlich sein kannst. Kenne dich selbst, damit du ein wehrloses Kind nicht ausnutzt.

Ganz gleich wie spät es wurde, einige Eltern blieben immer noch, um Korczak zu fragen, wie die Kinderhäuser am besten zu führen seien. Ein Harod war einer der wenigen Kibbuzim, in denen die Kinder ab dem ersten Schuljahr nicht im Kinderhaus, sondern zu Hause übernachteten. Aber die Frage war noch nicht gelöst, wer sich tagsüber um die Kindergruppen kümmern sollte: besonders ausgebildete Erzieher oder jede Frau, die sich freiwillig meldete. Feiga war der Ansicht, daß nur Berufserzieher die Kinder betreuen könnten. Was meinte der Doktor dazu?

Korczak antwortete, daß im Idealfall sowohl Männer als auch Frauen in den Kinderhäusern arbeiten sollten (eine Idee, die nie verwirklicht wurde), daß es aber besser sei, einige Experten in Kinderbetreuung auszubilden, als das Jungvolk mit den kulturellen Befangenheiten verschiedener Betreuer zu belasten. Außerdem sei es notwendig, die Regeln der Elternhäuser und die des Kinderhauses aneinander anzugleichen, damit die Kinder nicht verwirrt wurden.

Da er sich eine Bosheit nicht verkneifen konnte, hinterließ er seinen wichtigsten Ratschlag – eine Dosis Humor für jedes Problem – in einem Brief an den Kibbuz, der nach seiner Abreise vorgelesen werden sollte:

> Da ich weiß, daß ihr euch ärgert, weil die Kinder immer zu spät zur Schule kommen, laßt mich fünf Lösungen vorschlagen:
>
> 1. Stellt einen Hahn in einem Korb in jedes Zimmer. Wenn er kräht, werden die Kinder rechtzeitig aufwachen. Wenn nicht, schlage ich vor:
>
> 2. eine Kanone abfeuern. Falls die Kinder dann nach dem Aufwachen so langsam machen, daß sie trotzdem zu spät kommen, schlage ich vor:

3. sie von einem Flugzeug aus mit Wasser bespritzen. Falls ihnen das zuviel Spaß macht, schlage ich vor:
4. die Namen der Zuspätkommenden aufschreiben. Falls den Kindern das egal ist, weil die sowieso jeder kennt, schlage ich vor:
5. eine Anzeige in einer großen Zeitung aufgeben. Doch vielleicht sagen die Kinder: »Wen kümmert's, uns kennt sowieso keiner!« Und so weiter.
Wenn diese Vorschläge nicht eure Zustimmung finden, schlage ich vor, daß jemand anders etwas Besseres vorschlägt.
Ich gebe mein Einverständnis, daß dieser Brief ans Schwarze Brett kommt, und zwar unter der Bedingung, daß die Kibbuzbewohner folgende Erklärung dazuschreiben:
Wir sind immer pünktlich und wünschen, daß unsere Kinder unserem Beispiel folgen.

Während seiner kurzen drei Wochen in Ein Harod saß Korczak häufig mit der Bibel in der Hand am Spätnachmittag unter den neugepflanzten Palmen und wartete auf einen Windhauch, der selten genug über die Berge von Haifa herblies. Er wußte, daß der Berg Gilboa, den David nach der Schlacht gegen die Philister verflucht hatte, dürr und trocken geblieben war. Saul hatte sich vor Schmerz darüber, daß Jonathan von den Philistern getötet wurde, in sein Schwert gestürzt, und David hatte geklagt: »Gefallen, gefallen sind die Männer des Krieges; und ihre Rüstung liegt auf dem Feld.« Die biblische Geschichte verwob sich nun mit der Gegenwart; viele der Kibbuzgründer waren auf derselben Erde gefallen.

Eines Morgens bei Tagesanbruch tappte Korczak mit Hilfe einer Taschenlampe zwei Meilen über die steinigen Hügel zum Friedhof des Kibbuz. Der Flickschuster, der ihn begleitete, zeigte ihm die Gedenksteine für Joseph Trumpeldor und andere, die in den Kämpfen mit den Arabern zu legendären Helden geworden waren. Es störte Korczak, daß die meisten Toten anonym bestattet waren. »Es ist eine Verdrehung der Gerechtigkeit, daß einige nicht vergessen werden, andere aber doch«, sagte er. Er nahm etwas Erde auf vom Friedhof der vergessenen Pioniere, um sie nach Polen mitzunehmen.

Gegen Ende seines Aufenthalts lehnte Korczak Simchonis Vorschlag ab, ihm Palästina zu zeigen. »Es ist wichtiger, sich gründlich über das Leben hier zu informieren«, sagte er. »Leuten, die sich für Tel Aviv interessieren, kann ich immer noch Postkarten mitbringen.« Doch erklärte er sich mit einer Rundreise durch das Jordantal und Galiläa einverstanden. Nazareth faszinierte ihn, und er unterhielt sich längere Zeit mit einem alten polnischen Priester, den er in Tiberias fand. Für Jerusalem blieben nur noch einige Stunden, die jedoch ausreichten, durch die engen Gassen zur Klagemauer und dem Felsendom zu pilgern und um festzustellen, daß er in diese alte, ewige Stadt und nicht in den Kibbuz zurückkehren würde, falls es jemals eine Rückkehr nach Palästina geben sollte.

Er packte für seine Abreise und weigerte sich, seine Laken, die Schere und den Rasierapparat wieder mitzunehmen, die er hergebracht hatte. Auf diese Weise konnte er der Familie Simchoni ein paar kleine Geschenke dalassen, ohne zu ahnen, daß sie die Dinge wie Reliquien behandeln würden. »Du schläfst auf Korczaks Laken«, sagte Simchoni seinen Gästen. »Schau, das hier ist Korczaks Schere.«

Joseph Arnon reiste von einem anderen Kibbuz herbei und brachte Korczak nach Haifa. »Wer weiß, vielleicht komme ich zurück, wenn ich tausend Zloty zusammenbringe«, vertraute Korczak ihm an. »Aber was meinst du, soll ich allen Leuten in Warschau jetzt über Palästina erzählen?«

Arnon antwortete, ohne zu zögern: »Sag den Polen, daß dieses Land keinesfalls eine Hölle für die Juden ist, denen sie gesagt haben: ›Haut ab nach Palästina!‹ Und sag den Juden, daß hier eine neue Welt aufgebaut wird und daß es sich lohnt, ein Risiko einzugehen.«

»Joseph, das kann ich ihnen nicht sagen«, entgegnete Korczak. »Ich kann nur über das berichten, was ich gesehen habe.«

23
Der alte Doktor

Korczak mochte wegen der »Gedanken«, die sich dort bei ihm einstellen würden, nach Palästina gegangen sein, doch als das Schiff in Richtung Heimat zunächst Griechenland entgegenstampfte, dachte er immer noch an seine neuen Freunde. Als er in der ersten Nacht kurz vor Morgengrauen plötzlich erwachte, hatte er das Bedürfnis, an Deck zu gehen und ihnen einen Brief zu schreiben. Es sei nicht der wunderbar lebendige und ungeduldige Gischt, der ihn in dieser sternenlosen Nacht gefangen hielt, schrieb er, sondern der Rauch aus ihrer Bäckerei, die Silhouette des Berges Gilboa, wo ihre Toten begraben sind, und das Grün des Sees Kinerett.

Zurück in Warschau, war er so entschlossen, die Verbindung zu ihnen nicht abreißen zu lassen, daß er monatlich einen Tag dafür einplante, nach Palästina zu schreiben. Manchmal schrieb er bis zu dreißig Umschläge, die aber selten alle abgeschickt wurden. In einem Brief an Simchonis kleine Tochter Mia schrieb Korczak von seinen Tagesabläufen, die »die Wochen vorbeifliegen« ließen. Montags untersuchte er Kinder am Jugendgericht; dienstags und mittwochs hielt er Vorlesungen und Seminare an den pädagogischen Instituten; von Donnerstag bis Freitagmittag war er in »Unser Haus« in Bielany, von Freitagnachmittag bis Samstag im Waisenhaus, und sonntags widmete er sich dem Schreiben.

Einem erwachsenen Freund schrieb er: »Mein Programm hier ist so dicht, wie könnte ich jemals ein anderes Leben in einem anderen Land in Betracht ziehen?« – als ob es einer Entschuldigung bedurft hätte. Selbst als er Stefan Jaracz und andere Freunde drängte, sich dieses »mutige und ehrliche Experiment« anzuschauen, wußte er, daß er selbst die ganze Erfahrung noch verarbeiten mußte. »Ich habe auf einen Augenblick der absoluten Ruhe gewartet, um mir darüber klarzuwerden, was der Aufenthalt in Palästina mir gegeben hat«, schrieb er in einem Brief. »Es ist eine schwierige Aufgabe, und ich frage mich immer: Waren meine Gefühle aufrichtig?«

Dieser »Augenblick der absoluten Ruhe« ließ auf sich warten: Kurz nach seiner Rückkehr nach Warschau bot man Korczak eine eigene Radiosendung an, die er einfach nicht ablehnen konnte. Ende der zwanziger Jahre hatte er einige seiner Geschichten in Hörspiele umgeschrieben und war fasziniert von den erzieherischen Möglichkeiten des Rundfunks. Hier war die Chance, gleichzeitig Tausende von Kindern zu erreichen statt bloß einhundert. »Das Radio wird das Buch nie ersetzen«, sagte er einem Interviewer, »aber es ist eine neue Sprache.« Durch das Radio wurde es möglich, daß nichts mehr verlorenging, daß alles »unsterblich« werden konnte; doch brachte das neue Medium auch große Gefahren mit sich, weil es sich »in die Häuser, in die intimen Bereiche des Lebens und in das menschliche Herz« einschleichen konnte.

Korczaks Freunde von der Kinderprogrammabteilung hatten seine Sendung unter der Bedingung einrichten können, daß er mit einem weiteren Pseudonym arbeitete, um damit jene hohen Beamten zu beschwichtigen, die sich nicht dem Vorwurf aussetzen wollten, einem jüdischen Erzieher zu gestatten, auf polnische Kinder Einfluß zu nehmen. (Damals war es schon überall bekannt, daß Janusz Korczak ein Pseudonym für Henryk Goldszmit war.) Korczak überlegte eine Weile hin und her und faßte dann den praktischen Entschluß, daß es besser wäre, anonym auf Leute einzuwirken als überhaupt nicht. Er erklärte sich mit der Bezeichnung »der alte Doktor« einverstanden, von der er dann ironisch behauptete, dies sei sein Untergrunddeckname.

Es dauerte nicht lange, und die warme, persönliche Stimme des »alten Doktors« wurde in Polen berühmt. An Donnerstagnachmittagen beeilten sich die Leute, aus ihren Büros pünktlich zu seiner fünfzehnminütigen Sendung zu Hause einzutreffen. Im Gegensatz zum formellen Ton der anderen Radiosprecher gab die herzliche und natürliche Stimme des »alten Doktor« seinen Zuhörern das Gefühl, persönlich angesprochen zu werden.

Korczaks Radiostil ähnelte seinem Schreibstil. Die Syntax wurde nicht beachtet, Worte und Ideen in schöpferischem Durcheinander angeordnet, bis er, einem Zauberer gleich, zum Schluß alles auflöste. Die Originalität dieser Methode war so provokativ, daß ein Zuhörer, der sich mitten in der Sendung eingeschaltet hatte, beim Rundfunk anrief und sich beschwerte, daß der Sprecher betrunken sei.

Immer wenn er das überzeugende Grunzen eines Schweines oder ein Kikeriki brauchte, bat Korczak seine Kinder, für die Rolle vorzusprechen. An solchen Tagen hörte es sich in den beiden Waisenhäusern wie auf dem Bauernhof an. Der jüdische Waisenbub Adam Dembinski erinnerte sich, einmal dazu auserwählt worden zu sein, mit einem nichtjüdischen Buben, einem Schneiderlehrling, ins Rundfunkstudio zu kommen: »Ich sollte wie ein Hund bellen. Also bellte ich einmal ganz laut und bekam dafür fünf Zloty. Es war wundervoll!«

Die Fans des »alten Doktor« wußten nie, was sie erwartete, wenn sie das Radio einschalteten: Vielleicht interviewte er kleine Hospitalpatienten oder arme Waisen in einer Sommerkolonie; vielleicht grübelte er über Kinder und Flugzeuge nach, analysierte das Verhältnis zwischen Kindern und Erwachsenen oder von Kindern untereinander oder stellte Betrachtungen zu den Tagesereignissen an. Oder vielleicht erzählte er ganz einfach ein Märchen. Die richtige Zeiteinteilung für den »Gestiefelten Kater« erwies sich als eine solche Herausforderung, daß er ihm im Herbst 1935 drei Sendungen widmete, bevor er zufrieden war.

»Wenn ich mit einer Gruppe Kinder zusammen bin, kann ich mich immer darauf einstellen, ich weiß genau, wann sie lachen, weinen oder Fragen stellen werden«, gestand er einem Interviewer. »Aber allein in dem kleinen Raum, wo mir die Zeit davonläuft, sorge ich mich, ob ich deutlich genug spreche und wann die Musik eingeblendet wird. Sobald das rote Licht ›Sprechen‹ anzeigt, fühle ich mich wie ein Nichtschwimmer, der ins Wasser geworfen wird. Es ist die gleiche Panik wie im Krieg, wenn jemand das Gewehr auf einen richtet oder wenn man auf einem sinkenden Schiff ist.«

Den Vergleich mit dem sinkenden Schiff sollten die polnischen Juden ab Mitte der dreißiger Jahre noch oft anstellen. Polens ethnische Minderheiten (nach den Ukrainern waren die Juden die zweitgrößte Gruppe) wurden von einer Welle der Angst erfaßt, als die Regierung im September 1934 das Minderheitengesetz aufhob, das ihnen die rechtliche Gleichstellung gebracht hatte. Solange Jozef Pilsudski – offiziell nur Kriegsminister und Generalinspekteur der Streitkräfte – inoffiziell das ganze Land regierte, hatten sie sich sicher gefühlt. Mit den Jahren war der Marschall zwar zunehmend repressiver geworden, zweifelte er an der polnischen Tauglichkeit zur Demokratie und schockierte viele damit, daß er nach der Ermordung des Innenministers ein Sonderlager für seine politischen Feinde errichtete; seine Sicht von Polen als einer multinationalen Föderation hatte er jedoch nie aufgegeben. Als Pilsudski am 12. Mai 1935 im Alter von siebenundsechzig Jahren an Magenkrebs starb, fürchteten viele Juden, daß die Zukunft des polnischen Judentums mit ihm begraben wurde.

Der einbalsamierte, mit der Paradeuniform bekleidete Leichnam Pilsudskis wurde zwei Tage lang in der St.-Johannes-Kathedrale aufgebahrt. Unter den Trauergästen, die an ihm vorbeidefilierten, waren auch viele Rabbiner. Anschließend wurde der Sarg in einem Plattformwaggon mit einer Ehrenwache aus Generälen nach Krakau überführt, und Hunderttausende von Polen säumten die dreihundert Kilometer lange Bahnstrecke. Einhundert jüdische Delegationen aus allen Gegenden Polens nahmen an der Beerdigung auf dem Schloß Wawel teil, der historischen Grabstätte der polnischen Könige.

Korczak, der Pilsudski nie persönlich kennengelernt hatte (aus Zeitmangel hatte er vor Jahren die Bitte abgelehnt, seine Biographie zu schreiben), wollte ihm jetzt Tribut zollen und bereitete einen innig verfaßten Nachruf mit dem Titel »Ein Pole weint nicht« für seine nächste Sendung vor. Es stimmt schon, wollte er seinen Zuhörern sagen, polnische Helden weinen nicht; ob sie aber auch wußten, daß ihr geliebter Jozef Pilsudski tatsächlich zweimal in seinem Leben geweint hatte? Einmal, als in Lwow seine Armee von den Kosaken eingekesselt war, und das zweite Mal, als seine Lieblingsstute, ein dunkler Fuchs, starb. Der »alte Doktor« wollte sein Publikum damit trösten, daß auch Pilsudski – wie alle mutigen Führer – ein Mensch war, der weinen konnte, so wie sie jetzt seinen Tod beweinten. Doch die Zensoren, die mit der Nationalisierung des Radios ein Jahr zuvor an die Macht gelangt waren, lehnten sein Porträt von Pilsudski als einem Mann der Tränen ab. Trotz der Einwände einer großen Zahl von Korczaks einflußreichen Freunden mußte der »alte Doktor« das Manuskript durch ein anderes mit dem unverfänglichen Titel »Eine Geschichte über Kinder« ersetzen.

Korczak entschloß sich, mit einigen seiner Kinder zur Enthüllung des Pilsudski-Denkmals nach Krakau zu fahren, als er hörte, daß jeder Erwachsene, der im Monat Juli nach Krakau fuhr, vier Kinderfreifahrkarten von der Eisenbahn bekommen konnte. Shimon Agassiz, eines der vier glücklichen Judenkinder, die mitfahren durften, erinnerte sich, daß sie die Nacht vorher in der Wohnung verbrachten, die Korczak sich mit seiner Schwester teilte. Sie blieben lange auf, packten etwas zum Essen ein und kicherten über Korczaks alberne Pläne für alles mögliche, was ihnen eventuell passieren könnte. Falls sie nicht alle im selben Abteil Platz fanden, sollte einer der Buben zu Korczak laufen und jammern, daß ihn ein tollwütiger Hund gebissen habe. Die anderen Fahrgäste würden dann aus dem Abteil flüchten, und sie hätten es für sich alleine. Als sie am nächsten Tag dann im Zug saßen, fing der Bub mitten in seiner Geschichte zu lachen an, und keiner der Fahrgäste glaubte die Sache. Die Kinder mußten sich auf dem einen Platz neben Korczak abwechseln. Sie vertrieben sich die Zeit mit einem tragbaren Schachspiel und halfen Korczak beim Zigarettendrehen. Die sechsstündige Fahrt nach Süden durch flaches Land mit grünen Wiesen in die alte Königsstadt ging rasch vorüber.

Korczak ließ sich von der Reiseinformation im Bahnhof eine Zimmeradresse geben, und sie machten sich mit der Trambahn auf den Weg. Sie ließen ihr Gepäck in der Pension und suchten sich ein Restaurant, wo die vier Waisenkinder zum ersten Mal in ihrem Leben sich ein Essen selbst aussuchen durften. Sie bestellten sich alles mögliche außer Fleischklößchen, weil die im

Waisenhaus immer aus Resten bestanden. Am nächsten Tag wanderten sie über das Kopfsteinpflaster der schönen alten Renaissancestadt, die einmal Hauptstadt gewesen war, und besuchten das Stadtmuseum, den Platz, wo Kosciuszko den Eid geschworen hatte, sein Volk von den Teilermächten zu befreien, das Denkmal des großen romantischen Dichters Adam Mickiewicz und Schloß Wawel, wo Jozef Pilsudski an der Seite der polnischen Könige begraben war. Während der Zeremonie der Denkmalsenthüllung begriffen die Kinder schließlich, warum Korczak aus dem Hof des Waisenhauses einen großen Stein mitgebracht hatte, als er ihnen winkte, ihn zur Niederlegung dieses Steins am Denkmal zu begleiten.

Einige Stunden bevor der Zug sie nach Warschau zurückbringen sollte, nahm Korczak seine jungen Begleiter mit zum Flughafen. Mit dem gleichen todernsten Gesicht, das er während der Geschichte vom tollwütigen Hund aufgesetzt hatte, fragte er dort den Mann am Schalter nach vier Freikarten für die ihn begleitenden Kinder. Als man ihm erklärte, dies sei unmöglich, entgegnete Korczak mit Unschuldsmiene, er sei der Ansicht, da die Fluggesellschaft wie die Eisenbahn der Regierung gehöre, müßten bei beiden auch die gleichen Angebote gültig sein. Der Beamte befragte einige Kollegen, die wiederum weitere fragten, doch die Antwort lautete nein. Als Korczak und die Kinder an jenem Abend im letzten Zug nach Warschau saßen, lachten sie immer noch.

Nachdem sich Madame Pilsudska beim Rundfunk für ihn verwendet hatte, durfte Korczak »Ein Pole weint nicht« in der Sendung vom 5. Dezember vorlesen. Inzwischen hatten jedoch rechte Zeitungen die Identität des »alten Doktor« gelüftet und bezichtigten ihn, Teil einer jüdischen Verschwörung zum Verderben der polnischen Kinder zu sein. Kurz danach wurde der »alte Doktor« informiert, daß seine Sendung vom 26. Dezember wegen eines besonderen Feiertagsprogramms in der Woche ausfallen müsse. Von dieser Absage in letzter Minute gedemütigt – offensichtlich wagte der Sender es nicht, in der Weihnachtszeit einen Juden ans Mikrophon zu lassen –, erinnerte Korczak seine Vorgesetzten daran, daß sein Vertrag ihn nur bis Ende Februar band. Es war eine ebenso klare wie erfolglose Drohung. Trotz seiner Popularität wurde der Vertrag des »alten Doktor« nicht verlängert. Nach seiner letzten Sendung am 27. Februar 1936 verschwand er aus dem Leben seiner treuen Zuhörer ebenso geheimnisvoll wie er gekommen war.

Auch wenn er versuchte, seinen Schmerz über die Ereignisse beim Sender – und überhaupt in ganz Polen – nicht zu zeigen, vertraute Korczak in seinen Briefen Joseph Arnon seine Angst, seinen Schmerz und seine Selbstzweifel an. Am 7. Februar 1936 schrieb er kurz vor der Beendigung seines Radioprogramms: »Wenn einen ein Gefühl von Taubheit überkommt, wenn man sich selbst als überflüssig und sein ganzes Leben als nutzlos betrachtet, wenn man sich in einer dunklen Ecke verkriechen möchte, um zum letzten Mal über alles nachzudenken, wenn man das Gefühl hat, nicht mehr länger zu existieren – dann erreicht einen von irgendwoher ein gutes Wort, ein freundliches Echo aus der Vergangenheit. Man ändert ungeduldig seine Meinung: ›Was für ein Unsinn!‹ Und dann zögert man: ›Vielleicht doch! . . .‹ Jeder möchte noch einmal etwas zustande bringen! Du schreibst, daß ich mich täusche, wenn ich glaube, versagt zu haben. Mein Fehler liegt darin, daß alles, was mir früher Freude gebracht hat, zu überwältigender Mühsal geworden ist; alles, was früher lohnend und vorstellbar schien, bringt jetzt nur noch Zweifel, Besorgnis, Scham. Das Wenige, das ich erreicht habe, erscheint mir unwichtig. Ich habe geschworen, das Kind zu unterstützen und seine Rechte zu verteidigen, doch alles, was ich tun kann, ist, zu beten oder seine unsicheren Schritte zu segnen.«

Arnon beschwor Korczak nach wie vor, nach Palästina auszuwandern, und Korczak dachte auch immer noch darüber nach: »Wo gäbe es einen Ort, um die Kleinen und Schwachen (mit Worten) zu verteidigen, wenn nicht im Land Israel? Und deshalb bin ich auch voller Sehnsucht. Doch zu meinem Kummer bin ich hier durch meine wirkliche Arbeit, die langsam zu Ende geht, gebunden (und überlastet).« Am Schluß des Briefes versicherte er Arnon jedoch, daß er vielleicht nach Palästina käme, wenn er sicher sein könne, daß er »keine Last für das Land« sein würde.

In dieser schwierigen Zeit, als seine Radiosendungen abgesetzt wurden, war Stefa in Palästina bei Feiga und ihrem Mann, einem russischen Lehrer, den sie kürzlich geheiratet hatte. Im April sollte Stefa zurück sein, und Korczak erwartete sie voller Ungeduld. Aber er hörte weder am Tag, als sie ankommen sollte, noch am folgenden Tag etwas von ihr. Es war ganz und gar nicht ihre Art, ihn nicht zu benachrichtigen. Er fragte eine Reihe Leute nach ihr, aber niemand hatte sie gesehen.

»Stefa scheint noch nicht gekommen zu sein«, sagte er zu Natalia Wislicka. Im Laufe der Jahre war das Ehepaar Wislicki zu Förderern und Vertrauten geworden. Es war nichts Ungewöhnliches, daß Korczak für einen Plausch zwischen zwei Terminen oder auf ein ruhiges Abendessen bei den beiden vorbeischaute. »Ich weiß nicht, was mit ihr los ist.«

Sie tranken im Garten Tee, und Natalias kleiner Sohn Alfred kam dauernd herbeigerannt, um sicherzugehen, daß sie auch noch da war.

»Das ist ein Zeichen dafür, daß er dich wirklich liebt«, kommentierte Korczak.

»Das ist keine Liebe, das ist Verlustangst«, meinte sie achselzuckend.

»Und was ist Liebe anderes als Verlustangst?« fragte er.

Es war diese Angst vor Verlust, die Natalia Wislicka aus seiner Stimme heraushörte, wenn er sich beklagte, von Stefa noch gar nichts gehört zu haben. Zum erstenmal erkannte sie, wie erfolgreich er seine tiefe Bindung an Stefa vor ihr zu verbergen verstand.

Einige Tage darauf erschien Stefa schließlich und erklärte, sie sei von der Reise sehr erschöpft gewesen, die sieben Tage und sieben schlaflose Nächte gedauert hatte, einschließlich eines Aufenthalts in Athen. Sie war erst einmal in die Wohnung ihres Bruders gegangen, hatte ein Bad genommen, vierundzwanzig Stunden geschlafen und sich dann noch einmal drei Tage gegönnt, bevor sie sich wieder den Anforderungen des Waisenhauses stellte.

Stefa plante im Waisenhaus eine kleine Ausstellung all der bunten Tücher, Federmäppchen aus Stroh, Lineale aus Olivenholz, Muscheln und anderen Schätze, die sie mitgebracht hatte. Als sie sich mit Korczak über das Photoalbum beugte, das der Kibbuz ihr zum Abschied geschenkt hatte, sprach sie von Palästina als einer Zukunft für sie beide. Sie war erstaunt, wie interessiert er an ihren Vorschlägen war, obgleich er einwandte, wie denn das Waisenhaus ohne sie beide überleben solle. Sie sprachen über die verschiedenen Möglichkeiten, und Stefa schrieb aufgeregt an Feiga, daß Korczak die Idee gehabt hätte, sich in ihren Reisen abzuwechseln und jeweils ein halbes Jahr in Polen und in Palästina zu verbringen, so daß einer von ihnen immer im Waisenhaus wäre. »Die Unruhen an der nationalen wie an der religiösen Front werden täglich stärker«, schrieb Stefa weiter, wobei sie sich auf den jüdischen Arbeiterstreik gegen die antisemitische Politik der Regierung bezog. »Das Böse, das hier die ganze Atmosphäre durchdringt, ist schlimmer als die Wirtschaftskrise. Und es sieht so aus, als könnte man gar nichts tun.«

Als Korczak sich einverstanden erklärte, in jenem Sommer 1936 für sechs Wochen nach Palästina zu gehen – als Auftakt für einen längeren Aufenthalt –, griff Stefa wiederum zu Papier und Feder, um Feiga zu informieren. Ans Ende dieses Briefes setzte Korczak in seiner präzisen Handschrift gutgelaunt die Worte: »Ich spreche schon Hebräisch – *Netzyan Hetzyan* ›ausgezeichnet‹. Shalom, Korczak.«

Auf seiner zweiten Reise flog Korczak von Athen nach Palästina. Von der Fliegerei ebenso begeistert wie von Radio und Film, war er in den späten zwanziger Jahren in Warschau einer der ersten gewesen, der Rundflüge mitmachte. »Wenn man von da oben herunterschaut, erkennt man, was für ein winziger Teil des Universums der Mensch ist«, sagte er zu seinen Freunden. Jetzt, als er bei Haifa auf die Küste heruntersah, begriff er plötzlich, daß hier »das Exil endet«. Wiederum hatte er »das Privileg, das Gelobte Land zu sehen«, und wiederum war er verblüfft, welche starken Gefühle ihn ergriffen.

Auf dieser zweiten Reise konnte er sich mit abnehmender Skepsis eingestehen, daß Palästina aus mehr als einem Grund ein gelobtes Land war: Es gab den Menschen, die Juden waren, einen Platz, wo sie ohne Erschütterungen und Stigmatisierung leben und arbeiten konnten, es versprach den Kindern Sonne und gesundes Wachstum und die Sicherheit einer wirklichen Gemeinschaft. Doch dieses Mal wurde ihm noch deutlicher klar, daß es auch für die Araber ein gelobtes Land war, die es als ihr Land betrachteten. Wenn Palästina die Lösung der jüdischen Frage bringen sollte, so fand er sich im Einklang mit Martin Buber und anderen, die der Ansicht waren, daß auch die arabische Frage gelöst werden mußte. Als er hörte, daß in Tel Aviv ein neuer Hafen gebaut wurde, weil die Araber dagegen protestierten, daß Juden in Jaffa arbeiteten, verdutzte er seine Freunde mit der Frage: »Und was ist mit den arabischen Kindern?« Mußten sie hungern, wenn der Hafen von Jaffa geschlossen wurde?

In Palästina herrschten große Spannungen in jenem Sommer, nachdem es seit einem Jahr im ganzen Land arabische Aufstände gegeben hatte. Kurz vor seiner Ankunft hatten marodierende Araberbanden die Weizenfelder von Ein Harod in Brand gesetzt, die Grapefruit-Bäume gefällt und vom Berg herunter auf die Siedler geschossen. Korczak wunderte sich, als er den Kibbuz wie eine Festung vorfand. Er meldete sich freiwillig zur Nachtwache und war beleidigt, als man sein Angebot ablehnte.

»Wißt ihr nicht, daß ich polnischer Offizier bin, der in drei Kriegen gedient hat?« fragte er seine Gastgeber. Als auch diese Information nichts an ihrer Entscheidung änderte, versuchte er es mit seiner Theorie des Zufalls: Man sollte sich der Gefahr klar stellen, und zwar mit der Einstellung, daß das Schicksal vielleicht das eigene Los bereits gezogen habe, vielleicht aber auch noch nicht. Dieses Risiko wäre er bereit zu tragen. Doch die Kibbuzniks wollten das Risiko nicht übernehmen, ihren großen Gast zu verlieren.

Einige Tage später hatte Korczak beim Besuch eines seiner ehemaligen Waisenkinder in Haifa mehr Erfolg mit seiner Theorie. Moses Sadek bat ihn, auf keinen Fall am folgenden Tag in den Kibbuz zurückzukehren, weil das Gerücht ging, auf die Busse würde geschossen werden. Korczak entgegnete: »Wer sagt denn, daß die Araber morgen, wenn ich den Bus nehme, mit dem Schießen anfangen werden? Und wenn das so ist, wer sagt denn, daß es auf meiner Route sein wird? Und selbst wenn, wer sagt, daß sie irgend jemanden treffen werden? Und wenn das der Fall sein sollte, wer sagt, daß ich das sein muß?« Und erklärte dann dem sprachlosen Sadek: »Da es wirklich nur wenige Risiken sind, werde ich fahren.«

Wenn sie sich auch weigerten, ihn zu Wachdiensten einzuteilen, so drängte Korczak die Kibbuzniks, ihren älteren Kindern zu erlauben, diese gefährliche Aufgabe mit ihnen zu teilen, so wie sie Nahrungsmittelmangel und harte körperliche Arbeit teilten. »Packt die Kinder nicht in Watte«, sagte er. »Der Kampf, sich hier ein Leben aufzubauen, ist ihr Schicksal.«

Dieses Mal verbrachte er weniger Zeit in Ein Harod und bemühte sich, auch in anderen Kibbuzim zu unterrichten und seine Beobachtungen zu erweitern. Alle stellten fest, daß Korczak sich offenbar viel wohler fühlte und nicht mehr mit Selbstverachtung die Mundwinkel verzog, wenn er die wenigen hebräischen Sätze sagte, die er beherrschte, bevor der Übersetzer weitermachte.

Er interessierte sich ganz besonders für die Moschawim, jene landwirtschaftlichen Siedlungen auf der Basis freien Unternehmertums, wo er die Initiative eines jeden Bauern auf seinem eigenen Stück Land sehen konnte. Die Verwandlung der jungen Leute, die er gekannt hatte, in Menschen des Ackerbaus war ihm ein Quell ständigen Staunens, allerdings war es für ihn mehr eine geistige als körperliche Veränderung. Der Erfolg eines seiner Waisenkinder, das von seiner Mutter keinerlei Zuwendung gekannt hatte, war ihm eine besondere Genugtuung. Korczak hatte geglaubt, daß der Bub sein Leben lang dadurch belastet und benachteiligt sein würde, doch hatte er hier offenbar ein konstruktives Ventil für seine Gefühle gefunden. Korczak erkannte, daß ein Spezialist nicht in der Lage ist, das tatsächliche Schicksal eines Kindes vorauszusagen. Ein Land wie Palästina hatte die versteckten Fähigkeiten dieses Kindes zum Vorschein gebracht, von denen er in Warschau noch nicht einmal eine Ahnung gehabt hatte.

Auf dieser Reise hatte er den Wunsch, viel herumzukommen und viel zu sehen, als ob er geahnt hätte, daß er keine weitere Gelegenheit mehr erhalten würde. Als er Hillman traf, einen sibirischen Mechaniker und »alten Wanderer«, war er versucht, sich »einen Rucksack zu schnappen« und ihn zu fragen, ob man nicht gemeinsam das ganze Land bereisen könne. Vielleicht würde aus diesem Gedanken ein *Robinson Crusoe*-ähnliches Buch für Kinder werden – bloß daß der Held dann »Eretz Yisrael Robinson« hieße.

Er stellte sich sogar vor, mit dem »alten Gilson« als Führer durch die Berge zu wandern, einem Freund aus dem Kibbuz. Alle großen Dinge waren auf den Bergen geschehen – auf dem Berg Ararat, dem Sinai und jetzt dem Berg Scopus (wo die hebräische Universität stand) –, schrieb er Arnon. Er hatte die Lösung für das jüdisch-arabische Problem: »Laßt die Araber die fruchtbaren Täler behalten und das Meer, die Berge werden die Juden ernähren.«

Seine Gefühle müssen auch in seinen Briefen an Stefa zum Ausdruck gekommen sein, denn zu einem Freund meinte er: »Stefa hat Angst, daß ich vor lauter Begeisterung überhaupt nicht mehr zurückkomme – aber ich glaube, sie wird vor mir hier sein und für immer bleiben.«

Soweit es ging, vermied Korczak ein Zusammentreffen mit Beamten und Bürokraten. Er weigerte sich, Tel Aviv zu besuchen, das für ihn für den Traum von Palästina nicht repräsentativ war. Es sei eine »ungesunde Stadt«, die von »ehrgeizigen Gaunern« kontrolliert wurde. Jerusalem zog ihn an – Jerusalem in seiner Zeitlosigkeit und seinem rosafarbenen Licht, das die Kalksteingebäude vor den judäischen Hügeln reflektierte. In dieser Stadt, wo es ganz natürlich war, davon zu träumen, in den Himmel aufzusteigen, fühlte er sich wohl. Er durchstreifte die schmalen Straßen des jüdischen Viertels in der Altstadt und mischte sich unter die orthodoxen Juden, die kaum anders aussahen als die armen Juden am anderen Ende der Krochmalna und in noch größerer Verwahrlosung lebten. Nie vergaß er die

Mittelalterlichkeit eines der orthodoxen jüdischen Waisenhäuser, das er in dieser »Stadt der Gnade« besuchte.

Allen Warnungen zum Trotz wanderte Korczak durch ganz Jerusalem, besuchte die heiligen Stätten der Christenheit und besonders jene, die mit dem Leben Jesu zu tun hatten. Mit der Bibel in der Hand schloß er sich einmal einigen Franziskanermönchen an, um nach dem Leben Jesu zu suchen, ein andermal ging er am Dung-Tor und der Klagemauer vorbei, weil er auf das arabische Dorf Silwan schauen wollte, das einst die Stadt Davids war, dessen Leben er ebenfalls zu ergründen suchte.

Die letzten Tage seines Palästina-Aufenthaltes verbrachte Korczak mit seinem Freund und jungen Pionier Moshe Zertal, der vor einigen Jahren eingewandert war. Nach dem letzten Brief Korczaks – »Ich bin ein alter Mann, ich schaffe nichts Neues mehr, sehe nur noch von der Seite aus zu« – hatte Zertal nicht gewußt, was er erwarten sollte. Er war erleichtert, als der Doktor jünger aussah als je zuvor, als ob Palästina ihm wirklich guttäte. Die beiden Männer stiegen in einem kleinen Hotel in Haifa ab und spazierten durch die Stadt, bis das Schiff eintraf, das Korczak wieder mit nach Griechenland nahm, der ersten Station auf seiner Heimreise. Korczak war ganz erstaunt, als Zertal ihm vorschlug, ein kleines Paket, das er trug, in einem Laden zu deponieren und später dort wieder abzuholen. Er konnte nicht glauben, daß das Paket noch da sein würde. Obwohl müde und verschwitzt, war er immer noch der alte ironische Korczak. Als er nahe am Meer im Fenster eines Hauses ein Schild ZU VERMIETEN entdeckte, konnte er der Gelegenheit nicht widerstehen und klopfte an die Tür. Mit Zertal als seinem verdatterten Übersetzer gab er vor, ein neuer Einwanderer auf der Suche nach einem Zimmer zu sein, fragte die Vermieterin nach ihren Hausregeln und inspizierte Bad und Balkon.

Nachdem sie sich an den Strand geflüchtet hatten, »lachten sie wie die Kinder«, doch Zertal begriff, daß Korczak versucht hatte, sich ein anderes Leben hier vorzustellen. Als sie so ruhig dasaßen, den Kindern zuhörten, die in ihrer Nähe spielten, und die Wellen beobachteten, fragte sich Zertal, ob Korczak jemals zurückkehren werde, um dieses andere Leben zu leben.

24
Die harte Wahrheit des Moses

Lerne das Leben kennen, kleiner Moses,
denn es ist schwierig, mein Kind.
Moses

»Man braucht Zeit, eine Erfahrung in sich aufzunehmen, bis man sie nicht nur mit dem Kopf, sondern auch mit dem Herzen versteht«, sagte Korczak seinen Zuhörern Anfang Oktober 1936 bei einem Vortrag über seine Palästinareise am Institut für jüdische Wissenschaften.

In scheinbar zusammenhanglosen Vignetten erzählte er ganz im Stil des »alten Doktor« von einer arabischen Mutter und ihrem Sohn, die er um sechs Uhr früh völlig unbekümmert mit zwei Eseln und vier Hunden in ein jüdisches Dorf zum Brunnen hatte schlendern sehen, »als ob die Gegend ihnen in der Vergangenheit gehört hätte und das auch in Zukunft tun würde«; er berichtete von seiner Überraschung über die Einheitspreise der Busfahrkarten, ganz gleich, wie groß die Entfernung war; von den lästigen Moskitos (in seiner ersten Nacht wurde er vierzigmal gestochen); vom ungleichen Lebensstandard der verschiedenen Regionen, wobei manche Siedler sich an Obst, Gemüse und bunten Blumen erfreuten und andere hungern mußten; von seiner Enttäuschung, als er feststellte, daß die schwarzen Punkte auf den Steinen, die er gesammelt hatte, nicht vom Blut der Gefallenen herrührten, sondern vom Teer der Straßen. Wie alle anderen Orte hatte auch Palästina seine guten und schlechten Seiten, sagte er und warnte seine Zuhörer davor, zu glauben, sie könnten ihren Problemen dadurch entfliehen, daß sie dorthin auswanderten, denn das Leben sei überall schwierig.

»Der Doktor hat einen wunderbaren Vortrag gehalten«, schrieb Stefa an Feiga, »schade, daß er ihn vom Blatt las. Er war sehr aufgeregt. Ich werde dir den Vortrag schicken.«

Wer geglaubt hatte, eine politische Analyse der Geschehnisse in Palästina zu hören, wurde enttäuscht. Nur einmal streifte der berühmte Erzieher die politische Situation: »Palästina ist wie ein langes Seil, das eine Ende halten die Juden und das andere die Araber«, sagte er. »Sie ziehen beide daran und kommen sich dadurch immer näher. Und wenn sie sich fast schon berühren, kommt ein Dritter daher und zerschneidet das Seil. Und dann fängt alles wieder von vorne an.«

Das gleiche Beispiel hätte man auch auf Polen und Juden anwenden können, deren Beziehungen mit Zunahme der faschistischen Einflüsse des »Dritten Reiches« immer schlechter wurden. Die Nürnberger Gesetze hatten 1935 die Juden zur minderwertigen Rasse erklärt und den extremen Nationalisten in Polen (wie zum Beispiel dem Radikalnationalen Lager und der patriotischen Jugend) Auftrieb gegeben, die Juden wirtschaftlich zu boykottieren und zu verlangen, daß ihre Plätze in den Hörsälen der Universitäten von den anderen getrennt wurden (Ghetto-Bänke).

Die rechte Presse benutzte diesen Vortrag über Palästina als Vorwand, Korczak in zahlreichen Artikeln zu verunglimpfen, die erneut den »alten Doktor« als Janusz Korczak, den vermeintlichen Polen, entlarvten, der in Wirklichkeit Henryk Goldszmit war, der Jude. Weswegen sei Korczak in Palästina gewesen? fragten die Zeitungen. Wieso war es ihm erlaubt, polnische Kinder zu erziehen?

Wenn die Bösartigkeit der Presseangriffe wegen seiner Palästinareise Korczak betrübte, so war er von dem, was ihn bei der nächsten Sitzung des Verwaltungsrates von »Unser Haus« erwartete, völlig niedergeschmettert. Bis heute ist sehr wenig von dem an die Öffentlichkeit gedrungen, was Korczak an jenem Nachmittag im Spätherbst des Jahres 1936 veranlaßte, von seiner Arbeit mit Maryna Falska zurückzutreten. Unüberwindbare Differenzen in ihrer Auffassung von Kindererziehung, heißt es offiziell. Korczak wollte den Kindern soweit wie möglich die Sicherheit und Geborgenheit einer Familienatmosphäre geben, während die mehr ideologisch ausgerichtete Maryna der Ansicht war, »Unser Haus« solle den Bedürfnissen der progressiven Arbeiterklasse dienen. Sie hatte sich über Korczaks Einwände hinweggesetzt, die Bibliothek und den Hof auch für die

Nachbarskinder geöffnet und sich an Projekten der Gemeinde beteiligt.

Man hätte Maryna niemals Antisemitismus vorwerfen können – einmal wollte sie ein Waisenkind wegen einer abfälligen Bemerkung aus dem Haus werfen, als Korczak intervenierte –, aber es war bekannt, daß sie unter Beschuß antisemitischer Gruppen stand, weil sie einem Juden gestattete, polnische Kinder zu erziehen. An jenem schicksalhaften Tag, als ein Mitglied des Verwaltungsrats Korczak mit der Frage »Sind Sie Zionist?« konfrontierte, hatte sie geschwiegen.

Korczak hatte die Gruppe fassungslos angesehen. Er verließ den Raum und kam sich verraten vor, weil jene, mit denen er so viele Jahre zusammengearbeitet hatte, ihn tatsächlich fragten: Gehört deine Loyalität wirklich Polen und nicht etwa Palästina? Die meisten Mitglieder des Verwaltungsrats akzeptierten Korczaks Rücktritt mit einem philosophischen Achselzucken – assimiliert hin oder her, er war und blieb ein Jude. Um einen Skandal zu vermeiden, blieb sein Name auf der Liste des Verwaltungsrats. Den Kindern sagte man lediglich, daß Pan Doktor nicht mehr so oft würde kommen können wie bisher.

In ihren nach dem Krieg geschriebenen Memoiren vermied Madame Pilsudska es taktvoll, Antisemitismus als Grund für Korczaks Bruch mit dem Waisenhaus anzugeben: »Einige seiner Methoden kamen uns sehr merkwürdig vor. Dr. Korczak ließ die Kinder zum Beispiel selbst ihre Erzieher beurteilen und richtete sich nach ihrer Meinung. Die Kinder hatten überhaupt keinen Respekt mehr vor ihren Erziehern, und wir hatten das Chaos. Also mußten wir uns mit größtem Bedauern von dem Erzieher Dr. Korczak trennen. Aber er blieb im Verwaltungsrat.«

In jenem Jahr verlor Korczak nicht nur sein Radioprogramm und seine Zugehörigkeit zum polnischen Waisenhaus, sondern auch seinen Gutachterposten am Jugendgericht. Einer der Rechtsanwälte, der seiner Entlassung beiwohnte, schrieb Jahre später: »Bis heute habe ich mir mein Schweigen damals nicht verziehen. Jene Repräsentanten polnischen Rechts und polnischer Gerechtigkeit informierten Korczak mit den Worten: ›Kein

Jude kann die Verantwortung für unsere jugendlichen Straffälligen haben.‹«

Der Verlust von so vielem, was seinem beruflichen und persönlichen Leben Bedeutung gegeben hatte, ließ Verluste aus seiner Kindheit wiederaufleben. »Ich habe mich nie eng an das Leben gebunden gefühlt – es ist einfach so an mir vorbeigeflossen«, schrieb er Ester Budko. »Seit meiner Jugend habe ich mich alt und überflüssig gefühlt. Ist es ein Wunder, daß dieses Gefühl jetzt noch stärker geworden ist? Ich zähle nicht die Tage, sondern die Stunden, die mir noch bleiben. Die Reise nach Palästina war wahrscheinlich mein letzter Versuch. Und jetzt gar nichts.« Wie immer wechselten sich Hoffnung und Verzweiflung bei ihm ab, als er hinzufügte: »Ich glaube an die Zukunft der Menschheit. Wenn ich meinen unschuldigen Glauben an Gott bewahrt hätte, würde ich wahrscheinlich für die Errettung dieser Welt beten, in der als erste die Kinder leiden. Das Kind erhält die Hauptrolle bei der geistigen Erneuerung des Menschen – auch ich wollte eine Rolle dabei spielen, aber ich wußte nicht, wie.«

Palästina könne nicht seine persönliche Rettung sein, schrieb er an einen anderen Briefpartner, denn er habe »keine vierzig Jahre mehr, um sie in der Wüste zu verbringen«. Aber er blieb ambivalent.

»Der Doktor ist so deprimiert, daß alles um ihn herum ihn gleichgültig läßt«, schrieb Stefa an Feiga. »Stell dir vor, diesen Monat wollte er plötzlich nach Jerusalem. Einfach losfahren. Erzähl niemandem was davon, denn wenn einer ihn nicht kennt, könnte er einen falschen Eindruck bekommen. Er wollte nach Jerusalem ziehen, nicht in den Kibbuz. Er ist todunglücklich und macht andere todunglücklich.«

Die Unentschlossenheit in ihrer beider Leben – in ihrem und in dem Korczaks – war zuviel für Stefa. Im Alter von fünfzig Jahren entschied sie sich, Feigas Rat zu folgen und Polen zu verlassen. In ihrem Brief vom 4. November 1936 bat sie sie, im Kibbuz ihre Aufnahme zu beantragen. Ob sie ihr bei der Beschaffung der Papiere behilflich sein könnten, falls ihr Antrag angenommen würde? Sie wußte, daß es dauern würde, aber sie wollte endlich die Dinge in Bewegung bringen – und zwar sofort.

Stefas Entschluß scheint Korczak noch mehr deprimiert zu haben, aber vielleicht war es die gleiche »Verlustangst«, die er schon einmal in ihrer Abwesenheit empfunden hatte, die ihn schließlich dazu brachte zu handeln. Am 29. März 1937 vertraute er einem Freund in Jerusalem an: »Nachdem ich mehrere Monate lang völlig deprimiert war, habe ich mich nun endlich entschlossen, meine letzten Jahre in Palästina zu verbringen. Zuerst werde ich nach Jerusalem gehen, um Hebräisch zu lernen und mich auf ein Leben im Kibbuz vorzubereiten. Meine Familie hier besteht nur aus meiner Schwester, die sich als Übersetzerin ernähren kann. Aber ich habe so wenige Ersparnisse und frage mich, ob es mir dort reichen wird.« Korczak war sehr bestimmt: Er würde innerhalb der nächsten vier Wochen abreisen, weil er »die unsichere Situation in Polen« nicht mehr ertragen konnte.

Am 30. März schrieb er mehrere Briefe nach Palästina. Er gratulierte Moshe Zertal zur Geburt seines Kindes – »Es ist gut, daß du ein Kind hast« – und offenbarte seine Zweifel an seiner früheren Entscheidung, Kindern zu dienen und ihre Rechte zu verteidigen, statt zu heiraten und selbst Kinder zu haben. Jetzt, wo es ihm mißlungen war, seine Waisen gegen den Ansturm des Antisemitismus zu schützen oder sie auch nur ausreichend zu ernähren, sah er, wie naiv er gewesen war. Sie, die dunklen Kräfte, hatten die Macht auf ihrer Seite, er nur die Gerechtigkeit. Wenn er seinen Kindern, die auf dem Weg zur Schule die Straße hinunterliefen, nachsah, überwältigte ihn seine Unfähigkeit, sie vor den Angriffen anderer Kinder, die sie mit Steinen bewarfen und schlugen, zu schützen. »Für alles Böse, was ihnen geschieht«, fühlte er sich verantwortlich.

Er versuchte, an seinem Glauben festzuhalten – »Trotz allem, ich glaube an die Zukunft der Menschheit, der Juden, des Landes Israel« –, doch müsse die wirkliche Gegenwart aus einer mehr allgemeinen Perspektive gesehen werden. Als er an einem für Ärzte vorgeschriebenen Kursus für den Kriegseinsatz von Gas teilnahm, erinnerte ihn das »ans Mittelalter – an Pest und

Seuche – an die Angst vor dem Ende der Welt«. Jetzt waren da das Gas und die Angst vor dem Weltkrieg. »Selbst wenn unsere Raketen den Mond erreichen, selbst wenn wir in der Atomspaltung weiter und weiter fortschreiten und das Geheimnis der lebenden Zelle entdecken, wird es nicht über diese Geheimnisse hinaus immer noch etwas anderes geben?«

Aber immer wieder kam er dahin zurück, von wo er ausgegangen war: er kämpfte mit seiner Unentschlossenheit, nach Palästina auszuwandern oder nicht. »Ich versuche nicht, mich durch meine Gedanken zu retten«, schrieb er. Er konnte sich nur schwer vom Kontakt mit der polnischen Realität lösen. »Ich werde wach liegen und auf jeden Ruf, auf jedes Geräusch lauschen. Ich möchte das, was war, mit dem, was ist, verknüpfen. Ich kann nicht anders.« Er wollte abreisen, sobald er sich entschieden hatte, ob er ein Touristen- oder ein Einwanderervisum beantragen sollte, und seine Finanzprobleme gelöst waren. Er besaß nur tausend Zloty, aber davon würde er sich nicht beunruhigen lassen. »Nur die kleinen Dinge stören.« Das Schwierigste war die Entscheidung selbst gewesen, und nachdem er die einmal getroffen hatte, war er ungeduldig, in Palästina anzukommen. »Ich würde gerne morgen in Jerusalem sein, allein in meinem kleinen, engen Zimmer sitzen mit einer Bibel und ein paar Lehrbüchern, einem Hebräischlexikon, Papier und Bleistift – damit ich sagen kann: neue Seite, letztes Kapitel.«

In einem anderen Brief schrieb er: »Ich habe Respekt für die Kinder verlangt, aber jemand hat mich zu Recht gefragt, wer denn heutzutage die Erwachsenen respektiere. Vielleicht mache ich mir etwas vor, wenn ich meine, daß es von Palästina aus leichter sein wird, Gerechtigkeit oder zumindest Mitleid zu verlangen.« Und dann meinte er in einer Anspielung auf den japanischen Krieg gegen China, die italienische Invasion Äthiopiens und den spanischen Bürgerkrieg: »China, Äthiopien, Spanien, sie sind die Stationen meines Unglücks.«

In seinem Brief an die Freunde in Ein Harod erklärte Korczak, daß nur seine Unkenntnis des Hebräischen ihn davon abhielte, sich sofort im Kibbuz niederzulassen. Nachdem er die Sprache in Jerusalem erst einmal gelernt, etwas frische Luft geatmet, seine Glieder gestreckt und seinen Humor wiedergefunden hätte, wollte er zu ihnen kommen. Und in einer merkwürdigen gedanklichen Wendung, als ob er ahnte, daß all dies nie eintreffen würde, fügte er hinzu: »Es klingt vielleicht unverständlich, aber ich glaube, wenn ich nicht als müder, gequälter alter Mann zu euch komme, um das, was von meinen Fähigkeiten noch übrig ist, mit euch zu teilen, dann werde ich als ein Kind zu euch kommen, das seine Lebenswanderung neu beginnt.«

Nur Arnon gegenüber sprach er von seinem Mangel an Überzeugung, ob er sich wirklich »auf Dauer« in Palästina niederlassen wollte. Er würde sich an ein anderes Leben, anderes Klima, eine andere Sprache und andere Umgebung gewöhnen müssen. »Wenn man sechzig ist, ist es unmöglich, die Dinge anders zu betrachten, das ist verboten. Der Mensch ist für seinen Geist verantwortlich, für seine eigene Art zu denken – das ist seine Werkstatt.«

Sein Trost war, daß er schließlich doch reisen würde. »Ich habe mich gefragt: Ist es zu spät? Nein. Wäre ich früher gefahren, wäre ich mir wie ein Verräter vorgekommen. Man muß bis zum letzten Moment auf seinem Posten ausharren.«

Diese »letzte Pilgerfahrt«, auf die er sich begab, brachte eine ebenso schwere ethische Bürde mit sich wie die, die er ablegte. Für ihn hatten die Juden die »moralische Verpflichtung«, den unterdrückten Rassen in China, Südafrika, Amerika und Indien zu helfen. Palästina sollte zu einem zweiten Völkerbund werden. So wie Genf als Parlament diente, das solch weltliche Angelegenheiten wie Krieg, Weltgesundheit und Erziehung überwachte, so sollte Jerusalem die Rechte des einzelnen auf ein geistiges Leben vertreten.

Im Mai 1937 sollte er abreisen, aber er tat es nicht, sondern schrieb Zertal, daß sein Gewissen es nicht zuließe, die Kinder gerade jetzt allein zu lassen. Dem Dichter Zerubavel Gilead schrieb er in seiner üblichen ironischen Art, einer der Gründe für sein endloses Zögern, nach Palästina zu kommen, sei die Sprache. »Ich bin alt. Mir fallen die Zähne aus, meine Haare sind schon ausgefallen. Euer Hebräisch ist eine harte Nuß. Die braucht junge, starke Zähne.«

Wie dem jüdisch-polnischen Dichter Julian Tuwim war auch ihm die polnische Sprache »Heimatland«. Die Muttersprache war »kein Stück aus Regeln und moralischen Geboten, sondern die Luft, die die Seele atmet«.

Statt sich auf seine Abreise vorzubereiten, verbrachte Korczak den Juni und Juli jenes Sommers in den polnischen Bergen, »um mich an die Berge Palästinas zu erinnern«. Auf einem entlegenen Bauernhof sollte er Zeit zum Nachdenken und zum Schreiben haben. Seine widerstreitenden Bedürfnisse – in Polen zu bleiben und für das zu kämpfen, woran er glaubte, oder sich nach Palästina in ein Leben ruhiger Betrachtungen zurückzuziehen – zeigen sich in den beiden Bändchen über Louis Pasteur und Moses, die dort entstanden sind.

»Das Leben großer Männer ist wie eine Legende – schwer, aber schön«, schrieb er in dem Band über Pasteur, der als der erste einer Serie von Kurzbiographien gedacht war, die sich mit Pestalozzi, Leonardo, Pilsudski, Fabre, Ruskin, Mendel, Waclaw Nalkowski und Jan Dawid befassen sollten. (Es war ein ähnliches Projekt, wie es sein Vater und sein Onkel vor siebzig Jahren in Angriff genommen hatten.)

Korczak identifizierte sich mit Pasteur, dessen »schönes Leben im Kampf um die Wahrheit verbracht wurde« und dessen Haltung Kindern gegenüber der seinen so ähnlich war. »Wenn ich ein Kind sehe, empfinde ich zwei Dinge – Zärtlichkeit für das Kind jetzt und Respekt für den Menschen, der es werden kann«, hatte Pasteur geschrieben. Er lehrte die Welt vieles von dem, was Korczak seinen Kindern beibrachte: sich die Hände zu waschen, abgekochtes Wasser zu trinken, die Fenster zu öffnen und frische Luft hereinzulassen. Er hatte den Mut, bei seinen Experimenten »Ich weiß nicht« zu sagen, und gab niemals auf, selbst nicht bei den größten Schwierigkeiten.

Das Buch über Pasteur widmete Korczak seiner Schwester Anna Lui, erzählte Freunden allerdings, er habe es für Kinder geschrieben in einer Zeit, in der der »Hitler-Wahnsinn« die

Macht über alles ergriffen hatte, was anständig war. Er wollte sie wissen lassen, daß es auf der Welt Leute gab, die ihr Leben für die Menschheit einsetzten.

Wenn Korczak sich Pasteur ausgesucht hatte, diesen Wissenschaftler und Heiler, der gegen allen Widerstand seinen einsamen Weg ging, um sich von ihm Kraft für diese schweren Zeiten zu holen, so wandte er sich der »harten Wahrheit des Moses« zu, des Gesetzesspenders der seelischen Kräfte. Auch das Buch über Moses war der erste Band einer Reihe, die er zu schreiben plante, und zwar über die frühen Jahre der biblischen Helden. David, Salomo und Jeremia waren auf seiner Liste, auch Jesus, doch es überrascht nicht, daß er sich entschied, mit Moses zu beginnen – dem Findelkind, das unter Fremden hatte leben müssen, bis es schließlich zu seinen eigenen Leuten zurückfand.

Wie Freud, schrieb Korczak sein Buch über Moses gegen Ende seines Lebens. Es war nicht seine Absicht, Moses' Ursprünge in Frage zu stellen, wie Freud es getan hatte, sondern es ging ihm darum, wie ein guter Geschichtenerzähler jene Fragen zu stellen, die die fehlenden Stücke der ersten Geschichte ergänzen würden. Warum hatte seine Mutter das Kind nach drei Monaten versteckt statt nach zwei oder vier? Was haben sein Vater und seine Mutter vor und nach seiner Geburt wohl miteinander besprochen?

Man kann Moses verstehen, auch wenn er vor viertausend Jahren gelebt hat, denn er ist nicht anders, als die Kinder heute sind, sagte Korczak seinen Lesern. Wenn wir uns an unsere eigene Kindheit erinnern, können wir zu Moses werden, und wenn wir unsere Erfahrungen als Erwachsene betrachten, ahnen und verstehen wir, warum Moses' Eltern diese schwierigste aller Entscheidungen trafen: ihr Kind aufzugeben.

Korczak sah Moses als ein Kind, das in einer schrecklichen Zeit unter Todesdrohungen lebte. Er sah ihn im Schilf verloren, dann gefunden und im Palast des Feindes erzogen. Er sah ihn mit Alpträumen und Sehnsucht nach seinem verlorenen Zuhause. Er kannte Kinder, also kannte er Moses – denn Moses war ein Kind, bevor er zum Gesetzgeber wurde, und hatte die ewiggültigen Gefühle der Kindheit erfahren.

»Während er schläft«, schrieb Korczak, »weiß er nicht, daß seine Mutter ihn ans Flußufer bringen wird ... Er weiß nicht, daß sich das Meer vor ihm teilen und daß er ein Führer werden wird und ein Gesetzgeber. Er weiß nicht, daß er in der Wüste sich bei Gott beklagen wird: ›Warum liebst du mich so wenig, daß du mir ein ganzes Volk aufbürdest? ... Ich kann diese Bürde nicht tragen, sie ist zu schwer für mich. Bitte töte mich.‹«

Als Korczak im August mit seinen beiden Manuskripten nach Warschau zurückkehrte, schien sich seine Stimmung durch diesen Umgang mit Pasteur und Moses gehoben zu haben. Bis Ende des Jahres unternahm er nur noch »halbherzige Versuche«, nach Palästina zu kommen. Geld und Sprache seien immer noch Hemmschwellen, schrieb er Joseph Arnon, aber er müsse sich auch innerlich »reinigen«, alle flüchtigen Gedanken verbannen und »durch die Stille in der Stille« noch einmal all das erleben, was ihm je widerfahren war. Manchmal habe er das Gefühl, sein Kopf »platze«. Dann wiederum höre er häufig einen strengen Vorwurf: »Du kannst die Welt nicht so lassen, wie sie ist.« Wieder kehrten seine Gedanken zu jenem Kind zurück, das er nie gezeugt hatte. »Das Schicksal hat es bestimmt, daß alles, was ich tat, für ein Waisenhaus geschah und nicht für eine Familie. Ist es deshalb jetzt für mich so schwer? Auch dies ist ein endloses Thema.« Er entschuldigte sich für seine »wilden« Gedanken. Er sollte von seinem Gedankenaustausch mit Zertal berichten, über Stefa, über das Tagesgeschehen. Und doch stellte er sich immer noch vor, daß er eines Tages in einem Brief wie diesem plötzlich auf das »magische Wort« stoßen würde, »das der heimatlosen Menschheit eine Zuflucht bringt«.

Am 4. November 1937 verlieh die Polnische Literaturakademie Janusz Korczak den Goldenen Lorbeer für herausragende literarische Verdienste. Es war gut zu wissen, daß er immer noch als polnischer Schriftsteller geschätzt wurde.

Die gleiche enge Bindung an polnische Geschichte und Kultur empfand er im darauffolgenden Monat, als er bei der Beerdigung des führenden Sozialisten und alten Dichterfreundes aus den Tagen der Fliegenden Universität, Andrzej Strug, die

Grabrede hielt. Tausende der politischen Linken, deren Untergrundkampf gegen das zaristische Reich er in seinem Werk *Ludzie podziemni* (Die Leute des Untergrunds) unsterblich gemacht hatte, folgten Strugs Sarg.

»Als Nalkowski starb«, begann Korczak seine Rede, »waren die Zeiten auf andere Weise grausam, düster und gefährlich. Damals war unsere erste Reaktion: Was nun?« Er zitierte den Protagonisten aus *Ludzie podziemni*, der am Grab seines gefallenen Kameraden klagte: »Warum läßt er uns als Waisen zurück? Er hat sich ruhig schlafen gelegt, als wir ihn am meisten brauchten, das hätte er nicht tun sollen. Was wird aus uns?«

Jetzt, wo es diesen Mann, der »in seinen Gedanken, in jedem Atemzug und dem Pulsschlag seines Herzens wachsam gewesen war«, nicht mehr gab, würde alles schwieriger werden. Ohne ihn würde die Welt kälter sein.

25
Einsamkeit

Wann beginnt die Einsamkeit des Alters?
Radioplaudereien, 1938

»Es gibt wenig von mir außerhalb des Waisenhauses«, hatte Stefa an Feiga geschrieben, nachdem Korczak zu seiner Schwester gezogen war. Eine Zeitlang sorgte sie für einige Veränderungen im Haus – nach dem fünften oder sechsten Schuljahr erhielten manche Kinder Unterweisungen in praktischen Berufen, das Gebet vor dem Frühstück und nach dem Abendbrot wurde abgeschafft –, dennoch schien alles die gleiche Routine zu sein. Die jungen Erzieher, die sie ausgebildet hatte, in ihrer Abwesenheit das Haus zu führen, kamen durchaus ohne sie zurecht. Sie empfand keine Herausforderung mehr und fühlte sich auch nicht gebraucht. Und während sie auf ihr Visum für Palästina wartete, entschied sie sich im Januar 1937, ihre Position im Waisenhaus aufzugeben und sich ein Zimmer zu suchen.

Unfähig zur Untätigkeit, übernahm sie eine Aufgabe bei CENTOS, einer Wohlfahrtsorganisation, die einhundertachtzig progressive Waisenhäuser in Polen betreute. An drei Wochentagen reiste sie durchs Land und inspizierte die verschiedenen Häuser.

Stefas Abkehr von der Arbeit mit Kindern scheint Feiga bedenklich vorgekommen zu sein, denn Stefa versicherte ihr: »Selbstverständlich werde ich ein Büro in der Krochmalna behalten.« Nie würde sie den Platz aufgeben, wo sie sich mit »ihren Kindern« traf, die immer noch jede Woche mit ihren Familien hereinschauten, ebensowenig wie sie je aufhören würde, mit denen zu korrespondieren, die ihr von überall her in der Welt schrieben; aber jetzt brauchte sie Raum für sich selbst, brauchte eine Veränderung. »Ich kann dir egoistischerweise eingestehen, daß ich lerne, mein bescheidenes, ruhiges und sonniges Zimmer zu schätzen. Niemand klopft an die Tür, niemand kommt, den ich nicht eingeladen habe. Ich muß keine guten Ratschläge erteilen, Telefonanrufe erledigen, Fragen beantworten. Ich kann schlafen gehen, wann ich Lust habe, und heimkommen, so spät ich will. Ich weiß, daß ich meiner neugewonnenen Freiheit nach einem Jahr oder so entsagen werde, aber jetzt, nach fünfundzwanzig Jahren im Geschirr, genieße ich sie ungemein.«

Stefas Einzimmerwohnung mit Küche und Bad war klein und schlicht, erzählte Misha Wroblewski, der sie dort besuchte. Sie war ihrem Zimmer im Waisenhaus sehr ähnlich, mit wenigen persönlichen Dingen – außer ihren Kakteen. Sie tranken Tee miteinander, und es fiel Misha auf, daß er sie noch nie hatte still sitzen sehen, noch nie wirklich mit ihr geredet hatte. »Wie halten Sie es aus, das Waisenhaus nach all den Jahren zu verlassen?« hatte er sie gefragt.

Und sie hatte in ihrer offenen und direkten Art geantwortet: »Schau, alle paar Jahre wechseln die Kinder. Nach einer gewissen Zeit kann man sich mit den Neuen nicht mehr so intensiv beschäftigen, wie man es früher tat. Und mit den Kindern zu arbeiten, ohne sie sehr zu lieben, ist etwas, was man nie tun sollte.« Sie sagte nichts von dem, was für viele der Wahrheit näherkam: daß nämlich das Waisenhaus ohne Korczak nicht mehr dasselbe war.

Für CENTOS empfand Stefa keine ähnliche Verpflichtung wie für das Waisenhaus. Sie arbeitete nur, um ihre Miete zu bezahlen, ihren Lebensunterhalt zu bestreiten und kleine Geschenke für ihre »Kinder und Enkelkinder« kaufen zu können, bis ihr Visum genehmigt war. Wie Korczak, hatte auch sie immer nur ein minimales Gehalt bezogen und verfügte über so gut wie keine Ersparnisse.

Obwohl ihre Aufgabe sie nicht besonders begeisterte, erfüllte sie sie mit großer Sorgfalt. Viele ihrer Charakterzüge zeigten sich in der Art und Weise, wie sie die Waisenhäuser des CENTOS inspizierte. Sie war fair. Sie kam nie unangemeldet, sondern informierte die Direktoren stets rechtzeitig über ihre Ankunft. Sie war klug. Sie blieb in jedem Haus für einige Tage und sah sich nicht nur an, was die Kinder aßen, sondern auch, wie sie mit ihrem Essen umgingen. Wenn sie es verschlangen, wußte sie, daß sie am Tag zuvor hungrig gewesen waren. Sobald sie auf dem Weg zur Schule waren, ging sie durch die Schlafsäle und untersuchte die Laken, um festzustellen, wie oft sie gewaschen wurden. Der Zustand der Badezimmer sagte auch einiges über die Qualität eines Waisenhauses aus.

Als Stefa nach Warschau zurückkam, erzählte sie Geschichten, die ihren Sinn für das Absurde erkennen ließen. In einem der Häuser hatte einer der Gönner den Mädchen Broschen geschenkt, die ein anderer als frivol verwarf. Jeden Tag mußte also jetzt eine Wache am Fenster postiert werden, um Ausschau zu halten, welcher Gönner sich dem Heim näherte und ob die Mädchen die Broschen anstecken konnten oder nicht.

Wenn es möglich war, verteidigte Stefa stets das Personal. Sie sah, daß ihre Zimmer ebenso kalt waren wie die der Kinder und daß sie genauso hungrig waren. Doch dienten diese Erfahrungen dazu, ihre Desillusionierung über Kinderheime nur noch weiter zu verstärken, die sie seit ihrem Aufenthalt in Ein Harod empfunden hatte. Mitzuerleben, wie ein Kind im Kinderhaus aufwuchs und gleichzeitig sein Leben mit seiner Familie und der Gemeinschaft teilte, hatte ihre Ansichten verändert. Jetzt war sie überzeugt, daß Polens Waisenhäuser zu Heimen gemacht werden sollten, in denen Kinder einen stärkeren Kontakt zu ihren Verwandten hatten. Wo das nicht möglich war, sollte man die Kinder in kleinen, familienähnlichen Einheiten betreuen.

In ihrem Aufnahmeantrag für den Kibbuz hatte Stefa geschrieben: »Ich bin ein unehrlicher Mensch. Seit sechs Jahren bin ich eindeutig gegen Kinderheime wie unseres, aber dem Gesetz der Trägheit folgend, bin ich geblieben.« Häufig sagte sie im Scherz zu Warschauer Freunden: »Bevor ich sterbe, möchte ich ein Buch schreiben: *Schafft das Kinderheim ab.*«

Stefa war außer sich vor Freude, als sie hörte, daß Feiga im August einen kleinen Buben geboren hatte. (Jahre zuvor hatte sie ihr zu einem Kind geraten, selbst wenn sie niemals heiraten sollte.) Da sie noch kein Visum hatte, konnte sie nicht nach Ein Harod eilen, um bei Mutter und Kind zu sein. In den nächsten

Monaten schrieb sie daher ständig an Feiga, die an einer Postpartum-Depression litt. »Man denkt immer, diese Erfahrung sei ganz problemlos«, schrieb sie ihr, als der Kleine zwei Monate alt war. »Es wundert mich nicht, daß deine Nerven versagt haben. Nur in den Büchern wird immer so poetisch von den ›Segnungen‹ und ›heiligen Gefühlen‹ der Mutterschaft gesprochen. Ich kenne zufällig eine ganze Reihe von sehr vernünftigen Frauen, die mit dem Schock des ersten Kindes überhaupt nicht zurechtkamen – besonders wenn sie fünf bis zehn Jahre verheiratet waren.« Aber Stefa brauchte auch Bestätigung: »Und ich bin ganz sicher, mein Liebling, daß du dich weniger einsam fühlen und mich immer weniger brauchen wirst.«

Jedesmal wenn sie in der Zeitung von arabischen Angriffen auf jüdische Siedlungen las, sorgte Stefa sich um Ein Harod. »Ich fürchte, du verbirgst etwas vor mir« oder: »Ich habe das Gefühl, du hast Geheimnisse, weil du mich nicht ängstigen willst«, ist dauernd in ihren Briefen zu lesen. »Um Gottes willen, schreib mir, und wenn es bloß eine Postkarte ist.« Feiga reagierte wie eine rebellische Tochter, hielt manchmal Briefe zurück und beschuldigte Stefa, herrisch zu sein. Viele von Stefas Briefen begannen mit »Nun sei mir bloß nicht böse!« oder: »Vielleicht bist du mir böse, aber ...«, bevor sie von irgend etwas berichtete, was sie eingefädelt hatte, oder von Geschenken, die sie gesandt hatte. In einem Paket mit drei Blusen fand Feiga einen ihrer typischen Zettel: »Ich bin sicher, sie werden dir nicht gefallen: die erste wegen der Farbe, die zweite wegen des Schnitts und die dritte wegen der Knöpfe.«

Korczak gegenüber hatte Stefa kein anderes Thema als Feigas Neugeborenes, obwohl Korczak ihre Zuneigung zu Feiga nicht teilte. Feiga äußerte nämlich deutlich ihren Unwillen darüber, daß Stefas Verdienst am Gelingen des Waisenhauses viel zuwenig gewürdigt wurde. Während Stefa auf ihr Visum wartete, paßte sie häufig auf Romcia auf, die kleine Tochter von Roza und Jozef Sztokman, zwei Mitgliedern der *Bursa*. Romcia war im selben Monat geboren wie Feigas Sohn und bewohnte mit ihren Eltern jetzt Korczaks ehemalige Mansarde. Ihre Mutter Roza war im Waisenhaus aufgewachsen und inzwischen für die Küche verantwortlich. Als Romcia geboren wurde, hatten sich die Praktikanten zugerufen: »Wir haben ein Kind!« Korczak war von der Kleinen völlig fasziniert und nahm sich an den Tagen, die er im Waisenhaus verbrachte, immer Zeit, mit ihr zu spielen. Wie vernarrte Großeltern tauschten er und Stefa ihre Erfahrungen aus bei jedem ihrer Zusammentreffen, das der Vorbereitung eines Projektes galt, von dem sie beide im Grunde wußten, wie unwahrscheinlich seine Verwirklichung war. »Lach nicht, aber ich bringe dem Doktor Hebräisch bei«, berichtete Stefa an Feiga. »Ich schreibe die Wörter auf, wie sie auf Polnisch klingen würden, er wiederholt den Klang und schreibt sie nach seiner eigenen Methode phonetisch auf.«

Als sie schon die Hoffnung aufgeben wollte, erhielt Stefa im März 1938 ihr Einwanderungsvisum. Es sei die höchste jüdische Auszeichnung, die sie jemals erhalten habe, meinte sie. Sie schrieb sofort an Feiga und fragte sie, ob sie ihre Wäsche kennzeichnen sollte und wenn ja, wie. Sie konnte nicht länger Hebräisch lernen, weil ihr Kopf mit zu vielen Dingen »vollgestopft« war. Und Feiga »sollte nicht böse sein« – sie hatte kein eigenes Zimmer beantragt, sondern lediglich um eine Ecke bei irgend jemandem gebeten.

Und dennoch – nun hatte sie endlich ihre Papiere, aber wohl war ihr nicht dabei. »Es ist so schwer, den Doktor hier zu lassen«, schrieb sie Feiga. Sie versuchte ihn zu bewegen, ihr zu folgen. »Wenn er einen anderen Charakter hätte, könnte er vom Jüdischen Nationalfonds in einem Moschaw ein Stück Land bekommen, denn er ist doch jetzt Beauftragter dort. Aber jetzt ist er wieder deprimiert und uninteressiert.«

Korczaks Depression hatte wahrscheinlich etwas mit Stefas bevorstehender Abreise zu tun. Er warnte sie vor der gnadenlosen Hitze in Palästina, an die sie nicht gewöhnt sei, und meinte, daß sie mit zweiundfünfzig für die ganze Anstrengung vielleicht doch schon zu alt sei. Stefas Entschluß kam ins Wanken. Sie schrieb an Feiga: »Ich bin nicht wie eine der alten Frauen, die in das Land Israel kommen, um zu sterben, aber ich mache mir doch Gedanken darüber, wie mir das Wetter und die Lebensbedingungen bekommen werden.«

Trotz ihrer widerstreitenden Gefühle traf Stefa sämtliche Vorbereitungen für ihre Abreise. Sie kündigte ihren Posten bei CENTOS, versprach den Kindern im Waisenhaus, ihnen allen zu schreiben, und erklärte sich bereit, Berichte über ihr Leben in Palästina an die *Kleine Rundschau* zu schicken, die sie nach Korczaks Rücktritt für eine kurze Zeit gemeinsam mit Newerly herausgegeben hatte. Der Abschied von der kleinen Romcia fiel ihr besonders schwer, aber Feigas kleiner Bub wartete ja auf sie. Am meisten fürchtete sie den tatsächlichen Moment der Abfahrt. »Ich habe Angst vor Abschieden, und die Begrüßungen, die mich erwarten, machen mich verlegen«, gestand sie Feiga.

Stefa war fort, und Korczak blieb immer noch in Warschau. Die politische Situation mochte traurig sein, aber Korczak hielt an seinem Glauben fest, daß die liberale Schicht in der polnischen Gesellschaft das wahre Gesicht Polens repräsentierte. Sein Glaube wurde durch die vielen Polen bestärkt, die ihn immer noch schätzten und Antisemitismus verabscheuten. Enge Freunde beim Rundfunk hatten dafür gesorgt, daß Sendezeit zur Verfügung stand, falls er den »alten Doktor« wiederaufleben lassen wollte. Zunächst hatte er gezögert, weil er fürchtete, »die Dinge könnten wieder in Mißtönen enden«, aber schließlich ließ er sich überreden. Für seine ersten drei Radioplaudereien wählte er das Thema Einsamkeit: »Die Einsamkeit des Kindes«, »Die Einsamkeit der Jugend« und »Die Einsamkeit des alten Mannes.«

Wie Henry James hätte Korczak sagen können, daß seine Einsamkeit »das Tiefstgehende« an ihm war: der Hafen, aus dem er auslief, und auch der Hafen, zu dem sich sein Kurs schließlich wieder hinlenken würde. In seinem ganzen Erwachsenenleben hatte er die Einsamkeit des Kindes in einer fremden erwachsenen Welt aufgezeigt und gelegentlich die »ungeduldige, merkwürdige Einsamkeit« des Heranwachsenden; nun aber befaßte er sich leidenschaftlich mit der Einsamkeit des alten Mannes, denn das war seine Einsamkeit. Sich als den »alten Doktor« zu bezeichnen, war eine Sache, mit dem herannahenden Alter fertigzuwerden, eine andere.

»Wann beginnt die Einsamkeit des Alters?« fragte der »alte Doktor« einen uralten Lindenbaum, den er als sein Ebenbild erkannte. »Mit dem ersten grauen Haar? Mit dem ersten gezogenen Zahn, der nicht mehr nachwächst? Mit dem ersten Enkelkind?« Diese Unterhaltung mit dem Baum war »Tagebuch, Beichte, Bilanz, Testament«. Er stellte jene Frage, die er sich selbst sein ganzes Leben lang gestellt hatte:

> Wer bist du? Pilger, Wanderer, Verworfener, Deserteur, Bankrotteur, Ausgestoßener? . . . Wie hast du gelebt? Wieviel Land hast du bestellt? Wie viele Laibe Brot hast du für andere gebacken? Wieviel hast du gesät? Wie viele Bäume hast du gepflanzt? Wie viele Steine hast du vermauert, bevor du deinen Abschied nimmst? Wie viele Knöpfe hast du angenäht? Wie viele Kleider hast du geflickt? Wie viele Socken hast du gestopft? . . . Und während du lebtest, hast du da nur gleichgültig zugeschaut, wie dein Leben vorbeifloß? Hast du den Kurs bestimmt, oder wurdest du mitgezogen?

Die einsamen Menschen der Nation fanden sich in Tausenden von Briefen an den »alten Doktor«, die beim Rundfunk eingingen. Doch wenn auch der »alte Doktor« wie ein Baum sprach, der fest in Polens Erde verwurzelt war, forschte er doch nach den Möglichkeiten einer Verpflanzung. »Seit Frau Stefas Abreise gibt es nichts Neues hier«, schrieb er einem ehemaligen Praktikanten nach Tel Aviv und fragte ihn dann, ob er nicht eine Pension wisse, wo er für einige Monate ein Zimmer mieten könne.

Nach Ende der Sendungen über die Einsamkeit machte der Doktor ein anderes Programm mit dem Titel »Meine Ferien«. Im Juni 1938 war er jeden Montag und Donnerstag um 15.45 Uhr zu hören: Er erzählte von seinen Erfahrungen mit Kindern, die ihm überall in seinem Leben auf seinen Reisen in die Berge und aufs Land begegnet waren.

In einer der Sendungen brachte er einen lyrischen Bericht über einen Bootsausflug mit einigen seiner kleinen Freunde, der sehr viel vom Zauber jener unsterblichen Reise hatte, die Lewis Carrol Alice und ihre beiden Schwestern fünfzig Jahre früher ins Wunderland unternehmen ließ. »Wenn ich mit Kindern zusammen bin, dann begleite ich sie«, begann der »alte Doktor«. »Und sie mich. Wir reden oder auch nicht. Keiner ist der Anführer. Es ist meine und ihre Stunde am Dock, in der wir zusammen sind – unsere gemeinsame schöne Stunde. Sie wird nicht wiederkehren.«

Die Kinder im Alter von fünf bis vierzehn kamen von nervösen Müttern begleitet zur Anlegestelle.

»Nehmen Sie auch ein Kind, das noch nicht zur Schule geht?«

»Ich nicht, das Boot schon.«

Das Boot wirkte stabil und gut ausbalanciert, der Skipper vertrauenerweckend und erfahren. ... Also nur noch die Fragen nach Wetter, Überzieher, Käse, Seekrankheit, ob Sonnenhüte oder nicht, ob man einen Fußball, ein Taschenmesser und einen Hund mitnehmen durfte und rechtzeitig zum Abendbrot wieder zurück sein werde, weil Mütter sich ängstigen.

Ein Pfiff. Das Boot setzt sich in Bewegung. Sie winken. Stille. »Aussichten, Landschaften ändern sich. Platsch. Das Wasser funkelt blau.«

Dieser Geschichtenerzähler ist kein Phantast, der die Kinder in den Kaninchenbau hinabführt, sondern eher ein Wissenschaftler, der sich skeptisch mit den Dingen der wirklichen Welt auseinandersetzt:

»Gibt es so was wie Drachen?«

»Ich glaube nicht.«

»Hat es die je gegeben?«

»In der Geschichtsschreibung werden sie nicht erwähnt. Es gab prähistorische Tiere ...« Nachdem Fragen gestellt wurden wie »Kann einem Frosch die Nase laufen?« und »Gibt es giftige Bäume?«, beschlossen sie, bei Ankunft im Gasthof eine wissenschaftliche Gesellschaft zu bilden. »Die Teilnahme ist nicht Vorschrift. Das Treffen kann nach dem Mittagessen oder abends stattfinden. Vorausgesetzt, die Mutter erlaubt's. Man hat das Recht einzuschlafen, auch während dieser Planungsphase. (Ich selbst bin bei wissenschaftlichen Zusammenkünften oft eingeschlafen.)«

Und so kehrten sie dann zurück, keiner war beim Landaufenthalt verlorengegangen, und es hatte sich nichts Ungewöhnliches ereignet, außer daß ein Mädchen entdeckt hatte, wie schön Blätter in einem Blumenstrauß aussahen, und ein Bub gelernt hatte, daß man Ameisen nicht mit Erde zudecken darf. »Und wer weiß, vielleicht ist die Ameise jetzt daheim und erzählt all ihren Freunden, wie sie noch einmal davongekommen ist«, beendete der »alte Doktor« seine Radioplauderei.

Der »alte Doktor« war, so sein Freund Jan Piotrowski, der bedeutendste Humanist und Intellektuelle, der im polnischen Rundfunk zu hören war. Der Herausgeber des Radiomagazins *Antenne* meinte: »Er sprach zu den Kindern wie zu Erwachsenen und zu den Erwachsenen wie zu Kindern. . . . Er hatte Verständnis für uns, plazierte aber immer noch ein Stethoskop über jedes Herz und jede Seele. Sorgfältig gelangte er zu seiner Diagnose, und bevor man sich umsah, war der gütige ›alte Doktor‹ verschwunden. Aber auf deinem Tisch hatte er ein Rezept und eine Münze liegen lassen, denn er wußte, daß du, sein Patient, ärmer warst als er.«

In dem kleinen Bändchen, das Piotrowski nach dem Krieg über Korczak veröffentlichte, berichtet er davon, daß der Freund ihm gestattet hatte, seine »wunderbare Serie über die Einsamkeit« in der *Antenne* abzudrucken. Auf die letzte Druckfahne hatte er geschrieben: »Hier endet die dritte Plauderei des ›alten Doktors‹, um dann zu fragen: »Wann werden wir den ›alten Doktor‹ wieder hören?« Es war ein Appell sowohl an Korczak wie auch an den Programmdirektor des polnischen Rundfunks, zu einer Einigung über zukünftige Sendungen zu kommen. Er hoffte, daß die Rundfunkgewaltigen von den Gesprächen über die Einsamkeit so berührt sein würden, daß sie sich dem Druck von rechtsgerichteten Kreisen nicht beugten, die »einem so bedeutenden Mann seine nicht-arischen Wurzeln nicht verzeihen konnten«. Piotrowskis Appell ging ins Leere. Der Sender wurde von Antisemiten erneut unter Beschuß genommen, und wiederum verschwand der »alte Doktor« aus den Ätherwellen. Einige Monate später erhielt Piotrowski eine

»offizielle und definitive Verfügung« vom Programmdirektor, kein Material des »alten Doktors« im Radiomagazin mehr abzudrucken und den Plan, die Radioplaudereien als Buch herauszubringen, fallenzulassen.

Während die polnische Welt fortfuhr, Janusz Korczak auszuschließen, nahm die jüdische Welt ihn immer mehr auf. Aus ganz Polen erreichten ihn die Einladungen der jüdischen Gemeindezentren, denen er gern folgte, weil sie ihn, wie er einem Freund schrieb, an die kleinen Ansiedlungen in Palästina erinnerten. Vielleicht würde er etwas lernen; vielleicht könnte er auch die Stimmung dieser armen, ehrlichen Leute dadurch heben, daß er ihnen erzählte, was im Land geschah.

Rachel Bustan, die 1938 zehn Jahre alt war, erinnerte sich an die Aufregung, als der »alte Doktor« in ihrer kleinen Stadt in der Nähe von Oswiecim (das später als Auschwitz in die Geschichte eingehen sollte) eintraf, um im jüdischen Gemeindezentrum zu sprechen. Er sah überhaupt nicht bedeutsam aus, wie er da still am Pult saß, die Hände auf dem Schoß gefaltet hatte und die Geschichte vom Gestiefelten Kater erzählte.

In Warschau hielt Korczak Vorträge vor den Jungen Pionieren, die auf ihre Visa nach Palästina warteten. Es beschäftigte ihn weniger, sie auf das Leben in diesem Land vorzubereiten, als sie anzuregen, niemals ihre Neugierde auf die Welt zu verlieren. »Wir müssen uns um Antworten bemühen, die man nicht in den Büchern findet, denn wir suchen nach den größeren Wahrheiten über den Menschen und das Universum«, sagte er in einem Vortrag mit dem Titel »Wir wissen nicht«. Er erinnerte sie daran, daß die großen Wissenschaftler sich nicht scheuen, ihr Unwissen über die Geheimnisse der Erde einzugestehen, und zitierte einen Talmud-Schüler: »Ich habe von meinen Lehrern und Kollegen sehr viel gelernt, am meisten jedoch von meinen Schülern.«

Nach den Vorträgen begleiteten ihn die Jungen Pioniere häufig nach Hause, nahmen ihn in ihre Mitte, um ihn vor möglichen Angriffen auf der Straße zu schützen. Es kam immer häufiger vor, daß jüdische Fußgänger von polnischen Schlägern belästigt oder bespuckt wurden, aber Korczak hätte nie zugegeben, daß er sich in Gefahr befand, oder sich auf irgendeine Weise einschüchtern lassen. Als er einmal mit einem seiner Buben in einer vollen Straßenbahn fuhr, deutete ein Mitfahrer, nachdem er die jüdischen Züge des Kindes gesehen hatte, auf einen freien Platz und sagte: »Will der alte Jude sich nicht hinsetzen?« »Der Armeemajor kann sich leider nicht setzen, weil er eine Beule am Arsch hat«, entgegnete Korczak eisig. Erstarrt vor Schreck, daß er einen polnischen Offizier beleidigt hatte, stieg der Fahrgast bei der nächsten Haltestelle aus.

Korczak ermunterte seine Freunde, wenn sie aus Palästina zu Besuch waren, sich mit ihm die Stadt anzuschauen. Eines Tages ging er mit Moshe Zertal spazieren, der gerade mit Frau und Kind in Warschau eingetroffen war, um eine Angelegenheit des Hashomer Hatzair zu regeln. »Wir haben einen wundervollen Herbst in Polen. Du wirst nirgendwo eine solche Färbung des Laubes finden wie hier, noch nicht einmal in Palästina.« Doch seine gute Stimmung verflog, als sie an einem großen Schild vorbeikamen: KAUFT NICHT BEI JUDEN! Er hielt einen Moment inne, um zu begreifen, und murmelte dann beim Weggehen: »Diese Idioten! Sie wissen ja nicht, was sie da tun. Sie ruinieren unser Land!« Nach diesem Ausbruch schwieg er eine Weile und meinte dann: »Das ist nicht gut, meine Freunde. Gar nicht gut. Menschliche Werte werden zerstört. Die Welt bebt.«

Die Ausläufer der Schockwellen des »Dritten Reiches« wurden immer stärker spürbar. Am 29. September 1938 annektierte Deutschland das Sudetenland. Und dann, in Reaktion auf Polens Aberkennung der polnischen Staatsbürgerschaft für Polen, die mehr als fünf Jahre im Ausland zugebracht hatten, trieben die Nazis achtzehntausend polnische Juden zusammen, die in Deutschland zum Teil zu Familien gehörten, die seit Generationen dort lebten, und transportierten sie an die polnische Grenze. Da sie keinen Stempel für die Wiedereinreise erhielten, siechten die Juden unter fürchterlichen Bedingungen im Niemandsland zwischen den beiden Staaten dahin. Als Hershl Grynszpan, polnisch-jüdischer Student in Paris, herausfand, daß seine Eltern gerade aus Deutschland ausgewiesen worden waren, erschoß er den dritten Sekretär der deutschen Botschaft in Paris. Die Nazis zerstörten daraufhin in ganz Deutschland Synagogen und jüdische Geschäfte in einem Ausbruch der Gewalt, dem einundneunzig Juden zum Opfer fielen. Die Nacht, in der das geschah, sollte als die *Reichskristallnacht* in die Geschichte eingehen.

Hilflos diesem Beben der Erde gegenüber, begann Korczak, Geschichten über heldenhafte jüdische Buben zu schreiben, die über grenzenlose Macht verfügten. In einer dieser Geschichten mit dem Titel *Träumereien* träumt ein namenloser Bub davon, die Juden von der Verfolgung zu erretten. Er schmuggelt sich in ein Flugzeug nach England, und es gelingt ihm, vom König die Erlaubnis zu erhalten, daß alle Juden nach Palästina einwandern dürfen. Als er einen großen Goldschatz findet und weltberühmt wird, tut es Hitler leid, die Juden vertrieben zu haben, und er lädt sie ein, wieder zurückzukommen. Doch der Bub erklärt ihm, die Juden seien es leid, ständig irgendwohin eingeladen und dann doch wieder entwurzelt zu werden, und sie würden lieber in ihrem Heimatland bleiben. Und ganz im Geist König Hänschens ignoriert der Bub Hitlers Bitte, ihm Geld zu leihen, und kauft statt dessen Milch und Butter für die hungernden deutschen Kinder.

Dieser beherzte Bub war nicht das erste jüdische Kind, das Korczak erschaffen hatte. In den frühen zwanziger Jahren hatte er eine Geschichte über einen Buben namens Hershkele angefangen, ein vierjähriges Waisenkind, das davon träumte, der Messias zu werden. Doch Hershkele wurde von König Hänschen verdrängt, dem großen König der Kinder, und mußte die späten dreißiger Jahre abwarten, bis er in *Die drei Reisen des Hershkele* wieder zum Vorschein kam.

Hershkele – eine Koseform von Hirsh, dem hebräischen Namen für Henryk – träumt davon, das Gelobte Land zu sehen, und unternimmt von seinem Dorf aus dreimal den Versuch, dorthin zu gelangen. Anders als Hänschen, der einen Palast bewohnte, lebt Hershkele in einer Mansarde, wo das Fenster kein Glas hat. Statt der königlichen Lehrer hat er nur zwei Menschen, die ihm etwas beibringen: seinen großen Bruder Lieb, der ständig nur vom Gelobten Land redet, wo alle Honig, Feigen und Fisch mit Nudelsuppe essen, und einen verkrüppelten Wahnsinnigen, der ihm sagt, jeder Mensch müsse sich auf seine eigene Suche nach Gott begeben.

Hershkele möchte die Welt in Ordnung bringen, prahlt mit einem großen Stock als Schwert und sucht Sonne und Mond auf der Müllhalde. Er wird zu Moses und erklimmt die Halde, um die Zehn Gebote zu empfangen. Seine kleine Freundin Malka wird zum jüdischen Volk. Sie steht am Fuß der Müllhalde und will nicht auf Gott hören. Hershkele schlägt sie mit seinem Schwert, und sie rennt weinend nach Hause. Malkas Mutter schimpft ihn aus, aber Hershkele/Moses träumt weiter davon, arme Juden durch die Wüste in ein Land zu führen, »wo es Brot, Honig und Trauben gibt«.

Der greise Abraham sagt zu Hershkele: »Wer weiß, vielleicht wirst du im Lande Israel berühmt sein.« Und meint dann: »Doch Palästina ist weit weg. Noch ist nicht die Zeit.«

Hershkele schafft es nie nach Palästina, obwohl er bei seinem ersten Versuch sogar bis zum Markt und darüber hinaus kommt:

> Er ist schon außerhalb der Stadt. Er ist schon in der Wüste. Er wandert ganz allein. Er sieht einen Fluß, eine Brücke. Er sieht ein Boot. Und da drüben ein Gehölz, kleine Häuser, kleine Kühe und kleine Pferde. Er hatte nicht gewußt, daß in Palästina alles so klein war.
>
> Er marschiert weiter, bis er nicht mehr kann.
>
> Gleich wird er umfallen.
>
> Er schlägt sein Schwert auf den Boden und erwartet, daß Wasser sprudeln wird. Und dann wird ihm schwarz vor den Augen.
>
> Als er erwacht, findet er sich im Haus der reichen Sarah, die ihm süße, weiße Milch gibt.
>
> Esther sagt: »Er hat die Masern. Aber er wird schon gesund werden.«

Der Möchtegern-Messias unternimmt zwei weitere Versuche, aber er gelangt niemals nach Palästina.

An einem trüben Tag Ende November 1938, als Korczak »in gedrückter Stimmung« im Waisenhaus eintraf, überraschten ihn die Kinder mit einem Film, den sie mit einem gewachsten Karton und einer Glühbirne hergestellt hatten. »Es war naiv, primitiv und bewegend«, schrieb er an Joseph Arnon. »Ihre Begeisterung und ihre Angst, daß es vielleicht nicht klappen könnte, die Aufregung der anderen, die darauf warteten, daß die Vorführung beginnt, die Begleitung durch ein Akkordeon – alles wunderschön. Eine ungeheure Erfahrung für mich. Die Arbeit, die Anstrengung, das Risiko, und alles wurde zum Triumph.«

Auf Arnons Frage nach seinen Plänen schrieb er: »Ich möchte den Winter unbedingt in Palästina verbringen, weil ich den Sommer und Frühherbst bereits kenne. Lot Airline hat sich bereit erklärt, mich zum halben Preis fliegen zu lassen, aber ich bringe es immer noch nicht zusammen.«

Es gab immer irgendeinen Grund, der Korczak davon abhielt, nach Palästina zu gehen. So wie für Hershkele war es auch für ihn noch nicht Zeit. Doch die Zeit wurde immer knapper.

26
Die Religion des Kindes

Das Kind schläft.
Die Augen schlafen, die Lippen schlafen.
Und auch die Nase schläft.
Jetzt sind die kleinen Augen müde.
Augen sagen gute Nacht, Lippen sagen gute
Nacht, auch ich sage gute Nacht;
schlaf, mein Kleines, schlaf.
Wiegenlied

Anfang des Jahres 1939, als rechte Gruppen damit beschäftigt waren, gegen die Juden zu hetzen, war Korczak »mit der Krochmalna beschäftigt«. Außerdem versuchte er – erfolglos –, Wiegenlieder zu komponieren, aber »man braucht Ruhe, um für Kinder zu schreiben, und innere Ausgeglichenheit«; von beidem gab es damals in Polen recht wenig. Auf Sabina Damms Erkundigung, wann sie ihn in Palästina sehen würde, antwortete er mit seinem üblichen »Wer weiß? Wer weiß?«. Aber er versicherte ihr, daß er nach wie vor kommen wolle. »Dort wird wenigstens der Übelste nicht dem Besten ins Gesicht spucken, weil er Jude ist.« Für die Schlaflosigkeit, an der sie immer in der Nacht vor einer Vorlesung litt, gab er ihr einen ermutigenden Rat, der Licht auf seine eigene Philosophie der Kreativität wirft: »Was leicht erreicht ist, hat wenig Wert. Angst, mangelndes Selbstvertrauen, Leiden – all das ist notwendig, bis du irgend etwas Wertvolles sagst oder schreibst.«

Im März 1939, ein Jahr nachdem Stefa in Ein Harod eingetroffen war, marschierten die Deutschen in Prag ein, und der Staat Tschechoslowakei hörte auf zu existieren. Viele, die aus Europa in den Kibbuz zurückkehrten, brachten Gerüchte eines bevorstehenden Krieges mit, und Stefa sorgte sich um Korczak. Als sie sich entschlossen hatte auszuwandern, war sie überzeugt, daß er nachkommen würde. Da das aber nicht der Fall war, entschied sie, daß es besser war, zurückzufahren und seine Abreise zu organisieren. Feiga riet ihr davon ab, doch wenn Stefa sich einmal etwas in den Kopf gesetzt hatte, verfolgte sie ihr Ziel wie ein vom Bogen abgeschossener Pfeil. Sie wollte nach Warschau zurückkehren und Korczak bei allen Problemen beistehen, die ihm im Wege standen.

Für Stefa war das Leben im Kibbuz nicht ohne Probleme verlaufen. Sie hatte gelernt, daß es nicht dasselbe war, ob man Gast in Ein Harod war oder dort lebte. Nachdem sie erst einmal Mitglied der Gemeinde war, erlebte sie häufig den gleichen Mangel an Rücksicht, wie er Verwandten zuteil wird. Fünfundzwanzig Jahre lang hatte sie sich »wie ein Schiff, das den Ozean überquert«, durch das Waisenhaus bewegt und mußte jetzt feststellen, daß sie hier über keine Autorität verfügte. Alles mußte in turbulenten Zusammenkünften, die ebenso ergebnislos wie endlos waren, beschlossen werden. »Um in einem Kibbuz irgend etwas zu ändern, braucht man dreihundert Jahre«, beschwerte sie sich.

Es gab nicht wenige Siedler, die es schon fast als unverschämt empfanden, daß »diese reizlose Neusiedlerin mit ihrem schlechten Hebräisch und ihrem starken polnischen Akzent« den Ablauf der Dinge bestimmen wollte. Nicht nur, daß sie bestimmt auftrat, zuverlässig und pünktlich war und mit Korczak gearbeitet hatte – ihre Zeiteinteilung und ihr gesamter Stil waren einfach anders. Manchmal hatten die Kibbuzniks das Gefühl, daß Stefa und Feiga sich gegen sie verschworen hatten. Feiga lächelte selten, und ihre ernsthafte Art schien genausoviel Reibungsfläche zu bieten wie die Stefas, als ob die beiden Frauen tatsächlich und nicht nur durch eine gemeinsame pädagogische Theorie miteinander verwandt wären. »Gebt mir ein fünf- oder sechsjähriges Kind«, sagte Feiga, »und ich habe ihm ganz schnell beigebracht, sich allein anzuziehen.«

Natürlich merkte Stefa sehr genau, daß sie abgelehnt wurde, zumal einige Siedler es betont vermieden, mit ihr im Speisesaal zusammenzutreffen. Acht Monate nach ihrer Ankunft versuchte sie, die Situation zu entschärfen, und bat bei einer Kibbuz-Zusammenkunft ums Wort. »Ich glaube, daß ich hier nicht gebraucht werde«, sagte sie auf ihre ehrliche Art. Sie habe das Gefühl, daß sie die Kinder auf eine Weise erziehen würde, die Kibbuzniks auf eine andere; daß sie die Kinder überhaupt nicht wahrnahmen, es sei denn, sie beschwerten sich, weil sie Lärm machten und ihre Nachmittagsruhe störten. »Ich habe Europa verlassen, weil ich glaubte, hier wirklich etwas beitragen zu können«, sagte sie. »Aber ohne eure Unterstützung kann ich hier nicht effektiv arbeiten.« Stefas von Herzen kommende Bitte klärte die Situation. Offene Konfrontationen waren im Kibbuz, wo jeder starken Spannungen ausgesetzt war, nichts Ungewöhnliches. Das Leben ging weiter, und die persönlichen Probleme mußten sich denen des Überlebens unterordnen.

Aus ihren Briefen an das Waisenhaus in Warschau und an die *Kleine Rundschau* erfahren wir von den Neuerungen, die Stefa eingeführt hatte. In die nordöstliche Ecke des Speisesaales kam eine Schachtel für Fundgegenstände; für Kinder, die sie nachts benötigten, wurden in gut erreichbaren und gut beleuchteten Ecken Nachttöpfe aufgestellt; für jene, die nachts von Bauchweh oder Alpträumen aufwachten, wurden Lampen installiert; es wurde ein System eingeführt, das es der aufsichtführenden Schicht möglich machte, der nächsten Schicht Nachrichten und Informationen zukommen zu lassen. Stefa kämpfte mit den Baufirmen, die Lichtschalter und die Ketten für die WC-Spülungen nicht so hoch anzubringen, weil die Kinder beim Versuch, sie zu erreichen, ständig etwas kaputtmachten. »Es ist viel schwieriger, diesen Erwachsenen etwas zu erklären als den Kindern«, schrieb sie. »Ich habe dem Baumeister gesagt, daß in unserem Haus in der Krochmalna in fünfundzwanzig Jahren lediglich einer von hundertundzehn Stühlen zu Bruch gegangen ist. Und selbst der tut jetzt ohne Beine noch seinen Dienst im Nähzimmer.«

Erst als Stefa am 22. April 1939 nach Polen abgereist war, lernten die Siedler ihre Arbeit in den Kinderhäusern zu schätzen. Sie hinterließ einen Brief, in dem sie dem Kibbuz für seine Gastfreundschaft dankte und für alles, was sie dort gelernt hatte. »Vielleicht sehe ich euch einmal wieder«, formulierte sie vorsichtig und ließ ihre Zukunftspläne offen. Sie reiste mit Bedauern, aber ohne Illusionen ab. »Die Kibbuzniks wollen niemanden, der sie lehrt, wie sie mit ihren Kindern umgehen sollen«, sagte sie zu Zerubavel Gilead, der als Kind aus Rußland in den Kibbuz gekommen war.

»Der Kibbuz war noch nicht reif für Stefa«, sagte Gilead Jahre später.

Als Stefa nach Warschau zurückkehrte, brachte sie ein Photoalbum von Ein Harod mit, um es Korczak zu zeigen. Er hatte immer noch die Absicht, nach Jerusalem zu gehen, sie beharrte darauf, daß es im Kibbuz weniger gefährlich für ihn sei. Das Ganze wurde zu einer solch hitzigen Debatte zwischen den beiden, daß jedes Mal, wenn Korczak bei der Abreise eines Freundes nach Palästina diesem den Auftrag gab, ihm in der Altstadt von Jerusalem ein Zimmer zu suchen, Stefa den Freund beiseite nahm und sagte: »Bemüh dich nicht zu sehr. Es ist dort zu gefährlich für ihn.«

Moshe Zertal, der mit seiner Familie zu einem kurzen Besuch in Warschau eingetroffen war, erinnerte sich daran, daß er den Doktor nicht stören wollte, weil er wußte, daß er sich in seinem Leben an einem »Kreuzweg« und in einer Periode intensiven Nachdenkens befand. Als aber Korczak zu Ohren kam, daß Zertals kleiner Sohn erkrankt war, telephonierte er sofort und kündigte seinen Besuch für den Nachmittag an.

»Er kam wie angekündigt«, erinnerte sich Zertal. »Er war müde, weil er an dem Morgen mit den Kindern einen Ausflug gemacht hatte, aber er war in guter Stimmung. Er ging sofort zum Bett meines Sohnes, untersuchte ihn flüchtig und begann, mit ihm zu spielen. Es war nicht ganz klar, in welcher Sprache sich die beiden verständigten – der eine verfügte über gar kein Vokabular, der andere sprach nur Pidgin-Hebräisch – aber es war eindeutig, daß sie sich miteinander unterhielten. Als er ging, sagte Korczak: ›Keine Sorge, das geht vorbei. Laßt ihn im Bett und stellt einen großen Topf mit kochendem Wasser ins Zimmer, damit die Luft feucht bleibt.‹ Dann sah er meine Mutter, bei der wir zu Besuch waren, und meinte mit einem Lächeln: ›Ah ja, die Oma wird nicht zufrieden sein ohne Rezept. Sobald ich zur Tür hinaus bin, wird sie einen anderen Arzt rufen.‹«

Zertal stellte fest, daß Korczak recht gehabt hatte. Am nächsten Tag kam ein Arzt »wie alle Ärzte« und hinterließ zwei Rezepte, wie es alle Ärzte taten.

Als Zerubavel Gilead in jenem Frühling auf der Suche nach neuen Geschichten, die er in Palästina veröffentlichen könnte, nach Warschau kam, galt einer seiner ersten Besuche Korczak. Er war erstaunt, daß Korczaks Schwester Anna, eine magere Frau in steifem, schwarzem Kleid, ihm die Tür öffnete. Bei einem so wichtigen Mann wie Korczak hatte er mit einem Dienstboten gerechnet.

»Willkommen, willkommen«, begrüßte sie ihn herzlich und rief dann den langen Flur hinunter: »Doktor, ein Gast aus Palästina.«

Anna, die als beeidigte Übersetzerin zu Hause arbeitete, zog sich sofort zurück, als Korczak in seinem langen, grünen Kittel, eine Wollmütze auf dem Kopf, munter den Korridor heruntereilte, um Gilead in sein Zimmer zu geleiten.

Gilead betrachtete Korczaks schlichtes Zimmer: die Stöße von Büchern und Papieren auf dem Schreibtisch, die Büste von Pilsudski, die Korczak anläßlich einer Auszeichnung erhalten hatte, der hohe Schrank, die eiserne Bettstelle, auf der eine grobe Armeedecke lag, das Gesicht seiner Mutter, das von der Photographie an der Wand auf alles herabblickte.

Als Korczak bemerkte, daß sein Blick auf die offen daliegende polnische Bibel fiel, die an den Rändern mit Notizen vollgeschrieben war, erklärte er: »Dies ist das Buch, das ich täglich wie einen Fortsetzungsroman lese. Ich arbeite an einer Serie über Kinder in der Bibel, und ich entdecke ständig etwas Neues. Aber warum stehen Sie denn? Setzen Sie sich doch. Bedienen Sie sich.« Einige Apfelsinen, Datteln und Mandeln waren für den Gast auf einen kleinen Tisch gestellt worden. »Damit Sie kein Heimweh bekommen«, meinte Korczak, »und damit Sie guter Stimmung bleiben.«

Korczak bot Gilead seine Kurzgeschichten über jüdische Kinder an, die der Hashomer Hatzair noch nicht für seine eigene Zeitschrift ins Hebräische übersetzt hatte. Der junge Dichter gewöhnte sich rasch daran, immer wieder beim Doktor vorbeizuschauen, ob er nicht eine neue Geschichte für ihn hätte. Ihre Unterhaltung drehte sich um viele Themen, und einmal fragte Gilead den Doktor schüchtern, was seiner Ansicht nach Liebe sei.

In einem seiner Bücher hatte Korczak über die Liebe aus der Sicht eines Kindes geschrieben: »Was ist Liebe? Hängt sie immer von irgend etwas anderem ab? Werden stets jene geliebt, die die Liebe verdienen? Was ist der Unterschied zwischen sehr gern haben und Liebe? Woher wissen wir, wen wir mehr lieben?« Aber natürlich wußte er, daß Gilead sich nach der Liebe des Erwachsenen erkundigte.

»Mein lieber Freund, ich bin jetzt über sechzig, aber bei Ihrer Frage nach der Liebe muß ich passen«, antwortete er. »Ich weiß es nicht. Sie ist ein Geheimnis. Ich kenne gewisse Aspekte, aber nicht den Kern der Liebe. Allerdings weiß ich, was Mutterliebe und Vaterliebe sind.«

Er erzählte Gilead von einem fast traumhaften Erlebnis, das er als Stabsarzt während des Krieges auf dem Balkan hatte: »Unsere Einheit war in einem Bergdorf stationiert. Eines Nachts arbeitete ich noch sehr spät in meiner Hütte und hatte Durst. Ich ging nach draußen ans Wasserfaß und war vom Mondlicht wie geblendet. Die Berge über mir waren dunkel, aber das Dorf vor mir war wie von einem traumhaften Schleier angeleuchtet. Und da sah ich in der Hütte gegenüber eine junge Frau in der Tür lehnen, ihr Kleid spannte sich über ihrem Körper, und ihr Kopf mit den schweren Haarflechten lag auf ihrem bloßen Arm. Und wie ich so dastand, sagte mir mein Herz: ›Das ist sie! Die Mutter deines Kindes. Konnte es eine bessere Verbindung geben als die zwischen dem Mann aus der Ebene und der Frau aus den Bergen?‹ All das geschah innerhalb einer Sekunde. Die Frau verschwand in die Dunkelheit ihrer Hütte, aber ich habe sie bis heute nicht vergessen. Ich weiß nicht, ob das Liebe war, aber es war eine bestimmte Art von Liebe – der Wunsch, Vater zu sein.«

Korczak erzählte Gilead nichts davon, wie nahe er einer Vaterschaft einmal gekommen war, wie sich aus einer verblüffenden Anspielung in seinen *Erinnerungen* schließen läßt. In einem imaginären Dialog zwischen zwei »alten Männern«, die ihr Leben Revue passieren lassen, läßt er den einen – eindeutig sich selbst – zum anderen sagen: »... Nur für Mädchen hatte ich keine Zeit. Wenn diese Bestien nicht so gierig wären und erpicht auf Liebesnächte, ja und dann die kleinen Kinder, die sie bekommen ... Eine dumme Sitte. Einmal ist es mir passiert. Ein schlechter Nachgeschmack ist mir geblieben, für das ganze Leben. Ich hatte genug davon, auch von den Drohungen und Tränen.« Die Unterhaltung zwischen den beiden alten Männern zeigt Korczaks zynischste Seite, doch wirkt das stammtischartige Gespräch über Frauen und Schwangerschaft auf merkwürdige Weise untypisch. Man fühlt die Angst vor Frauen und eine Aversion gegen sie unter der männlichen Tapferkeit dieses Mannes, der immer Zeit für Kinder hatte – und man hört ein lange gehütetes und endlich eingestandenes Geheimnis. (Ob ein Kind gezeugt, geboren oder abgetrieben wurde, ist nicht bekannt; der Hintergrund dieser Tagebucheintragung bleibt im Dunkeln.)

In Warschau war das Hauptgesprächsthema in jenem Frühling der drohende Krieg. Polen hatte mit der Teilmobilisierung begonnen. In den Cafés hieß es, Hitler würde Polen wegen seiner Verträge mit Frankreich und England nicht angreifen, und wenn er es doch wagen sollte, würde die polnische Armee ihn so lange zurückhalten, bis die Verbündeten Polen zu Hilfe kämen. Trotz der politischen Unsicherheiten ging in Warschau alles seinen gewohnten Gang. Es fiel Gilead auf, daß Korczak niemals von der Angst sprach, die er wie alle anderen empfand.

»Sie sind so gedankenverloren«, stellte Korczak bei einem seiner Besuche fest. »Was ist los? Haben Sie Heimweh?«

Gilead, der eigentlich noch weitere sechs Monate in Polen bleiben wollte, versuchte, seine Nervosität nicht zu zeigen. »Ach, ich glaube, ich sollte bald in den Kibbuz zurückkehren. Falls es Krieg gibt, lebe ich vielleicht nicht mehr lange.«

Korczak überraschte ihn mit seiner vehementen Antwort: »Reden Sie keinen Unsinn, junger Mann. Für dumme Witze ist jetzt keine Zeit. Man stirbt nur, wenn man will. Ich war in drei Kriegen und lebe, Gott sei Dank, immer noch.«

Er erzählte Gilead von einem furchtlosen Offizier, der mit ihm an der Ostfront gewesen war. Als es Granaten in die Schützengräben regnete, hatte er nachlässig den Kragen seiner Uniformjacke hochgestellt. Aber eines Abends war er von einem Heimaturlaub sehr deprimiert zurückgekehrt, weil er herausfand, daß seine Frau ihn betrogen hatte. Am nächsten Tag fiel er.

»Also gehen Sie jetzt in Ihre Wohnung, junger Mann, nehmen Sie ein Aspirin und legen Sie sich ins Bett«, ordnete Korczak an. »Sie werden schön ins Schwitzen geraten, und der ganze Unsinn wird aus Ihnen herauskommen. Wenn Sie sich danach immer noch schlecht fühlen, kehren Sie nach Palästina zurück. Aber gehen Sie nicht als Geschlagener.«

Es hätte mehr als Aspirin gebraucht, um Gilead in Polen zu halten. In der folgenden Woche kam er, um sich zu verabschieden. Korczaks Schwester Anna öffnete erneut die Tür – aber diesmal fauchte sie ihn an, bevor sie sich zurückzog: »Warum reden Sie niemals mit mir?« Glücklicherweise kam Korczak in dem Moment gutgelaunt den Gang herunter und schob ihn in sein Zimmer. Zum ersten Mal zog er eine Flasche Wein vom Berg Karmel hervor.

»Gönnen wir uns etwas«, meinte er und ging mit keiner Silbe auf ihre letzte Unterhaltung ein. »Wir trennen uns jetzt, vielleicht nicht für lange, aber es wird doch eine große Entfernung zwischen uns sein. Wissen Sie, obwohl ich es ja schon gewöhnt bin, mit dem Schiff zu reisen, wird mir jedesmal zunächst übel. Ich brauche eine Weile, bis ich meine Seebeine bekomme. Vielleicht weil ich der Sohn eines Landes weit weg vom großen Wasser bin. Ich weiß es nicht, aber lassen Sie uns anstoßen – *l'chaim*, mein Freund, *l'chaim*!«

Mitten in ihrer Unterhaltung über ihre Zukunftspläne stand Korczak auf, ging zur Kredenz hinüber und holte eine Holzkiste, angefüllt mit schmalen, langen Notizbüchern, die vollgeschrieben waren mit seiner kleinen, gestochenen Handschrift. »Hier ist mein Lebenswerk«, sagte er mit bebender Stimme. »Zehn Jahre Material über meine Erfahrungen mit Kindern, meine Forschungen, Konflikte, Fehler und Erfolge. Ich werde es *Die Religion des Kindes* nennen.«

Bei seiner Abreise brachte Korczak Gilead zum Bahnhof und überreichte ihm einen Umschlag. »Hier ist ein kleines Andenken für Sie«, sagte er. »Fragmente des Vorworts zu dem Buch, das ich schreiben werde. Das letzte Kapitel werde ich im Lande Israel fertigschreiben. Gute Reise. Ich komme bald nach.« Und er umarmte und küßte Gilead.

Im Zug las Gilead die Seiten, die Korczak ihm gegeben hatte: Das Vorwort sollte eine philosophische Unterhaltung zwischen einem alten Doktor und seinem Sohn während einer Reise mit dem Zelt am Fuße des Berges Gilboa in Palästina werden. Bis zu dem Zeitpunkt haben die beiden nie miteinander reden können. Die kleine Tochter des Sohnes (deren Mutter, eine Frau aus den Bergen, gerade gestorben ist) spielt in ihrer Nähe. Als der Sohn dem Vater von der Liebe erzählt, die er als Bub für ihn hatte, und auch von seiner Wut, kommt die Tochter auf sie zugelaufen. Sie nimmt ihren Vater und ihren Großvater bei der Hand. Sie sagt nichts, aber Vater und Sohn wissen, was sie meint: sie müssen aufeinander zugehen.

In diese nicht vollendete Geschichte scheint Korczak den Dialog einzubringen, den er mit seinem Vater nie geführt hat. Die von ihm gesuchte Versöhnung kann nur in einem Moment gegenseitiger Vergebung erfolgen, die durch die heilende Kraft eines Kindes möglich wird. Wir erkennen das Phantasiekind, das sich der Stabsarzt mit der Frau aus den Bergen des Balkans vorgestellt hatte – das Kind, das hätte sein können.

Bevor er zu Stefa und den Kindern in die Sommerkolonie fuhr, folgte Korczak ihrem Rat und verbrachte den Juni in einem nahe gelegenen Kurort, nahm Bäder und schrieb an seinem Buch. Aus seinem Fenster im Landgasthof konnte er die neuen Rekruten beobachten, die auf ihren Einsatz an der deutsch-polnischen Grenze vorbereitet wurden.

Die Sommerkolonie *Rozyczka* erwies sich als ein stärkeres Heilmittel als die Bäder. »Der Juli war zauberhaft«, schrieb Korczak an Joseph Arnon. »Zwanzig neue Kinder, die du wie zwanzig neue Bücher lernen mußtest, deren Sprache du kaum kennst, die alle irgendwo mitgenommen sind, es fehlen Seiten, ein Rätsel, ein Puzzle. Es war wie in alten Zeiten – alles, was zählte, waren verlorene Sandalen, ein Dorn im Fuß, ein Zank bei der Schaukel, eine zerbrochene Bank. Ich schlief im Isolierzimmer bei den Kindern, die die Masern bekamen. Wenn ich mich dabei erwischte, daß ich döste, dachte ich mir: Schlaf jetzt nicht ein, lausche noch zehn Minuten auf ihr Atmen, Husten, Seufzen. Welche Weisheit ist doch in ihrem Husten, wenn sie schlafen – ein ständiger Kampf gegen die Infektion, das Fieber, das Kratzen und die Flöhe.«

Wie jeden Sommer endeten die Wochen in der Kolonie mit olympischen Spielen und Wettkämpfen im Laufen, Springen, Werfen und anderen Sportarten sowie in Musik und Gesang. Aber in jenem letzten Sommer wollten die Kinder ihre olympischen durch Kriegsspiele ersetzen – Polen gegen Deutschland. Ein großer Sandplatz wurde als Schlachtfeld vorbereitet, Festungen gebaut, Bunker gegraben. Gewehre wurden aus Holz geschnitzt, und Kastanien waren die Munition. Jeder Bub, der von einer Kastanie getroffen wurde, fiel tot um und war aus dem Spiel. Die Mädchen agierten als Krankenschwestern und halfen den Verwundeten.

Es verdarb niemandem die Laune, daß die Polen den Krieg verloren – es war ja bloß ein Spiel, aber die Stimmung der Kinder verdüsterte sich, als sie auf ihrem Weg in den Wald zu ihrem letzten Lagerfeuer an einer Ziegelfabrik vorbeikamen. Korczak wußte, daß er so wie sie an die beiden Betrunkenen dachte, die ihnen am ersten Tag dort begegnet waren und die gerufen hatten: »Gebt mir ein Gewehr! Holt Hitler her!« Aber alle beruhigten sich wieder, als sie ums Lagerfeuer herum saßen und bis lange nach Mitternacht Lieder sangen und Geschichten erzählten. Er konnte Joseph Arnon mitteilen, daß er »sehr aufgeregt und jubelnd« nach Warschau zurückkehrte – »wenn es denn proper ist, sich im Alter von einundsechzig Jahren noch so zu beschreiben«.

Ende August 1939 war Korczak damit beschäftigt, für die Kinder von Ein Harod Eichhörnchen aufzutreiben. Während seines letzten Aufenthaltes in Palästina hatte er beim polnischen Konsul darum gebettelt, daß er ihm ein Dutzend rote Eichhörnchen aus Polen herbeischaffen lassen möge, aber der Konsul hatte nicht verstanden, daß es sich hierbei um eine Sache von größter Bedeutung handelte – daß nämlich »ohne Eichhörnchen die Bäume traurig und bewegungslos sind«. Nach seinem neuen Plan sollten die Kinder von Ein Harod sich direkt an die britische Verwaltung wenden und darum bitten, daß man ihnen aus Indien graue Eichhörnchen schicken möchte. Er sei deshalb optimistisch, schrieb er an Gilead, weil er nach dem Weltkrieg den britischen Konsul um Servietten für das Waisenhaus gebeten und acht Monate später, als er schon alle Hoffnung aufgegeben hatte, eine Kiste mit Servietten für zehn Jahre eingetroffen war.

Eichhörnchen waren deshalb im Moment so wichtig für ihn, weil Korczak sich schließlich dazu durchgerungen hatte, im Oktober für vier Monate nach Palästina zu fahren, um Material für das »letzte Kapitel« von *Die Religion des Kindes* zu sammeln. Mit seiner üblichen Zurückhaltung – »Falls ich genug Geld habe« – schrieb er an Arnon: »Ich habe vor, zwei Monate im Alten Jerusalem zu verbringen (in einem interessanten Cheder*, den ich dort gefunden habe) und zwei in einem Seminar in Tiberias. Ich habe Angst vor dem Rheumatismus, den Insekten und auch ein bißchen vor den Arabern, in dieser Reihenfolge.«

Am 1. September 1939 marschierten die Deutschen in Polen ein.

Am 2. September kam der Brief, den Sabina Damm als Antwort auf Korczaks Nachfrage nach einem Zimmer in Jerusalem an ihn abgeschickt hatte, mit dem Vermerk zurück: »Dieses Stück geht an den Absender zurück, da alle Verbindungen zwischen Palästina und Polen aufgehoben sind.«

* *Cheder* – traditionelle jüdische Grundschule für Buben ab vier Jahren (Anm. d. Übers.).

Vierter Teil
1939–1942

27
September 1939

Ich kann das Buch des Krieges sehr gut lesen.
Aufruf: An die Juden!

Die Ambivalenz und Depression, mit denen Korczak in den späten dreißiger Jahren zu kämpfen hatte, besserten sich mit der deutschen Invasion: »Die Vorkriegszeit – lügnerisch, verlogen, verdammt. . . . Schlamm. Stinkender Sumpf.« Er kam wieder in Schwung – jetzt gab es wenigstens etwas zu tun. Er holte die alte, verstaubte polnische Uniform aus dem Schrank, die er im polnisch-sowjetischen Krieg von 1920 getragen hatte, und meldete sich freiwillig. Er wurde aus Altersgründen abgelehnt, zog aus der Wohnung seiner Schwester aus und wieder in seine alte Mansarde im Waisenhaus auf der Krochmalna – wie ein Kapitän, der das Kommando seines Schiffes wieder übernahm.

Als Jan Piotrowski, sein Freund vom polnischen Rundfunk, ihm bei der neugegründeten Radio-Nachrichtenagentur Warschau II einen Posten anbot, sagte er ohne Zögern sofort zu. Bald war die beruhigende Stimme des »alten Doktors« wieder zu hören, die der Bevölkerung Mut zusprach, sich nicht unterkriegen zu lassen. »Gestern noch war ich ein alter Mann«, sagte er seinen Zuhörern. »Heute bin ich zehn Jahre jünger, vielleicht sogar zwanzig.« Es war so befriedigend, als polnischer Patriot zu den Ätherwellen zurückzukehren, von denen man ihn als Jude fortgeschickt hatte. Damals hatte man vielleicht »keine Lust zu leben« gehabt. Doch »dann kam ein Sturm auf. Die Luft wurde rein. Der Atem tiefer. Es gab wieder Sauerstoff.«

In den ersten paar Tagen, als die Deutschen die Außenbezirke Warschaus bombardierten, konnte man noch glauben, alles würde möglicherweise seinen gewohnten Gang weitergehen, wenn die Bevölkerung die notwendigen Vorkehrungen traf, Gräben aushob und Barrikaden errichtete. Am 2. September, einem Samstag, erlaubte Korczak den Kindern, ihre Familien zu besuchen. Er nahm sich sogar die Zeit, einem Burschen zu antworten, der sich in der *Rundschau* darüber beschwerte, daß Erwachsene die jungen Leute in dieser Krise wie ein Ärgernis behandelten. »Laß keine schlechten Gefühle aufkommen«, riet er ihm, »sondern ziehe Kraft aus dem Vorteil deiner Jugend.«

Im Radio ermunterte der »alte Doktor« die jungen Leute, sich nützlich zu machen. »Bleibt nicht im Haus versteckt und weint über das, was geschehen mag. Geht auf die Straße und helft dabei, Feuergräben auszuheben. Geht zum Grab des Unbekannten Soldaten, der für Polen gestorben ist, und legt Blumen nieder.« Seinen Waisenkindern sagte er, sie könnten weiterhin spielen, dürften aber keinen Lärm dabei machen. »In jedem Augenblick sterben Soldaten, die Warschau verteidigen. Für ihre Mütter und Väter, die in unserer Nähe leben, ist es schwer, euch lachen und singen zu hören, wenn sie gerade ihr eigenes Kind verloren haben. Respektiert bitte ihr Leid.«

Aufgrund der Verträge mit Frankreich und England warteten die Polen darauf, daß ihre Verbündeten ihnen zu Hilfe eilten. Als England am 3. September in den Krieg eintrat, war Korczak in der begeisterten Menge vor der britischen Botschaft zu finden. Er wußte nicht, was ihn glücklicher machte: die Hoffnung, daß England Polen helfen würde, die Deutschen zurückzuschlagen, oder das Bild von Polen und Juden, die wieder »wie Brüder Schulter an Schulter« standen – wie damals während der Aufstände gegen das zaristische Rußland und im Ersten Weltkrieg. Die Tränen traten ihm in die Augen, als die polnische Nationalhymne »Noch ist Polen nicht verloren« gesungen wurde und dann das zionistische Lied »Hatikvah*«.

Zwei Tage später verließ die Regierung die Stadt, nachdem alle jungen Männer zur Mobilisierung nach Osten beordert worden waren. Die wenigen Mitglieder, die die Gesellschaft für Waisenhilfe noch hatte, drängten Korczak, die Kinder zu ihren Familien zurückzuschicken, weil es schwierig wurde, sie zu versorgen; er allerdings dachte nicht daran, das Heim aufzulösen.

---

* *Hatikvah* – heutige israelische Nationalhymne (Anm. d. Übers.).

Er vertrat die Meinung, daß die Kinder sicherer seien, wenn sie mit ihm und Stefa zusammenblieben. Es würde ihm schon irgendwie gelingen, alles Notwendige aufzutreiben.

Korczak nahm es sogar auf sich, Nahrungsmittel zu Maryna Falska und ihren Waisen in Bielany zu bringen, die vorübergehend evakuiert worden waren, weil »Unser Haus« in den vordersten Linien stand. Sobald die Kinder ihn in seiner Uniform im Flur erblickten, riefen sie »Oh, da ist Pan Doktor!«, rannten auf ihn zu, faßten ihn an, baten um Süßigkeiten und überhäuften ihn mit Küssen. Antoni Chojdynski, ein ehemaliger Praktikant, erinnerte sich, wie glücklich er aussah, als die Kinder ihn von allen Seiten umklammerten. »Er nannte sie beim Namen und fragte: ›Wie geht es dir? Ist alles in Ordnung? Was ist los?‹«

Er holte Heringe aus seinem Rucksack und entschuldigte sich, daß er kein Brot mitgebracht hatte: statt dessen gäbe es aber Essiggurken. Einige Tage später kam er mit einem Sack Linsen, einem beliebten jüdischen Gericht, das diesen Kindern aber völlig unbekannt war. »Wir haben es einfach als biblische Nahrung angesehen«, erinnerte sich Chojdynski. »Pan Doktor erzählte uns, er habe den Ladenbesitzer gebeten, die Linsen hungrigen polnischen Waisenkindern zu spendieren, weil die Deutschen sie vermutlich sowieso konfiszieren würden.«

Am achten Tag der Invasion waren die Deutschen vor den Toren Warschaus. Die Stadt war wie eine belagerte Festung. Viele Straßen bestanden nur noch aus Schutt; überall brannte es, viele Häuser waren völlig ausgebrannt; tote Pferde lagen herum. Es gab kein Brot, kein Gas, keinen Strom und auch kein Wasser für ihre Bewohner und die Tausende von Flüchtlingen und demoralisierten Soldaten, die aus anderen Teilen des Landes hereingeströmt waren, wo die polnische Kavallerie und Infanterie gerade von den deutschen Panzern und Flugzeugen vernichtet wurde.

Korczak hetzte durch die brennende Stadt, befreite verängstigte Kinder, half den Verletzten und tröstete die Sterbenden. Mehrmals täglich ging er zum Sender und berichtete im Radio Neuigkeiten oder ermutigte die besorgte Bevölkerung. Ein Mitarbeiter erinnerte sich an ihn: »Leicht vornübergebeugt, brachte er mit seinem Humor Heiterkeit in das zerbombte Viertel.«

In den folgenden drei Wochen wurde das Waisenhaus von sieben Granaten getroffen, doch die Moral war nicht zu erschüttern. Wenn die Sirenen Fliegeralarm gaben, eilten die Kinder – inzwischen war ihre Zahl auf einhundertfünfzig angewachsen – nach unten in den Keller, wo Sandsäcke gegen die Wände gestellt worden waren. Selbst ein verletzter Bub, dessen Vater vermißt war und dessen Mutter und Schwester vor seinen Augen durch eine Granate umgekommen waren, eilte die Treppe hinunter, obwohl sein Bein noch nicht verheilt war, er ein Auge verloren hatte und auf dem anderen noch nicht wieder richtig sehen konnte. »Es wird uns noch gelingen, ein Lächeln auf sein geschundenes Gesicht zu zaubern«, sagte der »alte Doktor« zu seinen Hörern.

Die älteren Kinder hielten abwechselnd Wache am Dach, wenn Brandbomben fielen. Sie hatten nicht viel mehr als eine Sekunde Zeit, Wasser oder Sand über eine Bombe zu schütten, bevor sie explodierte. Es gab einen schrecklichen Moment, als vor dem Speisesaal eine Granate einschlug und alle Fensterscheiben zu Bruch gingen. Kaum war Korczak nach draußen gegangen, um den Schaden zu inspizieren, als eine zweite Explosion das Haus erschütterte. Die Kinder und die Helfer tauchten unter die Tische und wagten es nicht einmal, in den Keller zu laufen. Sie waren überzeugt, daß ihr geliebter Pan Doktor umgekommen war. Doch einige Minuten später kam er schüchtern und verlegen ohne seinen Hut hereingekrochen und erklärte, die Explosion habe ihm diesen vom Kopf gerissen. »Ich mußte ganz schnell den Rückzug antreten«, grinste er. »Meine Glatze wäre ein perfektes Ziel für die Flugzeuge.«

Aber es ging nicht alles glatt. Romcias Vater, Jozef Sztokman, starb an Lungenversagen, nachdem er ein Feuer auf dem Dach gelöscht hatte. Das ganze Waisenhaus ging zu seiner Beerdigung. An seinem Grab schworen sie auf Polnisch und Hebräisch, daß sie »die Wahrheit, die Arbeit und den Frieden« hochhalten würden.

Korczak war stets um gute Laune in Gegenwart der Kinder und des Personals bemüht, aber Ida Merzan erinnerte sich an einen Abend, als er seine tatsächlichen Gefühle zeigte. Sie hatte bei einem Bombenangriff außerhalb Warschaus eine Kopfwunde davongetragen und wurde jetzt im Waisenhaus gepflegt. Bei einem Fliegeralarm stand sie auf und folgte den Kindern in den Keller, als ihr Korczak auf der Treppe begegnete.

»Warum sind Sie nicht im Bett?« wollte er wissen.

»Ich will nicht allein sein«, antwortete sie. »Ich bin so traurig.«

»Mein Gott, wer ist nicht traurig«, sagte er leise. »Die ganze Welt ist eine große Traurigkeit.«

In dieser Zeit kamen viele der ehemaligen Praktikanten und Waisenkinder zu Korczak und fragten ihn, ob sie in den russischen Teil fliehen sollten oder nicht. »Keiner weiß, was wird«, sagte er dann in seiner üblichen Art, niemals einen direkten Ratschlag zu erteilen, aber er riet ihnen auch nicht ab.

Am 23. September, nach einer Nacht ungewöhnlich heftiger Bombardierungen, als ganz Warschau erzitterte, als ob die Erde sich öffnen und die Stadt noch vor den Deutschen verschlingen würde, hielt Bürgermeister Stefan Starzynski seine inzwischen berühmt gewordene Radioansprache. »Warschau mag in Flammen stehen, aber wir sind stolz darauf, tapfer zu sterben!« Rachmaninoffs Zweites Klavierkonzert, das anschließend zu hören war, wurde unterbrochen, als eine deutsche Bombe ein Kraftwerk traf und der Sender verstummte. Es war vier Uhr nachmittags. Von dem Moment an beherrschte das gutturale Deutsch den Äther.

Fünf Tage später fiel Polen an die Nazis. Drei Wochen lang hatte seine Bevölkerung einen ebenso tapferen wie aussichtslosen Kampf gekämpft, und jetzt war es vorbei. Am Tag nach dem Ende der Belagerung traf Irena, Stefas Schwägerin, Korczak, als er durch die Ruinen der einst sehr belebten Marszalkowskastraße eilte, einen kleinen Buben auf den Armen.

»Was machen Sie denn hier?« fragte sie.

»Ich suche ein Schuhgeschäft«, lautete die Antwort.

»Aber alle Geschäfte sind zerstört oder geschlossen«, erinnerte sie ihn und wies auf die Verwüstung um sie herum.

»Dann muß ich einen Schuster finden«, meinte er. »Dieser Bub kann nicht ohne Schuhe über all diese Glasscherben laufen.«

»Wer ist dieses Kind?« wollte sie wissen.

»Ich weiß es nicht. Ich fand ihn weinend auf der Straße. Ich muß ihn tragen, bis ich irgendwas für seine Füße finde.«

Er ging weiter die Straße hinunter in die Altstadt, wo er bei Hanna Olczak läutete, der Tochter seines Verlegers Mortkowicz. Er kam häufig unangemeldet bei ihr auf eine Tasse süßen, heißen Tee vorbei, tauschte Erinnerungen über ihren Vater aus und sah ihrer kleinen Tochter Joanna zu, die zu ihren Füßen mit dem braunen Spaniel spielte. »Wie schön«, sagte er dann meistens, bevor er sich wieder aus dem Sessel erhob und zwang, seine Runde wiederaufzunehmen. Hanna war nicht überrascht, ihn an jenem Tag mit einem barfüßigen Kind an ihrer Tür zu finden. Sie gab ihnen beiden Tee und kümmerte sich um den Buben, während Korczak sich wieder auf die Suche nach Schuhen machte.

Die Nazis verhielten sich sehr ordentlich, als sie in die Stadt kamen: sie richteten Suppenküchen ein und verteilten Brot. Eine Zeitlang war es schon eine Erleichterung, daß keine Bomben mehr fielen. Es war zwar alles schrecklich, aber die Leute hofften, daß das Schlimmste vorbei sei und diese deutsche Besatzung so enden würde wie die letzte – mit dem Abzug der geschlagenen Armee.

Korczak wanderte durch das »aufgezwungene Elend« Warschaus und bewunderte die Unverwüstlichkeit der Jungen, wenn er aus den rauchenden Trümmern lautes, mutwilliges Kinderlachen vernahm. »Trotz des Gemetzels, trotz der zerstörerischen Macht des Menschen brechen sich die Kräfte des Lebens ihre Bahn«, schrieb er. »Nach diesem Krieg wird es keiner mehr wagen, ein Kind zu schlagen, weil es eine Fensterscheibe zerbrochen hat. Die Erwachsenen werden vor den Kindern in Scham ihr Haupt beugen.«

Diese kurze Zeit der Ruhe war vorbei, als eine neue Art von deutschem Terror über Polen und Juden hereinbrach: sadistische Überfälle auf der Straße, Verhaftungen, Hinrichtungen. Die Juden wurden für Zwangsarbeit zusammengetrieben und die Polen als Zwangsarbeiter nach Deutschland verladen. Jüdische Geschäfte und Fabriken wurden beschlagnahmt, jüdische Schulen geschlossen. Als am 17. September völlig unerwartet die Russen einfielen, war Polen wiederum geteilt – die Sowjets nahmen den Osten, die Deutschen den Westen –, wie es im geheimen Nichtangriffspakt zwischen Molotow und Ribbentrop vereinbart worden war.

Die meisten der Philanthropen von der Gesellschaft für Waisenhilfe waren entweder aus Polen geflohen oder hatten ihre Geschäfte verloren, und ihre Bankkonten waren eingefroren. Trotz der zunehmend schlimmer werdenden Atmosphäre in der Stadt und der Sorge um seine Sicherheit trug Korczak nach wie vor die polnische Uniform, und zwar ohne Rangabzeichen, wenn er auf seine tägliche Suche nach Nahrungsmitteln und anderen Dingen ging, die das Haus benötigte. Er wurde zu einer bekannten Figur im Büro des Judenrates, den die Deutschen als eine Art Vermittlungsbehörde für die jüdische Bevölkerung eingesetzt hatten. Außerdem ging er regelmäßig zum American Joint Distribution Committee und zu CENTOS, der jüdischen Wohlfahrtsorganisation für Kinder, bei der Stefa gearbeitet hatte. In einer Situation, in der jeder versuchte, so unauffällig wie möglich zu sein, war Korczak in seiner Uniform eine gehörige Belastung der Nerven. Abraham Berman, der Direktor von CENTOS, erinnerte sich: »Wir waren so verblüfft über seine Erscheinung, daß wir nicht anders konnten, als ihn zu fragen, was er sich eigentlich dabei gedacht hätte. ›Für mich gibt es keine deutsche Besatzung‹, antwortete er. ›Ich bin stolz darauf, polnischer Offizier zu sein, und ich werde umherlaufen, wie es mir paßt.‹ Wir konnten ihn nicht überzeugen, daß dies nichts mit unseren persönlichen Gefühlen zu tun hätte, wir aber eine soziale Einrichtung seien, die gefährdet wäre, wenn man ihn in diesem Aufzug bei uns findet.«

Als Newerly sich überrascht zeigte, ihn in Uniform zu sehen, sagte Korczak, er sei jetzt genausowenig auf Uniformen versessen wie früher, daß er sich aber entschieden habe, sie als Symbol seines Protestes zu tragen. Mit der gleichen Sturheit weigerte er sich, die weiße Armbinde mit dem blauen Davidstern zu tragen, die seit dem 1. Dezember 1939 allen Juden ab elf Jahren vorgeschrieben war. Er empfand es nicht nur als erniedrigend, den Davidstern als Abzeichen der Scham tragen zu sollen, er wollte es auch nicht zulassen, daß die Deutschen das Polnische in ihm dadurch auslöschten, daß sie ihn nur als Juden brandmarkten. »Als Lehrer schätze ich die ewigen Gesetze höher als die vergänglichen der Menschheit«, hatte er einmal geschrieben, und das galt für ihn nach wie vor.

Korczak liebte es, seine Freunde mit Geschichten über seine Begegnungen mit deutschen Offizieren zu unterhalten, die ihn auf der Straße mißtrauisch musterten: »Ich fing lauthals zu singen an, wankte hin und her, als ob ich den Verstand verloren hätte, woraufhin sie mich verächtlich ansahen und weitergingen.« Wenn sie ihn im Kaffeehaus anstarrten, »murmelte er zusammenhangloses Zeug vor sich hin«, bis sie sich wieder von ihm abwandten. Gleichzeitig beobachtete er sie aufs schärfste mit den Augen des Klinikers und versuchte, eine Diagnose für ihr abnormes Verhalten zu finden. Er hielt nichts davon, Menschen zu Stereotypen zu ordnen (während seines Berlinaufenthaltes hatte es ihn amüsiert, daß der einzige deutsche Seminarteilnehmer stets zu spät kam und die Slawen immer pünktlich waren), doch schienen die Deutschen mit ihrer effizienten, distanziert-bürokratischen Art, die Stadt zu behandeln, und in ihrer Sorge um Ordnung und Korrektheit in allen Kleinigkeiten ihrem Ruf zu entsprechen. Und doch waren es nicht die Deutschen, die er von früher her kannte. Es war jetzt eine Brutalität in ihrem Verhalten, die ihre Besetzung Warschaus im Ersten Weltkrieg fast harmlos erscheinen ließ.

In einer kalten Nacht im Januar 1940 – aufgezehrt von »Verwachsungen, Schmerzen, Leisten-Brüche(n) und Narben. ... aber ich lebe. Und wie ich lebe!« – begann Korczak mit der Aufzeichnung seiner *Erinnerungen,* eine Absicht, die er bereits seit

Jahren vor sich herschob. »Düster und niederdrückend ist die Lektüre von Erinnerungen«, schrieb er und wußte, daß er, genau wie andere ehrgeizige Künstler, Wissenschaftler und Staatsmänner vor ihm, feststellen würde, daß das Leben nicht das geworden war, was man sich vorgestellt hatte, und daß alles, was man erreicht hatte, graues Haar, Falten, nachlassende Sehkraft und ein langsamerer Blutkreislauf waren – mit anderen Worten: das Alter. Doch wollte er als Schriftsteller aus der Geschichte seines Lebens eine andere, ungewöhnliche Lektüre machen, so wie sein gelebtes Leben auch kein gewöhnliches gewesen war. Seine Memoiren sollten dem Ausheben eines Brunnens gleichen, bei dem man »mit der Arbeit auch nicht in der Tiefe« beginnt, sondern »zunächst die obere Bodenschicht ... Schaufel um Schaufel« bewegt, »ohne zu wissen, was darunter liegt«, bis man schließlich die »unterirdischen Quellen« findet.

Er schrieb, und draußen patrouillierten die Nazis durch Warschau. Sie mochten seine Bewegungsfreiheit einschränken, aber seinen freien Geist konnten sie nicht fesseln und seinen Glauben an eine höhere Ordnung als die ihre nicht zerstören: »Denn in der Stunde der Abrechnung bin ich nicht in der einsamen Zelle des traurigsten aller Krankenhäuser – um mich sind Schmetterlinge, Heupferdchen und Johanniskäfer, das Konzert der Grillen und die Solistin der blauen Höhen – die Lerche. Guter Gott!«

Korczak kämpfte um die Unverletzlichkeit und den Bestand dieses Teils seines innersten Wesens, wie er um Nahrungsmittel für die Kinder kämpfte, doch setzte er seine Memoiren erst zwei Jahre später fort. Er mußte seine ganze Kraft für die Sicherung der Versorgung seiner Kinder einsetzen und schrieb nur noch Hilfsappelle an die Öffentlichkeit – ein Genre, das er, von der Not getrieben, mit der Zeit immer mehr verfeinerte. Acht Monate vor dem Krieg provozierte er die jüdische Gemeinde absichtlich mit einer rassisch gefärbten Anzeige in *Unsere Rundschau*:

> Es ist schlimm, ein alter Mann zu sein, aber noch viel schlimmer, ein alter Jude zu sein.

Kann es überhaupt etwas Übleres geben?
Oy, oy, oy – und wenn dieser alte Jude keinen Pfennig
in der Tasche hat?
Und was, wenn er außerdem noch mittellos ist?
Ist das nicht das Schlimmste von allem?
Nein. Was ist, wenn dieser alte mittellose Jude das
Joch einer großen Familie zu tragen hat, wenn ihm sein
Herz weh tut, seine Beine und seine Hüften nicht
mehr recht mitmachen und seine Augen immer schwächer
werden?

Wie erwartet, fanden einige seinen neuen Schreibstil alles andere als amüsant, aber er erhielt Spenden. Nachdem die Deutschen Warschau besetzt hatten, ließ er wiederum den Schriftsteller – worum ihn jeder, der eine Spendenaktion leitete, beneiden mochte – zu Wort kommen, um auch die verstocktesten Herzen zu bewegen. Der Bittsteller wandte sich »An die Juden!« und erklärte: »Wer vor der Geschichte flieht, wird von der Geschichte eingeholt. Außergewöhnliche Bedingungen erfordern außergewöhnliche Anstrengungen des Denkens, des Fühlens, des Willens und der Tat.« Er dankte Gott für die Rettung des Waisenhauses und forderte »ein Darlehen von 2000 Zloty. Wir geben es früher zurück, als ihr denkt.« (Das erinnert an König Hänschen, der von den drei geschlagenen Königen einen Kredit verlangte und meinte: »Seid nicht so gierig.«) Nicht nur die Zukunft seines Waisenhauses war gefährdet, sondern »die Tradition, dem Kind zu helfen . . . Niederträchtig sind wir, wenn wir sie verleugnen, armselig, wenn wir uns abwenden, verkommen, wenn wir sie besudeln – die Tradition von 2000 Jahren.« Es war eine jüdische »Ehre«, die er hier hochhielt, und wer wollte die Schande auf sich nehmen, sich ihr zu entziehen?

Seine Strategie muß erfolgreich gewesen sein, denn einige Monate später veröffentlichte er ein Postscriptum: »Erfreut stelle ich fest, daß der Mensch mit geringen Ausnahmen ein vernünftiges, gutes Wesen ist. Schon nicht mehr hundert, sondern einhundertfünfzig Kinder beherbergt das Waisenhaus.«

In seinem nächsten Aufruf empfahl Korczak den Leuten,

doch besser ihm etwas zu geben, bevor die Deutschen sich alles holten. Er kam nicht nur um finanzielle Unterstützung, sondern wollte stets auch die Adressen von wohlhabenden Bekannten, wenn er seine Besuche machte. Seine beiden Appelle waren unterzeichnet mit »Dr. Henryk Goldszmit / Janusz Korczak / der ›alte Doktor‹ aus dem Radio«.

Korczak machte seine versprochenen Besuche, klapperte die Straßen ab und trug nach wie vor seine polnische Uniform, nach wie vor ohne den Davidstern, spielte nach wie vor »den Clown«, weil er wußte, daß »die Menschen keine trübsinnigen Gesichter mögen«. Manchmal stand er vor einem Kaffeehaus, in dem sich seine Freunde trafen, und schrie wie ein Bettler: »Ist hier jemand mit einem Sack Kartoffeln, damit ich meine Kinder durch den Winter bringen kann?« In der Schlange, die um Kascha (Grütze) anstand, erzählte er der Frau hinter der Theke, daß sie ihn an seine älteste Enkelin erinnere, um sie dazu zu bringen, noch ein wenig mehr aufzulegen. Und einmal, als er zwischen zwei Haltestellen aussteigen wollte, flüsterte er dem Trambahnfahrer zu: »Wenn ich ein junges Mädchen wäre, würde ich Sie umarmen, wenn Sie an der nächsten Ecke so langsam fahren, daß ich abspringen kann.« Zu seinem größten Vergnügen zischte der verdatterte Fahrer ihn an: »Sie brauchen mich nicht zu küssen, mein Herr!« und verlangsamte die Fahrt, um ihn loszuwerden. Und selbst wenn es nur dazu diente, seine eigene trübe Stimmung zu heben, bevor er abends Stefa und den Kindern gegenübertrat – jedenfalls ging er durch die Straßen und sang aus voller Kehle zotige Soldatenlieder.

Adam Czerniakow, Vorsitzender des Judenrates, hielt in seinem Tagebuch einige der närrischen Heldentaten fest, von denen sein alter Freund Korczak ihm berichtet hatte. Zwar war Czerniakow Ingenieur von Beruf, hatte aber zeitlebens ein leidenschaftliches Interesse am Wohlergehen der Kinder gezeigt. Korczaks Besuche waren für ihn ganz offensichtlich eine willkommene Ablenkung von seiner harten Aufgabe.

Nicht alle von seinen Freunden fühlten sich mit dem Hanswurst Korczak wohl. Leon Rygier erinnerte sich, wie er eines Abends aufschreckte, als in seiner halbzerbombten Wohnung die Türglocke unmittelbar vor der Sperrstunde läutete, und wie erleichtert er war, Korczak zu sehen.

»Es ist so gut, hier bei dir zu sein«, meinte Korczak, warf sich in einen Sessel und versuchte, fröhlich von seinen Schwierigkeiten zu berichten, an jenem Tag Geld aufzutreiben. »Manche Leute sind großzügig, aber beileibe nicht alle. Wenn sie Schwierigkeiten machen, knöpfe ich einfach meinen Mantel auf und zeige meine polnische Uniform. Es macht sie so nervös, jemanden in Uniform in ihrer Wohnung zu haben, daß sie mir schon etwas geben, damit ich nur schnell wieder gehe.«

Rygier hörte mit gequältem Schweigen zu. Er wußte, wie zurückhaltend Korczak gegenüber Fremden war und wie sehr diese Art des Bettelns seiner Natur widersprach. Ihre Blicke trafen sich, und er war überzeugt, daß Korczak wußte, was er dachte.

»Es ist schwierig«, gab Korczak zu. »Aber man kann bei diesen Sachen nicht zimperlich sein. Ich bin so müde.« Und dann eilte er davon, damit er noch vor der Sperrstunde um neun Uhr das Waisenhaus erreichte.

Dieser erste Winter unter deutscher Besatzung war bitterkalt, an manchen Tagen waren es bis zu dreißig Grad unter Null. Korczak hatte Kohlen, aber er konnte sie erst dann sinnvoll einsetzen, wenn die zerborstenen Fensterscheiben wieder ersetzt waren. Glücklicherweise bestand Igor Newerly seine Glaserprüfung und richtete das Haus mit Hilfe der älteren Buben wieder her. Auch andere Ehemalige kamen zu Hilfe, stellten ihre Zeit zur Verfügung, spendeten Matratzen, Jacken und Unterwäsche, halfen bei Zahnproblemen oder Reparaturen.

Die Kinder ausreichend einzukleiden, war ein ständiges Problem für Stefa, weil die Kosten für neue Textilien oder Schneiderarbeiten nicht aufzubringen waren. Praktisch wie immer, richtete sie eine Nähschule ein, die vom ORT unterstützt wurde, einer von Stella Eliasberg mitgetragenen Hilfsorganisation. Die zwanzig Schüler, ehemalige Waisenkinder aus der Krochmalna oder von anderen Institutionen, kamen an sechs Tagen in der Woche von neun bis zwei Uhr. ORT hatte die Lehrerin, zwei Nähmaschinen, ein elektrisches Bügeleisen und dreißig Stühle zur

Verfügung gestellt. Stefa konnte stolz berichten, daß in einem Monat achtundsiebzig Kleider, zwanzig lange Hosen für die Mädchen und dreißig Hosen für die Buben sowie dreizehn Hemden genäht worden waren.

April 1940 war der letzte Termin, zu dem jemand mit einem ausländischen Paß oder einem Ausreisevisum Polen verlassen konnte. Als Stefa vom Internationalen Roten Kreuz die Nachricht erhielt, daß der Kibbuz Ein Harod die notwendigen Papiere für ihre Rückkehr nach Palästina besorgt hatte, schickte sie über das Genfer Büro des Roten Kreuzes ein Telegramm: »Meine Lieben, uns geht es gut. Ich arbeite ein wenig, Korczak sehr viel. Ich kann nicht ohne die Kinder weggehen. Seid geduldig. Ich segne euch alle. Stefa.«

In jenem Frühling klammerte sich Korczak mit vielen anderen an die Hoffnung, daß die Alliierten die Deutschen schnell besiegen würden. Es traf alle wie ein Schlag, als die Nazis im April in Norwegen und Dänemark einfielen, einen Monat später in Holland und Belgien, im Juni in Frankreich, und daß die Engländer Dünkirchen aufgeben mußten.

Als eine amerikanische Delegation, die die Aufgabe hatte, mit den deutschen Besatzungsbehörden über Erleichterungen für die Bevölkerung zu verhandeln, darum ansuchte, gemeinsam mit Nazivertretern das Waisenhaus zu besuchen, lehnte Korczak zunächst ab. Weil Stefa und jüdische Wohlfahrtsbeamte ihn bedrängten, nannte er schließlich seinen Grund: er trug stets die polnische Offiziersuniform unter seinem Kittel, und er würde sie nicht ablegen. Erst als Stefa auf die Idee kam, ihm einen Schal um den Hals zu legen und damit den Uniformkragen zu verstecken, erklärte Korczak sich einverstanden, die Delegation zu empfangen. Er tat es mit seinem üblichen ironischen Charme, richtete sich an die Amerikaner und ignorierte die Deutschen. Sie sagten ihm, wie sehr das Waisenhaus sie beeindruckt habe, aber er konnte nicht umhin zu bemerken, »daß sie enttäuscht waren: es war gar nicht so furchtbar. Sie suchten Leichen in Waisenhäusern und Skelette.« Die Kinder, denen man den Besuch nicht angekündigt hatte, spielten gerade »Soldaten mit Papierhelmen und Stöcken«. Einer der Amerikaner meinte ironisch: »Offensichtlich hat der Krieg ihnen nichts ausgemacht.« Und Korczak erinnerte sich an einen Satz, den er einmal gelesen hatte: »An nichts gewöhnt sich der Mensch leichter als an fremdes Unglück.«

Die mit vielen Strapazen verbundene Versorgung der Kinder, deren guter Zustand die Amerikaner so beeindruckt hatte, machte Korczak immer mehr zu schaffen. An seinem Hals bildeten sich schmerzhafte Furunkel. Ida Merzan traf ihn auf der Straße mit einem Sack Kartoffeln über der Schulter und sah erstaunt, wie er sich wand, als sie ihn umarmte. »Meine Liebe, würdest du bitte meinen Hosenträger auf die Seite ziehen?« bat er sie. Als sie vorsichtig unter seine Jacke griff und den Träger zurechtrückte, seufzte er vor Erleichterung. »Ah ja, so ist es viel besser.« Obwohl er dann mit schnellen Schritten davoneilte, ging er vornübergebeugt wie ein alter Mann.

Als die Furunkel zu eitern begannen und er hohes Fieber bekam, bestand Stefa darauf, einen Arzt zu konsultieren. Korczak wischte ihre Argumente wie üblich vom Tisch. Stefa fürchtete eine Blutvergiftung und ließ einen Arzt kommen, der die sofortige Einweisung ins Krankenhaus verfügte, um die Geschwüre zu öffnen. Korczak weigerte sich: »Wenn ich operiert werde, dann nur hier und nirgendwo sonst.« Man sandte nach einem bekannten Chirurgen, der Stefa allerdings vor den Gefahren einer Blutung warnte, da er sehr tief schneiden müsse. Bei den ersten Anzeichen müsse Korczak sofort ins Hospital gebracht werden. Nach zwanzig Minuten traten Blutungen auf, und Stefa packte Korczak in die Kutsche, die der Chirurg für alle Fälle vor dem Haus hatte warten lassen.

In den vergangenen elf Jahren hatte Korczak an jedem 1. Juni, dem Todestag Izaak Eliasbergs, seine Witwe Stella und ihre Töchter zum jüdischen Friedhof begleitet, wo er am Grab seines Freundes ein Kaddisch sprach. In diesem Jahr mußte Korczak wegen seines Gesundheitszustandes den Besuch auf den 10. Juni verschieben. Er kam mit bandagiertem Hals und dem Arm in der Schlinge, begleitet von einer Gruppe der älteren Waisenkinder, die in Zweierformation marschierten und König

Hänschens große grüne Fahne trugen – der blaue Davidstern war auf weißem Feld in einer Ecke aufgenäht. Korczak führte die Kinder den Hauptweg entlang, an seines Vaters Grab vorbei, zu einer kleinen Böschung auf der linken Seite, wo Eliasberg unter einem unauffälligen Stein begraben lag.

Die vielen Sterbefälle füllten den Friedhof mit Trauernden, von denen viele, gemeinsam mit den Totengräbern, dem Gesang der Kinder lauschten. Korczak lud die Kinder, die es wünschten, ein, ihre Hand auf die mitgebrachte Bibel zu legen und zu schwören, daß sie wie Dr. Eliasberg im Geist der Liebe für alle Menschen leben wollten, in Hingabe an Gerechtigkeit, Wahrheit und Schaffensfreude. Alle Kinder schworen den Eid. Die Akazien blühten, und ihre Zweige, in denen die Vögel zwitscherten, schienen die Tragödie Lügen zu strafen, die sich vor den Friedhofsmauern anbahnte. Einige Vögel setzten sich auf Korczaks Schulter, während er das Kaddisch sprach. Helena Eliasberg dachte bei sich, daß er wie der heilige Franziskus aussah.

Trotz aller Widrigkeiten brachte es Korczak fertig, daß die Kinder den Sommer in der Sommerkolonie *Rozyczka* verbringen konnten. Nach der deutschen Besetzung hatte er sich sehr viele Gedanken um das Sommerlager gemacht und war gleich nach dem ersten Schneefall hingefahren, um es zu inspizieren. Da es den Juden verboten war, die Züge zu benutzen, war er mit zwei der älteren Buben in Eiseskälte die dreißig Kilometer zu Fuß gelaufen. Als sie ankamen, fanden sie außer den Gebäuden selbst nichts mehr vor. Deutsche Soldaten hatten die Kolonie geplündert, und die Nachbarn hatten viele Bäume gefällt, um sie zu verheizen.

Erschöpft und frierend saß Korczak mit den Buben auf einigen Baumstümpfen im Hof und starrte auf die Verwüstung. Solcher Anstrengungen kaum mehr fähig, schloß er für eine Weile die Augen. Die Buben wollten ihn nicht stören, aber sie hatten Angst. Sie wußten, daß er vor Einbruch der Dunkelheit in Warschau zurück sein wollte.

»Pan Doktor«, sagten sie leise.

Korczak öffnete die Augen und sprang auf. »Wir werden ins deutsche Hauptquartier gehen und uns beschweren«, sagte er.

Als erstes gingen sie zum Kreisverwalter, der sie freundlich begrüßte. Gemeinsam mit ihm gingen sie zum deutschen Kommandanten Hauptmann Steffens, der, wie sich herausstellte, ein Ingenieur schwedischer Abstammung war. Er sprach Deutsch mit Korczak und sagte ihm nicht nur zu, daß *Rozyczka* im Juli und August bewohnt werden könne, sondern auch, daß ein Teil der Einrichtung ersetzt und es gestattet werden würde, Versorgungsmittel anzuliefern.

In jenem Sommer des Jahres 1940 konnten die Kinder für eine Weile die Welt außerhalb der Sommerkolonie vergessen, Korczak hingegen fand kaum Ruhe. Er mußte mehrmals in der Woche nach Warschau und sich um den Lebensmittelnachschub kümmern, und seine Laune richtete sich danach, was er in der Stadt erlebt und erreicht hatte. Witold Kaczanowski, Sohn des Direktors von Tworki, erinnerte sich, gemeinsam mit seinem Vater mit einem Pferdewagen voller Getreide, das die Insassen der Irrenanstalt angebaut und geerntet hatten, in Korczaks Sommerkolonie vorgefahren zu sein. Sein Vater begrüßte Korczak wie einen Bekannten, doch Witold war zu jung, um zu wissen, ob das Getreide eine Spende oder gekauft worden war.

Nachts nahm Korczak immer einige der kleineren Kinder, die sich nicht wohl fühlten, mit auf sein Zimmer, falls sie etwas trinken oder auf den Topf wollten; er fürchtete, daß die jungen Helfer, die ja auch ihren Schlaf brauchten, die rufenden Kinder überhören könnten. Als Ida Merzan das Sommerlager einmal besuchte, stand Korczak bei den Kindern, aber er sprach wie mit sich selbst. Oder betete er? Sie war sich nicht sicher.

Als Korczak im September mit den Kindern nach Warschau zurückkehrte, war der Sachsenplatz in Adolf-Hitler-Platz umbenannt worden, und den Juden war der Zutritt zu allen öffentlichen Parks verboten. Jüdischen Ärzten war es offiziell untersagt, arische Patienten zu behandeln, und sie hatten sich bei der Gestapo zu melden. Korczak füllte das Formular freimütig aus: Wohnanschrift: Zlotastraße 8, Wohnung 4; Berufsanschrift: Krochmalna 92; Rang im Weltkrieg: Hauptmann; Rang in der polnischen Armee: Major; Religion: mosaischen Glaubens; berufliche Fachrichtung: Kinderarzt/Pädagoge; akademische Arbeit: Kinderstudien. Doch zeigte sich seine Nervosität bei den Angaben seines ohnehin unklaren Geburtsdatums, das er um ein Jahrhundert vorverlegte: 22 VII 1978 (1979?). Er unterschrieb das Formular mit »Dr. H. Goldszmit«.

In Warschau schöpfte man wieder Hoffnung, als die Briten ihre Luftangriffe auf Berlin begannen. Viele glaubten, der Krieg würde in zwei bis drei Monaten vorüber sein. Mitte September schaute Korczak bei Adam Czerniakow herein, dessen Autorität als Vorsitzender des Judenrates für jeden Aspekt jüdischen Lebens im besetzten Warschau galt. Zu einer Zeit, als die Eintragungen des Vorsitzenden hauptsächlich von Juden handelten, die aus ihren Wohnungen geworfen wurden, von den wachsenden Selbstmordraten, von Müttern, die über ihre Söhne weinten, die man in Arbeitslager verschleppt hatte, und von Klagen über die Brotsteuer, nahm er sich doch die Zeit zu notieren, wie amüsiert er über Korczaks Handel mit Wedel gewesen war, dem Schokoladenfabrikanten. Als Wedel sich beschwert hatte, er könne ihm keine 120 Pfund Getreide verkaufen, weil Verkäufe an Juden verboten waren, hatte Korczak ihm entgegnet: »Dann schenk sie uns eben.«

Einige Wochen später notierte der Vorsitzende Korczaks verrückten Plan zur Geldbeschaffung: Der Judenrat solle von jedem, der auf dem Grab eines Tzaddik – d. h. eines Heiligen – eine Bittschrift niederlegte, eine Steuer einfordern und das Geld für die Armen verwenden.

Fragebogen zur erstmaligen Meldung der Heilberufe.

Kwestionariusz dla pierwszego zgłoszenia zawodów leczniczych.

Heilberufe im Sinne dieser Meldung sind: Ärzte, Apotheker, Zahnärzte, Dentisten mit Berechtigung die selbständige Praxis auszuüben, Zahntechniker ohne Berechtigung die selbständige Praxis auszuüben, Feldschere, Hebammen, Krankenpfleger, Krankenpflegerinnen, Krankenschwestern, Masseure und Masseusen, Sprechstundenhilfen, Laborantinnen, Desinfektoren.

Die Fragebogen müssen gewissenhaft und sorgfältig ausgefüllt und deutlich geschrieben werden. Vor der Ausfüllung sind zunächst sämtliche Fragen zu lesen.

Gesundheitskammer des Distrikts: Warszawska

Kreishauptmannschaft: Warszawa

Kreis:

Art des Heilberufes: Lekarz

1. Familienname (bei Frauen auch Geburtsname): Goldszmit
2. Vorname (Rufnamen unterstreichen): Henryk
3. Ständiger Wohnort und Wohnung: Złota 8 m 4
4. Praxisstelle bezw. Arbeitsstätte: "
   a) bei selbständigen Heilberufen Praxisstelle: "
   b) bei angestellten Heilberufen Arbeitsstätte (Arbeitgeber, Krankenhaus, Klinik usw.): Krochmalna 92. Dom Sierot
5. Heimatanschrift: Warszawa
6. Tag, Monat und Jahr der Geburt: 22 VII 1878 (1879 ?)
   Geburtsort: Warszawa Kreis: Warszawski
7. Sind Sie ledig, verh., verwitwet, geschieden? wolny
   Der Ehefrau a) Mädchenname: — b) Geburtsdatum: —
8. Zahl und Geburtsjahr der Kinder (die Verstorbenen in Klammern):
   1. — 2. — 3. —
9. Religiöses Bekenntnis: Mojżeszowe
10. Staatsangehörigkeit am 1. 9. 1939: Polska.

b) Letzter Dienstgrad in derselben? *major*
Ostatni stopień wojskowy w tejże?

[illegible]. Sind Sie Kriegsbeschädigter? *nie*
Czy jest Pan inwalidą wojennym?

Höhe der Erwerbsminderung in %: *90 (?)*
Wysokość strat zarobkowych w %

Beziehen Sie eine Rente oder Pension? *nie*
Czy pobiera Pan rentę albo emeryturę?

25. Besitzen Sie Anerkennung für ein Sonderfach? *Pośrednio*
Czy przyznano Panu tytuł specjalisty?

Welches Fach? *Pedolog-Pedjatra* Seit wann? *?*
Jaka specjalność? Od kiedy?

26. Wann haben Sie sich zur Ausübung Ihres Heilberufes niedergelassen?
Kiedy się Pan osiedlił celem wykonywania swego zawodu?

Besitzen Sie eine Heilanstalt? *nie* wo?
Czy posiada Pan zakład leczniczy? gdzie

Wer ist Eigentümer der Anstalt?
Kto jest właścicielem zakładu?

27. Sind Sie nebenamtlich tätig? In welcher Eigenschaft?
Czy zajmuje Pan jeszcze inne stanowisko? W jakim charakterze?

28. Sind Sie bei einer Sozialversicherungsanstalt angestellt? *nie*
Czy jest Pan zatrudniony w Zakładzie Ubezpieczeń Społecznych?

Bei welcher?
W jakim?

29. Sind Sie bei einer Knappschaft angestellt? *nie*
Czy Pan jest zatrudniony w Spółce Brackiej?

30. Sind Sie als Beamter angestellt? *nie*
Czy jest Pan zatrudniony jako urzędnik?

Bei welcher Behörde? Dienstbezeichnung:
W jakim urzędzie? Stopień służbowy?

Üben Sie neben der Beamtentätigkeit noch privat Ihren Heilberuf aus?
Czy obok czynności urzędowych wykonuje Pan swój zawód prywatnie?

Üben Sie Lehrtätigkeit aus? *tak* Welcher Art? *obserwacje dzieci*
Czy uprawia Pan działalność naukową? Jakiego rodzaju?

31. Sind Sie hauptamtlich angestellt? *nie*
Czy posiada Pan stanowisko urzędowe?

In der Industrie? oder in welcher Eigenschaft?
W przemyśle? Albo w jakim charakterze?

32. Wenn Sie Ihren Heilberuf nicht ausüben, welche andere Tätigkeit üben Sie aus?
Jeżeli nie wykonuje Pan swego zawodu, czym się zajmuje?

Stempel
pieczęć

Unterschrift
podpis

des Heilberuflers.
należącego do zawodu leczniczego.

Ort *Warszawa* den *20 września* 1940.

a) des Angefragten: Zapytującego się:	Name Nazwisko	Vorname Imię	Konf. Wyznanie	Volkstum Narodowość
Vatersvater: Ojciec ojca	Goldszmit	Hirsz	Mojżeszowe	?
Vatersmutter: Matka ojca	"	Estera (?)	"	"
Muttersvater: Ojciec matki	Gembicki	Adolf	"	Polsk
Muttersmutter: Matka matki	"	Emilja	"	?

b) seiner Ehefrau: Jego żony:	Name Nazwisko	Vorname Imię	Konf. Wyznanie	Volkstum Narodowość
Vatersvater: Ojciec ojca			—	
Vatersmutter: Matka ojca				
Muttersvater: Ojciec matki		—		
Muttersmutter: Matka matki				

2. **Wann (Tag, Monat, Jahr) und wo haben Sie Ihre Prüfung abgelegt?** Luty 1905 r
Kiedy (dzień, miesiąc, rok) i gdzie złożył Pan swoje egzaminy?

3. **Genaues Datum der Berechtigungserteilung:** ?
Dokładna data otrzymania uprawnienia do wykonywania zawodu

4. **Ort der Berechtigungserteilung:** Warszawa
Miejscowość, gdzie otrzymał Pan to uprawnienie:

5. **Falls Berechtigung im Ausland erworben: Haben Sie die Genehmigung zur Ausübung Ihres Heilberufes innerhalb Polens?**
Jeżeli uprawnienie do wykonywania zawodu otrzymano zagranicą: Czy ma Pan zezwolenie na wykonywanie zawodu w Polsce?

Datum Data: **und Aktenzeichen des Ministeriums:** i znak akta Ministerstwa: —

6. **Wann und an welcher Ausbildungsanstalt haben Sie Ihren Heilberuf erlernt?** Warsz. Univers
Kiedy i w jakim zakładzie kształcił się Pan w swym zawodzie:

7. **Sind Sie früher im Dienst des Staates, der Länder und Gemeinden, der Wehrmacht oder in ihren Berufsorganisationen hauptamtlich tätig gewesen?** —
Czy był Pan przedtym w służbie państwowej, samorządowej, wojskowej, w jakich organizacjach zawodowych był Pan czynnym, lub czy pracował Pan urzędowo w swoich zawodowych organizacjach?

In welcher Eigenschaft? —
W jakim charakterze:

8. **Haben Sie eine besondere Prüfung abgelegt?** nie
Czy ma Pan specjalny egzamin?

9. **Üben Sie Ihren Heilberuf aus?** tak
Czy wykonuje Pan swój zawód leczniczy?

0. **Ist Ihnen die Ausübung Ihres Heilberufes verboten?** nie
Czy zostało Panu odebrane prawo wykonywania zawodu?

1. **Haben Sie auf die Ausübung Ihres Heilberufes verzichtet?** nie
Czy zrezygnował Pan z prawa wykonywania swego zawodu?

(Ein Verzicht ist der Gesundheitskammer Krakau schriftlich anzuzeigen).
(Rezygnację należy wnieść pisemnie do Gesundheitskammer w Krakowie).

2. **Haben Sie am Weltkriege 1914—1918 teilgenommen?** tak
Czy brał Pan udział w wojnie światowej 1914-1918?

In der Wehrmacht welchen Staates? Wojsk. **Damaliger Dienstgrad?** Kapitan
W jakiej armii? Ówczesny stopień wojskowy?

3. **a) Haben Sie der polnischen Wehrmacht angehört?** tak
Czy należał Pan do armii polskiej?

28
Verhaftung

In Polen hatte es im Gegensatz zu anderen europäischen Ländern auch im Mittelalter keine von Mauern abgegrenzten Ghettos gegeben, aber jetzt hielten sich seit den ersten Tagen der deutschen Besetzung die Gerüchte, daß es in Warschau ein Ghetto geben würde.

Mit ihren willkürlichen und ständig wechselnden Anordnungen hielten die Nazis Czerniakow in ständiger Verwirrung. Zunächst war dem Judenrat befohlen worden, einen Teil des Judenviertels durch Stacheldraht abzugrenzen und unter »Quarantäne« zu stellen, dann kam die Order, das Ganze mit einer Mauer zu umgeben. Czerniakow hatte auf die Unmöglichkeit hingewiesen, eine Mauer zu errichten – sämtliche Versorgungseinrichtungen für Wasser, Strom und Telefon würden dadurch beschädigt werden –, aber er unterlag in der Auseinandersetzung. Der Judenrat hatte den Bau der Mauer zu finanzieren und die Arbeitskräfte beizubringen. Im Juli 1940, als zwanzig Abschnitte der Mauer errichtet waren, kam es Czerniakow zu Ohren, daß die Deutschen sich gegen ein Ghetto entschieden hätten; als er Korczak im September traf, war er wiederum überzeugt davon, daß doch eines errichtet würde – zu diesem Zeitpunkt gab es kleinere in den Provinzen und ein großes, mit Stacheldraht abgegrenztes Ghetto in Lodz.

Die deutsche Taktik bei diesen Ghettoerrichtungen bestand im Überraschungseffekt der Anordnungen (und machte es möglich, hastig zurückgelassenen jüdischen Besitz zu konfiszieren). An Jom Kippur, dem höchsten jüdischen Feiertag – es war der 12. Oktober 1940 –, gaben sie die Errichtung eines »jüdischen Wohnbezirks« bekannt. Trotz der Gerüchte, die es schon lange gegeben hatte, wurde Korczak wie alle anderen von der Nachricht überrascht. Bei einem Blick auf die überall aushängenen Ghettokarten stellte er fest, daß die geplante westliche Grenze über die Krochmalnastraße verlief: der obere Teil der Straße, in dem das Waisenhaus stand, gehörte nicht mehr dazu, sondern war auf der arischen Seite – wie das nichtjüdische Warschau jetzt bezeichnet wurde. Um die Verwirrung komplett zu machen, gab es überall in der Stadt Karten mit unterschiedlichen Eintragungen über die zukünftigen Grenzverläufe.

Es erschien Korczak unmöglich, daß man von ihm und seinen Kindern erwarten könne, aus ihrem berühmten Haus in ein anderes Gebäude innerhalb der Ghettomauern zu übersiedeln. Die Deutschen kannten seine Arbeit – ihre Erzieher hatten ihn besucht und über seine Methoden geschrieben. Die Nazis konnten den Juden Henryk Goldszmit hassen, aber den Erzieher Janusz Korczak würden sie respektieren müssen. Korczak erkannte, daß er keine Zeit zu verlieren hatte, und eilte auf sein Zimmer, um der Kommandantur in Krakau zu schreiben, der Judenrat würde sein Papier mit anderen Eingaben dort übergeben. »Petition« schrieb er als Überschrift und versuchte, die Deutschen mit dem effizienten Funktionieren des Waisenhauses dort, wo es war, zu beeindrucken.

»Im laufenden Jahr haben uns die deutschen Behörden weder geschadet noch belästigt«, begann er. »Dennoch haben wir unter vielen Entbehrungen und Härten zu leiden gehabt. Wir haben von Spenden gelebt, und es ist uns unter größten Anstrengungen gelungen, auch in diesem 28sten Jahr unserer Gemeinschaft die notwendigste Versorgung zu gewährleisten.« Korczak verwies darauf, daß sein fleißiges Personal – eine Köchin, eine Hilfsköchin, ein Spüler und zwei Lehrer – im Waisenhaus erzogen worden war. Ein Mitarbeiter hatte sogar sein Leben verloren, als er während der Belagerung versuchte, ein Feuer auf dem Dach zu löschen. Die Kinder hatten geholfen, die geborstenen Fenster und zersplitterten Türen nach den Bombardierungen wieder herzurichten, hatten die Duschräume getüncht und das Waisenhaus so saubergehalten, daß es keine ansteckenden Krankheiten gab, für die es nötig gewesen wäre, sie unter Quarantäne zu stellen. Er legte Abrechnungen und andere Informationen bei und schloß seine Petition mit: »In vollem Vertrauen auf Ihr Verständnis bitten wir um Ihre Unterstützung, daß die

Kinder in diesem Gebäude verbleiben, von dem wir uns nur sehr schwer trennen könnten.« Er unterzeichnete mit: »Hochachtungsvoll, Direktor des Waisenhauses und der *Bursa*, Dr. H. Goldszmit, Janusz Korczak.«

Die Petition war den Versuch wert, aber während Korczak auf eine Antwort wartete, begann er innerhalb der Ghettogrenzen nach einer möglichen Bleibe für seine Kinder zu suchen. Er verhandelte über einen Gebäudetausch mit dem Direktor der Handelsschule in der nahe liegenden Chlodnastraße 33, und als Korczaks Gesuch von Krakau abgelehnt wurde, einigte man sich, gegenseitig auf die Gebäude zu achten, bis man selbst sie wieder beziehen konnte.

Trotzdem verlor Korczak seinen Humor nicht. Als Czerniakows Gesuch, in seiner Wohnung auf der arischen Seite bleiben zu dürfen, ebenfalls abgelehnt wurde, meinte Korczak, er kenne jemanden im Judenrat, der dem Vorsitzenden gegen Bestechung eine gute Wohnung im Ghetto besorgen würde.

In dieser chaotischen Zeit, als Polen und Juden hin- und hereilten, um auf »ihrer« Seite der Ghettomauer Wohnungen zu finden oder zu tauschen, kamen viele von Korczaks nichtjüdischen Freunden ins Waisenhaus, um ihn zu bewegen, sich zu verstecken. Igor Newerly war einer der ersten, der erschien. Trotz ihrer engen Freundschaft war Newerly nicht sicher, daß er seinen eigensinnigen Mentor dazu bringen könne, etwas zu tun, zu dem er nicht bereit war. Als sie in die Mansarde hinaufstiegen, bemerkte Newerly, wie schwer Korczak atmete, und sah, daß dieser einst so jugendliche Mann, der in der Vergangenheit so flink und gewandt gewesen war, an zunehmender Schwäche litt. Er wartete, bis Korczak an die Tür geklopft hatte, um die Spatzen vor ihrem Kommen zu warnen, und mußte wie üblich im tiefen Lehnsessel Platz nehmen, während sein Gastgeber sich mit dem unbequemeren Stuhl begnügte.

Während Newerly nervös im Sessel Platz nahm und sich überlegte, wie er anfangen solle, zündete Korczak sich eine Zigarette an und erkundigte sich nach Frau und Kind und allen gemeinsamen Freunden, als ob deren Wohlbefinden das einzige sei, was ihn interessierte.

»Jeder macht sich Sorgen darüber, daß Sie mit den Kindern ins Ghetto gehen«, sagte Newerly. »Ein Wort, und wir besorgen Ihnen falsche Papiere, dann können Sie auf unserer Seite wohnen.«

»Und die Kinder?«

»Wir werden versuchen, so viele wie möglich in Klöstern und Privatwohnungen zu verstecken.«

Korczak legte seine Zigarette fort, nahm seine Brille mit dem billigen Metallrahmen ab und putzte die Gläser mit dem Taschentuch, wie er es immer tat, wenn er Zeit gewinnen wollte. Schließlich fragte er: »Wissen Sie, wie schwer es ist, einhundertsiebzig jüdische Kinder zu verstecken – denn so viele haben wir jetzt.«

»Wir werden es versuchen«, sagte Newerly.

»Aber können Sie mir für die Sicherheit eines jeden Kindes garantieren?«

Newerly schüttelte traurig den Kopf. »Das wird unmöglich sein. Wir können nichts garantieren – noch nicht einmal für uns selbst.«

Nun war es an Korczak, Newerly zu trösten. »Mein Freund«, sagte er, »es ist fast unmöglich, etwas so gut zu verstecken, daß der, der es sucht, es nicht findet.« Diese Auffassung hatte er schon früher vertreten in seiner Geschichte über den im Schilf versteckten Moses. Er wußte, daß die Nazis genauso nach jüdischen Kindern suchen würden, wie die Ägypter nach den Säuglingen gesucht hatten, die von den hebräischen Sklaven versteckt worden waren. »Es ist schwer zu lügen, wenn man gefragt wird«, hatte er geschrieben. »Die Hände zittern, die Augen sind voller Angst, man wird rot oder blaß.« Und er hatte hinzugefügt: »Ich habe niemals ein Kind vor einem feindlichen Soldaten versteckt.«

Newerly verstand Korczaks Zögern, das Wohlergehen irgendeines seiner Waisenkinder aufs Spiel zu setzen. So wie er den Gedanken nicht ertrug, ein Kind in einem dunklen Raum oder Keller zu bestrafen, so ertrug er jetzt die Idee nicht, sie an dunklen Plätzen vor den Nazis zu verstecken. Ihre Herzen würden wild schlagen vor Angst, entdeckt zu werden. Er war ein

Vater, der seine Kinder nicht verließ. »Mein Freund, es wird das beste sein, die Kinder bei mir zu behalten«, sagte er und streckte seine Hand aus zu einem dieser festen Händedrücke, die in den vergangenen Jahren so viele Vereinbarungen besiegelt hatten und mit dem er jetzt um Newerlys Verständnis bat.

Zu dem Zeitpunkt hätte niemand sagen können, ob das Ghetto nicht der sicherste Ort für die Kinder war. Was als »Endlösung« bekannt werden sollte, lag noch in der Zukunft und war auch für den ärgsten Pessimisten gänzlich unvorstellbar. »Machen Sie sich keine Sorgen, die Deutschen werden uns nichts tun«, versuchte Korczak ihn zu beruhigen. »Sie würden es nicht wagen. Ich bin im In- und Ausland viel zu bekannt.«

Bis zum 30. November mußte die jüdische Bevölkerung ins Ghetto übersiedelt sein. Je näher dieser Tag rückte, desto chaotischer wurden die Zustände in der Stadt: 138 000 Juden, ihre Habseligkeiten im Handkarren oder auf dem Rücken, strömten durch die acht Tore des Ghettos in die Wohnungen von 113 000 Polen, die in gleich verrückter Weise ihre Behausungen verließen. Viele aus beiden Gruppen verloren ihre Geschäfte und die darüberliegenden Wohnungen und damit ihre Existenzgrundlage.

Korczak dachte lange darüber nach, wie er das Waisenhaus übersiedeln würde. Er wollte nicht, daß die Kinder sich vor dem neuen Leben im Ghetto fürchteten, sondern daß sie es als eine Art neuer Herausforderung für alle betrachten sollten.

Jona Bocian, die in jenem Jahr ein Lehrerpraktikum absolvierte, erinnerte sich an die Sorgfalt, mit der Korczak und Stefa alles bis ins kleinste Detail organisierten. In täglichen Zusammenkünften wurde besprochen, wer für was zuständig sein würde. Christenfreunde, die etwas beitragen wollten, wurden gebeten, bunte Bilder oder Teppiche für die Räume der Kinder beizusteuern oder rote Geranien für die Blumenkästen vor den Fenstern. Als Hanna Olczak vorbeischaute, erzählte Korczak ihr, daß er den Haushalt »wie eine große Theatertruppe« übersiedeln wolle. Die Prozession solle wie die Reklame für eine Vorstellung aussehen, »eine Art Parade, in der die Kinder Lampen

Im Hof des
Waisenhauses in
der Krochmalna 92

»Pani Stefa«, 1927
Stefania Wilczyńska
(1886–1942)

Nasz Dom, »Unser Haus« in Warschau-Bielany

Kinder in Nasz Dom

Korczak und Stefa vermutlich mit Dr. Izaak Eliasberg nach dem Theaterspiel im Waisenhaus in der Krochmalna, 1925

Maryna Falska, 1926
(1877–1944)

Korczak in Eretz Israel, 1934

Musikensemble des Waisenhauses, 1927

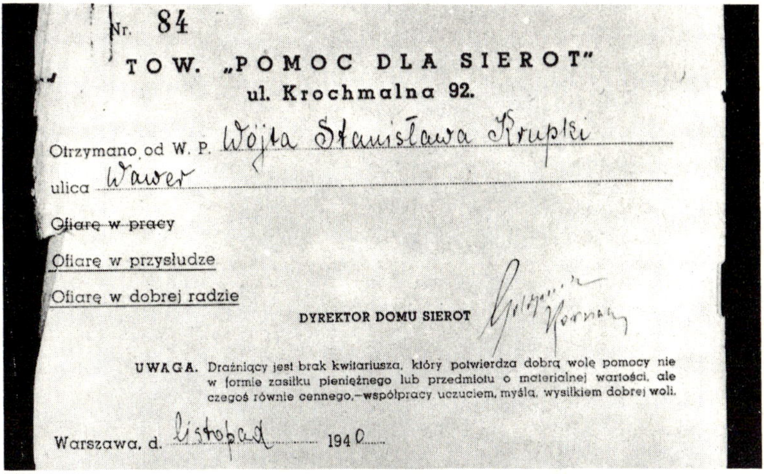

Nr. 84

TOW. „POMOC DLA SIEROT"
ul. Krochmalna 92.

Otrzymano od W. P. Wójta Stanisława Krupki

ulica Wawer

~~Ofiarę w pracy~~

Ofiarę w przysłudze

Ofiarę w dobrej radzie

DYREKTOR DOMU SIEROT Goldszmit Korczak

UWAGA. Drażniący jest brak kwitariusza, który potwierdza dobrą wolę pomocy nie w formie zasiłku pieniężnego lub przedmiotu o materialnej wartości, ale czegoś równie cennego,—współpracy uczuciem, myślą, wysiłkiem dobrej woli.

Warszawa, d. listopad 1940

Karteikarte der »Gesellschaft für Waisenhilfe«. Auf diesen Karteikarten notierte sich Korczak, von wem er »Unterstützung durch Arbeit, Gefälligkeit und guten Rat« bekommen konnte, November 1940

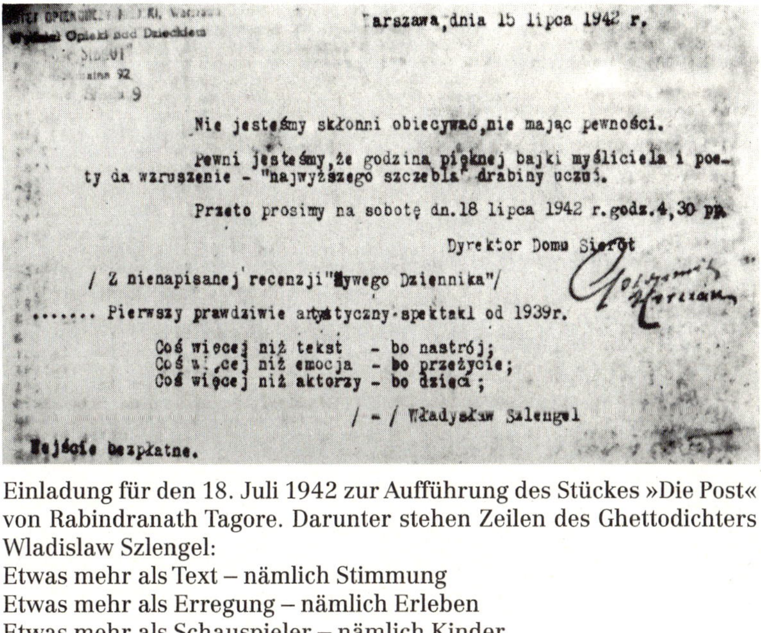

Wydział Opieki nad Dzieckiem
... Sierot
... 92

Warszawa, dnia 15 lipca 1942 r.

Nie jesteśmy skłonni obiecywać, nie mając pewności.

Pewni jesteśmy, że godzina pięknej bajki myśliciela i poety da wzruszenie - "najwyższego szczebla" drabiny uczuć.

Przeto prosimy na sobotę dn. 18 lipca 1942 r. godz. 4,30 pp.

Dyrektor Domu Sierot
Goldszmit Korczak

/ Z nienapisanej recenzji "Żywego Dziennika"/

.... Pierwszy prawdziwie artystyczny spektakl od 1939r.

Coś więcej niż tekst - bo nastrój;
Coś więcej niż emocja - bo przeżycie;
Coś więcej niż aktorzy - bo dzieci;

/ - / Władysław Szlengel

Wejście bezpłatne.

Einladung für den 18. Juli 1942 zur Aufführung des Stückes »Die Post« von Rabindranath Tagore. Darunter stehen Zeilen des Ghettodichters Wladislaw Szlengel:
Etwas mehr als Text – nämlich Stimmung
Etwas mehr als Erregung – nämlich Erleben
Etwas mehr als Schauspieler – nämlich Kinder

Korczak, 1940

Ruine des Hauses
ul. Chlodna 33
im Ghetto Warschau

Symbolische
Gräberlandschaft
in Treblinka

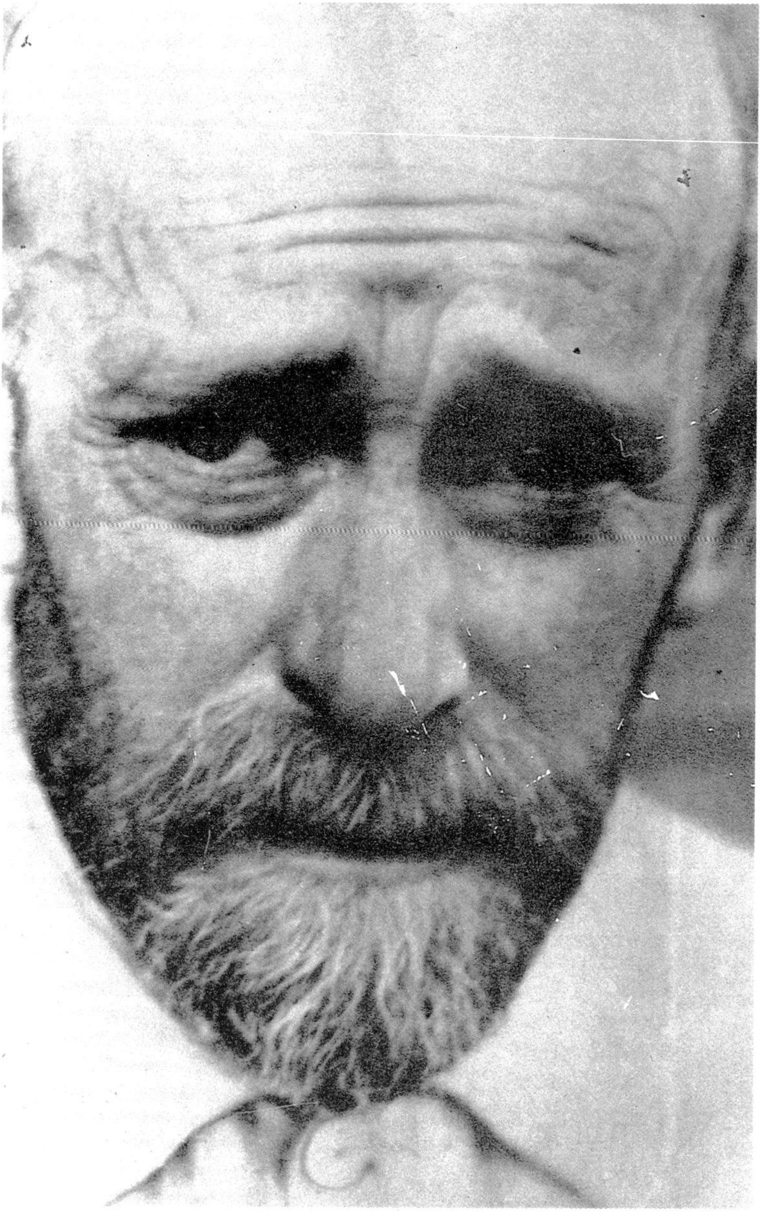

Janusz Korczak, 1878–1942

und Bilder tragen, Bettzeug und Käfige mit zahmen Vögeln und kleinen Tieren.«

Am Tag, als das Ganze stattfinden sollte, am 29. November, stellten sich die Kinder wie bei den Proben im Hof auf, während Korczak noch einmal die Wagen voll Kohlen und Kartoffeln inspizierte, die er auf seinen täglichen Runden so mühselig beschafft hatte. Die Kinder winkten dem polnischen Hausmeister traurig zum Abschied zu. Piotr Zalewski blieb zurück und kümmerte sich um das Haus. Sein Gesicht war fast zur Unkenntlichkeit geschwollen von den Schlägen, die er am Tag zuvor von den Nazis bekommen hatte, als er und die Wäscherin bei der Nazipolizei um Erlaubnis nachgesucht hatten, mit ins Ghetto zu gehen. Die Wäscherin hatten sie hinausgeworfen, ihn aber zur stundenlangen Befragung zurückbehalten. Wußte er nicht, daß Arier nicht mehr länger für Juden arbeiten durften? Als der Hausmeister meinte, nach zwanzig Jahren Dienst dort sei ihm das Waisenhaus zur Heimat geworden, wurde er mit Peitschen und Gewehrkolben traktiert.

Zalewski, ein großer, bartloser Mann mit aufrechtem Gang, war Grenadier in der Armee des Zaren gewesen, bevor er seinen Posten im Waisenhaus antrat. Jedes Jahr zu seinem Namenstag besuchte ihn Korczak im Torhaus auf ein paar Gläschen Wodka, bei welcher Gelegenheit die beiden Männer stets obszöne Kriegsgeschichten austauschten und prüften, wer die meisten Flüche beherrschte (Korczak stand dem Hausmeister in beiden Disziplinen um nichts nach). Die Kinder hatten es geliebt, in Zalewskis Tischlerwerkstatt im Keller zu arbeiten, wo sie so schmutzig werden durften, wie sie wollten. Oft hatten sie gehämmert und gesägt und ihm dabei ihr Herz ausgeschüttet oder waren ihm auf den Fersen geblieben, wenn er Kohlen schaufelte oder den Hof fegte. Sollte er einmal im Scherz ihre Nasen mit seinen starken Fingern zu heftig gezwickt haben, so wurde ihm das stets verziehen.

Die Kinder marschierten aus dem Hof auf die Straße, preßten ihre wenigen Besitztümer an sich und versuchten zu singen. Die grüne Fahne König Hänschens mit dem Davidstern auf der einen Seite wehte über der kleinen Parade, die durch die von

Menschen wimmelnden Straßen ihren Weg zur Chlodnastraße 33 machte. Als sie dort zur Ghettomauer kamen, fanden sie polnische und deutsche Polizei am Tor, die nach Pässen verlangten, als ob sie eine Grenze überschreiten würden.

Als sie durch das Tor marschierten, konfiszierte ein deutscher Polizist ihren letzten Lastwagen, der mit Kartoffeln beladen war. Korczak schrie ihn an, die Kartoffeln freizugeben, oder er würde sich bei seinen Vorgesetzten beschweren. Der Wachtposten ließ sich nicht einschüchtern, und es blieb Korczak nichts anderes übrig, als mit Stefa und den Kindern zu ihrem neuen Haus weiterzumarschieren. An jenem Abend, als die Kinder durchs Haus sausten und sich über die Fenster, Türen und Schlafräume wunderten, die so anders waren als das, was sie kannten, entschloß sich Korczak, als erstes am nächsten Morgen bei der Gestapo zu protestieren.

Als er am folgenden Tag im Gestapo-Hauptquartier ankam, reagierte der diensthabende Offizier zunächst etwas verwirrt auf diesen hochgradig erregten, in die Reste einer polnischen Uniform gekleideten Mann, der sich in fehlerfreiem Deutsch als Dr. Janusz Korczak vorstellte. Er bot seinem Besucher einen Stuhl an. Aber als er dann Korczaks Tirade über die Beschlagnahmung von Kartoffeln am Tor hörte, wunderte er sich, warum denn dieser Pole sich solche Sorgen um die Juden machte.

Er wurde mißtrauisch und fragte: »Sind Sie etwa Jude?«

»Jawohl«, sagte Korczak.

»Und wo ist deine Armbinde?« fragte er, mittlerweile wütend geworden. »Weißt du denn nicht, daß du gegen das Gesetz verstößt?«

Korczak stand auf und erklärte, wie schon so oft in seinem Leben: »Es gibt menschliche Gesetze, die vergänglich sind, und höhere Gesetze, die ewig gelten . . .« – aber weiter kam er nicht.

Höchst aufgebracht von der Impertinenz dieses Juden, befahl der Offizier die Wache herbei und ließ Korczak abführen. Er wurde verprügelt und kam in eine Zelle.

Wie ein Lauffeuer verbreitete sich im Ghetto das Gerücht, daß Janusz Korczak etwas zugestoßen sei: man habe ihn bei Verhören im Gestapo-Hauptquartier gefoltert und getötet, hieß es; er sei in einen Wald gebracht und erschossen worden; er liege sterbend in einem Lager in Lublin. Für die Freunde und für Stefa war es kaum ein Trost, als sie schließlich erfuhren, daß er ganz in der Nähe im Pawiak war. Das massive Backsteingebäude, zur Zarenzeit für politische Häftlinge errichtet, war jetzt das am meisten berüchtigte Gefängnis der Deutschen. Im Herzen des Ghettos gelegen, war es wie eine Festung innerhalb der Stadtmauern. Dorthin gebracht zu werden, kam einem Todesurteil gleich.

Tagsüber bewahrte Stefa ihre Ruhe: ihre Untergebenen hatten sie nicht umsonst Innenministerin getauft. Als sie sich im neuen Haus in der Chlodna 33 plötzlich ohne Korczak wiederfand, tat sie genau das, was sie im Ersten Weltkrieg getan hatte, als er vier Jahre fort gewesen war: sie krempelte die Ärmel hoch und schaffte Ordnung mit Hilfe der Erzieher und der älteren Kinder. Sie hatte bereits entschieden, daß die Klassenzimmer dieser ehemaligen Schule tagsüber als Aufenthaltsräume dienen und nachts zu Schlafräumen umfunktioniert werden sollten. In der Welt da draußen mochte die Ungerechtigkeit herrschen, doch ihre auf Gerechtigkeit aufbauende Gemeinschaft sollte weiterbestehen. Der Keller wurde zur Isolierstation für die Kranken, weil sie das Risiko nicht eingehen wollte, daß sich die Kinder in einem Ghettokrankenhaus mit Typhus oder Cholera infizierten. Sie verfügte lediglich über eine Spritze und ein Röhrchen Morphium, aber sie war Krankenschwester für Generationen von Waisenkindern gewesen und hatte ihre eigenen Behandlungsmethoden – bei Halsweh wurde mit Salzwasser gegurgelt, bei Schmerzen eine mit heißem Sand gefüllte Socke aufgelegt, und wenn nichts half, nahm man die eigene große warme Hand und legte sie auf die schmerzende Stelle. Nur nachts, wenn alles schlief, gestattete sich Stefa das Privileg zu weinen.

Es war immer noch möglich, durch Bestechung aus dem Pawiak herauszukommen. Stefa stand in ständiger Verbindung mit Korzcaks Freunden, wobei das Problem weniger beim Geld lag, sondern eher darin, wie man mit der Gestapo in Kontakt kommen konnte. »Harry« Kaliszer, ein findiger junger Mann, der zu Korczaks Lieblingen im Waisenhaus gehört hatte, arrangierte schließlich einen Freikauf über den berüchtigten Nazi-Kollaborateur Abraham Gancwajch – eine mysteriöse Gestalt, die im Ghetto über großen Einfluß verfügte. Die Summe wurde auf dreißigtausend Zloty festgesetzt, ein Teil war sofort zu bezahlen, der Rest in Raten.

Vermutlich hat Korczak seine vier Wochen im Pawiak nur deshalb überlebt, weil er bei den gewöhnlichen und nicht bei den politischen Häftlingen war, die meistens sofort hingerichtet wurden. Bleich und schwach kam er Ende Dezember im Waisenhaus an, die Kinder hatten sich zu seiner Begrüßung aufgestellt so wie damals, als er aus dem Ersten Weltkrieg zurückgekehrt war. Er hörte sich noch die kurze Begrüßungsrede eines kleinen Mädchens an und ging dann auf sein Zimmer, allerdings nicht ohne den Kindern vorher versprochen zu haben, ihnen bei der Versammlung am Samstagmorgen von seinen Erlebnissen zu berichten.

»Wie haben Sie sich bloß getraut, die Deutschen anzuschreien? Hatten Sie keine Angst?«

»Im Gegenteil. Die hatten Angst vor mir. Die Deutschen haben vor jedem Angst, der lauter brüllt als sie.«

»Wie war es im Gefängnis?«

»Großartig.« Und dann machte er wieder seinen Hüpfer, den sie alle so gut kannten.

Trotz Überfüllung der Zelle – wogegen ihr neues Heim wirklich wie König Hänschens Palast war – war es ihm gelungen, wie ein Scheunendrescher zu essen, tief und fest zu schlafen und im Gefängnishof intensiv Gymnastik zu betreiben. Nicht ein einziges Mal, so prahlte er, habe er sich krankmelden müssen.

Mit großer Begeisterung hörten die Kinder seine Geschichten über die Mithäftlinge. Einer, er saß wegen Mord, war der Ansicht, Doktor bedeute Chirurg, und schlug vor, daß sie beide sich mit Mackie Messer anreden lassen sollten. Als sie herausfanden, daß er der »alte Doktor« aus der berühmten Radiosendung war, machten sie Platz auf dem schmutzigen Strohhaufen, der als Bett diente, und baten ihn, Geschichten zu erzählen. Er erzählte ihnen von dem Kater mit den weißen Stiefeln und einer Feder am Hut, dem es gelang, seinem Herrn feine Kleider und einen Palast zu verschaffen, ohne sie zu stehlen, und von dem Buben mit der Wunderlampe, die einen Geist herbeirief, der ihm alle Wünsche erfüllte. Und die hartgesottenen Verbrecher weinten und dachten an die Geschichten, die die Mutter ihnen erzählt hatte, als sie noch klein waren und davon träumten, daß vielleicht ein Kater oder ein guter Geist ihr Schicksal ändern würde.

Vielleicht gelang es Korczak, die Kinder zu überzeugen, daß er im Gefängnis seinen Humor nicht verloren hatte – sie kugelten sich vor Lachen darüber, wie er seinen Zellengenossen beigebracht hatte, ihre lästigen Flöhe zu fangen. Doch Stefa und die Erwachsenen sahen, wie ausgezehrt er war. Er hatte sie mit den Einzelheiten seiner Qualen verschont, hatte auch nicht von den Schreien, dem Stöhnen und den Schüssen der Erschießungskommandos erzählt, die Tag und Nacht zu hören gewesen waren, doch konnte er seine Angst und seine Niedergeschlagenheit nicht verbergen.

Als erstes nach seiner Rückkehr ließ er die Eingangstür zur Straße verbarrikadieren, so daß das Waisenhaus nur durch den Hof zu betreten war. Sobald es dunkel war, versicherte er sich jeden Abend, daß auch kein einziger Lichtschimmer nach außen drang, um nicht die Aufmerksamkeit der in der Nähe stationierten deutschen Patrouille zu erregen.

Stefa wußte nicht, was ihr mehr Sorgen bereitete, Korczaks psychischer oder physischer Verfall: er konnte kaum atmen, und seine Beine waren geschwollen. Sie ignorierte seinen Protest und brachte ihn ins Krankenhaus für eine gründliche Untersuchung. Der aufnehmende Arzt stellte fest, daß Korczaks Augen und Wangen vom Fieber brannten, er aber in seiner Uniformjacke und den hohen Stiefeln mit der Aura eines »aristokratischen Polen« das Untersuchungszimmer betrat. Der Arzt hatte Mühe, ihn vor das Röntgengerät zu bekommen. Als Korczak hörte, daß er Wasser in der Lunge habe – ein Anzeichen für Herzversagen –, fragte er ruhig: Wieviel? Als man ihm sagte, daß es unterhalb der vierten Rippe sei, erklärte er, das reiche nicht aus, ihn davon abzuhalten, Nahrungsmittel und Heizmaterial für seine Kinder zu besorgen.

Trotz aller Tapferkeit sollte es noch eine Weile dauern, bis er soweit war, wieder allein auf die Straße zu gehen – und von da an ging er mit einem Stock.

29
Das Ghetto

»Es gab damals in den dreißiger Jahren keine natürliche Entwicklung in unserem Leben, die zum Ghetto geführt hätte«, sagte Misha Wroblewski, der einzige Erzieher aus Korczaks Waisenhaus im Ghetto, der überlebt hat. »Das waren zwei völlig unterschiedliche Welten – vor dem Ghetto und dann das Ghetto. Ein totaler, ganz plötzlicher Bruch. Man kann nicht eine halbe Million Menschen in einer kleinen, abgegrenzten Region ohne ausreichende Nahrung, genügend Wohnraum und ohne Heizungsmöglichkeiten zusammenpferchen und davon ausgehen, daß sie ein normales Leben führen. Am Anfang hat man sich vielleicht noch normal gefühlt, aber mit der Zeit verlor man den Verstand. Das Ghetto war eine Welt des Wahnsinns, und wir haben uns wie Wahnsinnige benommen.«

In den ersten Wochen nach seinem Gefängnisaufenthalt wollte Korczak kaum jemanden sehen. Wenn ab und zu ein Soldat der deutschen Miliz mit einem verlorenen Kind an die Tür kam, bat er jemand anders, sich darum zu kümmern. Der einzige neue Freund, mit dem er sich damals öfter traf, war Michael Zylberberg, ein Lehrer, der mit seiner Frau Henrietta in einem der Häuser wohnte, die an den Hof des Waisenhauses grenzten. Vor dem Krieg hatte Zylberberg jüdische Literatur und Geschichte an einem hebräischen Gymnasium unterrichtet und den Doktor in Erzieherkreisen kennengelernt. In jenen ersten Wochen, in denen Korczak sich noch erholte, schaute Zylberberg öfter einmal herein. Die beiden Männer studierten die Karte der elf Quadratmeilen Ghetto, die Zylberberg – arbeitslos, weil die Schulen geschlossen waren – sich genau angesehen hatte.

Die abgeschlossene Region war in zwei Zonen eingeteilt, das Große und das Kleine Ghetto. Chlodnastraße, wo sie sich befanden, war im Kleinen Ghetto. Einst eine bessere Wohngegend, hatte das Kleine Ghetto wohlhabendere Juden von der anderen Seite der Mauer angezogen. Es war weniger vollgepfropft als das Große Ghetto weiter nördlich, wo die meisten Menschen bis zu neun Personen in einem Raum in völlig unzulänglichen, unbeheizten Quartieren zubrachten.

Als Korczak wieder stark genug war, um auf die Straße zu gehen, führte ihn Zylberberg zuerst ins Große Ghetto. Sie konnten sich kaum ihren Weg durch die bienenschwarmähnliche Masse von Menschen bahnen, die die Straßen in einen makabren Bazar verwandelt hatten: Bettler standen Seite an Seite mit verzweifelten Menschen, die ihre Besitztümer zu verkaufen oder einzutauschen versuchten: alte Kleidung und Unterwäsche, teigiges Brot, noch nicht fertiggebacken, Saccharin, alles Erdenkliche – selbst Armbinden mit dem Davidstern, deren Preis sich nach der Qualität des Materials richtete. Die beiden Männer mußten über verarmte Flüchtlingsfamilien aus der Provinz hinwegsteigen, die sich, eingehüllt in zerrissene Decken, gegen die Kälte aneinandergedrängt hatten. (Bevor der bitterkalte Winter vorüber war, lagen ihre nackten Körper, zugedeckt mit Zeitungspapier, in denselben Straßen und warteten darauf, ins Massengrab gekarrt zu werden, während die nächste Ladung Flüchtlinge und Bettler, denen das gleiche Schicksal bevorstand, schon längst eingetroffen war.)

Es fiel Zylberberg auf, daß Korczak, wie er so auf seinen Stock gelehnt dastand, genauso aussah wie die armen Leute im Ghetto. Niemand hätte auch nur ahnen können, daß dies der berühmte »alte Doktor« war. Allerdings war es ohnehin unmöglich, den Status eines Menschen zu erkennen: ohne Arbeit und sinnvolle Beschäftigung, ohne gesetzlichen Schutz waren die Juden des Ghettos zu dem geworden, was der Historiker Emmanuel Ringelblum »überflüssige Menschen« genannt hat. Jene mit musikalischen oder schauspielerischen Begabungen feilschten genauso mit ihnen wie alle anderen.

Zylberberg brachte Korczak zur Lesznostraße, wo der blinde Akkordeonspieler saß, der in den zwanziger Jahren wegen seiner herzzerreißenden Lieder über die Pogrome in den Tagen des Zaren und die polnischen Angriffe auf die Juden in den Anfangszeiten der Unabhängigkeit berühmt gewesen war. Jetzt wurde er durch seine auf das Ghetto zugeschnittenen Lieder berühmt. Eine große Menschenmenge hatte sich um den blinden Musiker versammelt, dem eine hübsche blonde Frau assistierte, die ins Publikum lief und Text und Musik des Liedes verkaufte, das er gerade sang:

Wo soll ich hin?
Wo soll ich hin?
Schmach und Schmerz sind viel zu groß.
Jede Straße ist geschlossen und versperrt.
Groß ist mein Leid und groß mein Kummer,
es weint mein Herz, und meine Tränen fließen.
Wo soll ich hin, Juden?
Wo soll ich hin?

Sie gingen weiter und sahen eine völlig entkräftete junge Frau mit dunklen, blitzenden Augen, die auf allen vieren durch den Straßenmatsch kroch. Mit ihrer mächtigen Stimme, die die Bewohner jeden Morgen mit einem jiddischen Lied weckte, kreischte sie gerade den Vers von den »Drei Näherinnen« des berühmten Dichters I. L. Peretz:

Ihre Augen sind rot und ihre Lippen blau,
kein Tropfen Blut in den durchscheinenden Wangen.
Auf ihren blassen Gesichtern liegen Perlen von Schweiß.
Ihr Atem ist heiß und ihre Zunge trocken.
Drei Mädchen sitzen und nähen.

An der Ecke sprang ein halbverrückter Mann auf sie zu, schwang seine Arme wie Dreschflegel und schrie: »Freut euch, Juden, wir sind ohne Scham! Sind alle gleich, reich oder arm!«

»Das ist Rubinstein, der selbsternannte Ghettonarr«, erklärte Zylberberg. »Kein Mensch weiß etwas von ihm, außer daß er aus irgendeiner Provinz hierherkam. Er rennt den ganzen Tag durch die Straßen und brüllt irgendwelche selbstgedichteten Verse.«

Ins Kleine Ghetto zurückzukommen, war genauso schwer, wie ins Große Ghetto hereinzukommen. Sie mußten sich nicht nur erneut durch Tausende von Bettlern und Hausierern hindurchdrängen, sondern auch über die bewegungslosen Flüchtlingsfamilien hinwegsteigen. Als sie um eine Ecke kamen, begegnete ihnen wiederum Rubinstein, der sie diesmal mit einer Drohung ansprang: »Gebt mir einen Groschen, und ihr könnt weitergehen! Wenn nicht, fange ich an zu schreien!«

»Es ist eine Art Erpressung«, erklärte Zylberberg. »Alle wissen, daß er, wenn er seine Münze nicht kriegt, zu schreien anfängt: ›Nieder mit dem Führer! Nieder mit Hitler!‹ Und die Deutschen schießen dann auf alles, was sich bewegt.«

Korczak gab Rubinstein eine Münze.

Einige Tage später gingen sie durch das Kleine Ghetto, was zwar nicht ganz so anstrengend, aber ebenso bedrückend war. In diesem etwas exklusiveren Teil gab es weniger Flüchtlinge aus den Provinzen, aber auch hier waren die Straßen angefüllt mit Hunderten von Kindern, die in Bauchläden alles anboten, was nicht niet- und nagelfest war, und mit Hunderten von Musikanten, die ihr Revier abgesteckt hatten.

In der Nähe des Judenratgebäudes auf der Grzybowska wurde Korczak auf einen jungen Geiger aus Jerusalem aufmerksam, der bei einem Verwandtenbesuch in Polen in die Falle geraten war. Er lehnte sich auf seinen Spazierstock, betrachtete diesen zarten, blondschöpfigen Jugendlichen aus jener Stadt, von der er geglaubt hatte, daß er einmal in ihr leben würde, und bemerkte, daß dieser seine blauen Augen geschlossen hielt, während er Blochs »Ba'al Shem Tov« und andere hebräische Melodien spielte, und sie nur öffnete, um nach den Münzen zu schauen.

Korczak und Zylberberg wanderten die Panska zur Sliska hinunter und trafen überall auf Musikantengruppen – unter ihnen Mitglieder der Warschauer Philharmonie –, die stets große Menschenmengen anzogen. Opernstars waren bei ihnen, die Arien nach Wunsch vortrugen. Korczak nahm seine Brille ab, um ihre Gesichter zu studieren und dann die der Menschen, die ihnen entrückt zuhörten.

Eine Weile später begegneten ihnen berühmte Kantoren aus ganz Polen, auch sie jetzt ohne Arbeit, weil die Synagogen wie die Schulen geschlossen waren. Die bittere Realität des Ghettos hatte sie zu wütenden Konkurrenten herabgewürdigt: einer, der gezwungen war, seine gelähmte Frau im Kinderwagen hinter sich herzuziehen, während er sang, wurde von den anderen gemieden, weil er versuche, das Mitleid des Publikums zu erringen. Die Zuschauer hier, ebenso begierig wie die Freunde der Oper, hatten ihren zynischen Humor noch nicht verloren. Als ein Mann murmelte, daß Kantor Rosenblatt die Verse viel besser gesungen habe, stichelte ein anderer: »Wenn dir diese Interpretation nicht gefällt, dann buch dir doch eine Reise nach New York und hör dir dort Kantor Rosenblatt an.«

Auf ihren Wegen trafen die beiden Lehrer viele Leute, die sie von früher kannten, aus einer Zeit, die heute wie ein anderes Leben zu sein schien. Ein assimilierter Philanthrop, weit über achtzig, erinnerte Zylberberg an ihre Zusammenkünfte in früheren Jahren. Er sei jetzt allein, erklärte er, denn seine beiden Töchter hätten konvertiert und lebten mit ihren nichtjüdischen Ehemännern auf der arischen Seite.

»Warum sind Sie dann ins Ghetto gekommen?« fragte Korczak neugierig. »Was mich betrifft, so habe ich keine Familie, und meine Kinder sind alle hier, aber bei Ihnen ist das doch was anderes. Können Ihre Töchter Sie hier nicht rausholen?«

»Ich hätte schon zu ihnen gehen können, wenn ich das gewollte hätte. Aber ich wollte hier im Ghetto bei meinem leidenden Volk sein.«

Zylberberg sah, daß Korczak die Antwort gefiel, er empfände ebenso, sagte er. Sie sprachen über den jiddischen Dichter Peretz, einen Verwandten des Philanthropen, den Korczak vor dem Ersten Weltkrieg auf literarischen Versammlungen kennengelernt hatte.

Ihre Unterhaltung über Peretz wurde von Rubinstein unterbrochen, der vorbeigeeilt kam:

Gib mir einen Groschen – das ist gar nichts!
Zwei Groschen sind auch nicht viel mehr!

Drei Groschen – nein danke! Doch vier –
vier Groschen – sonst kommst du nach Gesia!

Dann, als er einen Beerdigungszug entdeckte, der sich gerade auf dem Weg zu dem besagten Friedhof auf der Gesiastraße befand, sauste Rubinstein los, schloß sich dem Zug an und schrie: »Arm und reich sind alle gleich!«

»Die Juden sind ein merkwürdiges Volk«, sagte Korczak und schüttelte den Kopf.

Eines Nachts gegen elf Uhr, als sie gerade zu Bett gehen wollten, hörten Zylberberg und seine Frau schwere Stiefeltritte auf der Holztreppe, ein äußerst beängstigendes Geräusch, weil nach der Sperrstunde um sieben Uhr niemand mehr die Häuser verließ. Automatisch drehten sie das Licht ab, als ob die Dunkelheit sie schützen könne. Doch die Schritte kamen immer näher und hielten schließlich vor ihrer Tür an. Die Glocke läutete.

»Wer ist da?« rief Zylberberg.

»Dr. Korczak. Bitte machen Sie auf«, sagte die bekannte Stimme.

Erleichtert sah Zylberberg seine Frau an und öffnete die Tür. Da stand sein berühmter Wanderfreund in seinen alten Armeestiefeln, die seine Füße niemals zu verlassen schienen.

Korczak entschuldigte sich, daß er ihnen einen Schrecken eingejagt habe, aber er habe warten wollen, bis es im Waisenhaus ruhig geworden war. Nach einem Blick auf die Bücher auf Zylberbergs Tisch erklärte er den Grund für seinen späten Besuch. Seit seiner Entlassung aus dem Gefängnis hatte er begriffen, daß sie in einer bizarren Gesellschaft lebten, in der jeder sich auf irgendeine Weise anpassen mußte, um zu überleben. Weil es für die Kinder zu gefährlich war fortzugehen, wollte er Leute einladen, die jede Woche einen Vortrag über das hielten, womit sie sich beschäftigten. Er hatte bereits Zusagen von einigen Mitgliedern des Judenrats, Vertretern von Suppenküchen und anderen Einrichtungen, wie auch vom Historiker Emmanuel Ringelblum und einem Philosophen. Außerdem hoffte er, einen Rechtsanwalt zu gewinnen, der jetzt als Polizist arbeitete, und einen Wissenschaftler, der jetzt Hausmeister war. Ob Zylberberg, wenn ihm das Projekt gefiele, als Nachbar und Lehrer dazu bereit sei, ihm bei der Organisation der Vorträge zu helfen und den Eröffnungsvortrag zu übernehmen?

Zylberberg war mit beidem einverstanden, erbat sich aber Zeit, um über sein Thema nachzudenken. Korczak drängte ihn, sich hier und jetzt zu entscheiden, und Zylberberg schlug vor, daß er den Kindern von Peretz erzählen würde, der Lehrer gewesen war und sogar Waisenhäuser gegründet hatte, bevor er ein berühmter Dichter wurde. Korczak war erfreut. »Peretz ist jetzt genau das richtige Thema. Er gehört zu Warschau.«

Das Waisenhaus »summte wie ein Bienenstock«, als Zylberberg in der folgenden Woche kam. Die Kinder hatten gerade zu Mittag gegessen und marschierten aus dem Speisezimmer in die große Halle, die der Schule früher als Aula gedient hatte. Stefa und die Erzieher wiesen jedem einen Platz zu, Korczak saß mitten unter den Kindern.

»Der Mann, von dem ich euch erzählen werde, der immer jugendliche Peretz, lebte nicht weit von hier«, begann Zylberberg. »Am Anfang seiner Karriere hat er auf Polnisch geschrieben. Obwohl er viel Zeit damit verbrachte, armen jüdischen Kindern etwas beizubringen, suchte er nach einem Weg, allen Juden zu helfen, die unter Armut litten und vor russischen Pogromen fliehen mußten. Als er den warmen, fröhlichen Glauben der Chassidim entdeckte, der seinen Leuten Selbstachtung gab und jeden Mann am Sabbat zum König im eigenen Haus machte, begann er, auf Jiddisch zu schreiben, damit ihn jeder verstehen konnte.«

Zylberberg sprach Polnisch mit seinem jungen Publikum, aber nachdem er das Gedicht »Brüder« vorgetragen hatte – das in den Grabstein des Dichters eingemeißelt ist –, wiederholte er es in der Originalfassung auf Jiddisch. Korczak nickte zustimmend mit dem Kopf, denn das Gedicht war inzwischen zu einem bekannten Lied geworden, dessen Philosophie seiner eigenen glich.

Weiß und Braun, Schwarz und Gelb,
mischt die Farben miteinander.
Alle sind wir Schwestern und Brüder
eines Vaters und einer Mutter.
Gott hat uns alle erschaffen.
Die Welt ist unser Vaterland.
Alle sind wir Schwestern und Brüder,
und das müssen wir begreifen.

Als Zylberberg mit dem Monolog aus Peretz' berühmtem Stück *Die goldene Kette* fortfuhr, der auch bereits als Lied gesungen wurde, klatschten die Kinder mit den Händen, schlugen mit den Füßen den Takt und sangen mit ihm:

Und so
gehen wir
singend und tanzend,
wir großen, großen Juden.
Die Seelen in Flammen!
Für uns teilen sich die Wolken!
Der Himmel öffnet seine Tore!
Wir steigen zu den Wolken des Ruhmes empor
und zum Throne der Ehre!
Wir betteln nicht,
und wir flehen nicht.
Wir sind stolze und große Juden
aus dem Samen Abrahams,
Isaaks und Jakobs!
Wir können nicht länger warten!
Wir singen das Lied der Lieder!
Und gehen singend und tanzend!

Sobald dieses Lied zu Ende war, begannen die Kinder von neuem, »Brüder« zu singen. Sie sangen es immer und immer wieder, faßten sich an den Händen wie Brüder und Schwestern und wiegten sich hin und her, bis Stefa sie ermahnte, daß sie ihren Gast nun lange genug aufgehalten hätten. In seinen

Schlußworten schlug Korczak vor, »Brüder« zur Hymne des Waisenhauses zu erklären, die Kinder bekundeten ihr Einverständnis dadurch, daß sie es erneut mit Begeisterung anstimmten, als sie die Halle verließen.

Als wieder Ruhe eingekehrt war, hörte man die deutschen Patrouillen an der Mauer auf und ab marschieren, die nur wenige Häuser weiter die Chlodnastraße durchquerte.

Besuchern des Waisenhauses kam es wie eine Oase inmitten der Hölle vor. Die tägliche Routine half Korczak, sein Gleichgewicht wiederzufinden. An jedem Vormittag und Nachmittag wurde heimlich Unterricht erteilt; eines der Hauptfächer war Hebräisch, um alle auf ein mögliches neues Leben in Palästina nach dem Krieg vorzubereiten. Ebenso wie in der Krochmalna bestand auch hier die Seele des Hauses aus den Selbstverwaltungsorganen der Kinder, die das Ganze zusammenhielten. Noch immer las Korczak an jedem Samstagmorgen seine Kolumne vor, die er für die Waisenhauszeitung geschrieben hatte, doch schienen die Gefahren, vor denen er die Kinder in der Vergangenheit auf witzige Weise gewarnt hatte – »Steckt eure Finger nicht in die Bügelmaschine!« –, gemessen an denen der Gegenwart, sehr gering. »Eine Maschine begreift nichts, sie ist interesselos«, hatte er in jenen Vorkriegstagen geschrieben. »Ihr haltet euren Finger hinein, und der ist ab. Steckt euren Kopf hinein, und der ist auch ab. Das Leben ist eine Maschine, es warnt nicht und hält auch mit Strafe nicht zurück.«

Jetzt waren die Deutschen die Maschine, das wußten die Kinder, besonders die Neulinge, deren Eltern vor ihren Augen getötet worden oder verhungert waren. Niemand, der am Samstagnachmittag Verwandte besuchte oder einfach einmal das Haus verlassen wollte, konnte es vermeiden, Zeuge der brutalen Straßenszenen zu werden. Nichts, was Korczak schrieb, würde sie oder ihn selbst vor irgend etwas bewahren können. Er mußte akzeptieren, daß er den Kindern dieses Leben in ständiger Angst und Unsicherheit nicht ersparen konnte. Er konnte nur fortfahren in seinem Bemühen, sie, so gut es ging, mit allem zu versorgen und ihnen Hoffnung für die Zukunft geben – mehr konnte er nicht tun.

Jeder Gebäudekomplex im Ghetto hatte ein Hauskomitee, das für das Geld für Hausreparaturen zu sorgen hatte, die Steuern abführen mußte und Beiträge zur Versorgung Tausender Menschen von Transporten aus anderen Ländern. Korczak gehörte zum Komitee des Hauses Chlodna 33 (eines der saubersten und bestverwalteten Gebäude im gesamten Ghetto). Er schlug vor, zur Geldbeschaffung zwischen Purim- und Passahfest im Waisenhaus ein Konzert zu veranstalten. Zur weiteren Besprechung verabredete man sich für einen bestimmten Abend um neun Uhr im Waisenhaus.

Die Mitglieder dieser eklektischen Gruppe waren Juden aller möglichen Überzeugungen, die hauptsächlich durch ihr gemeinsames Schicksal und weniger durch ihre Religion miteinander verbunden waren. Da gab es ein sozialistisches Parteimitglied, einen Talmudgelehrten, einen assimilierten Industriellen, einen Kinderarzt und Agnostiker, einige ihre Religion ausübende Ingenieure und einen Konvertiten. Nach langer Diskussion entschloß man sich, daß das Konzert sowohl von professionellen Musikern als auch von Straßenmusikanten bestritten werden sollte. Zu einer hitzigen Debatte kam es über die Frage, in welcher Sprache die Veranstaltung abgehalten werden sollte. Die assimilierten Juden bestanden auf Polnisch, die Zionisten auf Hebräisch, wogegen natürlich die Bündischen und die orthodoxen Juden mit gleicher Vehemenz auf Jiddisch beharrten.

Korczak saß da wie bei allen Zusammenkünften des Hauskomitees: vorgeneigt, auf seinen Stock gestützt, die Augen geschlossen, als ob er schliefe. Aber man wußte bereits, daß er alles hörte, was gesagt wurde, und lediglich den passenden Moment für seinen Kommentar abwartete. Als die Diskussion an einem toten Punkt angelangt war, gab einer der assimilierten Juden Zylberberg, der zufällig dabeisaß, einen Zettel mit der Bitte, Korczak um seine Meinung zu fragen. Er nahm an, daß Korczak sich für Polnisch entscheiden würde.

Um seine Meinung gebeten, nahm Korczak erst einmal langsam seine Brille ab, wie immer, wenn er sich zu konzentrieren wünschte, sah jeden in der Runde ernst an und sagte dann sanft, er sei überrascht, daß es überhaupt eine Auseinandersetzung gebe, daß intelligente Menschen ihre Zeit mit einem solch eindeutigen Problem verschwendeten.

»Und was wäre das?« wollten die anderen wissen.

»Ganz einfach«, sagte Korczak. »Wenn man gegen die Benutzung einer bestimmten Sprache argumentiert, wendet man sich auch gegen jene, die diese Sprache sprechen. Können Sie abstreiten, daß die Mehrheit der Menschen im Ghetto Jiddisch spricht und denkt, mit dieser Sprache auf den Lippen stirbt?«

Die größten Gegner des Jiddischen sagten nichts mehr.

»Also muß Jiddisch die Sprache des Konzerts sein, sonst hat es keine Seele.«

Korczaks Worte hatten eine unmittelbare Wirkung auf die Gruppe. Jemand schlug Jiddisch als Sprache vor, die anderen schlossen sich dem Vorschlag an, das Konzert wurde für zwei Wochen darauf geplant. Wieder einmal war Zylberberg betroffen von der »faszinierenden und rätselhaften Weise«, in der Korczak sich als Jude erwies.

Die dreihundert Gäste des Konzertes, die meisten von ihnen prominent und wohlhabend, hatten keinen Eintritt zu bezahlen brauchen. Es war Korczak gelungen, das Komitee zu überzeugen, daß die Leute mehr geben würden, wenn ihr Beitrag eine freiwillige Entscheidung ihres Gewissens war. Einige der Schauspieler und Musiker hatten sich bereit erklärt, ohne Gage aufzutreten, allerdings erhielt der junge blauäugige Geigenspieler aus Jerusalem ebenso ein kleines Honorar wie einige der Straßenmusikanten, mit denen Korczak sich angefreundet hatte.

»Musik ist die Religion der Zukunft, und ihr seid ihre Priester«, sagte Korczak den Künstlern bei Eröffnung des Programms. »Künstler wie ihr sind die Wegbereiter.«

Es gab einige polnische und hebräische Stücke, aber die jiddischen Lieder begeisterten das durchweg assimilierte Publikum am meisten. Korczak war von den Straßenkünstlern aus allen Teilen Europas, die »das Schicksal in dieses Ghetto geworfen hat«, so gerührt, daß er während ihrer Vorstellung ohne Scham ganz offen weinte.

Romana Lilienstein, eine Sängerin, die mit ihrem Pianisten einige für Kinder geeignete fröhliche Lieder ausgesucht hatte, ist eine der wenigen Zeugen dieses Ereignisses, die davon noch berichten können: »Auch wenn das Haus aufgeräumt und sauber war, werde ich heute noch von der Aura der Armut verfolgt, nach der alle Gänge, Räume und der Saal rochen, in dem wir spielten. Die Kinder hatten ihre besten Kleider angelegt – wie alle andern auch – und waren offensichtlich völlig außer sich vor Freude, wie sie da so unter dem wachsamen Auge von Stefa Wilczynska saßen. Sie lauschten aufmerksam Dr. Korczaks tröstenden und humorvollen Worten in seiner Eröffnungsrede. Wir wußten, daß sie so hungrig waren wie wir, wie jeder im Publikum, aber ich werde niemals die Intensität in diesen Hunderten von Augen vergessen, die auf uns gerichtet waren. Es ist schwierig zu erklären, was solch ein Konzert damals bedeutet hat.«

Doch sollte der Abend mit einem Mißton enden. Nachdem der Applaus verebbt war und die Leute aufstanden, um zu gehen, teilte Korczak überraschend mit, daß er einige Gedichte vortragen wollte, die er in letzter Zeit geschrieben hatte. Er zog einige Karten aus der Tasche und begann mit seinem Vortrag.

Die bitter-satirischen Verse nannten keine Namen, machten sich aber über einen Schnurrbart lustig, über einen dicken fetten Bauch, einen Klumpfuß und schließlich einen eleganten Dandy, und diese Leute hielten das Schicksal von Millionen Menschen in ihren Händen. Das Publikum wurde immer unruhiger, als klar wurde, daß Korczak sich auf Hitler, Göring, Goebbels und ihren eigenen »Henker«, Hans Frank, bezog, der für die »neue Ordnung« in Polen zuständig war. Als er diese Nazis dann offen Mörder und Abschaum der Menschheit nannte, kam es zur fluchtartigen Leerung des Saales.

Korczak las weiter, einige waren aus Hochachtung vor ihm geblieben. Zylberberg war noch da, als alle gegangen waren, und fragte ihn, warum er ein solches Risiko eingegangen sei. Ob ihm die Gefahr nicht bewußt sei, in die er alle gebracht habe, wenn die Nazis von seinen Gedichten erführen?

Korczak grinste und meinte: »Die Leute, die weggerannt sind, sind Narren. Wovor fürchten sie sich? Juden unter sich werden wohl noch ihre Meinung sagen dürfen. Hier waren keine Spione oder irgend jemand, der mich verraten würde – wir sind alle in einem Boot.«

Korczak versicherte sich seiner Autonomie auf seinem eigenen Territorium. Zylberberg begriff, daß das nervöse Verhalten seines neuen Freundes nach seiner Haftentlassung nur vorübergehend gewesen war. An diesem Abend hatte er das Gefühl, dem wirklichen Mann gegenüberzustehen, einem assimilierten Juden mit Witz und Talent und großem Vertrauen in sein eigenes Volk. Dennoch war und blieb ihm dieser Korczak mit seiner merkwürdigen polnischen Aufsässigkeit und seiner jüdischen Ironie ein Rätsel.

30
Alle sind gleich

Korczak mochte zynische Witze über die Deutschen reißen, nicht aber über seine hungerleidenden Kinder. Jeden Tag schwang er sich einen Sack über die Schultern und marschierte los. Auch sein Sack war bodenlos wie der des alten Mannes vom Krippenspiel seiner Kindheit: »Wenig, wenig, gib uns noch mehr, junger Mann.« Er hatte keine andere Wahl als ebenso unnachgiebig zu betteln, wie der alte Mann es bei ihm getan hatte. Und er war genauso unersättlich. »Zu wenig«, sagte er, ganz gleich, was man ihm anbot. »Zu wenig!« Leute, denen es gelungen war, ihr Geld zusammenzuhalten, fürchteten seine Besuche. »Moralische Erpressung« nannte es einer von ihnen. Selbst seine Freunde in den Büros der sozialen Hilfsdienste des Judenrats oder bei CENTOS empfanden ihn als schwierig. »Seine Forderungen gingen über unsere Möglichkeiten hinaus und brachten uns in Verlegenheit«, schrieb Abraham Berman später. »Ehrlich gesagt, es war einfacher, mit seiner Partnerin, Stefa Wilczynska, zu arbeiten.«

Die einst so furchtbare Stefa schien jetzt die Stimme der Vernunft zu verkörpern. Trotz der Entbehrungen des vergangenen Jahres nahmen Freunde kaum Veränderungen an ihr wahr, während Korczak zu schrumpfen schien und immer mehr einer »Dörrpflaume« glich. Er war schon immer etwas zerknittert gewesen, aber seit seiner Haft hatten sich in seinen Augenwinkeln und um seinen Mund tiefe Furchen eingegraben; seine Haut und seine Zähne waren gelblich geworden, seit seine Ernährung hauptsächlich aus Kaffee, Zigaretten und dem bißchen Wodka, das er auftreiben konnte, bestand.

Es gehörte zu seiner Routine, täglich bei der Post vorbeizuschauen, wo er sich Pakete abholte, die beschädigt waren und deren Anschrift man nicht mehr lesen konnte, oder andere, deren Empfänger es nicht mehr gab. Bis zum Dezember 1941 gestatteten die Nazis Lebensmittelpakete, doch war die Zustellung unzuverlässig, und deutsche Soldaten begutachteten sehr häufig ihren Inhalt. In jenen Paketen, die tatsächlich bis zum Postamt kamen, fanden sich möglicherweise Brot, Mehl, Margarine und Getreide von Verwandten, die bei Ausbruch des Krieges sich auf sowjetisches Territorium geflüchtet hatten, oder Kaffee, Schokolade, Reis, Sardinen und Dosenmilch von Verwandten oder Freunden, die in neutrale Länder wie Spanien oder Portugal ausgewandert waren. Häufig aber war der Inhalt durch einen überlangen Transport bereits verdorben. Korczak hatte den Judenrat dazu gebracht, diese Pakete solchen Institutionen zur Verfügung zu stellen, die Kinder versorgten, und ging nun regelmäßig zum Postamt. Es gab kein Paket, ganz gleich wie beschädigt, das er nicht mitgenommen und nach noch Verwendbarem untersucht hätte. Er und Stefa schrieben Karten an alle, die sie im Ausland kannten. Im November 1941 erhielt Leon Gluzman, der in den zwanziger Jahren als Waisenkind im Heim gelebt hatte, bevor er nach Kanada auswanderte, eine maschinengeschriebene Postkarte, die von Korczak und Stefa unterzeichnet war: »Bitte, wenn möglich, schickt uns Lebensmittelpakete für unsere kranken Kinder (und für die, die sich gerade von einer Krankheit erholen) in unser Waisenhaus Chlodnastraße 33. Und bitte sagt auch anderen Bescheid, daß wir ihre Hilfe brauchen, besonders denen, die sich an ihre Kindheit erinnern.« Die Karte war an Gluzman, Ottawa, Ont., U.S.A./America adressiert und von den Nazizensoren mit dem deutschen Adler abgestempelt.

John Auerbach war damals achtzehn Jahre alt und hatte durch die Beziehungen seines Vaters das Glück gehabt, bei der Post eine Arbeit zu finden. An einem grauen Aprilmorgen des Jahres 1941 saß er mit anderen Postlern auf einer Bank und wartete darauf, die Post zu sortieren, als Korczak mit seinem Sack eintrat.

»Setzen Sie sich, Doktor, ruhen Sie ein wenig aus, die haben noch nicht angefangen«, sagte einer der Männer und bot Korczak seinen Platz auf der Bank an.

»Ich kann stehen«, protestierte Korczak, »Ihre Beine sind müder als meine.«

Als der Mann darauf bestand, ließ Korczak sich auf der Bank nieder, stützte sein Kinn in die Hand und die Hand auf den Stock, und seine Augen prüften die Gesichter der Leute, die in Schneewasser auf den durchgetretenen Holzplanken des Fußbodens herumschlurften und den Geruch ungewaschener Körper verbreiteten. Auerbach, der selbst Schriftsteller werden wollte und Korczaks Arbeit bewunderte, sah, wie alt und zusammengefallen dieser war, aber seine Augen mit den geschwollenen Tränensäcken waren immer noch lebendig und durchdringend.

»Sind Sie Student?« fragte Korczak, indem er sich plötzlich an ihn wandte.

Auerbach zuckte die Achseln. »Wahrscheinlich wäre ich einer geworden, aber jetzt bin ich Postler. Sonst nichts.«

Korczak sah Auerbach weiterhin an, schien aber mit sich selbst zu sprechen und fragte ihn: »Es gibt drei wunderbare Berufe. Was wären Sie am liebsten – Arzt, Lehrer oder Richter?«

Auerbach, der darauf achten mußte, ob seine Nummer aufgerufen wurde, antwortete: »Ich weiß nicht, ob ich Sie verstehe. Ich sehe ein, daß Arzt und Lehrer wichtige Berufe sind, aber ein Richter?«

»Mein lieber junger Mann«, sagte Korczak geduldig, »der Arzt kümmert sich um den Körper des Menschen, der Lehrer um seinen Geist. Und der Richter – ist nicht er für das Gewissen des Menschen zuständig?«

Auerbach dachte darüber nach, wußte aber immer noch nichts Rechtes damit anzufangen. »Braucht der Mensch den Richter genauso, wie er den Arzt und den Lehrer braucht?«

Korczak nickte langsam, als wäre er von seiner Antwort sowohl überrascht als auch enttäuscht.

»Sie sind noch sehr jung«, meinte er leise. »Ja, ein jeder braucht einen Richter, es sei denn, er ist sein eigener Richter. Und auch das ist ein sehr schwieriger und sehr schöner Beruf.«

In dem Moment hörte Auerbach seine Nummer und eilte zum Schalter. Später sah er den »merkwürdigen Mann mit Bart«, den er so sehr bewunderte, noch einmal, als er mit seinem Sack voll faulender Pakete die Post verließ.

Im darauffolgenden Monat erhielt Auerbach von seinem Vorgesetzten den Auftrag, ein herrenloses Paket in Korczaks Waisenhaus abzugeben. Es war eine Erfahrung, über die er bis zum heutigen Tag kein Urteil fällen möchte: »Ein Bub von sechs oder sieben Jahren mit kahlgeschorenem Kopf und in einem viel zu großen Kittel öffnete die Tür, sah mich mit großen, brennenden Augen an, rannte davon und rief: »Die Post ist da!« Ich nahm den Rucksack von der Schulter und suchte nach dem Paket, als ich im dunklen Flur Korczaks Schritte hörte. Er schien mich nicht mehr zu erkennen. Ich gab ihm das Buch zum Unterschreiben, und als er es mit zitternder Hand nahm, war ich erstaunt, daß er eine starke Wodkafahne hatte. Er muß meine Reaktion gespürt haben, denn er wurde ganz steif, und wir sahen einander eine Weile ganz ruhig an, ich weiß bis heute nicht, wie lange. Dann tat er einen Schritt auf mich zu, machte mit beiden Armen eine umfangende Geste, eine Bewegung, die die Welt, die Zeit, das Leben zu umfassen schien und seine hungrigen Kinder, denen er Arzt, Lehrer und Richter war. ›Man ... man muß immer versuchen weiterzuleben ... irgendwie‹, sagte er und legte mir eine Hand auf die Schulter. Und dann drehte er sich um und verschwand mit seinem zerrissenen Paket in der Dunkelheit.«

* * *

In jenem Frühling suchte Korczak jeden auf, der ihm helfen konnte, seine hungrigen Kinder zu füttern, auch den als Nazikollaborateur verschrienen Abraham Gancwajch, der dafür gesorgt hatte, daß er gegen eine Lösegeldzahlung aus dem Pawiak herauskam.

Gancwajch und sein berüchtigtes Netzwerk – bekannt unter dem Namen »Die Dreizehn«, weil es sich in der Lesznostraße 13 befand – operierten im Ghetto (zur größten Bestürzung des Vorsitzenden Czerniakow) wie ein weiterer Judenrat, und es wurde angenommen, daß sie einer Naziabteilung Bericht erstatteten. Es war im Dezember 1940 zunächst als Büro gegen Wucher und Schieberei im jüdischen Viertel Warschaus eingerichtet worden und verfügte über eine eigene Polizei sowie eine Krankenstation mit Rettungswagen; dem Netzwerk gehörten zwischen dreihundert und vierhundert Männer an.

»Was für eine jämmerliche, widerwärtige Kreatur«, hatte Czerniakow über Gancwajch in sein Tagebuch geschrieben. Es ist wenig über ihn bekannt, außer daß er eines Tages von irgendwo außerhalb Warschaus auf der Bildfläche erschien. Als begabter Redner, der sowohl Jiddisch wie auch Hebräisch und Polnisch beherrschte, predigte er die Zusammenarbeit mit den deutschen Eroberern – eine pragmatische Haltung, die einige mit der des Judenrats verglichen. Was immer sie von ihm dachten – Opportunist oder Menschenfreund –, viele der führenden Männer im Ghetto akzeptierten entweder aus Angst oder aus Not seine Einladungen zu den Besprechungen über Projekte der sozialen Wohlfahrt. Eine dieser Besprechungen hatte weit über die Sperrstunde hinaus gedauert und zwang daher die Teilnehmer, in Nummer Dreizehn zu übernachten. In seinem Tagebuch notierte Czerniakow einige Teilnehmer an dieser »Teeparty« und setzte mehrere Ausrufezeichen hinter den Namen Korczaks. Ringelblum zufolge hatte Korczak sich bereit erklärt, einer Kommission für Kinderhilfe vorzustehen, was das aber genau hätte sein sollen, beziehungsweise inwieweit es je realisiert wurde, ist nicht bekannt.

Anfang Juni 1941 verbrachten Korczak und Stefa mit den Zylbergs und anderen Bewohnern ihres Gebäudekomplexes fast die ganze Nacht am Fenster des Waisenhauses und spähten durch die geschlossenen Fensterläden: Deutsche Truppen marschierten durch die verlassenen Straßen des Ghettos, durch die Chlodna, die Elektoralna und Senatorska über die Weichselbrücke auf ihrem Weg zur russischen Front. *Stalin, wir kommen* stand quer über die Panzer geschrieben.

Der bevorstehende deutsche Angriff auf Rußland machte Korczak Mut. Wie viele andere, zweifelte er keinen Augenblick daran, daß die Russen Hitlers Truppen zurückschlagen würden und daß seinen Armeen ein ähnliches Schicksal bevorstand wie denen Napoleons. Es sei nur eine Frage der Zeit, und Polen würde wieder frei sein. Aber die folgenden Monate brachten bedrückende Nachrichten von deutschen Siegen und niedergemetzelten jüdischen Dorfbewohnern in den eroberten Gebieten. Und im Ghetto kam es zu einer neuerlichen Typhusepidemie, der wieder Tausende vom Hunger geschwächte Menschen zum Opfer fielen.

Die Juden klammerten sich an ihren zynischen Humor als Überlebenshilfe. Nichts, was sich vor oder hinter den Ghettomauern zutrug, war so unwesentlich, daß es nicht mit bitterem Galgenhumor kommentiert worden wäre. Auf der Straße begrüßten sich die Leute: »Wissen Sie, warum die Deutschen London bombardieren und die Engländer Berlin? Die ganze Hin- und Herfliegerei kostet doch nur Benzin. Die Deutschen sollten Berlin bombardieren und die Engländer London.« Oder: »Horowitz (Hitler) kommt ins Jenseits und sieht Jesus im Paradies. ›He, was macht denn der Jude da ohne Armbinde?‹ ›Laß ihn in Ruhe‹, sagt Petrus. ›Er ist der Sohn vom Boß.‹« Rubinstein, der verrückte Ghettonarr, lief noch immer mit absurden Verkündigungen durch die Straßen: »Die Reichen lösen sich auf!«, »Bald werden wir Fett haben!« Die Leute amüsierten sich derart über sein »Alle sind gleich! Im Ghetto sind alle gleich!« – eine Parodie auf den Slogan des Judenrates, der die Bevölkerung überzeugen sollte, daß jeder anständig behandelt würde –, daß eine Revue mit dem Titel »Alle sind gleich« im Melodie-Palast aufgeführt wurde, der zu den populären Revuetheatern gehörte.

Nazitaktik war unberechenbar. Im Spätsommer jenes Jahres erhielt der Judenrat plötzlich die Genehmigung, zwanzig jüdische Schulen einzurichten, in denen Polnisch, Jiddisch oder Hebräisch unterrichtet werden durfte. Während die Juden ganz aufgeregt nach Klassenräumen suchten – die meisten geeigneten öffentlichen Räumlichkeiten waren inzwischen zu Suppenküchen geworden –, hatte Hitler bereits Reinhard Heydrich, den Chef des Reichssicherheitshauptamtes, beauftragt, die »Endlösung« vorzubereiten, und in Auschwitz wurden die ersten Versuche mit Zyanidgas als zuverlässiger Methode der Exterminierung durchgeführt.

Korczak behielt seine Kinder im Haus und ließ sie dort unterrichten, weil er die Ansteckungsgefahr fürchtete. Aber er hielt pädagogische Seminare für die Lehrer und Direktoren der neuen Schulen ab, die sechstausend der fünfzigtausend Ghettokinder im Grundschulalter versorgten. Man entschloß sich, das Schuljahr mit einem Theaterwettbewerb zu eröffnen, bei dem alle drei Sprachgruppen gegeneinander antreten sollten. Die Hebräisch sprechenden Schulen planten Sketche jüdischen Lebens in Palästina von der Antike bis heute, die jiddischen Schulen beschäftigten sich mit sozialer Gerechtigkeit und Arbeiterfragen und die polnischen mit Szenen aus der polnischen Literatur, in denen Polen und Juden friedlich miteinander lebten.

Als Korczak Michael Zylberbergs hebräische Schule besuchte, fand er dreihundert Schüler, die Hebräisch sprachen, sangen und spielten, als ob sie in Palästina wären. Er versuchte, bei den Proben für ihr Stück dabeizusein, dem sie den Titel *Masada* gegeben hatten (der dann umgeändert wurde in *Glühwürmchen*, weil das unverfänglicher klang). Es handelte von der dreijährigen römischen Belagerung der Bergfestung Masada – die damit endete, daß die Juden sich lieber vom Felsen stürzten als sich zu ergeben – und sollte das Publikum daran erinnern, daß Juden nicht passiv untergehen. Zylberberg bemerkte, daß Korczak an dem Gedicht, mit dem das Stück endete, besonderen Gefallen fand:

Die Kette wurde nicht zerrissen,
die Kette dauert an.
Von den Eltern auf die Kinder
und vom Vater auf den Sohn.

So tanzten einst unsere Eltern,
eine Hand auf der Schulter des Nächsten,
in der andern die Sepher Thora,
um Licht ins Dunkel zu bringen.

Auch wir werden weiter tanzen,
unsere Sinne wach und klar,
wir werden tanzen und tanzen,
und die Kette wird niemals zerreißen.

Von der Genehmigung zur Einrichtung der Schulen ermutigt, rief Adam Czerniakow am Mittag des 20. September, einen Tag vor Rosh Hashanah, dem jüdischen Neujahrsfest, im Femina-Theater einen offiziellen Monat des Kindes aus.

Als Vorsitzender des mächtigen Judenrates wußte er natürlich, daß er heftigen Angriffen seiner Kritiker ausgesetzt war, die ihm und den anderen Ratsmitgliedern Korruption und Schiebung vorwarfen. (Ein Gassenhauer lautete: »Czerniakows Bauch ist dick und rund, frißt sich an Suppe und Fleisch gesund!«) Wie fragwürdig seine ethische Haltung auch immer gewesen sein mag, sein Interesse am Wohlergehen der Kinder war echt. Mit den täglich zunehmenden Schwierigkeiten seiner Aufgabe – er notierte in seinem Tagebuch, daß er auf einem kürzlich angefertigten Porträt »sehr alt und müde und bitter« aussah – kümmerte er sich mehr und mehr um spezielle Projekte für die Kinder. Er versuchte außerdem, mit seiner Einsamkeit und seiner Sorge um seinen einzigen Sohn Jas fertigzuwerden, von dem man nichts mehr gehört hatte, seit die Deutschen im Juni Lwow eingenommen hatten, in das der Sohn nach der polnischen Invasion geflohen war.

An jenem Tag im Femina-Theater bat Czerniakow gemeinsam mit seiner Frau und anderen Rednern das Publikum, ihre Herzen und Börsen zu öffnen, um den hungrigen und heimatlosen Kindern zu helfen. Es gelang ihnen, einhunderttausend Zlotys zusammenzubringen, mit denen unter anderem zwei Plakate finanziert wurden, auf denen stand: UNSERE KINDER, UNSERE KINDER MÜSSEN LEBEN und EIN KIND IST DAS HEILIGSTE ALLER WESEN.

Korczak entschloß sich, sowohl zu Rosh Hashanah als auch zu Jom Kippur im Waisenhaus Gottesdienste abzuhalten. »Wundern Sie sich nicht«, sagte er zu Zylberberg, den er gebeten hatte, ihm bei den Vorbereitungen zu helfen. »In schweren Zeiten sind Gebete sehr wichtig. Das wird den Kindern Kraft geben und uns auch. Niemand ist zur Teilnahme verpflichtet, aber alle sollen die Möglichkeit dazu haben. Außerdem wird es uns Geld für das Hauskomitee bringen.«

Ob es ihr Bedürfnis nach Gebeten oder die Aufregung über einen Feiertag war, jedenfalls stürzten sich die Kinder in die

Aufgabe, die Aula des Waisenhauses in eine Synagoge zu verwandeln. Sie legten Teppiche auf den Boden und arrangierten die Blumen, die von Korczaks nicht-jüdischen Freunden ins Ghetto geschmuggelt worden waren. Ein Schrein mit zwei Thorarollen in reichbestickten Hüllen wurde am Ende der Halle, flankiert von zwei Silberleuchtern, aufgestellt, davor die Bankreihen.

Zylberberg bat einen aus einer kleinen Stadt deportierten Kantor, den Gottesdienst zu leiten. Als es dann soweit war, nahmen allerdings nur wenige außer den Bewohnern des Häuserkomplexes und den Waisenhausinsassen an der Feier teil. Korczak fürchtete, daß eine große Menschenmenge ihm den Typhus ins Haus bringen würde, und hatte den Eintrittspreis entsprechend hoch angesetzt – und in letzter Minute hatten die Deutschen außerdem zum ersten Mal in zwei Jahren das Öffnen der Synagogen gestattet.

Korczak stand hinten in der Halle in seinem alten grauen Anzug und den hohen Armeestiefeln, eine seidene Jarmulke auf dem Kopf, und war völlig versunken, als ob er meditierte. Niemand bewegte sich, als der Kantor sang:

Zu Rosh Hashanah wird es geschrieben,
zu Jom Kippur wird es besiegelt,
wie viele scheiden werden
und wie viele geboren werden,
wer leben soll und wer sterben soll.

In der Predigt, die Korczak zehn Tage später an Jom Kippur hielt, versuchte er, die Kinder zu beruhigen, und sagte ihnen, daß sie noch glückliche Zeiten erleben würden. Doch selbst als er sie zum Schluß des Gottesdienstes mit dem uralten Ruf »Nächstes Jahr in Jerusalem!« anführte, gelang es ihm nicht, seine eigenen Ängste zu zerstreuen. Zylberberg, der eigentlich in seine eigene Wohnung zurück wollte, um sein Fasten zu beenden, blieb auf Bitten seines Freundes noch bei ihm.

»Es ist wichtig, daß die Kinder sich nicht ängstigen«, sagte Korczak zu ihm. »Aber ich fürchte die Zukunft. Die Deutschen sind zu allem fähig.«

31
Unsere Kinder müssen leben

Und wiederum entwickelten die Deutschen während der hohen Feiertage einen bösartigen Plan – als ob »die Schufte mit dem herannahenden Winter unruhig würden« –, wie Emmanuel Ringelblum in sein Tagebuch schrieb. Im letzten Jahr hatten sie das Ghetto eingerichtet; in diesem Jahr verkündeten sie ihre Absicht, es zu verkleinern, wobei sie gleichzeitig eine wachsende Zahl von Juden aus anderen Ländern hereinbrachten.

Mitte Oktober 1941 erfuhren Korczak und Stefa, daß die Bewohner der Chlodna 33 und der angrenzenden Straßen sich innerhalb von vier Tagen eine neue Unterkunft suchen mußten, weil dieses Stück aus dem Ghetto herausgenommen wurde. Es war fast genauso schlimm, dieses Haus zu verlassen, wie es gewesen war, aus ihrem Haus in der Krochmalna hierherzukommen. Von Hunger und Erschöpfung geschwächt, hatten sie für diese Übersiedlung viel weniger Kraft. Aber, wie immer, stürzten sie sich auf die Aufgabe. Korczak fand ein ehemaliges Innungshaus in der Siennastraße 16 im Kleinen Ghetto. Früher war das mal eine vornehme Adresse gewesen, heute sah das Haus auf eine kürzlich errichtete Mauer, die in der Mitte der Straße entlanglief und die südliche Grenze des Ghettos bildete. Das neue Haus war noch kleiner als das vorherige, aber Korczak hatte Glück: Es gelang ihm, auch noch ein kleines Haus dahinter, in der Sliskastraße Nummer 7, zu bekommen, in dem das Personal wohnen konnte.

Stefa teilte den knappen Raum für die Bedürfnisse der Kinder ein. Mit Schreibtischen und Schränken teilte sie den großen Saal im ersten Stock in Speiseraum, Aufgabenzimmer und Spielzimmer für den Tag und Schlafsaal für die Nacht auf. Die Routine des Hauses wurde sofort wiederaufgenommen. Der Unterricht wurde in Schichten erteilt, die Mahlzeiten in Schichten eingenommen. Jedes Kind hatte seine eigene persönliche Aufgabe in der Küche oder beim Saubermachen, für deren Erfüllung es Punkte gab. Es gab einen Chor, eine Theatergruppe, einen Nähzirkel, eine Puppenecke und eine Marionettenwerkstatt.

Gerade als der Umzug in das neue Quartier stattfinden sollte, erkrankte Michael Zylberbergs Frau Henrietta an Typhus. Seit sie im Ghetto war, hatte sie immer wieder zu Stefa gesagt, daß alle Hungers sterben würden, und hatte fast ihre gesamte Zeit damit verbracht, ihre Besitztümer gegen Lebensmittel einzutauschen. Jetzt sah es so aus, als ob sie eher an Typhus statt an Hunger sterben sollte.

In den zehn Tagen, als seine Frau halb bewußtlos in ihrer Wohnung lag, hielt sich Zylberberg vom Waisenhaus fern, um die Kinder nicht anzustecken. Es gelang ihm, ein paar Ärzte zu rufen und sie auch zu bezahlen, aber sie hatten kaum Medikamente, und Henriettas Zustand verschlechterte sich. An einem Spätnachmittag, als Zylberberg sicher war, daß sie sterben würde, erschien Korczak mit seiner Medizintasche. Er untersuchte sie und injizierte ihr ein kostbares Serum, das er mitgebracht hatte. Am nächsten Tag kam er noch mehrmals wieder und gab ihr immer wieder eine Spritze. Sie lag da und kämpfte um ihr Leben und hörte seine Stimme, die ihr Bewußtsein erprobte: »Wissen Sie Ihren Namen?« und sie ermutigte: »Geben Sie nicht auf. Hitler soll nicht noch einen Sieg erringen.« Eines Abends, nachdem er stundenlang an ihrem Bett gesessen hatte, sagte er zu ihrem Mann: »Das Fieber scheint zu fallen. Es sieht so aus, als ob sie es überleben wird.« Er sollte recht behalten.

Henrietta begleitete ihren Mann nicht in das neue Waisenhaus, weil sie fürchtete, die Straßen seien inzwischen zu gefährlich geworden. Zylberberg fand eine belastete Atmosphäre vor und Einrichtungen, die nicht so gut waren wie in der Chlodna. Die Küche war winzig, und es gab für hundertfünfzig Kinder nebst Personal nur ein Badezimmer. Trotzdem begrüßte ihn Korczak mit seinem üblichen Lächeln, und die Kinder waren so begeistert, ihn zu sehen, daß sie spontan ihre Hymne sangen:

Weiß und Braun, Schwarz und Gelb,
mischt die Farben miteinander.
Alle sind wir Schwestern und Brüder
eines Vaters und einer Mutter!

Während sich das Ghetto immer enger um die Juden schloß, wurde die Abwesenheit ihrer polnischen »Brüder und Schwestern« auf der anderen Seite der Mauer zu einer beinah physischen Entbehrung. Selbst der Hebraist Chaim Kaplan klagte in seinem Tagebuch: »Unsere Seelen verzehren sich nach einem nicht-jüdischen Gesicht.« Es gab nur fünf Nicht-Juden, denen man begegnen konnte: den Steuereintreiber, den Gasmann und den Stromkassierer sowie Schaffner und Fahrer der jüdischen Straßenbahn. Und wenn man Pech hatte und vor Gericht mußte, sah man den sechsten – den Richter.

Korczaks christliche Freunde empfanden den Verlust ebenso sehr und suchten nach Wegen, ihn zu besuchen. An einem dieser düsteren Novembertage, als der Himmel grau und die Erde mit schmutzigem Schnee bedeckt war, gelang es Maria Czapska, sich einen Passierschein auszuleihen und ins Ghetto zu kommen. Da die Straßenbahnen, die durchs Ghetto hindurchfuhren, dort nicht hielten, stieg sie eine Station vor dem Tor aus und zeigte ihren Passierschein den deutschen und polnischen Wachtposten draußen am Kontrollpunkt und den jüdischen Wachtposten drinnen. Obwohl es erst Nachmittag war, setzte die Dunkelheit bereits ein, als sie sich ihren Weg durch die verstopften Straßen bahnte, vorbei an Händlern, die Zigaretten und Sonnenblumenkerne feilboten, vorbei an Bettlern, die erfrorene Gliedmaßen zur Schau stellten, und an halbnackten Kindern, die völlig ignoriert wurden, als seien sie »Lumpen der Menschheit«.

Als Korczak sie an der Tür des Waisenhauses begrüßte, war Maria entsetzt, wie sehr er im Ghetto gealtert war. In den frühen zwanziger Jahren hatte sie ihn als begeisterte Studentin seiner Theorien aufgesucht und war durch seinen Einfluß Sozialarbeiterin geworden. Keiner von beiden sagte ein Wort, als sie durch den dunklen Flur zu seinem Büro gingen, an einer ganzen Reihe von Kindern vorbei, die dort standen und darauf warteten, ihre Bücher in der Bücherei umzutauschen. Maria war überrascht von ihrem ernsten und erwachsenen Gesichtsausdruck.

Nachdem sie sich in Korczaks kleinem Büro im ersten Stock niedergesetzt hatten, sprach Korczak über das Programm, das die Kinder für Chanukka vorbereiteten. Er hatte vor, für diesen Anlaß wie auch für eine christliche Feier einige Gebete zu verfassen. Er wollte einen Bittgesang für zwei Chöre komponieren und bat sie, ihm eine Litanei an die Jungfrau Maria zukommen zu lassen. Korczak sah traurig aus, als er von den früheren Jahren erzählte, in denen er für seine jüdischen Kinder ein Stück für Chanukka geschrieben hatte und mit seinen christlichen Kindern um den Weihnachtsbaum herumgetanzt war. Mit der Dunkelheit des nahenden Abends nahm auch ihr Schweigen zu. Maria Czapska hörte eine Straßenbahn, die auf ihrer Fahrt von der einen zur anderen arischen Seite ohne Halt und mit großer Geschwindigkeit das Ghetto durchquerte; sie hörte hastige Schritte im Schnee und gedämpfte Stimmen vor der Tür, die Jiddisch sprachen.

Als Czapska ging, blieb sie noch einmal in der Tür stehen, weil sie ahnte, daß sie ihren Freund vielleicht nicht mehr sehen würde. »Wie fühlen Sie sich wirklich?« fragte sie ihn. »Wie ein Schmetterling«, sagte er. »Ein Schmetterling, der bald in eine bessere Welt fliegen wird.« Nach einer Pause zeigte er sein halb zynisches Lächeln, das sie so gut kannte, und meinte: »Das ist entweder eine Vision – oder Hirnverkalkung.«

Auch Kazimierz Debnicki gelang es, mit einem geliehenen Passierschein ins Ghetto zu kommen. Niemals im Leben vergaß er den Schock, der ihn traf, als er, aus einem noch grünen Stadtteil mit guter Luft kommend, in dieser halberfrorenen Welt eintraf, in der Menschentrauben über herumliegende Leichen stiegen, als ob es Schneehaufen wären. Nachdem er das Waisenhaus in der Sienna/Ecke Sliska endlich gefunden hatte, war er froh, daß es wenigstens dort noch ordentlich zuging, aber seine Wut auf die Deutschen konnte er nicht zurückhalten, als er und Korczak schließlich zusammensaßen.

»Dieses Ghetto ist wie ein Gefängnis«, platzte er heraus.

»Es gibt zwei Gefängnisse«, sagte Korczak ruhig. »Eines ist größer als das andere. Das eine hat vielleicht mehr Bäume und Blumen, aber jeden erwartet überall das gleiche Schicksal.« Und dann fügte er mit schiefem Lächeln hinzu: »Wenn ein zum Tode Verurteilter seine Zelle verläßt, ist es gleichgültig, ob diese Zelle groß oder klein war.«

Debnicki sah, wie ausgemergelt Korczak war. Seine wilden, rotgeränderten, fast irrsinnigen Augen straften seine Worte Lügen. Indem er vernünftig über eine völlig wahnsinnige Situation sprach, versuchte er, bei Verstand zu bleiben. Er sei ein alter Militärarzt, erinnerte er Debnicki, und trotz aller Gefahren des Ghettos wisse er doch ganz genau, daß es an der Front immer noch viel gefährlicher sei.

Korczak klang wie der »alte Doktor«, wenn er das Gespräch auf eine philosophische Ebene brachte, die die Gegenwart transzendierte. Wiederum fand er sich in der Position, jene trösten zu müssen, die eigentlich gekommen waren, ihn zu trösten, und er versuchte, optimistisch in die Zukunft zu sehen: »Hitlers Bewegung wird sich nicht halten können, weil die Mehrheit der Deutschen sich diese Ungeheuerlichkeiten nicht bieten lassen wird«, sagte er. Als Debnicki seinen Zorn über das Verhalten einiger Polen zum Ausdruck brachte – die Juden an die Gestapo zu verraten –, entgegnete Korczak: »Weißt du, für jeden, der sich so verhält, gibt es einen anderen, der anständig ist. Im Grunde sind die Menschen nämlich gut.«

Doch war Korczak tief betroffen, daß die Brücke, die er und seine Familie zwischen Juden und Polen zu bauen versucht hatten, von den Deutschen so erfolgreich sabotiert werden konnte: »Wie leicht fällt es doch zwei Schurken, sich zu einem gemeinsamen Verrat, einem Verbrechen oder einem Betrug zu verabreden; wie unmöglich aber ist eine harmonische Zusammenarbeit, wenn zwei Menschen auf dieselbe Weise lieben, auf ganz andere Art jedoch verstehen, weil ihre Erfahrungen ganz andere sind«, schrieb er in seinen *Erinnerungen.*

Der Typhus reduzierte die Bevölkerung so drastisch, daß die Friedhöfe nicht mehr aufnahmefähig waren. Die Toten wurden nackt, noch nicht einmal mit einer Zeitung bedeckt, in Massengräber geworfen.

Korczak fühlte seine Hilflosigkeit von Tag zu Tag mehr, wenn er an ausgezehrten, barfüßigen Kindern mit nackten Armen vorbeikam, die in den winterlichen Straßen bettelten und am nächsten Tag erfroren im Rinnstein lagen. Es waren hauptsächlich Kinder von Flüchtlingen, die bereits dem Hunger oder dem Typhus erlegen waren, oder ihre Eltern hatten sie unmittelbar vor ihrem Tod auf die Straße gelegt, weil sie den Leichenwagen nicht bezahlen konnten. Häufig hatte jemand ihre kleinen starren Körper mit einem Plakat bedeckt: UNSERE KINDER, UNSERE KINDER MÜSSEN LEBEN.

Manchmal kniete sich Korczak neben die sterbenden Kinder und versuchte, ihren ausgemergelten Körpern von seiner Hand ein wenig Wärme zukommen zu lassen, oder er flüsterte ein paar Worte der Ermutigung, aber die meisten reagierten bereits nicht mehr. Im fortgeschrittenen Stadium des Hungers konnten sie nicht mehr aufstehen, sondern lagen zusammengerollt wie ein Fötus da, als ob sie mit offenen Augen schliefen. Eines der Rechte des Kindes, die er proklamiert hatte, war das Recht auf einen würdigen Tod, aber in der Art, wie diese Kinder lebten und starben, gab es keine Würde.

Eine Zeitlang hatte Korczak die Leute von CENTOS bedrängt, mehr Platz zu beschaffen, so daß die Kinder der Straße zumindest die Andeutung einer Chance hätten, leben zu können. Als nichts geschah und auch ein Hilfsplan der jüdischen Polizei nicht in die Tat umgesetzt wurde, entschloß er sich, einen Platz zu finden, an dem die sterbenden Kinder ein wenig Zuneigung spüren sollten.

Nachdem alle anderen Kanäle nicht zugänglich waren, dachte Korczak daran, sich der Hilfe Oberst Mieczyslaw Kowalskis zu versichern, eines Mitglieds der Gesundheitsabteilung des Judenrats. Der Oberst, ehemaliger Stabsarzt der polnischen Armee, hatte Korczak immer wieder einmal mit Seife, Bettwäsche, Brennstoffen und selbst Lebensmitteln versorgt. Da sie außer dem Austausch von Formalitäten kaum je miteinander gesprochen hatten, wunderte sich der Oberst, als Korczak völlig beseelt von seinem Plan erzählte, den Kindern auf der Straße zu einem würdigen Tod zu verhelfen. »Die Spitäler sind zu voll, die können sie nicht aufnehmen, selbst wenn sie noch eine Chance hätten, wieder gesund zu werden. Was mir vorschwebt, braucht weder viel Geld noch viel Platz. Ein leerer Laden, vielleicht ein ehemaliges Tuchgeschäft mit Regalen, auf die man die Kinder legen kann. Wir brauchen kaum Personal, eine Person mit einer Sanitäterausbildung würde reichen.«

Indem er erkannte, daß sterbende Kinder einen Platz brauchen, wo sie getröstet werden und ihre letzten Stunden in Frieden verbringen können, war Korczak ein Vordenker der Hospiz-Bewegung. Doch im Ghetto, wo die Lebenden ebensoviel Trost nötig hatten wie die Sterbenden, hatte der Oberst wichtigere Aufgaben zu erfüllen. Das Projekt kam nie zustande.

Trotzdem konnte Oberst Kowalski Korczak auf eine Weise zu Hilfe kommen, an die beide niemals gedacht hätten. Eines Tages erfuhr Kowalski, daß die Polizei Janusz Korczak verhaftet habe, weil er seine Armbinde nicht trug, und daß er bereits wieder auf dem Weg in den Pawiak sei. Der Oberst wandte sich sofort an Dr. Wilhelm Hagen, den Chefarzt der deutschen Gesundheitsdivision, der bekannt war als ein »guter Deutscher« und ihm einen Gefallen schuldete. Kowalski hatte erst kürzlich das Bein eines jüdischen Kollegen gerichtet, mit dem Hagen seit seinem Medizinstudium befreundet war; jetzt bat er Hagen um einen Gefallen: eine medizinische Bescheinigung, die Korczak vor dem Pawiak bewahren würde. Hagen erkärte sich damit einverstanden, aber erst, nachdem er Korczak untersucht hätte. Fast wäre dann der Schuß nach hinten losgegangen. Als die Polizei Korczak in Kowalskis Büro brachte, weigerte er sich, sich von Hagen untersuchen zu lassen. Er gab vor, kein Deutsch zu verstehen, behauptete, gesund zu sein und sich nicht freimachen zu wollen. Kowalksi brauchte eine ganze Weile, ihn dazu zu bringen, seine Kleider abzulegen. »Ich war entsetzt von seinem Zustand«, sagte Kowalski. »Er hatte einen Blutstau in der Lunge, einen Leistenbruch und schrecklich geschwollene Beine, um nur einiges zu erwähnen, was mit ihm nicht in Ordnung war.« Nachdem er die Bescheinigung ausgestellt hatte, sagte Hagen zu Korczak: »Ich hoffe, daß Sie in Zukunft Ihre Armbinde tragen werden, denn noch einmal kann ich Ihnen nicht helfen.« Diesmal antwortete Korczak ihm direkt auf Deutsch: »Ich kann Ihnen versprechen, daß ich sie niemals tragen werde.«

Am 1. November, an Allerheiligen, wenn die Polen Blumen und Kerzen auf die Gräber ihrer Toten legen, gelang es Korczak, einen Wachtposten zu bestechen und das Ghetto zu verlassen. Er war auf dem Weg nach Bielany, um zu sehen, wie es Maryna Falska und den Kindern dort ging. Er kam gegen Mittag an, frierend und erschöpft von dem langen Fußmarsch. Maryna und ihre Helfer waren von seinem Aussehen entsetzt und eilten umher, um es ihm ein wenig bequem zu machen. Die Kinder liefen herbei, als sie hörten, Pan Doktor sei da. Ein Bub öffnete den Mund, um zu zeigen, daß er einen Zahn verloren hatte, und wollte einige Münzen haben. »Keine Bezahlung ohne den Zahn«, sagte Korczak fröhlich.

Nachdem er die Kinder angeschaut und sich eine Weile mit ihnen beschäftigt hatte, schlug Maryna vor, er solle sich doch jetzt ein wenig ausruhen, und bat ihn in ihr Zimmer zum Tee. Nachdem sie allein waren, eröffnete sie ihm, daß sie drei jüdische Kinder versteckt halte. Da sie perfekt Polnisch sprachen, war es ihr gelungen, sie unterzubringen, allerdings wußten die anderen Kinder nichts davon, damit sie sie nicht unfreiwillig verrieten.

Man brauchte es Korczak nicht erst zu sagen, daß das Leben auch auf dieser Seite der Mauer gefährlich war – die Polen hatten weder genug zu essen noch ausreichend Brennmaterial, und jeden Monat wurden Zehntausende von ihnen zusammengetrieben und zur Zwangsarbeit nach Deutschland verladen. Viele waren von den Deutschen schon getötet worden, unter ihnen auch Jan Piecinski, früher Mitglied der *Bursa*, den Maryna so herangezogen hatte, daß er einmal Direktor ihres Waisenhauses werden sollte.

Einige Stunden später stand Korczak auf, um vor der Sperrstunde zurück im Ghetto zu sein; Maryna ließ ihn durch den Hausmeister Wladyslaw Cichosz begleiten. Auf dem Weg bat ihn Korczak, Maryna und die Kinder im Krieg nicht im Stich zu lassen – eine Bitte, der Cichosz nachkam –, und küßte ihn auf die Stirn, als sie sich den Ghettomauern näherten. Cichosz sah von weitem zu, wie Korczak durch das Tor verschwand.

Zehn Tage nach Korczaks Besuch in Bielany hingen überall Plakate, auf denen die Gestapo mitteilte, daß jeder Jude, der ohne offiziellen Passierschein das Ghetto verließ, ins jüdische Gefängnis gebracht und erschossen würde. Eine Woche später wurden acht Leute, die erwischt worden waren, als sie Lebensmittel von der arischen Seite ins Ghetto hineinschmuggeln wollten, zum Tode verurteilt. Der Judenrat bat um Gnade für die Häftlinge und um ein »ordentliches Gerichtsverfahren«. Aber am Morgen des 17. November, um sieben Uhr dreißig, befahlen die Deutschen den Polen, das Todesurteil im Gefängnishof zu vollstrecken. Sechs der »Verbrecher« waren Frauen – eine Sechzehnjährige bat Gott, ihren Tod als Opfer ihres Volkes anzunehmen, damit niemand sonst zu sterben brauche. Tausende von Menschen vor den Mauern weinten, und es wird berichtet, daß die polnischen Polizisten, die die Schüsse abzugeben hatten, ebenfalls weinten.

Trotz allem, was sich im Ghetto abspielte, klammerten sich die Menschen an die Hoffnung, daß mit einer deutschen Niederlage der Krieg bald vorbei sein würde. Chaim Kaplan schrieb in sein Tagebuch, daß die Juden diesen Tag mit einer solchen Erwartung herbeisehnten, daß sie sogar auf einen Selbstmord verzichteten, um ihn nicht zu verpassen. Mitte Dezember schien die Hoffnung begründet zu sein: nachdem sie drei Monate lang durch Rußland gestürmt waren, trafen die Deutschen vor den Toren Moskaus schließlich auf Widerstand; und nach dem japanischen Angriff auf Pearl Harbor vom 7. Dezember war Amerika gegen Deutschland und Japan in den Krieg eingetreten. Noch nicht bekannt war die Tatsache, daß die Deutschen inzwischen ihr erstes Vernichtungslager in Chelmno eingerichtet hatten, das den Gebrauch von Gewehren überflüssig machen sollte, die während dieser Zeit bei dem Massaker an 34000 Juden in Kiew, 28000 in Riga und 25000 in Wilna noch zum Einsatz gekommen waren.

Chanukka, das Fest des Lichts, das auf den 15. Dezember fiel, fand die Menschen besonders bedrückt vor, nachdem erneut siebzehn »Schmuggler« erschossen worden waren. Wegen der russischen Luftangriffe war Dunkelheit im Ghetto angeordnet; doch selbst im anderen Falle hätte kaum jemand Geld für Chanukka-Kerzen oder Kerosin gehabt. Da Korczak das letzte Chanukkafest im Pawiak in der Haft verbracht hatte, wollte er, daß es dieses Mal für die Kinder festlich würde. Das Haus summte, als die Kinder Menoras* für die Tische bastelten, an kleinen Geschenken arbeiteten und ein Stück probten, das Korczak vor Jahren für diesen Anlaß geschrieben hatte.

Dieser Feiertag hatte für Korczak eine besondere Bedeutung: »Alter Mann mit grauem Bart« nannte er ihn. Er bewunderte Judas Makkabäus wegen seiner Härte, seine Söhne mit der schweren Aufgabe zu betrauen, den Tempel von den Syrern zurückzuerobern, und dabei noch die Fähigkeit zu besitzen, den Sieg vorauszusehen. Auch Korczak konnte ein Wunder gebrauchen: Sein dürftiger Vorrat an Kerzen mußte für acht Tage reichen.

In Korczaks Stück *Die Zeit wird kommen* rät die Kerze einem Geschwisterpaar, sich nicht zu streiten, denn es gebe schon genug Konflikte auf der Welt: »Der Pfad zum Frieden muß im eigenen Haus beginnen. Danach wird die Zeit kommen, wo der Frieden überall in der Welt die Oberhand gewinnt.« Jede Generation von Korczaks Kindern hatte an das Versprechen der Kerze geglaubt: »Wenn wir auch noch einen weiten Weg vor uns haben, im nächsten Jahr werde ich zu euch zurückkommen.«

Einige Tage vor dem Festtag waren die Kinder überrascht, als von der arischen Seite ein Müllwagen vor ihrem Waisenhaus vorfuhr, der unter dem Abfall Geschenke für sie verborgen hatte. Die drei polnischen Müllmänner, vom polnischen Untergrund in Bewegung gesetzt, lieferten Lebensmittel und Spiel-

---

* *Menora* – siebenarmiger Leuchter, zu Chanukka achtarmig mit einem neunten Arm für das Anzündelicht (Anm. d. Übers.).

sachen von Korczaks Freunden ab. Auf ihrem Weg ins Ghetto hatten sie unterwegs sogar noch einmal angehalten und als persönliches Geschenk einen kleinen Christbaum gefällt und mitgebracht.

Einer von ihnen hat diesen Tag beschrieben: »Korczak bat die Kinder, sich um den Baum zu versammeln, den er mitten im Raum auf einen Tisch gestellt hatte. Unsere Päckchen lagen darunter. Die Kinder standen ganz still, starrten alles nur an. Ich war erstaunt, daß sie eigentlich gar nicht wie Kinder aussahen, sondern wie lächelnde alte Leute. Ihre Augen waren voll Trauer, obwohl sie sich riesig freuten. Ich fing an zu weinen, als wir ihnen ein Weihnachtslied sangen: »Und Gott gebe den Menschen Frieden, die guten Willens sind.«

Die Polen erklärten Korczak, daß sie an den beiden Wochentagen ihrer Müllroute durchs Ghetto immer Briefe und Lebensmittel hereinschmuggelten. Manchmal schmuggelten sie sogar Menschen hinaus. Als sie sich zum Abschied die Hände schüttelten, gab Korcazk ihnen eine Postkarte. Sie lasen sie, als sie wieder auf der arischen Seite waren: »Die Juden werden ihre Brüder und Schwestern auf der anderen Seite der Mauer niemals vergessen.«

Der strenge Winter von 1941 brachte dem Ghetto einen weiteren Schlag. Am Tag nach Weihnachten hing überall die Bekanntmachung, daß die Juden jedes Fetzchen Pelz innerhalb von drei Tagen beim Judenrat abzuliefern hätten; Zuwiderhandeln würde mit dem Tode bestraft.

»Ich möchte nicht ein zweites Mal geboren werden«, hatte Czerniakow an seinem Geburtstag im Vormonat seinem Tagebuch anvertraut. Als er von seinem Bürofenster auf die endlose Reihe Tausender von Menschen sah, die in der Eiseskälte darauf warteten, das einzige abzugeben, was ihnen noch ein bißchen Wärme gespendet hatte, fragte er sich vielleicht, ob er überhaupt hätte geboren werden sollen.

32
Der letzte Seder

Am 7. Januar 1942 druckte die *Jüdische Gazette*, die einzige erlaubte polnischsprachige Zeitung im Ghetto, einen Leserbrief als Reaktion auf einen Artikel, der sich lobend über das Waisenhaus des Dr. Janusz Korczak geäußert hatte: »(. . .) Das Waisenhaus war, ist und wird nicht das Waisenhaus Korczaks sein. Er ist zu klein, zu schwach, zu arm und zu dumm, um zweihundert Kinder auszuwählen, zu kleiden, zusammenzuhalten, zu ernähren, zu wärmen, zu umsorgen und in das Leben einzuführen. . . . Dieses große Stück Arbeit hat die gemeinsame Anstrengung Hunderter von Menschen guten Willens bewirkt, die das Problem des Kindes – des Waisenkindes – richtig verstehen. . . . Wilczynska, Pozowna und Korczak (wenn schon Namen genannt werden sollen) sind Angestellte und Verwalter dieses beträchtlichen Vermögens.« Der Brief trug die Unterschrift: »J. Korczak«.

Nachdem er die Aufmerksamkeit des Lesers einmal gewonnen hatte, legte Korczak seine eigentliche Botschaft in sein Postscriptum: »P. S. Auf einem Friedhof in Paris steht ein schönes Denkmal mit der Inschrift ›Im Gedenken an alle Toten, die von uns gegangen sind‹. Demnächst wird auf Betreiben unserer Schirmherren eine Gedenkfeier für die verstorbenen Waisen, Freunde und Erzieher des Waisenhauses stattfinden. Außerdem laden wir Sie zu einem Puppenspiel mit schönen, vergnüglichen Märchen ein, die Herr Dr. Janusz Korczak am Sonnabend, dem 10. Januar dieses Jahres, um 12 Uhr im Waisenhaus in der Sliskastraße 9 erzählen wird. Eintrittskarten für Kinder und Erwachsene zu 2 Zloty.‹«

Im Monat darauf stellte Korczak im gleichen ironischen Stil einen Antrag an den Judenrat und bat um den Posten des Direktors vom Findelhaus in der Dzielnastraße 39, in dem sich tausend Kinder befanden. Zu Czerniakow hatte er im Scherz gesagt, daß er über sich selbst das Gerücht verbreite, er sei ein Dieb, damit er den Posten auch bekomme, den derzeit Halunken innehätten, die aus dem Findelhaus ein »Schlachthaus« und ein »Leichenhaus« gemacht hätten. In seinem Antrag beschrieb er sich als einen unausgeglichenen, leicht reizbaren Schussel, der nur mittels mühsam erarbeiteter Selbstkontrolle zu Arbeit in einem Team fähig war. Seine Qualifikationen beschrieb er folgendermaßen:

> Ich bin vierundsechzig. Was meine Gesundheit betrifft, so habe ich den Gefängnistest im letzten Jahr bestanden. Trotz hoher Anforderungen dort habe ich mich nicht ein einziges Mal krankgemeldet, bin nie zum Doktor gegangen, habe die Turnübungen im Hof niemals versäumt, die selbst bei meinen jungen Kollegen gefürchtet waren. Ich esse wie ein Scheunendrescher, schlafe gut; kürzlich ging ich nach dem Genuß von zehn Gläschen Wodka von der Rymarskastraße strammen Schrittes nach Hause in die Sienna – mitten in der Nacht. Ich stehe zwei Mal pro Nacht auf und entleere zehn große Bettpfannen.
>
> Ich rauche, trinke nicht übermäßig; für den alltäglichen Gebrauch sind meine geistigen Gaben – ausreichend.
>
> Die Erfahrung hat mich mit der beachtlichen Fähigkeit ausgestattet, selbst mit Kriminellen und Schwachsinnigen zu arbeiten und zu existieren. Ehrgeizige, halsstarrige Narren haben mich von ihrer Besucherliste gestrichen – obwohl ich ihnen den gleichen Gefallen nicht tue. Ich gehe davon aus, daß die kriminellen Typen unter dem Personal im Findelhaus in der Dzielnastraße freiwillig die verhaßte Arbeit niederlegen werden, an die sie nur Feigheit und Trägheit binden.

Der Antragsteller schlug eine Probezeit von vier Wochen vor, die wegen der Dringlichkeit in derselben Woche beginnen sollte, und bat um eine Dienstwohnung und zwei Mahlzeiten pro Tag. »Unter einer Wohnung verstehe ich eine Ecke; die Mahlzeiten mit allen zusammen; übrigens kann ich darauf auch verzichten.« Er unterschrieb den Antrag mit »Goldszmit-Korczak, 9. Februar 1942«.

Natürlich war der Antrag als Witz gedacht. Wer im Judenrat würde Korczak die undankbare Aufgabe verweigern wollen, tausend sieche Kinder zu retten, die in ihren eigenen Exkrementen lagen, um die sich niemand kümmerte und von denen täglich zehn bis zwölf starben? Er erhielt den Posten, aber nur tausend von den zwanzigtausend Zloty, die er gefordert hatte.

Wie Korczak es erwartet hatte, machte ihm das korrupte Personal in der Dzielnastaße das Leben schwer, wenn er an den paar Tagen der Woche, die er dort verbrachte, zu verhindern versuchte, daß die für die Kinder bestimmten Lebensmittel verschwanden. Er kam sich »beschmiert, blutbefleckt, stinkend« vor. »Und schlau, denn ich lebe – ich schlafe, esse, manchmal mache ich sogar einen Witz.« Aber das wurde immer unmöglicher, je mehr er erkannte, daß er die meisten Kinder nicht würde retten können. Trotz seiner Anstrengungen, dafür zu sorgen, daß sie ihre Rationen auch tatsächlich erhielten, lag ihre Sterblichkeitsrate bei sechzig Prozent. Es gab einfach nicht genügend Nahrungsmittel und Medikamente. Er fühlte sich schuldig, wenn er dort überhaupt etwas aß, ganz gleich, wie schwach er sich fühlen mochte. »Lang nach dem Krieg werden die Leute sich gegenseitig nicht in die Augen schauen können, ohne sich zu fragen: Wie hast du überlebt? Wie hast du das angestellt?«, schrieb er.

Er suchte überall Hilfe.

Dem Waisenhaus gegenüber, auf der anderen Straßenseite, war eine kleine Hilfsstation mit dem Namen »Ein Tropfen Milch«, wo hungernde Mütter ihre Säuglinge hinbrachten. Häufig ging er allein oder mit Stefa dorthin, um sich mit der Direktorin, Anna Margolis, zu unterhalten und um zu sehen, wie kleine Kinder sich ohne ausreichende Versorgung mit Milch und Nahrungsmitteln entwickelten. Seine Beobachtungen teilte er einer Gruppe von Ärzten mit, die die Auswirkungen des Hungers auf die Entwicklung kleiner Kinder untersuchten. Aus dem Gedanken, daß all das Elend vielleicht zu medizinischen Erkenntnissen beitragen könnte, zog er so etwas wie eine gewisse schmerzliche Befriedigung. Frau Margolis war außerdem Chefin der Tuberkulosestation im Kinderkrankenhaus, und Korczak bat sie, wenn möglich dafür zu sorgen, daß einige der Kinder aus der Dzielnastraße Aufnahme fänden. Es gelang ihr, fünf Betten zu bekommen, in die er die schlimmsten Fälle von Ruhr, Lungenentzündung und Angina legte – alle drei Hungerkrankheiten. Ein Bub klammerte sich an seine Mandoline, als man ihn auf die Station brachte; man legte sie auf ein Brett über seinem Bett, aber er starb, bevor er sie noch einmal spielen konnte.

Jedes Detail in der Dzielnastraße wurde von Korczak selbst unter die Lupe genommen. Er stellte fest, daß die Unterwäsche der Kinder nie sauber aussah, ganz gleich, wie oft sie geschrubbt worden war. Also wandte er sich an Witold Gora, einen polnischen Bekannten, der als Installateur und Heizer in einer deutschen Wäscherei in der Pawiastraße arbeitete, und bat ihn, dort in der Nacht die Wäsche für ihn zu waschen. Jede Woche lieferte Korczak einen schweren Sack mit Unterwäsche in Goras Wohnung ab, und jede Woche trug Gora den Sack heimlich in die Wäscherei und brachte die saubere Wäsche zurück in seine Wohnung. Gora bot an, den Sack selbst im Findelhaus abzuholen, damit der Doktor davon entlastet wäre. Aber Korczak wollte nichts davon hören: »Sie gehen ohnehin ein schweres Risiko für uns ein«, meinte er. »Außerdem ist es gut für meine Gesundheit, die Säcke zu tragen.«

Der »lange, grüne polnische Frühling«, der für Korczak immer ein Zeichen der Erneuerung gewesen war, fand irgendwo außerhalb der Ghettomauern statt. Innerhalb der Mauern verkümmerte alles, was grün war, und starb binnen kürzester Zeit ab, als ob selbst das Gras und die Bäume unter diesen Bedingungen nicht überleben könnten. Es hieß, daß die Vögel nicht über das Ghetto flogen. Rubinstein, der selbsternannte Ghettonarr, war still geworden. Er hatte sich vom Typhus erholt und starrte immer noch jeden auf der Straße mit seinen wilden Augen an, doch er sang seine dummen Liedchen nicht mehr, als ob er geahnt hätte, daß sein eigener Wahnsinn mit dem Wahnsinn um ihn herum nicht länger Schritt halten konnte.

Gleichzeitig verkleinerten die Nazis wie verrückt gewordene

Stadtplaner das Ghetto, nahmen hier eine Straße heraus, teilten dort eine in der Mitte. Wenn der Judenrat die Ziegelmauern nicht schnell genug errichten konnte, wurden hölzerne Zäune mit Stacheldraht obendrauf errichtet.

»Eine schöne Stunde des Lebens« wurde jedem versprochen, der eine Einladung zum Sedermahl* für den 1. April 1942 ins Waisenhaus in die Sliskastraße erhielt.

Viele der Gäste erinnerten sich an die früheren Seder in der Krochmalna, ein beliebtes Ereignis, für das sich in jedem Jahr bis zu dreihundert Interessenten um Karten bemüht hatten. Da er Hebräisch nicht konnte, bat Korczak immer einen der den Glauben praktizierenden Lehrer, den Gottesdienst abzuhalten, aber er half den Kindern, ihre Eier und Bitterkräuter in Salzwasser zu tauchen und damit an die traurige Zeit zu erinnern, als die Israeliten Sklaven in Ägypten gewesen waren. Die Kinder warteten immer ganz besonders ungeduldig auf ihre Suppe, denn zum Sedermahl hatte Stefa in einigen der Matzoh-Bällchen Nüsse versteckt. (Die Sitte, die Bällchen für die Kinder überhaupt zu verstecken, hätte in einem Waisenhaus zu einem völligen Durcheinander geführt.) Das Kind, das eine Nuß fand, erhielt einen Preis. Doch der größte Preis war die Nuß selbst, die viele Kinder als besonderen Schatz aufbewahrten.

Wir wissen nicht, ob es beim letzten Seder Nüsse oder Matzoh-Bällchen oder auch nur Suppe gab, aber wir haben einen Bericht über seinen »Charme«, den Herman Czerwinski, der daran teilgenommen hatte, in der *Jüdischen Gazette* veröffentlichte.

Die langen Tische mit blitzsauberen Tischtüchern wurden von den »leuchtenden« Gesichtern von einhundertachtzig Waisen erhellt, die vom »Geist ihrer Mütter und Väter nicht verlassen, sondern begleitet wurden«. Korczak saß am Haupttisch mit sechzehn der älteren Chormitglieder, die jedesmal ein zionistisches Lied anstimmten, wenn in der Haggadah** Palästina er-

* *Sedermahl* – mit ihm beginnt die Feier zum Passahfest (Anm. d. Übers.).

** *Haggadah* – Erzählungen mit biblischen Stoffen (Anm. d. Übers.).

wähnt wurde. Die Gäste des Sedermahls saßen hinten. Als das jüngste Kind fragte: »Und durch was unterscheidet sich dieser Abend von allen anderen Abenden?«, antwortete Korczak mit einigen Worten, die jeden »rührten«. Nach dem Gottesdienst waren die Klänge von »Tellern, Bechern und Schüsseln zu hören. Die Frauen kamen aus allen Richtungen mit dem Essen. Die Freude regierte diese Passahfeier.«

Vermutlich hat Czerwinski Korczaks bewegende Worte, warum dieser Abend sich von allen anderen Abenden unterschied, nicht in seinen Bericht mitaufgenommen, weil die Nazis sie nicht lesen sollten. Aus dem gleichen Grund wird er nicht berichtet haben, daß Korczak während der Lesung aus der Haggadah zum Fenster ging und die erhobene Faust schüttelte, als ob er in Wut und Verzweiflung Gott um Rechenschaft für das Leiden seiner Kinder anriefe.

Kurz vor Mitternacht des 17. April, der als Blutiger Freitag in die Geschichte eingehen sollte, klopften kleine SS-Einheiten, von deutschsprechenden jüdischen Polizisten geführt, überall im Ghetto an Wohnungstüren. Jeder Wohnungsinhaber wurde höflich mit »Guten Abend« begrüßt und gebeten, doch einmal kurz nach draußen zu kommen. Dort wurde er an die Wand gestellt und erschossen. Sein Leichnam blieb liegen, wo er lag, und das höfliche Todeskommando zog weiter zur nächsten Adresse auf der Liste. Falls eine Ehefrau schrie oder ihrem Mann auf den Hof folgte, fand man ihren Leichnam in einer Blutlache neben seinem.

Die Opfer – Rechtsanwälte, Bäcker, Händler, Metzger, Kaufleute, frühere Beamte – schienen auf den ersten Blick überhaupt nichts miteinander zu tun zu haben. Wie war es zu dieser Liste gekommen? fragte jeder voller Angst. Wer würde der nächste sein? Erst später erfuhr man, daß die ermordeten Männer die illegale politische Zeitung *Das Blettl* herausgegeben hatten, das einmal das Organ des sozialistischen jüdischen Arbeiterbundes gewesen war.

Obwohl die Gestapo dem Vorsitzenden Czerniakow versicherte, daß, wer nicht im Untergrund agierte, auch nichts zu befürchten habe, wurden zwei Tage später am hellichten Tag sieben weitere Männer auf der Straße erschossen. Danach waren im Ghetto Tag und Nacht Schüsse zu hören. Wieder gab es Gerüchte, daß es zu Deportationen aus Warschau kommen würde. In Lublin – so hieß es – seien vierzigtausend Menschen mit unbekanntem Ziel in Güterzüge verfrachtet worden. Die Menschen wagten nicht, ihre Wohnungen zu verlassen. Sie sprachen flüsternd und zuckten bei jedem Geräusch an der Tür zusammen.

33
Erinnerungen – Tagebuch im Ghetto

Sind denn die redlichen Leute der oberen
Schichten schon wie das Amen für den
Kalvarienberg bestimmt?
Tagebuch im Ghetto

Einige Wochen nach dem Blutigen Freitag saß Korczak im Bett und schrieb in sein Tagebuch. Er hatte mit den Aufzeichnungen seiner Erinnerungen kurz nach der deutschen Besetzung Warschaus begonnen und das Buch dann erst einmal wieder weggelegt.

»Es ist Mai. Ein kühler Mai in diesem Jahr. Auch diese Nacht heute, die stillste der stillen. Fünf Uhr früh. Die Kinder schlafen. Es sind wirklich zweihundert. Im rechten Flügel wohnt Fräulein Stefa, im linken Flügel ich, im sogenannten Isolierraum.

Mein Bett steht mitten im Zimmer. Darunter steht eine Flasche Schnaps. Auf dem Nachttisch ein Stück Vollkornbrot und ein Krug Wasser.« Um ihn herum die Betten der kranken Kinder: der kleine Monius (es gab vier, die so hießen), Albert und Jerzyk auf einer Seite und auf der anderen Seite an der Wand: Felunia, Gienia und Haneczka. Dann war da noch der alte Schneider, Romcias Großvater Azrylewicz, der an einer Herzkrankheit litt und Korczak mit seinem Stöhnen wachhielt.

Korczak hat in diesen letzten drei Monaten seines Lebens fast jede Nacht, wenn die Kinder schliefen, in dieses Buch geschrieben. Häufig waren seine Notizen nicht mehr als knappe Kürzel. Sein Körper, von Hunger und Erschöpfung ausgezehrt, sagte ihm, daß der Tod nicht mehr weit sei, aber er ahnte nicht, wie dieser Tod aussehen würde. Als jüdischer Arzt in einem katholischen Land hatte er stets die »heilende Kraft der geflüsterten Beichte« geschätzt und sehnte sich jetzt »nach einem

Beichtvater, einem Ratgeber – einem geneigten Ohr für seine [eines Menschen] Klage«.

Das Tagebuch seiner Erinnerungen sollte diese Rollen übernehmen und dazu noch die des Richters. Es würde keine Chronik des Lebens im Warschauer Ghetto sein – wie die Tagebücher Emmanuel Ringelblums, Chaim Kaplans und Adam Czerniakows – , sondern die subjektive Erinnerung an seine Reise nach innen, die er zwei Jahre zuvor unterbrochen hatte. Er fühlte sich nicht der jüdischen Geschichte verpflichtet, sondern seiner eigenen als polnischer Jude.

In diesen verlassenen Nächten, in denen der Irrwitz seines persönlichen Lebens sich mit dem wirklichen Wahnsinn vor seiner Tür vermischte, schrieb er von dem Entsetzen über des Vaters Geisteskrankheit, von seiner eigenen Angst davor und daß er sich schuldig fühle, das Krankenhaus um des Waisenhauses willen verlassen zu haben. »Eine häßliche Fahnenflucht.« Nur gelegentlich verweilte er bei der Beschreibung einer Szene aus dem Ghetto, die diese schreckliche Welt kurz mit einem grellen Schein erhellte, der ebenso rasch wieder im Bewußtseinsstrom seiner Erinnerungen verblaßte. Einmal lautet sein trockener Kommentar: »Ich vergaß zu erwähnen, daß auch jetzt Krieg herrscht.«

Die Waisenkinder beherrschten einige der Seiten, so wie sie sein Leben beherrscht hatten, hier und da begegnet man ihrem Husten, ihren eigenen Tagebüchern, ihrem Bedürfnis nach Bäumen und Blumen. Erst wenn die Karbidlampe erlosch, die Tinte aus war oder er einfach nicht mehr konnte, hörte er auf zu schreiben. Am Morgen kam Henryk, Praktikant und Sohn des alten Schneiders, und tippte die Seiten auf der Maschine ab, geradeso, wie es einst Walenty in jenem anderen Krieg getan hatte.

Eine frühe Eintragung lautet:

Sechs Uhr dreißig.

Im Schlafsaal hat jemand gerufen:

»Aufstehen, Buben, zum Baden!«

Ich lege die Feder weg. Soll ich aufstehen oder nicht?

Ich habe schon lange nicht mehr gebadet. Gestern habe

ich eine Laus gefangen und sie ohne Skrupel mit einer einzigen schnellen Bewegung der Fingernägel zerquetscht. Wenn ich dazu komme, schreibe ich eine Apologie der Laus; denn unser Verhältnis zu diesem schönen Insekt ist ungerecht und unwürdig.

Ein erbitterter russischer Bauer hat einmal gesagt: »Die Laus ist kein Mensch – sie saugt nicht alles Blut aus.«

Für ein paar Minuten saß er noch auf seinem Bett: »Unvergeßlich die Bilder aus dem Schlafsaal, wenn die Kinder erwachen.« Es faszinierte ihn immer noch: »Die Blicke und Bewegungen noch ganz schwer, oder aber ein plötzliches Herausspringen aus den Betten. Eines reibt sich die Augen, ein anderes wischt sich mit dem Ärmel seines Nachthemds die Mundwinkel, ein drittes zupft sich am Ohr, reckt sich und hält, ganz verloren vor sich hinstarrend, ein Kleidungsstück in der Hand.« Der alte Doktor erkannte immer noch sogleich, »wer – und warum er – sich immer so und gerade heute so verhält«.

Bevor der »Bienenstock zu summen begann«, teilte er seinen Tag strategisch ein wie ein Armeekommandant: Besuche, die zu absolvieren waren, Briefe, die geschrieben werden mußten, Besorgungen, die zu erledigen waren. Oder er ließ den vorangegangenen Tag mit seinen Siegen und Niederlagen an sich vorbeiziehen.

Nehmen wir Samstag, den 23. Mai 1942.

Der Tag begann mit großer Aufregung, weil die Kinder sich zum Wiegen aufstellten. Zwar habe der Mai einen großen Rückschlag gebracht, aber es sei »noch nicht beunruhigend«, notierte er. Das Frühstück war eingenommen worden, doch: »Das Frühstück selbst ist auch schon eine Arbeit. Wir hatten nach meinem unanständigen Brief an einen Würdenträger eine verhältnismäßig gute Zuteilung erhalten: Würste und sogar Schinken und auch hundert Kuchen.« Es hatte zwar nicht viel für jeden gegeben, aber immerhin etwas. Später gab es sogar eine Überraschung in Form von zweihundert Kilo Kartoffeln. Aber: »Ein flüchtiger diplomatischer Sieg, ein leicht errungenes Zugeständnis sollten keine optimistischen Hoffnungen wecken oder die Wachsamkeit einschläfern.« Die Kinder wußten nichts von der Beschaffungsgeschichte eines jeden Bissens, den sie sich in den Mund schoben, während er dasaß und sich die quälende Frage stellte: »›Habe ich es gut oder schlecht gemacht?‹«

Nach dem Frühstück hatte es eine Versammlung gegeben, es wurden die Urlaubspläne für die Lehrer und der Einsatz ihrer Vertretungen festgelegt. Man hätte es eigentlich genauso machen sollen wie im letzten Jahr, aber zu viel war seither geschehen – zu viele waren hinzugekommen, und zu viele waren nicht mehr da. »Was soll ich viel reden – es ist anders.«

Es war Samstag, und wie eh und je versammelte man sich dann für die Kinderzeitung und die Gerichtsurteile. Er war sich darüber klar, daß die Zeitung ihre Faszination für die Kinder verloren hatte, nur die Neuen interessierten sich noch wirklich dafür. »Nicht jeder möchte eine geschlagene Stunde lang hören, wer gut und wer schlecht gewirtschaftet hat.« (Es war jetzt leichter, einige Probleme einfach zu übersehen – zum Beispiel, daß es viele Diebstähle und viel Unruhe im Haus gab.) Und die Alteingesessenen wußten, daß sie doch nicht erfahren würden, was sie einzig und allein interessierte: was aus ihnen werden sollte. Sie hörten auf das, was er nicht sagte. Er wollte sie nicht beunruhigen – oder zugeben, daß nicht einmal er wußte, was die Zukunft für sie bereithielt.

Er brütete noch über seinem Nachmittagsprogramm, als der Gong zum Mittagessen ertönte. Drei Besuche waren zu machen. Der erste galt einem »sympathischen Herrn« und Gönner, der krank gewesen war und den er nicht antraf. »›Ich bitte, ihm meine verspäteten guten Wünsche auszurichten. Ich wollte früher kommen, aber ich konnte nicht.‹« Die zweite Verpflichtung war » ein einstündiger Vortrag über Hefesorten«. Er hörte seine eigene Leier über Bierhefe und Backhefe, lebende oder abgetötete, wie lange man sie rasten lassen sollte, wieviel man nahm und wie oft, sowie über die Bedeutung von Vitamin B. Und die ganze Zeit dachte er: »Wir brauchten fünf Liter in der Woche. Wie? Durch wen? Von wem?«

Der dritte Besuch galt einer kleinen Begrüßungsfeier für Leute, die gerade aus dem Osten zurückgekommen waren. An der Haustür nahm ihn der Hausmeister voller Angst, die Gestapo könnte kommen und sie verhören, zur Seite: »Hilf uns, Allmächtiger! Daß sie uns nichts fragen.« Nachdem er im Haus war, stellte Korczak trocken fest, daß die Gäste ganz offensichtlich erleichtert waren, »aus der Hölle in das Warschauer Paradies« zurückgekehrt zu sein.

Auf seinem Heimweg wurde er Zeuge einer Szene, die er mehrfach in seinem *Tagebuch* erwähnen wird:

> Neben dem Gehsteig liegt ein halbwüchsiger Bub, vielleicht lebt er noch, vielleicht ist er auch schon tot. Und gleich daneben sind drei Buben beim Pferdchenspielen die Zügel durcheinandergeraten. Sie halten Rat, probieren, werden ungeduldig und stoßen dabei mit den Füßen an den Daliegenden. Endlich meint einer: »Laßt uns hier weggehen, der ist uns im Weg.«
> Sie gehen ein paar Schritte weiter und machen sich wieder über ihre Leine her.

Am Sonntagmorgen in der Dämmerung lag er im Bett und dachte an die Briefe, die er zu schreiben hatte, und die sieben Besuche, die zu machen waren. Aber er rührte sich nicht. Sein Wille hatte ihn bis jetzt angetrieben, doch nun gehorchte sein Körper ihm nicht länger. Er versuchte, die Gerüche im Raum nicht wahrzunehmen: Es roch nach Ammoniak vom Urin im Nachttopf, den er nicht mehr jeden Tag ausleerte; nach dem Knoblauch, den er verzehrt hatte, und nach dem Karbid seiner Lampe. Und »von Zeit zu Zeit« roch es nach seinen »sieben Zimmergenossen«. Es gab Wanzen und Motten, die ihn plagten.

Er lag da und dachte: »Aufstehen, das bedeutet, sich im Bett aufrichten, nach der Unterhose greifen, sie zuknöpfen, wenn auch nicht alle, so doch wenigstens einen Knopf; sie am Hemd befestigen; zum Socken-Anziehen muß man sich bücken; die Hosenträger . . .«

Mit großer Anstrengung kleidete er sich an, machte sich auf seinen Weg. Er ignorierte den Dauerhusten, den Zahn, der ihm in die Zunge schnitt. »Ich huste. Das ist eine schwere Arbeit. Vom Gehsteig auf die Fahrbahn hinuntersteigen, von dort wieder auf den Gehsteig klettern. Ein Passant stieß mich: ich schwankte und lehnte mich an eine Hauswand.« Es war nicht mehr sein Körper, der ihm den Dienst verweigerte, sondern »die Willensstärke« fehlte ihm. Er fühlte sich wie ein »Schlafwandler« oder ein »Morphinist«. Manchmal erinnerte er sich nicht mehr, was sein Vorhaben gewesen war: »Auf der Treppe bleibe ich stehen: ›Weswegen will ich eigentlich zu ihm?‹«

In letzter Zeit geschah das immer öfter. Er nahm die Dinge nur wie durch einen Nebel wahr, hörte und sah all das Schreckliche um ihn herum nur noch undeutlich: Er hätte diese Zusammenkünfte ohne weiteres verschieben oder auch ganz absagen können:

> Seicht, grau, gewohnheitsmäßig, beruflich . . . verschwommene Gefühle ohne Maß. Sie sind neben mir, nicht in mir. Ich kann mühelos auf sie verzichten, sie vertagen, auslöschen, einstellen, auswechseln. Die scharfe Zahnkante verletzt mir die Zunge. Ich werde Zeuge einer empörenden Szene: ich höre die Worte, die mich in Zorn versetzen sollten. Aber ich kann mich nicht aushusten, ich würge und ersticke fast.
>
> Ich zucke die Achseln, es ist mir gleichgültig.
>
> Indolenz. Gefühlsarmut, voller grenzenloser jüdischer Resignation: »Also, was ist. Und was weiter?«
>
> »Was soll's also, daß meine Zunge weh tut, was soll's, daß man Menschen erschossen hat?« »Er weiß schon, daß er sterben muß. Und was weiter?« »Man stirbt ja doch nicht öfter als einmal . . .«

Er war nicht der einzige, dem der Realitätssinn langsam abhanden kam, wie er bei einer Szene feststellen konnte, deren Zeuge er war: »Eine Kaufmannsfrau antwortete auf die Beanstandungen einer Kundin: ›Das ist weder eine Ware, noch ist das ein Geschäft, Sie sind weder eine Kundin, noch bin ich eine Kaufmannsfrau. Ich verkaufe Ihnen nichts, und Sie bezahlen mir nichts, denn diese Papierchen sind doch kein Geld. Sie verlieren nichts, und ich verdiene nichts. Wer betrügt denn heute schon, und wozu? Aber man muß eben etwas tun. Ist es nicht so?‹«

Bei einer anderen Begebenheit bemerkte die Verkäuferin in

einer Metzgerei Korczaks schwarzen Humor schon gar nicht mehr: »›Mein liebes Fräulein, ist diese Wurst nicht womöglich aus Menschenfleisch, denn für Pferdefleisch ist sie zu billig.‹

Und sie antwortete darauf:

›Das weiß ich nicht, ich war nicht dabei, als sie gemacht wurde.‹«

Wenn es manchmal vorkam, daß ihn doch noch etwas anrührte, wie zum Beispiel die Begegnung mit jemandem, den er seit Jahren nicht gesehen hatte, war er erleichtert festzustellen, daß er noch fühlen konnte. Doch an den veränderten Zügen dieses Menschen konnte er ablesen, »was sich gewandelt hat und was wir einmal gewesen sind«.

Er war völlig erschöpft, wenn er von seinem »Rundgang« ins Waisenhaus zurückkehrte. »Ergebnis: Fünfzig Zloty und eine Verpflichtung über fünf Zloty monatlich. Können davon zweihundert Menschen leben?« Er legte sich angekleidet aufs Bett. Er genehmigte sich vielleicht »fünf Gläschen Spiritus, halb und halb mit heißem Wasser«, die ihn »in Stimmung« brachten und ihm ein Gefühl der Entspannung gaben. Er fühlte die Schmerzen in den Beinen, in den Augen und »das Brennen des Hodens« nicht mehr. Er fühlte sich »wohl, ruhig und sicher«. Allerdings bestand immer noch die Möglichkeit, daß irgend jemand ins Zimmer platzte, ihn auf dem Bett ausgestreckt sah und sich gleich wieder zurückzog. Oder Stefa konnte ihn stören »mit irgendeiner Neuigkeit, mit Überlegungen oder desperaten Entschlüssen«.

Als Arzt wußte Korczak natürlich genau, daß seine Erschöpfung und Apathie Symptome der Mangelernährung mit achthundert Kalorien am Tag waren. Doch auch der Arzt, der sich zum Schlafen niederlegte, kannte den Hunger wie jeder andere. Früher war ihm das Essen nie sehr wichtig gewesen, und nun lag er da und dachte darüber nach, was er »freiwillig, und vielleicht sogar ohne Abscheu, jetzt essen« würde. Vor einem halben Jahr hatte er noch gar nicht genau gewußt, was ihm schmeckte, eventuell das, womit er eine Erinnerung verband: Himbeeren aus Tante Magdas Garten, die Buchweizengrütze, die sein Vater so gemocht hatte, die Kutteln, die ihm in Kiew so gut geschmeckt hatten, Nieren, wie er sie in Paris gegessen hatte, und die essiggetränkten Gerichte, die er aus Palästina kannte. Zur Beruhigung und um einzuschlafen, stellte er sich jetzt Champagner vor (den er dreimal in seinem Leben getrunken hatte) und die Biskuits, die es gegeben hatte, wenn er als Kind krank gewesen war. Und dann das Eis, das ihm seine Mutter verboten hatte, und Rotwein. Manchmal dachte er sich ein Menü aus:

Vielleicht Fisch mit Sauce à la tatare?

Wiener Schnitzel?

Pastete, Hasenbraten mit Rotkohl, Malaga?

Nein! Kategorisch nein.

Warum?

Eine merkwürdige Erklärung:

Essen ist Arbeit, und ich bin müde.

Mehr auf sich zu nehmen, als eigentlich menschenmöglich war, war Korczaks Form des geistigen Widerstands. Er war nach wie vor überzeugt, letztlich erfolgreich zu sein, wenn er die Ordnung seines Hauses und sein Tagesritual aufrechterhielt. Vielleicht würde der Krieg zu Ende gehen und die Deutschen würden geschlagen werden. Bis dahin bedeutete die Tatsache, daß seine Kinder gesund und aktiv waren, daß sie sich nicht mit Tuberkulose oder Typhus angesteckt hatten und daß das Waisenhaus den Kammerjäger nicht brauchte, einen Sieg des Lebens gegenüber dem Tod, einen Sieg des Guten über das Böse.

Wenn es keine Helfer gab, die den Antrag eines Kindes auf Aufnahme ins Waisenhaus überprüfen konnten, übernahm Korczak eine solche Aufgabe auch manchmal selbst. In der Smoczastraße 57 fand er die Mutter auf einem Sofa, mit einem Darmgeschwür im Sterben liegend. Der Bub war nicht zu Hause. Er war beim »Organisieren«. . . . »Ein gutes Kind«, sagte ein Nachbar zu Korczak, »solange die Mutter nicht gestorben ist, wird ihm das Fortgehen schwerfallen.« Die Mutter sagte ihm: »Ich kann nicht sterben, solange er nicht versorgt ist. Er ist so ein gutes Kind: Am Tage sagt er, ich solle nicht schlafen, dann könne ich in der Nacht besser schlafen. Und in der Nacht sagt er: ›Warum stöhnst du? Was hast du davon? Schlaf doch lieber.«

Donnerstags wurden die Anträge für Neuaufnahmen bearbeitet, und es fiel Korczak irgendwann auf, daß auch die anderen die Dinge nur noch wie durch einen Nebel wahrzunehmen schienen – selbst Stefa, die immer noch ihre Sorge zum Ausdruck brachte, daß die Ablehnung eines Antrags den sicheren Tod des betreffenden Kindes bedeutete. Häufig verlor sich die Diskussion, weil man den Faden verloren hatte. Irgend jemand unterbrach das Gespräch mit einer Bemerkung, und plötzlich fragten sich alle: »Worüber sprechen wir eigentlich?«

Manchmal sagt jemand: »Erstens . . .«
Auf das »Zweitens« wartest du vergebens.
Freilich – ein guter Teil dabei ist reine Geschwätzigkeit.
Der Antrag: Ein Kind soll aufgenommen werden.
Es wird notiert: »Der Antrag ist angenommen.« Jetzt sollte eigentlich über das nächste Gesuch befunden werden.
Aber nein. Nicht nur eine, gleich drei Personen begründen nun den Antrag. Manchmal muß mehrmals unterbrochen werden.
Die Diskussion kommt ins »Schleudern« wie ein schlecht gelenktes Auto.
Das quält und strengt an.
Nun aber genug!

Viele der Kinder, die aufgenommen wurden, waren Vollwaisen wie die neunjährige Giena. Doch selbst Giena, die nur ihren siebzehnjährigen Bruder Samuel hatte, wäre vermutlich nicht aufgenommen worden, hätte ihr Bruder nicht das Glück gehabt, jemanden zu kennen, der Stefa kannte.

Vor dem Krieg war Giena ein blitzgescheites, fröhliches Kind gewesen. Sie hing sehr an ihrer Mutter, deren langes, schmales Gesicht mit den großen Augen sie geerbt hatte. Ihr Vater hatte als Chemiker in einer Fabrik gearbeitet, die von den Deutschen nach der Besetzung Warschaus geschlossen worden war, und er war kurz darauf an Tuberkulose gestorben. Im folgenden Jahr starben auch ihre ältere Schwester und ihre Mutter an Typhus.

Bevor sie starb, hatte ihre Mutter sie Samuel anvertraut, und der tat für sie, was er konnte. Tagsüber arbeitete er in einer Möbelfabrik und überließ sie der Obhut einer Tante, deren Familie ihre Wohnung mit ihnen teilte. Aber ziemlich bald klagte die Tante, daß ohnehin genug Mäuler zu stopfen seien und daß er eine andere Versorgung für Giena finden müsse. Zufällig hatte Samuel sich mit der Frau von Abraham Gepner angefreundet – einem einflußreichen Mitglied des Judenrats und ehemaligen Förderer des Waisenhauses –, als er einmal mit Hashomer-Hatzair-Unterlagen in ihre Wohnung kam. Sie lud ihn einmal wöchentlich zum Mittagessen ein. Als sie von dem Problem mit der Fürsorge für seine Schwester hörte, versprach sie ihm, mit Stefa zu reden.

Als Stefa das dünne Kind sah, die dunklen, gequälten Augen tief in ihren Höhlen, eine Hand an die des Bruders geklammert, nahm sie Giena spontan in den Arm. Sie versicherte Samuel, daß seine Schwester im Heim aufblühen würde, wo Spielkameraden und ein geregeltes Leben auf sie warteten. Giena klammerte sich an ihren Bruder, als er fortging, weinte und hatte wochenlang Alpträume. Doch dann gewöhnte sie sich an ihr neues Heim und gewann Freunde. Sie hatte eine enge Beziehung zu Stefa, sah allerdings Korczak selten, weil der meistens außer Haus war.

Samuel kam jeden Samstag zu Besuch und brachte ihr ein kleines Geschenk oder etwas zum Essen mit. Manchmal machten sie einen Spaziergang und gingen durch das Ghetto zu dem Haus, in dem er ein Zimmer hatte, einmal hatte sie sogar ein anderes Mädchen dazu eingeladen. Er bemerkte, daß sie sich in jenem Jahr physisch und psychisch weiterentwickelt hatte, daß sie vernünftiger wirkte und besser gekleidet war als die anderen Ghettokinder. Sie erzählte ihm von den anderen Kindern, von ihren gemeinsamen Spielen. Und sie wollte wissen, wie es ihm ging – sie sorgte sich, weil er so dünn war. Wie ging es mit seiner Arbeit? Manchmal sprachen sie darüber, wie es nach dem Krieg sein würde. Sie verstand die Gefahr nicht, aber sie spürte, daß die Menschen nicht zuviel Hoffnung hatten. »Wenn wir dann noch leben«, sagte sie häufig als Einleitung zu einer

Bemerkung, als ob es völlig normal wäre, daß ein Kind seine Zukunftspläne davon abhängig machte.

Wie alles im Ghetto, spielte auch die Zeit verrückt. Die Vergangenheit drang in die Gegenwart ein. Es gab nur noch ein öffentliches Verkehrsmittel, und zwar Pferdestraßenbahnen, wie Korczak sie aus seiner Jugend kannte. Droschken und Taxis waren durch eine Art Rikscha ersetzt worden – Fahrräder mit kleinen Beifahrerwägelchen.

Zuerst hatte Korczak es vermieden, ein solches Gefährt zu benutzen, weil es ihn an die Rikschas von Charbin im russisch-japanischen Krieg erinnerte. Damals hatte er ein einziges Mal eine Rikscha bestiegen. »Ein Rikschamann lebt nicht länger als drei Jahre. Ein besonders kräftiger fünf.« Aber als es für ihn immer schwieriger wurde, sich auf seinen geschwollenen Beinen zu bewegen, sagte er sich: »Man muß sie etwas verdienen lassen. Besser ich steige ein als zwei dicke Schwarzhändler, womöglich noch mit Warenbündeln. Ein peinlicher Augenblick, wenn ich gesündere, kräftige auswähle (falls ich es eilig habe), und ich gebe ihnen fünfzig Groschen mehr, als sie verlangen.« Und anders als die »zänkischen, lauten und boshaften« Droschkenkutscher aus den Vorkriegstagen waren die Rikschamänner »sanft und still – wie Pferde, wie Ochsen«.

Vier Monate nachdem Korczak die Leitung des jüdischen Findelhauses in der Dzielnastraße übernommen hatte, kämpfte er immer noch den gleichen Kampf mit dem Personal. Er zog sich die Wut aller zu, wenn er einer Putzfrau, die gerade die Treppe wischte, ganz bewußt die Hand schüttelte und häufig »vergaß«, das gleiche bei den andern zu tun. Und ganz gleich, wie übelgesonnen sie sich untereinander sein mochten, gegen ihn hielten sie zusammen: »Misch dich nicht in unsere Angelegenheiten. Du bist fremd, ein Feind. Selbst wenn es für uns vorteilhaft sein sollte, das scheint nur so, und letzten Endes schadet es uns bloß.«

Sie erwiesen sich als furchtbare Gegner, informierten die Gestapo, daß Korczak einen Typhusfall nicht gemeldet habe – worauf die Todesstrafe stand. Er mußte alle Hebel seiner Verbindungen in Bewegung setzen, um aus diesem Dilemma herauszukommen. Als Fräulein Wittlin, eine aufopferungsvolle Pflegerin des Hauses starb, meinte er: »Das ›Salz der Erde‹ löst sich auf – übrig bleibt der Mist.«

An einem Tag gegen Ende Mai ging Korczak wegen einer Spende zum Grzybow-Platz Nr. 1, dem letzten Gebäude vor der Ghettomauer. Erst am Tag zuvor war dort ein jüdischer Polizist von den Deutschen erschossen worden, weil er den Schmugglern Zeichen gegeben hatte. »›Das ist kein Ort für einen Großhandel‹, erklärt der Nachbar. Der Laden ist geschlossen. Die Menschen haben Angst.«

Gerade als Korczak das Gebäude betreten wollte, hielt ihn der Gehilfe des Hausmeisters auf.

»›Erkennen Sie mich nicht, Herr Doktor?‹

›Moment . . . ich weiß schon! (Bula) Szulc!‹

›Haben Sie mich erkannt?‹

›Aber! Ich erinnere mich nur allzugut an dich. Komm, erzähl!‹«

Sie setzten sich auf die Stufen vor der Allerheiligenkirche, die den Konvertiten des Ghettos diente.

»Bula ist nun schon vierzig Jahre alt. Vor kurzem war er erst zehn.« Wie so viele in dieser Straße, schmuggelte er.

»›Ich habe ein Kind‹«, sagte Bula stolz. »›Kommen Sie doch auf einen Teller Kohlsuppe zu mir. Dann sehen Sie den Jungen.‹

›Ich bin müde. Ich will heim.‹«

Sie saßen dort für eine viertel oder eine halbe Stunde und schwatzten miteinander. Korczak bemerkte, daß »entrüstete Katholiken« ihn erkannt hatten und sie »verstohlen« musterten. Obwohl auch die Konvertiten dazu gezwungen waren, Armbinden zu tragen, galten sie als antisemitisch, und Korczak stellte sich vor, was die gestrengen Kritiker der Juden jetzt dachten: »Am hellichten Tage, auf den Kirchenstufen – Korczak mit einem Schmuggler. Da muß es wohl schon sehr schlecht um die Kinder stehen. Aber warum so in aller Öffentlichkeit, so demonstrativ und, wie man es auch nimmt, schamlos. Eine Provokation. Was wird der Deutsche denken, wenn er das sieht. Es läßt sich nicht leugnen: die Juden sind unverschämt, aufdringlich.«

Szulc prahlte inzwischen, wie gut er sein Kind ernähre.

»›Am Morgen trinkt er einen viertel Liter Milch, ißt eine Semmel und zwei Deka Butter. Das kostet schon etwas.‹

›Warum das alles?‹

›Er soll wissen, daß er einen Vater hat.‹

›Er ist wohl ein rechter Lausbub?‹

›Da fehlt nichts. Er ist ja mein Sohn.‹

›Und deine Frau?‹

›Eine großartige Frau.‹

›Schlagt ihr euch?‹

›Wir leben schon fünf Jahre zusammen, aber ich habe sie noch kein einziges Mal angebrüllt.‹

›Und erinnerst du dich noch?‹

Ein Anflug eines Lächelns.

›Oft denke ich an das ›Haus der Waisen‹. Manchmal träume ich von Ihnen oder von Frau Stefa.‹

›Warum hast du dich all die Jahre nicht sehen lassen?‹

›Wenn es mir gutging, hatte ich keine Zeit. Wenn es mir schlechtging, warum sollte ich da abgerissen und dreckig kommen?‹ . . .

Er half mir aufstehen. Wir küßten uns aufrichtig und herzlich. Er ist zu ehrlich für einen Lumpen. Aber vielleicht hat auch das ›Haus der Waisen‹ etwas in ihm geweckt und etwas zurechtgeschnitten?«

Am darauffolgenden Tag wurden die meisten Mitglieder der Gruppe der »Dreizehn« liquidiert. Warum, wurde nie ganz geklärt. Es hieß, ein Gestapokommando sei dabei, die Rivalen auszulöschen; irgendwie gelang es Gancwajch zu entkommen. Schmuggler wie Szulc wurden im folgenden Monat ausgehoben.

34
Sonderbare Dinge

Es war der Anfang von dem, was Zylberberg später »diesen schrecklichen Sommer« genannt hat. Es gab Kinder im Ghetto, die sich nicht daran erinnern konnten, jemals einen Baum oder eine Blume gesehen zu haben. Wenn es Korczaks christlichen Freunden – was selten genug vorkam – einmal gelang, einen Boten zu ihm zu senden und zu fragen, was er brauche, bat er stets um Pflanzen. »Die Kinder brauchen etwas, um sich zu beschäftigen«, erklärte er. »Sich um Geranien oder Petunienpflänzchen kümmern zu müssen, lenkt sie von ihren Sorgen ab.«

Für Korczak war die Natur geistige und physische Regenerierung. Als die Kinder von ihrer Sehnsucht nach der Sommerkolonie sprachen, dachte er an den kleinen Grünstreifen, der ihm im Garten der Allerheiligenkirche aufgefallen war, als er mit Szulc auf der Treppe gesessen hatte. Der Priester würde vielleicht einer Bitte der Kinder nachkommen, dort einmal spielen zu dürfen, also half er Semi mit einem Brief – ein ergreifendes Dokument, das auch von König Hänschen hätte stammen können:

> »In diesem Augenblick brachte mir Semi seinen Brief ans Bett: ob es so recht sei?
>
> ›An den hochwürdigen Herrn Pfarrer von der Gemeinde Aller-Heiligen.
>
> Wir bitten den sehr verehrten Herrn Pfarrer höflichst, uns in seiner Güte zu erlauben, ein paarmal samstags in den Morgenstunden (sechs Uhr dreißig bis zehn Uhr) in den Kirchgarten zu gehen.
>
> Wir sehnen uns nach ein bißchen Luft und Grün. Bei uns ist es eng und dumpf. Wir möchten die Natur kennen- und lieben lernen. Die Anpflanzungen werden wir nicht beschädigen.
>
> Wir bitten inständig darum, unsere Bitte nicht abzuschlagen.
>
> Zygmus Semi Abrasza Hanka Aronek‹«

Der Priester Marceli Godlewski, ein erklärter Antisemit vor dem Krieg, hatte einmal zu Korczak gesagt: »Wir sind zu schwach. Für einen Schnaps verkaufen wir uns als Sklaven an die Juden.« Nach der deutschen Besetzung änderte sich seine Einstellung: er half den Konvertiten, die zu seiner Kirche gehörten – die sich direkt hinter der Ghettomauer befand –, und tat, was er konnte, den Juden zu helfen. Ob er auf den Brief der Kinder reagiert hat, ist nicht bekannt.

Zwar erwähnt es weder Korczak noch Czerniakow in seinem Tagebuch, aber sicherlich haben diese beiden Männer, deren Freundschaft vor dem Krieg aus ihrer beider Arbeit für die Kinder erwachsen war, darüber gesprochen, wie notwendig es sei, daß die Kinder einen Platz erhielten, wo sie ihren Gefühlen freien Lauf lassen konnten. Und was eignete sich besser dafür als Spielplätze? Im Mai 1942 gab der Vorsitzende offiziell bekannt – als ob es ein weiteres Programm zur Überlebenshilfe wäre –, daß der Judenrat einige kleine Spielplätze einrichten würde, wo die Kinder eine Rutschbahn und eine Schaukel hatten und sich austoben konnten, wie sie wollten. Der erste Spielplatz wurde bei einem ausgebombten Haus in der Grzybowskastraße gebaut, gegenüber von Czerniakows Bürofenster. Die Ausführenden waren Lehrer, Fabrikbesitzer, Viehhändler und Kaufleute – alle erst kürzlich aus Deutschland deportiert. Sie säten Gras und bauten mit Sorgfalt und Begeisterung Schaukeln und Rutschen. Manchmal ließ Czerniakow in den Arbeitspausen Zigaretten verteilen; zu seinen Kollegen im Judenrat meinte er, er würde sich wünschen, daß auch die polnischen Juden so gründlich arbeiteten.

Korczak befand sich unter den fünfhundert Gästen, die am 7. Juni um neun Uhr dreißig zur Eröffnung eingeladen waren. Die Mitglieder des Judenrates saßen in einer separaten Loge. Korczak saß mit Zylberberg und den anderen Gästen in der warmen Sonne und lauschte den Klängen der jüdischen Polizeikapelle, während sie auf den Beginn der Zeremonie warteten. Plötzlich hörte die Kapelle auf, es wurde still. Alle Augen wandten sich dem Eingang des Spielplatzes zu, wo Adam Czerniakow in einem weißen Tropenanzug und mit prägnantem, weißem Helm erschien; alle erhoben sich, als die Kapelle »Hatikvah« anstimmte und die Polizei den Vorsitzenden und seine Frau zu ihren Plätzen geleitete. »Wie finden Sie unseren König?« flüsterte Korczak Zylberberg zu. »Keine schlechte Vorstellung.«

In seiner leidenschaftlichen Ansprache, die von Simultandolmetschern vom Polnischen ins Jiddische und Hebräische übersetzt wurde, bat Czerniakow alle, darum zu kämpfen, daß die Kinder diese tragischen Zeiten überlebten. Das Leben sei sicher hart, sagte er, aber sie dürften nicht aufgeben – sie müßten weiterplanen und weiterarbeiten. Dies hier sei erst ein Anfang. Er würde im ganzen Ghetto Spielplätze errichten lassen. Und nicht nur das, er würde ein Institut für Lehrerausbildung und eine Ballettschule für Mädchen einrichten.

Als er geendet hatte, spielte die Kapelle einen Marsch, und Gruppen von Schulkindern mit ihren Lehrern defilierten an der Tribüne vorbei. Nachdem sie ihre Vorstellung aus Singen, Tanzen und gymnastischen Übungen gegeben hatten, erhielten die Kinder alle einen kleinen Beutel mit Bonbons aus Melasse*, die im Ghetto hergestellt worden waren. »Die Zeremonie machte auf die Anwesenden einen großen Eindruck«, schrieb der Vorsitzende in sein Tagebuch. »Balsam auf die Wunden. Die Straße lächelt!«

Czerniakow bemühte sich außerdem, die schreckliche Situation Tausender jugendlicher Schmuggler zu erleichtern, die von den Deutschen erwischt und in das völlig überfüllte Jugendstrafgefängnis gesteckt worden waren. Als es ihm gelang, daß einige von ihnen zum Spielplatz kommen durften, war er entsetzt, daß diese sogenannten Verbrecher »lebende Skelette aus den Reihen der Straßenbettler« waren. Er bat einige in sein Büro und war sehr bewegt, als »achtjährige Bürger« sich mit ihm wie Erwachsene unterhielten. Er gab jedem eine Tafel Schokolade und einen Teller Suppe. Nachdem sie gegangen waren, weinte er wie schon lange nicht mehr. Doch »man kann seine

---

* *Melasse* – eine Art Zuckersirup (Anm. d. Übers.).

Uhr nicht mit Tränen aufziehen«, sagte er häufig, Dickens zitierend. Er nahm sich zusammen und ging wieder an seine Arbeit.

Es störte Czerniakow nicht, daß man ihn kritisierte, in solchen Zeiten soviel Energie auf Spielplätze zu verwenden. Er konnte sogar Witze über den jüdischen Optimismus machen: »Zwei Juden standen im Schatten des Galgens. ›Die Situation ist nicht hoffnungslos‹, sagte der eine zum anderen. ›Sie haben keine Kugeln.‹« Doch wenn er auch den Glauben brauchte, die Situation sei nicht völlig hoffnungslos, konnte er sich andererseits nicht vormachen, sie sei gut. Er identifizierte sich mit dem Schiffskapitän, den er in einem Film gesehen hatte: »Während das Schiff untergeht, ordnet der Kapitän an, daß das Orchester Jazz spielt, weil er die Stimmung seiner Passagiere hochhalten möchte. Ich habe mich entschlossen, diesem Kapitän nachzueifern.«

Es gab Zeiten – wie jene ersten beiden Wochen im Juni –, in denen Korczak nichts in sein Buch schrieb. Als Grund nannte er sich selbst: »weil Henryk krank geworden ist und angeblich niemand da war, der meine nächtlichen Ergüsse auf der Maschine hätte abschreiben können. Merkwürdig, daß ich das geglaubt habe, wo ich doch genau wußte, daß einige andere Buben hätten einspringen können.« In den Nächten, in denen er die Energie zum Schreiben aufbrachte, vergingen die Stunden wie im Fluge. In einem Moment war es Mitternacht, im nächsten bereits drei Uhr morgens. Manchmal unterbrach ihn der Ruf eines Kindes. Als Mendelek einen Alptraum hatte, trug Korczak ihn in sein Bett und tröstete ihn, bis er wieder einschlief. Nach den Gepflogenheiten des Hauses war der Bub, Sohn eines seiner Waisenkinder, sein »Enkel«.

Korczak hatte seine eigenen »unerträglichen Träume! In der vergangenen Nacht: mitten unter Deutschen, ich, ohne Armbinde, zu verbotener Stunde in Praga (Stadtteil am rechten Weichselufer). Ich wache auf. Wieder ein Traum. Im Zug schleppt man mich – Meter für Meter – in ein Abteil, in dem schon mehrere Juden sind. Heute nacht sind wieder Menschen gestorben. Kinder-Leichen. Ein totes Kind in einem Zuber. Ein anderes, mit abgezogener Haut, auf einer Pritsche in der Leichenhalle, atmet noch deutlich.«

Der zweite Traum hatte sicherlich damit zu tun, daß die Gerüchte nicht verstummen wollten, die von Lublin in Eisenbahnzügen deportierten Juden seien niedergemetzelt worden. Dieses gehäutete Kind muß ihm vorgekommen sein wie seine eigenen Kinder – man hatte ihnen praktisch alles genommen, und doch lebten und atmeten sie noch. Wie groß muß seine unausgesprochene Angst gewesen sein, daß auch seine Kinder einem solchen Schicksal entgegensahen.

In derselben Nacht hatte er noch einen weiteren Traum: »Ich stehe ganz hoch oben auf einer schwankenden Leiter, und der Vater stopft sich immer wieder Kuchen in den Mund, ein großes Stück, mit Zuckerguß und Rosinen, und was im Mund keinen Platz mehr findet, steckt er zerkrümelt in die Tasche.« Schweißgebadet wacht er im »gefährlichsten Augenblick« auf und fragte sich, ob »der Tod ein solches Erwachen in einem Augenblick ist, in dem es scheinbar keinen Ausweg mehr gibt«? Und dann, mit bitterem Humor: »›Jeder kann doch fünf Minuten Zeit finden, um zu sterben‹ – habe ich irgendwo gelesen.«

Wenn er auch nicht versuchte, diese Träume zu interpretieren, in denen er weder sich noch die Kinder retten konnte, so ließ er sich ebensowenig von ihnen abhalten, seinen täglichen Kampf gegen die Deutschen weiterzuführen und seine Kinder durchzubringen. Und immer noch benutzte er »Traumbilder« für Vorstellungen von Allmacht und Kraft – einer Kraft, die ihm helfen würde, die Wirklichkeit zu überwinden und über die Mauern des Ghettos davonzuschweben. Diese Traumbilder, die er zu einer Sammlung mit dem Namen »Sonderbare Dinge« verarbeitet hatte, füllten sich nun mit wahnsinnigen Phantasien über die Unterdrückung eines wahnsinnigen Widersachers:

> Ich habe eine Maschine erfunden (einen sehr genauen komplizierten Mechanismus erarbeitet). Eine Art Mikroskop. Die Skala Hundert. Wenn ich das Mikrometer auf neunundneunzig stelle, stirbt alles, was noch nicht

einmal ein einziges Prozent Menschlichkeit besitzt. Es gab alle Hände voll zu tun. Ich mußte feststellen, wie viele Menschen (Lebewesen) jedesmal ausfallen, wer an ihre Stelle tritt und wie diese Säuberung aussehen werde; ein provisorisches, neues Leben. Nach einem Jahr voller Überlegungen (natürlich in der Nacht) hatte ich diese Destillation bis zur Hälfte vorangetrieben. Die Menschen waren nur noch Halb-Vieh, die übrigen sind umgekommen. Wie genau meine Voraussagen waren, beweist, daß ich mich selbst aus diesem eigenwilligen Organismus vollkommen eliminiert hatte. Ich konnte doch, wenn ich eine Schraube meines »Mikroskopes« überdrehte, mir selbst das Leben nehmen. Und was dann?

Ende Juni endet der erste Teil seiner *Erinnerungen*: »Ich habe alles noch einmal durchgelesen.« Ihm war klar: »Wenn wir uns erinnern, lügen wir unbewußt«. Und er mußte sich sagen: »Nur mit Mühe habe ich es verstanden. Und der Leser? Kein Wunder, daß ein Tagebuch für den Leser unverständlich bleibt. Kann man denn überhaupt fremde Erinnerungen, ein fremdes Leben verstehen? Ich sollte ja wohl ohne Mühe erkennen, was ich schreibe. Nun freilich, aber kann man eigene Erinnerungen verstehen?«

Er überlegte, ob er das Tagebuch nicht »in Form von Briefen an seine Schwester schreiben« solle. Aber er kam nicht weiter als »Mein Lieber« [sic!], weil er sich daran erinnerte, wie »kalt, fremd und hochmütig« sein erster Brief an sie, in dem er auf ihren Brief an ihn reagiert hatte, ausgefallen war. Ein »großes, schmerzliches Mißverständnis« war zwischen sie getreten, das er nicht aufzuklären vermochte.

Anna, die immer schemenhaft bleibt, scheint zu der Zeit nicht im Ghetto gelebt zu haben. In ihrem Brief hatte sie ihm vorgeworfen, überall seine Aufwartung zu machen und die Polizei zu bestechen. Er wiederum fühlte sich mißverstanden und reagierte verletzt. »Liebe Anka ...«, schrieb er in sein Tagebuch, »1. Ich habe keine Besuche gemacht. Für Geld, Lebensmittel, Nachrichten, guten Rat und Tips gehe ich betteln. Wenn du das Besuche machen nennst, dann sind Besuche eine schwere, erniedrigende Arbeit. [. . .] 4. Ich erfülle meine Pflichten, nach meinem bescheidenen Urteil, so gut ich es kann. Ich schlage keine Bitte ab, die ich erfüllen kann. Ich habe mich aber nicht verpflichtet, die Interessen der Polizei wahrzunehmen, der Vorwurf ist also ungerechtfertigt.«

Vielleicht um ihre Freundschaft zurückzugewinnen, schrieb er außerdem: »Die Erholung, die mir einst beim Lesen zuteil wurde, finde ich nicht mehr. Ein bedrohliches Zeichen. Ich bin schon wirr geworden, und das beunruhigt mich. Ich will doch nicht verdummen.«

Wie immer waren es die Kinder, denen es gelang, ihn wiederaufzurichten. Am Tag, nach dem Korczak über die Unverständlichkeit seiner Aufzeichnungen nachgedacht hatte, saß er während der Hebräischstunde in der Schulklasse und schrieb. Er freute sich über zwei größere Gruppen der Kinder, die auf »ihre Spiele, auf leichte Lektüre und Gespräche mit ihren Altersgenossen« verzichtet hatten, um Hebräisch zu lernen.

»Als die Gruppe der Jüngeren ihre Stunde beendet hatte, wunderte sich ein Bub: ›Schon? Schon eine Stunde vorbei?‹ Tak. Auf russisch: ›da‹, deutsch: ›ja‹, französisch: ›oui‹, englisch: ›yes‹, hebräisch: ›ken‹. Nicht nur ein, nein, drei Leben kannst du damit ausfüllen.«

35
Das Postamt

Der 1. Juli 1942 sollte als die Nacht des Abschlachtens in die Geschichte eingehen, obwohl sie eigentlich kaum furchtbarer war als die darauffolgenden Nächte, in denen die Schmuggler an den Hauswänden, auf den Straßen, in den Höfen und Wohnhäusern erschossen wurden. Das Schlachten dauerte die erste Julihälfte an, bis es aussah, als ob kein einziger Schmuggler mehr übrig sein könnte. Die akute Not in der Lebensmittelversorgung, insbesondere der Mangel an Brot, ließen darauf schließen. Die Schmuggler waren die Lebensader des Ghettos gewesen, hatten die Menschen mit dem Notwendigsten versorgt, und diese Ader war jetzt abgetrennt worden.

Einige Tage nach dieser Nacht beschrieb Korczak zum letzten Mal ein »Traumbild«. Er widmete eine seiner Erzählungen aus dem Zyklus *Sonderbare Dinge* dem kleinen Szymonek Jakubowicz. Wenn er jemals übermenschliche Kräfte benötigt hatte, Szymonek und die anderen Kinder zu retten, dann war es jetzt. Also schuf er den Planeten Rho als Zuflucht. Der Astronom, der dort lebte, Professor Zi, tat das, wovon der »alte Doktor« nur träumen konnte: mit Hilfe seines »Astropsychomikrometers ... seelische Energien zu regulieren und Wärmestrahlen in geistige oder, genauer gesagt, in moralische Strahlen umzuwandeln«. Der Apparat war eine Art Kreuzung aus einem Teleskop und einem Radio, »der nicht Musik, Gesang oder Berichte von Kriegsschauplätzen sendet, sondern Strahlen seelischen Gleichgewichts«. Er war so fortschrittlich, daß er sogar »Bilder auf eine Leinwand projizieren« oder Schwingungen registrieren konnte »wie ein Seismograph«.

Professor Zi konnte überall für »Harmonie und Heiterkeit« sorgen, außer – und das war sein großer Kummer – auf dem »unruhigen Fünkchen Erde«. Und er fragte sich: »Sollte man dieses unvernünftige Spiel nicht unterbrechen? Dieses blutige

Vergnügen? Die Lebewesen auf der Erde haben doch Blut in den Adern. Und sie kennen Tränen und klagen, wenn sie Schmerzen haben. Ob sie nicht glücklich sein wollen? Oder irren sie? Können sie das Glück nicht finden? ... Was soll ich tun? Einhalt gebieten – das bedeutet, ihnen einen Weg zu weisen, den sie noch nicht gehen können, ihnen eine Anstrengung aufzubürden, der sie nicht gewachsen sind, ihnen ein Ziel zu setzen, das weit über das hinausreicht, was sie heute schon verstehen können. Aber so macht man es nun einmal. Unfreiheit, Zwang, Gewalt. All das verwirrt, reizt und kränkt.«

Seufzend schloß Professor Zi die Augen. Er sah, was die Erdenbewohner nicht sahen – über dem Planeten Rho »war der freie Raum von hellem Blau, dem Duft von Maiglöckchen und süßem Wein erfüllt. Wie Schneeflocken schwebten die geflügelten Empfindungen umher und stimmten ein Lied nach dem anderen an, sanft und rein.« Doch: »Unsere Erde ist noch jung. Und jeder Anfang ist eine schmerzhafte Anstrengung.«

Das Leben im Waisenhaus ging seinen gewohnten Gang. Am ersten Montag im Juli hielt Korczak abends von acht bis neun wie üblich sein Seminar und sagte zu Freunden, die gerne teilnehmen wollten, daß jeder kommen konnte, der Lust hatte. »Nur stören darf er nicht.« Dann zählte er auf:

Themen, die mir gestellt werden:

1. Die Emanzipation der Frauen
2. Vererbungslehre
3. Einsamkeit
4. Napoleon
5. Was ist Pflicht?
6. Über den Beruf des Arztes
7. Amiels Tagebuch
8. Aus den Erinnerungen des Herrn Doktor
9. Jack London
10. Über Mendel
11. Leonardo da Vinci
12. Über Fabre

13. Die Sinne und der Verstand
14. Das Genie und seine Umgebung (wechselseitige Einwirkungen)
15. Die Enzyklopädisten
16. Die unterschiedliche Schaffensweise verschiedener Schriftsteller
17. Nationalität – Volk. Kosmopolitismus
18. Symbiose
19. Das Böse und die Bosheit
20. Freiheit. Vorbestimmung und freier Wille

Ein solch geistiges Fest mag für den Geschmack der Erwachsenen gerade richtig gewesen sein, doch wurde es von Tag zu Tag schwieriger, die Kinder für irgend etwas zu interessieren. Unter ihrem verhältnismäßig normalen Aussehen lagen »Erschöpfung, Unlust, Zorn, Aufruhr, Mißtrauen, Traurigkeit und Sehnsucht verborgen«. Das Waisenhaus war zu einem »Altersheim« geworden, »ein Sanatorium für launische, in ihre Krankheit verliebte, wohlhabende Pensionäre«. Morgens beschäftigten sie sich hauptsächlich mit ihren Temperaturmessungen: »Wieviel Fieber habe ich, wieviel du. Wer fühlt sich schlechter, wie hat jeder die Nacht verbracht.« Als Leon zum ersten Mal in seinem Leben ohnmächtig wurde, interessierte ihn nur noch herauszufinden, was der Grund dafür gewesen sein mochte.

Korczak ermunterte die Kinder, es ihm gleichzutun und ein Tagebuch zu führen, weil er hoffte, es würde ihnen helfen, mit ihren Gefühlen besser fertigzuwerden. »Schmerzlich ist der Ernst ihrer Tagebuchnotizen. Wenn ich auf ihre vertraulichen Mitteilungen eingehe, dann spreche ich zu ihnen als Gleicher zu Gleichen. Wir haben gemeinsame Erlebnisse – sie und ich. Die meinen sind etwas verdünnter, verwässerter – aber sonst die gleichen.« Marceli gelobte, fünfzehn Groschen für die Armen zu spenden als Dank für das Taschenmesser, das er gefunden hatte. Szlama schrieb über eine Witwe, die zu Hause saß und weinte und hoffte, daß ihr Sohn von der anderen Seite der Mauer etwas hereinschmuggeln könnte. Sie wußte noch nicht, daß »ein Gendarm ihren Sohn erschossen hat«. Und Szymonek:

»Mein Vater war ein Kämpfer um das tägliche Stück Brot. Obwohl er den ganzen Tag arbeiten mußte, liebte er mich doch.« Mietek wollte eine Borte für das Gebetbuch, das sein toter Bruder als Geschenk zu seiner Bar-Mizwa* aus Palästina erhalten hatte. Szmulek: »Ich habe mir für zwanzig Groschen kleine Nägel gekauft. Morgen werde ich große Ausgaben haben.« Und Abus: »Wenn ich etwas länger auf der Toilette sitze, heißt es gleich, ich sei ein Egoist. Und ich möchte doch, daß man mich gern hat.« Korczak hatte Verständnis für ihn, denn er kannte diese Schwierigkeit aus seiner Gefängniszeit im Pawiak. Doch dieses Problem konnte er zu lösen versuchen und gleichzeitig die Fliegenplage in Angriff nehmen: Er legte einen Toilettentarif fest:

1. Für ein kleines Geschäft muß man fünf Fliegen fangen.
2. Für ein großes – zweiter Klasse (Kübelhocker mit ausgesägter Öffnung) – zehn Fliegen.
3. Erster Klasse – mit Sitz – fünfzehn Fliegen.

Als einer der Buben fragte: »Kann ich nicht später bezahlen (mit Fliegen), ich muß so nötig?«, meinte ein anderer: »Mach nur, mach . . . ich fange sie für dich.« Ein anderer wollte wissen: »Zählt das auch, wenn eine schon getroffene Fliege wieder fortfliegt?« Auf diese Weise wurden nicht nur die Fliegen weggefangen (eine im Isolierraum gefangene Fliege zählte für zwei), sondern die Kinder bewiesen: »Die Gutwilligkeit einer solchen Schar – das ist eine Macht.«

Er wußte, daß er den Kindern mehr bieten mußte als Tagebücher und Fliegenklatschen, um sie über ihren Kummer und ihr Leid hinwegzubringen – etwas, womit sie sich identifizieren konnten und was ihnen Trost gab. Er fand die Lösung in einem Theaterstück mit dem Titel *Das Postamt* von dem indischen Dichter und Philosophen Rabindranath Tagore. Es handelt von einem sterbenden Kind mit Namen Amal, einem Waisenjungen solch reinen Herzens, daß er das Leben aller, die ihm begegneten,

---

* *Bar-Mizwa* – Einführung in die jüdische Glaubensgemeinschaft (Anm. d. Übers.).

bereicherte. Das Stück war Korczaks Ideen und seinen Gefühlen für Kinder so ähnlich, daß es durchaus von ihm hätte sein können.

Esterka Winogron, ehemals Studentin der Naturwissenschaften an der Universität Warschau und jetzt Mitglied der *Bursa*, erbot sich, das Stück einzustudieren. Sie half ihm bei seinen medizinischen Aufgaben im Waisenhaus, war besonders zuverlässig und tüchtig und gehörte zu seinen Lieblingen. Man begann mit den Proben. Die Hauptrolle des Amal erhielt Abrasha, ein sehr beliebter Bub, der auch Violine spielen konnte. Drei Wochen lang wurde geprobt und die Aufführung auf den 18. Juli festgelegt.

Eines Nachmittags, als die Kinder gerade aus allem nur Verfügbaren ihre Kostüme und die Bühnenausstattung bastelten, kam Nina Krzywicka, eine christliche Freundin von Stefas Bruder, im Waisenhaus vorbei; sie war mit Lebensmitteln auf dem Weg zu ihrem jüdischen Mann, der sich dafür entschieden hatte, im Ghetto zu leben. Sie brachte auch eine Kleinigkeit für Stefa mit, obwohl sie wußte, wie ungern Stefa Geschenke annahm. Sie versuchte, mit Stefa eine Unterhaltung zu führen, und erinnerte sich daran, wie schwierig das früher immer gewesen war: Stefa hatte immer knapp und direkt geantwortet, ihre Fragen waren stets konkret gewesen; nur wenn sie über ihren Bruder Stach sprach, wurde sie lebhaft. Sie berichtete Nina von ihrer Sorge, lange Zeit nichts von ihm gehört zu haben. Während ihrer Plauderei rannte Korczak nach draußen und brüllte die Angestellten eines benachbarten Restaurants an, weil sie Abfälle vor der Tür des Waisenhauses deponierten. Sein Gesicht war krebsrot, seine Sprache ordinär. Nina, peinlich berührt, ihn in einem solchen Zustand zu erleben, verließ hastig das Haus.

Als sie eine Woche später wieder vorbeikam, freute sie sich, eine lächelnde Stefa vorzufinden, die den Kindern bei den letzten Vorbereitungen half. Allerdings fiel ihr auch auf, wie grau und faltig sie geworden war. Korczak marschierte freundlich auf sie zu und lud sie zur Vorstellung ein. Auch er sah alt und müde aus – nur seine Augen blitzten lebendig. Sobald er außer

Hörweite war, sagte Stefa: »Der Doktor fühlt sich nicht wohl. Ich sorge mich um ihn.« Am Ton ihrer Stimme erkannte Nina plötzlich, wieviel ihr Korczak bedeutete.

In der Nacht vor der Theateraufführung schlug das Unglück in Form einer Lebensmittelvergiftung zu, an der alle Kinder erkrankten. »Die Hilfsaktion für diese sich erbrechenden, vor Schmerzen stöhnenden Kinder ging fast im Dunkeln vor sich.« Korczak und Stefa stolperten mit Kopfwehpulver und Krügen voll Kalkwasser durch die Dunkelheit, um die Kinder zu versorgen. Das Personal erhielt »in geringen Mengen – Morphium«.

Der Bub, dessen Mutter nicht sterben wollte, bis er sich bereit erklärt hatte, ins Waisenhaus zu gehen, wurde so hysterisch, daß Korczak ihm eine Koffeinspritze geben mußte. Die Mutter war »getreu ihrem Vorsatz« gestorben, aber das Kind zeigte nun ein eigenartiges Verhalten, das Korczak als »Gewissensbisse« interpretierte: »In der Krankheit ahmt es die Mutter nach: es stöhnt (schreit), daß es Schmerzen habe, dann wieder, daß es ersticke, dann, daß es zu heiß sei, endlich, daß es vor Durst sterbe.«

Korczak ging durch den Schlafsaal und befürchtete, daß dieser Bub mit seiner Hysterie alle anderen anstecken könnte. Er wußte, daß er eigentlich die Ruhe bewahren sollte, aber er schrie den Buben an und drohte ihm, ihn in den Flur zu befördern, wenn er sich nicht beruhigte. Denn das bewies den anderen Kindern, daß »der Steuermann sich seiner Sache sicher war: er schimpft, also ist alles in Ordnung«, wie Korczak zynisch kommentierte.

Er notierte sämtliche Magenverstimmungen genau. In dieser einen Nacht hatten »die Buben zusammen achtzig Kilo verloren . . . die Mädchen sechzig Kilo (etwas weniger)«. Als Ursache hatte er die Impfung gegen die Ruhr im Verdacht, die vor fünf Tagen verabreicht worden war, oder auch den gemahlenen Pfeffer, »der nach einem französischen Rezept den nicht mehr ganz frischen Eiern der Freitags-›Pastete‹ beigegeben worden war«. Allerdings brauche es auch nicht viel, »um eine Katastrophe hervorzurufen«.

Irgendwie gelang es den Kindern dann doch, sich soweit zu

erholen oder zusammenzureißen, daß sie die Vorstellung am nächsten Tag um vier Uhr dreißig geben konnten. Der große Saal im ersten Stock des Waisenhauses war angefüllt mit Freunden und Kollegen, die Korczak mit einer Einladung in dem ihm eigenen Stil verblüfft hatte:

> Für gewöhnlich versprechen wir nichts, was wir nicht halten können. Wir glauben, daß die einstündige Vorstellung eines bezaubernden Stückes von einem, der zugleich Philosoph und Dichter ist, eine Erfahrung von höchster Sensibilität vermitteln wird.

Als Anhang zu der Einladung, die gleichzeitig auch die kostenlose Eintrittskarte war, standen einige Worte von Korczaks Freund Wladyslaw Szlengel, dem jungen Dichter, der nach seinem Tod im Ghettoaufstand zu posthumen Ehren gelangen sollte:

> Etwas mehr als Text – nämlich Stimmung
> Etwas mehr als Erregung – nämlich Erleben
> Etwas mehr als Schauspieler – nämlich Kinder.

Das Publikum war vom Stück völlig gefesselt. Amal, ein sanfter, phantasiebegabter Bub, der von einem armen Ehepaar adoptiert wurde, ist durch eine ernste Krankheit ans Zimmer gebunden. Der Dorfarzt verbietet ihm, das Haus zu verlassen, und er ist von der Natur da draußen völlig abgeschlossen, so wie die Kinder aus der Siennastraße, auf die eine ungewisse Zukunft wartete. Er sehnt sich danach, mit der Zeit in das Land zu fliegen, das niemand kennt – ein Land, so erzählt ihm der Nachtwächter, in das ihn ein Doktor an seiner Hand führen wird, der viel größer ist als der, den er jetzt hat.

Amal glaubt dem Dorfältesten, als der so tut, als läse er einen Brief vom König, in dem dieser seine baldige Ankunft mitsamt dem größten Doktor des Landes verspricht. Niemand ist überraschter als der Dorfälteste und Amals Adoptivvater, als der Doktor des Königs plötzlich in dem verdunkelten Zimmer auftritt. »Was ist denn hier los? Wie stickig es hier ist!« ruft der Doktor aus. »Öffnet alle Türen und Fenster so weit es geht!«

Nachdem die Läden geöffnet sind und die Nachtluft hereinströmt, erklärt Amal, daß all seine Schmerzen verschwunden sind und daß er die Sterne auf der anderen Seite der Dunkelheit blinken sehen kann. Während er auf die Ankunft des Königs wartet, schläft er ein, und der Doktor sitzt im Sternenlicht an seinem Bett. Seiner Freundin Sudah, dem Blumenmädchen, das vorbeikommt und fragt, wann er aufwachen wird, sagt der Doktor: »Sobald der König kommt und ihn ruft.«

Nach dem Ende der Vorstellung blieb alles sehr still im Saal, und es war offensichtlich, daß es Korczak gelungen war, Erwachsenen und Kindern ein Gefühl der Befreiung aus ihrem gegenwärtigen Leben zu geben. Ob man glaubte, daß der König, auf den Amal wartete, der Tod oder der Messias war, oder daß der Tod der Messias war (wie Isaac Bashevis Singer in einem seiner Bücher schreibt), jeder fühlte sich für einen Augenblick in ein Reich versetzt, das nicht nur jenseits der Ghettomauern lag, sondern jenseits des Lebens selbst.

Danach gefragt, warum er dieses Stück ausgewählt habe, soll Korczak geantwortet haben, daß er den Kindern helfen wollte, den Tod zu akzeptieren. In seinem Tagebuch findet sich nur eine kurze Eintragung über diesen Nachmittag: »Publikumserfolg, Händedrücke, Lächeln, Versuche, ein herzliches Gespräch anzuknüpfen. (Nach der Vorstellung hat die Frau Vorsitzende das Haus besucht und gemeint, es sei zwar recht eng hier, aber der geniale Korczak habe augenscheinlich bewiesen, daß er selbst in einem Mauseloch wahre Wunder vollbringen könne.)« Und dann fügt er hinzu: »Darum also wurden den anderen Paläste zugewiesen.«

Die Kinder hatten ihre Rollen so natürlich gespielt, daß er sich fragte: »Was wäre, wenn die Schauspieler von gestern ihre Rolle heute weiterspielen würden. Jerzyk glaubte, er sei ein Fakir. Chaimek, er sei wirklich Arzt. Adek, er sei königlicher Bürgermeister. (Vielleicht wäre das ein Thema für das Mittwochsgespräch der Jugendgruppe – ›Illusionen‹, Täuschungen; ihre Rolle im Leben der Menschheit . . .)« Doch bald schon hatte die Realität ihn wieder: »Ich gehe jetzt in die Dzielna-Straße.«

Einige Stunden bevor an jenem Samstag, dem 18. Juli, *Das Postamt* in Korczaks Waisenhaus aufgeführt wurde, hatte der Vorsitzende Czerniakow in sein Tagebuch geschrieben: »Ein Tag voll böser Ahnungen. Gerüchte, daß die Deportationen am Montagabend beginnen.« Czerniakow hatte pflichtgetreu die Abschiebungen in Güterwaggons aus anderen Ghettos notiert, aber er stellte keine Vermutungen darüber an, wohin die Züge gefahren waren. (Es gab kein organisiertes Netz eines jüdischen Nachrichtendienstes, der Gerüchte hätte bestätigen können, daß alte Leute und Kinder erschossen wurden, oder daß Tausende in Lagern mit den Namen Belzec und Sobibor in der Nähe von Lublin vergast wurden.) Als er notierte, er habe den Befehl erhalten, Arbeiter zum Bau eines »Arbeitslagers« in der Nähe des Dorfes Treblinka, ungefähr neunzig Kilometer nördlich von Warschau, zu entsenden, war das für ihn ein Routineauftrag. Er wollte glauben, daß er das Ghetto vor der Katastrophe bewahren könne, wenn er tat, wie ihm befohlen wurde, und er arbeitete so gut es ging mit den Deutschen zusammen. Gleichzeitig schuf er mit jeder Neueröffnung eines Spielplatzes ein kleines Stück Zukunft.

Korczak fand inzwischen auch in seinen »Traumbildern« keinen Trost mehr. Er erwachte täglich im »Kreis der Verdammten«. Seit einigen Wochen hatte er sich mit einem neuen Thema beschäftigt, mit der Euthanasie. »Derjenige hat das Recht, aus Mitleid zu töten, der liebt und leidet – der selbst bereit ist, sein Leben aufzugeben«, schrieb er. »So wird es in ein paar Jahren sein.«

Mehr als einmal hatte er »in schweren Stunden das Projekt der Tötung (Einschläferung) der zur Ausrottung bestimmten Kleinkinder und Greise des Judenghettos« erwogen. Doch dann hatte er den Gedanken als »Mord an Kranken und Schwachen, Meuchelmord an Unwissenden« wieder verworfen. Es war immer noch die Aufgabe der Medizin, Leben zu bringen und nicht den Tod. Er erinnerte sich, daß ihm die Krankenschwester einer Krebsstation einmal erzählt hatte, sie habe den Kranken stets die tödliche Dosis ihrer Medizin ans Bett gestellt und ihnen mitgeteilt, daß mehr als ein Löffel voll davon tödlich sei. Nicht ein einziger Patient habe jemals diese Dosis eingenommen.

Und doch, von den Menschen im Ghetto nahmen sich täglich viele das Leben, sie sprangen aus den Fenstern oder schnitten sich die Pulsadern auf. Die Witwe, die in der Küche der Zylbergs in der Chlodnastraße lebte, hatte Tabletten genommen, und er wußte von Ehepaaren, die ihren Eltern Gift gaben, um ihre Leiden zu beenden.

Ein akzeptables System wurde gebraucht, das einem die Kontrolle über das eigene Schicksal gab, wenn das Leben seinen Sinn verloren hatte: ein Plan, der jedem das Recht gab, den Antrag auf seinen Tod zu stellen.

Endlose Details mußten für diesen Antrag ausgearbeitet werden: eine ärztliche Untersuchung, eine psychologische Beratung, vielleicht eine Beichte, vielleicht eine Psychoanalyse, dann die Wahl des Ortes, wo der Tod stattfinden sollte. Ferner benötigte man Regeln dafür, wie und wann der Tod verabreicht werden sollte: im Schlaf, mit einem Glas Wein, beim Tanzen, bei Musikbegleitung, plötzlich und unerwartet.

Schließlich würde der Augenblick kommen, an dem es hieß: »Fahre dorthin – dort wirst du den erwünschten Tod empfangen.« Korczak konnte sich nicht entscheiden, ob es ein Gesetz geben solle, das die Durchführung des Antrages auch dann vorsah, wenn sich der Antragsteller inzwischen anders entschieden hatte. »Das Todesurteil wird in einem Monat vollstreckt, auch gegen deinen Willen! Denn du hast die Einwilligung unterschrieben, den Kontrakt mit der Organisation, den Vertrag über dein zeitliches Leben. Um so schlimmer, wenn du es zur Unzeit bereust.«

Trotz des manchmal absurden Tones »scherzte« er nicht. Auch wenn er es im Bereich der ironischen Spekulation halten wollte, drohte das Euthanasie-Projekt außer Kontrolle zu geraten. Erinnerungen an seinen wahnsinnigen Vater, der nicht ausgeführte Selbstmordplan mit seiner Schwester und der unveröffentlichte Roman *Selbstmord* kehrten in seinen Gedanken immer wieder.

»Ich – der Sohn eines Wahnsinnigen«, schreibt er in dieser letzten Beichte. »Also erblich belastet. Jahrzehntelang, bis zum heutigen Tage, quält mich zuweilen der Gedanke daran. Ich liebe meine Verrücktheiten zu sehr, als daß mich der Gedanke nicht erschreckte, es könnte mich jemand gegen meinen Willen davon zu heilen versuchen.«

Eine Woche lang nahm er Abstand vom Schreiben – vom Wahnsinn selbst. Doch immer wieder kehrte er zum Gedanken der Euthanasie zurück, je mehr die Ereignisse drohten, ihm den Verstand zu rauben.

Gerüchte, daß vierzig Waggons bereitstünden, um alle aus dem Ghetto zu deportieren, führten zu einer neuen Welle der Panik. Der Vorsitzende Czerniakow fuhr durch das gesamte Ghetto, besuchte drei Spielplätze und bemühte sich, die Bevölkerung zu beruhigen. Am 19. Juli schrieb er in sein Tagebuch: »Was es mich kostet, sehen sie nicht. Heute habe ich zwei Kopfwehpulver genommen, noch eine Schmerztablette und ein Beruhigungsmittel, aber mein Kopf dröhnt immer noch. Ich versuche, weiterhin zu lächeln.« Am nächsten Morgen wurde Czerniakow in sämtlichen Abteilungen des Gestapo-Hauptquartiers vorstellig, um sich persönlich nach dem Wahrheitsgehalt der Gerüchte zu erkundigen. Wenn er auch nicht zur höchsten Befehlsebene durchdrang, sagte man ihm aber allenthalben, daß niemand davon etwas wisse. Schließlich kam er zu Oberleutnant Scherer, dem Chef der Sektion III, der, ebenso wie die anderen, sich erstaunt zeigte, insbesondere über die jüngste Mutmaßung, daß nämlich mit dem Beladen der Waggons am selben Abend begonnen werden sollte. Als Czerniakow fragte, ob er der Bevölkerung mitteilen könne, daß ihre Befürchtungen grundlos seien, versicherte ihm Scherer, daß er dies tun könne und daß die ganze Aufregung umsonst sei. Mit großer Erleichterung ordnete der Vorsitzende an, daß über die jeweiligen Polizeiposten bekanntgegeben werden sollte, der Judenrat habe Nachforschungen angestellt und herausgefunden, daß die Gerüchte über Deportationen jeder Grundlage entbehrten.

Als die Nachricht über eine mögliche Auflösung des Ghettos auf arischer Seite durchsickerte, begannen Korczaks Freunde sofort zu handeln. Maryna Falska, die immer noch jüdische Kinder in ihrem Waisenhaus versteckt hielt, fand ein Zimmer für ihn in ihrer Nähe, das sicher genug zu sein schien. Igor Newerly war es gelungen, für Korczak einen Ausweis mit falschem Namen zu organisieren. Er verschaffte sich als vermeintlicher Wasser- und Kanalinspektor Zugang zum Ghetto und trug Papiere bei sich, die für einen »Schlosser« gedacht waren, der zur Zeit noch dort arbeitete.

Seit Newerlys letztem Besuch im Ghetto war geraume Zeit vergangen. Und wieder war es für ihn ein Schock, dieses düstere Quartier mit »zum Tode verurteilten Menschen« zu betreten; er empfand ein Gefühl tiefer Scham und Demütigung, ein sogenannter »Arier« zu sein. Das Leben im Waisenhaus ging seinen gewohnten Gang, wenn auch die Kinder weniger lärmten und sich langsamer bewegten. Korczak sah »krank, ausgezehrt und gebeugt« aus.

Noch einmal saßen sich die beiden Freunde gegenüber, und noch einmal bat Newerly Korczak, seine Hilfe anzunehmen. »Ich erklärte ihm, daß dies die letzte Möglichkeit war, wenigstens einige vor dem Untergang zu bewahren«, erinnerte sich Newerly. »Es durfte keinen Aufschub mehr geben. Wenn der Doktor das Waisenhaus schließen würde, hätten vielleicht einige der Kinder und Lehrer die Chance, auf die andere Seite der Mauer zu gelangen. Er brauchte nur die Anordnung zu geben und sofort mit mir zu kommen.«

Newerly wird Korczaks Reaktion niemals vergessen. »Er sah mich an, als ob ich einen Verrat oder eine Veruntreuung vorgeschlagen hätte. Ich sackte unter seinem Blick zusammen, er wandte sich ab und sagte ganz ruhig, allerdings nicht ohne Vorwurf in der Stimme: ›Sie wissen doch, warum Zalewski geschlagen wurde.‹«

Newerly wußte, was Korczak meinte. Wenn Zalewski, der katholische Hausmeister vom Waisenhaus in der Krochmalna, sein Leben riskiert hatte, weil er die jüdischen Kinder ins Ghetto begleiten wollte, wie konnte Newerly dann vorschlagen, daß Korczak, ihr Vater und Beschützer, sie um seiner eigenen Sicherheit willen verließ? Undenkbar.

Zum Abschied und als Geste der Versöhnung sagte Korczak zu ihm, daß er – sollte irgend etwas geschehen – ihm das Tagebuch, an dem er gearbeitet hatte, zur Aufbewahrung schicken würde. Die beiden Männer reichten sich noch einmal die Hand und verabschiedeten sich.

36
Der Regenbogen gestern

Am 21. Juli, dem Abend vor seinem vierundsechzigsten Geburtstag, saß Korczak im Bett und schrieb. Nach dem jüdischen Kalender war dies der Abend des neunten Av, des tragischsten Augenblicks in der Geschichte der Juden, als der erste und zweite Tempel zerstört wurden. Doch selbst wenn Korczak daran gedacht hat oder daran, daß das Ghetto sich auf die absolute Katastrophe zubewegte – in seinen Aufzeichnungen erwähnt er es nicht.

Er dachte an seine Familie – wie verärgert seine Mutter gewesen war, weil sein Vater sich nicht um seine Geburtsurkunde gekümmert hatte. Daß Großvater Hirsh, dessen Namen er trug, seinem Vater und den anderen Kindern christliche und hebräische Vornamen gegeben hatte. Daß sein Urgroßvater Glasbläser gewesen war, stimmte ihn froh: »Glas gibt Wärme und Licht.« Er schrieb über seine Anfänge und dachte über sein Ende nach: »Es ist schwer, geboren zu werden und leben zu lernen. Mir bleibt die viel leichtere Aufgabe: zu sterben. Nach dem Tode kann es wieder schwer sein, aber daran denke ich nicht. Das letzte Jahr, oder der letzte Monat oder die letzte Stunde.«

Nach fast zwei Jahren im Ghetto war sein Körper den physischen und psychischen Belastungen kaum noch gewachsen. Er wußte, daß er nicht viel länger durchhalten würde, und sorgte sich um seinen Abschied von den Kindern, die ja im Gegensatz zu ihm noch nicht über den Tod als das natürliche Ende des menschlichen Lebens nachgedacht hatten. Er hoffte, ihnen die seelische Kraft gegeben zu haben, ihrem Schicksal, was es auch sein mochte, begegnen zu können. Was ihn selbst betraf, meinte er: »Ich möchte gerne bei Bewußtsein und bei voller Besinnung sterben. Was ich den Kindern zum Abschied sagen würde, weiß ich nicht. Ich möchte ihnen so viel sagen und es ihnen so sagen, daß sie ganz frei sind bei der Wahl ihres Weges.« Um zehn Uhr abends hörte er mehrere Schüsse vor seinem verdunkelten Fenster. Aber er unterbrach seine Notizen nicht. »Im Gegenteil: lebendiger (ein einzelner Schuß) werden die Gedanken.«

Am 22. Juli 1942, am Morgen von Korczaks Geburtstag, stand der Vorsitzende Czerniakow wie üblich auf, um gegen sieben Uhr dreißig im Büro des Judenrats zu sein. Unterwegs wunderte er sich, daß die Begrenzungen des Kleinen Ghettos von polnischen Polizeieinheiten sowie von ukrainischen, litauischen und lettischen Truppen zusätzlich zu den üblichen Wachtposten umgeben waren.

Er war auf das Schlimmste gefaßt, als zehn hohe SS-Offiziere, angeführt von Major Hermann Höfle, der die Liquidierung des Ghettos von Lublin angeordnet hatte, in sein Büro stürmten. Sie befahlen, das Telephon auszuschalten und den Spielplatz gegenüber zu räumen. Anders als jene Deutschen, die Czerniakow am Tag vorher an der Nase herumgeführt hatten, war Höfle von brutaler Offenheit ihm und den anderen Mitgliedern des Judenrats gegenüber: »Heute beginnt die Evakuierung der Juden aus Warschau. Sie wissen, daß es zu viele Juden gibt. Ihnen als Judenrat übertrage ich die Durchführung der Aufgabe. Sollten Sie dies nicht zur Zufriedenheit erledigen, werden Sie alle am gleichen Ast hängen.«

Anschließend wurde der Judenrat informiert, daß alle Juden, ungeachtet ihres Geschlechts oder Alters – mit Ausnahme der Mitglieder des Rates selbst und ihrer Familien sowie unverzichtbarer Dienstleistungseinheiten – in den Osten zu deportieren seien. Czerniakow habe dafür zu sorgen, daß bis um vier Uhr nachmittags sechstausend Menschen am Umschlagplatz seien, von wo aus Frachtzüge sie an ihre Bestimmungsorte bringen würden.

Bis zu dem Zeitpunkt hatte Czerniakow alles erfüllt, was von ihm verlangt worden war. Doch als die Deutschen ihm jetzt befohlen, die Deportationsverordnung überall im Ghetto anschlagen zu lassen, weigerte er sich zum ersten Mal, seit er Vorsitzender des Judenrates war, ein Dokument mit seiner Unterschrift zu versehen. Er begriff plötzlich, daß man am Tag vorher die

Mitglieder des Judenrates (unter ihnen Abraham Gepner) deshalb verhaftet und in den Pawiak gebracht hatte, um ihn unter Druck zu setzen, und er verlangte ihre sofortige Freilassung. Dies wurde ihm zugesagt, außerdem sollten von der Ankündigung all jene nicht betroffen sein, die auf dem Friedhof oder bei der Post arbeiteten, den Müll einsammelten, in Selbsthilfeorganisationen tätig waren oder zu den Wohnblockkomitees gehörten.

Als Czerniakow jedoch darum bat, auch die Kinder in den Waisenhäusern und anderen Institutionen von der Bestimmung auszunehmen, wurde ihm lediglich zugesagt, daß man die Sache prüfen werde. In der Zwischenzeit war der Judenrat dafür verantwortlich, daß die unter seiner Aufsicht stehenden zweitausend Polizisten jeden Tag die verlangte Quote zum Umschlagplatz brachten. Falls sich der geringste Widerstand regen sollte, würde Czerniakows Frau erschossen.

Als wäre es ein schlechtes Omen, mußte Korczak am Morgen seines Geburtstages als erstes feststellen, daß der alte Schneider Azrylewicz gestorben war. Er hatte kaum Zeit, darauf zu reagieren, als er erfuhr, daß die Gestapo die Evakuierung des Krankenhauses in der Stawkistraße angeordnet hatte, das sich neben dem Umschlagplatz befand. Über fünfzig genesende Kinder sollten in das ohnehin schon völlig überfüllte Waisenhaus in der Dzielnastraße gebracht werden. Er eilte, um das zu verhindern.

Gegen Mittag war das Ghetto in hellem Aufruhr – Viehwaggons waren auf den Schienen in der Nähe der Stawkistraße beim Umschlagplatz gesehen worden. Flüchtlingshäuser und Gefängnisse wurden geschlossen, ihre abgezehrten, jammernden und schreienden Insassen zusammen mit den Straßenbettlern in jenen Pferdewagen fortgekarrt, die danach Todeswagen heißen sollten. »Das Rumpeln von Rädern und das Klappern der Hufe auf dem Kopfsteinpflaster – so fing alles an!« beschrieb später ein Überlebender diesen ersten Tag.

Deportationsankündigungen des Judenrates hingen jetzt überall im Ghetto, allerdings ohne Unterschrift des Vorsitzenden. Die Leute strömten aus ihren Wohnungen, um sie zu lesen. Neuansiedlungen im Osten! Was hieß das? Jeder Deportierte durfte nicht mehr als sieben Pfund Gepäck mitnehmen, und dieses Gepäck sollte Wertsachen, Bargeld und Verpflegung für drei Tage enthalten. Zuwiderhandelnden drohte die Todesstrafe.

Warschaus Juden lasen diese kurze Mitteilung immer und immer wieder. Mit keiner Silbe wurde ein Zielort erwähnt. Als einzige Ausnahmen waren neben dem Judenrat und seinen vielen Abteilungen das Krankenhauspersonal und jene, die in deutschen Fabriken arbeiteten, aufgeführt. Es kam zu einem Riesenandrang an allen Fabriken, die Arbeitsgenehmigungen zu vergeben hatten. Gleichzeitig gab es einige Juden, die eigentlich froh waren, aus dem Ghetto fortzukommen: kein Ort auf Erden, so meinten sie, könne schlimmer sein als der, wo sie waren. Sie wollten glauben, daß – wo immer sie auch hinkämen – sie bis zum Ende des Krieges durchhalten könnten.

Zweifellos stand auch Korczak in der Menge und las die Ankündigungen, sah die Wagen, die die Menschen zu den Zügen fortbrachten. Aber als er abends in sein Tagebuch schrieb, erwähnte er nichts von der Hysterie im Ghetto, sondern richtete seinen ganzen Zorn auf die »freche Schamlosigkeit« einer Ärztin, die die fünfzig Kinder aus ihrem Krankenhaus in sein Waisenhaus hatte bringen lassen. Der Streit zwischen den beiden dauerte schon über ein halbes Jahr, in dem es »keine Gemeinheit gegeben hat, die diese Dame den Kranken gegenüber nicht begangen hätte, aus Bequemlichkeit, Starrsinn, Dummheit«, und jetzt hatte sie sich über seinen Einwand hinweggesetzt, daß eine solche Überfüllung für alle Kinder schädlich sei. Sie hatte die kleinen Patienten dort eingewiesen, als er nicht im Hause war. »Ausspucken und weggehen. Seit langem hege ich diesen Gedanken. Mehr noch – eine Schlinge – Blei an den Füßen.«

Man wundert sich über das, was Korczak *nicht* in sein Tagebuch geschrieben hat. Statt seine Machtlosigkeit gegenüber den Ereignissen jenes Tages zu akzeptieren, kämpfte er, wo er konnte. Der Tod des alten Schneiders, dessen aggressives und provokatives Verhalten er das ganze Jahr vorher zu ignorieren versucht hatte, war eine Fußnote des Ungesagten. Er sah zu dem nun leeren Bett hinüber und meinte: »Wie schwer ist das Leben und wie leicht der Tod!«

Am 23. Juli, dem zweiten Tag der Deportationen, konfiszierte die Gestapo Adam Czerniakows Auto und nahm ihm damit ein weiteres Relikt seiner Autorität. Doch hörte er mit Erleichterung, daß sein Ansuchen, die Schüler der Berufsvorbereitungsschule und die Ehemänner von Frauen, die arbeiteten, von den Deportationen auszuschließen, positiv beschieden worden war. Was die Waisenkinder und Schüler von Handwerksschulen betraf, so solle er sich an eine höhere Institution wenden, hieß es.

Als er an jenem Nachmittag im Büro des Judenrats an seinem Schreibtisch saß, grübelte Czerniakow über die Mitteilung nach, daß die Deportationen an sieben Tagen in der Woche durchzuführen seien. Er schlug sein Tagebuch auf und schrieb: »Im ganzen Ghetto entstehen in größter Hast neue Handwerksbetriebe. Eine Nähmaschine kann zum Lebensretter werden. Es ist drei Uhr. Bis jetzt sind viertausend abmarschbereit. Der Befehl lautet, daß es bis vier Uhr neuntausend sein müssen.«

Es war seine letzte Eintragung.

Als er an jenem Abend zu Hause sein Abendessen einnahm, wurde er erneut in sein Büro zitiert, um zwei hohe SS-Offiziere aus der Abteilung für Deportationen zu treffen. Da er kein Auto zur Verfügung hatte, benutzte er zum ersten Mal ein Fahrradtaxi. Während des kurzen Gesprächs wurde ihm mitgeteilt, daß es für Waisenkinder keine Ausnahmen geben werde. Sie seien nicht produktiv und deshalb zu deportieren.

Als die Deutschen gegangen waren, blieb der Vorsitzende in seinem Stuhl sitzen – ein gebrochener Mann. Fast drei Jahre lang hatte er versucht, alle Forderungen der Gestapo zu erfüllen, weil er gehofft hatte, daß die Juden sich durch Kooperation den Nazis und ihrem Krieg unentbehrlich machen würden, wie lange dieser Krieg auch dauern mochte. Für das Wohl des Ghettos hatte er viele Grundsätze aufgegeben, einer Evakuierung der Kinder konnte er jedoch nicht mehr zustimmen. Er läutete der Frau von der Nachtaufsicht und bat um ein Glas Wasser. Er war weiß wie die Wand. Seine Hände zitterten, als er das Glas entgegennahm. Er versuchte ein Lächeln und entließ sie mit einem »Dankeschön« – seinem letzten Wort.

Wie Korczak hatte auch Czerniakow Gift zur Verfügung. Er

hielt vierundzwanzig Zyankalikapseln unter Verschluß, eine für jedes Mitglied des Judenrats für den Fall, daß etwas von ihnen verlangt werden würde, was sie mit ihrem Gewissen nicht vereinbaren konnten. Für ihn war dieser Fall jetzt eingetreten. Er schrieb zwei Briefe. In dem einen bat er seine Frau um Vergebung, daß er sie verließ, und um Verständnis dafür, daß er nicht anders habe handeln können. Im anderen erklärte er den Mitgliedern des Judenrates, daß es ihm nicht möglich sei, hilflose Kinder an die Deutschen auszuliefern. Er hoffte, daß sie seinen Selbstmord nicht als eine feige Tat beurteilen würden, aber er könne all das, was geschah, nicht länger ertragen.

Kurz darauf wunderte sich der Kassierer, der in einem anderen Teil des Gebäudes arbeitete, daß das Telephon im Büro des Vorsitzenden nicht abgehoben wurde. Als er vorsichtig die Tür öffnete, fand er Adam Czerniakow tot an seinem Schreibtisch.

In jener Nacht ordnete die Gestapo eine Notversammlung des Judenrates zur Wahl eines neuen Vorsitzenden an. In den frühen Morgenstunden wurde Czerniakow in Gegenwart seiner Frau, einiger Mitglieder des Judenrats und einiger enger Freunde wie Korczak still und hastig begraben. In seiner Grabrede sagte Korczak: »Gott gab Adam Czerniakow die wichtige Aufgabe, die Würde der Juden zu beschützen. Jetzt, wo er tot ist, wird er seinen Körper der Erde und seine Seele Gott zurückgeben mit dem Geschenk, sein Volk beschützt zu haben, und er wird wissen, daß er seine Aufgabe erfüllt hat.«

Die Menschen des Ghettos, ohnehin schon vom Entsetzen gepackt, wußten nicht recht, wie sie die Nachricht vom Selbstmord des Vorsitzenden aufnehmen sollten. Viele hatten das Gefühl, er habe sie ohne eine klare Botschaft einfach im Stich gelassen. Marek Edelman, der den Ghettoaufstand im folgenden Jahr überleben sollte, machte Czerniakow den Vorwurf, seinen Tod als Privatangelegenheit behandelt zu haben. Andere hingegen erkannten zum ersten Mal die heroischen Qualitäten dieses schlichten Mannes (dem man so oft »Führungsschwäche« vorgeworfen hatte), der nach der deutschen Invasion trotz seines Visums für Palästina sich zum Bleiben entschieden hatte, um seiner Gemeinde zu dienen – ohne Bezahlung und mit großem persönlichen Risiko. Chaim Kaplan, stets ein scharfer Kritiker des Vorsitzenden, schrieb in seinen Aufzeichnungen, daß es zwar Menschen gebe, die in einer Stunde Unsterblichkeit erlangten, Czerniakow jedoch habe dies in einem Augenblick getan.

Wenn der Selbstmord des Vorsitzenden die meisten noch nicht davon überzeugte, daß die Umsiedlungen den Tod bedeuteten, machte ihnen die Reise doch mehr Angst als je zuvor. Da es die »nichtproduktiven Elemente« waren, die gehen mußten, waren unzählige Menschen auf der Suche nach Arbeit in Hunderten von »Werkstätten«, die über Nacht entstanden. Wenn sich nicht genügend Leute fanden, die das Angebot der Nazis annahmen, für drei Kilo Brot und ein Kilo Marmelade freiwillig den Zug zu besteigen, setzten die Deutschen die jüdische Polizei unter Druck, um die Viehwaggons zu füllen. Die verzweifelten Juden befanden sich jetzt in der Lage, von ihren eigenen Leuten gejagt und zusammengetrieben zu werden, die ebenso verzweifelt ihre Quoten erfüllen wollten. Arbeitsgenehmigungen reichten nicht mehr aus, durch die täglichen Straßenabsperrungen zu kommen. Familien wurden aus ihren Verstecken gezerrt. Wer Widerstand leistete, wurde erschossen. Die Geschäfte wurden geschlossen. Es gab keinen Schmuggel mehr. Keine Nahrung. Kein Brot. Niemand wagte sich ohne besonderen Grund auf die Straße.

In jenen ersten chaotischen Tagen war sich Gienas Bruder Samuel einfach nicht klar darüber, was er tun solle. Er hatte Gerüchte gehört, daß das Waisenhaus nicht umgesiedelt werden sollte, weil die Deutschen sich nicht mit Kindern abgeben wollten, die noch nicht arbeitsfähig waren, und er wollte gerne glauben, daß seine Schwester somit in Sicherheit sei. Doch ständig erschien ihm das bleiche Gesicht seiner Mutter im Traum, die ihn fragte: »Wo ist Giena?«

Was konnte er tun? Wenn er sie auch in seinem Zimmer unterbrächte, wie könnte sie den Tag verbringen, wenn er in der Möbelfabrik arbeitete, oder den Abend, wenn er zu Untergrundtreffen ging? Er hatte in der Wohnung eines älteren Ehepaares ein Zimmer gemietet, doch er kannte die Leute kaum. Würde sie sich nicht fürchten, sich verlassen vorkommen und ihre Freunde vermissen? Sie war klug umd umsichtig für ihre zehn Jahre, aber sie war immer noch ein Kind. Und wie sollte er sie ernähren? Brot war rar und sehr teuer. Geld hatte er auch keins mehr, nur noch einige Schmuckstücke seiner Mutter. Aber wer würde heute noch Brot für so etwas geben?

Am 26. Juli, dem fünften Tag der Umsiedlung, entschloß sich Samuel, Giena zu sich zu holen. Er nahm sich frei und machte sich unter vorsichtiger Vermeidung jener Straßen, wo gerade eine *Aktion* stattfand, auf den Weg ins Waisenhaus. Er fand Giena im großen Saal des Erdgeschosses, wo sie mit zwei anderen Kindern spielte. In den wenigen Tagen seit dem Beginn der Deportationen hatte sich die Atmosphäre des Hauses spürbar verändert. Die Kinder sahen schrecklich aus und klagten über Hunger. Giena führte ihn zu Stefa und lief dann zurück, um weiterzuspielen.

Nachdem er sein Anliegen vorgebracht hatte, meinte Stefa, daß er selbstverständlich tun könne, was er für richtig halte. Sie machte ihn allerdings darauf aufmerksam, daß sie anderen Familien, die in der gleichen Absicht zu ihr gekommen waren, von ihrem Plan abgeraten hatte. Korczak und sie waren beide der Ansicht, daß die Kinder bei ihnen sicherer seien – selbst der Judenrat war überzeugt, daß die Gestapo das berühmte Waisenhaus in Ruhe lassen würde –, doch vor allem sei es nicht gut für die Moral, wenn einige Kinder das Haus verließen. Das Personal hatte sich zum Bleiben entschieden, egal was geschah. Sie schlug ihm vor, Giena um ihre Meinung zu fragen, bevor er seine endgültige Entscheidung traf. Es war nicht üblich, daß ein Kind wieder aufgenommen wurde, wenn es das Haus einmal verlassen hatte. In Gienas Fall war Stefa aber bereit, eine Ausnahme zu machen.

Samuel ging mit Giena in den kleinen Hof zwischen den beiden Häusern. Sie setzten sich auf eine Bank, und er erzählte ihr noch einmal, wie er ihrer Mutter versprochen hatte, auf sie achtzugeben, und daß er sich jetzt frage, ob sie nicht besser beieinander sein sollten in dieser Zeit, in der die Menschen zu unbekannten Zielen geschickt wurden. Er gab zu, daß er sich durchaus sorgte, sie allein lassen zu müssen, wenn er in der Fabrik war.

Auch Giena hatte sich schon gefragt, was zu tun sei. Zwei ihrer Freundinnen waren schon von ihren Familien geholt worden, sie wollte aber im Waisenhaus bleiben. Sie fürchtete sich vor den vielen Menschen auf der Straße und davor, in einem fremden Haus auf ihn zu warten. Schließlich gab sie aber seiner Überzeugung nach, daß sie gerade jetzt zusammensein sollten.

Es stellte sich heraus, daß Samuels Sorge, was seine Schwester tagsüber ohne ihn anfangen würde, begründet gewesen war. Giena zitterte jeden Morgen vor Angst, wenn er das Haus verließ, und weinte, wenn er zurückkam. Sie vermißte ihre Kameraden und ganz besonders Stefa. Nach einigen Tagen bat sie ihn, sie ins Waisenhaus zurückzubringen.

Samuel hätte ihr gerne gesagt, daß das Waisenhaus gefährdet war, weil die Nazis nicht dafür bekannt waren, Kinder zu verschonen, und daß einige Leute im Untergrund glaubten, die Umsiedlungen bedeuteten in Wirklichkeit den Tod. Aber er brachte es nicht fertig. Was würde diese Information einem Kind nützen, wenn selbst die Erwachsenen hilflos und durcheinander waren. Als er ihr trauriges Gesicht sah, fragte er sich, ob sie nicht das Schlimmste vermutete. Vielleicht taten das die Kinder ohnehin. Er brachte sie ins Waisenhaus zurück und mußte schlucken, als er sah, wie sie Stefa umarmte. Er verließ sofort das Haus, weil er wußte, daß er seine Tränen nicht würde zurückhalten können. Er beugte sich hinunter, küßte Giena auf die Augen, die so sehr denen ihrer Mutter ähnelten, und ging rasch davon, ohne sich noch einmal umzusehen.

Nach Czerniakows Tod ließ Korczak sein Tagebuch drei Tage lang unbeachtet. Als er es am 27. Juli wieder hervornahm, erwähnte er den Selbstmord dieses Freundes, der eine seiner größten Stützen gewesen war, mit keinem Wort.

»Der Regenbogen gestern«, begann er seine Eintragung. »Ein wunderschöner, großer Mond über dem Lager der Heimatlosen. Warum kann ich diesen unseligen, verwirrten Stadtteil nicht beruhigen?«

Selbst jetzt berichtete er nichts über die Deportationen: wie jeden Tag die Leute blockweise aus ihren Wohnungen gejagt und mit Peitschenhieben durch die Straßen zum Umschlagplatz getrieben wurden. Statt dessen versuchte er, mit bitterer Ironie, diesen »durchsichtigen Plan« der Deutschen zu ergründen, indem er eine Rede schrieb, die er auch sehr gut für den verrückten Oberst aus seinem Stück *Senat der Verrückten* hätte schreiben können:

> Gebt eine Erklärung ab, wählt. Es sind keine bequemen Wege, die wir euch zur Auswahl anbieten. Auf Bridgepartien müßt ihr einstweilen verzichten, auf Badefreuden auch und auf wohlschmeckende Mahlzeiten, mit dem Blut der Schmuggler bezahlt. . . . Wir betreiben ein gigantisches Unternehmen. Es heißt: Krieg. Wir arbeiten planmäßig, diszipliniert, methodisch. Eure kleinen Interessen, Ambitionen, Gefühle, Launen, Ansprüche, Kummer und Wünsche gehen uns nichts an. . . .
>
> Die Juden nach Osten. Jetzt gibt es kein Gefeilsche mehr. Es geht nicht um die jüdische Großmutter, sondern darum, wo du nötiger gebraucht wirst – deine Hände, dein Kopf, deine Zeit und dein Leben. . . .
>
> Wir, die Deutschen – es geht nicht um das Aushängeschild, sondern um die Taxe, um die Vorherbestimmung der Erzeugnisse. Wir sind eine eiserne Walze . . . Auch wenn wir manchmal Mitleid mit euch haben – wir müssen mit der Peitsche, dem Knüppel oder dem Bleistift arbeiten. Es muß ja Ordnung herrschen. . . .
>
> Die Juden haben ihre Verdienste. Sie sind begabt, und dann ist da noch Moses, und Christus, und ihr Fleiß, und Heine, und die alte Rasse, und der Fortschritt, und Spinoza, und die Hefe, und die ersten, und die Opferwilligen. Das ist schon richtig. Aber außer den Juden gibt es auch noch andere und anderes.
>
> Die Juden sind wichtig, aber später – ihr versteht schon, morgen. Gewiß, wir wissen das, und wir denken daran. Eine wichtige Position, aber nicht die einzige. . . .

Mein Freund, du bist gezwungen, dir diese programmatische Rede der Frau Historia über die neue Charta anzuhören.

Würde man die Rede der Dame Historia je verstehen? Man konnte sich nur nach dem Programm richten, das für das eigene Leben geschrieben worden war. »WARUM ICH DAS ESSGESCHIRR WEGRÄUME«, schrieb er jetzt in großen Buchstaben über die Seite:

Ich weiß, daß viele es nicht gerne sehen, daß ich nach den Mahlzeiten das Eßgeschirr wegräume. Selbst die, welche Tagesdienst haben, haben das anscheinend nicht gern. Sie werden ja auch so fertig. Sie sind ihrer ja genug. Und wenn sie zu wenige wären, müßten eben noch einer oder zwei helfen. . . .

Und was noch schlimmer ist, wenn jemand mit etwas Wichtigem zu mir kommt, dann lasse ich ihn warten und erkläre: »Ich bin gerade beschäftigt.«

Auch eine Beschäftigung: dieses Einsammeln von Suppenschüsseln, Löffeln und Tellern.

Am allerschlimmsten ist aber, daß ich mich dabei sehr ungeschickt anstelle, beim Verteilen der Zusatzportionen störe und die eng an ihren Tischen sitzenden Kinder stoße. Meinetwegen kann einer seine Suppenschüssel oder sein Schälchen nicht mehr auslecken. Es kann sogar jemand um seine Zusatzportion kommen.

Niemand hat ihn direkt gefragt: »Warum tun Sie das eigentlich? Warum stören Sie hier?« Er möchte es trotzdem erklären:

Wenn ich das Eßgeschirr selbst einsammle, dann sehe ich die Teller, die einen Sprung haben, die verbogenen Löffel, die zerkratzten Schüsseln. . . .

Manchmal beobachte ich verstohlen, wie die Zusatzportionen ausgegeben werden oder wer neben wem sitzt. Und ich denke mir dies und das dabei. Denn ich tue niemals etwas gedankenlos. Diese Kellnerarbeit ist für mich sowohl nützlich als auch angenehm und interessant.

Aber nicht dies ist wichtig. . . . Ich setze mich dafür ein, daß es im »Haus der Waisen« keine feine oder grobe, gescheite oder dumme, saubere oder schmutzige Arbeit gibt – Arbeit für junge Damen oder für gewöhnliches Gesinde.

Jemandem, der nur zufällig Korczaks Tagebuch durchblätterte, wäre es sicher seltsam vorgekommen, daß dieser große Erzieher sich seitenweise darüber ausließ, warum er den Tisch abräumte, während um ihn herum sich das Warschauer Ghetto auflöste. Aber das war seine Art, das Böse um ihn herum zu überwinden: Ordnung und Rituale der Vergangenheit waren der einzige Halt, mit dem er seine kleine Republik fest verankern konnte.

Als Esterka Winogron, Korczaks tüchtige und engagierte Assistentin, die *Das Postamt* inszeniert hatte, bei einer der ersten *Aktionen* mitgenommen wurde, vergaß Korczak seine eigene Sicherheit und rannte durchs ganze Ghetto auf der Suche nach jemandem, der einflußreich war und ihr helfen könnte. » ›Wo ist sie in die Falle geraten?‹ fragte jemand.«

Er wußte es nicht. Er wußte nur, daß er sie unter Tausenden von Menschen finden mußte, die auf dem Umschlagplatz zusammengetrieben worden waren – und zwar, bevor sie einen der Waggons bestieg. Vielleicht war es schon zu spät.

Er nahm das bißchen Kraft, das ihm noch blieb, zusammen und marschierte los, vorbei an deutschen und ukrainischen Soldaten, vorbei an jüdischer Polizei, an verlassenen Geschäften mit ihren eingeschlagenen Schaufenstern. Er drückte sich an die Häuserwand, als ein Deutscher ihn anbellte, den Weg freizumachen für ein neues Kontingent von Opfern, das mit Peitschen und Hunden vorbeigetrieben wurde. »Damit tun sie mir sogar einen Gefallen, denn beim Herumschlendern könnte mich ja eine verirrte Kugel treffen. Aber so stehe ich sicher an der Mauer und kann ruhig und aufmerksam schauen und nachdenken – meinen Gedanken nachhängen. Und das tue ich auch.«

Er dachte daran, wie »Fräulein Esther« ihm gesagt hatte, daß sie nach dem Krieg kein leichtfertiges und einfaches Leben wollte, sondern von einem »schönen Leben« träumte. Er ging weiter, hatte nur den einen Gedanken, sie zu finden, als ob auf irgendeine magische Weise alle gerettet würden, wenn es ihm gelang, sie zu retten. Als ihn ein junger Pole im Polizeikommando »wohlwollend fragte«, wie er denn durch die Blockade gekommen sei, fragte er ihn, ob er nicht »etwas« für Esterka tun könne. »Selbstverständlich nicht«, lautete die Antwort. »Ich sagte hastig: ›Danke für das gute Wort.‹ Dieser Dank ist die welke Frucht des Elends und der Erniedrigung.«

Gequält von seiner Unfähigkeit, ihr zu helfen, tröstete er sich mit dem Gedanken: »Wenn sie jetzt nicht hierher zurückkehrt, treffen wir uns später woanders wieder.« Vielleicht meinte er es wörtlich, vielleicht meinte er das »Land hinter den Sternen«, zu dem Amal gereist war. Er war sich noch nicht einmal sicher, ob er ihr »im Falle eines Erfolges wirklich genützt, oder ob ich ihr nicht vielmehr geschadet, Unrecht getan hätte. ... Vielleicht ist gar nicht sie [in die Falle] hineingeraten, sondern wir, die wir hierbleiben«, schrieb er in sein Tagebuch.

Einige Tage später wurde auch er aufgegriffen. Stella Eliasberg wird nie vergessen, wie Korczak eines Nachmittags an ihre Tür hämmerte und ins Zimmer fiel. Als er Atem geholt hatte und sprechen konnte, erzählte er ihr, daß ihn ein SS-Kommando bei einer Aktion ergriffen und auf einen Todeskarren geschleudert habe. Er sei nur deshalb davongekommen, weil auf dem Weg zum Umschlagplatz ein jüdischer Polizist ihn erkannt hatte und ihm vom Karren herunterhalf. Als er mit seinem Stock davonhumpelte, schrie der Deutsche, er solle zurückkommen, aber er tat so, als höre er nichts. Korczak blieb vier Stunden in Stellas Wohnung und wartete dort das Ende der Aktion ab; während der ganzen Zeit entschuldigte er sich bei ihr, sie mit dieser Geschichte zu langweilen. Und dann humpelte er ins Waisenhaus zurück.

»Von Tag zu Tag ändert sich das Gesicht des Stadtviertels«, teilte er im Tagebuch mit.

1. Gefängnis
2. Verseuchtes Gebiet
3. Balzplatz
4. Irrenhaus
5. Spielhölle. Monaco. Einsatz – der eigene Kopf.«

Gienas Bruder gelang es, seine Schwester einige Male am späten Nachmittag zu besuchen, wenn für den Tag die Treibjagd auf den Straßen vorbei war. Die Deutschen hatten die jüdische Polizei dieser Aufgabe enthoben und verließen sich lieber auf die brutalen lettischen und ukrainischen Truppen, um die Menschen in die Züge zu treiben. Stefa gab zu, daß sie nicht mehr so fest an die Sicherheit des Waisenhauses glaubte wie früher, aber sie konnte Samuel beruhigen, daß das Personal die Kinder auf keinen Fall verlassen würde.

An dem Tag, an dem er seine Schwester zum letzten Mal sah, kam Korczak an ihnen vorbei – »ein gebeugter alter Mann mit einem kurzen, weißen Bart«. Er musterte Samuel kurz, fragte ihn, was er denn so mache, und ging weiter: die Kontaktpflege mit Familienangehörigen überließ er Stefa. Giena bemühte sich, fröhlich zu sein. Sie erzählte ihm von den Büchern, die sie las, und nicht, wie hungrig sie war. Als er sich aber dann verabschiedete, warf sie ihm die Arme um den Hals und flüsterte: »Paß auf dich auf, um meinetwillen.«

Am 1. August, einem Samstag, war es »so weich und warm im Bett«, daß es Korczak schwerfiel aufzustehen. Zum ersten Mal in dreißig Jahren interessierten ihn die Ergebnisse des wöchentlichen Wiegens überhaupt nicht. »Sie sollten eigentlich zugenommen haben«, meinte er und fragte sich gleichzeitig, »warum es gestern zum Abendbrot rohe Möhren gab«. Er schloß noch einmal die Augen und überlegte sich, eine Monographie über das Federbett zu schreiben.

Aber er mußte aufstehen, und wenn es nicht wegen des Wiegens der Kinder war, dann wegen Adzio, einem »zurückgebliebenen, bösartigen und widerspenstigen« Buben. Er wollte »nicht das ganze Haus wegen irgendeiner seiner unüberlegten Handlungen gefährden« und hatte deshalb an das Kommissariat geschrieben, Adzio wegzuholen. Wie in den Tagen vor dem Krieg war die Ausgeglichenheit des Hauses oberstes Gebot.

Man fragt sich, ob Korczak dachte, daß die Polizei Adzio irgendwoanders hinschicken würde als zum Umschlagplatz, um ihn »umzusiedeln«. Nach seiner Tagebucheintragung über Adzio stellte er als nächstes mit Genugtuung fest, daß es ihm gelungen war, eine Tonne Kohlen für die Dzielnastraße zu organisieren. Selbst als die Züge schon jeden Tag Tausende von Juden an ihr unbekanntes Ziel brachten, bereitete er sich auf den Winter vor.

Seit einer Woche war er mit Abraham Gepner, seinem Freund im Judenrat, im Gespräch, seine beiden Waisenhäuser in Werkstätten zu verwandeln, in denen deutsche Uniformen genäht werden sollten oder was immer gebraucht wurde. Er hoffte, daß die Kinder, wenn sie sich als nützlich herausstellten, bleiben dürften, wo sie waren. Gepner war noch immer ein mächtiger Mann im Ghetto – »Herz und Hirn der Beschaffungseinheit« hatte Czerniakow ihn einmal genannt –, und wenn jemand diese Werkstätten zustande bringen konnte, dann war er es. »Korczak gab sich bis zum Schluß der Illusion hin, daß diese Werkstätten die Kinder retten würden«, erinnerte sich Stella Eliasberg. »Deshalb wollte er, daß alles seinen gewohnten Gang ging, um die Kinder nicht aufzuregen und eine Panik zu vermeiden. Aber die Zeit reichte noch nicht einmal, auch nur eine Werkstatt einzurichten.«

Korczak mag versucht haben, den Deutschen immer einen Schritt voraus zu sein, aber er hatte nicht mehr die Kraft, die allgemein um sich greifende Demoralisierung abzuwehren. »Aber das, was ich ertrage, ist doch wirklich gewesen«, schrieb er. »Es ist gewesen. Man hat Hausrat verkauft und Kleidungsstücke, für einen Liter Petroleum, ein Kilo Grütze – ein Gläschen Schnaps.« Das ganze Ghetto war zu einem einzigen riesigen Pfandhaus geworden. Und alles, was für die zivilisierte Welt selbstverständlich gewesen war – Glaube, Familie, Mutterschaft –, war jetzt entwertet.

Jeder Tag brachte »so viele feindliche und düstere Eindrücke«, daß er gar nicht mehr träumte. Er las die Erinnerungen Marc Aurels, um Trost zu finden; er meditierte – indische Meditation scheint er gekannt zu haben. Ihm fiel auf, daß er die Welt »schon lange nicht mehr gesegnet« hatte. Er versuchte es. Es ging nicht. Er wußte nicht einmal, was er falsch machte. Er setzte sich hin, atmete tief, bis er sich von reinigenden Schwingungen durchströmt fühlte; doch als er die Hand zum Segen erhob, waren die Finger kraftlos, keine Energie war bis zu ihnen vorgedrungen.

In jenen frühen Morgenstunden, als er über sein Leben nachdachte, schien alles ein Fehlschlag gewesen zu sein:

Meine Teilnahme am russisch-japanischen Krieg.
Fehlschlag – Niederlage.
Im europäischen Krieg – Fehlschlag – Niederlage.
Im Weltkrieg ...
Ich weiß nicht, wie und als was sich der Soldat einer siegreichen Armee fühlen mag ...

Statt des alten Schneiders Azrylewicz hatte er jetzt Julek bei sich. Der Bub hatte eine Lungenentzündung und litt an Atembeschwerden, wie der alte Schneider. Er stöhnte und schlug um sich mit demselben »egoistischen und komödiantischen Bemühen, die Aufmerksamkeit auf sich zu lenken«. Und erst als Julek die erste ruhige Nacht in einer Woche hatte, konnte Korczak schreiben: »Ich auch.«

Am 5. August erwachte Korczak um fünf Uhr dreißig. Es war »ein trüber Morgen«. Hanna war bereits aufgestanden. »›Guten Morgen!‹ Sie antwortet mit einem verwunderten Blick. ›Lächle doch.‹ Es ist ein gequältes, blasses, schwerkrankes Lächeln.«

Hanna war hungrig, wie alle Kinder. Brot, diese Grundlage des Lebens, gab es nicht. Korczaks Zorn schien sich jetzt mit Resignation und Trauer vermischt zu haben, wenn er Gott bat:

Vater unser, der du bist im Himmel ...
Hunger und Unglück haben dieses Gebet gemacht.
Unser täglich Brot.
Brot.

37
Der letzte Marsch: 6. August 1942

Das Wichtigste ist – daß es das alles schon
einmal gab.
Tagebuch im Ghetto

Am 6. August wachte Korczak wie üblich früh am Morgen auf. Als er sich über die Fensterbank beugte, um »die armen Pflanzen des Waisenhauses, eines jüdischen Waisenhauses« zu gießen, stellte er fest, daß ihm ein Posten zusah, der auf der von der Mauer geteilten Siennastraße Wache schob. Er fragte sich, ob der Posten über diese häusliche Tätigkeit verärgert sei, oder vielleicht rührte sie ihn auch? Oder vielleicht war Korczaks Glatze am Fenster ein gutes Ziel für ihn? Der Soldat hatte einen Karabiner. Warum stand er da, die Beine weit gespreizt, und betrachtete ihn so friedlich? Zwar hatte er wohl keinen Befehl, aber das hatte noch nie einen SS-Mann davon abgehalten, seine Munition nach Lust und Laune in irgend jemanden hineinzuschießen.

Korczak fragte sich in der letzten Eintragung seines Tagebuches: »Vielleicht war er im bürgerlichen Leben Dorfschullehrer, vielleicht Notar, Straßenkehrer in Leipzig oder Kellner in Köln? Was würde er tun, wenn ich ihm zunickte? Freundlich winken? Vielleicht weiß er gar nicht, daß es so ist, wie es ist? Vielleicht ist er erst gestern von weither gekommen . . .«

In einem anderen Teil des Gebäudes machten sich Misha Wroblewski und drei weitere der älteren Buben fertig, um zur Arbeit am Eisenbahndepot zu gehen, die Korczak ihnen auf der anderen Seite der Mauer verschafft hatte. Jeden Morgen wurden sie gezählt und verließen unter Bewachung das Ghetto, jeden Abend wurden sie auf die gleiche Weise zurückgebracht. Die Arbeit war hart, aber sie hatten die Möglichkeit, ihre wenigen

Habseligkeiten gegen Lebensmittel einzutauschen. Sie verließen leise das Haus, ohne mit jemandem zu sprechen. Es schien ein Tag wie jeder andere zu sein, den sie irgendwie überstehen mußten.

Um Punkt sieben gesellte sich Korczak zu Stefa, dem Personal und den Kindern, um an den hölzernen Tischen das Frühstück einzunehmen. Die Tische wurden aufgestellt, nachdem die Nachtlager fortgeräumt worden waren. Vielleicht hatten sie ein paar Kartoffelschalen oder Brotkrusten, vielleicht gab es sogar einen Schluck genau abgemessenen Ersatzkaffee in jedem Becher. Korczak wollte gerade aufstehen, um die Tische abzuräumen, als zwei grelle Pfiffe und der schreckliche Ruf »Alle Juden raus!« durch das Haus schrillten.

Es war Teil der deutschen Strategie, keine Vorankündigungen zu machen, sondern völlig überraschend aufzutauchen. An jenem Morgen lautete der Plan, die Kindereinrichtungen im Kleinen Ghetto zu evakuieren. Das untere Ende der Sliskastraße war bereits von der SS, ukrainischer Miliz und der jüdischen Polizei abgesperrt.

Korczak und Stefa erhoben sich sofort, um die Kinder zu beruhigen. Wie in all den Jahren vorher arbeiteten sie auch jetzt intuitiv zusammen und wußten, was jeder von ihnen zu tun hatte. Sie beauftragte die Erzieher, den Kindern zu helfen, ihre Sachen zu packen. Er ging in den Hof, um einen der jüdischen Polizisten zu bitten, den Kindern Zeit zum Packen zu lassen, danach würden sich dann alle ordentlich aufstellen. Man gewährte ihm eine Viertelstunde.

Korczak hätte nie daran gedacht, jetzt noch Kinder zu verstecken. In den vergangenen Wochen hatte er es erlebt, daß Menschen in Schränken, hinter falschen Wänden, unter Betten gefunden und aus dem Fenster geworfen worden waren, oder man hatte sie, mit dem Gewehr im Anschlag, die Straßen hinuntergetrieben. Es gab nichts anderes, als die Kinder und das Personal geradewegs in das Unbekannte zu führen – und mit etwas Glück auch wieder hinaus. Wer konnte denn wissen, ob – wenn überhaupt jemand eine Chance hatte, da draußen im Osten zu überleben – nicht sie es sein würden?

Als er die Kinder ermutigte, sich ruhig in Viererreihen aufzustellen, muß Korczak gehofft haben, daß, ganz gleich wie schrecklich die Situation war, in der sie sich befanden, es ihm gelingen würde, seinen Charme und seine Überredungskunst einzusetzen, um etwas Brot, ein paar Kartoffeln, vielleicht sogar einige Medikamente für seine jungen Schutzbefohlenen zu erschmeicheln. Aber vor allem würde er dasein, um ihnen Mut zu machen – um sie durch all das zu führen, was vor ihnen liegen mochte.

Er mußte die Kinder beruhigen, die sich ängstlich aufstellten, ihre Wasserflaschen umklammert hielten, ihre Lieblingsbücher, Tagebücher und Spielsachen. Aber was konnte er ihnen sagen, er, der verfocht, daß man einem Kind keine Überraschungen zumuten sollte, um die es nicht gebeten hat, und daß »eine lange, gefährliche Reise« einer sorgfältigen Vorbereitung bedarf? Was konnte er sagen, ohne ihnen und sich selbst die Hoffnung zu nehmen? Einige vermuten, er habe ihnen gesagt, es ginge jetzt in die Sommerkolonie *Rozyczka*, aber es ist kaum anzunehmen, daß Korczak seine Kinder belogen hat. Vielleicht hat er ihnen erzählt, daß es dort, wo sie hinfuhren, möglicherweise Kiefern und Birken gab, genau wie in der Sommerkolonie; und wo es Bäume gab, waren natürlich auch Kaninchen und Eichkätzchen.

Doch selbst ein Mann wie Korczak mit seiner ausgeprägten Phantasie konnte sich nicht vorstellen, was vor ihnen lag. Niemand war bisher aus Treblinka entkommen, um die Wahrheit zu berichten: Sie gingen nicht nach Osten, sondern kamen ungefähr neunzig Kilometer nordöstlich von Warschau zur sofortigen Auslöschung in die Gaskammer. Treblinka bedeutete noch nicht einmal eine einzige Übernachtung.

Die Deutschen hatten durchgezählt: einhundertzweiundneunzig Kinder und zehn Erwachsene. Korczak marschierte an der Spitze dieser kleinen Armee, den zerlumpten Überresten aus den Generationen ehrlicher Soldaten, die er in seiner Kinderrepublik erzogen hatte. Er hatte die fünfjährige Romcia auf dem Arm und vielleicht Szymonek Jakubowicz, dem er die Geschichte des Planeten Rho gewidmet hatte, an der Hand.

Stefa kam ein kurzes Stück nach ihm mit den Neun- bis Zwölfjährigen. Da war Giena mit den dunklen, traurigen Augen, die so sehr denen ihrer Mutter glichen; Eva Mandelblatt, deren Bruder vor ihr auch schon im Waisenhaus gewesen war; Halinka Pinchonson, die es vorzog, mit Korczak zu gehen, statt bei ihrer Mutter zu bleiben. Da waren Jakub, der das Gedicht über Moses geschrieben hatte; Leon mit seinem polierten Kästchen; Mietek mit dem Gebetbuch seines toten Bruders; und Abus, der immer zu lange auf der Toilette blieb.

Da waren Zygmus, Semi, Hanka und Aronek, die den Brief geschrieben hatten, ob sie im Kirchgarten spielen dürften; die stets unruhige Hella; die große Hanna, die Asthma hatte; die kleine Hanna mit ihrem bleichen, kranken Lächeln; Mendelek, der schlecht geträumt hatte, und jener Bub, der seine sterbende Mutter nicht hatte verlassen wollen. Da war Abrasha, der den Amal gespielt hatte, mit seiner Geige; Jerzyk der Fakir; Chaimek der Doktor; Adek der Bürgermeister und all die andern, die im *Postamt* mitgespielt hatten; und alle folgten sie ihrem Pan Doktor auf ihrem Weg zum Messias.

Einer der älteren Buben trug die grüne Fahne König Hänschens, auf einer Seite zeigte sie den blauen Davidstern auf weißem Grund. Die älteren Kinder wechselten sich auf dem drei Kilometer langen Weg im Fahnetragen ab, und vielleicht erinnerten sie sich daran, wie König Hänschen hocherhobenen Hauptes durch die Straßen seiner Stadt zu seiner vermeintlichen Hinrichtung geschritten war.

Unter den Erziehern befanden sich viele, die selbst in Korczaks Waisenhaus aufgewachsen waren: Roza Sztokman, Romcias Mutter, die ebenso wie ihre kleine Tochter lange, dicke blonde Zöpfe hatte; Rozas Bruder Henryk, der das Tagebuch abgetippt hatte, ebenso blond, sportlich und bei den Mädels sehr beliebt. (Vor dem Fall Warschaus hatte er Gelegenheit, nach Rußland zu fliehen; er blieb wegen ihres Vaters, dem alten Schneider.) Da war Balbina Grzyb, deren Mann Feliks (er arbeitete auf der anderen Seite der Mauer) als Bub zum König des Waisenhauses gewählt worden war; Henryk Asterblum, der seit dreißig Jahren die Buchhaltung machte; Dora Solnicka, die

Finanzverwalterin; Sabina Lejzerowicz, die beliebte Näh- und Turnlehrerin; Roza Lipiec-Jakubowska, die im Waisenhaus aufgewachsen war; und Natalia Poz, die seit zwanzig Jahren im Büro arbeitete; als Kind, bevor sie zu Korczak kam, hatte sie Kinderlähmung gehabt und humpelte immer noch.

Die Gehsteige waren voll mit Menschen aus den Nachbarhäusern, die gezwungen wurden, sich während einer *Aktion* vor ihren Häusern aufzustellen. Als die Kinder Korczak die Straße hinunter folgten, stimmte einer der Erzieher ein Marschlied an, und alle sangen mit: »Wenn der Sturm uns auch umtost, halten wir uns dennoch aufrecht.«

Sie kamen am Kinderspital vorbei, ein Stück weiter unten in der Sliskastraße, in dem Korczak als junger Arzt sieben Jahre lang tätig gewesen war, an der Panska und der Twarda, wo er nachts seine armen jüdischen Patienten aufgesucht hatte. Hier waren die Straßen leer, aber die Leute standen hinter den geschlossenen Vorhängen und spähten hinaus. Als Jozef Balcerak, der ein Jahr vorher mit seinen Eltern ins Ghetto gezogen war, die kleine Prozession unter seinem Fenster sah, blieb ihm das Herz stehen: »Mein Gott, sie haben Korczak!«

Die Kinder gingen einige hundert Meter zur Allerheiligen-Kirche am Grzybowska-Platz (wo sie einmal gebeten hatten, im Garten spielen zu dürfen) und trafen dort auf Tausende anderer Menschen, viele von ihnen Kinder, die am selben Morgen aus ihren Institutionen geholt worden waren. Alle gingen nun weiter durch das Kleine Ghetto zur Brücke an der Chlodnastraße, die ins Große Ghetto führte. Zeugen berichten, daß die Kleinen über das Kopfsteinpflaster stolperten und über die Stufen zur Brücke hinaufgeschoben wurden, manche fielen oder wurden auf die andere Seite gedrückt. Unter der Brücke standen einige Polen und schrien: »Auf Nimmerwiedersehen, Juden!«

Korczak führte seine Kinder durch die Karmelickastraße, an der Nowolipki vorbei, wo die *Kleine Rundschau* beheimatet gewesen war, und an der Wurstbraterei vorbei, wo er mit seinen Redakteuren jeden Donnerstagabend gesessen hatte. Michael Zylberberg und seine Frau Henrietta wohnten im Keller eines Hauses Ecke Nowolipki und Smocza; sie sahen zufällig aus dem

Fenster, als die Waisenkinder vorbeizogen. Zylberberg war erleichtert, daß die Polizei sie nicht schlug und herumstieß, wie sie es sonst taten.

Die kleine Prozession ging an der Dzielnastraße vorbei, am Pawiak, die Zamenhofa hinauf zur nördlichsten Ecke der Gettomauer. In der großen Hitze wurden die Kleinen immer schlaffer, sie stolperten übers Pflaster und klagten, daß sie sich ausruhen wollten, daß sie durstig seien, daß es ihnen viel zu heiß sei und sie aufs Klo müßten. Doch die jüdische Polizei, die sie eskortierte, trieb sie weiter an.

Joanna Swadosh war Krankenschwester. Sie sah die Kinder, als sie sich ihrem Ziel näherten. Sie unterstützte ihre Mutter dabei, in dem evakuierten Hospital neben dem Umschlagplatz eine kleine Krankenstube einzurichten. Es war sinnlos zu fragen, warum die Deutschen, die doch so aufs Töten versessen waren, eine solche Einrichtung haben wollten. Bei allem, was sie taten, gab es keine ersichtliche Logik. Sie stellte sich schon längst nicht mehr solche Fragen, sondern ging dumpf ihrer Routine nach. Erst später hat sie begriffen, daß die Krankenstube nur als Deckmantel diente, um das Mißtrauen hinsichtlich der Umsiedlungen zu zerstreuen.

Sie packte gerade eine Kiste aus, als jemand aus dem Fenster sah und rief: »Dr. Korczak kommt!« Das konnte nur eins bedeuten, dachte sie – sie hatten Korczak. Wenn Korczak fortmußte, dann galt das für sie alle.

Die jüdische Polizei ging auf beiden Seiten des Zuges, grenzte ihn vom Rest der Straße ab. Sie sah, daß Korczak ein Kind auf dem Arm trug und ein anderes an der Hand hielt. Er schien ganz ruhig mit ihnen zu reden, wobei er manchmal den Kopf nach hinten wandte, um auch die anderen Kinder zu ermutigen.

Die Nachricht, daß Korczaks Waisenhaus geräumt worden war, verbreitete sich wie ein Lauffeuer im Ghetto. Als Gienas Bruder Samuel davon hörte, rannte er aus der Möbelfabrik, zwei Freunde gleich hinter ihm her, um ihn davon abzuhalten, mit seiner Schwester zu gehen. Er eilte zum Büro des Judenrats, um Abraham Gepner zu fragen, ob es wirklich wahr sei. Gepner, der immer so kraftvoll gewesen war, saß zusammengesunken an seinem Schreibtisch und sagte, ja, es sei wahr.

»Können Sie mir helfen, Giena vom Umschlagplatz wegzubekommen?« bat Samuel.

»Das ist unmöglich«, sagte Gepner fast unhörbar. »Gestern haben sie die beste Freundin meiner Tochter mitgenommen – erinnerst du dich, ich nannte sie meine Adoptivtochter. Ich konnte sie nicht retten.«

Als Samuel sich zum Gehen wandte, erhob sich Gepner. »Selbst wenn ich einen Weg wüßte, Giena da rauszubekommen, würde sie sich vielleicht weigern. Es könnte ja sein, daß es bei Korczak, Stefa und den anderen Kindern besser für sie ist.«

Samuel stürzte aus dem Büro des Judenrats und rannte Richtung Umschlagplatz, seine Freunde weiter hinter ihm her. Aber als er sich der Ladezone näherte, stellte er fest, daß die Mitastraße, Niska und Teile der Zamenhofa abgesperrt waren. Er versuchte, durch die große Menge verzweifelter Menschen zu schlüpfen, die auch versuchten, einen anderen noch zu retten, aber seine Freunde hielten ihn fest und zerrten ihn in die Fabrik zurück.

Samuel lag die ganze Nacht im Bett und starrte an die Decke, an nichts anderes denkend als an Giena. Wie war das für sie auf dem Umschlagplatz? Was dachte sie? Fürchtete sie sich? Weinte sie, verlangte sie nach ihm? Im darauffolgenden Jahr war er aktiv beim Warschauer Ghettoaufstand dabei, er sollte Majdanek und Auschwitz überleben, doch es wird ihn sein Leben lang verfolgen, daß er seine Schwester nicht hat retten können.

Trotz des Infernos im Ghetto war es immer noch möglich, nach draußen zu telephonieren.

Harry Kaliszer, der zwei Jahre vorher die Geldmittel für Korczaks Entlassung aus dem Gefängnis organisiert hatte, rief Igor Newerly an und überbrachte ihm die schreckliche Nachricht, daß alle fortgeführt worden seien. Newerly rief sofort Maryna Falska an, die in seine Wohnung eilte, um bei ihm, seiner Frau und ihrem neunjährigen Sohn zu sein. Sie ging eine Zeitlang auf und ab, setzte sich dann, ohne etwas zu sagen. Als das Telephon schließlich läutete, sprang Newerly auf.

»Sie sind am Umschlagplatz«, sagte Harry zu ihm. »Es sieht so aus, als wäre das das Ende.«

»Ruf uns an, wenn es noch irgendeine Hoffnung gibt«, sagte Newerly.

»Wir werden nichts mehr von ihm hören«, sagte Maryna heiser. Sie sollte recht behalten.

Am Tor, wo das Ghetto endete, warteten frisch eingesetzte Bataillone aus SS und Ukrainern mit ihren Peitschen, Gewehren und Hunden. Die Kinder wurden durch das Tor gedrängt und gestoßen, über die Straßenbahnschienen auf der arischen Seite und durch ein weiteres Tor auf das große Feld neben der Eisenbahn, das als Umschlagplatz diente. Tausende von weinenden, schreienden und betenden Menschen warteten bereits dort in der brütenden Hitze. Familien klammerten sich aneinander, ihre kärglichen Besitztümer in Säcken oder Kissenhüllen zusammengeschnürt; Mütter hielten ihre Kinder fest, die Alten saßen völlig versteinert da. Kein Wasser, keine Nahrung, keine Möglichkeit, sich zu erleichtern, kein Schutz vor den deutschen Peitschen und Flüchen.

Nahum Remba, ein Mitglied des Judenrates, hatte am Umschlagplatz eine Erste-Hilfe-Station eingerichtet, durch die es ihm gelang, einige aus den Schleppnetzen zu retten. Er hatte gerade erfahren, daß Korczak und die Kinder auf dem Weg waren, als sie eintrafen. Er brachte sie zum anderen Ende des Feldes zu einer kleinen Mauer; dahinter war der Hof des geräumten Spitals, in dem jetzt noch weitere Juden auf ihren Abtransport warteten.

Korczaks Kinder waren nicht die einzigen, um die sich Remba an jenem Tag sorgen mußte: viertausend Kinder und ihre Betreuer waren aus anderen Institutionen eingetroffen. Doch Korczaks Kinder waren – eben Korczaks Kinder. Die Züge wurden täglich mit sechs- bis zehntausend Menschen beladen, Remba hoffte jedoch, falls es ihm gelingen könnte, Korczaks

Begleitung bis zum Mittag zurückzuhalten, sie bis zum folgenden Tag zu retten. In einer wahnsinnigen Welt wie dieser zählte jeder Tag, jede Stunde.

Remba nahm Korczak auf die Seite und flehte ihn an, mit ihm zum Judenrat zu gehen, damit der sich einschalte. Aber Korczak dachte nicht daran. Wenn er die Kinder an diesem schrecklichen Platz auch nur für einen Moment allein ließe, könnten sie in Panik ausbrechen. Das konnte er nicht riskieren. Und dann war da noch die Gefahr, daß man sie in seiner Abwesenheit verladen würde.

»In dem Moment begann die Beladung der Waggons«, schrieb Remba in seinen Memoiren. »Ich stand neben einer Kolonne der Ghettopolizei, die die Opfer zu den Zügen brachte. Ich beobachtete das Spektakel mit klopfendem Herzen und hoffte, daß mein Verzögerungsplan gelingen möge.«

Die Deutschen und die Ukrainer prügelten und traten die Menschen in die gechlorten Waggons, und es gab immer noch wieder Platz für mehr. Ein hochaufgeschossener junger Mann mit einer Geige bat einen SS-Offizier in perfektem Deutsch, in den Waggon zu seiner Mutter zu dürfen. Der Offizier lachte spöttisch und meinte: »Es kommt darauf an, wie gut du spielst.« Der junge Mann nahm die Geige hervor und spielte ein Requiem von Mendelssohn. Die Musik flutete über den Platz des Wahnsinns. Doch der Offizier, des Spielchens müde, signalisierte dem Geiger, sich in den Waggon zu seiner Mutter zu begeben, und verplombte hinter ihm die Tür.

Dann ordnete Schmerling, der sadistische Chef der Ghettopolizei, der auch für den Umschlagplatz zuständig war, zu Rembas Entsetzen an, daß die Kinder aus den Waisenhäusern verladen würden. Korczak bedeutete seinen Kindern, sich zu erheben.

Es gibt einige, die sagen, daß in dem Moment ein deutscher Offizier sich durch die Menge drängte und Korczak ein Stück Papier überreichte. Ein einflußreiches Mitglied des CENTOS hatte sich an jenem Morgen bei der Gestapo für ihn eingesetzt, und es heißt, Korczak habe die Erlaubnis gehabt zurückzukehren, nicht aber die Kinder. Korczak habe nur den Kopf geschüttelt und den Deutschen fortgewinkt.

In seinen Memoiren schreibt Remba, daß Korczak den ersten Teil der Kinder anführte und Stefa den zweiten. Anders als die ansonsten chaotischen und hysterisch kreischenden Menschenmassen, die mit Peitschen vorangestoßen wurden, gingen die Kinder in Viererreihen mit ruhiger Würde. »Ich werde diese Szene in meinem ganzen Leben nicht vergessen«, schrieb Remba. »Das war kein Marsch zu den Waggons, sondern ein stummer Protest gegen dieses mörderische Regime ... eine Prozession, die kein menschliches Auge je zuvor erblickt hat.«

Als Korczak seine Kinder ruhig zu den Viehwaggons führte, machte die jüdische Polizei einen Weg für sie frei und salutierte instinktiv. Remba brach in Tränen aus, als die Deutschen fragten, wer dieser Mann sei. Ein einziger Klageschrei löste sich von denen, die noch auf dem Platz warteten. Korczak ging mit hocherhobenem Kopf, an jeder Hand ein Kind haltend, und seine Augen hatten diesen ihm eigenen Ausdruck, als ob sie auf ein Ziel in weiter Ferne gerichtet wären.

Epilog:
Treblinka und danach

Die Menschen empfinden und betrachten den
Tod als das Ende, aber er ist nur eine
Fortsetzung des Lebens, ein anderes Leben.
Und wenn du nicht an die Seele glaubst, so mußt
du doch zugeben, daß dein Körper weiterleben
wird – als grünes Gras, als Wolke. Du bestehst
doch aus Wasser und Staub.
Tagebuch im Ghetto

Es hat niemand überlebt, der die Geschichte der letzten Stunden von Korczak, Stefa und den Kindern hätte berichten können, nachdem der Zug Warschau am 6. August 1942 verlassen hatte. Das einzige, was man weiß, ist, daß Treblinka, das Vernichtungslager, zu dem sie gebracht wurden, auch von einem Arzt kommandiert wurde, dem berüchtigten Dr. Irmfried Eberl. Trotz Eberls Erfahrungen im Vergasen von Menschen aus dem »Euthanasie-Programm« in Deutschland, herrschte in Treblinka ein heilloses Chaos. Die kleinen Gaskammern, die Motorenabgase ausspuckten, waren zwar ununterbrochen in Betrieb, konnten aber der Tausende nicht Herr werden, die an jedem Tag eintrafen. Viele mußten erschossen werden. Überall lagen Berge verwesender Leichen, die irgendwann in ein Massengrab geworfen werden sollten.

»So können wir nicht weitermachen. Ich kann nicht mehr. Wir müssen das Ganze abbrechen«, telephonierte Eberl ins Gestapo-Hauptquartier nach Lublin.

»Das ist das Ende der Welt«, sagte Franz Stangl, als er Ende August in Treblinka eintraf, um Eberl abzulösen. Der Gestank reichte kilometerweit. Im folgenden April befahl er, alle Massengräber zu öffnen und die Leichen auf »Rosten« zu verbrennen. Die Asche wurde in lange Gräben geschüttet und mit Erde bedeckt, in die man immergrüne Bäume einpflanzte.

Als Misha am Spätnachmittag des 6. August ins Waisenhaus zurückkam, fand er ein Riesendurcheinander vor. Korczaks Brille, deren linkes Glas einen Sprung hatte, lag auf dem Tisch neben dem Bett, wo er sie am Abend vorher hingelegt hatte, seine Papiere waren über das ganze Zimmer verstreut. Misha ist überzeugt, daß niemand es für möglich gehalten hatte, daß das Waisenhaus an jenem Tag geräumt würde. Er überlebte den Krieg, war Oberst in der polnischen Armee, bis die »anti-zionistischen« Säuberungsaktionen ihn Ende der sechziger Jahre zwangen, nach Schweden zu emigrieren.

»Am Tag, nachdem Korczak und die Kinder verladen worden waren, erschien ein rothaariger Bub mit einem Päckchen an meiner Tür und rannte davon«, erzählte Newerly. »Ich hatte Angst, daß es in meiner Wohnung nicht sicher sein würde, und brachte es sofort zu Maryna Falska nach Bielany. Wir suchten uns einen Platz unter der Dachrinne, wo Herr Cichosz, der Hausmeister, ein Loch machte und es einmauerte.«

Nachdem Newerly zwei Jahre als politischer Häftling in Auschwitz verbracht hatte (wo er einmal glaubte, den rothaarigen Buben gesehen zu haben), begann er mit einem neuen Leben in einem Polen, das jetzt zum sowjetischen Block gehörte. Korczaks Tagebuch wurde aus seinem Versteck geholt und der polnischen Schriftstellervereinigung übergeben. In der stalinistischen Ära durfte es nicht veröffentlicht werden, da Korczak als »bürgerlicher Erzieher« galt und die Arbeiten des russischen Pädagogen Anton Makarenko vorgezogen wurden.

Erst als 1956 das politische Tauwetter einsetzte, war es Newerly möglich, das Werk des Janusz Korczak zu veröffentlichen, aber selbst dann erschien das Tagebuch nur als Teil einer vierbändigen Anthologie und nicht als separates Buch. Das Original, das von Henryk, einem der jungen Erzieher im Waisenhaus, getippt worden war, ist verschollen. Sowohl das Archiv der Korczak-Gesellschaft in Warschau als auch das Literaturmuseum in Warschau besitzen säuberlich getippte Manuskripte, von denen jedes als das Original bezeichnet wird.

Ida Merzan, eine der wenigen jüdischen Erzieherinnen, die

überlebte und dann nach dem Krieg in Warschau blieb, berichtete, das Tagebuch sei mit vielen Fehlern auf dünnes blaues Reispapier getippt worden. Sie und eine andere Frau klebten diese Seiten Mitte der fünfziger Jahre auf Karton, so daß Newerly sie für eine Veröffentlichung bearbeiten konnte. »Das Tagebuch wurde kaum redigiert, es wurden lediglich einige Namen weggelassen oder durch Initialen ersetzt«, erzählte Ida Merzan. »Einige Juden, die nach dem Krieg von Rußland nach Polen zurückkehrten, verfügten über Macht in der neuen Regierung und protestierten gegen die kritischen Dinge, die Korczak über ihre Verwandten geschrieben hatte. Und es gab gewisse polnische Funktionäre, die jede Erwähnung früherer Patrioten wie Jozef Pilsudski streichen wollten, weil sie antikommunistisch gewesen waren.«

Sowohl Ida Merzan als auch Newerly behaupten, daß mit Ausnahme einiger unwesentlicher Details nichts an dem Originalmanuskript geändert wurde. Ida Merzan weiß nicht, wer es an sich genommen haben könnte. »Man hat mir gesagt, daß ich aufhören solle zu suchen, daß ich es niemals finden werde«, erklärte sie. »Aber ich glaube, daß es wieder auftauchen wird, wenn es diese Generation nicht mehr gibt.«

Maryna Falska hatte sich bemüht, nicht in Verzweiflung zu fallen, nachdem Korczak und seine Waisen nach Treblinka gebracht worden waren. Sie versteckte weiterhin jüdische Kinder. Eines davon erinnert sich daran, sie gesehen zu haben, als sie während des Ghettoaufstandes den in Flammen stehenden Himmel beobachtete, von dem die aus Kissen und Matratzen kommenden Federn wie Schneeflocken herabfielen. Maryna liefen die Tränen über das Gesicht, doch als sie das jüdische Mädchen erblickte, nahm sie sich sofort zusammen und schickte das Kind zu Bett.

Während des Warschauer Aufstandes 1944 – als die Deutschen die Stadt dem Erdboden gleich machten, während die Russen auf der anderen Seite der Weichsel seelenruhig zuschauten – richtete Maryna Falska in ihrem Waisenhaus ein Spital für verwundete polnische Kämpfer ein. Sie gestattete ihren älteren Buben, sich den Kämpfenden anzuschließen, und saß nachts wach, um auf ihre Rückkehr zu warten. Acht kehrten nicht zurück.

Kurz vor ihrem Tod wurde Maryna Falska von einem deutschen Soldaten darüber informiert, daß ihr Waisenhaus in einen anderen Teil Polens verlegt würde. Bevor er ging, griff er nach ihrer Hand und riß ihr die Uhr vom Gelenk, die ihrem Mann gehört hatte. »Ich sah sie im Flur, und wie sie um die Uhr kämpfte, und ich rief ihr zu, sie solle sie ihm geben«, erzählte Eugenka, eine der Erzieherinnen. »Er schlug sie mit seinem Gewehr und ging. Sie war todunglücklich über den Verlust der Uhr. Sie traf keinerlei Vorbereitungen für die Übersiedlung, sagte allerdings Sätze wie: ›Laßt die Kinder keine schweren Sachen tragen. Bitte kümmert euch um die Kinder‹. Als ob sie letzte Anordnungen geben würde.«

Am 7. Oktober 1944, am Tag bevor das Waisenhaus übersiedeln sollte, brach Maryna zusammen und mußte nach oben getragen werden. Eugenka weinte, als sie sah, daß Marynas Gesicht blau anlief. »Warum weinen Sie?« fragte der Arzt. »Es sterben so viele Leute.« Maryna bat auch in ihrer Todesstunde nicht um die Beichte. Den Kindern und dem Personal sagte man, sie sei an einem Herzinfarkt gestorben, Eugenka und auch andere sind jedoch überzeugt, daß sie Zyankali genommen hat, weil sie das Haus nicht verlassen wollte. Da sie Maryna nicht wie die polnischen Soldaten, die in ihrem kleinen Spital starben, in einem Sack beerdigen wollten, zimmerten vier der Erzieher aus einigen Pulten einen Sarg. Die Beerdigung fand dann nachts im Hof statt, um nicht von den Deutschen entdeckt zu werden.

Die Waisenkinder und ihre Erzieher wurden in einem offenen Lastwagen zu einem kleinen Dorf nach Südpolen gebracht, wo sie zusammen mit den jüdischen Kindern, die unter ihnen versteckt waren, durch Betteln überlebten. Nach dem Krieg wurde Maryna Falska ordentlich bestattet und das Waisenhaus wiederaufgebaut. Es arbeitet heute noch nach dem System der Selbstverwaltung, das sie und Korczak eingeführt hatten.

Nach dem Krieg wurde von überlebenden polnischen und jüdischen Waisen und Erziehern in Warschau ein Janusz-Korczak-

Verein gegründet. Über Jahre hinweg traf man sich sporadisch, dem jeweiligen politischen Klima entsprechend. Die Legende des Janusz Korczak verbreitete sich in Europa, als Dichter und Schriftsteller seinen letzten Marsch mit den Kindern literarisch verarbeiteten. In vielen Ländern wurden Schulen, Krankenhäuser und Straßen nach ihm benannt. Die UNESCO ernannte die Jahre 1978–79 zum Korczak-Jahr, weil das »Jahr des Kindes« und sein hundertster Geburtstag zusammenfielen. Papst Johannes Paul II. sagte dem Janusz-Korczak-Literaturwettbewerb, der von polnischen und jüdischen Amerikanern für Kinderbücher ausgeschrieben worden war, seine »besondere Unterstützung« zu.

Mitte der siebziger Jahre erachtete es die polnische Regierung für politisch ratsam, eine Internationale Janusz-Korczak-Gesellschaft ins Leben zu rufen, die durch jährliche Konferenzen Korczaks Erziehungskonzepte verbreiten sollte. Jerzy Kuberski, der Erziehungsminister (inzwischen Botschafter beim Vatikan), wurde Vorsitzender der Gesellschaft. Manchmal, wenn ich auf einer Korczak-Konferenz in Warschau war, hatte ich das Gefühl, in einer Szene aus *König Hänschen* zu sein. Da waren Delegierte aus beiden Blöcken, viele von ihnen gerade durch jene politischen und religiösen Ideologien voneinander getrennt, die Korczak zeit seines Lebens zu überbrücken versucht hatte – aber jeder von ihnen intensiv damit beschäftigt, Korczak als Schriftsteller, Psychologen und moralischen Erzieher neu zu entdecken.

Sie erheben beide Anspruch auf Korczak: Israel und Polen. Für die Polen ist er ein Märtyrer, der, wäre er als Katholik auf die Welt gekommen, inzwischen seliggesprochen worden wäre. Die Israelis verehren Korczak als einen der sechsunddreißig Gerechten, deren reine Seelen nach alter jüdischer Überlieferung die Rettung der Welt ermöglichen. Als ob sie ein gemeinsames Sorgerecht übernommen hätten, nehmen Delegierte beider Länder stets pflichtgetreu an den Gedächtnisfeiern des anderen teil, was keine kleine Geste ist, wenn man bedenkt, daß Polen nach dem arabisch-israelischen Krieg von 1967 seine diplomatischen Beziehungen zu Israel abgebrochen hatte. Im Geiste der

Versöhnung schlug ein israelischer Delegierter, ein ehemaliger Kämpfer im Ghettoaufstand, bei einer Warschauer Konferenz vor, daß Korczak in Polen ein Israeli genannt werden sollte und in Israel ein Pole.

***

Noch einige Zeit nach dem Krieg ging das Gerücht, daß die Viehwaggons, in denen Korczaks Waisen nach Treblinka gebracht worden waren, umgeleitet worden seien und daß er, Stefa und die Kinder sich in Sicherheit befänden. In ganz Polen gab es Leute, die behaupteten, sie in irgendeinem kleinen Dorf gesehen zu haben.

In seinem Tagebuch hatte Korczak darüber nachgedacht, was er wohl nach dem Krieg machen würde: »Vielleicht werde ich zur Mitarbeit bei der Schaffung einer neuen Ordnung irgendwo auf der Welt oder in Polen berufen. Doch das ist sehr ungewiß, und ich möchte es auch gar nicht. Denn dann müßte ich ja amtieren – Sklaverei regulärer Arbeitsstunden und erzwungener Kontakte mit irgendwelchen Menschen, irgendwo ein Schreibtisch, ein Sessel und ein Telephon. Zeitvergeudung für laufende, alltägliche Angelegenheiten und der Kampf mit kleinen Leuten, mit ihren kleinen Ambitionen, Protektionen, mit ihrer Rangordnung und ihren Vorstellungen. Alles in allem – eine Tretmühle. Ich möchte lieber auf eigene Verantwortung handeln.«

Außerdem stellte er sich vor, »einen Wettbewerb für den Bau eines großen Waisenhauses in den Bergen des Libanon, in der Nähe von Kfar Geladi« auszuschreiben. »Dort wird es große Schlafräume geben, wie in einer Kaserne, und kleine ›Einsiedlerhäuschen‹. Für mich gibt es auf der Terrasse eines flachen Daches ein kleines Zimmer mit durchsichtigen Wänden, damit ich keinen Sonnenaufgang und keinen Sonnenuntergang versäume, damit ich immer wieder die Sterne sehen kann, wenn ich nachts schreibe.«

Treblinka, das wie die anderen ehemaligen Todeslager wie ein toter Mond außerhalb der großen Städte Polens liegt, wird von

Besuchern aus der ganzen Welt lebendig erhalten. Sie reisen dorthin, um den Opfern ihre Reverenz zu erweisen. 1983 unternahm ich von Warschau aus diese Reise von kaum hundert Kilometern in einem von der Internationalen Korczak-Gesellschaft gemieteten Bus. Vorne neben mir saßen Jozef Balcerak und Ida Merzan. Misha Wroblewski war aus Schweden gekommen; Leon Ha'ari, Yanka Zuk, Stasiek Zyngman und Itzhak Belfer aus Israel. Igor Newerly war krank und konnte nicht dabeisein. Joseph Arnon war einige Jahre zuvor gestorben.

Die Straße führte an der Weichsel entlang, an kleinen Dörfern vorbei, die in der Mittagssonne vor sich hin dösten, vorbei an weidenden Kühen, an Städten, die für ihre Lammfellmäntel berühmt sind, an Zügen mit Viehwaggons, die leer auf den Geleisen standen.

Schließlich kamen wir zu dem Schild TREBLINKA, so heißt die kleine Stadt drei Kilometer vom Lager entfernt. Wir fuhren dann über schmale Straßen durch dichte Birken- und Kiefernwälder, die so schön waren, so urzeitlich, als wolle auch die Natur mit aller Macht das, was dort geschehen war, überdecken. Einige Jahre vorher, als ich mit einem polnischen Journalisten dort gewesen war, hatten wir uns genau an diesem Punkt verfahren. Wir fragten einen Mann, der mit seinem Enkelkind und einem Pferdekarren voller Kartoffeln vorbeikam, wie wir zu dem ehemaligen Todeslager finden würden. »Ich weiß es noch«, hatte der Mann gesagt. »Ich habe alles vom Hügel hinter dem Dorf aus gesehen. Ich war Hütebub und paßte auf meine Kühe auf. Ich sah die Züge heranfahren. Ich sah, wie die Leute ausstiegen. Ich sah, wie sie versuchten wegzulaufen. Ich sah, wie sie geschlagen wurden. Erschossen. Oh, es war furchtbar. Man konnte überhaupt nichts tun. Wenn der Wind aus dem Osten kam, konnten wir es kaum aushalten. Der Wind aus dem Westen war besser. Wir schickten unsere Frauen und kleinen Kinder zu Verwandten, um sie vor den betrunkenen ukrainischen Wachtposten zu schützen.« Er wies in die Richtung, wo das Lager gewesen war. Und dann fuhr er davon – Pferd, Karren, Enkel, Kartoffeln.

Diesmal fuhr der Bus mit der Korczak-Delegation durch

diese prachtvollen Wälder, die das Tor nach Treblinka bilden. Als wir ausstiegen, wurden wir von Buben und Mädeln der Janusz-Korczak-Truppe begrüßt, die für uns Spalier standen. Auf dem falschen Bahnhof mit seiner falschen Uhr, deren Zeiger sich nie bewegten, und seinem falschen Fahrkartenschalter, an dem es keine Fahrkarten gab, dieser ganzen Attrappe, die nur hingestellt worden war, um den erschöpften Juden aus ganz Europa vorzugaukeln, daß sie sich immer noch auf der Übersiedlungsreise nach Osten befänden, warteten wir mit Hunderten anderen, die auch in Charterbussen gekommen waren, auf den Beginn der Feier.

Nachdem wir den Eröffnungsreden der polnischen Behördenvertreter zugehört hatten, gingen wir, begleitet von Militärmusik, die aus Lautsprechern plärrte, an steinernen Schienen entlang, die die einstigen Eisenschienen symbolisieren sollten, zum Lager. Denn Treblinka gibt es nicht mehr, während es Auschwitz und andere Lager noch gibt. Es gibt keine Wachttürme, keinen Stacheldraht, keine Baracken, keine leeren Koffer und Haufen von Kinderschuhen. Dieses einstmals riesige Vernichtungszentrum wurde ein Jahr, nachdem es seine Arbeit aufgenommen hatte, bei einem Aufstand der dort gefangenen jüdischen Arbeiter teilweise niedergebrannt. Und dann vollendeten die Nazis das Zerstörungswerk, um ihre Spuren zu vernichten.

Irgendwann nach dem Krieg wurde der vergewaltigte Platz, der einmal das Lager Treblinka gewesen war, in einen riesengroßen Steingarten verwandelt. Siebzehntausend Felsbrocken holte man von polnischen Steinbrüchen herbei, um die Dörfer, Städte und Länder von Hunderttausenden Männern, Frauen und Kindern zu repräsentieren, die dort starben – mit Ausnahme von tausend Zigeunern waren alle Juden.

Die steinernen Schienen hörten an dem Platz auf, an dem die ukrainischen Wachen und die SS-Leute ihre Peitschen und ihre Gewehre geschwungen und die Juden aus den Viehwaggons herausgebrüllt hatten – Männer nach rechts, Frauen und Kinder nach links, dann in die »Umkleidebaracken«. Die Männer brauchten nur ihre Kleider abzulegen und ihre Schuhe zusammenzubinden, die Frauen aber mußten ihre Haare noch abschneiden, bevor sie für die Desinfektion in den »Duschräumen« fertig waren.

Wir gingen zu dem Platz, wo man sie zusammengetrieben hatte, nackt, in Fünferreihen auf einem schmalen, eingezäunten Pfad – der »Himmelsstraße«, wie die Nazis ihn nannten –, der zu den Gaskammern führte.

Wir starrten auf die schwarzen Steine über dem Loch, wo die Leichen auf dem riesigen »Bratrost« verbrannt worden waren.

Wir kamen an einem hohen Steinmonument vorbei, das die Toten von Warschau ehrte. Die siebzehntausend Felsbrocken nahmen Haltung an wie gespenstische Wächter in diesem gespenstischen Garten, als wir zu unserem Ziel kamen, dem einzigen Felsen, der einen Namen trug:

JANUSZ KORCZAK
(HENRYK GOLDSZMIT)
UND DIE KINDER

Anhang: Janusz Korczaks Erklärung der Rechte des Kindes

Als Anwalt des Kindes sprach sich Janusz Korczak für eine Erklärung der Rechte des Kindes aus – dies viele Jahre bevor ein solches Dokument von der Genfer Konvention (1924) oder der Generalversammlung der Vereinten Nationen (1959) aufgesetzt wurde. Die Deklaration, die Korczak vorschwebte – kein Gesuch um guten Willen, sondern eine Aufforderung zum Handeln –, war zum Zeitpunkt seines Todes noch nicht vollständig. Ich habe in *Wie man ein Kind lieben soll, Das Recht des Kindes auf Achtung* und in anderen Werken nachgesucht und die Rechte zusammengestellt, die für Korczak die wichtigsten waren:

Das Kind hat das Recht auf Liebe.
(«Liebe das Kind, nicht nur dein eigenes.«)

Das Kind hat das Recht auf Achtung.
(»Verlangen wir Respekt vor leuchtenden Augen, glatten Stirnen, jugendlicher Anstrengung und jugendlichem Vertrauen. Warum sollten trübe Augen, eine gefurchte Stirn, zerzaustes graues Haar oder müde Resignation mehr Respekt gebieten?«)

Das Kind hat das Recht auf optimale Bedingungen für sein Wachstum und seine Entwicklung.
(»Wir verlangen: schafft den Hunger ab, das Frieren, die Feuchtigkeit, den Gestank, die Überfüllung und die Überbevölkerung.«)

Das Kind hat das Recht, in der Gegenwart zu leben.
(»Kinder werden nicht erst zu Menschen; sie sind es heute schon.«)

Das Kind hat das Recht, es selbst zu sein.

(»Ein Kind ist kein Lotterielos, um den ersten Preis zu gewinnen.«)

Das Kind hat das Recht auf Fehler.

(»Bei den Kindern gibt es auch nicht mehr Narren als bei den Erwachsenen.«)

Das Kind hat das Recht, zu versagen.

(»Wir prangern die trügerische Sehnsucht nach perfekten Kindern an.«)

Das Kind hat das Recht, ernst genommen zu werden.

(»Wer fragt das Kind nach seiner Meinung und seinem Einverständnis?«)

Das Kind hat das Recht, für das, was es ist, geschätzt zu werden.

(»Das Kind hat, weil es klein ist, nur einen geringen Marktwert.«)

Das Kind hat das Recht, zu wünschen, zu verlangen, zu bitten.

(»Im Laufe der Jahre wird der Abstand zwischen den Forderungen der Erwachsenen und den Wünschen der Kinder immer größer.«)

Das Kind hat das Recht auf Geheimnisse.

(»Respektiert seine Geheimnisse.«)

Das Kind hat das Recht auf *eine* Lüge, *eine* Täuschung, *einen* Diebstahl.

(»Es hat nicht das Recht, zu lügen, zu hintergehen und zu stehlen.«)

Das Kind hat das Recht auf Respektierung seiner Besitztümer und seines Budgets.

(»Jeder hat das Recht auf seinen Besitz, ganz gleich wie gering oder wertlos er sein mag.«)

Das Kind hat das Recht auf Erziehung.

Das Kind hat das Recht, sich erzieherischen Einflüssen, die seinen eigenen Überzeugungen zuwiderlaufen, zu widersetzen.

(»Zum Glück für die Menschheit gelingt es uns nicht, Kinder zu zwingen, sich Angriffen gegen ihren gesunden Menschenverstand und gegen ihre Menschlichkeit zu beugen.«)

Das Kind hat das Recht, sich gegen Ungerechtigkeit zu verwahren.

(»Wir müssen die Gewaltherrschaft beenden.«)

Das Kind hat das Recht auf einen Kindergerichtshof, wo es über Gleiche urteilen kann und von Gleichen verurteilt wird.

(»Wir sind die einzigen Richter der Handlungen eines Kindes, seiner Schritte, Gedanken und Pläne ... Ich weiß, daß ein Kindergericht unabdingbar ist, daß es in fünfzig Jahren keine einzige Schule geben wird, keine einzige Institution ohne ein solches Gericht.«)

Das Kind hat das Recht auf Verteidigung durch die Gerichtsbarkeit eines Gerichtshofes aus Jugendlichen.

(»Auch das straffällig gewordene Kind ist immer noch ein Kind ... Unglückseligerweise verbreitet sich das aus Armut geborene Leid wie Läuse: Sie ist der Nährboden für Sadismus, Verbrechen, Grobheit und Brutalität.«)

Das Kind hat das Recht auf Respektierung seines Schmerzes.

(»Und sei es nur der Verlust eines Kieselsteins.«)

Das Kind hat das Recht auf Zwiesprache mit Gott.

Das Kind hat das Recht, vorzeitig zu sterben.

(»Die tiefe Liebe der Mutter zu ihrem Kind muß ihm das Recht auf einen vorzeitigen Tod gewähren – darauf, seinen Lebensweg nach nur ein oder zwei Sommern zu beenden ... Nicht jeder Busch wird zu einem Baum.«)

Nachwort für den deutschen Leser von Erich Dauzenroth

Berliner Professoren der Medizin, Ärzte, Schwestern und Pfleger, Studenten – »sie machen den Eindruck der vom Odium der Wissenschaft berauschten, betäubten, vergifteten Leute ...« – in Vorlesungen und bei der Visite waren die ersten, die dem jungen Doktor Henryk Goldszmit aus Warschau ab August 1907 bis etwa Mai 1908 in Deutschland begegnet sind. Natürlich auch die Zimmerwirtin: »Für 25 Mark habe ich ein bescheiden möbliertes und hochsauberes Zimmer, erstes Frühstück (Kaffee und zwei Brötchen), ein bezogenes Bett, Handtücher; die Wirtin bedient selbst. Für 70 Pfennig das Mittagessen, und zwar dort, wo mein Kollege zwei Jahre lang keinen Magenkatarrh bekommen hat ...« Diese »Eindrücke aus Berlin« publizierte Korczak im Jahre 1907 in der in Warschau erschienenen Zeitschrift *Ärztliche Kritik.*

Zwanzig Jahre später sind es die Esperantisten, die Korczaks Namen in Deutschland vernommen haben, denn in der BIBLIOTEKA TUTMONDA (Nr. 20), Verlag Rudolf Mosse, Berlin, erschien 1927 das bibliophile Bändchen *Bonhumoraj Rakontoj (Fröhliche Geschichten)*, aus dem Polnischen übersetzt von Anna Weinstein. Der schönen Titelvignette, einer Porträtzeichnung, folgen zwei Seiten »Pri la autoro«, geschrieben von der Übersetzerin in Warschau 1926 – die wohl erste biographische Skizze über Janusz Korczak in Deutschland.

Acht Jahre danach, 1935, erschien ebenfalls in Berlin, Verlag Williams & Co, unbemerkt von der Zensur, das Kinderbuch des polnischen Juden Janusz Korczak, *Der Bankrott des kleinen Jack* – »ein amerikanischer und finanzieller Roman«, kaum zur Kenntnis genommen, aber immerhin mit einer Rezension bedacht in der Berliner jüdischen CV-Zeitung, 1935, Nr. 49. Auch in anderen jüdischen Periodica und Handbüchern tauchte der Name

Janusz Korczak auf, meist verstümmelt und fehlerhaft erläutert: Janusch Kortschak, Korczag, Goldschmiedt, Janus Korczak.

Außerhalb Polens und Israels wurde der Name erst durch Erwin Sylvanus (1917–1985) wirklich bekannt, dessen Stück *Korczak und die Kinder,* seit 1957 im Programm des internationalen Theaters, das Schicksal des Doktor Korczak (1878–1942) auf die Bühnen der Welt brachte. Für seinen »Korczak« erhielt Erwin Sylvanus 1958 den Leo-Baeck-Preis. »Meditation und Imagination« haben Erwin Sylvanus diese erstaunliche Wahrnehmung eines Menschen gelingen lassen. Die Spuren nach Warschau, zu Wirkungsstätten und Person, waren damals noch zugeweht; Sylvanus hatte nur spärliche Informationen. Die erste Fassung des Stückes enthält deshalb grobe Irrtümer: Korczak war nicht deutscher Militärarzt im Ersten Weltkrieg, Korczak trug nicht das Eiserne Kreuz; deutsche Auszeichnungen besaß er überhaupt nicht, auch keine akademischen – vielleicht eine Bescheinigung des Kaiser-und-Kaiserin-Friedrich-Kinderkrankenhauses in Berlin im Zusammenhang mit seinem neunmonatigen Aufenthalt 1907/08 in der Hauptstadt des Deutschen Reiches.

Erwin Sylvanus hat in der revidierten Fassung von 1979 die unbedingt notwendigen Korrekturen vorgenommen, die verbliebenen Errata stören nicht einmal den wissenschaftlichen Biographen. Und die Wirkung dieses Stückes hatte zur Folge, daß nun weltweit – das Stück ist in fünfzehn Sprachen übersetzt – die Suche nach dem geschichtlichen Korczak begann, daß sich wissenschaftliche Gesellschaften, Zirkel und Freundeskreise in vielen Ländern konstituierten, auch in der Bundesrepublik Deutschland, und ein internationales Versöhnungswerk seinen Anfang nahm.

Überraschend kam 1972 die Verleihung des Friedenspreises des Deutschen Buchhandels posthum an Janusz Korczak, die in der deutschen und ausländischen Presse sehr kontrovers kommentiert wurde. Die Urkunde vom 1. Oktober 1972 begründet die Entscheidung des Börsenvereins: »Der Börsenverein verleiht seinen Friedenspreis 1972 posthum an Janusz Korczak. Er ehrt damit einen Mann, der gleichermaßen als Arzt, Erzieher, Schriftsteller für das Kind und seine Rechte eingetreten ist. Die seine Erziehungsarbeit darstellenden und begründenden Werke antworten einer ungerechten, unglücklichen, friedlosen und doch zu mehr Gerechtigkeit, Glück und Frieden fähigen Welt. Den Erwachsenen hat er die Veränderung dieser Welt zugemutet; den Kindern hat er sie zugetraut: an sie wenden sich seine liebenswürdigsten und zugleich kühnsten Bücher. Er hat der alten Sehnsucht nach einer neuen Ordnung zwischen den Generationen und nach Frieden unter den Menschen jeglicher Art und Herkunft Kraft und eine bis heute wirkende Chance gegeben. Seine Gedanken hat er nicht nur in Wort und Schrift vertreten, sondern er ist für sie mit dem Leben eingestanden: den ihm anvertrauten Kindern hat er auch angesichts des Todes die Treue gehalten . . .«

Der späten Ehrung in der Frankfurter Paulskirche folgten internationale wissenschaftliche Korczak-Symposien zur Aufarbeitung einer dramatischen Biographie und einer aufregenden literarischen Hinterlassenschaft – »auf daß nichts in Vergessenheit gerät . . .« – 1973, 1982, 1988 in der Bundesrepublik Deutschland.

In die pädagogische Sprachlosigkeit, Ratlosigkeit, Hilflosigkeit trat nun ein ungelernter Warschauer Erzieher, der begabte Arzt und ausgewiesene Poet der polnischen Nationalliteratur Janusz Korczak, mit einer leidenschaftlichen Verteidigung des Kindes.

Am 27. Februar 1933 hatte er seinem innigen Freund Joseph Arnon nach Eretz Israel geschrieben: »Ich bin dabei, viele maßgebliche Bücher über neuzeitliche Erziehung zu lesen – alle voller leerer Phrasen und Heuchelei . . .« Aus solcher Enttäuschung suchte er seinen eigenen Weg, und die heilsamen Lektionen erteilte ihm der tägliche Umgang mit den Kindern. Wiederum an Joseph Arnon, schrieb er am 2. August 1939: »Der Juli war ein wundervoller Monat – zwanzig neue Kinder zu entdecken, wie zwanzig neue Bücher, die in einer kaum bekannten Sprache geschrieben worden sind, Bücher, die etwas beschädigt sind, denen einige Blätter fehlen, ein Rätsel. Wieder – wie vor Jahren – Dinge, die wichtig werden: verlorene Sandalen, ein Dorn im Fuß, ein Streit an der Schaukel, ein gebrochener Arm. Ich schlief in einem Isolierzimmer, zusammen mit den Kindern, die an Masern erkrankt waren. Als ich völlig erschöpft war, fiel ich in Schlaf. Ich sagte mir: Schlaf nicht ein, lausche für zehn Minuten ihrem Atem, Husten, Seufzen. Welch eine Weisheit ist doch in ihrem Keuchen, wenn sie schlafen – ein Kampf mit der Infektion, mit Fieber, mit dem Jucken und mit den Fliegen. ...« Dies ist die Sprache einer anderen Pädagogik, eine andere Sprache der Erziehung im zur Neige gehenden »Jahrhundert des Kindes« (Ellen Key).

Korczaks Leben und sein Sterben sind in wissenschaftlichen Abhandlungen, in Poesie und bildender Kunst, in Filmen und szenischen Entwürfen bekanntgemacht worden. Briefmarken, Medaillen, Münzen und Schulen und Straßen tragen seinen Namen. Viele »indiskrete Antworten«, im »Fragebogen« einer großen Tageszeitung erfragt, nennen Korczak als »Held der Wirklichkeit«; unter den von einer deutschen Wochenzeitung gesuchten »sieben Heiligen des XX. Jahrhunderts« ist Korczak der sechste. Daß den Übersetzern und Editoren noch jahrelange Arbeit ins Haus steht, zeigt die international erarbeitete *Janusz Korczak Bibliografia 1896–1942,* Heinsberg 1985.

Korczak – zu Lebzeiten ein bißchen Anerkennung, ein wenig Bewunderung, viel Kopfschütteln, kein Dank, kein Ruhm. Kein König mit Krone und Zepter, ein König mit traurigen Augen und mit Brot in der Hand, kein Regent, aber der erste Diener.

Liebe Betty, meine Erinnerung an unsere Korczak-Begegnungen in Warschau und Jerusalem und Gießen, mein Wiederfinden so vieler gemeinsamer Freunde in Deinem Buch, verpflichten mich, die Worte Joseph Arnons vom Mai 1978 für »meinen« Korczak an Dich weiterzugeben: »Die Veröffentlichung dieses Buches begleiten mein herzlicher Gruß und die Hoffnung, es bahne den Weg für neue Schüler, die sich die Lebensphilosophie und die Kinderliebe unseres gemeinsamen Lehrers zu eigen machen werden.«

Professor Dr. Erich Dauzenroth

Dank

Dieses Buch über Janusz Korczak zu schreiben war eine sehr tiefgehende Erfahrung, die allerdings ohne die großzügige Hilfe vieler Menschen – und hier insbesondere der Waisen und Erzieher, deren Leben Korczak bereichert hat – nicht möglich gewesen wäre. In ihrer Warmherzigkeit und Großzügigkeit spiegelt sich der Geist jenes Lehrers, nach dessen Werten sie ihr Leben leben.

In Warschau gilt mein ganz besonderer Dank dem Schriftsteller Igor Newerly, der trotz seiner angegriffenen Gesundheit sein großes Wissen über Korczaks Leben und Arbeit bei meinen vier Reisen nach Polen in den Jahren 1979, 1981, 1983 und 1986 (oder: vor Solidarnośź, während Solidarnośź und nach Solidarnośź, wie ich es manchmal datiere) mit mir teilte. Dank auch seinem Sohn, dem Dramatiker Jarek Abramov-Newerly, der aus seinen Kindheitserinnerungen Korczak hervorholte. Die verstorbene Ida Merzan war eine unerschöpfliche Quelle für Informationen und stets bereit, meine Fragen zu beantworten. Sie hatte gehofft, das Erscheinen dieses Buches noch zu erleben, aber leider starb sie acht Monate vorher. Jozef Balcerak begleitete mich auf meinen Wegen durch die Stadt und das ehemalige Ghetto und zeigte mir die Orte, an denen dies alles geschehen war. Sein trockener Humor und der Schalk in seinen Augen ließen mich oft an jenen Mann denken, den er so lebhaft beschrieb.

Mein Dank geht auch an alle Mitglieder der Internationalen Korczak-Gesellschaft: an den Vorsitzenden Jerzy Kuberski, Botschafter für religiöse Angelegenheiten in Rom, der mir nicht nur den Zugang zu vielen Informationen ebnete, sondern häufig auch Quartier verschaffte; an Aleksander Lewin, Direktor des Janusz-Korczak-Archivs, der in den späten dreißiger Jahren Erzieher im Waisenhaus gewesen war; an Helene Lecalot (Frankreich), die sich der Aufgabe widmet, Korczaks Werke in viele Sprachen übersetzen zu lassen; an Rafael Scharf (Großbritannien), der sein Wissen über das Verhältnis zwischen Polen und Juden mit mir teilte; an Benjamin Anolik von der Janusz-Korczak-Gesellschaft in Israel; an Erich Dauzenroth und Adolf Hampel in Deutschland, die in Gießen ein Korczak-Archiv eingerichtet haben; und unter anderen an Alicja Szlazakowa und Jozef Bogusz in Polen, Stanley Robe in Australien, Bruno Bellerate in Italien, Jiro Kondo in Japan, Vladimir Halperin in der Schweiz und Mieczyslaw Wojcik in Polen.

Mein aufrichtiger Dank gilt Michal (Misha) Wroblewski, den ich zweimal in Stockholm besuchte, wo er inzwischen lebt. Hanna Kirschner und Stefan Woloszyn teilten ihr Wissen über polnische Literatur und das polnische Erziehungswesen mit mir; Szymon Datner und Arthur Eisenbach gaben mir Einsicht in das jüdische Leben im Vorkriegspolen; Stefania Beylin bereitete unzählige Tassen Tee, während sie mir ihre alten Alben von Warschau zeigte. Wisna Lipsyc lieh mir Erstausgaben von Korczaks Büchern; Andrzej Mencwel vertiefte mein Wissen über Polens große moralische Führer der Jahrhundertwende; Ryszard Wasita stellte mir einige Nummern seiner Kulturzeitschrift *Poland/Polen* zur Verfügung; Eryk Lipinski trennte sich von einer Korczak-Karikatur aus seinen Unterlagen über polnische Schriftsteller. Ebenso danke ich Helena Marenholz, Dr. Henryk Grynberg, Margosia Szurmiej, Daniel Passent, Marek Gronski, Anna Kolyszko, Bogdan Wojdowski, Barbara Lopienska und Elzbeta und Jerzy Ficowski.

Ganz besonders dankbar bin ich für eine Fahrt durch das ehemalige Ghetto mit Marek Edelman – ironisch, weise und müde von zu viel gelebter Geschichte auf der dunklen Seite der Welt, aber immer noch um das Licht bemüht. Hanna Krall und Agnieszka Osciecska erwiesen sich als großzügige neue Freunde; Mira und Jerzy Michalowski erfreuten mich mit ihrer Gastfreundschaft und guten Gesprächen; Adam Michnik war 1986 gerade aus dem Gefängnis gekommen und diskutierte mit mir über seine Identität als Pole und Jude; Eva Zadrzynska und Janusz Glowacki halfen mir, die ewige Bedeutung von „Vater kehrt zurück" zu begreifen – und was Familie und Freundschaft in Warschau und in New York bedeuten. John Darnton und Nina

Darnton von der *New York Times* erwiesen sich als liebenswürdig und hilfreich während meiner Polenreise im Jahre 1981, das gleiche gilt für Michael Kaufman während meiner Reise im Jahr 1986.

Ich hatte herausragende Helfer in Polen und den Vereinigten Staaten. In Warschau war Elizabeth Swiecicka Macavoy eine begeisterte Forscherin und Freundin, und das blieb sie, als sie später nach New York kam. Außerdem danke ich ihrer Mutter, Maria Swiecicka, und ihrem Vater, dem verstorbenen Henryk Hirosz, deren Darstellungen insbesondere der polnischen Clowns mir viel über Geist und Leiden ihres Landes sagten. Lillian Wysocka war eine gewissenhafte Dolmetscherin und Forscherin, während sie zur selben Zeit ihr kleines Kind zu versorgen hatte. Wann immer sie konnte, half mir Jola Bak bei den Interviews oder mit dem Archivmaterial. Leczek Borowski war ein wunderbarer Dolmetscher und Freund, der mich im Café des Hotels Europejski mit Krakauer Cremetorte bekanntmachte und nach Hrubieszow fuhr, wo ich nach Spuren der Familie Goldszmit suchte. Beata Pogorzelska war eine sorgfältige Übersetzerin von ergänzenden Unterlagen.

In Amerika danke ich Helena Schmurness, die mir zu Anfang der Untersuchung hilfreich zur Seite stand. Nina Polin übersetzte mir viele Passagen aus Korczaks Romanen; Irena Zabludowska und Wanda Jaeckel übersetzten Artikel; Joana Dobroszycki übersetzte Teile aus *Senat der Verrückten*. Bozena Sawa half mir bei einigen Interviews. In großzügiger Weise las Jadwiga Gerould Artikel aus der Zeitschrift *Die Stimme* für mich. Kristine Keese, die als Kind die Aufführung eines Stückes in Korczaks Waisenhaus gesehen hatte, war außerordentlich hilfreich beim Zusammenstellen letzter Unterlagen in Wellfleet. Alicia Magal und Jonathan Schwartz übersetzten Materialien aus dem Hebräischen.

Große Dankbarkeit empfinde ich gegenüber allen Mitgliedern der Janusz-Korczak-Gesellschaft in Israel, die mich mit offenen Armen in ihren Häusern empfingen und viele Stunden damit verbrachten, die Vergangenheit lebendig werden zu lassen: Israel (Stasiek) Zyngman, Yanka Zuk, Itzhak Belfer, Moshe Zertal, Shimon Agassiz, Hanna und David Dembinski, Ela Frydman, Zerubavel Gilead, Sami Gogol, Ada Hagari, Sara Kramer, Sara Nadiv, Edwin Marcuse, Clara Maayan, Shlomo Nadel, Aryeh Sadek, Maja Zellinger, Johann Nutkiewicz, Jona Bocian und Bilha Lewin. Ganz besonderer Dank gilt Leon Harari, der sich als herzlicher und loyaler Korrespondent erwies.

Mein innigster Dank gebührt Ghela Sharfstein, Dolmetscherin und liebevolle Freundin, ohne die ich nicht hätte arbeiten können; ihrem Mann, dem Philosphen Ben-Ami Sharfstein, der mit mir über Korczak und seine Ideen sprach und mein Manuskript las; Ilan Steinberg für seine gewissenhafte Forschungsarbeit und seine Nachsicht, wenn ich ihn zu mitternächtlicher Stunde von New York aus in Jerusalem anrief, wo er als Dolmetscher beim Prozeß gegen den Treblinka-Aufseher »Iwan der Schreckliche« tätig war. Eugene Wiener erwies sich als wahrer Freund, der mir bei einem Interview half und mit mir die Psychologie des Märtyrers diskutierte; ebenso freundschaftlich verbunden bin ich seiner Frau Anita, die mir ihr Wissen über die Situation der Kinder in Israel zur Verfügung stellte.

In Ein Herod gab mir Tami Levy Quartier und ein Gefühl für das Leben im Kibbuz; Hana Bieber erzählte mir die Geschichten, die sie von ihrer Mutter, Feiga Lipshitz, gehört hatte. Aza Ronen berichtete mir von ihren Interviews mit alten Menschen, die sich an Korczaks Besuche im Kibbuz erinnerten. Im Kibbuz Sdot Yam war der Schriftsteller John Auerbach mir und meiner Tochter ein liebevoller Gastgeber, der sich an seine Begegnung mit Korczak im Postamt erinnerte. Er und seine Frau Nola Chilton haben ein Stück über Korczak geschrieben und dessen Aufführung geleitet. Sie gehören zu dem Kreis lieber Freunde, die ich während meiner Arbeit gewonnen habe.

Mein besonderer Dank gilt dem verstorbenen Martin Wolins und seiner Frau Irene, deren Bekanntschaft ich in Jerusalem machte und die mir eine Ausgabe der *Selected Works of Janusz Korczak* gaben, und zwar in der Übersetzung, die er selbst autorisiert und herausgegeben hatte; dem verstorbenen Yitzak Perlis, der vier Bände von Korczaks Werk in hebräischer Übersetzung herausgab; Joseph Schwartz, der sein Interesse für die

Illustrationen in Kinderbüchern und besonders in *King Matt the First* mit mir teilte; und Shimon Sachs für seine Gedanken zu Korczaks Auffassung über frühe Kindererziehung.

Das meiste Archivmaterial zu Janusz Korczak findet sich in Israel und in Polen. In den Ghetto Fighters House Archives versorgte mich Reuven Yatsiv über Jahre hinweg in großzügiger Weise mit Material. Im Yad Vashem Holocaust Research Center in Jerusalem beantwortete Yisrael Gutman mit unendlicher Geduld Fragen über Korzcak und das Warschauer Ghetto; Danuta Dabrowska war eine der ersten, die Materialien für mich übersetzte; die Tür zu Livia Rothkirchens Büro wie auch zu ihrem Haus war stets offen für mich. In Polen möchte ich besonders Maria Falkowska danken, einer der Direktorinnen der Janusz-Korczak-Werkstatt in der Abteilung für Mikrosysteme im Erziehungsbereich, der es auf die eine oder andere Weise gelang, die meisten meiner unzähligen Fragen zu beantworten, obwohl es einen Interessenkonflikt gab, da sie selbst zu jener Zeit ein Buch über Korczak schrieb. Auch ihre Mitarbeiter halfen mir sehr. Maria Bronikowska half mir bei der Zusammenstellung der Korczak-Bibliographie. Desgleichen erhielt ich Unterstützung von der Warschauer Universitätsbibliothek, der Nationalbibliothek, dem Literaturmuseum und dem Institut für Literaturforschung an der Polnischen Akademie der Wissenschaften. In New York möchte ich der wunderbaren Dina Abramowicz, Direktorin der Bibliothek am YIVO Institut für jüdische Forschung, danken, die mir in unerschöpflicher Geduld half, Material aufzuspüren. In Wellfleet, Massachusetts, richtet sich mein tiefer Dank an Elaine McIlroy und Claire Beswick von der ausgezeichneten Bibliothek in Wellfleet, deren Unterstützung für mich von unschätzbarem Wert gewesen ist.

Es gibt auch heute nur sehr wenige Korczakianer in Amerika. In New York lebt Irwin Baum, der das letzte Vorkriegsjahr im Waisenhaus verbracht hat und seine Erlebnisse für mich noch einmal Revue passieren ließ, ebenso wie Hirsh Mandelblatt, dessen Schwester bei den Kindern war, die mit Korczak starben; Elchanan Indelman, der gemeinsam mit Korczak eine Staatsschule für jüdische Lehrer besucht hatte; Samuel Wasserstrug, der einer der Praktikanten bei Korczak gewesen war, und Grigori Schmukler, der einzige der bereits vor dem Ersten Weltkrieg im Waisenhaus gelebt hatte. Anna Berezowski erinnerte sich daran, mit ihrer Großmutter im Waisenhaus gewesen zu sein, um Korczak um Rat zu fragen. Einmal jährlich kam Bolek Drukier von Dänemark, wohin er nach 1968 [einem Jahr schlimmer antijüdischer Ausschreitungen in Polen, Anm. d. Ü.] ausgewandert war, zu Besuch nach New York. Mitte der dreißiger Jahre war auch er Praktikant im Waisenhaus gewesen, und er erinnerte sich an seine politischen Differenzen mit Korczak. Edwin Kulawiec, Korczakianer mit Leib und Seele und Übersetzer seiner Werke, half mir zu gleich Beginn meiner Arbeit. Joseph Hyams erinnerte sich an einige seiner Erfahrungen, als er in den sechziger Jahren sein Buch mit dem Titel *A Field of Buttercups* über Korczak schrieb. Eleanor Ford sprach mit mir über ihren verstorbenen Mann, den Filmregisser Alexander Ford.

Ganz besonders danke ich Iza und Victor Erlich, die mir als erste von Janusz Korczak erzählten, die Jozef und Jakub Goldszmits Werke lasen und beurteilten – was sie später dann auch mit meinem eigenen Manuskript taten; Elie Wiesel, der mir von Anfang an Mut gemacht hat; Lucjan Dobroszycki für sein umfassendes Wissen über die polnisch-jüdische Geschichte und dem verstorbenen Aleksander Hertz, der seine Erinnerungen an Korczak mit mir teilte. Sorgsam und fürsorglich überprüfte Raul Hilberg das Manuskript, besonders den Teil über das Warschauer Ghetto. Piotr Wandycz opferte seine Zeit, um das Manuskript noch einmal auf historische Korrektheit zu überprüfen, Stanislaw Baranczak tat das gleiche für die Literaturangaben, Eva Hoffmann kümmerte sich um den kulturellen Teil, Frank Fox um Geschichte und Kunst. Aleksander Leyfell diskutierte die polnisch-jüdische Geschichte mit mir und las die historischen Teile des Manuskripts; Anna Anita Leyfell übersetzte einige Kapitel von *König Hänschen I.* aus dem Polnischen, bevor Richard Louries englische Version *King Matt the First* erschien, und wurde dabei zur engen Freundin. Andrzej Wirth half mir, Generationen polnischer Schriftsteller zu verstehen, die, ebenso wie er selbst, »exilhungrig« waren. Hillel Levine teilte mir seine Gedanken über polnisch-jüdisches Zusammenleben mit, Gershon Hundert diskutierte mit mir über Assimilierung. Harold Segal lehrte mich viel über das romantische polnische Drama und organisierte an der Columbia Universität eine Konferenz über Polen und Juden, auf der ich einen meiner ersten Vorträge über Janusz Korczak hielt.

Meine Dankbarkeit gilt Martha Osnos, die als Kind Korczak in Warschau kennengelernt hatte und in New York meine Freundin und ein herzliches, wichtiges Bindeglied zwischen den beiden Welten wurde. Mein Dank gilt auch Halina Wittlin, der Witwe des Romanschriftstellers Joseph Wittlin, zu deren Wohnung in Riverdale Martha und ich genauso wie durch die Warschauer Vorkriegslandschaften gemeinsam fuhren; er gilt Henrietta Zylberberg, die einen Samstagnachmittag mit mir in London verbrachte und mir von ihrem verstorbenen Mann Michael erzählte und von ihren Erinnerungen an das Ghetto, was nicht leicht für sie war; schließlich gilt er Marta Eliasberg Heyman, die mir von Vancouver aus telefonisch über ihre Familie berichtete.

Ich danke Freunden, die auf die eine oder andere Weise das Manuskript gelesen haben: Daniel Berrigan, Joyce Johnson, Lisa Kuhmerker, Eleanor Munro, Carol Shookoff, Barbara Solomon und Linda Spenser. Und Florence Falk danke ich für Diskussionen über Janusz Korczak und Simone Weil.

Das von Aileen Ward organisierte Biographie-Seminar – zunächst am New York Institute for the Humanities und nun unter der Schirmherrschaft des English Department der New York University – gab mir tiefere Einblicke in die Kunst der Biographie und die Sorgen von Biographen, unter ihnen Deirdre Bair und Patricia Bosworth (die das Manuskript lasen), Ann Birstein, Blanche Cook, Gloria Erlich, Richard Goldstone, Michael Hearn, Frederick R. Karl, Gail Levin, Estelle Leontieff, John Maynard, Joan Peyser, Harlow Robinson, Judith Rossner, Barbara Seaman und Mary Ann Shea.

Inniger Dank geht an Erik Erikson, der Teile von Korczaks Schriften mit mir durchgesehen hat und der Korczak zu einem »Original« erklärte, das seinen eigenen Lebenszyklus geschaffen habe. Und an den verstorbenen Lawrence Kohlberg, der nach unseren Gesprächen seinem eigenen Buch *The Philosophy of Moral Development* einen Epilog über Korczak als Moralerzieher anfügte, sowie an seine Kollegin Ann Higgins.

Ich danke Roger Straus und Roger Straus III vom Verlag Farrar, Straus & Giroux sowie Leon Friedman.

Tiefen Dank schulde ich dem Romancier und Übersetzer Richard Lourie für das Überarbeiten der Rohübersetzungen von Korczaks Werk, für das kreative Lesen meines Manuskripts und für all die unbezahlbaren Gespräche im Laufe der Jahre. Ich schulde diesen Dank auch Charles Strozier, Psychohistoriker, Biograph und Freund, für sein Verständnis und seine Ermutigung sowie Berenice Hoffman, meiner Agentin, für weise Führung, wertvolle redaktionelle Ratschläge und eine herzliche Freundschaft.

Ohne die großzügige Hilfe der Ford Foundation (wo Felicia Gaer mir Mut machte) und der Dorot Foundation sowie Unterstützung durch die New-Land Foundation und die Memorial Foundation for Jewish Culture wäre eine intensive Forschungsarbeit unmöglich gewesen. Außerdem danke ich dem Center for Independent Study in New Haven.

Und schließlich ist da meine dankbare Liebe für meinen Sohn und meine Tochter, die mit Geschichten über Janusz Korczak aufgewachsen sind, und für meine Schwiegertochter Michelle, die ebenfalls Zuhörerin wurde, sowie für meinen Mann, Robert Jay Lifton, der sich auf eine dunkle Reise ins Reich der Nazi-Ärzte begeben hatte [Robert Jay Lifton ist der Verfasser des Buches *Ärzte im Dritten Reich,* Stuttgart 1988, Anm. d. Ü.], der aber auch meine Reise mit mir teilte; er war immer voller Zuspruch und Unterstützung und stets angetrieben von der gleichen moralischen Leidenschaft wie jener Mann, von dem dieses Buch handelt.

Bibliographische Angaben und Anmerkungen zum Text

Die nachstehend angeführten Abkürzungen werden in den Anmerkungen zu den einzelnen Kapiteln verwendet.
Die Titel sind auf englisch und – in Klammern – auf polnisch angegeben. Wenn nicht anders angegeben, waren alle von mir benutzten Werke nur in polnischer Sprache zugänglich.
Die Anmerkungen verweisen auf die Seitenzahlen im Text.

Ich habe aus den polnischen, nicht in englischer Sprache erschienenen Werken mit Hilfe polnischer Assistenten Teile der Texte übersetzt. Ich danke Richard Lourie, der den größten Teil dieser Übersetzungen mit mir durchgesehen hat. Ich habe mit seiner Hilfe und mit entsprechender Genehmigung außerdem viele der Zitate aus der *Wolins-Anthologie* und dem *Ghetto Diary* (Holocaust Library) überarbeitet.

Which Way? (Ktoredy?, unveröffentlichtes Stück, 1899)

Children of the Street (Dzieci ulicy, Warschau 1901)

Stuff and Nonsense (Koszalki opalki, Warschau 1905)

CDR *Child of the Drawing Room (Dziecko salonu,* Warschau 1906)

MJS *Moshki, Joski, and Strule (Moski, Joski i Srule,* Warschau 1910)

Jozki, Jaski, and *Franki (Jozki, Jaski i Franki,* Warschau 1911)

Glory (Slawa, Warschau 1913)

CB *Confessions of a Butterfly (Spowiedz motyla),* veröffentlicht zusammen mit *Baby (Bobo)* und *The Unlucky Week (Feralny tydzien)* unter dem Titel *Bobo,* Warschau 1914)

SWJK *Educational Moments: Helcia, Stefan (Momenty wychowawcze,* Warschau 1919). Auf englisch publiziert in: *Selected Works of Janusz Korczak,* hrsg. von Martin Wolins, Warschau; Neuauflage Springfield/Virginia 1967, Übers.: Jerzy Bachrach

HTL *How to Love a Child* (*Jak kochac dzieci,* Teil I: Warschau 1919; Teil II: Warschau 1920). Auf englisch publiziert in: SWJK 1920

Alone with God: Prayers of Those Who Don't Pray (Sam na sam z Bogiem: Modlitwy ludzi, ktorzy sie nie modla, Warschau 1922)

KM *King Matt the First (Krol Macius Pierwszy,* Warschau 1922). Englische Ausgabe: New York 1986, Übers.: Richard Lourie
King Matt on the Desert Island (Krol Macius na wyspie bezludnej, Warschau 1923)
The Bankruptcy of Little Jack (Bankructwo malego Dzeka, Warschau 1924)

WIALA *When I Am Little Again (Kiedy znow bede maly,* Warschau 1926)

CRR *The Child's Right to Respect (Prawo dziecka do szacunku,* Warschau 1929). Auf englisch publiziert in: SWJK

RL *Rules of Life (Prawidla zycia,* Warschau 1930)

SM *Senate of Madmen (Senat szalencow,* Warschau 1931)
Kajtus the Magician (Kajtus czarodziej, Warschau 1934)
The Stubborn Boy: The Life of Louis Pasteur (Uparty chlopiec: Zycie Ludwika Pasteura, Warschau 1938)
Reflections (Refleksje, Warschau 1938)
Moses (*Mojzesz,* Palästina 1939)
The Three Journeys of Hershkele (*Trzy wyprawy Jerszka,* Warschau 1939)

HP *Humorous Pedagogy* (*Pedagogika zartobliwa,* Warschau 1939)

GD *The Ghetto Diary* (*Pamietnik,* Warschau 1957). Es gibt zwei englische Ausgaben: *Ghetto Diary,* New York/Holocaust Library 1978, Übers.: Jerzy Bachrach und Barbara Krzywicka; *The Warsaw Ghetto Memoirs of Janusz Korczak,* Washington, D.C./The University Press of America 1978, Übers.: E. P. Kulawiec

Die folgenden Angaben beziehen sich auf die wichtigsten Anthologien von Korczaks Werk sowie auf Veröffentlichungen über Korczak, die in polnischer und zum Teil auch in englischer Sprache erschienen sind.

MD *Mister Doctor: The Life of Janusz Korczak* von Hanna Mortkowicz-Olczakowa, London/Peter Davies 1965, Übers.: Romuald Jan Kruk und Harold Cresswell

CWJK *Wybor Pism* (*Collected Works of Janusz Korczak*), hrsg. von Igor Newerly, Warschau 1957–1958

LL *Zywe wiazanie (Living Links)*; es handelt sich um Erinnerungen von Igor Newerly

RJK *Wspomnienia o Januszu Korczaku (Reminiscences of Janusz Korczak),* Warschau 1981

JKGY *Janusz Korczak, the Ghetto Years* von Yitzhak Perlis. Israel 1972, Übers. aus dem Hebräischen: Avner Tomaschoff

LR *Maly Przeglad* (Little Review)
WDAC *The Warsaw Diary of Adam Czerniakow,* hrsg. von Raul Hilberg, Stanislaw Staron, Josef Kermisz, New York 1979; Übers.: Stanislaw Staron und der Stab des Yad Vashem
MZWD *A Warsaw Diary* von Michael Zylberberg, London 1969. (Das original jiddische Manuskript ist nicht publiziert, es liegt in Israel, Yad Vashem Archives)

Anmerkung der Übersetzerin: Im Anschluß an die bibliographischen Angaben der Autorin führe ich nachstehend Werke von und über Korczak an, die in deutscher Sprache erschienen sind.

Hinsichtlich der Anmerkungen zum Text habe ich das technische Vorgehen der Autorin übernommen.

Die mit Seitenangaben zitierten Textstellen aus dem *Tagebuch* und aus *König Hänschen I.* entstammen der jeweiligen deutschen Ausgabe und werden mit den Kürzeln KH und TG zitiert, alle anderen Zitate wurden aus dem Englischen übersetzt.

Deutsche Korczak-Ausgaben:

Die Mojsches, Joscheks und andere Lausbuben, in: *Wenn ich wieder klein bin,* Göttingen 1973. Vgl. *MJS*
Von den Joscheks, Jascheks und Franeks, in: *Wenn ich wieder klein bin,* a. a. O. Vgl. *MJS*
Bobo. Eine literarische Studie, in: *Neue Sammlung,* Göttingen 1967. Enthält auch: *Schmetterlingsbeichte.* Vgl. *CB*
Eine Unglückswoche, in: *Das Recht des Kindes auf Achtung,* Göttingen 1970. Vgl. *CB*
Wie man ein Kind lieben soll, hrsg. von Elisabeth Heimpel und Hans Roos, Göttingen 1967. Vgl. *HTL*
Allein mit Gott. Gebete eines Menschen, der nicht betet, Gütersloh 1980
KH *König Hänschen I.,* München 1988
König Hänschen auf der einsamen Insel, Göttingen 1973
Der Bankrott des kleinen Jack, Berlin 1935; auch unter dem Titel *Jack handelt für alle* erschienen, Berlin 1972
Wenn ich wieder klein bin, Göttingen 1973. Vgl. *WIALA*
Das Recht des Kindes auf Achtung, Göttingen 1970. Vgl. *CRR*
Die Regeln des Lebens, in: *Das Recht des Kindes auf Achtung,* a. a. O. Vgl. *RL*

Fröhliche Pädagogik, in: *Das Recht des Kindes auf Achtung,* Göttingen 1970. Vgl. *HP*

TG *Tagebuch im Ghetto,* zweiteilig angelegter Memoirenteil (*Erinnerungen* und *Tagebuch* in: *Das Recht des Kindes auf Achtung,* a. a. O., Seite 236–345, mit einer Einführung von Igor Newerly. Vgl. auch *GD*

Für interessierte Leser verweisen wir auf die fünfbändig konzipierte komplette Bibliographie der Werke Janusz Korczaks, die sowohl sämtliche Übersetzungen als auch die Sekundärliteratur enthält und von der bisher drei Bände erschienen sind:

Janusz Korczak, *Bibliografia 1896–1942,* hrsg. von Friedhelm Beiner und Erich Dauzenroth, Heinsberg 1985

Janusz Korczak, *Quellen und Literatur (deutsch) 1943–1987,* hrsg. von Friedhelm Beiner, Erich Dauzenroth, Elisabeth Lax, Heinsberg 1987

Janusz Korczak, *Bibliografia polska 1943–1987,* hrsg. von Friedhelm Beiner und Erich Dauzenroth, Heinsberg 1988

Zur Biographie Janusz Korczaks verweisen wir auf folgende deutschsprachige Ausgaben:

Hanna Mortkowicz-Olczakowa: *Janusz Korczak, Arzt und Pädagoge,* München/Salzburg 1967. Vgl. *MD*

Marek Jaworski: *Janusz Korczak, Aufoperungsvolle Liebe zum Kind,* Leipzig 1979

Die umfassendsten biographischen Angaben finden sich in: Maria Falkowska: *Kalendarz zycia dzial al nosci i tworczosci Janusza Korczaka,* Warschau 1989

1 Das Salonkind

S. 23 »kühnen Plan« *TG,* S. 250

S. 23 Er wußte nie genau, ... *TG,* S. 332

S. 23 Wiener Kongreß von 1815 ... Vorher war Polen mehrfach geteilt worden: 1772, 1793 und 1795.

S. 24 Segenswünsche ... Brief Janusz Korczaks vom 5. Dezember 1934 an den kleinen Dan Golding in Palästina: »Ich habe so viele Papiere verloren, aber den Brief vom Rabbi, der mich segnete, als ich geboren wurde, habe ich immer noch.« Vgl. auch Hanna Mortkowicz-Olczakow, a. a. O.

S. 24 »ganze Weibervolk das Regiment« *TG*, S. 273
S. 24 »Geheimnisse wälzen« *HTL*
S. 24 arme Kinder schmutzig seien ... *HTL*
S. 25 »Ein Kind ist jemand, der sich bewegen muß« Janusz Korczak, *Podworko (Der Hof)*, in: *Opieka nad dieckiem (Fürsorge für das Kind)*, Nr. 3, Warschau 1925
S. 25 »Dieser Junge hat keinen Ehrgeiz.« *TG*, S. 328
S. 25 »Die Puppe war nicht einfach eine Puppe« *WIALA*
S. 25 »Kinderspiele sind nicht frivol« *WIALA*
S. 25 Sein Vater regte sich schrecklich auf ... Vgl. *TG*, S. 249
S. 25 »Gefühle ohne Ventil ...« *HTL*
S. 26 »Also wandert sie durch den Wald« *HTL*
S. 26 Französische Gouvernante ... *CB*
S. 27 Adam Mickiewicz ... 1798–1855
S. 27 kratzige Bärte ... *HTL*
S. 27 »zog Henryk ... an den Ohren« *TG*, S. 271
S. 27 Jozef explodierte ... *HTL*
S. 28 »Mit Recht vertraute Mutter ...« *TG*, S. 271
S. 28 Krippenspiel ... *TG*, S. 268 ff.
S. 30 »geheimnisvolle Frage nach dem Bekenntnis ...« *TG*, S. 250
S. 30 Kanarienvogel ... a. a. O.
S. 31 »Ich bin auch Jude ...« a. a. O.

2 Das Erbe

S. 32 Hirsh Goldszmit ... *TG*, S. 332. Dr. Hirsh Goldszmit (1805–72) war laut *Liste der Ärzte und Apotheker im Königreich Polen* aus dem Jahre 1839 Chirurg am jüdischen Spital (Szpital Starozakonnych). Nach dem Tod seiner ersten Frau Chana Ejser im Jahr 1867 heiratete er Sarah und hatte einen Sohn, Karl (Archiv des Standesamtes Hrubieszow). Die jüdische Niederlassung in Hrubieszow geht auf das Jahr 1444 zurück. 1939, bei Ausbruch des Zweiten Weltkriegs, gab es 7500 Juden in Hrubieszow *(Encyclopedia Judaica)*. Als ich Hrubieszow 1983 besuchte, gab es dort keine Juden mehr. Der jüdische Friedhof war völlig zerstört und verschwunden; lediglich eine Gedenktafel wies auf den Platz hin. Die berühmte hölzerne Synagoge war zerstört. Das ehemalige jüdische Spital, ein bescheidenes zweistöckiges Gebäude, dient als klinische Praxis. Vgl. *Hrubieszow Memorial Book,* Israel 1962, auf jiddisch und hebräisch.

S. 32 Die Haskala ... Die jüdische Aufklärungsbewegung basierte auf den Ideen von Moses Mendelssohn und wurde Ende des achtzehnten Jahrhunderts in Berlin gegründet. Vgl. Jacob Katz, *Out of the Ghetto: The Social Background of the Jewish Emancipation, 1770–1870,* New York 1978. Dt. *Aus dem Ghetto in die bürgerliche Gesellschaft. Jüdische Emanzipation 1770–1870,* Frankfurt a. M. 1986.

S. 32 Die polnischen Könige des Mittelalters ... Für Informationen in englischer Sprache zu diesem Thema vgl. Bernard D. Weinryb, *The Jews of Poland: A Social and Economic History of the Jewish Community in Poland from 1100–1800,* Philadelphia 1972; Salo W. Baron, *A Social and Religious History of the Jews,* New York 1952; S. M. Dubnow, *An Outline of Jewish History, New York 1925*; Max I. Dimont, *Jews, God and History,* New York 1962.

S. 32 dennoch waren sie stets isoliert geblieben ... In einem *Interview* mit der Autorin (= m. d. A.), New York 1983, äußerte der Historiker Aleksander Hertz die These, daß die Juden in Polen eindeutig eine Kaste gewesen seien, so wie die Schwarzen Amerikas eine Kaste bildeten. Er definiert »Kaste« als eine geschlossene Gruppe mit eigenen religiösen, rechtlichen, sprachlichen, moralischen oder kulturellen Regeln, die einen ganz bestimmten Platz in der sozialen Hierarchie einnimmt. In Polen bildete der Adel die Oberschicht, also die Kaste der Privilegierten; Bauern, Bürger und Juden gehörten zu den unteren Schichten und damit zu einer »niedrigeren« Kategorie. Hertz räumte ein, daß diese Aufteilung nicht absolut unbeweglich war: nur die Zigeuner, als Gruppe wie als Individualpersonen, blieben am Ende der Leiter. Vgl. auch A. Hertz, *Jews in Polish Culture,* engl. Übs. von Richard Lourie, Evanston 1987. Vgl. ebenso Celia S. Heller, *On the Edge of Destruction: Jews of Poland Between the Two World Wars,* New York 1977. Heller glaubt, daß die Polen die Juden für inhärent minderwertig hielten und daß das Konzept einer »Kaste« viel dazu beiträgt, die Situation der Juden in der Zwischenkriegszeit in Polen zu verstehen.

S. 33 Im hebräischen Lokalblatt ... Der *Hamaggid (Bote),* Februar 1865, Nr. 7. Die Maskilim ließen die hebräische Sprache für den säkularen Gebrauch wiederaufleben. Vgl. auch Maria Falkowska, *Social Work Traditions in the Goldszmit Family*, in: *Bulletin of the International Janusz Korczak Society*, Warschau 1982.

S. 33 Ludwik ... trat zum christlichen Glauben über ... »Ludwik Goldszmit, konvertierte 1849 im Alter von 18 Jahren.« Im Kirchenbuch der Konvertierungen: Teodor Jeske-Choinski, *Neofici Polscy*, Warschau 1904.

S. 33 Jozef Goldszmit ... 1844–96, Geburtsurkunde im Archiv des Standesamtes von Lublin (vorhanden im Archiv der Korczak-Werkstatt in Warschau).

S. 33 Jakub Goldszmit 1848–? Es ist nicht bekannt, wann Jakub starb. 1894 reiste er nach Philadelphia, wie aus Akten des Instituts für Literaturforschung der Polnischen Akademie der Wissenschaften in Warschau hervorgeht. Weder im polnischen noch im jüdischen bibliographischen Lexikon, die seine Werke anführen, gibt es irgendwelche Angaben zu seinem Tod.

S. 34 Polens große Dichter des neunzehnten Jahrhunderts ... Hier sind die großen Romantiker Adam Mickiewicz (1798–1855), Juliusz Slowacki (1809–49) und Zygmunt Krasinski (1812–59) gemeint.

S. 34 »Ich sollte meinem Vater viel Platz widmen.« *TG*, S. 332.

S. 34 Der *Israelit*. Das Blatt *Izraelita* berichtete zwischen 1866 und 1912 über das kulturelle und soziale Leben der jüdischen Gemeinde. Jozefs Artikel über seine Ankunft in Warschau findet sich auf der Leserbriefseite, November 1866. Zu photographischen Dokumenten des jüdischen Lebens in Polen von 1834–1939 vgl. Lucjan Dobroszycki und Barara Kirshenblatt-Gimlett, *Images Before My Eyes*, New York 1977.

S. 34 mit Ausnahme eines kleinen, assimilierten Kreises ... Bei Benutzung der Begriffe *assimiliert* und *akkulturiert* bin ich mir darüber klar, daß zwischen beiden nur eine schmale Grenze liegt und daß es jeweils unterschiedliche Interpretations- und Besetzungsmöglichkeiten gibt. Der Historiker Lucjan Dobroszycki definiert einen akkulturierten Juden als jemanden, der zwar in der Kultur, in die er hineingeboren wurde, erzogen wird, seine religiösen Bräuche aber beibehält. Ein assimilierter Jude – ein Jude mosaischen Glaubens, wie das in Polen hieß – konnte soweit akkulturiert sein, daß er seine religiösen Rituale nicht mehr ausübte, seine jüdische

Identität aber beibehielt (Interview m. d. A., 1987). Der Historiker Aleksander Hertz schrieb, daß die Ära der Assimilierung in der zweiten Hälfte des neunzehnten Jahrhunderts einsetzte, als die Juden versuchten, die Kaste zu verlassen, ohne die Religion zu wechseln. Sie lehnten die Regeln der Kaste ab und begannen, sich an die Regeln und Gepflogenheiten der Welt außerhalb der Kaste anzupassen (*Jews in Polish Culture,* Evanston 1987).

S. 35 handwerkliche Ausbildung in polnischer Sprache ... *Ein Wort zu den Handwerksschulen in Warschau,* in: *Izraelita,* 1868, Nr. 48; *Über die Lebensnotwendigkeit, die Burschen mosaischen Glaubens in Warschau zu beschützen* in: *Izraelita,* 1869, Nr. 34.

S. 35 »Sir Montefiore ...« Das erste einer Serie von Porträts berühmter Juden des 19. Jhdts, *Wizerunki wslawionych Zydow,* Warschau 1867. Die zweite Ausgabe der Serie brachte 1869 eine Monographie über Achilles Fould (1799–1867), einen Financier, der Napoleon diente. Jakub veröffentlichte einen Artikel über berühmte Juden, *Zyciorysy slawnych Izraelitow,* in *Izraelita,* 1867, Nr. 14. Jakub schrieb außerdem eine Monographie über Pater Stanislaw Stasczik (1755–1836), den Philanthropen und Staatsmann, der der österreichischen Regierung Hrubieszow abkaufte. Zwar halten manche Historiker Stasczik für einen Antisemiten, Jakub Goldszmit pries ihn jedoch dafür, daß er Polen und Juden in Hrubieszow die gleichen wirtschaftlichen Vorteile einräumte.

S. 36 nutzten Jozef und Jakub das Schreiben als Werkzeug ... Die Brüder schrieben Artikel über unbekannte Juden, die ein reines Leben gelebt und den Armen geholfen hatten. Jozef schrieb über jüdische Ärzte in Italien (*Izraelita*, 1869, Nr. 28) und über die letzten Tage der Juden in Spanien (*Izraelita*, 1869, Nr. 4–13). 1868 erteilte der Philanthrop Matias Bersohn Jakub den Auftrag, eine Monographie über den aus dem 16. Jhdt. stammenden jüdischen Friedhof von Lublin zu verfassen, um herauszufinden, ob dieser Friedhof bereits vor dem benachbarten Kloster und katholischen Friedhof existiert hatte. Ja, und zwar seit 50 Jahren. Jakub verweist in *Izraelita*, 1875, Nr. 30, auf diese Arbeit. Der Friedhof war der Austragungsort für die Massenmorde der Nazis an Lublins Juden und wurde von ihnen im zweiten Weltkrieg gänzlich zerstört.

S. 36 Man braucht nur einen dieser gestelzten Romane zu lesen … Jozef Goldszmit, *Die Tochter des Krämers (Corka handlarza, obrazek z czasow ostatniej epidemii w Warszawie),* Warschau 1868. Genehmigung durch den Zensor vom 7. Oktober 1867. Jozef schrieb diese sentimentale Liebesgeschichte im Alter von 24 Jahren. Sie spielt während der Choleraepidemie von 1867, der Tausende von Warschaus verarmten Juden zum Opfer fielen. Er widmete es seiner Mutter mit einem ebenso sentimentalen Gedicht »Am Grab meiner Mutter«. – Jakub Goldszmit, *Das Familiendrama (Dramat rodzinny),* Warschau 1881. Jakub schrieb das Werk mit 25 Jahren als Protestmittel gegen die Unterdrückung der Frau, ein Thema, das liberale westliche Denker wie John Stuart Mill beschäftigte, dessen Schriften bei den polnischen Intelektuellen bekannt waren. Das Buch handelt von einer Frau, der Unrecht geschah und die in die Prostitution getrieben wird, um ihr Kind zu ernähren. Jakub übersetzte außerdem Herbert Spencers deutsche Ausgabe (1883) von *Physiology of Laughter* ins Polnische.

S. 36 Traum …, der sich nicht erfüllen konnte … Dr. Jaakov Shatzki stellt fest, daß die polnisch-jüdische Literatur nicht den gleichen Popularitätsgrad erreichte wie die deutsch-jüdische Literatur, trotz der Anstrengungen von Schriftstellern wie »den beiden Gelehrten, den Brüdern Jakub und Jozef Goldszmit.« *Geshikhte fun Yidn in Warshe,* Vol. 3, New York: YIVO, 1953, S. 301–6, auf jiddisch.

S. 36 berühmtesten polnischen Schriftsteller ihrer Zeit … Die Brüder besuchten in Lublin dasselbe Gymnasium wie der Romancier Boleslaw Prus (1847–1912). Jakub korrespondierte mit dem Verfasser historischer Romane, Jozef Ignacy Kraszewski (1812–87), der nach dem Aufstand von 1863 politisches Asyl in Dresden fand. Kraszewski schrieb Jakub, er sei sicher, daß eines Tages polnische und jüdische Kinder gemeinsam die Schule besuchen würden.

S. 36 Jüdischer *Kalendar* … (*Kalendarz dla Israelitow na rok,* 1881–82), Warschau 1881. Jakub brachte außerdem auch den Lubliner Kalender für 1882 heraus und den Warschauer Familienkalender für 1883 und 1884. Unter dem Namen Zlotnicki schrieb Jakub in dieser Zeit für zahlreiche Zeitungen und Zeitschriften.

S. 36 die wohlhabenden Führer … Jaakov Shatzki, *a. a. O.,* Vol. 3, S. 301–2.

S. 37 Scheidungsgesetz im Talmud ... *Wyklad prawa rozwodowego podlug ustaw Mojzeszowotalmudycznych z ogolnym pogladem na ich rozwoj z uwglednieniem przepisow obowiazujacych.* Mit einer Einführung von Stanislaw Czarnowski, Warschau 1871.

S. 37 Vorlesungen in Kalisch ... Maria Falkowska, *Interview* m. d. A., 1979 in Warschau.

S. 37 Adolf Gebicki ... *Nachruf,* in: *Izraelita*, 1877. Emilia Gebicka, *Nachruf,* in: *Izraelita*, 1. April 1892.

S. 37 Seine Großmutter ... Die Gräber der Eheleute Gebicki wurden auf dem völlig zugewachsenen jüdischen Friedhof erst wieder als Gräber kenntlich gemacht, nachdem Jan Jagielski, Sekretär des Sozialkomitees für die Pflege jüdischer Friedhöfe, sie zusammen mit dem von Korczaks Vater im Frühsommer 1986 entdeckt hatte . Bis zu dem Zeitpunkt war der Geburtsname von Korczaks Großmutter mütterlicherseits (Deutscher) nicht bekannt. Korczaks Familie auf beiden Seiten scheint während des Krieges umgekommen zu sein. 1956 meldete sich eine ältere Dame aus Lublin und sagte, sie sei Korczaks Kusine. Die Korczak-Werkstatt gab ihr für den Verzicht auf alle Rechte an seinem literarischen Naßlaß eine Wohnung. (Maria Falkowska, *Interview* m. d. A., 1986.) Man nimmt an, daß diese Dame nicht mehr lebt. Weitere Verwandte sind nicht aufgetaucht.

S. 38 »Und meine Mutter« *TG,* S. 332.

3 Schmetterlingsbeichte

S. 39 »strenge, langweilige und schikanöse«, ... *WIALA.* Henryk Goldszmit besuchte die Szmurla Grundschule in der Fretastraße.

S. 39 Er vergaß niemals jenen Buben ... *WIALA*

S. 39 »Die Welt der Erwachsenen ...« *HTL*

S. 40 Nervenzusammenbrüche des Vaters ... Vgl. *TG* und *CB*

S. 40 »rettete er sich in Bücher«, vgl. *TG* und *CB*

S. 41 Seine Würde »herabsetzen« ... *CB*

S. 41 Onanieren ... Korczak schrieb, daß Onanieren wie Krämpfe oder Husten vom Arzt behandelt werden müßte und daß eine »Heilung« möglich sei. Janusz Korczak, *Obserwacja jednego* przypadku, onanizm chlopca (Fallstudie eines onanierenden Jungen), in: *Szkola specjalna, (Sonderschule)* 1936, Nr. 3.

S. 42 Jozefs Zustand ... Es gibt keine Unterlagen darüber, in welche Anstalt Jozef gebracht wurde, aber für einen Mann von seinem gesellschaftlichen Rang scheint es fast sicher, daß er nach Tworki kam. Ich hatte gehofft, Akten über ihn zu finden, als ich 1981 nach Tworki reiste. Der Direktor, Herr Wojciech Molzulski, informierte mich dann allerdings, daß 1914 die Russen alle Patienten und sämtliche Unterlagen nach Kazan gebracht hatten, damit sie nicht in deutsche Hände fielen. Nach dem Krieg gab es keine Spuren mehr, weder von den Patienten noch von den Akten.

S. 43 das »herablassende« Lächeln des Psychiaters ... Janusz Korczak, *Senat szalencow (Senat der Verrückten).* Das Stück wurde im Athenäum-Theater aufgeführt, Warschau 1931.

S. 43 den Mantel ihres Vaters ... Janusz Korczak in *Spoleczentwo (Gesellschaft),* Januar 1908, Nr. 3.

S. 43 »Das Pfandhaus ist das Leben« *Stuff and Nonsens,* in: *CWJK*

S. 44 Schon bald hatte er ein System entwickelt ... Anmerkung für Lehrer in *Stefan,* in: *Educational Moments (Erzieherische Momente), SWJK*

S. 44 »Der gordische Knoten«, in: *Dornen,* Warschau 1896, Nr. 39.

S. 45 Jozef Goldszmit starb im Alter von 52 Jahren ... *Nachruf,* in: *Izraelita,* 23. Mai 1896

S. 45 durch seine eigene Hand ... In Korczaks frühem autobiographischen Roman *Das Salonkind* finden sich mehrere Erwähnungen von Selbstmord mit einem Gewehr. Und dann gab es noch sein eigenes, unveröffentlichtes Buch *Selbstmord* – was alles in allem darauf schließen läßt, daß Jozef sich das Leben genommen haben könnte.

S. 45 Henryks Mutter ... erhielt die Genehmigung ... *Izraelita,* 23. September 1896. Ihre Anschrift wird mit Nowo Senatorska Nr. 6, Wohnung 11, angegeben.

S. 46 »der Sohn eines Wahnsinnigen ...« *TG,* S. 323.

S. 46 »Oh, laßt mich sterben«. Der Herausgeber der *Prawda* war der Kritiker Aleksander Swietochowski. Vgl. Olczak, *MD*

S. 46 »Das Herz eines Dichters zu verwunden« *CB*

S. 47 wurde lobend erwähnt ... *Echo muzyczne (Musikecho),* 14. April 1899.

S. 47 Der Legende zufolge ..., vgl. *LL*

S. 47 *Die Geschichte von Janasz Korczak und der Tochter des Schwertträgers (Historia o Janaszu Korczaku i o Pieknej Miecznikownie),* Warschau 1879.

S. 47 Jozef Ignacy Kraszewski ..., 1812–87. Er schrieb 300 Romane, die in den 700 Bänden seiner gesammelten Werke enthalten sind. Vgl. Julian Krzyzanowski, *Eine Geschichte der polnischen Literatur,* Warschau 1978, und Czeslaw Milosz, *The History of Polish Literature,* Berkeley 1983. Deutsch: *Geschichte der polnischen Literatur.* Aus dem Englischen und Polnischen von Arthur Mandel, Köln 1981.

S. 47 Tatsächlich gehörten Pseudonyme ... Das *Musikecho* vom 14. April 1899 verzeichnete lediglich zwei Teilnehmer mit einem Pseudonym – einer davon war Henryk Goldszmit.

S. 47 »Nimm mich unter Deine Fittiche, Meister«. Interessanterweise läßt Korczak in seiner *Schmetterlingsbeichte* seinen jungen Erzähler Kraszewski bitten, ihn unter seine Fittiche zu nehmen. Vielleicht hat Korczak seinen Titel *Wohin?* dem Kraszewski-Artikel mit der Überschrift »Wohin?« entnommen, der 1863 in der *Warschauer Rundschau* erschienen war. Im gleichen Jahr kam Kraszewski wegen politischer Aktivitäten bei den Russen auf die schwarze Liste und emigrierte nach Dresden. Er unterhielt u. a. eine Korrespondenz mit Jakub Goldszmit (der manchmal das Pseudonym Zlotnicki benutzte – *zloto* bedeutet Gold).

S. 48 »Ich entfloh meiner Jugend ...« Radiointerview 1933.

S. 48 Hunderte von Artikeln und Feuilletons ... In den Jahren 1896 bis 1907, also im Alter von 18 bis 27 Jahren, schrieb Korczak 600 Artikel für polnische Blätter wie *Czytelnia dla Wszystkich (Leseraum für jeden), Kolce (Dornen), Glos (Stimme), Kurier Polski, Wedrowiec (Wanderer), Przeglad Pedagogiczny (Pädagogische Rundschau), Krytyka Lekarska (Medizinische Kritik), Przeglad Spoleczna (Soziale Rundschau)* und *Swiat (Welt).*

S. 48 Leon Rygier ..., *Erinnerungen,* in: *RJK*

S. 49 »Arzt zu sein hat Tschechow ...« Im Ghetto notierte Korczak einmal: »Was die Schriftsteller angeht, so verdanke ich das meiste Tschechow – ein großer Sozialdiagnostiker und Kliniker.« *Curriculum Vitae,* in: *JKGY*

S. 49 »Eher fresse ich einen Besen ...« Martha Osnos, *Interview* m. d. A., New York City 1984. Martha Osnos ist die Tochter von Dr. Zygmunt Bychowski.

S. 50 Stefan Zeromski ..., 1864–1925. genannt »das Gewissen der polnischen Literatur.« Vgl. Milosz, *Geschichte der polnischen Literatur,* Köln 1981.

S. 50 »Verwahrloste Buben« ... *CDR*

S. 50 »Ich habe gelogen ...«, in: *Nikt (Niemand), Cytelnia dla Wszystkich (Leseraum für jeden),* 15. Juni 1899, Nr. 24.

S. 51 »Ich bin ein Mensch, dessen größte Sorge ...«, in: *Kolce (Dornen),* 1901, Nr. 1.

S. 52 Jan Wladyslaw Dawid ... 1858–1914

S. 52 Jadwiga Szczawinska Dawid ... 1864–1910

S. 53 Zofia Nalkowska ... 1884–1954

S. 53 In einer Eintragung schreibt sie ... 1. Dezember 1899

S. 53 Für Korczak war Pestalozzi ... Janusz Korczak, *Die Kinder: Entwicklung der Idee der Nächstenliebe im neunzehnten Jahrhundert,* in: *Cytelnia dla Wszystkich (Leseraum für jeden),* 1899, Nr. 52.

S. 54 Waclaw Nalkowski ... 1856–1911

S. 54 Stefania Sempolowska ... 1870–1943

S. 54 Freie Leihbücherei ... Die Wohltätigkeitsgesellschaft für freie Leihbüchereien richtete einige Büchereien ein, wo man unentgeltlich Bücher ausleihen konnte. Viele Polen und Juden arbeiteten gemeinsam als freiwillige Helfer bei diesem Projekt. Korczak schrieb: »Mehrere Jahre Mitarbeit in einer freien Leihbücherei gaben mir viel Beobachtungsmaterial.« *Curriculum Vitae,* in: *JKGY.* Vgl. ebenso die Erinnerungen von Helena Bobinska, die 1902 mit Korczak zusammen in der Bücherei arbeitete, in: *RJK.* Vgl. auch Marek Jaworski, *Janusz Korczak. Aufopferungsvolle Liebe zum Kind,* Leipzig 1979.

S. 54 »soviel Arrest, wie es brauchte ...« *TG,* S. 248

5 Der Seelenmaulkorb

S. 56 Ludwik Licinski . . . 1874–1908

S. 56 Sie trank Wodka . . . Zofia Nalkowska, *Pamietniki (Lebenserinnerungen) 1899–1905,* Warschau 1975, Tagebucheintragung von 1903.

S. 56 ». . . jaulte wie ein Hund« und »Ich träumte, ich wäre ein Pudel« *CDR. Das Salonkind (Dziecko salonu),* ist zuerst als Fortsetzungsroman in *Glos (Stimme)* 1904–05 erschienen.

S. 58 Approbation . . . Korczak beendete sein Medizinstudium im November 1904 (*Izraelita,* 1904). Sein Diplom erhielt er im März 1905 (Nazi-Dokumente, 20. September 1940, Archiv der Korczak-Werkstatt, Warschau).

S. 58 Aus seinem Leben herausgerissen . . . Über seine Abreise wurde in den *Persönlichen Mitteilungen, in: Izraelita,* am 26. Juni 1905 und im Juli 1905 berichtet.

S. 59 »daß der Krieg dir hilft . . .« Janusz Korczak, *O wojnie. W pociagu sanitarnym (Über den Krieg. Im Lazarettzug), in: Glos (Stimme),* 1905, Nr. 48, 49.

S. 59 »Nicht ich kam nach China . . .« *TG,* S. 277. *Maly Przeglad (Kleine Rundschau),* 1927, Nr. 14.

S. 60 Nachdem er die vierjährige Iuo-ya getroffen hatte . . . Vgl. *TG,* S. 277

S. 60 den Lehrer, der nach Schnaps und Opium stank . . . *Maly Przeglad (Kleine Rundschau),* 1927, Nr. 14.

S. 60 »Bevor Sie für irgend etwas in den Krieg ziehen . . .« Igor Newerly, *LL*

6 Kleines Spital

S. 62 Kritiker nannten ihn eine neue Stimme . . . Stanislaw Brzozowski schrieb, der Autor sei eine der interessantesten kulturellen und literarischen Stimmen seiner Zeit. Vgl. seinen Artikel »Janusz Korczak« in *Przeglad Spolecny (Soziale Rundschau),* 28. April 1906. In einer Beurteilung von Korczaks Werk schrieb Julian Krzyzanowski 1978, daß heute nur noch seine Kinderbücher gelesen würden. Sein »ausgezeichneter« Roman *Das Salonkind* habe den Weg für die jungen Schriftsteller des polnischen Naturalismus bereitet, sich mit den sozialen Themen ihrer Zeit auseinanderzusetzen. Vgl. ders., *A History of Polish Literature,* Warschau 1978.

S. 62 »Tretmühle« *TG,* S. 258

S. 63 Kinderkrankenhaus in der Sliskastraße. Offiziell bekannt als »Bersohn und Bauman Kinderspital«, gegründet am 28. Juni 1878 durch den Bankier und Philanthropen Matias (Majer) Bersohn (1832–1908) und seine Frau Chaj, die ihren Schwiegersohn Salomon Bauman und ihre Tochter Pauline in das Projekt miteinbezogen. Das Haus eröffnete mit 20 Betten für arme jüdische Kinder, doch in der Ambulanz – einer der größten Warschaus – wurden alle Kinder ungeachtet ihrer Konfession kostenlos behandelt. Als es 1930 um eine Etage aufgestockt wurde, meinte Korczak, es sähe aus wie in einem Märchen. Das Haus dient auch heute noch als Kinderspital. *Interviews mit Mitarbeitern,* 1981. Vgl. auch Henryk Korszczor, *Kartki z Historii Zydow w Warszawie XIX–XX w (Seiten aus der Geschichte der Juden Warschaus im 19. und 20. Jahrhundert),* Warschau 1979.

S. 63 »Ein braves Mütterchen ...«, »Verschwender!« *TG,* S. 294f.

S. 63 »Einen Augenblick bitte, Herr Doktor ...« *TG,* S. 295

S. 64 »Wenn das Kind Tee brauchte ...« *TG,* S. 289

S. 64 Und machte bis spät in die Nacht Visiten ..., vgl. *TG,* S. 295

S. 64 »im Talmud steht geschrieben ...« *TG,* S. 297

S. 64 »Die Kinder von Sozialisten ...« *TG,* S. 295

S. 64 Dieser idealistische junge Arzt ... Vgl. *TG,* S. 296

S. 64 Diesen Kampf, ein »ehrlicher« Arzt zu sein, hat Korczak auch in einem Artikel, *Lose Gedanken,* in: *Krytyka Lekarska (Medizinische Kritik),* 1906, Nr. 10, 11, 12 beschrieben. Die Fortsetzungen sind jeweils mit H. Goldszmit gekennzeichnet.

S. 64 Eine Mutter, die das Krankenzimmer ... Ada Hagari, *Interview* m. d. A., Israel 1981.

S. 64 Eine andere Mutter wußte ... Aussage von Miroslawa Szulcowa, Korczak-Werkstatt Archiv, Warschau.

S. 65 Patient Henryk Grynberg ... Henryk Grynberg, *Interview* m. d. A., Warschau Oktober 1981.

S. 65 nach grundsätzlichen Reformen rief ... Vgl. *Krytyka Lekarska (Medizinische Kritik),* 1906, Nr. 7ff.; 1907, Nr. 2; *Wiedza (Wissen),* 1908, Bd. 2; 1909, Bd. 1. Vgl. ebenso den Artikel über Janusz Korczak von Stanislaw Brzozowski in *Przeglad Spolecny (Soziale Rundschau),* 28. April 1906.

S. 65 »Die Brust gehört nicht der Mutter...« *Przeglad Pedagogiczny (Pädiatrische Rundschau),* 1911.

S. 65 »er die Muscheln...« *TG,* S. 276

S. 65 »Kleines Spital...« *Jednodniowka Towarzystwa Przyjaciol Dzieci (Zeitung eines Tages der Gesellschaft der Kinderfreunde),* Warschau 1925.

S. 66 »würdevoll, reif und vernünftig...« Janusz Korczaks »Curriculum Vitae«, seine Bewerbung bei der Personalabteilung des Judenrats vom 9. Februar 1942, in: *JKGY*

S. 66 wie schrecklich es sein müsse... Martha Osnos, *Interview* m. d. A., New York 1984.

S. 66 ein kleines Mädchen namens Zofia... Igor Newerly, *LL*

S. 67 »Wann zum Teufel werden wir aufhören...« Igor Newerly, in seinem Vorwort zu *SWJK*

S. 67 »Wenn sie dir so leid tun...« *HP*

7 Sommerkolonie

S. 68 Schon als Medizinstudent... Korczak schrieb über seine Erfahrungen in *Izraelita,* 1904, Nr. 7. 1933 schrieb er in der *Kleinen Rundschau,* Nr. 41: »Als ich Student war, habe ich in Sommerlagern gearbeitet. Im Herbst haben die Kinder mich dann besucht und auf diese Weise entstand in meiner Wohnung ein Kinderklub.«

S. 68 Die Sommerkolonie, zu der sie fuhren... Das System dieser Ferienkolonien für arme Kinder wurde 1882 in Polen eingerichtet. Die jüdische Kolonie, in der Korczak Gruppenleiter war, wurde 1902 von dem Philanthropen Michal Endelman gegründet. In einer Eingabe an den Judenrat schrieb Korczak: »Zum ersten Mal bin ich als Gruppenleiter in der Sommerkolonie von Markiewicz in Michalowka mit dem jüdischen Kind in Berührung gekommen.« *JKGY*

S. 69 »Damals kam ich zum ersten Mal...« *HTL*

S. 69 »Da war ich nun...« *HTL*

S. 70 »Ich war kein Neuling...« *HTL*

S. 71 »Im Leben gibt es zwei Königreiche« *MJS*

S. 71 »Gestern – ein Höhlenmensch« *HTL*

S. 71 Ein vorbeikommender Bauer... *MJS*

S. 72 »lächelt die polnische Sprache...« *MJS*

S. 72 Das Gleice galt für Jiddisch ... *MJS*

S. 74 Gründung von Schiedsgerichten ... Historiker Stefan Woloszyn, *Interview* m. d. A., Warschau 1981. Vgl. auch Igor Newerly, A. Kaminski und W. Zelazko, *Samorzad uczniowski w systemie wychowawczym Korczaka (Selbstverwaltung in Korczaks Erziehungssystem),* Warschau 1962. Ebenso Jolanta Switalski-Ebersman, *Die politisch-kulturelle Entwicklung Polens 1815–1939 und Janusz Korczaks Beitrag für die Erneuerung der Erziehung,* Dissertation, Stettin o. D.

S. 75 Bronislaw Trentowski ... 1808–1869

S. 76 »Erleuchtung und Wissen« H. Goldszmit, *Wrazenia z Berlina (Eindrücke aus Berlin), Krytyka Lekarska (Medizinische Kritik),* 1907, Nr. 10, 11, 12. Bernd Graubner hat herausgefunden, daß Korczak bei Heinrich Finkelstein im Kinderheim der Schmidt-Gallisch-Stiftung und im kommunalen Waisenhaus gearbeitet hat sowie bei Adolf Baginski im Kinderkrankenhaus »Kaiser und Kaiserin Friedrich«. Bernd Graubner, *Interview* m. d. A., Warschau 1986. Vgl. auch Janusz Korczak, *Zeugnisse einer lebendigen Pädagogik,* hrsg. von Friedhelm Beiner, Heinsberg 1982.

S. 78 *Von den Joscheks, Jascheks und Franeks (Jozki, Jaski i Franki),* in: *Wenn ich wieder klein bin,* Göttingen 1973. Interessanterweise wurde in der polnischen Ausgabe von 1984, die für Zehnjährige gedacht ist, die Zeile »Olek weint, und jede Träne enthält ein Kreuz mit einem sehr traurigen Christus« geändert in »Olek weint, und jede Träne ist heilig.«

S. 79 jüdische und polnische Kinder zu vergleichen ... Vgl. Janusz Korczak, *Dziecko zydowskie – opinia rzeczoznawcy (Das jüdische Kind – nach der Auffassung eines Experten), in Miesiecznik Zydowski (Jüdische Monatsschrift)* 1933, Nr. 3.

S. 80 Er lernte Stefania ... Joseph Arnon, ehemaliger Praktikant in Korczaks Waisenhaus, der nach seiner Emigration nach Palästina eine lange Korrespondenz mit ihm unterhielt, glaubte, daß Stefa und Korczak sich kennenlernten, als sie 1908 in der Schweiz studierte. Stella Eliasberg und Igor Newerly gehen jedoch davon aus, daß sie sich in Warschau kennengelernt haben.

S. 81 Er stand im Hintergrund . . . Tagebuch Stella Eliasberg

S. 81 die für den Vortrag ihrer Gedichte . . . Möglicherweise waren es Gedichte von Maria Konopnicka (1842–1910), einer Dichterin der Unterdrückten und Schriftstellerin für Kinder. Sie schrieb Phantasiegeschichten mit Titeln wie *O krasnoludkach i sierotce Marysi (Die kleine Waise Maria und die Zwerge).* Vgl. Julian Krzyzanowski, *A History of Polish Literature (Eine Geschichte der polnischen Literatur),* Warschau 1978.

S. 81 »ungewöhnliche Kinder . . .« *HTL*

S. 82 sorgte Stefas Mutter . . . *Interwiew* mit ihrer Schwiegertochter, Irena Eliasberg Wilczynska, Oktober 1981.

S. 83 »pädagogische Liebe«, vgl. Joseph Arnon, *The Passion of Janusz Korczak, in Midstream,* Mai 1973.

S. 84 Über Lui selbst . . . Als ich 1986 den jüdischen Friedhof in Warschau besuchte, zeigte man mir ein Stück von Jozef Luis Grabstein, das in der Nähe von Jozef Goldszmits Grab gefunden worden war. Ein Trauschein von Korczaks Schwester Anna ist nicht vorhanden: Der Name ihres Ehemannes ist nur deshalb bekannt, weil Korczak sein Buch über Louis Pasteur seiner Schwester Anna Lui widmete. Die Traueranzeige für Jozef Luis im Warschauer *Courier* vom 24. Juli 1909 lautet: »Nach kurzer schwerer Krankheit starb er am 22. Juli im Alter von neununddreißig Jahren. Er hinterläßt seine Frau, Schwestern, Schwiegermutter und Schwäger.« Da der Nachruf keinen Schwiegervater erwähnt (Jozef Goldszmit war bereits verstorben), und auch die Tatsache, daß Martha Eliasberg sich an die frühe Witwenschaft Annas erinnert, läßt darauf schließen, daß Jozef Lui ihr Ehemann war. Igor Newerly erinnerte sich, daß Korczak ihm erzählte, Lui habe Syphilis gehabt und sich umgebracht.

S. 84 Ludwik Krzywicki . . . 1859–1942. Vgl. Konstantin Krzeczkowski, *Zarys zycia i pracy Ludwika Krzywickiego (Leben und Werk Ludwik Krzywickis),* Warschau 1939. Vgl. auch *LL*

S. 85 »seinem reformatorischen Eifer« . . . Erik Erikson, *Gandhi's Truth,* New York 1969. *Gandhis Wahrheit. Über die Ursprünge der militanten Gewaltlosigkeit,* Frankfurt 1971.

S. 85 »Ich bin deshalb Erzieher geworden . . .« *LL*

S. 86 »Der von mir gewählte Weg . . .« *HTL*

S. 86 nicht wegen des Waisenhauses verraten hatte ... *HTL.* Später hat er diese Entscheidung in Frage gestellt. Vgl. *TG,* S. 276

S. 86 »Was für den Arzt Fieber, Husten ...« Siehe die »Einführenden Bemerkungen« zu *Erzieherische Momente,* in: *SWJK*

S. 86 »Bildhauer der kindlichen Seelen« *TG,* S. 276

S. 86 »Schule des Lebens« *(Szkola zycia).* Diese Arbeit von Janusz Korczak wurde in den Jahren 1907–8 in Fragmenten in dem Magazin *Spoleczenstwo (Gesellschaft)* veröffentlicht. In *Pisma wybrane (Ausgewählte Werke),* hrsg. von Aleksander Lewin, Warschau 1978, wurde sie rekonstruiert abgedruckt.

S. 87 »eine vielschichtige archäologische ...« Isaac Bashevis Singer, *Shosha,* New York 1978.

S. 88 »bedeutende Erfahrung«, *HTL.* Später bereute er die kasernenähnlichen Schlafsäle, die kaum Privatatmosphäre zuließen. »Falls je ein zusätzliches Stockwerk gebaut werden sollte«, schrieb er, »würde ich eine hotelähnliche Bauweise bevorzugen: kleine Räume, die von einem zentralen Korridor abgehen.« Nach dem Krieg wurde das Waisenhaus umgebaut und statt der großen Säle wurden kleine Schafräume eingerichtet.

S. 88 Helena, die älteste ... Helena Eliasberg Syrkus, *Interview* m. d. A., Warschau 1979.

S. 89 Später erzählte er Freunden ... Daran erinnerte sich Maria Czapska, *RJK*

S. 89 Berlin hatte ihn gelehrt ... *HTL*

S. 90 in den Vorort Forest Hill ... Janusz Korczak, *Forest Hill,* in: *Swiatlo (Das Licht),* 1912, Nr. 2. Korczak nennt keine Namen der Waisenhäuser, die er aufgesucht hat. Zu dem Zeitpunkt gab es zwei nebeneinanderliegende Institutionen, die in Forest Hill unter dem Namen »industrial homes« bekannt waren: Shaftesbury House, gegründet 1873, und das Louise Home, gegründet 1881. Vgl. Philip Veerman, *Forest Hill,* in: *Concern,* März 1987.

S. 91 »ein Knecht, der ein polnischer Jude ...« Brief Janusz Korczaks an Moshe Zertal, 30. März 1937.

S. 91 »die Idee, dem Kind und seinen Rechten ...« a. a. O.

S. 91 »Aus einer wahnsinnigen Seele ...« *Das Gebet des Künstlers,* in: Janusz Korczak, *Allein mit Gott. Gebete eines Menschen, der nicht betet,* Gütersloh 1980.

S. 92 »lauten, frierenden ...« *HTL*
S. 93 eisernen Bettgestellen ... Joseph Arnon, *The Passion of Janusz Korczak,* in: *Midstream,* May 1973. Außerdem Igor Newerly und Ida Merzan in *Interviews* m. d. A.
S. 93 Und Stefa erinnerte sich ... Brief Stefa Wilczynskas an Jakub Einfeld, Palästina 1934.
S. 93 dieses erste Jahr ... *HTL*
S. 94 »Ein sauber polierter Tisch ...« *HTL*
S. 95 »Weil das Fundament fehlte ...« *HTL*
S. 95 Grigori Schmukler ... *Interviews* m. d. A., Brighton Beach, New York 1983.
S. 96 »Worüber habt ihr gestern abend ...?«, *HTL*
S. 96 der erste, der in der polnischen Literatur ... Hana Kirschner, *Interviews* m. d. A., Warschau 1981.
S. 97 »Symphonie atmender Kinder«, *HTL*
S. 97 Ein Achtjähriger erwachte mit Zahnweh. Fragment einer nicht datierten, unveröffentlichten Arbeit, in Bleistift geschrieben. Zitiert in *Mysl pedagogiczna Janusza Korczaka Nowe Zrodla (Das pädagogische Denken des Janusz Korczak),* hrsg. von Maria Falkowska, Warschau 1983.
S. 98 Als er Moishe schluchzen hörte ... *HTL*
S. 99 Einige der Kinder liefen kurzfristig ... Artikel für die *Wochenzeitung des Waisenhauses.* Der Artikel wurde 1914 in *W Sloncu (Im Sonnenschein),* einer Wochenzeitschrift für Kinder, hrsg. von Janina Mortkowicz (Ehefrau von Korczaks Herausgeber) und Stefania Sempolowska, erneut abgedruckt. Ab 1916 gab Sempolowska das Blatt heraus. *W Sloncu* brachte Beiträge vieler berühmter Schriftsteller, u. a. von dem Dichter Juliusz Tuwim und dem Romancier Stefan Zeromski.
S. 99 Kurse in erzieherischem Journalismus ... *HTL*
S. 99 »Mit einer Zeitung werden wir alles wissen ...« *W Sloncu (Im Sonnenschein),* 1913.
S. 99 »Wißt ihr noch« a. a. O.
S. 101 zog es vor, die alten Märchen ... Korczaks Lieblingsmärchen war *Der gestiefelte Kater* des französischen Autors Charles Perrault (1628–1703), das 1693 gemeinsam mit *Dornröschen, Rotkäppchen* und *Aschenputtel* ins Polnische übersetzt worden war.
S. 101 »Ich habe immer Hindernisse eingebaut«, *WIALA*

S. 101 »Ist das wahr?« *HTL*
S. 102 »eine Lektion in Demut«, *MJS*
S. 102 »das böse Geflüster der Straße«, *HTL*
S. 103 Warschaus dreihunderttausend Juden ... In den Jahren von 1900 bis 1910 kam es zu einem Anstieg der jüdischen Bevölkerung um 25 Prozent. Vgl. Henryk Wereszycki, *Historia polityczna Polski 1864–1918,* Paris 1979.
S. 103 Ein »kämpferischer Nationaldemokrat« ... *TG,* S. 255. [Anm. d. Ü.: Vgl. hierzu Anmerkung 6 aus *TG,* a. a. O.: »Die Nationaldemokratie (»Endecja«) war die führende Partei des polnischen Bürgertums der Zwischenkriegszeit. Zu ihrem Programm gehörte unter anderem ein sozial bedingter Antisemitismus, der darauf abzielte, die meist jüdische Mittelschicht der städtischen Bevölkerung durch eine polnische zu ersetzen.« Der nationaldemokratische Antisemitismus war also weder rassisch noch religiös begründet.]
S. 103 eine andere polnische Bekannte ... *TG,* S. 255
S. 103 »Drei Strömungen«, vgl. Janusz Korczak, *Trzy prady,* in: *Spoleczentwo (Gesellschaft),* 1910, Nr. 42.
S. 104 Hermann Cohen ... Vgl. *Essays from Martin Buber's Journal »Der Jude«,* 1916–1928, hrsg. von Arthur A. Cohen, Tuscaloosa, Alabama 1980. Vgl. auch Hermann Cohen, *Werke,* Hildesheim 1977.

10 Wie man ein Kind lieben soll

S. 106 Als die Bank sich weigerte ... Erinnerungen von Hanna Mortkowicz-Olczakowa, *RJK*
S. 107 Jakub Mortkowicz ... 1876–1931
S. 107 Janina Mortkowicz ... 1875–1960
S. 107 *W Sloncu (Im Sonnenschein)* ... vgl. Anmerkungen zu S. 99.
S. 107 Esterka Weintraub ... Ihr Bild stand im Schweigezimmer des Waisenhauses. Es ist nicht bekannt, wo sie herkam. Unbegründeten Gerüchten zufolge hieß es, sie sei Korczaks und Stefas Tochter gewesen.
S. 108 »eine Orgie von Teufeln ...« *SWJK*
S. 108 alter blinder Jude ... Vgl. *TG,* S. 341
S. 108 »Nicht nur die Juden leiden«, Janusz Korczak, *Z Wojny (Aus dem Krieg), Nowy Dziennik,* 15. Juli 1918.

S. 108 *Wie man ein Kind lieben soll* ... Interessanterweise wurde dieses Buch von Lenins Gattin, Nadeschda Konstantinowa Krupskaja (1869–1939), einer führenden sowjetischen Pädagogin, 1922 ins Russische übersetzt.

S. 109 als Einzelwesen ... Korczaks tiefe Überzeugung vom Recht des Kindes auf Achtung wurde von vielen zeitgenössischen Erziehern übernommen. Vgl. John Holt, *Escape from Childhood: The Needs and Rights of Children,* New York 1974; Alice Miller, *Das Drama des begabten Kindes und die Suche nach dem wahren Selbst,* Frankfurt 1980. Vgl. ebenso Patricia Anne Pizialis Dissertation, *A Comparison of Janusz Korczak's Concept of the Rights of the Child with Those of Other Selected Child Advocates,* George Washington University 1981, und Edwin Kulawiec, *Janusz Korczak: Champion of Children* in: *Childhood Education, Oktober 1979.*

S. 111 »durch die engen Maschen aus Bajonetten ...« *Stefan,* in: *Erzieherische Momente SWJK*

S. 111 Heimweh überwältigte ihn ... Erinnerungen von Stanislaw Zemis *RJK*

S. 112 Wieso bemerkte er Stefan? ... Das Material über Korczaks Arbeit mit Stefan entstammt seinem Aufsatz *Stefan,* in: *Erzieherische Momente, SWJK*

11 Die traurige Dame

S. 120 einen dreitägigen Urlaub ... Aussage von Janina Peretiakowicz, *RJK.* Vgl. auch einen Brief von Peretiakowicz an Igor Newerly, 1963.

S. 120 Maryna Falska ... 1878–1944. Meine Informationen über Maryna als junge Frau verdanke ich meinen Gesprächen mit Igor Newerly sowie Material, das mir Ida Merzan überließ, vgl. auch *LL.*

S. 123 »weinte er sich die Augen aus«, *MD*

S. 123 schlief häufig bei ihnen ... Telefoninterview mit Z. Przygoda, Toronto, im Jahre 1986.

S. 124 »denselben Revolver ...« *MD*

S. 124 »Kiew – Chaos«, vgl. *MD.* Für Hintergrundinformationen über Kiew danke ich Jerzy Michalowski (früherer polnischer Botschafter in Washington), dem verstorbenen George Kistiakowsky – beide waren zu jener Zeit in Kiew – und dem Militärhistoriker Bill Fuller. Vgl. Richard M. Watt, *Bitter Glory: Poland and Its Fate, 1918–1939,* New York 1979, und Norman Davies, *God's Playground,* Vol. 2, New York 1982.

S. 125 »absolut jeden Tag«, *HTL*

S. 125 »Notizen sind die Samenkörner...«, »Einführende Bemerkungen« zu *Erzieherische Momente SWJK*

S. 125 *Wie man ein Kind lieben soll.* Der ursprüngliche Titel lautet, *Wie man Kinder lieben soll.*

S. 125 Maria Montessori... 1870–1952

S. 125 Montessori-Kindergarten ... »Helcia«, *Erzieherische Momente SWJK*

S. 128 Als er sich von Maryna... verabschiedete... *MD*

12 Unabhängigkeit

S. 133 »nur für den Tag lebt...« *MD*

S. 134 »Wie sie auf mich zuliefen...« *KTL*

S. 134 »Wir interessierten ihn nicht mehr«, Helena Eliasberg Syrkus, *Interview* m. d. A., Warschau 1979.

S. 134 Jozef Pilsudski ... 1867–1935. Eine faszinierende Abhandlung über Jozef Pilsudski schrieb Solidarność-Patriot Adam Michnik, *Letters from Prison and Other Essays,* Berkeley 1985.

S. 135 vier verschiedene Rechtssysteme ... Vgl. Norman Davies, *God's Playground,* Vol. 2, New York 1982.

S. 136 Kurz nachdem Maryna Falska... zurückgekehrt ... Für Informationen über das Waisenhaus in Pruszkow bin ich Wladyslaw Cichosz, ehemals Hausmeister in »Unser Haus«, und dem Nachkriegsdirektor des Waisenhauses in Bielany, Zdislaw Sieradzki, zu Dank verpflichtet. *Interviews* m. d. A., Warschau 1979.

S. 137 Außerdem möblierten sie... Janusz Korczak in der Wochenzeitung des Waisenhauses in Pruszkow.

S. 137 »Wir hatten noch kein Sparbuch«, Maryna Falska, a. a. O.

S. 138 »Die Geschichte mag die Herrscherin...«, vgl. *Swieto wiosny (Frühlingsfest), Gazeta Polska,* 3. Mai 1919.

S. 140 als Major der Reserve in der neuen polnischen Armee... Korczak ist 1924 im *Rocznik oficerski (Jahrbuch der Offiziere)* aufgeführt.

S. 140 wachte er auf und sah doppelt ... *HTL*

S. 140 Als Korczak erfuhr, daß seine Mutter tot war ... Vgl. *TG*, S. 249

S. 140 »Sie hätte gar nicht glücklicher sterben können ...« Vgl. Phyllis Grosskurth, *Havelock Ellis: A Biography*, New York 1980.

S. 140 »Als ich meiner Schwester ...« *TG*, S. 320

S. 141 in einer entfernten Ecke ... Bei Erscheinen dieses Buches war das Grab von Korczaks Mutter auf dem völlig verkommenen jüdischen Friedhof noch nicht gefunden. Laut Todesanzeige (*Kurier Poranny*, 12. Februar 1920) ist sie aber dort begraben. Jan Jagielski zufolge, dem Sekretär des Sozialkomitees für den jüdischen Friedhof, der die Gräber von Korczaks Vater und Großeltern fand, wurden die Typhusopfer zur Vermeidung von Ansteckung in einem separaten Teil des Friedhofes bestattet.

S. 141 Als er im Typhusfieber lag ... Vgl. *TG*, S. 259

S. 141 »Wenn ich meinen eigenen Plan ...« *TG*, S. 275

S. 143 hatte Polen ein besonderes Gebet ... Vgl. Richard M. Watt, *Bitter Glory: Poland and Its Fate, 1918–1939*, New York 1979; Norman Davies, *God's Playground*, Vol. 2, New York 1982.

S. 144 »Schmutziges, zerrissenes, vernachlässigtes Warschau ...« *Dziecko i Wiosna (Das Kind und der Frühling)* in: *Religia Dziecka (Religion des Kindes) CWJK*, Vol. 3

S. 144 »Warschau ist mein ...« *TG*, S. 267

13 Der Geist König Hänschens

S. 145 »Kinder glauben, daß Erwachsene ...« *RL*

S. 146 »Als ich noch so aussah ...« *KH*, S. 5

S. 147 ist Korczaks *Emile* genannt worden ..., Stefan Woloszyn, *Interview* m. d. A., Warschau 1981.

S. 148 »wie schwer ist es doch, König zu sein ...« *KH*, S. 65

S. 148 »Hör zu, Hänschen ...« *KH*, S. 118/19

S. 150 als man ihn mit einem Gas betäubt ... *KH*, S. 313/14. Heute erscheint uns dieser Satz wie eine prophetische Vorahnung von Korczaks Tod in der Gaskammer.

S. 150 in letzter Minute in eine Verbannung ... Hier wurde der Autor offensichtlich von Dostojewskijs Schicksal inspiriert, der auch bereits einmal vor dem Erschießungskommando gestanden hatte.

S. 150 »Es war ein schöner Tag ...« *KH*, S. 321
S. 150 »Ein schöner Tod ...« *KH*, S. 309
S. 152 »der ewigen Tragik eines jeden noblen Reformators ...« Igor Newerly, *Interview* m. d. A., Warschau 1981.

14 Hundert Kinder

S. 153 »Warum hat König Hänschen ...« Igor Newerly und Ida Merzan in *Interviews* m. d. A., Warschau 1979, 1981.
S. 154 Jack, einem amerikanischen Buben ... *The Bankruptcy of Little Jack (Bankructwo malego Dzeka), Der Bankrott des kleinen Jack.* Berlin 1935.
S. 155 Wie ein Gärtner ... *HTL*
S. 155 unerforschte Geheimnisse der Vererbung ... *HTL*
S. 155 »Wir müssen aufhören, gedankenlos ...«, Janusz Korczak, *Sorge um die Mutterschaft*, in: *Higiena i opieka nad dzieckiem (Hygiene und Kindererziehung)*, Warschau 1927, Nr. 5.
S. 156 »Ich war der Ansicht ...«, Helena Merenholtz, *Interview* m. d. A., Warschau 1981
S. 156 »Es ist unmöglich ...«, a. a. O.
S. 156 »Der eine stirbt ...«, *MJS*
S. 157 »Wo kann ich Dr. Korczak finden?« Ida Merzan, *Interview* m. d. A., Warschau 1981.
S. 157 Israel Zyngman ... *Interviews* m. d. A., Tel Aviv 1979 und 1981. Vgl. auch Zyngmans Buch *Janusz Korczak Wsrot Sierot (Janusz Korczak und seine Waisen)*, Tel Aviv 1976, auf polnisch.
S. 160 Sara Kramer ... *Interview* m. d. A., Tel Aviv 1979.
S. 161 Seine Instrumente waren so blitzblank ... Janusz Korczak, *Strzyzenie Wlosow (Haare schneiden)*, in: *Opieka nad dziekkiem (Kinderfürsorge)*, Warschau 1925, Nr. 5.
S. 162 »Am Samstagnachmittag ...«, Erinnerungen von Doba Borbergow in: *RJK*
S. 162 Hanna Dembinska, *Interview* m. d. A., Tel Aviv 1981.
S. 162 ein Besuch im Haus selbst ... Hanna und Adam Dembinski, *Interviews* m. d. A., Tel Aviv 1981. Sie waren beide Waisenkinder des Hauses und heirateten während des Zweiten Weltkriegs.
S. 163 Briefwechsel zwischen einem neunjährigen Bengel ... *HTL*
S. 165 »Wie kommst du weiter?«, *HTL*

S. 165 ließ er sich die Zunge zeigen ... Ida Merzan, *Interview* m. d. A., Warschau 1983.

S. 165 Seilhüpfen ... Sara Nadiv, *Interview* m. d. A., Tel Aviv 1981

S. 165 »Seh ich nicht aus wie ein alter Baum ...«, Ida Merzan, *Interview* m. d. A., Warschau 1983.

S. 166 »So breit wie ein Pfannkuchen ...«, Jona Bocian, *Interview* m. d. A., Tel Aviv 1981.

15 Zähmung der Bestie

S. 168 »Faßt keine Scheiße an ...«, Erinnerung von J. Dobiuk in *RJK.* Korczak benutzte gern dreckige Ausdrücke, die er beim Militär gelernt hatte. Außerdem erzählte er im Freundeskreis gern anrüchige Witze.

S. 168 »Ein Kind empfindet seine Fehler ...«, *Über unterschiedliche Typen bei Kindern,* Oktober 1928, in: *SWJK*

S. 169 »Ich werde mit Sicherheit ein nachsichtiges Lächeln ...« *Der ehrgeizige Erzieher,* August 1938, in: *SWJK*

S. 169 »gefährlicher Irrer« Brief an Joseph Arnon vom 8. Juli 1938

S. 169 »Dank der Theorie« *Theory and Practice (Theorie und Praxis),* in: *The Special School (Die besondere Schule),* Januar 1924, in: *SWJK*

S. 169 »Ich bin Arzt von Beruf ...«, Erinnerung von Zofia Zaimanska, in: *RJK*

S. 170 »Also, was wettest du?« Igor Newerly und Ida Merzan, *Interviews* m. d. A., Warschau 1979 und 1989.

S. 171 »Lösungen sollte man nicht nur ...«, *HTL.* Zur Diskussion von Korczaks Erziehungssystem in englischsprachigen Werken, vgl.: Shimon Frost, *Janusz Korczak: Friend of Children,* in: *Moral Eduction Forum Magazine,* Hunter College, City University of New York, Ausgabe Frühjahr 1983, Nr. 1, Vol. 8; Moses Stambler, *Janusz Korczak: His Perspectives on the Child,* in: *The Polish Review,* 1980, Nr. 1, Vol. 25; vgl. auch *Janusz Korczak Symposium* mit T. Bird, F. Gross, G. Z. F. Berday, E. J. Czerwinski, H. Grynberg, in: *The Polish Review,* 1979, Nr. 1, Vol. 24. Für eine faszinierende Sammlung von Aufsätzen und Artikeln über sämtliche Aspekte von Korczaks Leben und Arbeit vgl. *Janusz Korczak, zycie i dzielo,* Warschau 1978. [Anm. d. Ü.: Vgl. auf deutsch u. a. die Schriften Erich Dauzenroths sowie die

Referate der Wuppertaler Korczak-Kolloquien 1982 und 1984, hrsg. von Friedhelm Beiner, Heinsberg 1982 und Wuppertal 1984.]

S. 172 »Schäm dich!« *HP*

S. 173 Hanna Dembinska, die einmal für eine Stunde ... Hanna Dembinska, *Interview* m. d. A., Tel Aviv 1981.

S. 173 glich dem »Chirurgen ...«, *HTL*

S. 174 »Was ist denn an diesen Karten ...«, Ida Merzan, *Pan Doctor i Pani Stefa (Herr Doktor und Frau Stefa)*, Warschau 1979.

S. 175 »Das alles sind Erinnerungen ...«, *HTL*

S. 176 Korczaks Traum von einer Sommerkolonie ... *Rozycka (Röschen)* wurde 1921 von Maximilian Cohen und seiner Frau gestiftet. In den ersten Jahren, bis ausreichende Unterkunftsmöglichkeiten gebaut worden waren, fuhren Buben und Mädel getrennt jeweils einen Monat in die Sommerkolonie. Im ersten Sommer fuhren Kinder aus Korczaks jüdischem und seinem katholischen Waisenhaus gemeinsam. Darüber kam es aber zu Protesten aus dem Vorstand beider Waisenhäuser, und diese Praxis wurde nicht fortgesetzt. Ida Merzan, *Interview* m. d. A., Warschau 1983

S. 177 Manchmal lag Korczak glücklich ... Shimon Agassiz, *Interview* m. d. A., Tel Aviv 1981.

16 Recht und Gerechtigkeit

S. 180 »Eine Gerichtsverhandlung ...«, *HTL*

S. 182 »Ich laß mich doch nicht ...«, *HTL*

S. 186 An einem Samstagnachmittag besuchte Stasiek ... Israel Zyngman, *Interviews* m. d. A., Tel Aviv 1979, 1981.

S. 189 »Leider können wir dir nichts anderes geben« ... aus der *Wochenzeitung des Waisenhauses*, in: *W Sloncu (Im Sonnenschein)*, Warschau 1919, Nr. 12.

S. 190 Die Mädchen versuchten, sich als Gouvernanten ... Brief von Stefa Wilczynska an Rose Zyzensztejn, 12. Dezember 1929.

S. 190 »Ich erinnere mich noch an mein Heimweh«, Itzhak Belfer, *Interview* m. d. A., Tel Aviv 1981.

S. 191 »Schließlich fand ich eine Bank am Fluß ...«, Johann Nutkiewicz, *Interview* m. d. A., Tel Aviv 1981.

S. 192 Er sandte nie eine Rechnung ... Franek Piotrowski, Artikel in *Tygodnik Polski (Polnisches Wochenblatt)*, London September 1973.

S. 192 »Das straffällige Kind ...«, *Theory und Practice (Theorie und Praxis)* a. a. O.

S. 193 Dr. Janusz Korczaks Aussage ... *Der Prozeß des Stanislaw Lampisz, Nasz Przeglad (Unsere Rundschau)*, 25. Mai 1927, Nr. 142.

17 Lang lebe der Hering!

S. 195 »Das Herz des Kindes« Maria Grzegorzewska, *Listy do Mlodego nauczyciela (Briefe an eine junge Lehrerin)*, Warschau 1958.

S. 196 Feiga Lipshitz Bieber ... *Denkschrift*, Kibbuz Ein Harod 1971

S. 196 pädagogische Liebe ... Joseph Arnon, *Educational System of Janusz Korczak (Das Erziehungssystem des Janusz Korczak)*, Lehrergewerkschaft, Israel 1971, auf englisch.

S. 196 Seiner Ansicht nach waren alte Ammen ... *TG*, S. 270.

S. 196 Gefragt, ob er einen zukünftigen Erzieher ... Ida Merzan, *Interview* m. d. A., Warschau 1981.

S. 197 Ida Merzan ... *Interviews* m. d. A., Warschau 1981, 1983. Vgl. ebenso ihr Buch *Pan Doktor i Pani Stefa (Herr Doktor und Frau Stefa)*, Warschau 1979

S. 198 Misha Wroblewski ... *Interviews* m. d. A., Stockholm 1979 und 1981; Warschau 1983.

S. 199 Joseph Arnon ... Erinnerungen, in: Yad Vashem Archives, Jerusalem, Juli 1969.

S. 202 »Mein Fräulein ...« *The Passion of Janusz Korczak (Der Leidensweg des Janusz Korczak), Midstream*, Mai 1973.

S. 202 »Sagen Sie, meine Liebe ...«, a. a. O.

S. 202 Yanka Zuk ... *Interviews* m. d. A., Tel Aviv 1979, 1981.

S. 203 »Wenn ich euch anschreie ...«, Brief an Sabina Damm, 5. Februar 1939.

S. 203 an Ernsthaftigkeit und Vertrauenswürdigkeit ... *Try Kwadranse & Dr. Korczakiem (Eine Dreiviertelstunde mit Dr. Korczak)*, Artikel in *Unsere Rundschau*, 1933, Nr. 11. Der Artikel wurde von mehreren Autoren verfaßt und trägt die Unterschrift: »Ludwik, etc.«

S. 203 »Wir würden euch gern mehr geben...«, *Bursa* Lektion Nr. 20, Ghetto Fighters House Archives. Korczaks Erklärungen an die *Bursa* stammen aus den zwanzig Lektionen, die er Mitte der zwanziger Jahre für ihre Zeitung verfaßte. Sie haben überlebt, weil Stefa sie an eine Freundin in Palästina schickte.

S. 204 »Die Leiden der *Bursa*« ... Stefa sandte dieses für das Purimfest geschriebene Stück zusammen mit den zwanzig Lektionen nach Palästina (s. oben).

S. 208 »Lang lebe der Hering!» *Bursa* Lektion Nr. 16.

18 Frau Stefa

S. 209 An einem Morgen des Jahres 1928 ... Ida Merzan, *Interview* m. d. A., Warschau 1981.

S. 210 »Wenn Stefa durchs Haus ging...«, Itzhak Belfer, *Interview* m. d. A., Tel Aviv 1981. Für Interviews mit ehemaligen Waisen von der Krochmalna, vgl. Ronit Plotniks Dissertation *Stefa Wilczynska: Die Mutter der Waisen,* Tel Aviv University 1979, auf hebräisch

S. 214 inzwischen mit Irena Eliasberg verheiratet ... Irena Eliasberg Wilczynska (1902–82), *Interview* m. d. A., Warschau 1981. Irena und Stach heirateten 1924 standesamtlich, ohne Eliasbergs Teilnahme. Izaak Eliasberg, religiöser als seine Frau Stella, lehnte Konvertiten ab. Irena wurde eine fromme Katholikin. Die Auskunft über die standesamtliche Eheschließung von Irena und Stach erhielt ich 1987 in einem telefonischen Interview mit Marta Eliasberg Heyman, die heute in Kanada lebt.

S. 215 eine Widmung vom 25. Oktober 1922..., Das Buch befindet sich im Archiv der Korczak-Werkstatt in Warschau.

S. 215 Stella Eliasberg zufolge ... Erinnerungen, in: *RJK*

S. 216 »Ich glaube, sie kam oft in sein Zimmer...«, Igor Neverly, *Interview* m. d. A., Warschau 1983.

S. 216 »als Stefa plötzlich neben mir stand« a. a. O.

19 Man kann nicht jede Wahrheit ausposaunen

S. 217 Aleksandra Pilsudska ... *Rekolekcje (Erinnerungen),* London 1960; auf polnisch

S. 218 »Nun, es ist ja auch von Korczak« *MD*
S. 218 »Wir waren befreundet...«, *Interview* mit Fräulein Eugenka, Warschau 1981.
S. 220 mit seinem Nachnamen ansprach ... Wladyslaw Cichosz, *Interview* m. d. A., Warschau Oktober 1979.
S. 220 »wie Eisstücke« Erinnerung von Maria Taboryska, in: *SWJK*
S. 220 »Maryna ging in ihrem schwarzen Kleid...«, Igor Newerly, *Interview* m. d. A., Warschau 1983.
S. 221 »Hast du schon einmal eine Kuh...«, Stanislawa Gawronska, *Interview* m. d. A., Warschau 1981. Monika Zeromska, die Tochter des Schriftstellers Stefan Zeromski, sagte mir, daß sie als Kind Korczaks Fragen für albern gehalten habe. Sie weigerte sich, darauf zu antworten, wenn sie ihn mit ihrem Vater auf einem Fest traf. Als sie größer wurde und Korczak schätzen lernte, war er nicht länger daran interessiert, sich mit ihr zu unterhalten. *Interview* m. d. A., Warschau 1983.
S. 222 »Warum geben Sie diesen Leuten Geld?« *MD*
S. 222 »Sie verstehen überhaupt nichts« *Confessions of an Old Man (Bekenntnisse eines alten Mannes),* London 1979.
S. 222 »ein kleiner Mann mit Bart« Erinnerungen von Henrietta Kedzierska, in: *SWJK*
S. 225 »Es ist nicht leicht für mich...«, Stanislaw Zemis, Notizbuch
S. 226 »Er war so weichherzig...«, Stanislawa Gawronska, *Interview* m. d. A., Warschau 1981.
S. 226 »Man kann nicht jede Wahrheit ausposaunen« Stefan Dziedzic, Broschüre, Staatsinstitut für Pädagogik, 1934–35.
S. 226 »Du traust dich nicht, mich zu schlagen?«, H. Kedzierska in *SWJK*

20 Die schönste Zeit

S. 228 *Wenn ich wieder klein bin...* *WIALA*. Czeslaw Milosz schreibt über Korczaks »Humor und die dem Menschen entsprechende Philosophie in seinen wie Fabeln geschriebenen Romanen«. Er berichtet, daß Korczaks Idee von einem Erwachsenen, der wieder zum Kind wird, in Witold Gombrowicz' Roman *Ferdydurke* (1938), aufscheint. Czeslaw Milosz, *The History of Polish Literature,* Berkeley 1983. *Geschichte der polnischen Literatur,* Köln 1981.

S. 231 »Ich liebe dich, graue Weichsel...«, *CB*
S. 232 *Polnischer Kurier*... Schulausgabe, 1925.
S. 235 Maja Zellinger... *Interview* m. d. A., Kibbuz Givat Haim Hemeuhad 1981.
S. 236 Jozef Balcerak... Diese und weitere Zuschreibungen stammen aus den *Interviews*, die ich während meiner vier Reisen nach Warschau in den Jahren 1979–86 mit J. Balcerak geführt habe.
S. 237 Alexander Ramati... *Interview* m. d. A., Tel Aviv 1981
S. 237 Leon Ha'ari... *Interview* m. d. A., Kibbuz Givat Haim Hameuchad 1981; Warschau 1983.
S. 238 Kazimierz Debnicki... *Interview* m. d. A., Warschau 1979.
S. 239 »Ich fühle, daß heute abend alle Berichterstatter...«, *LR*, Oktober 1928.
S. 239 Korczaks Lieblingsfilme... Jozef Balcerak, *Interviews*
S. 240 »Ich habe drei Kriege miterlebt« *RL*
S. 240 Zygmunt Kora... Aussage, in: *SWJK*
S. 241 wenn die Leute die Zeitung angriffen... M. Fuks, *Kleine Rundschau, Bulletin der Jüdischen Historischen Gesellschaft*, Januar–März 1929, auf polnisch.
S. 241 »Geschreibsel ist nicht gefährlich...«, a. a. O., Januar–März 1978.
S. 242 sexuelle Themen... Vgl. *TG*, S. 350.
S. 242 »Ich dachte mir: Ich bin müde« *Pamietan (Ich erinnere mich)*, in: *LR*. Nr. 1, 1937 (Jubiläumsausgabe zum 10. Erscheinungsjahr).

21 Kreuzwege

S. 246 »Für mich war er ein typischer bourgeois Erzieher« Bolek Drukier, *Interview* m. d. A., New York City 1984.
S. 246 »Ich respektiere die Idee« Yitzhak Perlis, in: *CWJK*
S. 246 »selbstgerecht bis zum Stumpfsinn« a. a. O.
S. 247 ein Treffen für die Ehemaligen... Stella Eliasberg, *Historia Domu Sierot (Die Geschichte des Waisenhauses)*, privates, unveröffentlichtes Tagebuch. Die Autorin erhielt eine Kopie von der jüngsten Tochter, Marta Eliasberg Heyman, bei der Stella ihre letzten Jahre in Vancouver, Kanada, verbrachte.
S. 248f. »An welchem Laternenpfahl...«, Ida Herzan, *Pan Doktor i Pani Stefa (Herr Doktor und Frau Stefa)*, Warschau 1979.

S. 249 (Daß eine dieser Prostituierten ...) Erinnerungen von Aaron und Doba Borbergow, in: *RJK*

S. 250 »zufällig« beim Dritten Zionistischen Kongreß ... Brief an den Jüdischen Nationalfonds, 1925, in: *CWJK*

S. 250 »Das Problem des *Menschen*« Brief an Ester Budko, 1928.

S. 251 »Ich stellte mir vor, er wäre ein Mann ...«, Moshe Zertal, *Interview* m. d. A., Kibbuz Ein Shemer 1981.

S. 253 *Senat der Verrückten (Senat szalencow),* uraufgeführt im Athenäum-Theater, Warschau 1931.

S. 255 »Wir waren alle erstaunt ...«, Henryk Szletynski, *Interview* m. d. A., Warschau 1981.

S. 257 Das Stück wurde nach einundfünfzig Vorstellungen ... Korczak hat einem Zeitungsinterviewer erzählt, er plane, das Stück zu überarbeiten – vgl. *Glos Poranny (Die Morgenstimme),* 1932, Nr. 293 – doch diese Überarbeitung wurde nie veröffentlicht. Das einzige Manuskript, das den Krieg überdauert hat, war das Arbeitsexemplar von Direktorin Stanislawa Perzanowska. 1944, während der Zerstörung Warschaus durch die Deutschen, war es in einer Kohlenkiste versteckt worden.

S. 258 *Regeln des Lebens* ... Wahrscheinlich war der Titel von Tolstojs »Lebensregeln« inspiriert. In seiner Bibliothek im Waisenhaus hatte Korczak viele von Tolstojs Werken, u. a. auch das *Tagebuch einer Schule in Yasnaya Polyana,* in dem seine Experimente mit den Kindern seiner Bauern festgehalten sind. Aleksander Lewin, *Interview* m. d. A., Warschau 1986. Lewin war in den späten dreißiger Jahren junger Erzieher im Waisenhaus. Er war für die Bibliothek verantwortlich, die Korczak dort ließ, als er zu seiner Schwester zog. Vgl. ebenso Lewin, *Polityka,* 1975, Nr. 38.

22 Palästina

S. 261 Die Informanten über Korczaks zwei Reisen nach Palästina waren: Tami Levi, Hana Lipshitz Bieber, Aza Ronen, Moshe Zertal, Zerubavel Gilead. Für allgemeine Informationen vgl. Walter Laqueur, *A History of Zionism,* New York 1976; Howard Morley, *The Course of Modern Jewish History,* New York 1977; Amos Oz, *In the Land of Israel,* New York 1983.

S. 261 »Kinder, wenn ich tot bin...«, Sara Nadiv und Sara Kramer, *Interviews* m. d. A., Tel Aviv 1981.

S. 261 »Ich wäre sehr unglücklich gewesen...« Brief von Stefa an Feiga, 1930. Kurz vor ihrem Tod vernichtete Feiga den Hauptteil ihrer Korrespondenz mit Stefa, die sie in einem Koffer unter ihrem Bett aufbewahrt hatte. Fragmente einiger Seiten, die nicht zerstört wurden, finden sich in den Ghetto Fighters House Archives.

S. 262 »Deine Mutlosigkeit wird vorübergehen...«, Brief an Feiga, 1933.

S. 264 »Palästina ist für die Kinder...«, Brief an Ester Budko, Dezember 1928.

S. 265 »Wenn das Schicksal es fügt« Brief an Joseph Arnon, 15. Mai 1933.

S. 265 verärgert über den »billigen Klatsch« Brief an Joseph Arnon, 20. März 1934.

S. 265 »Ich war müde, fühlte mich alt...«, Brief an Joseph Arnon, 27. November 1933.

S. 266 Grundschulexperiment, 1932–34. Wanda Wacinska, *Interview* m. d. A., Warschau 1983.

S. 267 »zu alt, um ziellos in der Welt...«, Brief an Joseph Arnon, 20. März 1934.

S. 269 »Wie könnt ihr Besuchern...«, Aussage von David Simchoni, in den Ghetto Fighters House Archives

S. 270 »Jüdische Hirne ruhen aus« *MD*

S. 270 »mit der Begeisterung eines jungen Detektivs« Hanna Bieber (Feigas Tochter), *Interview* m. d. A., Kibbuz Ein Harod 1981.

S. 270 Ruhe – ... Vortrag von Aza Ronen, Internationale Janusz-Korczak-Gesellschaft, Warschau 1983.

S. 271 Vorträge über seine Hauptthemen ... Lila Basevitch, *The Party for Korczak,* 1934, in den Ghetto Fighters House Archives

S. 273 »eine Verdrehung der Gerechtigkeit...«, Joseph Arnon, *Janusz Korczak: Persönlichkeit, Lehre und erzieherische Arbeit,* hrsg. vom Kibbuz Ein Harod (o. D.), auf hebräisch.

S. 274 »Es ist wichtiger, sich gründlich...«, a. a. O.

23 Der alte Doktor

S. 275 hatte er das Bedürfnis, an Deck ... Brief an den Kibbuz Ein Harod 1934.

S. 275 »die Wochen vorbeifliegen« Brief an Mia Simchoni, 5. Dezember 1935.

S. 275 Selbst als er Stefan Jaracz ... Brief an Ze'ev Yoskowitz und Sohn Benny, 17. Februar 1935.

S. 276 »Waren meine Gefühle aufrichtig?« a. a. O.

S. 276 »Das Radio wird das Buch nie ersetzen« *Interview* in *Kukla (Die Marionette),* 1935, Nr. 42.

S. 276 Korczaks Freunde von der Kinderprogrammabteilung ... Wanda Tatarkiewicz-Malkowska, Leiterin der Abteilung, und Jan Piotrowski, der Herausgeber der *Antena.*

S. 276 Korczak überlegte eine Weile ... Aleksander Hertz, *Interview* m. d. A., New York 1982; Igor Newerly, *Interview* m. d. A., Warschau 1986.

S. 277 Korczaks Radiostil ... Maciej Jozef Kwiatkowski, *Interview* m. d. A., Warschau 1981.

S. 277 »Der gestiefelte Kater« Joseph Mayen, *Radio i Literatura,* Wiedza Powszechna 1965.

S. 277 »Wenn ich mit einer Gruppe Kinder zusammen bin« *Antena,* 1935, Nr. 45.

S. 278 ein Sonderlager ... Bereza Kartuska ist ein Konzentrationslager genannt worden, aber mit diesen Nazieinrichtungen kann es nicht verglichen werden. Politisch rechtsstehende Extremisten, Ukrainer und Kommunisten waren ebenso dort eingesperrt wie einige prominente Politiker.

S. 278 »Ein Pole weint nicht« Aleksander Hertz, *Interview* m. d. A., New York 1982. Moshe zertal, *Interview* m. d. A., Tel Aviv 1981.

S. 279 Shimon Agassiz ... *Interview* m. d. A., Tel Avis 1981.

S. 282 »Stefa scheint noch nicht gekommen zu sein« Erinnerungen von Natalia Wislicka, in: *RJK*

S. 283 »erkennt man, was für ein winziger Teil des Universums ...« Ida Merzan, *Interview* m. d. A., Warschau 1983.

S. 284 »Und was ist mit den arabischen Kindern?» Brief an Moshe Zertal, 30. März 1937.

S. 285 »Wer sagt ...«, Moses Sadek, *Interview* m. d. A., Beersheba 1981.

S. 286 Alle großen Dinge waren auf den Bergen ... Brief an Joseph Arnon, 4. Januar 1938.

S. 287 »Ich bin ein alter Mann« Moshe Zertal, *Interview* m. d. A., Kibbuz Ein Shemer 1981.

24 Die harte Wahrheit des Moses

S. 289 Bis heute ist sehr wenig von dem an die Öffentlichkeit ... Ida Merzan und Igor Newerly, *Interviews* m. d. A., Warschau 1981 und 1983; Ela Frydman, *Interview* m. d. A., Tel Aviv 1981.

S. 290 »Einige seiner Methoden ...«, Aleksandra Pilsudska, *Wspomnienia (Erinnerungen),* London 1945, auf polnisch.

S. 290 »Bis heute habe ich mir mein Schweigen ...«, Franek Piotrowski, in: *Tygodnik Polski (Polnische Wochenzeitung),* London September 1973.

S. 291 »Ich habe mich nie eng an das Leben ...«, Brief an Ester Budko, 9. Dezember 1936.

S. 291 »keine vierzig Jahre mehr« Brief an Jakob Zuk, Mai 1936

S. 293 »Ich habe Respekt für die Kinder verlangt«, Brief an Edwin Markuse, 30. März 1937.

S. 295 »Das Leben großer Männer ...«, *The Stubborn Boy: The Life of Louis Pasteur (Der sture Junge: Das Leben des Louis Pasteur)*

S. 295 »dessen schönes Leben ...« Brief an Edwin Markuse, 14. September 1937.

S. 295 »Hitler-Wahnsinn« Gedalyah Elkoshi, *Janusz Korczak,* Ghetto Fighters House 1972, auf hebräisch mit englischer Einführung.

S. 296 »der harten Wahrheit des Moses« Brief an die Korrespondenten der *Kleinen Rundschau* in Palästina, 25. August 1936. Das Zitat in vollem Wortlaut: »Die harte Wahrheit des Moses, die sanfte Wahrheit des Jesus.«

S. 296 sein Buch über Moses ... Das Originalmanuskript *Moses* ging verloren. Die hebräische Übersetzung wurde 1939 in der Zeitschrift *Omer (Wort)* veröffentlicht. Ida Merzan übersetzte es aus dem Hebräischen zurück ins Polnische und publizierte 1980 in Warschau Teile des Werkes in der jiddisch-polnischen Zeitung *Folkstyme* und im *Bulletin der Internationalen Janusz-Korczak-Gesellschaft,* Warschau 1982, Nr. 3 und 4. Außerdem ist es in *CWJK* abgedruckt.

S. 296 der erste Band einer Reihe ... Brief an Dov Sadan, 8. August 1937.

S. 297 innerlich »reinigen« Brief an Joseph Arnon, 30. Dezember 1937.

S. 297 Andrzej Strug ... Pseudonym für Stefan Galecki (1873–1937)

S. 298 Ludzie podziemni (Die Leute des Untergrunds), 1908

25 .Einsamkeit

S. 299 »Es gibt wenig von mir ...«, Brief an Feiga, 1. Oktober 1933

S. 299 »Selbstverständlich werde ich ein Büro ...« Brief an Feiga, 10. Februar 1937.

S. 300 Stefas Einzimmerwohnung ... Misha Wroblewski, *Interview* m. d. A., Stockholm 1981.

S. 301 »Bevor ich sterbe ...«, a. a. O.

S. 301 hatte sie [Feiga] zu einem Kind geraten ... Hanna Bieber (Feigas Tochter), *Interview* m. d. A., Kibbuz Ein Harod 1981.

S. 302 »Man meint, diese ganze Erfahrung ...«, Brief an Feiga, 25. September 1937.

S. 302 Feiga äußerte nämlich deutlich ihren Unwillen darüber ... a. a. O.

S. 303 »Wir haben ein Kind!« Hanna Dembinska, *Interview* m. d. A., Tel Aviv 1981.

S. 303 »Lach nicht« Brief an Feiga, 1937.

S. 303 »Es ist so schwer, den Doktor hier zu lassen« Brief an Feiga, 1938.

S. 303 »Ich bin nicht wie eine der alten Frauen ...«, a. a. O.

S. 304 »Ich habe Angst vor Abschieden ...«, a. a. O.

S. 304 »die Dinge könnten wieder in Mißtönen enden« Brief an Edwin Markuse, November 1937.

S. 304 seine ersten drei Radioplaudereien ... *Antena,* 2. März, 7. März, 16. März 1938. Aus dem Polnischen ins Englische übers. von Edwin Kulaviec.

S. 305 »Seit Frau Stefas Abreise ...«, Brief an Jakob Zuk, 22. Juni 1938.

S. 305 In einer der Sendungen ... abgedruckt in *HP*

S. 307 »Hier endet die dritte Plauderei ...«, *Ojiec cudych dzieci (Vater der Kinder von Fremden),* Lodz 1946.

S. 308 nahm die jüdische Welt ihn immer mehr auf ... 1936 begann Korczak damit, in Südpolen Dörfer zu besuchen, wie man seinem Brief vom 30. März 1937 an Freunde in Ein Harod entnehmen kann.

S. 308 Rachel Bustan, die 1938 zehn Jahre alt war ... Rachel Bustan, *Interview* m. d. A., Kibbuz Ein Hamifratz 1981.

S. 308 »Wir müssen uns um Antworten bemühen ...«, *Dror Hehalutz Hatzair,* Zeitung der Hashomer Hatzair, Warschau 1938. Gedruckt in Jiddisch mit einer Übersetzung ins Hebräische. Nach dem Krieg war das Originalmanuskript verschollen; der Text wurde ins Polnische rückübersetzt.

S. 309 »Will der alte Jude sich nicht hinsetzen?« Diese Trambahngeschichte wird mit kleinen Abweichungen von allen Korczakianern in Israel und in Polen berichtet.

S. 309 »Wir haben einen wundervollen Herbst in Polen« Moshe Zertal, *Interview* m. d. A., Kibbuz Ein Shemer 1981.

S. 310 »Träumereien« ... Jüdischer Nationalfonds, Warschau 1938.

S. 312 »in gedrückter Stimmung« Brief an Joseph Arnon, 22. November 1938

26 Die Religion des Kindes

S. 313 »man braucht Ruhe, um für Kinder zu schreiben ...«, Brief an Sabina Damm, 5. Februar 1939.

S. 313 »Wer weiß?« a. a. O.

S. 314 »wie ein Schiff, das den Ozean überquert« Itzhak Belfer, *Interview* m. d. A., Tel Aviv 1981.

S. 314 »diese reizlose Neusiedlerin« Hana Bieber und Aza Ronen, *Interviews* m. d. A., Kibbuz Ein Harod 1981.

S. 315 Es ist viel schwieriger, diesen Erwachsenen ...«, *Kleine Rundschau,* 20. Januar 1939, Nr. 20.

S. 316 »Die Kibbuzniks wollen niemanden ...«, Zerubavel Gilead, *Interview* m. d. A., Kibbuz Ein Harod 1981.

S. 316 »Bemüh dich nicht zu sehr« Ada Hagari, *Interview* m. d. A., Kibbuz Givat Hayim 1981.

S. 316 »Er kam wie angekündigt« Moshe Zertal, *Interview* m. d. A., Kibbuz Ein Shemer 1981.

S. 317 »Willkommen, willkommen« Zerubavel Gilead, *Interview* m. d. A., Kibbuz Ein Harod 1981.

S. 318 »Was ist Liebe?« *RL*
S. 321 *Die Religion des Kindes* ... Das unvollendete Manuskript ist verschollen.
S. 322 »Der Juli war zauberhaft« Brief an Joseph Arnon, 2. August 1939.
S. 322 olympische Spiele ... Irwin Baum, *Interview* m. d. A., New York 1984. Jarek Abramov-Newerly, *Interview* m. d. A., New York 1986.
S. 323 »ohne Eichhörnchen...«, Brief an Joseph Arnon, 22. August 1939.
S. 323 »Falls ich genug Geld habe« a. a. O.

27 September 1939

S. 327 »Die Vorkriegszeit – lügnerisch...«, *TG*, S. 315.
S. 327 Er holte die alte, verstaubte polnische Uniform ... Alexander Wislicki erinnert sich, Korczak mit der Uniform zum Schneider begleitet zu haben. Brief an die Autorin, Februar 1987.
S. 328 »Laß keine schlechten Gefühle aufkommen« Brief in *Unsere Rundschau*, Warschau 4. September 1939.
S. 329 »Er nannte sie beim Namen...«, Antoni Chojdynski, *Interview* m. d. A., Warschau 1981.
S. 329 »Leicht vornübergebeugt...« Adrian Czerminski, Artikel in *Stolica Capitol*, Warschau 1962, Nr. 45.
S. 330 »Ich mußte ganz schnell den Rückzug antreten« Sami Gogol, *Interview* m. d. A., Tel Aviv 1981.
S. 331 »Was machen Sie denn hier?« Irena Eliasberg Wilczynska, *Interview* m. d. A., Warschau 1981.
S. 332 »Wie schön« *MD*
S. 332 »Trotz des Gemetzels...«, *Wiosna Przyjdzie (Der Frühling wird kommen)*, Archiv der Korczak-Werkstatt, Warschau
S. 333 »Wir waren so verblüfft über seine Erscheinung...«, *JKGY*
S. 334 »Als Lehrer schätze ich die ewigen Gesetze...«, *Der kleine Brigant, Die besondere Schule*, 1926, in: *SWJK*
S. 334 »Verwachsungen, Schmerzen...«, *TG*, S. 245 ff.
S. 335 »Es ist schlimm, ein alter Mann zu sein« ... *Refleksje (Reflexionen), Unsere Rundschau*, 1. Januar 1939.
S. 336 »Wer vor der Geschichte flieht...«, *An die Juden!*, November 1939, in: *JKGY*. Zitiert nach Marek Jaworski, *Janusz*

Korczak, Aufopferungsvolle Liebe zum Kind, Leipzig 1979, S. 104.

S. 337 In der Schlange, die um Kascha anstand ... *WDAC*, Eintragung 12. Mai 1940.

S. 337 »Wenn ich ein junges Mädchen wäre ...«, a. a. O.

S. 338 »Es ist so gut, hier bei dir zu sein« Erinnerungen von Leon Rygier, in: *RJK*

S. 338 ORT ... Institut für Berufsberatung und Ausbildung, eine weltweite jüdische Hilfsorganisation

S. 339 Stefa konnte stolz berichten ... Bericht an ORT, Mai 1940, Ghetto Fighters House Archives

S. 340 »Offensichtlich hat der Krieg ihnen nichts ausgemacht« *TG*, S. 277.

S. 340 Kaddisch ... Helena Eliasberg Syrkus, *Interview* m. d. A., Warschau 1981; Stella Eliasbergs Tagebuch

S. 341 »Pan Doktor« Adam Dembinski, *Interview* m. d. A., Tel Aviv 1981.

S. 342 bei der Gestapo zu melden ... Dokument, unterzeichnet am 20. September 1940. (Vgl. Abbildung im Photo-Teil)

S. 343 Angaben seines ohnehin unklaren Geburtsdatums ... Interessanterweise ernannte die UNESCO 1978–79 zum Korczak-Jahr, weil sein hundertster Geburtstag und das »Jahr des Kindes« zusammenfielen.

S. 343 »Dann schenk sie uns eben« *WDAC*, Eintragung 16. September 1940.

S. 343 verrückten Plan zur Geldbeschaffung ... a. a. O. Eintragung 29. September 1940.

28 Verhaftung

S. 345 »Im laufenden Jahr ...«, *JKGY*

S. 348 Jona Bocian ... *Interview* m. d. A., Tel Aviv 1981.

S. 348 »wie eine große Theatertruppe« *MD*

S. 349 Am Tag, als das Ganze stattfinden sollte ... *Das pädagogische Denken Janusz Korczaks*, Warschau 1983, auf polnisch.

S. 349 Die Kinder winkten traurig ... Igor Newerly, *Interview* m. d. A., 1983.

S. 349 Nasen zu heftig gezwickt ... Adam Dembinski, *Interview* m. d. A., Tel Aviv 1981.

S. 350 Korczak schrie sie an ... Igor Newerly, *Interview* m. d. A., Warschau 1983 und 1986; Sami Gogol, *Interview* m. d. A., Tel Aviv 1981.

S. 351 im Pawiak ... Ein Teil des Pawiak-Gefängnisses wurde nach dem Krieg wieder aufgebaut. Dort ist eine ständige Ausstellung über die Opfer zu sehen, die im Pawiak von den Deutschen eingekerkert und ermordet wurden.

S. 351 Es war immer noch möglich ... Es ist nicht ganz klar, wie diese Bestechung im einzelnen arrangiert wurde. Igor Newerly, *Interview* m. d. A., Warschau 1983 und 1986. Vgl. auch Historiker Emmanuel Ringelblum, *Notes from the Warsaw Ghetto,* New York 1974, Eintragung Januar 1942. Ins Englische übersetzt von Jacob Sloan

S. 352 Bleich und schwach kam er Ende Dezember ... *Das pädagogische Denken Janusz Korczaks,* Warschau 1983, auf polnisch

S. 352 »Wie haben Sie sich bloß getraut ...«, Jona Bocian, *Interview* m. d. A., Tel Aviv 1981. Igor Newerly, *Interview* m. d. A., 1983.

S. 353 Als erstes nach seiner Rückkehr ... *MZWD.* Vgl. ebenso das Originalmanuskript auf jiddisch, in dem ihre Wege durch das Warschauer Ghetto beschrieben sind. Jerusalem, Yad Vashem Archives

S. 353 »eines aristokratischen Polen« Dr. M. Lenski, *Khayei hayehudim b'geto Varsha (Das Leben der Juden im Warschauer Ghetto. Erinnerungen eines Arztes),* Jerusalem 1961, auf hebräisch.

29 Das Ghetto

S. 355 »Es gab damals in den dreißiger Jahren ...«, Misha Wroblewski, *Interview* m. d. A., Stockholm 1981. Beschreibungen des Ghettolebens aus erster Hand, die es sonst nicht gibt, finden sich in Mary Berg, *Warsaw Ghetto: A Diary,* New York 1945; Alexander Donat, *The Holocaust Kingdom: A Memoir,* New York 1963; Vladka Meed, *On Both Sides of the Wall: Memoirs from the Warsaw Ghetto,* Israel 1977; Janina Bauman, *Winter in the Morning,* New York 1986; Abraham Shulman, *The Case of the Hotel Polski,* New York 1982. Vgl. auch Uri Orlevs Roman *The Lead Soldiers,* New York 1980.

S. 355 Michael Zylberberg ... Das Material dieses Kapitels stammt aus *A Warsaw Diary* von Michael Zylberberg (MZWD) und aus dem *Interview* mit seiner Witwe Henrietta Zylberberg in London am 5. Oktober 1ö986.

S. 366 »Auch wenn das Haus aufgeräumt und sauber war . . .«, Persönlicher Bericht Romana Liliensteins, Ghetto Fighters House Archives.

30 Alle sind gleich

S. 368 »Seine Forderungen . . . brachten uns in Verlegenheit« Persönlicher Bericht von Abraham (Adolf) Berman, Ghetto Fighters House Archives.

S. 368 einer «Dörrpflaume« glich . . . Jona Bocian, *Interview* m. d. A., Tel Aviv 1981.

S. 369 »Bitte, wenn möglich, schickt uns . . .«, Leon Gluzman in seinem Vortrag anläßlich des Vierten Janusz-Korczak-Literaturwettbewerbs in New York, 13. November 1986.

S. 369 »Setzen Sie sich, Doktor . . .«, John Auerbach, *Interview* m. d. A., Kibbuz Sadat Yam 1981 und in New York 1985. Nachdem er dem Ghetto entkommen war, nahm er die Identität eines verstorbenen polnischen Heizers an, arbeitete auf einem deutschen Tankschiff als Zwangsarbeiter und schlug sich schließlich nach Israel durch. Heute ist er ein bekannter Schriftsteller in englischer Sprache.

S. 372 Als begabter Redner . . . Über Gancwajch ist wenig bekannt, die meisten Informationen finden sich in Yisrael Gutmans umfassendem Werk über das Warschauer Ghetto, *The Jews of Warsaw, 1939–1943,* Bloomington 1982; aus dem Hebräischen von Ina Friedman.

S. 372 Ringelblum zufolge . . . Emmanuel Ringelblum, *Notes From the Warsaw Ghetto,* New York 1974, Eintragung Juni 1941. Dies ist die einzige Quelle der Information, daß Korczak in Gancwajchs Kinderhilfsprogramm verwickelt war.

S. 372 Der bevorstehende deutsche Angriff auf Rußland . . . *MZWD*

S. 373 »Wissen Sie, warum die Deutschen London . . .«, Emmanuel Ringelblum a. a. O.

S. 373 »Die Reichen lösen sich auf!« a. a. O., 18. März 1941 und 11. Mai 1941.

31 Unsere Kinder müssen leben

S. 379 »Unsere Seelen verzehren sich...«, Chaim Kaplan, *The Warsaw Ghetto of Chaim Kaplan,* New York 1973. Erstveröffentlichung unter dem Titel *Scroll of Agony,* New York 1965; Eintragung 18. Juni 1942. Aus dem Hebräischen übersetzt von Abraham I. Katsh. Kaplan, der vor dem Krieg in Pionierarbeit eine hebräische Grundschule aufgebaut hatte, gelang es, sein Tagebuch vor der totalen Liquidierung aus dem Ghetto zu schmuggeln. Es wird angenommen, daß er und seine Frau im Dezember 1942 oder Januar 1943 in Treblinka umkamen.

S. 380 »Wie fühlen Sie sich wirklich?« Maria Czapska, *Tygodnik Powszechny (Allgemeines Wochenblatt),* 1945 Nr. 15.

S. 381 »Dieses Ghetto ist wie ein Gefängnis...«, Kazimierz Debnicki, *Interviews* m. d. A., 1979 und 1981. Kurz vor seinem Tod 1985 veröffentlichte Debnicki ein umstrittenes Buch, *Korczak z bliska (Korczak aus der Nähe betrachtet),* das sowohl von Polen als auch von Juden, die Korczak gekannt haben, angegriffen worden ist. Unter anderem widerrief Debnicki den Bericht über sein letztes Zusammentreffen mit Korczak im Ghetto, den er mir und anderen in Interviews gegeben hatte. Er behauptete, Korczak habe sein Angebot in Erwägung gezogen, das Ghetto ohne Stefa und die Kinder zu verlassen.

S. 381 »Wie leicht fällt es doch zwei Schurken...«, *TG,* S. 254f.

S. 382 Manchmal kniete sich Korczak... Zur Lage der Kinder während des Krieges vgl. Kiryl Sosnowski, *The Tragedy of Children Under Nazi Rule (Die Tragödie der Kinder unter der Naziherrschaft),* Warschau 1962.

S. 383 »Die Spitäler sind zu voll...«, Oberst Mieczyslaw Kowalski, *Interview* m. d. A., Warschau 1983.

S. 383 Eines Tages erfuhr Kowalski... a. a. O. Igor Newerly und andere glauben Oberst Kowalskis Geschichte nicht, daß er zu jenem Zeitpunkt Korczak vor dem Pawiak bewahrte. Raul Hilberg bezweifelt, daß Dr. Wilhelm Hagen, der für die medizinische Versorgung ganz Warschaus zuständig war, etwas damit zu tun hatte. Wir verfügen über keine weiteren Quellen, die Oberst Kowalskis Bericht bestätigen könnten.

S. 384 »Keine Bezahlung ohne den Zahn« Wladyslaw Cichosz, *Interview* m. d. A., Warschau 1979.

S. 386 »Alter Mann mit grauem Bart« *Kleine Rundschau*, 3. Dezember 1926.

S. 386 Die Zeit wird kommen ... a. a. O., 29. November 1929

S. 387 »Korczak bat die Kinder« ... Persönlicher Bericht von Teodor Niewiadomski, *Polski magazyn radiowo telewizyny*, 2. November 1980.

32 Der letzte Seder

S. 388 »Das Waisenhaus war, ist und wird nicht ...«, zitiert nach Marek Jaworski, *Janusz Korczak. Aufopferungsvolle Liebe zum Kind*, Leipzig 1979, S. 114.

S. 388 Zu Czerniakow hatte er im Scherz gesagt ... *WDAC*, 16. September 1940.

S. 390 »beschmiert, blutbefleckt, stinkend« *TG*, S. 310.

S. 390 »Lang nach dem Krieg ...«, *TG*, S. 311.

S. 390 »Ein Tropfen Milch« Aussage von Anna Margolis, in: *RJK*

S. 390 Seine Beobachtungen teilte er einer Gruppe ... Korczak hatte Kontakt zu einer Gruppe von Ärzten, die die Wirkung des Hungers auf den menschlichen Körper untersuchte. Vgl. *Doctors in the Ghetto: Studies by Jewish Physicians in the Warsaw Ghetto*, Hrsg. Myron Winick, New York 1979.

S. 391 »Sie gehen ohnehin ein schweres Risiko für uns ein« a. a. O.

S. 392 »Eine schöne Stunde des Lebens« *JKGY*

S. 392 Das Kind, das eine Nuß fand ... Shlomo Nadel, *Interview* m. d. A., Ramle 1979. Nadel glaubt, daß die Nuß, die er 1930 in seiner Suppe fand, als er zehn Jahre alt war, ihm Glück gebracht hat: Während des Krieges konnte er sich durch Rußland nach Israel durchschlagen.

33 Erinnerungen – Tagebuch im Ghetto

S. 395 »für den Kalvarienberg bestimmt?« *TG*, S. 257.

S. 395 »Es ist Mai.“ *TG*, S. 249.

S. 396 Sechs Uhr dreißig *TG*, S. 252f.

S. 397 »Die Blicke und Bewegungen ...«, *TG*, S. 263.

S. 397 Samstag, 23. Mai 1942 *TG*, S. 281f.

S. 399 Neben dem Gehsteig ... *TG*, S. 291

S. 399 »Aufstehen, das bedeutet...«, *TG,* S. 285f.
S. 400 Seicht, grau, gewohnheitsmäßig... *TG,* S. 291.
S. 400 »Eine Kaufmannsfrau...«, *TG,* S. 293.
S. 401 »Mein liebes Fräulein...«, *TG,* S. 280.
S. 401 »Ergebnis: Fünfzig Zloty...«, und folgende Zitate: *TG,* S. 278f.
S. 402 Vielleicht Fisch mit Sauce... *TG,* S. 285.
S. 402 »›Ich kann nicht sterben...‹«, *TG,* S. 292.
S. 403 »Worüber sprechen wir eigentlich?« *TG,* S. 298.
S. 403 Giena Gutman... Die Geschichte von Giena Gutman (ihr richtiger Name) in Korczaks Ghetto-Waisenhaus wurde mir in einer Reihe von Interviews in den Jahren 1979 und 1987, die in Jerusalem und New York stattfanden, von ihrem Bruder Samuel berichtet. Er selbst möchte anonym bleiben. Samuel ist ein Pseudonym.
S. 405 »Man muß sie etwas verdienen lassen...«, *TG,* S. 278.
S. 405 »Misch dich nicht in unsere Angelegenheiten...« *TG,* S. 324.
S. 406 »Das ist kein Ort für einen Großhandel...«, und folgende Zitate: *TG,* S. 298ff.
S. 407 irgendwie gelang es Gancwajch... Während der Massendeportationen kam er wieder zum Vorschein, und es hieß, er arbeite als Informant auf der arischen Seite. Über sein weiteres Schicksal ist nichts bekannt. Vgl. Yisrael Gutman, *The Jews of Warsaw, 1939–1940,* Bloomington 1982.

34 Sonderbare Dinge

Das Material dieses Kapitels stammt aus Janusz Korczaks Tagebuch im Ghetto *(TG)* und aus *The Warsaw Diary of Adam Czerniakow (WDAC).*
S. 408 »In diesem Augenblick brachte mir Semi...«, *TG,* S. 289.
S. 411 »weil Heniek [sic!] krank geworden ist...«, *TG,* S. 303.
S. 411 Korczak hatte seine eigenen »unerträglichen Träume...«, und folgende Zitate: *TG,* S. 308.
S. 412 »Ich habe eine Maschine erfunden...«, *TG,* S. 275.
S. 413 »Wenn wir uns erinnern, lügen wir...«, und folgende Zitate: *TG,* S. 312.
S. 413 Anna, die immer schemenhaft bleibt... Es ist nicht bekannt, ob Anna jemals im Ghetto war. Korczak schrieb seinen ersten

Brief an sie Ende Juni 1942, woraus man schließen könnte, daß sie dort war und es ihr gelang, zu entkommen. Es ist ebensowenig bekannt, wann und wo Anna ihren Tod fand.

S. 413 »Liebe Anka ...«, und folgende Zitate: *TG,* S. 311, 312.

S. 414 »Als die Gruppe ...«, *TG,* S. 313.

35 Das Postamt

Der größte Teil des Materials dieses Kapitels basiert auf Korczak, *Tagebuch im Ghetto (TG);* Adam Czerniakow, *The Warsaw Diary of Adam Czerniakow (WDAC);* sowie Emmanuel Ringelblum, *Notes from the Warsaw Ghetto,* New York 1974.

S. 415 *Das Postamt* ... Rabindranath Tagore, *The Post Office,* London 1968. Ins Englische übersetzt von Devebrata Mukerjea (Erstausgabe 1914). In seinem Vorwort schreibt W. B. Yeats: »Die Erlösung, die das sterbende Kind sucht und auch erhält, ist die gleiche Erlösung, die Mr. Tagore, wie er berichtet, vor Augen stand, als er eines frühen Morgens durch den Lärm einer Menschenmenge hindurch, die von einem Fest zurückkehrte, die Zeile eines alten Dorfliedes hörte: ›Fährmann, bring mich zum anderen Ufer.‹ Sie kann in jedem Augenblick des Lebens erfahren werden, auch wenn das Kind sie zum Zeitpunkt seines Todes erfährt, denn sie kommt immer in jenem Moment, in dem das Ich, nicht länger fähig, nach einem Gewinn zu streben, der sich nicht mit dem Geist vereinbaren läßt, sagen kann: ›All meine Werke sind dein‹ (Sadhana, S. 162/63). Auf der Bühne zeigt sich ein perfekt aufgebautes kleines Stück, das dem richtigen Publikum Gefühle von Güte und Frieden vermittelt.«

S. 415 Planet Rho ... Vgl. *TG,* S. 315, 316.

S. 416 »Themen, die mir gestellt werden ...«, *TG,* S. 314.

S. 417 »Erschöpfung, Unlust, Zorn ...«, *TG,* S. 324.

S. 418 1. Für ein kleines Geschäft ... *TG,* S. 316.

S. 419 Nina Krzywicka ... Ida Merzan, *Interview* m. d. A., Warschau 1983.

S. 419 nur wenn sie über ihren Bruder Stach sprach ... Stach und Irena lebten auf der arischen Seite Warschaus. Im Januar 1943 starb er an Lungenkrebs. Irena blieb nach dem Krieg gemeinsam mit ihrer Schwester Helena in Warschau.

S. 422 daß der Tod der Messias war ... Isaac Bashevis Singer, *The*

Family Moskat, New York 1950. Übersetzt aus dem Jiddischen von A. H. Gross. Der letzte Satz des Romans lautet: »Der Tod ist der Messias. Das ist die eigentliche Wahrheit.«

S. 422 »Publikumserfolg, Händedrücke, Lächeln ...«, *TG*, S. 326.

S. 423 Euthanasie *TG*, S. 318, 319; 321, 322; 329

S. 425 »Ich – der Sohn eines Wahnsinnigen« *TG*, S. 323

S. 426 als vermeintlicher Wasser- und Kanalinspektor ... Igor Newerly, *Interview* m. d. A., Warschau 1983 und 1986. Vgl. auch Igor Newerlys Vorwort zu *SWJK*.

36 Der Regenbogen gestern

Das Material dieses Kapitels basiert im wesentlichen auf Janusz Korczak, *Tagebuch im Ghetto (TG)*; Adam Czerniakow, *The Warsaw Diary of Adam Czerniakow (WDAC)*; Raul Hilberg, *The Destruction of the European Jews*, New York 1985 (dt. *Die Vernichtung der europäischen Juden. Die Gesamtgeschichte des Holocaust*, Berlin 1982); Jacon Apenszlak (Hrsg.), *The Black Book of Polish Jewry*, The American Federation for Polish Jews, 1943. Als weitere Werke über den Holocaust empfehlen sich Nora Lewin, *The Holocaust: The Destruction of European Jewry, 1933–45*, New York 1973; Lucy Dawidowicz, *The War Against the Jews*, 1933–1945, New York 1975. *Der Krieg gegen die Juden*, 1933–1945, München 1979; Martin Gilbert, *The Holocaust: A History of the Jews of Europe During the Second World War*, New York 1985.

S. 428 Kapitelüberschrift: *TG*, S. 334.

S. 428 »Glas gibt Wärme und Licht« *TG*, S. 332f.

S. 431 »keine Gemeinheit gegeben hat...«, und folgende Zitate: *TG*, S. 333f.

S. 433 In den frühen Morgenstunden ... Raul Hilberg, *Interview* m. d. A., Wellfleet 1983.

S. 433 »Gott gab Adam Czerniakow ...« Brief von Felicia Czerniakow an Jan Szoszkies, Archiv der Korczak-Werkstatt, Warschau. Vgl. Leonard Tushnet, *Pavement of Hell*, New York 1971 und Nora Lewin, a. a. O.

S. 433 Marek Edelman ... Hanna Krall, *Shielding the Flame: An Intimate Conversation with Dr. Marek Edelman, the Last Surviving Leader of the Warsaw Ghetto Uprising*, New York 1986. Ins Englische übersetzt von Joanna Stasinska und Lawrence Weschler.

S. 437 »Gebt eine Erklärung ab, wählt.« *TG,* S. 334ff.
S. 438 »Warum ich das Eßgeschirr wegräume« *TG,* S. 337ff.
S. 439 »Wo ist sie in die Falle geraten?« *TG,* S. 343ff.
S. 440 Korczak ... an ihre Tür hämmerte ... Stella Eliasbergs Erinnerungen, in: *RJK.* Während der Deportationen entkam Stella aus dem Ghetto, indem sie am Arm eines polnischen Freundes durch das Gerichtsgebäude in der Lesznostraße ging, das sich auf beide Seiten [jüdische und arische] erstreckte. Ihre dritte Tochter, Anna Eliasberg, die Angst gehabt hatte, das Ghetto zu verlassen, beging dort im Januar 1943 Selbstmord. Nach dem Warschauer Aufstand von 1944 lebte Stella als vermeintliche Polin auf dem Land. Zwei Jahre nach dem Krieg verließ sie Polen und ging nach Vancouver, Kanada, um dort bei der Familie ihrer jüngsten Tochter Marta zu leben. Die letzten Jahre ihres Lebens verbrachten Irena Eliasberg Wilczynska und Helena Eliasberg Syrkus, beide verwitwet, gemeinsam in Warschau.
S. 440 »Von Tag zu Tag ...« *TG,* S. 342.
S. 441 Adzio *TG,* S. 343
S. 442 »Korczak gab sich bis zum Schluß der Illusion hin ...«, Stella Eliasbergs Erinnerungen, in: *RJK*

37 Der letzte Marsch: 6. August 1942

S. 444 »Das Wichtigste ist – daß es das alles schon einmal gab.« *TG,* S. 342. Das Zitat fährt fort: »Elende, die zwischen Zuchthaus und Krankenhaus lebten. Sklavenarbeit: das ist nicht nur die Anstrengung der Muskeln, sondern auch Ehre, Mädchenehre. Mißachtung von Glaube, Familie, Mutterschaft. Handel mit allen geistigen Gütern. Eine Börse, an der man notierte, wieviel ein Gewissen wert ist. Der Kurs – veränderlich – heute für Zwiebel wie für ein Menschenleben.«
S. 444 Am 6. August ... *TG,* S. 343.
S. 444 »Vielleicht war er ...« *TG,* S. 345.
S. 444 In einem anderen Teil des Gebäudes ... Misha Wroblewski, *Interview* m. d. A., Stockholm 1981.
S. 445 Korczak hätte nie daran gedacht ... In seinem Buch *A Field of Buttercups,* Englewood Cliffs, New Jersey 1968, berichtet Joseph Hyams, daß ein jüdischer Polizist, der bei der Eva-

kuierung an jenem Tag dabei war, einen Buben sah, der sich mit dem Bajonett in der Hand im Badezimmer versteckt hatte.

S. 447 Eva Mandelblatt ... Hirsch Mandelblatt (Bruder), *Interviews* m. d. A., New York 1984 und 1986.

S. 447 Da waren Zygmus, Sami, Hanka und Aronek ... Wir haben keine Liste mit den Namen der 192 Kinder, die mit Korczak diesen letzten Marsch antraten. Ich benutze nur jene Namen, die Korczak selbst in seinem Tagebuch erwähnt hat oder die mir von überlebenden Verwandten oder Freunden genannt wurden.

S. 452 Ein hochaufgeschossener junger Mann ... Miriam Biederman, *Youth Under the Shadow of Death,* Tel Aviv, auf hebräisch

Epilog: Treblinka und danach

S. 454 6. August 1942 ... Drei Jahre später, am 6. August 1945, fiel die erste Atombombe auf Hiroshima. Bevor ich meine Arbeit über Janusz Korczak begann, hatte ich auch über Hiroshima geschrieben und wurde mir der tragischen Bedeutung bewußt, daß das Waisenhaus drei Jahre zuvor an diesem Tag geräumt wurde.

S. 454 Die kleinen Gaskammern ... Aussagen von Franz Suchomel, SS-Unterscharführer, und Alfred Spieß, deutscher Staatsanwalt beim Treblinka-Prozeß in Frankfurt 1960. Vgl. auch *Shoah,* Text des gleichnamigen Filmes von Claude Lanzmann, New York 1985. Ebenso Gitta Sereny, *Into that Darkness,* New York 1983.

S. 454 »So können wir nicht weitermachen ...«, *Shoah*

S. 455 säuberlich getippte Manuskripte ... Ich habe für dieses Manuskript verschiedene Archive speziell aufgesucht, von denen es hieß, sie besäßen das Original, das während des Krieges in Maryna Falskas Waisenhaus versteckt worden war. Die Kuratorin des Literaturmuseums zeigte sich überrascht, daß die bei ihr vorhandene Mappe nicht das Originalmanuskript enthalten sollte. Allerdings sagte sie auch, daß sie sich die Mappe nicht angeschaut habe, als sie dem Museum zur Verfügung gestellt wurde.

S. 456 Eines davon erinnert sich ... *Interview* m. d. A., Tel Aviv 1981

S. 457 Kurz vor ihrem Tod ... Fräulein Eugenka und Antoni Chojdynski, *Interviews* m. d. A., Warschau 1983.

S. 458 als Dichter und Schriftsteller seinen letzten Marsch mit den Kindern ... Das bekannteste Stück ist Erwin Sylvanus, *Korczak ud die Kinder,* Hamburg 1957. Ferner das Stück *Children of the Night* des kanadischen Schriftstellers Gabriel Emanuel, Toronto 1985; der amerikanische Schriftsteller Michael K. Brady schrieb *Korczak's Children,* unveröffentlichtes Manuskript, 1981. Die in Polen geborene Tamara Karren schrieb *Who Was That Man?,* ins Englische übersetzt von Janek Laskowski, New York o. D. Ich danke Gary Heisserer für seine Erlaubnis, in seine Dissertation über Holocaust-Dramen Einsicht zu nehmen.

Die bekanntesten Gedichte sind: Jerzy Ficowski, *5. 8. 42: In Memory of Janusz Korczak,* aus dem Polnischen übersetzt von Keith Bosley und Krystyna Wandycz, London 1981; Wladyslaw Szlengel, *I Saw Janusz Korczak Today: A Leaflet from a Diary, During the Action, August 1942,* übersetzt von Maria Lewitt. Szlengel kam im Ghettoaufstand von 1943 um; das Gedicht wurde ursprünglich in einer Untergrundzeitung unter dem Titel ... *to Watch your Westerplatte* veröffentlicht. (Auf der Westerplatte bei Danzig befand sich ein Munitionsdepot, das sieben Tage lang von einem deutschen Kriegsschiff aus bombardiert wurde; sie wurde zum Symbol des heroischen Durchhaltens.) Antoni Slonimski, *The Song of Janusz Korczak (Piesn O Januszu Korzaku),* für die Autorin übersetzt von Anna Kolyszko; Stefania Ney (Grodzienska), *About Janusz Korczak,* Warschau 1947, für die Autorin übersetzt von Anna Kolyszko.

S. 458 Im Geiste der Versöhnung ... Benjamin Anolik, Konferenz der Internationalen Korczak-Gesellschaft Warschau 1979.

S. 459 In seinem Tagebuch hatte Korczak darüber nachgedacht ... *TG,* S. 258/59.

S. 461 in einen riesengroßen Steingarten verwandelt ... Die Steine wurden aus Steinbrüchen in Südpolen herbeigeholt. Franciszek Duszenko und Adam Haupt, Professoren an der Akademie für Schöne Künste in Danzig, haben das Treblinka-Monument entworfen.

S. 462 dem einzigen Felsen, der einen Namen trug ... Der Felsen wurde am 31. Mai 1978 in einer Zeremonie in Treblinka enthüllt.

Zu Treblinka vgl. Jean-François Steiner, *Treblinka,* New York 1967; Gitta Sereny, *Into That Darkness,* New York 1983; Tadeusz Borowski, *This Way to the Gas, Ladies and Gentlemen,* New York 1976; Claude Lanzmann, *Shoah,* New York 1985.

Alle Fußnoten im Text sind Anmerkungen der Übersetzerin.

Sämtliche im Buch abgedruckten Fotos entstammen der privaten Sammlung von Professor Erich Dauzenroth, Gießen, dem der Verlag an dieser Stelle herzlich dankt.

Personen- und Sachregister

Was die Schreibweise der polnischen Wörter betrifft, so haben wir uns an die amerikanische Vorlage gehalten, die auf die polnische Transkription verzichtet.